U0137637

晏阳初年谱长编 下卷

杜学元 郭明蓉 彭雪明◎编著

国家社科基金后期资助项目研究成果（项目批准号13FJK011）

晚清以来人物年谱长编系列

上海交通大学出版社
SHANGHAI JIAO TONG UNIVERSITY PRESS

1946年(民国三十五年　丙戌)　五十六岁

1月　国共双方缔结《停战协定》。各抗日党派在重庆举行政治协商会议,会议通过了《和平建国纲领》。

同月　行政院核准教育部拟定的《第二次国民教育五年计划》。

3月　国民党召开六届二中全会,推翻了政协决议中的各项民主原则。

同月　教育部公布《补习学校规则》,初级、中级须12足岁以上,高级须在14足岁以上为学生入学年龄。

4月　台湾省国语推行委员会成立。

6月　国民党政府由重庆迁回南京。蒋介石悍然撕毁停战协定,大举围攻中原解放区,从此发动了向解放区的全面进攻。

同月　台湾省立师范学院成立。

7月　民盟中央委员李公朴,民盟中央委员、西南联大教授闻一多在昆明被国民党特务暗杀。

同月　教育部举办35年度公费留学考试及第二届自费留学考试。

10月　国民党军队攻占张家口,全面进攻解放区。

同月　国民政府派朱家骅为我国出席11月在巴黎召开的联合国教育科学文化会议第一届大会代表团团长。

同月　台湾省公布《各县市督学视导规则》。

11月　国民党的"国民大会"在南京召开,制订了《中华民国宪法修正案》。

同月　中共中央发出关于暂时放弃延安的指示。

同月　教育部公布《国民学校教员检定办法》。

12月　北平发生美军强奸北大女生事件。北平、天津、上海、南京等几十个城市学生举行示威游行,抗议美军暴行,掀起了反美反蒋运动。

同月　教育部修正《大学研究院暂行组织规程》,更名为《大学研究所暂行组织规程》。

1 月 24 日　通过要求,收到斐尔德基金会①书面说明:"基金会"可考虑给中国平民教育促进会筹办"印书局"购买机器及设备的款项;但有一条件,即"中美委员会"应自其他方面获得至少三年的经常费用,这一款项才能动支。此后又四处奔走劝募。(吴著《晏传》,第 371、392 页)

1 月 28 日　收到著名华裔摄影师黄宗霑电报,得知其欣然接受中国平民教育总会视听教育部荣誉主任之聘,乐于为中华平民教育服务,并表示盼面晤。(吴著《晏传》,第 372、392 页)

2 月 26 日　在大法官道格拉斯②的帮助和安排下,拜访美国元老政治家布鲁区(Mr. Bernard M. Baruch)③,畅谈 45 分钟,这对于美国政府可能支持中国平民教育运动有着重要的启示。提出募捐要求,布鲁区面允考虑。(吴著《晏传》,第 362、371、392 页)

3 月 11 日　下午 3 时,在道格拉斯④陪同下到达白宫拜会杜鲁门总统。杜鲁门表示:"我正尽我所能以支援中国。"希望给白宫提供一份有关中国平民教育工作纲要并"保留在我的个人档案里"。于是当面陈述平民教育的意义:"全球四分之三人类陷于穷、愚、弱、私相同的苦难中,这些人不能读联合国宪章!"此时,杜鲁门说,"即令他们能读,也不理解。"随即答道:"这就是我们所以要努力多做许多有关教育工作的原

---

①　斐尔德基金会:又译为"菲尔德基金会"。

②　道格拉斯(William O. Douglas,1898~1980):即威廉·道格拉斯。美国法律专家、最高法院法官,以保卫个人自由闻名。是一个牧师的儿子,幼年丧父,家境贫寒,在华盛顿州的亚基马市长大。童年时得了小儿麻痹症,为了使腿生力,经常花几个小时去爬山,终生热爱野外活动。1920 年,从华盛顿州的惠特曼大学毕业,后入哥伦比亚大学,1925 年在哥伦比亚大学毕业后不久,加入华尔街的一家法律事务所。后来在耶鲁大学任教,曾任该校法学院长。1934 年进入商业部研究破产问题。1936 年,受富兰克林·罗斯福委派在证券交易委员会任职,次年任证券汇兑委员会主席,成为罗斯福总统的朋友和顾问。1939 年任最高法院法官。在罗斯福时代曾被委派整顿美国财阀,把美国大财阀关了 30 年,最后当选美国最高法院的九人法官之一且年龄最小,被誉为"婴儿法官"(Baby Judger)。参加美国平教会活动,成为活动分子之一。并在扩大有关言论、宗教信仰、消除歧视和罪犯的辩护等权利方面做了很多贡献。1975 年,因为中风丧失工作能力,从最高法院退休。是在美国最高法院服务时间最长的法官之一。5 年后逝世,终年 81 岁。研究主要集中在历史、政治和外交方面,主要有:《法院岁月,1939~1975:威廉·奥威尔·道格拉斯自传》《人和山》《杂乱无章的人权法案》《到东方去,年轻人》著作和论文《世界上最重要的一件事》等。

③　布鲁区(Mr. Bernard M. Baruch,1870~1965):美国投资鬼才、投机大师、具有传奇色彩的股票交易商、大众瞩目的投资家、通晓商业风险的资本家,曾经征服了华尔街的最著名、最受人敬慕的人物。1870 年生于南卡罗莱纳州,德国人的后裔。纽约市立学院毕业,早先他在纽约的一家小经纪行中干些打杂的活儿,周薪 3 美元。通过不断努力,被迅速提升为公司的合伙人后,倾其所有,购得纽约证券交易所的一个席位,不出 30 岁便成了百万富翁。此后的几年里几度濒临破产却东山再起,可是到了 1910 年,就已经和摩根等一道成为华尔街屈指可数的大亨。20 世纪上半叶,成为美国股市和政坛上叱咤风云的人物,既钟情股市,又热衷政治,被人们冠以"总统顾问""公园长椅政治家"等美名。创立巴鲁克学院(Baruch College)。1916 年被威尔逊总统任命为国家防护理事会顾问委员。二战时期又成为罗斯福智囊团的重要成员,提出的一系列经济建议均被罗斯福政府所采纳,成为促进美国经济恢复的重要政策。战后受杜鲁门总统之命参与联合国原子能理事会,在国际事务中发挥了相当重要的作用。以 95 岁的高龄死于 1965 年。

④　道格拉斯:即威廉·道格拉斯。

因。中国古圣教育我们：民为邦本，本固邦宁。就全世界说人是根本；如果根本脆弱，我们必须使其强固，以保世界和平。"杜鲁门说："正是如此，看美国南部也是一样，我们也需要平民教育。"30 分钟的会谈在笑声中结束。此次会见是中国农村复兴中美联合委员会产生的一个最早线索。（吴著《晏传》，第 363～364 页；川编《晏阳初》，第 300 页）

3 月 27 日　收到华莱士（Mr. Dewitt Wallace）来信，获同意捐助 12 万美元，自 1946 年 11 月 15 日起分三年支付。（吴著《晏传》，第 371、392 页）

3 月　与《读者文摘》发行人华莱士（Mr. Dewitt Wallace）洽商募捐一事。

4 月初　经由芝加哥 Bishop Sheil① 介绍，拜访著名出版家、《芝加哥太阳报》（*The Chicago Sun*）、斐尔德基金会创立人斐尔德（Marshall Field）②。以赛珍珠女士撰《告语人民》一书相赠。斐尔德还报以所撰《自由涵义比一个字多》（*Freedom Is More Than a Word*）。阅读后深感彼此对世界观点以及为人群服务志趣几乎相同。（吴著《晏传》，第 369 页）

4 月 5 日　旧金山的《少年中国晨报》③刊登《晏阳初由本埠归国》。（吴著《晏传》，第 390 页）当日离开旧金山。

4 月 16 日　给 G. 斯沃普写信，收入宋编《全集》旧版第三卷和新版第四卷中。信中首先告诉 G. 斯沃普，自己一行九人乘船从纽约回国，已快到上海了。然后，向 G. 斯沃普汇报了几点情况：① 关于直观教育计划问题。告诉 G. 斯沃普先生，R. K. O.④的

---

①　Bishop Sheil，即巴纳德·詹姆士·希尔（Bernard James Sheil，1888～1969）副主教，罗马天主教芝加哥教区副主教。出生于伊利诺伊州的芝加哥并在芝加哥长大。1910 年任牧师。1928 年任罗马天主教芝加哥教区副主教。前后任职达 40 余年。1959 年 6 月成为名义上的塞尔盖大主教（Titular Archbishop of Selge）。他倡导为社区行业边缘化和弱势群体伸张公平正义。是芝加哥天主教青年会组织的创办人，并推动天主教童子军的发展，1942 年被美国男童子军委员会授予"银牛奖"（the Silver Buffalo Award）。1943 年芝加哥天主教青年会开办了致力于成人教育的社会研究希尔学校。在开办的 11 年里，培训学员达 2 万人。1954 年，猛烈地抨击了麦卡锡主义。

②　斐尔德（Marshall Field）：即 M. 菲尔德（Marshall Field，1893～1956）：又译作"M. 斐尔德""马歇尔·菲尔德""马歇尔·斐尔德"，也称"马歇尔·斐尔德第三"。

③　《少年中国晨报》：美洲中国国民党报。1911 年 8 月 20 日在美国旧金山创办，开美洲同盟会党报之始。在此之前，李是男、温雄飞、黄芸苏在旧金山组织少年学社，并油印《美洲少年》周刊。1911 年 2 月，孙中山到旧金山，对李是男等的行为予以鼓励，并指出当年是革命风潮高涨之年，为适应新形势需要，需扩大读者对象，建议改为日报。李是男根据指示，随后将非公开的少年学社改组为公开的旧金山同盟会，经过半年筹备将《美洲少年》由周报改办为日报，取名《少年中国晨报》。每天早晨 6 点出版，故为晨报。该报社亦成为孙中山设立的中华革命军"筹饷局"办公地，李是男兼任筹饷局会计。

④　R. K. O.：全名为"Radio Keith Orpheum"，译为"雷电华"电影公司，或称电影制片厂，美国好莱坞黄金时期八大电影公司之一。成立于 1928 年，涵盖制作、发行、放映等业务。在 20 世纪 30 年代及 20 世纪 40 年代出品的著名影片，包括弗雷德·阿斯泰尔和琴格·罗杰斯合作的歌舞片，一系列高品质的恐怖片，由凯瑟琳·赫本和卡莱·葛伦所主演的喜剧片，以及希区柯克的《深闺疑云》（1941）和奥逊·威尔斯的《公民凯恩》（1941）。1951 年退出电影圈，转向无线和有线电视发展。从 1929 年拍出第一部影片《丽奥·丽泰》到 1957 年的最后一部影片《可能最大的女郎》为止，约拍摄、发行了 1 500 部影片，其中绝大部分为低成本的娱乐片。

董事长彼得·拉斯文①表示将尽最大努力争取到纳尔逊·洛克菲勒②的捐款。纳尔逊曾表示他将从好莱坞他自己的公司和其他公司筹措捐款，但他"要见到预算才肯作出最后的答复。……中国艺术家黄宗霑——好莱坞著名摄影师，作为我们的代表与拉斯文一起工作。我刚给黄先生写了信，要他电告工作进展情况，以便我有的放矢地给纳尔逊写信。我也要求黄先生给纳尔逊提交一份预算，并以专家的身份，说明其理由，认为这笔预算是合理的。黄先生将有关文件及预算送给我们纽约办事处的汤(静怡)小姐，您可以到她那里去取。我是多么希望拉斯文能把那件事办成，使纳尼逊同意捐款，那样我们就可以立即订购设备。我们有好几位同仁(直观教育专门人才)正在纽约等设备，他们准备于今年夏天带着设备回国，有了设备便可立即开始工作。汤小姐很善于处理这种错综复杂的关系，您如有什么事需要她做的，请不要客气地找她帮忙。我们对于您办成这件事所给予的任何帮助，都会感激"。② 商谈美国援华救济联合会事宜。"希望吉姆·麦克科纳基③与您联系过，告诉您他同意给平民教育运动美中委员会十万美元④拨款。按理他们应该这样做，因为美国援华救济联合会是与平民教育运动美中委员会合作，并非与中华平民教育促进会合作。再说，第一期拨款都在美国开支，一是购买直观教育设备，二是支付奖学金和办公费用。至于这十万美元有多少花在直观教育这项设计上，要取决于拉斯文能否成功地募集到捐款。待这些事情都落实后，我再提交预算请您审批。同时，我们纽约办事处的预算以及给'受训者'的奖学金，应该在美国援华救济联合会的拨款中支付，不应在美中委员会募集到的基金中支付。存在花旗银行的美中委员会的基金应留在那里，作为在中国扩大平民教育运动计划之用。我们与美国援华救济联合会达成的非正式协议是，第一期拨款十万美元是指四、五、六三个月。我回中国后，将对所需资金做个调查，并与我们平教会善事会讨论，然后再向美国援华救济联合会提出第二期(七月至九月)的拨款数额。我与吉姆·麦克科纳基的非正式协议是请求拨款二十五万美元。"③ 关于捐款。告知"福特基金会估计四月会开董事会，我不清楚他们决定向平教运动捐多少款，戈

----

① 彼得·拉斯文：1946 年前后任雷电华电影公司董事长，曾同意给中华平教会募捐，帮助中国平教会推进电影直观教学事业。其他生平事迹待考。

② 纳尔逊·洛克菲勒(Nelson Aldrich Rockefeller,1908～1979)：美国慈善家、商人、政治家，曾任美国副总统。他是美国洛克菲勒家族成员，也是共和党的领袖人物之一，曾于 1959 年担任第 49 任纽约州州长，一直到 1973 年，以主持大量建设计划赢得称誉。1974 年他被委任为美国副总统。至 1977 年任期届满后退休。1979 年因心脏病逝世于纽约，享年 71 岁。旧版《全集》译为"纳尔森·洛克菲勒"。

③ 吉姆·麦克科纳基：时在美国援华救济联合会任职。其他未详，待考。

④ 十万美元：旧版《全集》误译为"十万元"。下面涉及本条引文中"美元"的旧版《全集》误译为"元"。

登·伦奇勒①应该知道。现在罢工已结束，或许阿尔弗雷德·P. 斯隆②已把捐款送来了，但我没有收到伯纳德·巴鲁克③先生的来信（您可能还记得，我们要求他们从今年起连续三年每年给我们捐款八万美元，作为平民印刷所的经费）。"④ 商谈美中委员会成员问题。告知李馥荪④已同意在美中委员会工作，请发封正式邀请信并告知通讯地址；询问奥登·雷德⑤、纳尔逊·洛克菲勒⑥和马歇尔·菲尔德是否愿意担任委员会委员，希望他们能同意。⑤ 就纽约办事处秘书交换意见。认为汤小姐很胜任此职，但她可能只能到 6 月底，6 月份以后她要去学习她的手工业和纺织业专业。因此，找个能胜任的新秘书处理办事处事务是当务之急。拜托G. 斯沃普能和道格拉斯⑦在汤静怡小姐离开前一定要找到能胜任此职的人选，同时告知也在中国留心是否有合适人选去美国协助工作。最后，感谢 G. 斯沃普对平教运动的兴趣并亲自指导工作。（新版《全集》卷 4，第 616～618 页）

4 月 17 日　自美返回，抵上海，至南京见宋子文后即飞重庆，回到中国乡村建设学院，努力于学院的发展工作。为进行综合性的乡村建设实验，在四川璧山成立华西实验区。四川省政府主席张群正式指定第三行政区 11 县区作实验⑧，一切工

---

①　戈登·伦奇勒：美国花旗银行的领导人，是俄亥俄州一家糖业设备制造商家族的后裔，曾经为把银行从 20 世纪 20 年代古巴食糖贷款灾难中解救出来立下过汗马功劳。后到花旗银行，逐渐升为总裁。1948年去世，其总裁位置由威廉·盖奇·布雷迪接替。

②　阿尔弗雷德·P. 斯隆：生平事迹未详，待考。

③　伯纳德·巴鲁克：即 Bernard M. Baruch。美国元老政治家。吴相湘译为"布鲁区"。

④　李馥荪（1886～1966）：名铭，幼名福生，字馥荪，浙江绍兴人。其家经营旧式小银楼，已历数代。中学毕业后，东渡日本，入山口高等商业学校。嗣又在横滨正金银行实习。留日期间，还曾参加孙中山领导的同盟会活动。1913 年，回国后，初在浙江银行杭州分行办事，后来升为副经理，协助经理杨汉汀、陈朵如主持行务。1916 年任上海分行经理。此时浙江银行已改称为浙江地方实业银行。1923 年任改组后的浙江实业银行上海总管理处总经理。1927 年成为江苏兼上海财政委员会委员。后任上海银行公会副会长、会长。后任蒋介石授意成立的公债基金保管委员会主任委员。参与南京国民政府中央银行的筹建工作。1932 年任上海银行业联合准备委员会常务理事兼主任委员。1941 年 3 月在汪伪政府的迫害下，秘密离沪前往美国。1946 年回国，担任浙江实业银行董事长、上海市银行业公会理事长。1948 年末，把在浙江实业银行的外汇、证券和黄金都套往美国后，悄然再去美国。1950 年，向香港政府申请登记，在香港单独办起了浙江第一银行，与国内的浙江实业银行并不发生关系。1966 年在香港病逝，终年近 80 岁。

⑤　奥登·雷德：生平事迹未详，待考。

⑥　纳尔逊·洛克菲勒：旧版《全集》译为"纳尔森·洛克菲勒"。

⑦　道格拉斯：即威廉·道格拉斯。

⑧　行政区：又称为专区，当时是隶属省级以下的二级行政区划，相当于现在的地级行政区。国民政府时期四川省划分有 16 个行政区，每个行政区下有 5 至 12 个大小不等的县，每个行政区设有一名专员进行管辖，每个县则由县长和下属若干局长共同治理。1946 年，华西实验区被政府部门指定在第三行政区，第三行政区范围包括巴县、江北、合川、江津、永川、綦江、璧山、铜梁、荣昌、大足 10 县和北碚管理局（参见谭重威：《中华平民教育促进会华西实验区的乡村建设实验》，《四川师范大学学报（社会科学版）》1994 年第 1 期）。关于华西实验区涵盖的县份数量，现有二种说法：一是旧版《全集》卷 2 中提到的县份为"11 个县""包括 10 个县和特殊行政区北碚"（第 329 页、第 352 页）；二是吴著《晏传》中谈到的县份则为"十县"（第 378 页），川编《晏阳初》（第 300 页）亦说为 10 县。前者系晏阳初亲自所写关于华西实验区开辟前后过程的文章，可信度较高，故采用"十一县"说。

作由平教会指导协助。（川编《晏阳初》，第 300 页；王超：《晏阳初与中国乡村建设学院（1940～1952）》，四川师范大学硕士论文，2013 年 5 月，第 18 页）

5 月 12 日　在中国乡村建设学院作"关于在美工作简单情况的报告"，由中国乡村建设学院农二甲学生陈克记录，收入宋编《全集》第二卷中。首先，对乡村建设学院得到国家的正式承认表示高兴。其次，谈自己在美国工作的情况："在头一年的工作是做国民外交的工作，是把我的主张讲给他们听，当时美国朝野人士对中国的舆论可说是最坏的时候，尤其是贪污的事情，我的工作是要使他们不只是看到中国坏的地方，应该明了中国的老百姓的伟大，那种八年来刻苦耐劳为国家牺牲流血的精神。我一方面到处演讲和写文章，一方面与各方面领袖接见与会谈。最后一年多是为了平教工作而在各方面活动。初八个月是使他们明了平教工作的重要与将来的计划，我把平教会廿多年来的工作告诉他们，使他们非常之感动，这不只是平教会廿年如一日的精神使他们感动，同时使他们感到这种运动不单是与中国有关，而且与世界也有关。"第三，谈今后平教运动工作的武器。认为有三："（一）文学方面：除办平民学校，使平民认识字外，还要创办平民所看的报纸，让他们能明了国内及整个世界的情形。印刷报纸的机器，年底即可以运到。（二）电影方面：电影所起的教育作用是非常之大，今后我们要办大的电影院及摄影场，多拍关于平民教育的片子给老百姓看，用电影来教育他们。（三）广播方面：这方面的工作一时还没法进行，因为中国的老百姓知识落后，对科学无法了解，同时老百姓很穷，无此购买收音机之能力，除要增加老百姓之科学知识后才能普遍地应用，这是卅年以后之事。今后最重要的除去过去'表证区'和'实验区'还要继续的工作而外，培养人才也是首要的工作，本院的扩充很值得注意，不单是应增加系列，还得在教授、图书、仪器方面加以补充。"第四，介绍了 Marshall Field[①]、Dewitt Wallace[②] 及夫人 Lila[③]、Walder Rellther[④]、Eleanor Roosevelt（罗斯福总统夫人）、Willian O. Douglace 等几位忠实于中国平教工作的美国朋友。第五，阐述世界缩得很小，"平民教育为复兴

---

① 　Marshall Field(1906～?)：即马歇尔·菲尔德。美国一位富家子弟，祖父最初很穷苦，其财产全靠祖父刻苦耐劳地经营而得。其父辈认为财产不应为自己所私有，应为社会所有。受父辈教海，从事于提高农工知识水准的工作，创办《芝加哥太阳报》和三个电台，专门用来抱不平，为农工之利益讲话。集合美国有志之士，成为农工方面强有力的代表者，也是美国平教会领导成员之一。

② 　Dewitt Wallace：即美国《读者文摘》（*The Reader's Digest*）杂志的创办者华莱士。

③ 　Lila：全名 Dewitt Wallace Lila，译为"莱拉·华莱士"，是美国《读者文摘》创办者 Dewitt Wallace 的夫人。在《读者文摘》杂志社作编辑。

④ 　Walder Rellther(1908～?)：美国工党领袖。罗斯福之能得到第三任总统和杜鲁门之当选，得其力量很大。出生于贫苦家庭，曾徒步到各地民间去，与农工们生活，想从农工们的生活中而得到对他们的了解，曾到欧洲及中国与农工们生活三年。回国之后，即加入工党，成为美国工人的领袖。参加美国平教会活动，成为活动分子之一。

中国的道路,亦即是复兴世界的道路。"最后,介绍美国广播有关中国平民教育的情况以及美国有关平教运动。(新版《全集》卷 2,第 311～315 页)

5 月 13 日　返美后在中国乡村建设学院第一次纪念周上讲话,由中国乡村建设学院农学系邓廷献记录,收入宋编《全集》第二卷中。所讲内容大半是针对学生讲的。内容包括四个方面:第一,让学生记住自己去美国后三年是瞿菊农先生在后方领导平教工作和主持乡村建设学院院务而使该院在短期内进步很多,并且国家也已正式承认乡村建设是国家正规教育中高等教育组成部分。第二,对学生成功演出戏剧《万世师表》表示赞赏:"各人之表演真的感动人,自始至终没有一处不把精神充分表现出来……使人忘记在看戏。"第三,把自己在美国工作的情形告诉学生:"最初的一年半,我是为国家作国民外交的工作。……美国多数人受其在华记者不正确的报道影响,对我国观感是相当不好,我要纠正他们这种错误观念,使他们认识中国广大的人民,百分之八十的农民所潜伏的力量。后一年半,多系为本院的工作。前八个月是在美国各地讲演,使美国青年们能了解平教运动的精神。……这桩工作不是为中国,而是为全世界,全人类,为全世界上的平民大众";"为了推动将来的平教工作,我已经在美订了一部很大的印刷机,每周可印五百万份,还有许多图书仪器,于本年九、十月以后即可运到,这可算是我们推动平民教育的第一个武器。至于第二个武器,要算电影。关于电化教育工作,我已在好莱坞请了一位黄宗霑先生,先来帮忙装置和制片。"第四,介绍乡村建设学院的发展。告诉学生,自己在美国聘了教育学、哲学、社会学、卫生学等方面的 20 位教授来充实乡村建设学院,使它成为一个全国最好的独立学院,为学院扩充为大学作准备;并准备招收南美、印度等地的外国留学生。(新版《全集》卷 2,第 316～319 页)

同日　撰写日记:"在周会上谈从美国归来报告。主要谈三年的经过①。"(参见未刊《日记》及上一条)

5 月 18 日　给纽约办事处秘书汤静怡②写回信。首先,告诉她 4 月 27 日第 102 号来函已收到。其次,告知对美国援华救济联合会 10 万美元拨款的具体处理想法:"采取如下两个处理办法。(一)造一个十万美元③的预算,具体分配如下:① 百分之六十用于购置电影设备。② 剩下百分之四十,用于纽约办事处经费约一万

---

① 1943 年 1 月,晏阳初应宋子文邀请,参加"战后问题中国研究小组"赴美,1946 年 4 月返乡建学院。
② 汤静怡(Miss Tang Chingyi):时任纽约办事处秘书。
③ 十万美元:旧版《全集》误译为"十万元"。

三千九百四十美元①,用于奖学金补助费和旅费计二万五千二百九十美元②。……(二)如果麦克科纳基毫无道理地要求这十万美元③应该六月底之前用完,那么我建议用这些钱订购电影设备和其他设备,如铜管乐器。如果我们不得不这样做,您得与黄宗霈和温慕仁联系。由于我们要购买足够的电影生产设备,我们可以使用美国援华救济联合会第一季度的全部拨款。以上两种办法由您自己选择决定,但希望您与斯沃普先生商量此事,我绝对相信您和斯沃普先生会共同作出正确的选择。当然决定之后,要以我们委员会主席斯沃普名义提交美国援华救济联合会。"第三,就"麦克科纳基对我们运用第二季度拨款问题"提出看法。"我们可以同意美国援华救济联合会关于按季度拨款的做法,但期望在一个季度基础上做出一项有效的计划的想法,显然是荒谬的。因此,我们只能做到提交半年计划,即一九四六年七月至十二月的计划,美国援华救济联合会可以按季度给我们拨款。麦克科纳基应该意识到,要求我们在下个季度开始六个星期之前,就把计划和预算等文件送到他们手中,显然也是不可能的。因此,为了尽量按他的要求做,我们不得不立即准备七月至十二月的计划和预算报告书。"并详细告知报告书的呈送各方。第四,告诉她继续与米尔班克基金会、卡内基基金会、凯洛格基金会、朱安·特里普④、米切尔·斯特雷特⑤、马歇尔·菲尔德、彼得·拉斯文、纳尔逊·洛克菲勒、哥伦比亚基金会、巴克基金会等捐款机构和个人加强联系。第五,就纽约办事处招聘的职员约翰·塞沃尔⑥、弗雷德利克·赵(Frederick Chao)⑦、杨新保(Yang Shinpao)⑧发表自己的看法。第六,告知她马德英(Ms. Ma Teh-yin)⑨小姐似乎是中国乡村建设学院和平民教育实验区所需要的家庭经济方面有用人才,希望加以争取。最后,希望她在各方面都获得成功。(新版《全集》卷4,第619～621页)

5月21日 撰写日记:"学院应行之事。1. 聘请新教员。2. 行政人员确定。

---

① 美元:旧版《全集》误译为"元"。

② 美元:旧版《全集》误译为"元"。

③ 美元:旧版《全集》误译为"元"。

④ 朱安·特里普:曾答应其公司为中华平教会在美国招聘工作人员提供十名到中国工作的差旅费。其他生平事迹待考。

⑤ 米切尔·斯特雷特:生平事迹未详,待考。

⑥ 约翰·塞沃尔:中华平教会纽约办事处在美国招聘的职员。生平事迹待考。

⑦ 弗雷德利克·赵(Frederick Chao):中华平教会纽约办事处在美国招聘的职员。生平事迹待考。

⑧ 杨新保:中华平教会纽约办事处在美国招聘的职员。时在美国求学,专攻农业发展。曾建议中华平教会在美国地方中文报纸上发表有关平教运动的中文文章,受到晏阳初肯定。晏阳初拟邀请他于1946年9月到歇马场中国乡村建设学院从事乡村农业发展工作。

⑨ 马德英(Ms. Ma Tehyin):生平事迹未详,待考。

3. 招生问题。4. 决定复员办法。5. 下年度预算。"（未刊《日记》）

5 月 24 日　星期五,午后参加教职员谈话会,主要了解:① 复员办法。② 学生方面有何见解? ③ 新院址有何意见? ④ 在歇马场将来如何有何意见?（参见未刊《日记》）

5 月 25 日　撰写日记:"开泗①。赖彦宇著②。国民读本(开泗)。四川省府统计汇编。对学生谈话(四时三十)"。（未刊《日记》）

5 月 26 日③　撰写日记提要:"李幼椿、梁漱溟、梁仲华、孙廉泉、孙伏园。"（未刊《日记》）

5 月 27 日　撰写日记提要:"1. 壁报:今后改进办法① 登记。② 用真名。2. 正常发表意见,机构。"（未刊《日记》）

5 月 28 日　撰写日记提要:"仲英④　1. 总务　人员由五人减至三人。工友2. 二十人维持。加学生后,为二十四人。房子共添四栋。道路修理。清洁卫生,农家□〔杂〕处较难。装置电灯一百七十六盏。米　平价米,市价米。津贴半。收租。百分之八十已插秧。高地灌溉。生计教育社,纺织工作,编织,织布。Alfeil Qum⑤□□〔上海?〕。"（未刊《日记》）

5 月　撰写日记,谈及两个问题:第一,美人⑥优点:生命短,工作长。① 人人跑步上班。② 七十、八十老人工作(如 Silas, Sircuon)。第二,信用。卖报放报摊外任人自取。鱼池鱼被偷,桃子尚青被偷。到茶馆打牌,不能影响(工作——编者补)。（未刊《日记》）

6 月 1 日　撰写日记:"中央医院 1. 妇女动员 Waves 十万名。2. 美国的舆论有权威。3. 服务社会,毕生以之教育。4. 美人节衣缩食为救外人。5. 美人对中国的共同希望——□□〔民主?〕。6. 民族的强盛问题。所到外国共同问题:愚、穷、弱、私。人类四分之三共同问题。"在"民主?"上的眉批为:"杜鲁门对我所讲的话。"（未刊《日记》）

6 月 8 日　给 M. M. 贝格斯夫人⑦写回信。首先,对收到 M. M. 贝格斯夫人

----

① 开泗:陈开泗。下同。
② 赖彦宇著:当为贺圣鼐、赖彦宇著《近代印刷术》,商务印书馆 1934 年出版,为我国第一部研究中国近代印刷术历史的著作。
③ 原稿无日期,根据前后文判断应为 5 月 26 日。
④ 仲英:茅仲英。
⑤ Alfeil Qum:未详,待考。
⑥ 美人:美国人的简称。下同。
⑦ M. M. 贝格斯夫人(Mrs. Mariana M. Beggs):又译为"玛利纳·贝格斯夫人"。时在美国。生平事迹待考。

2月15日的来信表示非常高兴,并对 M. M. 贝格斯夫人有了一个幸福家庭和可爱的女儿表示高兴和衷心的祝福。其次,告诉 M. M. 贝格斯夫人自己回到祖国的情况和工作打算:"我已回到中国一个多月,离开这里近三年,现在非常忙碌。我们国家现在的政治形势与她认为应该具有的形势相去甚远,但正在不断地改善。不久我要到全国各地去看看,希望能找到我工作的方向。我们国家比任何时候更需要推行平民教育运动的基本计划,我希望不久此项计划即能开始推行"。第三,告知听到她丈夫在柯达公司工作,希望能得到他一些购买生产用于直观教育的胶卷设备方面的建议。最后,表达希望经常保持通信联系。(新版《全集》卷4,第623~624页)

6月9日 撰写日记:"教1. 黄觉民①心理学、留美。现任成都商务(印)书馆编辑。约五十岁。在华大②教心理、伦理。平2. 杨乡生③河北人三十岁左右,画家。教编3. 张葆昇④ 山东人,约三十,华大教授地理。有抱负,喜做文章,编教材。教4. 张世文⑤金华〔陵〕女大,新著有书,教书受欢迎。平5. 陈菊文⑥广东人,□法律,曾任定县调查一部事秘书工作。教6. 李相勉⑦贵州人,留美。经济史任教于橦川东北大学。约三十。报7. 蒲肇楷⑧川人,组织学。喜做文章。可造。报

---

① 黄觉民(1897~1956):福建闽侯人。1931年获菲律宾大学教育硕士学位。又入美国哥伦比亚大学攻读教育心理学,于1933年毕业,获教育硕士学位和教育心理学专家证书。回国后历任上海大夏大学教育心理系主任兼教授,上海商务印书馆编审员,《教育杂志》社社长兼总编辑,四川大学、华西大学、金陵大学教授,福建省研究院院长,华东师范大学教授,福建省心理学会理事长等。著有《教育心理学》,译有《家庭教育之理论与实际》《实验教育学》等。

② 华大:华西大学。下同。

③ 杨乡生(1913~2000):河北沧县人。幼承家学,喜爱书画。是长安画派创始人之一赵望云的学生。非常重视中国画的意境、线条、皴法和色彩。抗日战争时期在豫鄂战区宣传抗日的壁画数百篇。1939流亡于四川、参加乡村服务团,巡回于川西各县宣传抗战服兵役。画《前方拼命杀敌,后方努力生产》壁画多幅。1941年深入川康边区少数民族地区采集素材。创作《同心跃马》《今日长城》《晓风驭马》及抗战史画《鹏程》及边区山水景物100余幅,先后在重庆、成都等大城市展出。1949年受聘于成都艺专任讲师。新中国成立后创作《挖河》,著有《教学统一简论》。1953年调天津铁路卫校,创作革命史画《先烈林祥谦慨成仁图》获全国美展二等奖,收入专辑《郑铁画选》。1956年先后调郑州铁路卫校、新乡铁中、教师进修学校、铁路教育学院任美术教师。晚年作《漓江行》《长城颂》等系列画。传略辑入《中国当代艺术界名人录》等。

④ 张葆昇:除晏阳初日记所及外,暂未见其他事迹。

⑤ 张世文:见"1930年6月30日"条注释。

⑥ 陈菊文:除晏阳初日记所及外,暂未见其他事迹。

⑦ 李相勉:除晏阳初日记所及外,暂未见其他事迹。

⑧ 蒲肇楷:河南农学院及南京合作学院毕业,1942年正月曾询问陈渠珍纺纱机价格,拟购一、二十部。1944年任浕溪农业职业学校校长。1953年在四川省简阳棉花试验站(四川省棉花所前身)工作。20世纪60年代在《新建设》杂志社工作。与人合撰有:《棉枯萎病菌在茎内生存力的研究》(《植物保护学报》1964年3卷第2期)。

8. 柯仲生①川人，能写文章。约四十。教 9. 周太玄②川人，五十以上。吴晋航之友③，已成名之人。在大学任教，诗词歌赋、书法亦佳。□□〔科学？〕教 10. 李源成④川人，经济学（灵岩书院），四十许。教 11. 傅葆琛。实验区 12. 孙廉泉。

---

①　柯仲生（1904～1975）：四川乐山犍为人。中央训练团党政训练班第三期毕业、成都法政专门学校毕业，华西大学肄业。历任汉口川汉铁路公司秘书、全川江防军第二师上校秘书、国民革命军第廿四军政治部社会股长、廿八军第七混成旅中校秘书兼政治部主任、二十八军第二混成旅中校秘书。1926 年，英帝国军舰炮轰万县，制造了"九五"惨案后，愤然退学，参与领导华西四校反对英帝国主义暴行的学生运动，并加入中国共产主义青年团。次年，任中法大学成都学院政治部主任，转为中共党员。此后，历任四川省立第二中学（设在绵阳中坝）训育主任。1928 年 2 月～1929 年 11 月任中共绵阳中坝特别支部书记。后任新都县县长。1938 年 1 月任彭水县长。继后任四川省政府设计委员会专门委员、四川省政府民政厅秘书。1957 年到四川省人民政府文史馆工作。曾任四川省参议员。主修《彭水概况》（彭水县政府印，1940 年）。题四川彭水洗耳亭有"桥外烟村村外树　洞边云水水边楼"。

②　周太玄（1895～1968）：著名生物学家、社会活动家、翻译家、诗人。学名周焯，号朗宣，赴法后改名周无，号太玄，四川新都县人。出生于书香世家。1919 年前就读中国公学、成都高等学堂分设中学堂。任《民信报》翻译、编辑，《京华时报》编辑，《中华新报》《中华通讯社》通讯员。1919 年赴法勤工俭学，参与创办《旅欧周刊》《华工旬刊》。1924 年毕业于蒙彼利埃大学，获教育硕士学位。1930 年获法国国家理学博士，并加入法国动物学会。曾参与创建少年中国学会，任文牍；巴黎分会成立，任少年中国学会巴黎分会书记。1930 年后举家回国，从事教育、科学研究及社会活动。历任成都大学教授、四川大学理学院院长兼生物系主任、西康经济研究所所长、上海《大公报》顾问、香港《大公报》顾问兼主持社评委工作。新中国成立后历任四川大学校务委员会主任委员、重庆大学校长、中国科学院常务委员、中国科学院编译局局长、中国科技出版社社长兼总编辑、中国科学院动物研究所一级研究员。曾为第一、二、三、四届全国政协委员、中国农工党北京市委委员和中央委员。著有《动物心理学》《用中国墨研究空胞系之方法》《烟台水螅水母类的研究》等 19 部重要论文与著作，《达尔文以后生物学上的诸大问题》《古动物学》《细胞与生命之起源》《何伯尔氏动物学》等 13 部论著，主编《世界科学译丛》《中国动物图谱》《动物志》《建国十年科学成就丛书》，还有诗歌及诗歌译著、诗歌理论、教育论作若干。

③　吴晋航之友：未详，待考。吴晋航（1887、1893？～1965）：名国深。工商实业家，中国民主建国会中央常务委员。原籍浙江，生于四川仁寿。1909 年入四川警务学堂。1916 年任重庆警察厅厅长。1917 年投身陈洪范、刘湘、刘文辉军中，先后任丰都、梓潼、江安县县长。北伐战争时期，任国民革命军第 24 军及四川省政府驻汉口代表、驻南京代表兼国民政府文官处参事。1932 年调停刘湘、刘文辉内争无效，即弃政从商。1934 年后任川康银行总务主任、襄理、经理及和成银行总经理。抗战时期，开设和益公司，运销战略物资支援抗战，同时兼任四川省贸易局副局长，四川生丝公司、华通公司（后易名华懋公司）总经理，四川畜产公司、民治毛纺公司、四川桐油贸易公司、民生轮船公司和《新民报》等企事业的董事长、董事等职。1944 年当选重庆银行业同业公会理事长、重庆银钱业放款委员会副主任。多次掩护中共地下党员和资助民盟开展民主活动。抗战胜利后，赴美考察银行业务，将和益公司改组为和彝公司，在香港、纽约等地设立分支机构，继续资助民盟在上海、香港等地的活动。新中国成立后，1950 年由香港返回大陆。1952 年和成银行公私合营后，任该银行副董事长。历任民生轮船公司副董事长、第三、四届全国政协委员。1950 年加入民主建国会，任民建第一届中央委员、第二届中央常务委员等职。曾被推选为全国政协常委，后逝世于北京。

④　李源成：当为"李源澄"（1909～1958），四川犍为人，字俊卿，又作俊清。民盟盟员。1930 年毕业于四川大学中国文学院。后师从廖季平、章太炎、欧阳竟无、蒙文通等习经学、史学、宋明理学和历算阴阳五行。1931 年～1950 年间，作过短期的中学教员、国民政府考试院科员、四川图书馆编纂。长期在高校从教，先后任无锡国学专科学校、四川大学、浙江大学、民族文化书院、西山学院、灵岩书院（自办）、云南大学、五华学院教授，勉仁文学院和四川教育学院教授兼史地系主任。1950 年 8 月起，任西南师范学院教授，曾任史地系主任、副教务长、民盟西南师范大学支部主委、重庆市政协委员。1957 年被错划成"右派"。1958 年 5 月 4 日病逝。出版著作《诸子概论》《学术论著初稿》《经学通论》《秦汉史》等。事迹详见王川撰的《李源澄先生年谱长编（1909～1958）》（中华书局 2012 年版）。

13. 梁仲华。14. 颜时珍①。15. 魏永清②（燕大，救济会）。16. 贾志钦③。17. 李安宅④（太太⑤亦有研究）。18. 眉批：大学衍义补。"（未刊《日记》）

6月10日⑥　撰写日记："梁漱溟、张君劢〔励〕、李幼椿、左舜生、张东荪、魏时珍⑦、马寅初。平会旧同人：1. 葆琛，2. 行可，3. 世文，4. 志潜，5. 伏园，

---

①　颜时珍：生平事迹未详，待考。

②　魏永清（Y. C. Wei,1905～1991）：房山人。出生在一个农民家庭。童年家庭贫寒，聪颖好学，半工半读，坚持学业，于1939年毕业于燕京大学社会学系，获法学学士学位。毕业后，前往山东，任山东济宁乡家学校校长。不久又到燕京大学研究院深造，1940年毕业，赴美国勤工俭学，在哥伦比亚大学攻读博士学位。1942年，完成学业，获哥伦比亚大学教育博士学位，留聘于哥伦比亚大学，担任纽约援华总会中文部主任。此时，祖国抗日战争进入紧要关头，毅然拒绝美国友人挽留和阻拦，放弃在美国丰厚待遇的工作，离开美国，取道大西洋，经英伦、南非、印度等地返回祖国。经多方努力，在国民政府社会部下属的重试实验救济院任院长。不久转而教书，任重庆女子师范学院教授。后被聘为中国乡村建设学院教授兼教务长、代行院长职务。大西南解放时，晏阳初正在美国，便负责乡村建设学院事务。中国乡村建设学院接受整顿时，蒙受牢狱之灾，1973年刑满后留劳改单位就业。1982年，四川省高等法院作出裁定，宣告无罪。同年，被美国纽约国际乡村建设研究院聘为教育顾问。1984年，国家教委明令恢复其教授职称。不久，受聘于山西师范学院。1985年10月，应母校美国哥伦比亚大学之邀，出访讲学。回国后继续指导山西师范大学教育科学研究所，担任山西省翻译协会临汾分会名誉会长，翻译了美国霍兰德著《告语心理学之原则与方法》、诺贝尔文学奖获得者赛珍珠著《告语人民》等书，数十万字。晏阳初写信时任中国乡村建设学院代院长。

③　贾志钦：1948～1949年曾任贵州省卫生处处长。其他事迹未详，待考。

④　李安宅（1900～1985）：社会学家、民族学家、宗教学家。河北迁西人。1929年毕业于燕京大学，获学士学位。毕业后留校任助教。1934～1936年先后在美国加利福尼亚大学伯克利分校人类学系和耶鲁大学人类学系学习人类学。1936年回国后，任燕京大学社会学系讲师。1938～1941年到甘肃夏河拉卜楞寺，对藏族宗教、政治、文化、民族、民风作了深入调查研究，对喇嘛生活和寺院制度、藏族宗教的历史概况、典籍、教派、教义、主要神佛等作了详细记载。1941～1947年任华西大学社会学系主任、教授，创办了华西边疆研究所。1947年到美国耶鲁大学研究院人类学系任名誉讲师，讲授"藏族文化"。1948年赴英国考察。1949年回国后，任华西大学教授。1950～1955年参加解放军进驻西藏，先后任昌都解放委员会文化组组长、拉萨解放军藏文藏语训练班教育长等职，1956年调西南民族学院任副教务长兼民族政策教研组组长。1961年调四川师范学院任副教务长兼外语系主任。至1985年止，先后任四川师范学院教授、副教务长和外语系主任，四川省政协委员，北京西藏佛学研究会理事，中国社会学会顾问，中国民族研究学会理事、顾问，中国人类学会顾问，四川民族研究学会副理事长等职。李安宅注重社会调查，尤其是在抗战时期同身居西南边陲的社会学者，如吴文藻、李景汉、吴泽霖、费孝通等，对少数民族地区开展了多种多样的民族调查研究，他所著的《藏族宗教史之实地研究》，对我国少数民族地区的研究和开发建设做出了贡献。主要著作有《边疆社会工作》（1944）、《社会学论集》，译著有《两性社会学》（1937译）、《知识社会学》（1944译）等。

⑤　李安宅太太：即于式玉（1905～1969），山东临淄人。早年就读于日本早稻田东洋音乐学校、奈良女子高师。1930年毕业回国，在燕京大学图书馆做编目工作，任教于北平女子文理学院。1938年前往甘肃拉卜楞藏区从事教育与研究工作。1942年起任华西边疆研究所研究员。后赴美国哈佛大学、耶鲁大学工作。1949年起历任中国人民解放军十八军研究室研究员、西藏军区藏语训练班教育办公室主任、西藏军区藏文藏语干部学校副教育长兼教育办公室主任、西南民族学院藏文专修科主任、语文系副主任、四川师范学院教授。著有《藏民妇女之一生》《拉卜楞红教喇嘛的现状、起源与各种象征》《日本期刊一百五十八种东方学篇目（附引得）》等。

⑥　本无日期，根据前后，编撰者推断为6月10日。

⑦　魏时珍（1895～1992）：四川蓬安人。1920年4月前往德国，入哥廷根大学，为该校第一个中国留学生，1925年获数学、物理学博士学位。其间，曾帮助朱德、孙炳文补习德文。还关注国际最新的物理学动态，给爱因斯坦写信，希望能得到指导，请求他允许其将《相对论》的基础知识介绍到中国，后撰写了一篇关于相对论学说的科学论文，连同爱因斯坦的复信寄回国发表在1923年的《少年中国》月刊上。促进了相对（**转下页**）

6. 德亮,7. 佛西 8. 季纯,9. 向辰,[①] 10. 堵述初,11. 蒋旨昂、徐雍舜[②],社会学。"（未刊《日记》）

6月11日 撰写日记:"学院(筑山 廉泉[③])。廉泉 教育长(或代院长)。黄觉民 教务主任(或教育系主任)(实习区主任)。茅仲英[④] 总务主任(或陈菊人[⑤])。傅葆琛 教。农(贵州大学农学院院长)。水。社。平民大学。建筑? 招待外宾教授。注重实际工作。罗致各方同道。"（未刊《日记》）

6月18日 撰写日记:"仲英。1. 公家家具:1 500万元。2. 乾洞子机器、管子,120万元。3. 织布工厂 退回8万元。毛巾1 069条,没被单。4. 实验区以手工业为重心。文学系:孙伏园、钟敬文、王向辰、赵水澄、谢扶雅。美方礼物:银器或竹帘、檀香扇子。"（未刊《日记》）

6月22日 致信纽约办事处秘书汤静怡女士。首先,简单向她介绍自己的行程和工作打算:"我即将启程去重庆,然后从重庆再飞成都,到此会同政府调查几件紧急

（接上页）论在中国的传播,成为最早向国内介绍爱因斯坦相对论的学者之一。回国后在上海任职,后经张澜特聘到成都大学(四川大学前身)。研究领域涉及数学、物理、哲学、文学等多学科。到成都大学任教时,由同事李璜介绍加入青年党。后来,青年党参与了民盟的建立,也是组成民盟的三党三派之一。1946年,因为坚持亲蒋立场,与民盟对立,被民盟开除。解放后,因"历史问题"进入成都南校场"政训班","隔离审查"学习。后经张澜给周恩来写信,脱离"政训班"的"学习审查",平安回家。同年8月,被四川大学正式聘为数学系教授,一直在四川大学工作,1984年6月,获德国哥廷根大学颁发的"金禧特别纪念证书",以表彰他数十年来在数学领域的成就,以及为增进中德数学交流所作的卓越贡献。1992年初,在成都病逝。著有《偏微分方程理论》《变分法》《相对论》《线性积分方程》《位势论》《物微论》等,另撰有《忆张澜》(1982)等文。

① 葆琛,傅葆琛;行可,陈行可;世文,张世文;志潜,陈志潜;伏园,孙伏园;德亮,汪德亮;佛西,熊佛西;季纯,黎季纯;向辰,王向辰。

② 徐雍舜:为1931年1月20日创刊的《新北方》主要撰稿人之一。20世纪30年代曾在北京附近的潞县乡(今北京市通州区潞县镇)调查乡村领袖冲突问题。1935年完成毕业论文《洪县乡村组织之研究》。曾以燕京大学助教身份在平教会定县实验区服务。1942年燕京大学在成都复校,任社会学系教师。1943年6月任中央研究院社会所专任副研究员。撰有《河北农村社区的诉讼》《河北农民的风俗》《东三省之移民与犯罪》《从社会调查入手开展社会学的工作》《农村自治的危机》《县政建设的使命——代发刊词》(天津《大公报》,1937年7月13日第11版)、《中国狱政失败的原因》(《大公报》1930年9月2日、10月17日和18日)。其他事迹待考。

③ 筑山:即陈筑山。廉泉:即孙廉泉。下同。

④ 茅仲英:原名宗杰,青浦人,江苏省立教育学院第二届毕业生,曾在黄巷实验区实习,思想比较进步,工作有创新精神,大革命时是共青团员,与当时青浦的著名的共产党人高尔松、高尔柏很熟悉。1931年任无锡丽新路工人实验区主任干事。1933年任无锡南门民众教育实验馆馆长。曾在江苏教育学院工作。抗日战争期间曾到四川永川、璧山等地考察,最后确定淞溉纺织实验区地址,后任淞溉纺织实验区主任。后到平教会工作。解放后调北京工作。主编有《俞庆棠教育论著选》(人民教育出版社1992年版)、《中国近现代各派教育思想与教学方法简史》(四川教育出版社1987年版)。撰有《保甲制度之实验》(《教育与民众》第6卷第10期,1935年6月)等。

⑤ 陈菊人:广东人。陈筑山的学生,平教会成员。1934年10月协助编辑《定县经济调查一部分报告书》。与陈筑山多年共事。1944年因执行陈筑山让其从成都带密信去重庆设法转交王若飞事被国民党宪兵拘捕,3个月后获营救。1947年任重庆北碚的四川省立北碚师范学校首任校长。20世纪80年代,人已年近80岁与陈筑山在成都见面时还谈起被捕之事。撰有《定县田赋状况》。其他事迹待考。

重要事情,同时招聘几名高级人员。我打算在那里停留十来天。从成都回来后,过不了多久又要飞上海和南京,去会见美国援华救济联合会的新领导成员,谒见委员长以及政府其他负责人。我准备从七月十日到七月底这段时间在上海和南京,因此您可以估计一下时间,如要写信到上海找我,可以通过翁先生(Mr. G. P. Waung)①转交"。其次,告知半小时前又收到她第 108 号来信,并告知"您信中提到的关于美国援华救济联合会的情况及艾德敷②的有些问题"还不能回答。最后,对来信中提到的"法克纳③""给董事会成员报告平教会情况""MEM④ 和我们学院的中文名称"、与颜彬生小姐(Miss Yen Pingsheng)⑤合作、"比尔·道格拉斯"⑥、"纳尔森·洛克菲勒捐助"、给普尔赛德⑦和米利根⑧的信、"马尔科·戴维斯"⑨、美国援华救济联合会和中国平教会的预算、"纽约办事处计划""美国援华救济联合会运动的日期"等作了逐一回复和解释。(见新版《全集》卷 4,第 624~627 页)

6 月 30 日 撰写日记:"□葆琛,行可,德亮,初⑩。1. 统一运动组织,平教,乡建。漱溟⑪函,乡建学会。2. 大本营,分店? 暂时,专人? 3. 今后工作计划?"(未刊《日记》)

6 月 与赵步霞教授一道陪美国道格拉斯等 3 位朋友到璧山县来凤镇参观、采访平教工作推行情况,与设在来凤大佛岩的平教会办事处的王秀斋等人谈话,后驱车回北碚。(中国人民政治协商会议四川省璧山县委员会文史资料委员会编:《璧山县文史

---

① 翁先生(Mr. G. P. Waung,1918~):即翁万戈,又名翁兴庆。美国纽约华美协进社社长。美籍华人。清朝光绪皇帝之师翁同龢的玄孙。生于上海。中学毕业后在上海沧桑大学攻读电机工程学。抗日战争爆发、上海沦陷后,他于 1940 年到美国普渡大学继续攻读,获电机工程学硕士学位。离校后改行从艺。曾长期从事电影制作工作。第二次世界大战期间,先后在美国陆军部、国务院任职,将反映有关美国工农业生产、文化、习俗等方面的几百部影片翻译和改编后介绍给中国。1982 年起担任美国纽约华美协进社社长。在促进中美文化交流方面进行了大量工作。曾制作《中国历史》电影系列片十多部。还著有《中国美术史》《故宫博物馆》,并以英、意、德文出版。近年来多次访问中国。

② 艾德敷(Dwight W. Edwards):旧版《全集》译为"爱德敷"。又译为"爱德华兹"。时在上海美国援华救济联合会供职。其他生平事迹未详,待考。

③ 法克纳(Claude E. Forkner):又译为"克劳得·法克纳"。医生,曾在北京协和医院工作过。时在美国。

④ MEM:中华平民教育促进会。

⑤ 颜彬生小姐(Miss Yen Pinsheng):美籍华人。原民国外交部长颜惠卿的女儿,早年毕业于美国大学,学习数学,1941 年去美国,1946 年加入晏阳初领导的国际乡村建设工作,工作近 50 年之久,曾任晏阳初的秘书、国际乡村建设学院第一副院长兼纽约办事处主任、国际乡村建设学院董事。

⑥ 比尔·道格拉斯:生平事迹未详,待考。

⑦ 普尔赛德:生平事迹未详,待考。

⑧ 米利根:生平事迹未详,待考。

⑨ 马尔科·戴维斯:生平事迹未详,待考。

⑩ □葆琛,行可,德亮,初:傅葆琛,陈行可,汪德亮,堵述初。

⑪ 漱溟:梁漱溟。

资料选辑》第 2 辑,1989 年 3 月,第 53~54 页)

7 月 2 日　撰写日记,内容:"筑,志潜,行可,德亮①。"(未刊《日记》)

7 月 5 日　电菊如左:"此间顺利,□〔九〕飞渝转歇□商后同飞京 初 歌②。"(未刊《日记》)

7 月 10 日　撰写日记:"1. 农田水科。2. 文学系　孙伏园,王向辰。3. 教育系　李任公③,黄觉民　教育心理(教务),刘桂灼④　师范教育。佛西⑤　村彬⑥,叶德光,邹鸿操,谢扶雅,瞿菊农,赵步霞,董渭川⑦(教一年),童润之⑧(教二年)。4. 文学系　找伏园⑨而后决定。5. 水利系　找白季眉⑩先生转学。6. 社会　谢

---

①　筑,志潜,行可,德亮:陈筑山,陈志潜,陈行可,汪德亮。

②　歌:据韵目代日法即"5 日"。

③　李任公:李济深。

④　刘桂灼:1934 年毕业于广州岭南大学教育系。曾任岭南大学教育学会主席,青少教员及附中教员。曾任岭南大学附属中学校主任。由广东省政府派赴美国哥伦比亚大学留学,获教育学博士学位。回国后曾任广东省教育厅秘书、督学,贵阳师范学院、浙江大学师范学院及私立中国乡村建设学院等校教授多年。1948 年 10 月任岭南大学教育系主任、教授,主讲教育哲学、教育行政学、中学教育问题。新中国成立后在华南师范学院教育系任教授,在政治运动中十分积极踊跃,执笔写了不少批判文章,如《清除胡适反动思想在我国教育界中的遗毒》(《南方日报》1955 年 2 月 11 日)。撰有《马卡连柯的教育观点》《克鲁普斯卡娅的教育观点》《中等教育问题》等论文。

⑤　佛西:熊佛西。

⑥　村彬:杨村彬,现代剧作家。教授。原名杨瑞麟,北京人。1940 年到国立戏剧专科学校任教授及教务主任。1942 年秋在北碚创作四幕历史话剧《光绪皇帝三部曲》,第一部为"甲午之役";第二部"戊戌政变";第三部"庚子拳乱"。

⑦　董渭川(1901~1968):教育学家。山东邹县人。早年就学于北京中国大学、北京高等师范学校。毕业后入北京师范大学国文研究科学习。曾任江苏省立东海中学校长、安徽省教育厅厅长。1935 年赴欧洲考察教育。回国后任山东民众教育馆馆长,广西大学、社会教育学院、北平师范学院教授。新中国成立后,历任北京师范大学教育系教授、教育学院院长、副教务长、校务委员会委员。是第二、三、四届全国政协委员,九三学社中央常委。著有《新中国的新教育》《中小学班主任工作》,编有《中国近代教育论文选》,出版有《董渭川先生教育论文集》。

⑧　童润之(1899~1993):著名社会教育家。早年在金陵大学农科毕业。1926 年夏赴美留学,在加州大学教育研究院攻读中等教育,获教育硕士学位,1928 年回国。1929 年初,在无锡建校的江苏省立民众教育院增设劳农学院,经俞庆棠之邀,到院任教授,讲授乡村中等教育和乡村社会学,兼农民师范班主任。1933 年,江苏民众教育院与劳农学院合并,改建为江苏省立教育学院,1934 年又回院任教,担任教务主任,自编著教材《乡村社会学纲要》等。1938 年夏,任代理省立教育学院院长。1941 年初,受邀回桂任广西大学农学院院长,讲授《中国农村经济》。1943 年去重庆,任社会教育学院社会教育系主任,兼教两门功课。抗战胜利,回无锡,筹划复院。不久,在社桥原址改建校舍,添置设备,增聘教师,开始招生。1950 年 1 月,原来设在苏州的社会教育学院迁至无锡,与江苏教育学院合并,改建为苏南文化教育学院,任副院长。1950 年底,加入中国民主同盟。1956 年,调到南京教育行政干校讲授教育学。1963 年调回南京师范学院外语系。1993 年逝世。著有《广西国民中学教育》(广西省政府编译委员会,1940 年)。今人刘光主编有《童润之教授纪念文集》。

⑨　伏园:孙伏园。

⑩　白季眉(1895~1966):原名白祚恒。河北卢龙人,满族。1922 年毕业于南京河海工程专门学校,1924 年在南京河海工科大学任助教,1934 年任南京中央大学讲师,1937 年任复旦大学教授,1946 年在重庆乡村建设学院兼任导淮委员会委员、市水利委员会编审顾问。1949 年后,先后在东北工学院、东北(长春)地质学院、山东大学和山东海洋学院任教,培养造就了大批国家急需人才。曾任长春市政协委员、中国测量学会理事及第三届全国人大代表。著有《普通测量学教本》《大地测量学》《水文测量学》《应用天文学》《地图学》等书。

扶雅。7. 农　杨寻保①。"（未刊《日记》）

同日　给汤静怡写回信。首先,告知在成都招聘人员并会见从事平教工作的一些老同事,并告知"为平教运动战后计划又建立了一支强大的人才队伍"。其次,告知第 109、110 号来信昨天已收到,夸奖信写得很好,并提供了所需要的详细情况,尤其是关于美国援华救济联合会在上海和纽约的情况。第三,告知正在与同仁忙于制定全国性和区域性平民教育计划。第四,就信中有关美国援华救济联合会情况、约·莫里斯②投入 5 美元的安全性问题以及给中国平教会工作人员发放薪金的确切数字等作简单答复。最后,告知她的报告很有帮助,请继续做好工作。(新版《全集》卷 4,第 627～629 页)

7 月 16 日　给 C. E. 法克纳(Dr. Claude E. Forkner)③写信。信中首先告知汤静怡小姐一直坚持寄来她写的关于美国情况的非常好的每周报告,还特别提到 C. E. 法克纳给予她和平教运动的有益帮助,为此特表感激之情。其次,告知在还没有同美国援华救济联合会取得任何联系之前,艾德敷就召开了讨论第一季度拨款问题的会议,反对纽约计划委员会的行动,为此深表遗憾。第三,认为"中国委员会真正要做的事情是为美国援华救济联合会争取援助金。在理论上,中国委员会只是个顾问机构,但实际上很明显是个执行机构。我等买到飞机票将去上海见艾德敷和委员会其他成员,就整个问题同他们进行讨论,我们要提出遵守美国援华救济联合会规定的理由。但我们发现他们持完全不合作态度,那我们不得不考虑退出。"第四,告知回国后"就把主要精力集中在加强我院各系的人事问题上。我非常高兴地告诉您,我们一部分有能力、有经验的同仁正逐渐回到平教运动的工作岗位(他们在战时被政府抽调去协助工作)。这些人当中包括您的老朋友陈志潜博士。我见到了四川省主席④,他同意陈的辞呈。"最后,告知拟派陈志潜去美国,对医药和公共卫生的最新发展进行深入的研究,为创办新的医药卫生学校亟须人才,对王敬一(Wang Ching-yi)⑤博士能留下来感到高兴,认为为医药学校储备第一流的人

---

①　杨寻保:1944 年曾与严仁颖一道访问美国白宫。其他生平事迹未详,待考。

②　约·莫里斯:旧版《全集》译为"约·马利斯"。即 John Maurice Clark(1884～1963),美国经济学家,约翰·贝茨·克拉克之子。哥伦比亚大学教授,《美国经济评论》编辑,美国国际经济学会名誉会长。最先对加速原理作比较系统的说明。由于美国资本主义迅速发展,资本家和工人阶级的矛盾不断加深,他以制度学派的观点,批评古典学派的自由放任主义,主张在个人自由和社会统制之间采取一定的调整办法,以缓和社会矛盾。主要著作有《公共事业计划的经济学》《经济制度与人类福利》和《动态过程中的竞争》。

③　C. E. 法克纳(Dr. Claude E. Forkner):又译为"克劳得·法克纳"。时在美国。

④　四川省主席:即张群。

⑤　王敬一(Wang Ching-yi):时在美国完成医学学业已获博士学位。其他生平事迹未详,待考。旧版《全集》误为"王振一(Wang Cheng-yi)",与 7 月 24 日给汤静怡回信中提到的"王敬一(Dr. Wang Chingyi)"不同。新版《全集》卷 4 第 630 页已将此处"王振一"改为"王敬一",与新版《全集》卷 4 第 635 页相同。

才是当时要做的最重要事情之一。(新版《全集》卷 4,第 629～630 页)

7 月 17 日　撰写日记:"1. 电话负责人。2. 交谢扶雅工作(材料整理,对外文章)。3. 文学系主要教授 文学史,小学,(说文,音韵)小说,翻译? 4. 试验区工作计划及参与负责人。5. 已办水利系办法(北衡①来院)。6. 考察院方实际工作(茅仲英……)。7. 张汇兰②,杨兴宝③。8. 选购仪器。"(未刊《日记》)

7 月 18 日　撰写日记:"1. 致函德亮④。2. 汇兰⑤。3. 伦敦 Wilson⑥ 复函。"(未刊《日记》)

7 月 19 日　撰写日记:"(教务)1. 招生 德光,鸿操⑦。2. 建筑,修缮。仲英,润民⑧。3. 各系课程,教员。4. 仪器。5. 训导 约暑期学生代表讨论自治办法(之朴⑨、仲英、水澄⑩)。6. 预算。"(未刊《日记》)

7 月 22 日　撰写日记:"(午后四时)实际工作。1. 已有成功的。2. 辅导团。3. 以教育入手,开展工作。应有实验工作,机构。集中地点,集中工作。应有社会调查。"(未刊《日记》)

7 月 23 日　撰写日记:"1. 乡建学院用复旦校址⑪。2. 华大⑫工作据点(组织委员会)。3. 华大乡建工作合作办法。4. 教部 识字运动。5. 实验区工作。"(未刊

---

①　北衡:何北衡。

②　张汇兰(1898～1996):江苏南京人。1919 年毕业于上海女青年会体育师范学校,1926 年毕业于美国威斯康辛大学体育系。她曾三度赴美留学,最后在爱荷华州立大学获生物学、公共卫生学的硕士学位和博士学位。回国后曾任金陵女子大学体育系主任、教授,河北女子师范学院体育系主任、教授,中央大学女子体育部主任、教授。新中国成立后,担任华东体育学院教务长、运动解剖学教研室主任、教授。著作有《运动解剖学》《和缓运动》等。在 20 世纪 50 年代,被评为全国先进工作者,曾向学院捐赠个人历年工资积蓄 2 万元作为学校科研奖的奖励基金。先后担任九三学社上海市委常委、顾问,全国妇联执委、中华全国体育总会副主席、中国奥林匹克委员会副主席等职,是第二、三届全国人大代表、第五届全国政协委员。1984 年 9 月,获国家体委颁发的国家体育运动荣誉奖章;1987 年 6 月,联合国教科文组织授予她首次设立的体育荣誉奖。

③　杨兴宝:生平事迹未详,待考。

④　德亮:汪德亮。

⑤　汇兰:张汇兰。

⑥　Wilson:即霍华德·威尔逊(Howard Wilson)。

⑦　德光,鸿操:叶德光,邹鸿操。

⑧　仲英,润民:茅仲英,杜润民。

⑨　之朴:李之朴(1914～1993),河北省安次县人。曾积极参加"一二·九"学生运动。1940 年毕业于北平燕京大学,1940 至 1945 年,在重庆从事乡村教育研究工作,系重庆乡村建设研究所研究生、西北师范学院研究生。之后,曾任平教会研究员。1949 年 8 月,任陆行中学首任校长。1953 年 9 月,校党支部建立,任首届党支部书记兼校长。1955 年 8 月,调上海教育学院,任进修部主任。撰写教育随笔《走向辉煌》和论文,经常去学校听课,研究教案,与教师座谈研究课题。

⑩　仲英,水澄:茅仲英,赵水澄。

⑪　复旦校址:位于重庆北碚区东阳街夏坝。1938 年复旦大学迁校于此,1946 年迁回上海。现留有登辉堂为重庆市文物保护单位及当年栽的树。

⑫　华大:华西大学。

《日记》)

7月24日　给汤静怡回信。信中首先告知6月29日来信于7月12日收到,但回信后仍未收到来信。其次,告知111号来信所告诉关于新工作人员惠特纳小姐①和F.比尔小姐②以及美国援华救济联合会的情况很重要。第三,就信中提出的"关于为一名图书管理员提供一千元奖学金问题""图书顾问委员会"、弗朗西斯·比尔③、"美国援华救济联合会"中国平教会的计划、杨新保(Yang Hsin-pao)、薪金等级、彼得·拉斯文、王敬一(Dr. Wang Ching-yi)博士、张惠兰小姐(Miss Chang HweiLan)④、米切尔·斯特雷特、医药书、吴讷孙⑤等涉及的相应问题逐一回答和解释。最后,告知"请立即用快件寄六本赛珍珠(Pearl R. J. Walsh)著的《告语人民》给我"。(新版《全集》卷4,第630～636页)

同日　撰写日记:"(廉泉⑥加入)实习区工作大纲:1.治安,保安司令各一营人。① 二连人整理,电话,卡车。② 组训民众。(治安委员会)士绅,集会,有枪人民与二连兵联系自卫。"(未刊《日记》)

7月25日　早九时,与廉泉、仲华⑦及与会同人继续讨论。主要涉及地方自治和乡建干部不受乡长之变动而变动。

7月26日　撰写当日要事提要如下:"1.复伦敦,文章。2.实习区工作机构。3.扶雅⑧任社会系。4.伏园⑨。5.黄觉民及其助手。黎季纯、熊佛西、姜一樵、王硕如。"(未刊《日记》)

8月31日　致信D. W.艾德敷⑩。信中首先告知上星期一在电话中答应立

---

①　惠特纳小姐:为中华平教会在美国招募的新的工作人员,曾向晏阳初建议加强中国乡村建设学院图书馆专业人员建设及图书资料建设。其他生平事迹未详,待考。

②　F.比尔小姐:即旧版《全集》卷3第668页提到的"费朗西斯·比尔"和"弗朗西斯·比尔"。当时正准备接替汤静怡在美国担任的平教会美国执行秘书工作。其他生平事迹未详,待考。

③　费朗西斯·比尔:即前文的"F.比尔小姐"。

④　张惠兰小姐(Miss Chang HweiLan):生平事迹未详,待考。

⑤　吴讷孙(1919～　):笔名鹿桥,美籍华人,祖籍闽侯。生于北京。其父与文学家孙伏园是朋友。昆明西南联合大学文学士。美国耶鲁大学硕士、博士,主修美术史。历任西南联合大学助教、美国旧金山州立学院助教授、耶鲁大学助教授、华盛顿大学正教授。现任华盛顿大学麻林可德优异校座教授。曾在美国康州、且溪,设计延陵乙园,举行多次文会和文艺展。曾为台湾建设研究会农业组员。学术著作多以英文出版,文学创作则分别以中、英文出版。所著英文学术著作有《中国印度之建筑》《董其昌灰心政事、热衷艺事》《王阳明学说以后中国思想、政治、文艺之平行而时间上参差之发展》等,以笔名鹿桥发表的中文著作有《未央歌》《人子》《忏情书》等。旧版《全集》卷3第672页译为"纳尔森·吴"。

⑥　廉泉:孙廉泉。

⑦　廉泉、仲华:孙廉泉、梁仲华。

⑧　扶雅:谢伏园。

⑨　伏园:孙伏园。

⑩　艾德敷(Dwight W. Edwards):旧版《全集》译为"爱德敷"。又译为"爱德华兹"。时在上海美国援华救济联合会供职。其他生平事迹未详,待考。

即汇款至今未收到。其次，告知"假如汇这笔款项有困难，请给我们发份急电告知。由于我们这里和重庆都急需用款，在纽约的款项汇来之前，我不得不采取紧急措施，立即寻求其他途径和方法。"最后，表达"当纽约拨平教会的款项汇来时，我相信您会给我们汇来足够支付九月的预算以及七月和八月预算所需的款来。我们自然会定期向各合作机构提交我们的财政报告。"（新版《全集》卷 4，第636 页）

9 月 9 日　复函汤静怡。信中首先告知 120 号和 121 号来信直到前两天从南京回来才见到。其次，就信中提到的"美国援华救济联合会九万美元捐款和纳尔森·洛克菲勒①为直观教育十万美元的捐款"、拉萨得斯·默费②、杨新保（Yang Hsin-pao）、"在美国的奖学会""学院设备""我们委员会汇款五万美元""平教会报告"等涉及的相应问题逐一答复和解释。第三，告知已离开歇马场近 5 个星期了，刚刚回来，有大量的事务要处理，盼尽早来信。最后，补记"请问拉斯文先生表示要捐多少款？"（新版《全集》卷 4，第 640 页）

9 月 10 日　致信 E. des 布鲁纳③博士。信中首先告知在美国最令人兴奋的经历之一便是那天晚上"与您及您夫人和（杨）新保（Hsin-pao）在一起"。其次，抱歉未能直接通信，但从杨新保和汤小姐那里得知给予了他们很大帮助。第三，告知中国受灾省份不少，饿死了不少人。第四，对愿意担任乡村建设学院图书馆顾问委员会主席表示高兴，希望买到最好最新出版的社会科学和自然科学方面的书刊和参考资料。第五，告诉中国乡村建设学院系科设置情况。"设有教育、农业、社会、水力利用和灌溉及农业经济等系。尽管我院已被教育部承认是一所发展完备的学校，但我们仍有充分自由决定我们的课程设置和田间实践。它是一种目前由政府控制的具有特殊地位的，并允许进行自由实验的真正的实验学校。"最后，感谢对中国乡村建设学院的支持和合作，希望在计划取得成果之后，邀请其作为远方的"名誉教授"访问学院。（新版《全集》卷 4，第 640～641 页）

9 月 12 日　致信 H. 道格拉斯④。信中首先告知回到中国 4 个月主要是"花大量时间接受'再教育'，修改我们的计划以适应变化了的形势。此外，还要处理乡村建设学院的事务，指导全国各地的实验区（亦称之为'社会实验室'）。我们与中央

---

①　纳尔逊·洛克菲勒：旧版《全集》译为"纳尔森·洛克菲勒"。

②　拉萨得斯·默费：时在美国，受汤静怡的推荐拟作为中国乡村建设学院教写作的教师。其他生平事迹未详，待考。

③　E. des 布鲁纳（Dr. Edmund des Brunner）：时在美国哥伦比亚大学供职。其他生平事迹待考。旧版《全集》译为"E. D. 布伦纳博士"。

④　道格拉斯（Mr. Henry Douglas）：即亨利·道格拉斯，时在美国，生平事迹待考。

政府合作开展全国'除文盲、做新民'运动。"其次,告知随信附上中国平教会的计划大纲以便对拟在中国进行的工作有全面了解。第三,就愿参加中国平教运动工作提如下看法:"① 准备例行报告和宣传材料;② 通过在乡建院教英语,可密切联系学生。您是一位有经验的图书管理员,您如果有时间,我们乡建院的图书馆还需要您的帮助,给我们当顾问。为了能把平教运动写得好,我认为您还得经常去我们田间看看,以便收集中国人民生活的素材。"第四,告知中华平教会愿意支付每年三千美元薪金,在中国可生活得很好,而且还有结余。第五,告知如果决定参加中华平教会工作,希望最好做到:"① 如有可能,请马上就来,十一月抵中国;② 最起码要为平教会服务两年。"并告知乐意为他及夫人提供来中国的船票。如果愿意来中国北碚歇马场,请立即与中华平教会纽约办事处的汤静怡小姐联系。最后,告知"盼尽早回音,并致以最亲切的问候。"(新版《全集》卷4,第641~642页)

9月13日 撰写当日要事提要如下:"1. 作孚①介绍之学生,试读。2. 蔡斐②合作社房子。3. 张汇兰、王汝妮③等住处,志潜④驻渝办事处住址。4. 函催办盗窃事。5. 张汇兰汇款事。6. 见茅太太⑤、席朝杰⑥。什么是平教会?哲学、历史……选择重要大学,设奖学金。"(未刊《日记》)

9月14日 撰写日记:"通过学生考试成绩。1. 中、英文及公民,数学成绩最高者报来。2. 多川人。"(未刊《日记》)

9月15日 撰写日记:"1. 学生通信报载对院随便批评(世界⑦、新华⑧等)(九月十四)教育、新华⑨、农业、经济杂志。2. 复静怡⑩关于各系人才。3. 致电 Eows

---

① 作孚:卢作孚。
② 蔡斐:未详,待考。
③ 王汝妮:生平事迹未详,待考。
④ 志潜:陈志潜。
⑤ 茅太太:茅仲英夫人。
⑥ 席朝杰:秀山县人。为梁漱溟和熊十力的学生,其夫人徐昌玉。曾在曹州六中任教,后追随梁漱溟到北京。1925年就常常到北京大学听梁漱溟的讲座。1926年在北京西郊万寿山大有庄参加梁漱溟、熊十力、卫西琴等主讲的儒学哲学与心理学,尤其是《唯识学概论》。后到勉仁书院,与熊十力为邻居。后到中国乡建学院任教授。1947年在晏阳初去美国、瞿菊农去南京开会时,曾任五位院务委员之一负责院务,期间发生"六一"大逮捕。曾任吴宓的书记员。新中国成立后,被打成"右派",自杀身亡。
⑦ 世界:《世界日报》,大型日报。1925年2月1日创办于北京。成舍我创办并任社长。吴范寰为经理人。先后任总编辑的有龚德柏、张恨水、黄少谷、张友鸾等人。其第5、7、8版分别为画刊、专刊和副刊,其中《明珠》副刊由张恨水、左笑鸿前后任主编,刊载性灵文字和趣味作品,为该报支柱,曾连载张恨水的《金粉世家》等。1938年8月被迫休刊。1945年在重庆复刊。同年11月迁回北京。1949年2月停刊。1945年5月1日至12月15日,它的副刊《明珠》上面连载了老舍长篇小说《四世同堂》的第二部《偷生》。
⑧ 新华:《新华日报》。
⑨ 新华:指何杂志,未详。
⑩ 静怡:汤静怡。各系人才可参见同年"9月16日"条。

催款。4. 函北衡①（修大学道）。5. 农，吴福慎②（昆虫）。"（未刊《日记》）

9月16日 复函汤静怡。信中首先告知非常感谢 123 号来信。其次，告知因时间太紧，只能作简单回复。第三，就信中主要问题逐一回答。① 告知中国乡建院系科设置和急需人才情况。"现有教育、农业、社会和水利工程等系，不久将增设农业经济和农村卫生两系。关于教育，我们将需要在教育心理学、教育方法、学校管理、教员训练、成人教育、青年教育和乡村教育等方面受过训练的人才。关于社会学，我们将需要在社会工作、社会调查、社会管理、乡村社会学和社区组织学、社会运动及社会学等方面受过训练的人才。关于农业，我们将需要在农业推广、农业教育、昆虫学、园艺学、果树栽培学和粮食保管等方面受过训练的人才。关于农业经济，我们将需要精通土地制度、土地所有权、农田管理、统计、合作化和农业经济学等方面知识的人才。关于水利工程，……我们需要在促进小规模的能在合作基础上可以建造的水力利用工程和灌溉渠方面的熟练技术人才。也就是说，我们所建设的是那种不仅给几千户农家带来益处，而且还要给成百万的农家带来益处的工程③。我们希望这些人能够把教学与田间实践相结合，具有创造精神，适应各种形势的能力，能够把学到的知识运用到改变平民实际生活的活动中去。"② 赞同杨新保关于在美国地方中文报纸上发表有关平教运动的中文文章的建议，拟向檀香山、加拿大和南美等地的报社投稿。③ 关于留学生回国到中华平教会工作的薪金发给的问题。"我们对到我们平教会工作的留学生多发一个月薪金，即在他从他家出发到我们平教会总部之前，我们发给他们一个月薪金，以便他有机会举家团圆，处理家务。"④ 表达获悉吴讷孙④决定参加中华平教会工作感到高兴，他为平民出版普通读物很重要，应注意出版适合农民劳动者和家庭妇女的读物。还应注意收集出版物以及那些经过翻译和改编后成为有用的读物材料。赞同吴讷孙与迪维特·沃拉斯⑤、马歇尔·菲尔德以及他们的企业取得联系，并拜托给他们写信。第四，告知在上海时曾就在美国应该注意的各种重要问题亲笔写了封比较长的信，其中提到拟送刘

---

① 北衡：何北衡。
② 吴福慎：生平事迹未详，待考。
③ 我们所建设的是那种不仅给几千户农家带来益处，而且还要给成百万的农家带来益处的工程：旧版《全集》译为"我对那种不仅给几千户农家带来益处，而且还要给成百万的农家带来益处的工程"。
④ 吴讷孙：旧版《全集》译为"纳尔森·吴"，下同。生平事迹未详，待考。
⑤ 迪维特·沃拉斯：生平事迹未详，待考。

尊祺①去美国，"一旦收到我们委员会主席华尔什②的来信，确定他与其他六人获得奖学金，我们就去外交部为他们办护照。我们很可能要求刘或多或少做些类似吴讷孙所做的研究和调查工作。"第五，告知年底前中华平教会用于图书馆和设备的预算将有 10 118 美元，拜托大胆订购图书和设备。急需教育、农业、社会学、经济学、历史和社会政治学方面的杂志和期刊，并告知没有收到任何杂志和期刊，请查核；告知《小神童》(Little Wonder)和《学院实施计划》(A College Program in Action)两书刚收到。希望不时地寄份已寄的图书和杂志清单，以便查对；增加购买为物理、化学和植物专业新生用的设备和水利工程系的仪器和设备，可与卢先生助手童先生③联系。第六，告知请与温(慕仁)④联系，弄一些对教学有帮助和轻松的社会问题影

---

① 刘尊祺(1911~1993)：新闻名家。又名刘质文，生于浙江宁波。1930 年 5 月，被介绍到苏联塔斯社北平分社担任英文翻译和记者，从此开始了新闻生涯。1931 年年初，加入中国共产党。1934 年 8 月，塔斯社北平分社撤销，又到《北平晨报》当了两年记者，还先后做过国民党中央通讯社记者、中国青年新闻记者学会理事等。1937 年 11 月，中国共产党中央认为让其在党外为党工作更有利，于是让他重返国民党中央社任战地记者。1939 年 9 月，身为国民党中央社记者跟随全国慰劳总会组织的前线抗敌将士慰劳团从重庆出发，到达延安。9 月 16 日，与另两位记者一道在毛泽东居住的窑洞里开始对毛泽东采访。毛泽东在谈话中首次提出"凡是敌人反对的，我们就要拥护；凡是敌人拥护的，我们就要反对"，以及"人不犯我，我不犯人；人若犯我，我必犯人"的著名论断。此次采访以《和中央社、扫荡报、新民报三记者的谈话》为题收入《毛泽东选集》，以九问九答的形式保存下来。1941 年 1 月，被中共南方局安排去新加坡，任《南洋商报》编辑主任，主编时事新闻。1942 年回国，受聘为美国新闻处中文部主任。抗战胜利后，根据周恩来的指示在上海先后创办了《联合日报》《联合晚报》，任两报社长。1948 年在香港创办并主编英文《远东公报》，作为中共与各民主党派共同的对外宣传刊物。1949 年，作为新闻界的代表参加了第一届全国人民政治协商会议。中央人民政府新闻总署成立后，任国际新闻局副局长，同时任该局英文刊物《人民中国》总编辑。不久被指为叛徒，遭到批斗和监禁，开始了 20 多年的屈辱生活。"文革"后，中央组织部给其正式平反。1978 年 11 月，被任命为中国大百科全书出版社临时领导小组副组长、《不列颠百科全书》中美联合编审委员会中方主席和《简明不列颠百科全书》(中文版)主编。1981 年 6 月任英文《中国日报》总编辑，作为该报的首任总编辑，为报纸的风格、编辑、发行等做了全面的探索和规范。著有《美国》和《美国侧面像》等作品，翻译有《死屋手记》《天下一家》《美国通史》《伟大的中国革命》等作品。

② 华尔什：即理查德·沃尔什(Richard J. Walsh, 1887~1960)，为赛珍珠(Pearl S. Buck, 1892~1973)的第二任丈夫，《亚细亚》杂志主编，纽约出版商，庄台公司(John Day Company)的创立者兼总裁。毕业于美国哈佛大学，曾游历过中国。1935 年与赛珍珠结婚。1940 年，与赛珍珠投身于美国政府对中国医疗救助的附属组织——中国急救委员会，该委员会的目标是在半年内筹集一百万美元用于中国的医疗救助。其创立的庄台公司曾出版不少介绍中国的著作，如赛珍珠编的《从木刻看中国》、林语堂的《吾国与吾民》《苏东坡传》《唐人街》《朱门》等。

③ 卢先生助手童先生：即卢作孚的助手童少生(S. S. Tong, 1903~1984)，民建中央副主席、天主教徒、实业家、著名航业家、爱国民族工商业者。重庆巴县人。1926 年毕业于上海圣约翰大学后，立志实业救国。1935 年后任民生实业股份有限公司业务处经理和宜昌、上海分公司经理及代总经理，太平洋轮船公司经理等职。抗日战争爆发后积极参与组织运送军用物资及人员。抗日战争胜利后任民生公司驻纽约办事处主任。上海解放前夕，接受中共地下党指示，尽力保护民生公司轮船。新中国成立后与卢作孚等率先接受国家对资本主义工商业的社会主义改造，使民生轮船公司成为中国最早实行公私合营的大型企业之一。并历任民生轮船公司副总经理，长江航运管理局副局长，四川省副省长兼交通厅长，重庆市人民政府委员，武汉市人民委员会委员，第一至第五届全国人大代表，第五、六届全国政协常委，四川省人大常委会副主任，四川省政协副主席，民建第一届中央委员、第二届中央常委及第三、四届中央副主任委员、副主席，中华全国工商业联合会执委会常委，四川省工商联主任委员等职。晏阳初写信时，时任民生公司总经理。

④ 温慕仁：旧版《全集》译为"温(Weng)"。美国人。抗日战争时期，曾参加我国曲靖公益救护队，从事医疗救护。为公益救护队中国支队成员。其他生平事迹未详，待考。

片,并请立即寄部放映机来,已满足教职员工以及学生非常渴望偶尔能看上一次教育和社会方面电影的愿望。告知如果有什么对中国乡村建设学院、社区、乡村生活有帮助的东西,请给建议,且可以提前购买并立即寄来。第七,拜托为中国乡村建设学院买一座走得准的又很漂亮的钟并寄来。第八,赞同不同意增加陈铁生(Chen Tieh-sheng)①要求增加奖学金一事;认为杨兆成(Yang Chao-cheng)②这个人似乎很不错,是位全面人才,希望尽量争取到他。最后,告知关于所需人才的条件:"特别需要从事过田间调查和考察的高级博士研究生。当然,对于那些卓越的人才,虽没有博士学位的我们也要。我们现在急需有经验的英语教员,特别是一年级和二年级的教员,有教外国学生经验的更好。我认为教一二年级英语的教员,美国教员比中国学外语的学生要好。"（新版《全集》卷 4,第 643～646 页）

9 月 17 日　致信何北衡。首先,感谢此次由宁归渝派车迎接,并为未能谒前拜晤致歉。其次,恳请将承允借出的经纬仪、水平仪近期送来,以便中国乡村建设学院水利系教学所需。第三,希望为水利系工程材料、水力学、河工学、水文学、水土保持、中国水工史、结水工程等科帮忙介绍师资,俾教学得以顺利进行。最后,讨论卢作孚提议兴修歇马场至大磨滩马路一事,希望能"提出省府会议稿,令三区专署会同巴县之政府进行办理。经费方面,作孚兄意拟由省府担负十分之六,富源水力公司担负十分之三,本院担负十分之一,敬请从速设法进行,结果如何,并祈示复为感!"（新版《全集》卷 4,第 646～647 页）

同日　撰写日记:"1. 陶存③、王康、罗特④同来请求:为农科计划等开一谈话会,学生有建议。(曾顺便谈及新华报院讯事,罗特提议愿同学自己负责劝导)。

---

①　陈铁生(Chen Tiehsheng):1918 年受基督教"中华国内布道会"委派开始在云南传教,1919 年在其主持下筹办了禄丰国内布道会,成绩颇佳。1922 年任重庆市中华基督教青年会副会长。1935 年一二九运动爆发后,在上海与其他 27 人联名发表《上海各界基督徒对时局宣言》。1937 年 1 月任上海儿童教育馆馆长。6 月前往西北考察。抗日战争时期任中华慈幼协济会总干事。1939 年在重庆参加中华基督教会全国总会边疆服务委员会第一次大会,当选为九人委员会之一。其他生平事迹待考。

②　杨兆成(Yang Chaocheng):生平事迹未详,待考。

③　陶存(1925～　　):浙江绍兴人,1949 年毕业于乡村建设学院农学系,1953 年在北京师范大学生物学教师进修班进修毕业,1947 年在乡村建设学院加入中国共产党的秘密外围组织"六一社"。1950 年起,连续在乡村建设学院、川东教育学院、西南师范学院任助教、讲师、副教授、教授,历任四川省及重庆市植物学会理事、专业委员会主委,中国植物生理学会理事,四川省高校高级职称生物学学科评审组成员。1987 年退休,1993 年改为离休。为西南师范学院生物学系植物生理学课程的开设进行了从无到有的开创性工作(包括师资培养、实验室建立、图书及设备的购置)。长期担任生物学概论、植物生理学、微生物学基础和光合作用等课程的讲授与实验,编著过三种以上的专业课教材,发表过论文两篇,参编《四川省科技志(生物卷)》。1990年获国家教委高教科技工作 40 年荣誉奖。

④　罗特(1921～　　):即罗舜楚,曾在衡山师范学校求学。1982 年 3 月至 1986 年 12 月任湖南农业大学革委会主任。2013 年,92 岁的离休的他写道:"国家富强,人民富裕,家庭幸福,个人健康。"

2.研究全院办法。3.起草致美委员书。4.召集同人谈实验区进行计划。5.课程之修正,及正课外之演讲,如平史、成功令生活、奋斗史。6.约新同人用饭。"(未刊《日记》)

9月18日 撰写日记:"1.整理院务。2.致沪民生罗君①函,付《民友报》。眉批:或商润民②办。3.函任宝祥③、孟受曾。"另附"院务会议应讨论各件:1.训导。2.续招生,教、农、水不改。3.通过学生。4.新生报到(建筑)。5.奖金(五十名)。6.本年度预算(提出标准)。"(未刊《日记》)

9月19日 撰写日记:"课程研究会。1.下学期课程。2.教员。3.可改革三点。4.实习。① 学生可参加之活动。② 参加具体办法。扣合?注重游艺、娱乐、强健身心。"(未刊《日记》)

9月20日 撰写日记:"本会④组织:1.董事会。2.干部,分下列各部:① 研究部(瞿⑤);② 实验部(孙⑥);③ 财务部;④ 训练部(晏⑦暂兼);⑤ 出版部(刘尊祺);⑥ 电教部(翁⑧);⑦ 推广部(梁仲华)。"另记录道:"1.决定薪水待遇。2.院讯。3.筹备为学生赴美工作之展览。4.致 王向农⑨、马博厂、李裕生、徐幼芝、戴子钦⑩、曹

---

① 罗君:未详,待考。
② 润民:杜润民。
③ 任宝祥(1916～2000):字子祯、保祥。原籍山西,出生于河北沧县。1932年入燕京大学社会、教育系读书,1936年毕业,获文学士学位。1947年赴美国,先在芝加哥大学研究儿童福利及教育半年,继入威斯康辛州立大学研究乡村社区组织与教育一年。历任山东省济宁四县联立乡师教导主任兼代校长、山东乡村建设服务人员训练处教务组长、湖南省新华县县中简师科主任、全国基督教协会服务人员训练团教务主任、驻粤办事处主任、伤兵教育研究组主任、湖南蓝田国立师范学院讲师、中国乡村建设学院社会系教授兼主任、朝阳大学社会学兼任教授、平教会华西实验室调查室主任、中国乡村建设学院教授。1950年任西南师范学院教育系教授。并兼任全国教育史研究会第二、三届理事,四川省社会学会副理事长、顾问,重庆市社会学会副理事长、四川省乡村建设学院院史研究会顾问、重庆市民政学会顾问、四川省《陶行知生活教育文集》编委会顾问、《教育大辞典》编委会顾问、重庆市社会科学院特约研究员、四川教育出版社《现代教育丛书》顾问等职。主要研究领域为外国教育史、教育社会学。主要著作有《抗战读本》《社会学讲义》《外国教育史提要》《空想社会主义者的观点》《社会学概论》《教育专业英语》《教育社会学》。译著有《母育学校——论初生到六岁儿童的教育》《西方教育史》等。
④ 从前后文看,当为"平教会"。
⑤ 瞿:瞿菊农。
⑥ 孙:孙恩三。
⑦ 晏:晏声鸿。
⑧ 翁:翁万戈(翁兴庆)。
⑨ 王向农:生平事迹未详,待考。
⑩ 戴子钦:浙江鄞县人,19岁毕业于上海公学,受胡适、马君武、潘仲昂等人影响极大。1938年6月任鄞县战时文化事业推进委员会战时剧社社长。曾在中国乡村建设学院图书馆工作。1951年任中南银行总行公私合营后的五联总处人事处副处长。1958年调青海任教。后回到上海。20世纪80年代从事翻译工作,1988年完成译本《吉本自传》,2002年三联书店作为精选推出。撰有《一生尽瘁为教育——记赵冕教授》《晏阳初与乡村建设学院》《"新三从四德"——谈谈胡适夫妇》《梁漱溟在警报中》等论文。另译有《通俗教育与通俗讲演》《图书馆为教育者办》《南卡罗利那的机会学校》《墨西哥的活学校》《柏拉图'对话'七篇》《伊丽莎白女王和埃塞克斯伯爵———一部悲剧性的历史》《发现者——人类探索世界和自我的历史》等。

日昌①、魏泽馨②、施无己③。"(未刊《日记》)

9 月 21 日　撰写日记:"1. 为志潜④写介绍信。2. 为刘锴第⑤写介绍信。3. 为罗忠恕⑥写介绍信。4. 民生罗隆芝⑦函。5. 致 Claude⑧ 函。6. 复子英⑨、璧成⑩诸

---

① 曹日昌(1911~1969):心理学家。直隶束鹿人。1936 年毕业于清华大学心理系。1948 年获英国剑桥大学哲学博士学位。曾在西南联合大学、香港大学任教。新中国成立后,历任中国科学院心理研究所副所长、研究员、《心理学报》主编,中国心理学会副理事长。主要从事实验心理学研究,尤在学习、记忆及劳动工程心理学方面研究较深。是我国辩证唯物论心理学早期的倡导者之一。主张心理学应以马克思主义认识论的基本观点为指导,用社会科学与自然科学的方法去研究反映过程的普遍规律。著有《新心理学方法的建立》《间隔学习与集中学习的研究》《关于心理学的基本观点》。主编有《普通心理学》等。

② 魏泽馨:湖南长沙人。北京大学教育系毕业的高才生。1941 至 1946 年,在西南联大附中担任副主任(副校长)兼教务主任,为西南联大师范学院院长黄钰的得力助手。提倡"学术自由、兼容并蓄";坚持学校应以学生为主体,培养学生德、智、体、美、劳全面发展;加强基础知识和基本理论的教育,开展丰富多彩的课外活动,提高学生的整体素质,培养学生堂堂正正地做人,为将来继续深造、报效祖国打下坚实的基础。1946 年联大北迁后,受聘于龙云先生创办的私立南菁学校任校长。他的夫人张鹊梅老师任小学部主任。1948 年"七·一五"曾被捕,获释后去长沙。1949 年曾在长郡中学任教。新中国成立后,先后担任长沙市教育局长、湖南省教育学会理事长。晚年享受离休待遇。撰有《中学生的偷窃问题》《中等教育季刊》1942 年第 3~4 期),选编有《傅任敢教育译著选集》(湖南教育出版社 1983 年版)。

③ 施无己:即施普珉,字无己。1932 年 8 月由北京大学武昌招生点录取入北京大学求学,曾任北京大学学生会组织干事,性格外向,热心于政治活动,是一二·九学生爱国运动的主要学生领袖。杜道生先生常说:"施普珉先生爱国的方式,则是以政治的激切的革命的方式进行着。在平时的学习中,施先生也会锋芒毕露。有一次闻一多先生上课时点名,看施普珉这个名字中有'珉'字,便笑着问他的名字中为何偏用这个'流亡之民'的'珉'字,施先生心有不悦,立刻反诘闻一多先生:'古人闻一以知十,先生闻一以为多,其有说乎?'顿时满堂哄笑,弄得闻先生下不了台。日寇发动'七七事变'后,我和施普珉先生一起从北平逃出,取道山东,临走时我带了十个罐头和一些书,5 个同学就是靠吃我带的罐头充饥,我就靠读书来充饥,无论是罐头还是书,对当时的我们来说绝对是人间美味。"20 世纪 40 年代在重庆大公职业学校任教。抗日战争胜利后在长沙新建的长沙清华高级中学任教,主要讲鲁迅、田汉、老舍、赵树理等当代文学,教学生扭陕北大秧歌和唱《兄妹开荒》,当时为中共地下工作者。1949 年 8 月初在长沙参与长沙各界呼吁拥护和平宣言签名。新中国成立后,1953 年 9 月考入北京师范大学中国文学第一届研究生,毕业后在北京师范学院(今首都师范大学)任教,"文革"期间曾任学习毛泽东思想小组组长。

④ 志潜:陈志潜。

⑤ 刘锴第:生平事迹未详,待考。

⑥ 罗忠恕(1903~1985):著名哲学、心理学学者。字贯之,武胜县人。1929 年毕业于成都华西协合大学,1931 年毕业于北平燕京大学研究生院,获哲学、心理学硕士学位,并获美国哈佛大学文学"金钥匙"奖。历任华西协合大学讲师、副教授、教授、教务长、文学院院长。1937 年留学英国牛津大学,研究中国和西方哲学。1942 年与蒙文通等人在成都组织东西文化学社,被推为社长,后又成立东西文化研究所。1946 年去欧美各国考察、讲学,并担任联合国教科文组织哲学顾问。1948 年回国,仍担任华西协合大学文学院院长及哲学系主任。新中国成立后先后任华西协合大学、四川师范学院教授,并兼四川省心理学会秘书长。1977 年退休,受聘在成都科技大学外语教研室、四川大学原子能所外文编译室及人口研究所任教。对实验心理学、希腊哲学、荀子哲学、哲学与现代教育等均有较深研究,在推动国际文化交流方面也有较大贡献。先后发表的重要论著有《孟子的心理学思想》《荀子的唯物主义心理学思想》《中国古典心理学》《道家哲学老子和庄子》《康德》《哲学在现代教育中的地位》《中国人口思想概述》等,重要译著有《世界各国基本情况手册》《希腊哲学译述》等。

⑦ 罗隆芝:生平事迹未详,待考。

⑧ Claude:即法克纳(Claude E. Forkner)。又译为"克劳得·法克纳"。时在美国。

⑨ 子英:卢子英。

⑩ 璧成:即郑璧成(1889~1958):四川双流人。民生公司创办人之一。曾任《国民公报》主笔、成都通俗教育馆博物部主任、川江航务管理处航政科科长、民生公司经理、中国西部科学院董事。

友。7. 函孙伏园。8. 分布同人于实际工作。9. 白季眉预支九月份薪,底 600,办公费 15 000。"(未刊《日记》)

9 月 24 日 撰写日记:"梁仲华□□□。午后七时。学生谈话:1. 学校办学目标:① 仁朴之学风。② 许身于民众,苦干之青年。③ 有六大精神之青年。2. 办好学校的基本条件:3. 作了些什么。"(未刊《日记》)

同日 致李宗仁。信中首先表达"久违麈教,仰企良殷,比维政履增绥,式符臆颂"。其次,介绍抗日战争爆发以来中华平教会的一些情况。① "敝会自抗战军兴,河北沦陷,即与湘赣川各省合作,从事抗战动员及地方政治改革工作。"② "应工作推广需要,于民国廿八年赴重庆郊区歇马场创办'乡村建设学院',培育乡建工作专门人才,当蒙蒋主席倡导奖助,拨赠学院院址,历届毕业各生,皆能本其所学,献身社会。"③ "卅一年春当抗战最艰苦时期,为争取盟邦同情与支持,……弟赴美国除为国民外交奔走外,并作教育及经济建设之考察,胜利后于今春返国。"第三,讨论平民教育会复原事宜。认为"当此全国农村遭此空前浩劫,复员建设实为当今切要之图。敝会自当配合国家建设要求,竭力以赴。敝会会址原设河北定县,原拟即行迁回,惟查定县会所各项建筑设备,在敌伪窃据数年中,多被破坏,且以范围较小,会院全部迁回,势难容纳,急需另觅新址。"询问北京至通县间有敌人占领期中开设的大屠宰场遗址想作为学院院址不知是否相宜,如有其他适当地址也请大力赐予协助,"俾敝会及乡村建设学院能得顺利复员"。最后,告知"一俟此间事务摒挡有绪后,当即赴平趋候教益。平教工作多年来即蒙赞助,冒渎奉恳,惠荷亮察。并祈早日赐示"。(新版《全集》卷 4,第 647～648 页)

9 月 25 日 讨论华西实验工作。涉及"政治根据""交通""实(验)组织""实(验)人才"和"实(验)会计手续"。(参见未刊《日记》)

9 月 26 日 撰写日记:"1. 社会系,社会学,朱化于①社会心理,熊佛西 民众戏剧,瞿(菊农) 社会思想史,周明懿②代主任 农村社会学。2. 约教职员便饭,英文

---

① 朱化于:生平事迹未详,待考。
② 周明懿:基督复临派。旅行布道家。毕业于金陵大学。1930 年在中央农业推广委员会设立的乌江农业推广试验区负责,九一八事变后,因停拨经费,加之患病而辞职。后到江苏省江宁县淳化实验区服务,推广棉种和麦种。1935 年任金陵大学农学院教授,参与拍摄《农人之春》,为协导,该片获农村国际电影比赛会特等奖第三名。1939 年上半年借调到华西协和神学院,同年 6 月赴美求学以研究乡村教会和农业,1941 年秋回国后,未再返回成都,留在上海金陵神学院担任教授,还赴各省的乡村教会推广区,协助进行乡村教会推广工。1946 年后在南京地区从事教牧工作。1949 年任农村教会干事。撰有《农业推广》《贡献给办理灾区农民工赈者》(《苏农》1931 年)、《改进农用机器的商榷》(《金大农专》1935 年第 1 期)。

教员。3. 致省府公函。致函魏永清,林象峰①,张世文,李耀轩②。"(未刊《日记》)

9 月 27 日　撰写日记:"函马保之③农业司司长。1. 同孙渠谈话(教课事……)。"(未刊《日记》)

9 月 28 日　撰写日记:"农学系:作物、土壤、动物、肥料。1. 目标:通才 博而非专,农业、经济合作。招生时就是根据此目标。2. 仅解决土地问题无用。3. 全国农村建设委员会。"(未刊《日记》)

同日　致信汤静怡。信中首先告知今天发了两份电报,"一份是为委员会发给您的,另一份直接发给雷德夫人④的。现随信附上两份电报底稿。"其次,告知暂时不能去美国的主要原因。"(一)乡建院是我们计划的中心和基础。我离开学院近三年,现非常需要我亲自过问学院事务。我们正在采取加强学院建设的措施。(二)我们将要着手组织包括十个县五百万人口的实验区和社会实验室。开展实际的社会和政治改革是相当困难和细致的工作,在这项工作尚未全面开展起来之前,我绝对不能离开。(三)教育部要我担任全国平民教育运动委员会主席,其目的是一方面除文盲,另一方为人民民主做准备。南京方面正焦急地盼着我开展工作。(四)行政院要我做全国农村复兴委员会主席,这项工作也等着我去组织,去开展。(五)国民参政会将于十月开会,国民大会十一月也要召开。我已三年未参加国民参政会会议,如再不参加必将产生极大的误解。另外,我还要在国民参政会和国民大会上发言。(六)内战全面展开以后,我应该为停止内战做些工作。如停战能实现,我还要为建设工作多做贡献。"鉴于上述原因,自己尽管非常想去美国,但还是决定留在国内。第三,谈平教会当时最迫切的问题是缺乏人才。谈到四川正在进行的计划以及与全国合作的教育和建设计划需要大量的人才,希望弗里德利克·道格拉斯⑤能来中国工作,"至于他的薪金,包括数额及来源,由您和委员会决定,最好从美国援华救济联合会援助金中支付。待一切安排妥当后,请您立即送他来我们这里,请电告他抵达中国的时间。……他的妻子也可以来我们学院社会学系工

---

　　①　林象峰:1945 年 3 月 31 日中午接受黄炎培代表中华职业教育改进社的宴请。其他生平事迹待考。

　　②　李耀轩:北京人,平教会会员,负责统计工作。

　　③　马保之(1909~　　):原籍广西桂林,生于上海。其父为教育家、学者、社会活动家马君武。1929 年毕业于金陵大学农艺系,1933 年获美国康乃尔大学博士学位。后再赴英国剑桥大学学习。1934 年回国,在中央农业试验所从事抗病育种研究。抗日战争时期任中农所广西站主任,兼广西农试场场长。抗日战争胜利后,任农林部农业司司长。1948 年去台湾,任农复会植物生产组组长、台湾大学农学院院长。1960 年赴越南,任越南作物改良团团长。次年赴西非,任赖比瑞亚大学农学院方案执行主持人。1975 年返台湾,任食品工业发展研究所所长,并兼亚洲蔬菜中心理事长。

　　④　雷德夫人:生平事迹未详,待考。

　　⑤　弗里德利克·道格拉斯:生平事迹未详,待考。

作,还可教英语。"另告知"现急需在社会学、农艺学、昆虫学,特别是农学各主要分支学科受过良好训练的人才。……非常希望李 J.K(J. K. Li)①、霍华德·王(Howard Wang)②和张重远(Chang Chung-yuan)③等早点回来。随着我们计划的扩大,我们必须争取每一个能争取到的人才。"第四,告知"当道格拉斯来时,请他带一部电影放映机和一部幻灯机来……无论如何也要带几部有意义的影片来,温先生④应该有办法搞到的。"最后,告知近半个月来超负荷地工作,但再过几天会给斯沃普和委员会其他成员写信。(新版《全集》卷 4,第 648～649 页)

9 月 30 日 撰写日记:"1. 六大精神(训练)。2. 中华平教会的历史、平教运动史。3. 乡村建设。"(未刊《日记》)

9 月底 偕夫人在璧山县来凤大佛岩平民教育办事处商谈相关事宜,并住一宿。(中国人民政治协商会议四川省璧山县委员会文史资料委员会编:《璧山县文史资料选辑》第 2 辑,1989 年 3 月,第 54 页)

10 月 2 日 撰写日记:"1. 约支大夫。2. 约蒋名川⑤。3. 常得仁。4. 教室、寝室的不安,正因为改进,大家应了解。本来报到严格,今年因要改善。5. 具体,可报告:图书、仪器、医药。朝会 演讲。壁报 讽刺,正气,学生宣□,访员,义勇曲。"(未刊《日记》)

10 月 3 日 撰写日记:"1. 明日始业式应有人记录演讲。2. 教员名单。"(未刊《日记》)

---

① 李 J.K(J. K. Li):生平事迹未详,待考。

② 霍华德·王(Howard Wang):生平事迹未详,待考。

③ 张重远(Chang Chungyuan):生平事迹未详,待考。

④ 温先生:即温慕仁。

⑤ 蒋名川(1903～1996):河北怀来人。1913 年考入本县高等小学,1916 年毕业,因家庭经济困难无力升学,14 岁时就到怀来县第四小学任教员谋生。1919 年离教回家务农达 3 年。1931～1932 年,在平教会定县实验区平民教育专科学校学习。学习期间,接受教育学家晏阳初平民教育救国的思想。1933～1935 年,就读于南京金陵大学(后并入南京大学)农业专修科。学习期间,十分重视实际技能的训练。毕业后,到全国经济委员会江西农村服务区任农业指导员工作。1938 年,由于日本侵略军占领华东,被迫转移到湖南、广西等地,担任乡村师范及农业技术的教育工作。1942 年到云南省一平浪滇西企业局从事洋葱栽培、西瓜栽培等农业技术推广工作。1949～1958 年,在华北农业科学研究所工作,历任农业推广委员会主任、园艺室蔬菜室主任、副研究员等职。1956 年出席莫斯科国际蔬菜经验交流会,并做《中国蔬菜灌溉技术》的学术报告。1957 年访问尼泊尔,带回了"瑞士雪球"花椰菜种子,并试种成功。后经繁育推广已成为我国花椰菜生产的主栽品种。1958～1987 年,先后在北京市农林科学院蔬菜研究所和中国农科院蔬菜研究所任蔬菜栽培室主任,从事蔬菜栽培技术的科学研究工作。在黄瓜及大白菜栽培技术的提高和理论研究工作中作出了突出成绩。先后编写了《番茄》《北京市郊区温室蔬菜栽培》《黄瓜》《大白菜栽培》及《中国韭菜》等专著。同时还参加了《中国蔬菜栽培学》《中国大百科全书·农业卷》及《中国农业百科全书·蔬菜卷》等大型专业著作部分章节和条目的撰稿、编审工作。另外,还发表过多篇有关蔬菜栽培技术的文章。

10 月 4 日 撰写日记："1. 航函柯象峰①并附二十五万旅费。2. 函杨寻保，旅费。3. 徐梦② 图书馆预算，民主报。4. 蒋名川 农场预算。5. 润民③ 图书预算，农场报账。"（未刊《日记》）

10 月 5 日 撰写日记："1. 电 Eguasc④ 要款 ① UCR Refund. ② ＄30 000 U. S. 。2. 杨象峰旅费。3. 新教员八月份薪，九月份薪。4. 本年度预算。5. 办公室开门。6. 星（期）一演讲。7. 实验区。8. 南京房子（堵述初）。9. 致宋子文先生函。10. 为志潜写介绍信。11. 函杨寻保，催其来。12.（空）。13. 农、社、教学生实际工作。14. 社系代主任。社会思想史。"（未刊《日记》）

10 月 6 日 致信陈志潜。信中首先告知"现随信附上我给平教运动美中委员会主要成员介绍您的信。我介绍您去找的这几位成员，他们是我们委员会的关键人物。我相信他们会帮您会见其他有影响的值得拜访的人。他们都是我亲密的朋友，也是平教运动得力的支持者。我深信他们会乐意见您，您也会乐意见他们。通过他们的努力帮助，我相信我们会取得很大成功的。"其次，告知准备明年早春时候去美国一起共同努力，以便能完成这次出访美国的使命。第三，表达希望陈志潜能认识中华平教会纽约办事处执行秘书汤静怡小姐，"汤小姐很能干，她代表我们平教会⑤在美国的工作很值得称赞。我相信她会非常乐意帮您安排好重要的会见。"最后，希望陈志潜尽量经常来信并告知活动情况，相信会发现平教运动在美国受到极大的重视。（新版《全集》卷4，第650页）

同日 致信 W. O. 道格拉斯。信中主要介绍老朋友、老同事陈志潜博士。"他是应洛克菲勒基金会驻华医社的邀请出席纽约会议的。他是北平协和医学院董事会董事，该院是由洛克菲勒基金会驻华医社资助的。……他开始在定县负责卫生设计，以后又在中国许多地方兼任此项工作。抗日战争爆发以后，他被任命为'天府之国'四川省的公共卫生专员。即使在那惨遭敌人破坏的战争年代，他成功地使其职员由三十人增加到一千八百人，并在这以前没有任何卫生设施的落后省建立了一百二十多个卫生站。在这以前，很少有人能够为中国的公共卫生事业做

---

① 柯象峰（1900～1983）：贵池人。中国人口学会顾问、中国社会学会顾问、中国计划生育协会顾问、九三学社社员、南京大学经济系人口学教授。1923 年毕业于金陵大学，毕业后留校任教。1927 年留学法国里昂大学研究院，获博士学位。以后又赴英、美研究人口学。1948 年回国后，任金陵大学教授、系主任兼教务长。新中国成立后，在南京大学经济人口教研室任教授。毕生从事教育事业，重视社会调查，足迹遍及大江南北，写了不少社会调查的专论，即使在高龄时期，还撰写了人口方面的论文，在关于少数民族的调查研究方面，也作出了很大的贡献。此外，还翻译了《欧文选集》等著作。（《贵池修志通讯》总十四期）。

② 徐梦：生平事迹未详，待考。

③ 润民：杜润民。

④ Eguasc：未详，待考。

⑤ 平教会：旧版《全集》译为"平教运动会"。

出如此巨大贡献。陈博士虽然还很年轻(您见到他就知道了),但已取得很多成就。他这次出访回到平教会后,将继续进行他的具有创造性的公共卫生和社会实验计划,这对我们来说是件大事。洛克菲勒基金会①驻华医社为他安排为期一个月或两个月的日程结束后,他还准备在美国停留一段时间,了解教育、公共卫生及医药方面的最新发展情况。凭他对中国情况的深入了解,以及多年乡间工作和政府工作的成功经验,我相信这次在美国的考察,将有助于他制定出卫生和教育的计划。……陈博士主要的兴趣在中国的平民。"另外告知希望能于明年2月或3月去美国同陈志潜一起进行考察。(新版《全集》卷4,第651页)

同日 撰写日记:"1. 朝会。2. 集中一起① 竞赛 ② 奖励 ③ 训练技术。3. 点名。4. 四自会组织与活动。5. 主任委员。(常)由师生□□而后陈送院长。6. 委员会任务,分组负责。7. □□铺盖。"(未刊《日记》)

10月7日 撰写日记:"1. 孙廉泉(李秀峰②等)。2. 识字运动计划进行?"(未刊《日记》)

10月8日 撰写日记:"1. 周会 演讲。鸿操③、之朴④工作、教课。徐为裳⑤辞职照准。2. 四自会 补助费。3. 电灯。4. 建议箱。辅委会:① 主任委员。② 办公费。"(未刊《日记》)

10月14日 撰写日记:"1. 陈大容⑥ 省府函(开泗⑦)。2. 张汇兰、王汝珉⑧。

---

① 洛克菲勒基金会:旧版《全集》译为"洛氏基金会"。

② 李秀峰:1935年7月28日在《大公报》上发表《实施农村建设教育的标准》一文,其他事迹未详,待考。

③ 鸿操:邹鸿操。

④ 之朴:李之朴。

⑤ 徐为裳:教育家俞庆棠的学生。1934～1937年在江苏省立教育学院农事教育系求学,毕业后,在抗战后方的四川重庆及农村生活,曾到中国乡村建设学院工作。抗战胜利后于1946年到上海市立实验民众学校任教,曾任该校推广部副主任。善画花鸟。1985～1993年任无锡市老年大学第一届校务委员会委员。撰有《余庆棠与民众教育》《皓首忆师情》《江苏省立教育学院的研究实验事业》《人民教育家俞庆棠先生年谱》《人民教育家俞庆棠教授》《卓越的女教育家俞庆棠教授》《三十年坚持民众教育岗位——记女教育家俞庆棠》《怎样指导妇女从事后方工作》。编有《成年妇女教育》(中华书局1948年版)。

⑥ 陈大容(1923～):四川犍为人,1947年毕业于金陵大学园艺科。宜宾农业学校高级讲师。曾主编并出版四川省中等农校《作物生理学》,参编中等农校《作物良种选育》,改编四川省农业管理干部教材一章。

⑦ 开泗:陈开泗。

⑧ 王汝珉(1912～):女。江苏无锡人。1931年(一说1935年)毕业于南京中央大学教育学院体育系,获学士学位。长期从事运动解剖学的教学与科研工作。先后任天津河北女子师范学院体育系、金陵女子文理学院体育系、上海基督教联合大学、圣约翰大学和私立中国乡村建设学院讲师。1947年任金陵女子学院副教授。1952年到上海体育学院工作,为该院运动解剖学教研室创始人之一,曾担任解剖教研室副主任。1955年参加九三学社。1987年晋升教授。论著有《人体解剖学》(通用教材)、《肌肉工作分析和肌肉工作性质》(教学指导书)。编写《运动解剖学教学大纲与教学进度表》等教学辅助材料。撰有《今后中国民众体育的动向》(《体育研究与通讯》1935年9月第3卷第1期)、《关于提高运动解剖教学质量的体会》和《短跑运动员的形态等与运动成绩的关系》等。

3. 主任委员　辅导委(员)会。4. 奖金会。5. 王启①、叶②、刘秉③、徐坚④、邹⑤、etc.。6. Tihg⑥? 7. 朱冲涛。8. 梁仲华。9. 地方县政比较。10. Caneg A□□□□ Endraw⑦ 请款事。11. 买显微镜。12. UCR 1947 计划。13. 李象元。14. Geeb 车(江 O. Kate)⑧。15. 回水沟,房子。"(未刊《日记》)

10 月 15 日　撰写日记:"1. 启澍⑨。2. 函扶雅⑩写① article 说明办校宗旨。② 每季写一篇中国文章到纽约宣传平会工作。3. 再电 Eguasc 催款。"(未刊《日记》)

10 月 16 日　撰写日记:"1. 院各处、系预算。2. 研究部 识字部分,菊。3. 实验部。1947 援华会预算。(1) 函任钧鹏⑪。(2) 熊佛西、张汇兰、王汝珉薪。(3) 函邹鸿操。(4) 教育、社会(徐坚、王启澍)(辅导会、医药室)。(5) 田钧三⑫。(6) 王启澍招〔召〕集人:① 朝会;② 辅导会。(7) 席朝杰。(8) 函卫生署。南北,新旧互相忌刻、猜疑。□我院现无党派压迫而自己造孽,黑白不分。"(未刊《日记》)

10 月 17 日　撰写日记:"1. 妇女合作社。2. 陈大榕⑬。"(未刊《日记》)

---

①　王启:即王启澍,贵州人。曾在中国乡村建设学院教授教育学。1948 年 12 月任中国乡村建设学院社会调查室主任。

②　叶:叶德光。

③　刘秉:生平事迹未详,待考。

④　徐坚:北京市人。曾用名徐合群。早年在哈尔滨求学,曾先后就读于哈尔滨第十七小学、美国青年会中学,主学俄语,兼修英文。北京汇文中学结业后,考入辅仁大学生物系,三年级肄业。继后赴重庆歌乐山上海医学院攻读医学,历二载,因病辍学。其时曾在成都军校附属医院任医师,并在成都《华西晚报》社讲授俄语。后投奔晋察冀解放区,历任联合大学(张家口)、华北大学(正定)俄语教员。后受华北大学委托,招聘在京俄语人才,筹建"译学馆"。中国人民大学成立后,历任俄语教员、马列主义教研室翻译、编译室主任。不久,转到《和平与社会主义》杂志编辑部(捷克),任中方译员。后调中共中央编译局工作至今,曾任毛泽东著作翻译室副主任。在编译局任职的多年来,曾参加老一辈无产阶级革命家的著作和中央重要文献的翻译、定稿工作;并应聘为"汉译俄教科书"的主审,同时选译了俄国民粹派作家兹拉托夫拉茨基的《回忆》一书。

⑤　邹:邹鸿操。

⑥　Tihg:未详,待考。

⑦　Caneg A□□□□ Endraw:未详,待考。

⑧　Gecb 车(江 O. Kaie):似应为"Geeb 车(江 O. Kate)"或"Gelb 车(江 O. Kate)",未详,存疑待考。

⑨　启澍:王启澍。

⑩　扶雅:谢扶雅。

⑪　任钧鹏:生平事迹未详,待考。

⑫　田钧三:生平事迹未详,待考。

⑬　陈大榕(1897~1986):湖南湘潭人。字寿承。1916 年考入北平师范大学英语系,曾参加五四运动,1920 年大学毕业。任安徽阜阳省立第六中学教务主任。后任教湖南第一师范、长郡中学、晨光大学、第三师范,并在长沙创办昭潭女子中学。1928 年起,主持国民党湘潭县党务兼湘潭县教育局长及湘潭中学校长。抗日战争时期,被选为国民党湖南省党部委员兼组训处处长,省参议员,任第九战区经济作战处处长,创办《湖南日报》。1948 年当选为监察院监察委员。1949 年赴台。

10月18日 撰写日记:"1. 星期一周会 2. 仰周①打六人履历。具体意见?做法、意见、情理。有何补救办法,书面表示。"(未刊《日记》)

10月19日 撰写日记:"菊② 1. Unisco 文章。2. 研习生简章。3. 预算。4. 函扶雅③。(彭④)何志汉⑤起稿:① 身体,② 不能讲。郑作新⑥:① 材料不够,② 身体。"(未刊《日记》)

10月中旬 针对当时乡建院部分学生谣传自己要去当官、作美国大使的问题向学生发表讲话:"你们都说我去当官,当驻美大使。我怎么会去当官? 我当官,当驻美大使,那就是为虎添翼。"(中国人民政治协商会议四川省璧山县委员会文史资料委员会编:《璧山县文史资料选辑》第 2 辑,1989 年 3 月,第 55 页)

10月21日 撰写日记:"本院六大教育目标。"(未刊《日记》)

10月25日 撰写日记:"1. 李之朴⑦工作。2. 何志汉。3. 张世文(李耀轩)。4. 邹鸿操。5. 买房子,润民⑧函。学生演讲。"(未刊《日记》)

10月25日或之后⑨ 补记 10 月 21 日和 10 月 23 日的日记。

---

① 仰周:即宋仰周,北京人,燕京大学速记专科毕业,后参加平教会,负责英文打字兼速记。

② 菊:瞿菊农。

③ 扶雅:谢扶雅。

④ 彭:彭一湖或彭若兰,存疑待考。

⑤ 何志汉(1924~1987):湖南资兴人。九三学社社员。1948 年毕业于中国乡村建设学院教育系,先后任中国乡村建设学院、川东教育学院助教、讲师,1952 年后在西南师范学院教育系任教,1987 年评聘为教授。教学论专业硕士生导师。曾任四川省教育研究会理事长。从事教学论的教学与研究,为本科生讲授教学论、小学语文教学法、教育学原理等课程,主讲硕士学位课程教学论研究,协助指导博士生,为博士生讲授中国教学论研究课程。撰有《传统教学论和现代教学论管窥》《关于美育的几个问题》《论鲁迅教育思想的渊源及其贡献》《启发式教学新议》《论晏阳初的平民教育思想与实践》《鲁迅教育活动年谱(初稿)》《西方课程的发展和当前的改革》等论文 10 余篇,著有《教学论稿》(西南师范大学出版社 1988 年版)、《鲁迅教育思想浅谈》(四川教育出版社 1981 年版)、《怎样教小学语文》(湖北人民出版社 1981 年版)。

⑥ 郑作新(1906~1998):鸟类学家。中国科学院院士。1926 年毕业于福建协和大学农科(福建农林大学前身)生物系。1927 年和 1930 年分别获美国密歇根大学硕士和科学博士学位。1930~1947 年,任福建协和大学生物系教授兼系主任、教务长、理学院院长。1936~1946 年,兼福建科学研究院研究员、福建科学馆生物部主任。1945~1946 年,美国国务院文化司客座教授。1947~1949 年,任编译馆自然科学组编纂,兼中央大学教授。1950~1952 年,任中国科学院动物标本整理委员会、动物标本工作委员会委员兼秘书,中国科学院编译局科学名词室主任。1953~1955 年,任中国科学院动物研究室研究员,兼北京大学生物系教授。1956~1998 年,任中国科学院动物研究所研究员。后任北京自然博物馆副馆长,中国动物学会、中国鸟类学会理事长、国际雉类协会会长等职。他对中国鸟类进行系统的考察和研究,曾发现中国鸟类 16 个新亚种,撰写了千多万字的论文和专著。

⑦ 李之朴:见"1946 年 7 月 19 日"条注释。

⑧ 润民:杜润明。

⑨ 在 10 月 25 日日记之后,又出现两个 10 月 21 日和 23 日的日记内容,显然是当时遗忘而补记的,具体何时补记,待考。

前者内容为："10 月 21 日（9～10）　1. 朱铁英① 《爱与恨》。2. 叶霁桦② 《风雨飘摇中的农村：死亡、饥饿、战祸》。3. 田荆辉③ 《动物》。4. 周文耕④ 《面孔　性情不同》。"（未刊《日记》）

"10 月 21 日　李秀峰　廉泉　鸿操电报⑤。1. 各系预算。2. 1947 新预算 U. S. C.。① 1946 设计继续。② 新设计注重：土地制度，人才，训练（研究生办法）。3. 仲华⑥　津贴。4. 衡□⑦。5. 鸿操。"⑧（未刊《日记》）

后者内容为："10 月 23 日　1. 1947 年计划。2. 民众高等学校。3. 师范学校（国立）。下年度注重：人才的培养、储备：1. 访才。2. 储才。3. 练才。"（未刊《日记》）

10 月 29 日　"中美委员会"执行委员会决议由"中美委员会"每年支付四万美元，作平民印书局每年经常费的半数，与华莱士捐款合计，以符合斐尔德基金会的条件。（吴著《晏传》，第 371、392 页）

11 月 5 日　复函汤静怡。信中首先告知当时所忙之事。"除了要负责处理乡建院和平教会日常事务外，现正为明年的计划和预算作准备，还要为政府起草份文件。"其次，对信中提到的问题逐一简单答复。① 卡内基设计。"交瞿（菊农）博士去办，但他不久即要去巴黎参加联合国教科文组织的会议，这样他就不可能按原计划进行工作。"但写作和出版之事可在中国做，"我们想了两个主题，各有一些题目可供选择。其中一个主题叫民主丛书，另一个叫国际理解丛书。一般说来，有五百美金即可把书印出来。因此我们建设可以与卡内基基金会合作，出四十种用基本词汇写成的书。当然，词汇量越多越好，但是我们选编的一千三百个单字，已可以满足阅读一般资料的需要。过去几年我们已出版近一千套各种读物，都是用的这些基本词汇。我们正准备编辑平民袖珍词典，收录约两千多个单字，希望明年能出版。借助于这本词典，摘掉文

---

① 朱铁英：中国乡村建设学院学生，20 世纪 80 年代任《农民日报》高级记者，1987 年晏阳初回国在北京曾被召见过。

② 叶霁桦：中国乡村建设学院学生，生平事迹未详，存疑待考。

③ 田荆辉：中国乡村建设学院学生，1947 年六一大逮捕中曾被捕。其他生平事迹未详，待考。

④ 周文耕：1938 年 1 月至 3 月任中共贵州师范学校及省立高中联合支部书记。1940 年在四川省立戏剧音乐实验学校图书馆工作，任中共党支部书记。后到中国乡村建设育才学院求学，任该校中共地下党组织支部书记。还曾在上海市嘉定区南翔镇做过地下工作。新中国成立后在北京中华职业教育社工作，主持师范函授工作，曾任副校长。"文革"中被迫害致死。

⑤ "李秀峰　廉泉　鸿操电报"为眉批。廉泉：孙廉泉；鸿操：邹鸿操。

⑥ 仲华：梁仲华。

⑦ 衡□：未详，待考。

⑧ "3. 、4. 、5. "序号原文为"1. 、2. 、3. "，编撰者根据上下文改。

盲帽子的人可以阅读任何白话文读物。在我们负责准备这些书的时候,希望能有像吴讷孙这样的人帮助收集传记、故事、小说、诗歌、歌曲和文章,以及照片、图表,甚至电影胶卷等,这些对我编写两套丛书很有帮助。"希望汤静怡在纽约帮助中华平教会按上述方面的要求设个图书馆;希望她设法与马尔科·戴维斯以及他的董事会取得联系。征询为刘尊祺申请奖学金以及吴讷孙来平民出版社工作是否应该直接给戴维斯写信、是否应该为"民主"和"国际理解"两套丛书准备好题目,并希望就此问题得到航空信或电报的明确答复。② 关于年报,认为在出版前应该细看并将修改部分请她过目。③ 关于前两天刚收到电报谈给中华平教会汇款一事,提醒道:"对于您使我们能够由纽约直接汇款,不会造成延误所做的努力,我要深表感谢。但是,这样做要注意两点,既不违反美国援华联合会的任何规定,又要不伤害在中国的艾德敷的感情。"告知"前些时候,艾德敷就将来汇款问题给我写信,他建议采取周转金的办法。现随信附上他的来信复本,因此我不再赘述。为了表示我们愿意与他合作,我们同意试试看。以此为目的周转金,到目前为止,我们已从艾德敷办事处收到计一亿八千万元。当然,如果纽约美国援华联合会同意直接汇款给我们,那是最好的办法,而且我们还可获利。如果是直接汇款,我们应该收到的是一亿八千万元,而不是现在我们所收到的这个数目。我希望您能看清现在这种形势,自己判断何种办法更切合实际。"④ 关于张群和卢作孚之事。希望她提前为张群主席和卢作孚安排好宴会和会见,这两个人不仅是私人最好的朋友,而且是平教运动的重要支持者。⑤ 关于汇给中国平教运动 3 万美元①问题。告知她:"现正在审计一九四五年七月至一九四六年六月财政报告书,这三万(美)元已编入此报告书中。请告诉斯沃普和迪克,一旦审计完毕出版后,我们即给我们委员会送去复本。"关于 5 万美元②问题,"我们没有提用此款,我们董事会决定用它投资,现已获利。"第三,告知即将去南京开会,但不知道国民大会是否能于本月 12 日如期举行。最后,关于上海电影制片商捐助问题,告诉她"已与花旗银行的里德③先生联系过,很显然,除非我亲自去见有关权威人士,否则冻结资金是不会解冻的。待我去南京和上海后,一旦有了确切消息,就马上告诉您。"(新版《全集》卷 4,第 652～655 页)

---

① 美元:旧版《全集》译为"元金币"。
② 美元:旧版《全集》译为"元金币"。
③ 里德:生平事迹未详,待考。

11 月 11 日 致信徐锡龄①。全信如下："锡龄仁兄大鉴：鸿操②兄带下手书，拜读之余，无任欣慰。民众教育为国家建设之基本工作，年来国内高唱民主，有识之士及政府当局咸感此项工作之重要。惟今后民教之发展，尚有赖大批有认识、有研究、有经验之人士共同努力。台湾对于民教提倡历二十年，热忱毅力，钦佩不置！敝会对全国民教之推行，原有在华东、华南、华西各地作分区研究实验之拟议；但以人力、财力限制，短期难以全部实现。诸同志在粤，对除文盲工作提倡研究嘱敝会合作一节，固极赞同，但以未识尊处组织内容、负责人员、已往工作经过及今后计划、预算等情形如何，便申请即详予见示，俾为参与合作之根据。闻台端有机愿来院讲学，至所欢迎，惟瞿菊农兄已去欧出席联合国文教会议，弟日内亦有赴京之行，歉难迎候。日后有机当极表欢迎也！匆匆奉复。顺颂教绥 弟晏阳初谨启。"（新版《全集》卷 4，第 656 页）

11 月 20 日 给陈志潜回信。信中首先告知 10 月 26 日从中国驻美大使馆寄来的信刚收到，非常高兴。其次，建议他应留在美国。希望他完成了与驻华医社的计划后，"从明年一月份开始，可以代表平教会进行考察了。……我非常乐意向我们委员去推荐您留在美国为期六个月，对教育、社会实验以及公共卫生和医药进行考察。我们不相信其他任何人在如此短时间内能对上述方面作充分的考察，因此我强烈要求您继续在美国呆六个月。我也乐意为您提供每月四百美元的津贴，我相信足可以维持这段时间的费用。"第三，建议他能会见中华平民教育运动美中委员会的几位杰出人物，如斯沃普先生、华尔什先生和华尔什夫人（赛珍珠）、伦奇勒③先生、最高法院道格拉斯大法官等。"必须会见值得会见的人，并和他们交朋

---

① 徐锡龄（1904～1987）：广东中山人，民进会员。20 世纪 20 年代早期，世界基督教学生同盟在北京开会，广州教会学校组团参会，担任广州团团长赴京。1923 年曾做商店用字的统计研究。1927 年毕业于岭南大学教育系，随即在北京燕京大学攻读研究生，1928 年在中山大学教育系任教，1931 年在中山大学教育研究所任职并参加台山县教育调查。1932 年在江苏省立教育学院任副教授，兼任无锡县第一、五、六三个自治区交界之处的惠北民众教育实验区（开办于 1932 年秋）副主任。1935 年 10 月担任广东省教育厅第四科科长。1936 年在中山大学任副教授，抗日战争初期任中山大学社会教育推行委员会委员、主任干事。1941 年以后先后在广东省立文理学院、华南师范学院、广西师范大学任教。在此期间，曾获得美国文化委员会和联合国教科文组织的资助，到英国、丹麦、瑞典、西德、法国等十几个国家进行教育考察。著有《教育播音的现状与问题》(1931)、《中国文盲问题》，编有《儿童阅读兴趣的研究》（民智书局 1931 年 7 月版）、《捷克民族复兴与体育训练》（中华书局 1938 年版），与庄泽宣合著有《民众教育通论》，与黄明皖合译有《日本的教育》（人民教育出版社 1981 年版）。另有《学生组织之一个实例研究》《儿童阅读兴趣与习惯的调查》《欧美读书法研究述要》《儿童图书馆一个最低限度的书目》《教育播音的现况与问题》《近百年来读法教学的改进》《美国中等教育之扩充》《"拆墙运动"实施之我见》《学校兼办社会教育制度的检讨》《识字学校的谬误与其改进途径》等论文数十篇。

② 鸿操：即邹鸿操。

③ 伦奇勒：即戈登·伦奇勒，花旗银行领导人。

友,我相信汤小姐①会乐意为您作安排的"。第四,告知重庆实验工作成效显著。"我们在璧山和巴县的实验工作很令人鼓舞,这个实验区主要设计之一是在合作的基础上,进行土地改革的调查。(宋)子文和中央政府的其他朋友对这项设计很感兴趣。我相信这次土地调查将对平教运动在这个地区进行工作具有重要意义。"第五,告知已写信给(陈)开泗希望他关照陈志潜在成都的工作,他回信已乐意这么做,并附上他的来信。第六,告知将于当月23日飞南京,可能要在那里停留两三个星期。去南京是要为使各党派能在一起开会做点努力。第七,告知陈志潜将给汤静怡小姐写信,向委员会推荐他,以便汤小姐能够尽可能地多给他些帮助。最后,告知去美国的计划是2月下旬或者3月上旬,请尽可能多地来信,告诉他的活动情况,如有什么需要办的事情请告诉。(新版《全集》卷4,第657~658页)

同日 致信汤静怡。信中首先告知现附上给陈志潜博士的信、见信便知其用意。其次,夸奖"陈先生是一位很了不起的人物"。第三,告知对陈志潜在美国的期望。"他现在美国,我很希望他从美国回国之前,能有机会对有关课题进行真正的考察。"第四,请她尽快地与陈志潜联系,并转达意向。最后,附上陈志潜的来信,供参考。(新版《全集》卷4,第658~659页)

11月22日 致信 D. W. 艾德敷②。全信如下:"尊敬的艾德敷先生:现附上截止至一九四六年十月三十一日的平教会财务收支报告书两份,请查收。请您注意实际总支出是国币八千七百七十六万八千二百五十五元。根据我们的理解,扣除你们八月份前预支给我们的国币六千万元,你们还要汇给我们剩余的国币两千七百七十六万八千二百五十五元,请尽早汇给我们。晏阳初启。"(新版《全集》卷4,第659页)

11月26日 给黄必信③回信。全信如下:"必信先生大鉴:来书接悉。藉谂执事有志出国深造,至深佩慰。此间保送赴美留学,原与美方洽订研习门类,为教育、经济、卫生、自治、印刷、电化六项,其中并无电机学之设置。余与令尊任之④先生多年知交,此事本应竭力帮忙,惟碍于上项限制,实难为力,殊为抱憾! 并希谅之。

---

① 汤小姐:汤静怡。

② D. W. 艾德敷:旧版《全集》译为"D. W. 爱德华兹"。

③ 黄必信(1925~1966):黄炎培第六子。大连工学院无线电系讲师、电工基础教研室主任、九三学社社员。1954年任《大连工学院学刊》编委会委员之一。1957年被划成"右派分子",不准再教书,工资降了一半,"下放劳动"。1960年"摘帽"后,才回到讲台。后又被送下农村。"文革"开始时回到学校,立即被当时还在领导"文革"的大学党委定为重点打击对象。遭到大字报和"批斗会"攻击。1966年6月14日在家中上吊自杀。时年41岁。

④ 任之:即黄任之,黄炎培。

专复。即颂时绥　晏阳初启"。(新版《全集》卷 4，第 660 页)

11 月　经其努力，平教会华西实验区在璧山县成立。

12 月 10 日　给陈志潜回信。信中首先告知"非常高兴收到十一月十八日来信，信中关于您访问多伦多、安阿伯①、克利夫兰②和其他地方的简单介绍，很有意思。我真希望您能在美洲以外地方考察到最好的经验，以便回来后，为中国在公共卫生和教育方面做出更大的贡献"。其次，告知还没有收到顾博士(Dr. Y. Y. Ku)③的来信，但乐意为她提供奖学金，让她对计划生育这个重要课题进行研究。第三，告知已见过张主席④，"他给我讲了他访问美国非常有趣的情况，他对美国印象很好，希望不久将能再去访问。"并告知"他不会再回四川，要在中央政府担任重要职务，蒋主席⑤非常需要他的帮助，让他去西南工作"。第四，询问是否收到上次去信，信中建议他留在美国，对美国进行为期六个月的集中考察，即从明年 1 月到 6 月。希望他电告最后决定并发电报来。第五，告知去美计划。"准备于二月份，最迟三月去美国进行为期三到四个月的访问。"最后，告知正出席国民大会，正拟制定一部民主宪法，为共和国非常重要的立法基础。"我们这些因不属任何党派的人，要尽最大努力促成全国的真正统一与和平。这是件艰苦困难的工作，但并非完全没有希望。"(新版《全集》卷 4，第 660～661 页)

12 月 23 日　给 N. J. 科特⑥回信。全信如下："尊敬的科特先生：我刚回到重庆，即对您十一月二十六日来信答复如下：（一）周同善⑦是正式会计师，持有国民政府经济部的执照（号码为四三八）。周先生的会计所在上海和重庆有办事处。现附上他的中文身份证件，供参考。（二）报告书的时间是一九四六年七月至十月。

---

①　安阿伯(Ann Arbor)：又译作"安娜堡"或"安保"，是美国密歇根州的一座城市，是沃什特瑙县的县政府所在地。

②　克利夫兰(Cleveland)：美国俄亥俄州城市。位于伊利湖南岸，凯霍加的河口，昔日西储地的范围内，距离宾州 100 公里，是俄亥俄州凯霍加县的首府。开埠于 1796 年，历史上由于运河和铁路交会，成了制造业中心。在大型工业衰退后，成了金融、保险和医疗中心。

③　顾博士(Dr. Y. Y. Ku)：生平事迹未详，待考。

④　张主席：即四川省主席张群。

⑤　蒋主席：即蒋中正。旧版《全集》误译为"蒋总统"。

⑥　科特(N. J. Kott)：时在美国援华联合会上海办事处。

⑦　周同善(1916～　)：教授。四川成都人。1939 年毕业于光华大学成都分部。1939 年至 1941 年，任重庆德丰企业公司会计股股长。1942 年至 1949 年，任永成银行总稽旁，正则会计事务所会计师。1950 年后，任重庆大学、重庆财经学院、西南税务学校教授。1951 年参加民建。1953 年至 1957 年，任重庆市工商业联合会常委、副处长，民建重庆市委员会委员、四川省工委委员、工商处处长。1957 年后，任民建中央工商处副处长、调研部副部长，民建中央执行局委员、组织部长、中央咨议委员会副主任，政协全国委员会提案委员会副主任，是政协第五、六届全国委员会委员，第七届全国政协常委；民建第三届中央委员，第四、五届中央常务委员、执行局委员。

（三）第二段中'备用金'（第七款），是指学生注册费和新职员旅费。报告书中我没有发现您提到的错误，打字出现差错是可能的。现在附上另外一份，供参考。晏阳初启。"（新版《全集》卷4，第661~662页）

12月26日　致信朱章赓①。信中首先邀请他及其助手能于次年1月4日抵达歇马场。其次，建议孙则让②能前来璧山就任第三区专员。第三，告知来后行程。"到达以后，我很乐意陪同您前去璧山与辅导委员会的主要成员举行会议"。第四，希望能尽快回复，以便安排具体事宜。最后，对上次南京会晤表达怀念。（新版《全集》卷4，第662页）

　　同日　致信汤静怡。全信如下："亲爱的静怡：现随信附上十份中华平民教育促进会总会截止一九四六年六月三十日财政年度的审计报告书。请分送给我们执行委员会委员及其他您认为应该送的人。我认为我们不需要③送给美国援华联合会的人。我们还有多余的副本，如还需要，请告知。晏阳初谨启"。（新版《全集》卷4，第663页）

　　同日　致信童少生。信中首先告知刚从南京回来不久，因航班原因在南京等了两天。其次，告知将有周鸿绰（Chou Hung-Cho）④、叶德光、任宝祥、刘尊祺四位同事前去美国的哥伦比亚、芝加哥、加利福尼亚大学进修。请帮预订3月2日"戈登将军"号二等舱船票，并致以感谢。第三，告知12月19日关于两辆吉普车之事的来信刚收到。第四，告知根据其建议，直接给行政院的代表蒋将军（General P. Kiang）写信，并附上信的副本，供参考。最后，告知由美国寄来的信件、包裹和其他任何东西可通过重庆的郑璧成（Cheng Bi-Cheng）⑤先生转交。（参见新版《全集》卷4，第663~664页）

---

　　①　朱章赓（Dr. K. Chu，1900~1978）：又名季青，浙江义乌人。公共卫生事业的先驱、丙寅医学社的主要成员和《丙寅医刊》编辑。在上海南洋中学读书时，积极参加五四运动。1929年毕业于北京协和医学院。1932年9月到美国耶鲁大学进修，获公共卫生博士学位，获国际奖学金，考察欧洲、苏联等国公共卫生。1934年5月回国，任南京中央卫生设施实验处卫生教育系主任兼中央大学卫生教育科主任。抗战期间，先后担任贵阳卫生人员训练所所长、卫生署中央卫生实验院院长。1947年4月到美国纽约任联合国世界卫生组织过渡委员会卫生组副主任、中华医学会第十五届理事。1949年2月任卫生部次长，代理部务。1950年5月起应聘到瑞士担任联合国世界卫生组织卫生行政组主任。1963年10月，返回祖国大陆。后加入中国共产党，任北京医学院副院长。是第四、五届全国政协委员。1975年任中华医学会副会长。著述有《孕妇之友》《苏联卫生设施》等。晏阳初致信时在国民党政府卫生署任职。

　　②　孙则让：即孙廉泉。见"1935年10月28日"条注释。

　　③　我认为我们不需要：旧版《全集》译为"我不认为我们需要"。

　　④　周鸿绰（Chou Hung-Cho）：生平事迹未详，似为邹鸿操（Chou Hung-Chao）之误，存疑待考。

　　⑤　郑璧成（Cheng Bi-Cheng）：见"1946年9月20日"条注释。旧版《全集》误译为"郑必成"，新版《全集》已改正。

12 月 30 日　致信张治中。信中首先告知刚由徐处长①自京转来尊电，殷殷存问，欣感不已。其次，感谢出国期间对平教会和乡村建设学院工作给予的悉心关照。第三，告知"今春四月自美返国，抵渝后本计划趋前拜候，藉述离悰。比因先生已离渝赴迪②，未果如愿，殊为怅惘！数月以来，因筹划会院发展，兼之琐事繁冗，屡欲修书，皆以故中止，乃蒙电示先颁，曷胜感愧！"第四，告知去美工作情况。"弟此次去美历时三载有余，在此期中，除为国民外交工作奔走外，更随时为平教事业致力。年来美方朝野有识人士，对平教工作已逐渐由认识而同情而赞助，因之对人才、经费、图书设备等项得各方之不少协助。惟正当大战期间，一切进行亦较平时困难。在纽约，曾成立一'平教会中美合作委员会'，委员多为朝野友好及各界知名之士，以奠定平教事业国际合作之基础。目前经常与此间取得物质上、精神上之联系。"第五，告知国内工作情况。"为求会院工作之开展，原拟迁回北方，惟华北秩序尚未恢复，暂时仍将继续留川。近为协助川省地方建设及加强学院学生实习，经与第三区专署合组一政教合一之'实习区辅导委员会'，以三区十县为工作对象，现已在璧山、巴县开始进行。南京当局为推进全国农村建设及民众教育工作，均愿敝会参与共事。惟兹事体大，非准备周详，难立效果，现正详加研讨考虑中。学院方面，自去秋改为独立学院后，学生人数骤增，教授人选亦较整齐，仍在充实设备、逐渐改进中。"第六，告知赴京一行情况。"在京时，数度出席国大会议，对制宪工作，与会人士均极重视，已照政协所订宪章原则通过。今后基本工作仍为如何培养人民行宪。"第七，赞赏主政新疆的政绩。"新省与内地相距遥远，局面向称复杂，自先生主政以来，树立民主作风，上下和谐，政声丕著，殊深欣佩！"最后，询问近期有时间来渝及京沪否，如来，请告知，"以便迎候，就教一切，并请时颁教益。"（新版《全集》卷 4，第 664～665 页）

是年　在重庆中国乡村建设学院新生训练周上作题为"平民教育运动的回顾与前瞻"的讲话，并以该题收入旧版《全集》第二卷中，以"平民教育运动简史"为题收入新版《全集》第二卷中。该"讲话"分三个部分共 10 讲。第一部分为平教运动胚胎、试验与奠基时期，包括 7 讲内容。第一讲，谈平民教育的肇端。指出：开发中国 80％以上平民"脑矿"的大运动，缘于第一次世界大战（1914～1918）时期赴欧参加华工营工作期间创办的华工教育汉文班。第二讲，谈发动全国平民识字运动。谈自己从 1920 年回国后，认识到"全中国人百分之八十以上都是苦力，……这大多

①　徐处长：未详，待考。
②　迪：即迪化，今乌鲁木齐。

数苦力的苦不解除,苦力的力不开发,政治不会上轨道,经济不可能发展,国家是没有办法的",于是,"当我认识了苦力的力以后,就决定不干政治工作,要许身于三万万五千万的劳苦民众,而从事平民教育事业。"(新版《全集》卷 2,第 324 页)后来,得到中华基督教青年会全国协会总干事余日章的支持,在青年会中创办平民教育科。在主持青年会平民教育科工作期间,认识到平教运动第一阶段工作就是识字,并亲自编成了两本《平民千字课》教材,开始在长沙运用,收到了好的效果。由此,平民识字运动发展到山东烟台、武汉三镇等地,以致华中、华北、华南各大都市都掀起了扫除文盲的识字运动。第三讲,谈平教运动中新的英雄、新的创造、新的园地。指出:平教运动第一阶段肇端时期的英雄是苦力,第二阶段回国倡导时期的英雄是余日章先生,第三阶段试验时期的英雄是熊夫人朱其慧女士;而新的创造就是浙江嘉兴香山中学的同志创造了新的教具——幻灯,并试行群众教学法;平民教育的新园地则是士兵教育。第四讲,谈平民教育总的领导机构——中华平民教育促进会总会的建立。成立时间为 1923 年 8 月 26 日。总会董事会推熊夫人为董事长,自己被聘为总干事。第五讲,谈檀岛华侨的赞助与总会的扩大。1925 年,参加有 9个国家的国民代表在檀香山召开的"太平洋国交讨论会",把自 1920 年至 1925 年努力平教工作的情形作了报告,得到与会代表的赞佩和重视,并得到檀岛华侨的赞助。会后,将所得捐款用于扩大平教工作,将平教会总会组织予以扩张,内部包括推行、研究、育才三个方面。第六讲,谈富贵不能淫,威武不能屈。主要谈 1926 年及 1927 年中国政治上大变革的时期,平教会遭到军阀危害与破坏的气节及随时随地都在进行平教工作的精神。第七讲,谈自己在美国从事平民教育国际宣传工作及筹募平教会基金。第二部分为平教运动由识字教育到乡村建设时期,为"讲话"的第七讲。主要讲平教会在定县的实验。内容包括 5 个方面,即:文艺教育、生计教育、卫生教育、公民教育、县政改革工作的展开。第三部分为平教运动的战时与战后时期,包括两个方面的内容,是"讲话"的第九讲和第十讲。其中,第九讲,平教工作与抗战动员工作。主要谈七七事变后,平教会在湖南深入民间发动民众协助抗战。具体措施是办实验县、改革行政制度、设立技术辅导制度、对行政干部进行训练等。第十讲,平教运动的回顾与前瞻。主要谈平教运动的特点和对国家的影响及贡献。其特点是:第一,平教运动是独立的;第二,平教运动是科学的;第三,平教运动是革命的;第四,平教运动是实际的;第五,平教运动是基础的。其对国家的影响和贡献是:(一)识字教育的影响;(二)民教人员的训练;(三)卫生教育制度;(四)县政建设的工作;(五)国际上的影响。(参见新版《全集》卷 2,第 364~376 页)

是年 对中国战后建设有多种设想,拟办平民大学以培养乡村改造工作人才;

平民印书馆和平民电影厂作全国普遍推行平民教育（四大教育）的教材与工具。
（川编《晏阳初》，第 300 页）

是年　离美回中国前，选定一留美学生吴讷孙给予奖学金，让其接受编辑技术的训练，以便为平民印书局工作；并注意访求适当人才撰写简单的课本。

是年　在上海选定《上海联合日报》发行人刘尊祺参加平民印书局工作，并给予赴美研究奖金。

是年　中国乡村建设学院报考人数 1 500 余人，录取 113 人，招录比例 13.3：1。（王超：《晏阳初与中国乡村建设学院（1940～1952）》，四川师范大学硕士论文，2013 年 5 月，第 18 页）

1947年(民国三十六年　丁亥)　五十七岁

1月　中共代表提出恢复国共和谈的两个条件：遵守停战协定；取消伪宪法。国民党当局愿意恢复和谈，但拒绝中共的两个条件。

同月　国民政府颁布《中华民国宪法》，于"人民之权利义务"一章列教育条文两条，于"基本国策"一章列有教育文化一节，条文10条。

同月　台湾省行政长官公署公布《台湾省学龄儿童强迫入学办法》。

2月　国民党政府通知中共驻南京、上海的代表在规定期限内撤离，宣布国共谈判完全破裂。

同月　教育部令饬各省市教育厅局依照《宪法》规定，延长国民义务教育年限，小学以办理6年制为原则。

3月　中共中央撤出延安。次日，国民党胡宗南部占领延安。

4月　教育部修正公布《修正中学规程》《修正师范学校规程》《修正职业学校规程》。教育部公布《国外留学规则》。蒙藏教育司改称边疆教育司。

同月　台湾省行政长官公署改制为台湾省政府，成立教育厅。

6月　国民政府修正公布《捐资兴学褒奖条例》。

10月　《中国人民解放军宣言》发布，号召"打倒蒋介石，解放全中国"。

11月　人民解放军解放石家庄。

12月　中共中央在陕北召开会议，讨论和通过了毛泽东关于《目前的形式和我们的任务》的报告。报告中提出了著名的十大军事原则。

1月4日　给汤静怡回信。信中首先告知12月10日来信于31日收到，正好有助于制定1947年的计划。其次，告知她访问中国的时间最好在访美之后，以便带来最大益处。并陈述她访问中国延后的原因：① "国共争端将会持续一段时间。实际情况既然如此，中国在今后的数月之内将不会大规模地推行识字或乡村建设。这对于我们来说是一个天赐良机，使我们能够'偷'空在物质上和人员上尽可能做全面的准备，……现在是加强我们学院的培训计划、我们的实验中心以及最后——但不是最不重要——加强我们在美国的至为重要的计划的时候。"② "在我们学院的全体教职员工和学生们中间正在形成一种很好的精神①。……我们正在学生中间建立一种绝对自治的管理方式。……如果我们不能在学院里培养民主力量与实际应用,我们还能在其他什么地方来推行民主吗?我们的学生对这一活动的响应是十分感人的。"③ 璧山和巴中的实验中心。"仅璧山一地就有近五万张织机……这是一个多年来以布匹著称于世并且在我们的抗日战争中为士兵制作军服作出了卓越贡献的地区。现在抗战结束了,新的棉纺织厂正在创建,璧山的大多数纺织业随时都受到破坏的威胁。"为此,应"组成合作社",因而"在我们进行教育、卫生、农业计划的同时,我们还在一个具有五百张织机的村社开展合作社实验。等到您来这里访问的时候,这项计划就会全面展开,并且为您提供一个对纺织业进行研究和比较的良好机会。"④ "至于全国的计划与教育部和行政院提出的中央政府建议,只要内战还在继续,他们就不可能有充分的资金。……我要等待更为有利的时机,我不想只是作为某些政治家的橱窗;然而我一定要说,一旦有共产党参加的联合政府得以实现,我们就会有一个在全国范围开展工作的极好机会。现在我们是整装待发的时候。"第三,告知 3 月访美之前需做的几件要事。"(一) 最为紧迫的事情似乎是我们的合作关系和美国的培训计划。在中国度过了最近这八个月之后,我特别意识到我们对人才是多么的需要。这将是我们制订今后的计划的充分依据。在美国逗留期间,我至少要拿出三分之一的时间去走访一些重要的大学,以便进行系统的招聘。(二) 关于平民电影厂和平民出版社的全部问题应该得到解决。马歇尔·菲尔德与纳尔逊·洛克菲勒②的捐助问题仍悬而未决。还有中方与美方的人员问题亦应进行细心的安排。(三) 我们与布莱恩夫人、巴鲁赫③和拉夫兰④、沃尔特·卢特⑤、多利公爵⑥、让·特立普⑦以及一些基金会和公司有十分重要的继续合作的问题。美国的未来是十分动荡不安的,我们自己的委员会在银行中只有相当有限的资金。一旦美国垮台了,我们就会处于十分窘迫的境地,除非我们事先有所准备。(四) 民生航运公司⑧的总经理童少生先生⑨为我预订了船票,三月十日从

---

① 在我们学院的全体教职员工和学生们中间正在形成一种很好的精神:与旧版《全集》译文有较大变化,旧版《全集》译文为"现在学院的全体员工和学生们正在生长着一种很好的精神"。

② 纳尔逊·洛克菲勒:旧版《全集》译为"尼尔森·洛克菲勒"。

③ 巴鲁赫:生平事迹未详,待考。

④ 拉夫兰:生平事迹未详,待考。

⑤ 沃尔特·卢特:生平事迹未详,待考。

⑥ 多利公爵:生平事迹未详,待考。

⑦ 让·特立普:生平事迹未详,待考。

⑧ 民生航运公司:旧版《全集》误译为"明松(音译)航运公司"。

⑨ 童少生:见"1946 年 9 月 16 日"条注释。旧版《全集》误译为"S. S. 终(音译)先生"。

上海起程。我应该于四月一日在纽约开始工作。我准备于四月至五月逗留三个月①，七月动身回国。"第四，告知正忙于给《读者文摘》撰稿。第五，建议年度报告以 1946 年 5 月回到中国到 1947 年 6 月为时限来写并征求汤静怡的看法。最后，告知即将给平教会美中委员会的成员写私人信件。（新版《全集》卷 4，第 666～669 页）

2 月 7 日　致信卢作孚。信中首先告知"前接璧成②兄转下驻川粮秣处杨处长③为该处奉命结束，回水沟九十一号房屋交还原主请转知接收之致兄函一件。当即派员商洽接收，惟其中问题甚多，致屡次接头均无法进行。"其次，将难以收复之情形报告如下："（一）前粮秣处职员多人，仍留居在内；（二）该房屋内现存有第四补给区接管之前粮秣处档案数百箱及其他闲杂人等居住在内，全部房屋均为占据，几经交涉，迄无结果；（三）粮秣处亦曾派员数次催促本会接收，惟因以上困难，事实难以进行。其催促用意在本会于名义上接受后，该处自十月份以后所欠之电、自来水、电话等费，即由本会负责偿付。本会以房屋尚未接管，此项费用实无担负之义务，当婉言拒绝。乃该处于一月二十日夜间，忽来武装人员向本会驻渝办事处事务员杨印宝④，逼迫出具接收收据，致此事目前陷入僵局。"第三，表明对此事的看法并希转达杨先生。"在该处未能全部腾出交还前，本会虽甚需该房，但无法再识□，特出奉复，并希转达杨谷九先生，至为感荷！"（新版《全集》卷 4，第 669～670 页）

3 月 1 日　致信黎季纯弟。信中首先告知："顷读来书，就审近况，夫人病势仍未康复，殊为念会。"其次，告知当时平教会工作正在积极扩展。具体而言：① 中国乡村建设学院"现设教育、农学、社会、水利四系，有学生二百余人，教职员六十余人。因去年投考踊跃，学生素质颇佳。本年度起，为实施四自教育，培养民主习尚，将消极管制之训导处撤销，改为学生生活辅导委员会。学生自身成立四自会，因之学生学做情绪显著增高。其他如教授之引聘、设备之增添均在不断努力进行中。" ② 南京方面，"为推进该方面工作及中央合作联系便利起见，已在京成立办事处，由菊农主持其事。"③ 在第三专员区设置的实习区，"正在璧山进行，应用组织教育之原则，实施土地改革及纺织生产合作之实验。关于纺织方面，预计于今年底前，可将一万铁机纳入合作社组织，学生近即去璧山实习，院中教育系所教课程与实习区所实际做者，须密切配合。如此学做合一，教育始不落空。"最后，强调第三区工作的重要，希望前来参与其事并领导教育诸君。"中央复以四川为西南建设之重

---

①　我准备于四至五逗留三个月：旧版《全集》译为"我准备于四、五、六月逗留三个月"。
②　璧成：即郑璧成。
③　杨处长：即杨谷九。曾任国民党"三民主义力行社"干部。
④　杨印宝：平教会驻渝办事处事务员。其他生平事迹未详，待考。

心,对第三区工作因之异常重视,深盼吾弟即日前来。目前吾会急需真正了解平教精神之老同志集中,将来工作之能否发展,实系于此。冲涛①同志日内即由京来川。教育方面,同人均渴盼吾弟即来,否则在工作进行均有群龙无首之感。行期定后,请即驰电示知,至盼至祷!"(新版《全集》卷 4,第 670~671 页)

3 月 20 日　与梁耀祖(仲华)、孙则让(廉泉)、瞿世英(菊农)三人发愿乡村建设事业誓约。收入新版《全集》第二卷中。"吾人深信建国力量蕴藏于乡村,因发愿献身于引发民力共谋国家建设为职志,本此信念共誓约守:一、见体发愿务求其同,勿为理障各执其是。二、出处进退,基于共决,不得歧异。三、在外互相推重共宏献身之愿,在内彼此砥砺以达规劝之旨,休戚相关、患难与共。本此三端,结如手足共守,不渝此誓。"(新版《全集》卷 2,第 437 页)

3 月 25 日　致信中国社会教育社五届年会筹备处。全文如下:"迳启者,顷奉大缄,承台嘱于第五届年会时担任学术讲演,至感荣幸!本应如嘱,届时出席,藉与诸社友领教一切。惟以此间会院事务繁冗,实难分身前往,深为歉怅!国家复员建设,急待朝野并力推进,社教工作尤为切要,谨祝大会圆满成功!各项讨论决议,并祈于会后详予示知,是所盼祷。专函奉复,并致歉忱,尚希亮察为幸!此致　中国社会教育社第五届年会筹备处。晏阳初谨启。"(新版《全集》卷 4,第 671 页)

4 月 1 日　致信 W. M. 欣②。信中首先告知已收到 3 月 20 日十分有趣的来信,十分高兴。其次,告知"我们十分赏识您的信里所洋溢着的那种美好的精神。我们十分荣幸地欢迎您作为我们学院的一位成员。为了使您对中国的平民教育运动有一个综合的了解③,我随信寄给您一份有关的简介材料,供您参考。"第三,介绍乡村建设学院④。"它是平教运动全国计划的一个分支,……学院的宗旨是培养中国的男女青年在乡村改造方面的知识与技能,并且以服务于乡村民众——他们是我们民族的脊梁——的精神激励他们。学院目前有四个系,即教育、农学、福利救济工作和水利工程。由于我们崇尚理论与实践的结合、教育与生活的结合,因而我们在学院附近开发了一个实验中心,它由十个县组成,总人口为五百万。一个社会改造与经济改造相互协调的计划正在这个中心实行着。我们的学生(三年级和四年级)与学院的老师一起下到乡村去结合自己的专业实地观察和参加各种活动。"第四,告知他在两个主要方面可作出有益的贡献。"一是我们学院水利工程系

---

①　冲涛:即朱冲涛。
②　W. M. 欣:生平事迹未详,待考。
③　了解:旧版《全集》译为"看法"。
④　乡村建设学院:旧版《全集》译为"乡村改造学院"。

有关教学管理方面的问题,二是对结合经济与环境卫生改善农村人民的居住条件的方法与资金的研究。"并回答生活开支情况,告知"我们可以拿美元作为可靠的依据来看,如果您是单身,与我们的教职工一起生活,那么每个月六十美元即相当充裕了;如果您已经结婚了,每月一百美元也就足够了。"第五,告知校园附近有四川最大的瀑布之一,并建了一个发电站,向学院和著名的游览胜地北碚供电。最后,认为民众的事业可以跨越国界,衷心欢迎他加入到中国平民教育运动中间来,为提高中国的民众并从根本上改造中国而努力。(新版《全集》卷4,第672~673页)

4月17日 乘坐自上海启航的邮轮赴美以争取美国援助,解决国民政府困难。(吴著《晏传》,第397页)

同日 登轮启碇前收到轮船公司转来的司徒雷登(Leighton Stuart)大使4月12日写的书翰。郑重提示两点:① 经费管理:"最使我满意的是组织一由中国人与旅华美人合组的委员会来管理这项工作的经费——或在华盛顿另有一小委员会接受有关工作报告——这些委员自应是中美两国政府同意的具代表性的适当人选,但在进行工作时应有如民营事业一样的自由与弹性。我更建议你请问杜鲁门总统与其他有兴趣于此人士的自己意见或计划"。② 贷款数目:"我想你应将贷款数目让美国当局考量,但必须明白地说你所希望的,是将这紧急需要的服务能迅速且广泛推行的可能机会。再需表明的是如果能保证继续进行十年,更可增强这一工作价值。切勿提出请求美国负担这十年需要的金钱;你须假定中国一旦有负担这些经费的能力时,中国政府即可接手来做。若得一笔开办费,可使你设立四个训练中心,而其成效显明可以看到并报告华府,你可能获得更同情有利的考虑而被给予进一步赠予。换句话说,你不是为你自己的计划求援,而是为协助美国人的目标:促成一团结、和平、民主的中国,一般人民能自一开明的政府获得福利,自己改善生活。"司徒大使在这一书翰结论强调:"男女青年准备参加这一爱国的和博爱的服务时,应鼓励他们将这项工作当做〔作〕终生事业以表现更多的热诚,在训练完成后做得更好。"(吴著《晏传》,第397~398页)

4月23日 到达檀香山(火奴鲁鲁),并寄信给平民教育运动中美委员会委员、斯坦福大学校长威尔伯博士(R. L. Wilbur)说明5月2日到旧金山,将与两儿住医院检查身体。(川编《晏阳初》,第300页;吴著《晏传》,第398页)

4月 美国援华法案特列"晏阳初条款",设置中国农村复兴联合委员会。(川编《晏阳初》,第300页)

5月6日 到达洛杉矶好莱坞,与黄宗霑等商谈平民电影厂事。(吴著《晏传》,第398页)

5 月 17 日 抵纽约市。(吴著《晏传》,第 398 页)

5 月 在《新教育》杂志①第一卷第一期(创刊号)上发表《为和平而教育世界》。首先,谈自己在 1925 年②参加太平洋国交讨论会发表的有关平民教育的演讲受到与会者的热烈欢迎,并受到了大会主席威尔伯博士③的高度赞扬,称自己的讲演"为最有价值"。其次,说明平民教育的重要性。指出:"全民教育运动一天不实现,那中国必然地一天无办法。……平民教育的'平'字……是平等之平,平社会之不平的平,要世界各国都承认中国人的平等的平,世界一天不承认这一点,世界就不平一天,社会上如果一天没有承认平民教育的重要,不把平民教育作为立国的生命,立世的生命,社会就不平一天。非社会平等,人人受教育,世界决不能和平。……全世界有四分之三的人,是属于苦力阶级,苦力阶级是全世界的最丰富的未开发的资源。除非用教育的力量把苦力们加以教化,任何一个国家都无法获得进步。"第三,提出要改变中国人民"愚贫弱私"的生活必须使用教育的三大武器。"一、文字:如报纸、杂志、丛书,使平民有阅读的机会,发表的机会,培养民意,造成民力。……二、电影:使广大人民都有机会欣赏电影,电影可以启发国际精神,提高人类意识,灌输生产技能,培养科学知识,电影活动在平民教育的推广中是很有力量的。三、广播:中国语言的不统一,人民的知识水准低落,广播收效困难,不过二三十年后必然普遍运用的。"最后,提出平民教育的目的是"以文艺教育救愚,以生计教育救贫,以卫生教育救弱,以公民教育救私",并指出"平民教育运动已经是一种世界运动,世界需要它"。(新版《全集》卷 2,第 374~376 页)

7 月 10 日 下午二时,与美国国务卿马歇尔(George C. Marshall)④会晤 45 分钟。向马歇尔说明:平教运动乡村改造都已有 20 年以上的经验,自实验表证获至实用的方法与技术,一切都是为中国的建设与民主目标而努力;尤其乡村改造为土地改革及现代经济与民主奠立基础:正如司徒大使所了解的,这是直接为民众服务,也是对失业的学生一直接的挑战且提供他们出路;并且中国内部问题的解决在广大的农村,并不在各地战场,再申述 1948~1953 年最初五年以教育与生计为

---

① 旧版《全集》(第 1 版与新版)误为《新教育杂志》,应为《新教育》杂志。
② 旧版《全集》卷 2 第 310 页误为"1915 年"。新版《全集》卷 2 第 373 页已改正。
③ 威尔伯博士(Ray Lyman Wilbur):时任美国加利福尼亚州斯坦福大学校长。
④ 马歇尔(1880~1959):全名乔治·卡特莱特·马歇尔(George Catlett Marshall),美国军事家、政治家、外交家,陆军五星上将。他于 1901 年毕业于弗吉尼亚军校,参加过第一次世界大战。1924 年夏到 1927 年春末,在美军驻天津的第 15 步兵团任主任参谋,学习了汉语。1939 年任美国陆军参谋长,在第二次世界大战中,他帮助富兰克林·德拉诺·罗斯福出谋划策,坚持先攻纳粹德国再攻日本帝国,为美国在二战的胜利作了不可磨灭的贡献。1945 年退役。后出任美国国务卿和国防部长,以出台马歇尔计划闻名,1953 年获诺贝尔和平奖。

主,并说明司徒大使以为中美人士合组委员会管理经费推行工作的意见,如有充分的人才与经费,十年当有成效。马歇尔聆听后说:"你确实在走上一健康且民主的道路,这些建设的基本计划,无疑是中国需要的。"马歇尔要求送一份备忘录给美国国务院。(川编《晏阳初》,第 300 页;吴著《晏传》,第 398~399 页)

7 月 16 日 在纽约接阅"联合国文教组织"秘书长赫胥黎(Julian S. Huxley)①来电,询问是否愿意担任所属的基本教育计划主任。任期至次年 12 月底。"希望阁下认为这是将你在中国的伟大工作扩大到世界范围的机会。"(吴著《晏传》,第 384 页)

7 月 24 日 再接阅"联合国文教组织"秘书长赫胥黎来电,说明平民教育推广计划目标是经由教育以对抗愚、病、穷的世界性活动,其中包含在中国及海地(Haiti)与东非(East Africa)三大实验引导计划,在基本教育的顺序与技术上协调研究,并与各国当局的若干平民教育事业相互配合。(吴著《晏传》,第 384 页)

同日 "联合国文教组织"又电邀赴巴黎,在基本教育研讨会演讲及讨论。(吴著《晏传》,第 384、395 页)

7 月 29 日 在中国平民教育"中美委员会"执行委员会上报告收到"联合国文教组织"邀请各情况,各委员一致同意可接受演讲的邀请,至于出任"文教组织"职务,各委员意见不同:有认为应谢却,集中时间精力为中国工作;有人认为这是一国际性工作,可以接受,以推行平民教育于世界各地。为矢志进行中国平民教育运动,复信婉谢,但愿参加夏季研讨会。(吴著《晏传》,第 384 页)

8 月 25 日 应邀出席在巴黎举行的"联合国文教组织研讨会",在会上作了以《平民教育与国际了解》为题的英文讲演。讲述第一次世界大战时在法国教授华工识字创立平民教育以至现在逐步发展的原则、方式、技术、教材等,最后说明中国平民教育是秉承"民为邦本,本固邦宁"的中国古训以及为民所治、为民所享、为民所有原则进行;经由大众教学战胜了文盲;经由人民生活的改善克服了贫穷;经由为

---

① 赫胥黎(Julian S. Huxley,1887~1975):英国生物学家,科学研究行政官员,1958 年受封为爵士;著名生物学家 T. H. 赫胥黎(1825~1895)之孙,作家奥尔德斯·赫胥黎之兄。曾就读于牛津大学的伊顿学院和巴利奥尔学院,1909 年获动物学学位。曾用一段时间在那不勒斯动物研究所研究海绵,1910 年作为动物学讲师重返牛津大学。1925 年任伦敦大学国王学院动物学教授,但两年后辞职,专心研究。所著《相对生长问题》(1932)一书阐述了对生物体不同部位的生长率差异所进行的著名研究的成果。而这仅仅是他那广泛兴趣的一个方面。他写了许多普及读物,尤其是关于鸟学和进化论的文章。还与他人共同制作了几部历史影片,其中有《塘鹅的私生活》(1934)。坚持人道主义的哲学态度,这在《没有启示的宗教》(1927)一书中可以得到证明。担任过伦敦动物学学会的秘书(1935~1942),竭力鼓动实行一个雄心勃勃的改造计划,但由于战争,这个计划一直未能实现。1938 年当选为皇家学会会员。1946 年被任命为新成立的联合国教科文组织第一任总干事,任职期间他巡视了许多地方,以查明人口膨胀和生态环境遭到破坏等日趋严重的问题。

民所治、所有政府安置消除了腐败统治。认为"平民教育是一为民所有的运动。"强调：愚、穷、病、私并不是中国特有的现象。世界上三分之二的人都是如此的苦难——全球各处都叫喊和平，世人更需要和平；但绝大多数人的生活如此，世界又如何能得和平安宁！联合国组成，只是一上层构造；和平必须建立于人民的心目里、大众的智慧与意识里。没有其他途径允许你真实和平成功。"文教组织"是一伟大机构，要达成它的工作目标，应运用世界上四分之一享受特权人群的资财来提高其余未享基本权利的四分之三人群生活水准。所有可利用的资财都必须为一目标而动员，这自然需要一些时间，也只能达到提高若干水准——当然一切非钱莫办，但如罗斯福总统某日宣称的：世界大战，每小时即消耗一千万美元。今如以同等数目金钱来建设一比较美好世界，岂不是更有益于人类。在结语指陈：二十五年间经过两次世界大战，对世界毫无裨益；难道还不体认我们必须好好利用未来的二十五年。我们所有财力经验都必须奉献，以完成这一伟大工作。（川编《晏阳初》，第 300 页；姜编《纪略》，第 66～67 页；吴著《晏传》，第 384～385 页）

8 月 28 日　联合国"文教组织"秘书长赫胥黎致书翰指陈："阁下对基本教育提示有关实质与原则的方式和运用，给予我们极大的兴趣和深刻印象。我们因此比较以往更企〔期〕待能获得你来主持这项计划（这是"文教组织"一项显著的重要工作）。请信任我现在说的：我重视你现在中国进行的伟大工作，以及最近或将来又可能为中国政府担负其他任务；仍不能不感觉到，如你能在目前协助我们创办这一计划使趋向正途，是极重要的。我可否劝说你及中国政府和'中美委员会'同意放开你至少一时期——一年或稍多对我们最好，设若你不能腾出半年以上的时间，我们也极盼你在一段时间的服务。如这件事能作安排，我盼望你在本年十一月一日开始工作，以便参加十一月举行的'文教组织'大会。如你认为可能兼筹并顾，我将致信有关当局强烈要求：为联合国尤其为文教组织，放开你。"并邀请翌日午餐商谈。（吴著《晏传》，第 385 页）

9 月 17 日　联合国文教组织秘书长赫胥黎函请担任该组织基本教育特别顾问。（川编《晏阳初》，第 300 页；吴著《晏传》，第 386 页）

9 月 30 日　给美国国务卿马歇尔写备忘录《发展国家的根本》。首先，对中国过去的做事进行反思，认为没考虑民享，反而是烦民，最终可能引起社会动乱。认为"中国以往曾试图去做每一件事，却没有做什么为民享受的事。大多数中国人和美国人都认为中国极需铁路、工厂和强大的军队。但是他们却不了解：在一个不识字和吃不饱的民族基础上，是不能建立现代军队和经济的。任何经济或政治的改革，若想持久有效，必须在民众里面打下根基。不仅如此，在中国这样一个东方的国家,物质建设若不与社会建设相辅而行决非人民之福,反为人民之祸。那会使全国人民成为庞大的苦力队伍。这庞大的苦力队伍在现代技术高超的无情指挥之下,所有待遇不良、情绪不满的工人和成千上百万目不识丁、饥寒交迫的农民,可能使全国陷入一种空前未有的残酷动乱中。"其次,指出:中国"挽救现局,创造未来,当务之急,莫过于发展国家的根本,即中国人民。……而全国人民尚有百分之七十不能读自己的姓名,更不用说中国宪法了",因此,政府要"帮助他们获得基本的生活、普通健康和地方自治","只要民国政府服务人民福利事业有成,强大民主之中国自能实现"。第三,指出"中国自己有社会建设方案,无须从美国、苏联或任何外国抄袭移植。……中华平民教育运动在和学术与政治机关合作之下,已制成一个方案,可以立刻实施和推广。……这一社会经济建设连贯起来的方案包括人民的教育、人民的生活、人民的健康、人民的政府。"第四,阐述平民教育运动是促使学人与"苦力"联结的最好手段,打破了士大夫与文盲的壁垒,有助于中国实行真正民主。第五,阐述中国平民教育运动证明的六大要项。"(一)一个文盲在九十六小时内(每日一小时)可学会基本中文。(二)一个识字和明白的人,受过相当训练和组织后,能够增加生产和收入、防治疾病,并在本地担任自治工作。(三)识字的农民,经过共同的教育、合作的组织、保健的工作,彼此成为同学,同为校友会会员,便能组织合作农耕,进而促进农业的机械化与土地改革。(四)一种改良生活、改良卫生和地方自治的基本教育,可以在十八个月过程中灌输于任何一县的人民。(五)使一个文盲识字的成本费每人一美元,完成这种社会建设的基本教育每人五美元。(六)这全部方案可以立即付之〔诸〕实施。"第六,论中国平教运动亟应采取的具体步骤。"(一)全国识字运动。(二)建设中心区。(三)领导人才的培养。(四)为有效推行这一方案,应设立一'全国平民教育与乡村建设委员会',这是一独立为人民服务的机构,假定全部经费由中美两国共同负担(美国以捐赠或贷款方式),则该会应由两个政府指定中美代表组成之。"其意义在于:"(一)直接并立即造福于人民,提高他们的社会经济水准,训练他们实行民主。(二)为中国今日各级学校中愤懑不安的无数学生,提出一个号召并造成一条积极建设的出路。(三)这是中国土生土长的一个方案,不是苏联、美国或任何外国所强使推行的。(四)这一方案可使美国政府有一个机会,在中国自由主义者眼中看来:是在积极参加增进中国民众福利的运动,而不是保障特殊派系的利益。"最后,强调"今天要赢得中国,不能依靠机关枪,也不能依赖外文的运用,只有靠对人民的服务",即认真实施平民教育与乡村建设方案。(新版《全集》卷2,第377~379页)

9月　专程到伦敦拜谒阔别40年的恩师——当时任中国内地会伦敦总部监

督的姚牧师。白头师生，殷殷话旧，泪眼相对，感慨万千。感慨道：殊途同归，虽然道路不同，但拯救苦难同胞的目的是一致的。问道："你记得板球戏的胜利不？"相与大笑，交谈甚欢。（吴著《晏传》，第 8 页；晏著《传略》，第 17 页）

10 月初　在美国选购的大批图书、仪器、水利测量仪器、化学实验药品及大批电影器材先后运抵北碚乡村建设学院。电影机即用于学生电教实习，并在学院及学院研习区巡回放映。（姜编《纪略》，第 67 页）

10 月 7 日　致信联合国"文教组织"秘书长赫胥黎："'文教组织'基本教育计划与中华'平教总会'具有共同哲学与同样理想，自当如尊翰提示相互合作，'平教总会'当随时就本身经验心得贡献意见，并愿担任顾问，以便联络。"（吴著《晏传》，第 386 页）

10 月 21 日　致信朱季青①。信中首先对日前去京得获畅领教益而高兴。其次，感谢对四川建设实验工作的热烈赞助。第三，告知四川对国家建设的贡献。"四川在抗战期中，动员人力物力，对国家贡献至大"，并受到蒋中正主席肯定。现"第三专员区所辖十县之县政建设工作，已决定由孙廉泉兄（廉泉为本会实验部主任兼三区专员）主持，与专署合组一政教合一之辅导委员会，聘请各方面有关专家为辅导委员，准备工作业经开始，自本月二十二日起，各辅导委员及与工作有关之各县县长、卫生院院长等，举行讨论会，研讨工作推行方法及实施详细方案，将以巴县、璧山两县为初步进行区域，并以璧山为工作实施之中心。"此后，全体辅导委员及工作人员即去璧山开始工作。第四，敬恳"派卫生专家前来参加辅导委员会，共策进行。其他医师、护士、卫生工程师等方面人员，并盼即行指派飞渝，转来歇马场。俾在整个工作开始时，即得参与计划，并推行一切。至药品器材方面，此间异感缺乏，请尽量设法筹划带下，以应需要。又前在京所提关于环境卫生、自来水过滤机器，亦望能从早装置举办，俾作表证示范及学生之实习。"最后，告知"巴、璧两县长，对辅导工作均有相当认识，全县乡政工作人员，亦将逐步重新训练，已与工作配合，一切进行，自当可减少困难"。（新版《全集》卷 4，第 673～674 页）

10 月　在《新教育》杂志②第 1 卷第 3、4 期发表《中国农村教育问题》。收入宋编《全集》第二卷中。文章首先认为"一般的、普通的教育，并不是难事，要使教育切合实际的需要，才是难事。在今日的中国，最切合实际需要的就是农民教育。"其次，论救亡图存应对教育有所计划、以农村教育为本。"非常时代的教育应当是计

① 朱季青：即朱章赓。季青为其字，章赓为其名。
② 旧版和新版《全集》认为是《新教育杂志》，应为《新教育》杂志。

划教育,教育的内容与方式,都根据国家实际的需要,预为计划。"在当时中国生死关头,最需要的是救亡图存,最应当实施的是救亡图存的教育,即中国农村教育。第三,谈实施农村教育须达到三个目的,即① 培养知识力。主要是对广大农民进行启蒙教育,培养他们的民族意识、国家观念,使他们明了国家民族和自身的关系,以及自己应尽的职责,自觉自强,负起救亡图存的神圣职责。② 培养生产力。即在可能的范围内,尽量对农民介绍科学的生产方法,使农民明了近代科学能控制自然、人力可以胜天,使他们具备自给自养的能力。③ 培养组织力。即培养农民的集体观念,使他们的生活团体化、纪律化。第四,认为中国农村教育还须注意目标、计划和方法,要对不同年龄的农民采取不同的教育方式,并特别强调要注重对青年农民进行教育,因为青年农民是救国的中坚,教育工作者必须把他们组织起来,施以必要的训练,给予他们文字知识训练、保健知识训练、科学的生产知识训练,以及公民政治训练,使他们担负起国家复兴、民族再造的使命。第五,认为进行农民教育、推动农村建设还必须进行县政改革,因为"健全的县政是农村建设成功的必不可少的条件"。县政改革包含两个问题:一个是政治组织问题,另一个是行政人才问题。一方面,使"以前专司收税、审问官司的县衙门,变为实施救亡教育、建设各种基本事业的工作机关";另一方面,使"所谓亲民之官的县政负责人员,切实地有效地去服务人民,建设地方"。最后,希望"一班青年,发挥宏愿,深入农村,施展宏才。好静的做研究工作,好动的做推广工作,以伟大的精神,成伟大的事业","这样,不但青年自己有了出路,整个国家也就有了出路"。(新版《全集》卷2,第380～383页)

11月4日 收到菲尔德(Mashall Field)①复信。菲尔德在信中坦言道:对中国现况极感不安;对印刷机件运到后能否安全完好深感忧虑;对纸张价格上涨、经常费预算如何够用等也很担心;对马上开办"印书局"是否能确实印行计划中的教材也很关心。(吴著《晏传》,第371、392页)

12月13日 在纽约会见洛克菲勒并同进午餐,致马歇尔函件受到赞扬。并介绍往访参议院外交委员会主席范登堡(A. H. Vandenberg)②、众议院外交事务

----

① 菲尔德:即美国菲尔德基金会创立人马歇尔·菲尔德(Mashall Field)。
② 范登堡(A. H. Vandenberg,1884～1951):美国共和党参议员。生于密执安州大急流城。早年在密执安大学学习法律,后从事新闻工作,积极参与共和党人的政治活动。1928年当选参议员,以后连选连任直至去世。是参议院内的共和党领袖。20世纪30年代是美国孤立主义的代表人物。反对美国加入国际法院,主张美国不介入任何外国政治事务,严守中立。第二次世界大战中投票反对1941年租借法案。战后态度有了变化。认为美国要最大限度地和世界合作才能求得安全,支持建立联合国。1947～1949年任参议院外交委员会主席。任内支持杜鲁门主义、马歇尔计划以及建立北约组织。

委员会主席伊顿(Charles A. Eaton)①,建议往访国务院远东事务处主任 Wiliam
Walton Butterworth, Jr. ②。(川编《晏阳初》,第 300 页;吴著《晏传》,第 402~403 页)

是年 致老舍先生。信中首先告知因忙于平教会工作,虽相距不远未能晤教
感到遗憾。"平教会自抗战军兴,即与有关各省(如湘、赣、川)合作,从事动员民众
及地方行政改革工作。嗣为应工作推广需要,在歇马场创办中国乡村建设学院,培
育乡村建设工作之专门人才。当时虽彼此相距咫尺,终以工作牵制,未能获得晤教
机会,殊觉怅然!"其次,告知旅美情况。"三十二年春去美,一面为国民外交奔走,
一面为会院工作努力,美方朝野人士,对本会逐渐由认识而寄以同情赞助,国际合
作方面略奠基础。"第三,谈回国后开展工作情况及拟聘先生担任教授。"对会院工
作,均在设法积极开展,除约平教老同志归来外,更随时礼罗国内外学者专家。最
近学院决定添设平民文学系,由伏园③主持系,我拟敦聘先生为该系教授,甚望能
摆脱其他方面之邀约,在三月间如期回国,惠然来川,不胜企幸!"第四,告知乡村建
设学院很适合先生事业发展,并告知聘任先生相关待遇。"歇马场环境清幽,远山
环抱,溪流回绕,研究讲学,颇称适宜。且本院系一超党派的独立学府,学术研究绝
对自由,师生日常生活亦极为活跃。为充实平教会之实际工作,在美曾洽妥电影和
印刷机器与材料,不久将来即可运到。……先生来院后,所有作品都可由自己来
印、来演。如此工作和研究,互相配合,兴趣自必浓厚。关于待遇方面,本会向以谋
求同人生活安定为原则,目前标准完全参照中央公教人员待遇办法。担任教学研
究者,除致送部定之研究费外,并另加补助。先生来后,生活上尽可勿虑。回国
后,由沪来川以及由碚迁歇旅费,院中全部负担。将来交通畅达,复员北平时,随
院迁移之旅费,亦当由院支付。一切均祈释念。"最后,告知附聘书一份,希早日

---

① 伊顿(Charles A. Eaton,1868~1953):威廉·罗伯伊顿(William Robb Eaton)的叔叔,美国新泽西
州的代表,出生于加拿大新斯科舍省(Nova Scotia),在当地入公学,1890 年毕业于新斯科舍的阿卡迪亚大
学(Acadia University),1893 年年毕业于美国马萨诸塞州牛顿中心的牛顿神学院,1892~1895 年在马萨诸
塞州内蒂克任牧师,1895~1901 年在加拿大多伦多任牧师,1901~1909 年在俄亥俄州克利夫兰任牧师。
1909 年搬到新泽西州萨默塞特郡的瓦春(Watchung),1909~1919 年在纽约城麦迪逊大街的教堂任牧师,
1896~1901 年在加拿大多伦多的《多伦多环球》的社会学栏目任编辑。1899~1901 年在加拿大多伦多威
斯敏斯特任副主编,1917 年 11 月到 1919 年 1 月任美国航运局紧急舰队公司全国服务部主管,1919~
1920 年任《莱斯利周刊》(Leslie's Weekly)编辑,1925 年 3 月至 1953 年 1 月当选为第八十届外交事务委员
会和对外国援助委员会主席。1953 年在华盛顿去世,安葬在美国新泽西州普兰菲尔德山坡公墓(Hillside
Cemetery)。
② Wiliam Walton Butterworth, Jr.:威廉·沃尔顿·巴特沃斯,1928~1968 年任美国国务院外交官和
职业大使。其间还担任过其他重要职务,如 1944~1946 年作为大使担任驻西班牙马德里使馆参赞,1946~
1947 年任美国国务院驻中国南京使馆公使参赞大臣,1947~1949 年任美国国务院远东事务处主任。1949~
1950 年任美国副国务卿。1950~1953 年任美国驻瑞典大使。
③ 伏园:孙伏园。

赐复。(新版《全集》卷 4,第 674~675 页)

  是年 中国乡村建设学院报考人数 2 100 余人,录取 130 人,招录比例 16.2:1。(王超:《晏阳初与中国乡村建设学院(1940~1952)》,四川师范大学硕士论文,2013 年 5 月,第 18 页)

1948 年(民国三十七年　戊子)　五十八岁

1月　沈钧儒、邓初民等在香港重建民主同盟。

同月　国民政府公布《大学法》《专科学校法》。

3月　国民党在南京召开"行宪国大",蒋介石和李宗仁分别当选为正、副总统。

5月　中共中央电示上海局:拟请茅盾等民主人士前来解放区协商召开新政协问题。

7月　立法院通过《考试法》。

8月　华北人民代表会议在石家庄召开,以董必武为主席的华北人民政府成立。

9月　教育部第三次修订《小学课程标准》,改名为《国民学校课程标准》。

10月　《国语日报》在台创刊。

11月　沈阳、营口解放。至此辽沈战役胜利结束,东北全境解放。人民解放军发动淮海战役。

12月　人民解放军发动平津战役。

同月　中国童子军总会划归教育部管辖。《第二次中国教育年鉴》出版。教育部修正公布《师范学院规程》《中学课程标准》。

同月　故宫的文物被运往台湾。

1月11日　在华盛顿与大法官道格拉斯商讨争取美国国务院通过对华援助案。(吴著《晏传》,第403页)

1月13日　与中国大使馆谭绍华[①]公使、陈之迈[②]参事晤谈,了解中国要求美

---

① 谭绍华(1898~约1984):广东新会人。早年留学美国,获芝加哥大学哲学博士学位,回国后执教于岭南大学与沪江大学。1929年后任外交部条约委员会委员、外交部秘书,曾随李顿调查团工作。1936年后任驻墨西哥、委内瑞拉、哥伦比亚、巴西公使。抗战后期调任驻美使馆公使衔参事。1949年后任台湾当局驻阿根廷"大使",退休后定居美国,并充台湾当局驻美"使馆"顾问。

② 陈之迈(1908~1978):原籍番禺,生于天津。陈澧曾孙。1928年毕业于清华大学。旋赴美留学,1934年获哥伦比亚大学哲学博士学位。回国后历任清华大学、北京大学、南开大学及中央政治大学(转下页)

援助大要。与美国友人 Philph Sprose①晚餐，被建议应多拜望美国国会议员、并联络报刊支持对华援助案，更应再去拜访杜鲁门总统请求他赞成。（吴著《晏传》，第403页）

1月15日 会晤曼司菲尔德（Michael Mansfield）②众议员，被告知："国务院是不会让国会知悉他们在做什么。我将约集很多众议员与你会谈。"（吴著《晏传》，第403页）

同日 与周以德③众议员长谈。周表示一定在国会努力为美国援华案计划而奋斗，提醒重点应说服国务卿马歇尔。告诉周：正在努力向报纸、期刊、专栏作家、国务院各方面联络说明。（吴著《晏传》，第403页）

同日 下午3时，到美国国务院会晤远东事务处主任 W. W. Butterworth, Jr., 中国科科长 Ringwald ④也在座。告知近一月旅行各地见闻，深感美国大众赞同援助中国民众，协助中国人民受教育、学会生产，以达自助自立。并以四川璧山农民参加纺织合作社情形，说明中国人自助热忱。Butterworth 对美国援华案，说俟报告国务卿后再作商讨。（吴著《晏传》，第404页）

同日 晚，与顾维钧大使长谈两小时。针对顾谈话基于政治立场，诚恳说："我完全同意你说的，即中国民众离开政府就不能处理事务，但你是否同意我所说：中国政府离开民众也不能处理事务？"顾表赞同。（川编《晏阳初》，第301页；吴著《晏传》，第404页）

1月16日 上午，访美众议院外交委员会主席伊顿。伊顿建议："当国会讨论

（接上页）等校教授。1938年任行政院参事。1944年任驻美大使馆参事。赴台后曾任台湾驻联合国一些组织的代表，历任台驻美、菲律宾、澳大利亚、新西兰、日本、马耳他等国"大使"。1978年任"外交部"顾问。著有《中国绘画》《中国政府》《政治学》《天主教流传中国史》等。

① Philph Sprose：即菲利普·D. 斯博思（1906～1977）：美国外交家。生于美国田纳西州的格林布瑞尔（Greenbrier）。1928年毕业于华盛顿及李大学（Washington and Lee University），获文学士，1929～1930年在普林斯顿大学求学。1935～1938年任美国国务院派驻北京的办事员；1938～1940年升任北京副领事；1940～1941年任汉口副领事，1942～1946年任重庆领事馆第三任秘书。期间1945年曾在三藩市联合国秘书处工作，1946年作为美国马歇尔驻华使团的助理到中国，任北京领事馆二等秘书兼领事。1947～1949年任美国国务院驻中国事务部副主任，1949～1950年任中国事务办公室主任，1950～1953年任法国巴黎领事馆首任秘书兼领事，1954～1958年任美国驻比利时布鲁塞尔使团副团长，1959～1962年任美国国务院外国事务处总监，1962～1964年任美国驻柬埔寨大使。

② 曼司菲尔德（Michael Mansfield）：美国众议院议员，曾担任罗斯福总统个人代表访问中国，精通汉语，与大法官道格拉斯是好朋友。

③ 周以德（Walter H. Judd, 1898～1994）：即贾德，美国共和党众议员，反华组织"百万人委员会"（Committee of One Million）主席。生于内布拉斯加州。1925年来中国，在江苏南京、福建邵武、山西汾县等地当传教医生。1938年返美。1943年起，任众议员20年，曾任众议院外交委员会委员、远东小组委员会主席。反对新中国，常到台湾活动，是美国国会中支持台湾国民党当局最积极者之一。1954年发起组织所谓"中国逃亡知识分子救济会"，是"院外援华集团"首要人物。

④ Ringwald：即美国国务院中国处处长林沃德（Axthur Ringwald）。

援华方案时,你必须来作证。"按美国惯例不邀外国人出席国会作证,被邀请出席,乃属创举。(川编《晏阳初》,第 301 页;吴著《晏传》,第 404 页)

同日　与美国汽车工会协会(AUW)主席 Walter Reuther① 晤谈。Reuther 表示,一旦去国会作证,定将支持其计划。拟由所属的一百万会员每人捐款 5 分来表示支持。(吴著《晏传》,第 405、458 页)

1 月 21 日　在华盛顿会晤美国国务院远东事务处前主任项伯克(Stanley Hornbeck)②。项伯克一改过去老气横秋态度,和蔼可亲,赞许所致马歇尔函件简明扼要,建议应拜访美国前任驻苏联大使蒲立德(William C. Bullitt)③与魏德迈将

---

①　沃尔特·鲁瑟(Walter Reuther,1907~1970):20 世纪美国劳工运动的重要人物。从 20 世纪鼓动社会主义,到 30 年代的工人静坐罢工到 60 年代反对共产主义和争取中产阶级地位成为其主要生活内容。出生在一个信仰社会主义的家庭,16 岁辍学后当了一名制造工具及模具学徒。1926 年前往底特律。在完成高中学业和 3 年的大学学业后,进入了福特公司,但在 1932 年因为组织工会活动而被开除。此后开始欧洲旅行,直接了解其他国家工人的经验,在苏联新的汽车工厂工作至 1935 年夏回到美国。1935 年,协助成立了 UAW 位于底特律的西区 174 分部,并被推选为主席。1936 年末,参与"弗林特静坐罢工事件"。1937 年 1 月,参与"奔牛之战";2 月,经过全美汽车工人联合会的努力,通用汽车的高管签署了一份承认全美汽车工人联合会是代表公司员工中的工会成员与公司进行集体谈判的机构。1940 年获选为美国工会和欧盟的通用汽车总部副总裁。继后不断努力,促使 1941 年福特公司也承认全美汽车工人联合会。第二次世界大战后,和平并未在底特律出现。1945 年 11 月,由其组织了针对通用汽车的罢工,要求通用汽车公司在保持汽车价格不变的情况下,同意给工人们加薪 30%,否则就向全美汽车工人联合会公开其账簿,证实公司无力支付工资。迫使公司同意给工人们大幅加薪,并提高假期工资。1946 年 4 月当选为全美汽车工人联合会新任主席。在接下来的 25 年内,他为工会成员赢得了条件越来越好的合同,并且影响了底特律的命运。促使美国劳工联合会与其所领导的产业工会联合会于 1955 年合并,扩大了工人的影响。在联合汽车工人工会工作的 34 年中,工人们享有医疗保险、退休金和失业救济金的权利。老板仍然是老板,但是工人们获得了发言权。

②　项伯克(Stanley Hornbeck,1883~1966):又译"亨培克""斯坦利·库尔·霍恩贝克"。美国外交官。生于马萨诸塞州富兰克林。1909 年获威斯康辛大学博士学位。同年到中国,曾在浙江省立专门学堂和奉天法政专门学堂讲授政治学。1919 年参加出席巴黎和会的美国代表团,在山东问题上主张不向日本妥协。1924~1927 年执教于哈佛大学;后任国务院远东事务司司长(1928~1937)、国务卿赫尔的政治顾问(1937~1944),主张全力援蒋。1944 年被任命驻荷兰大使。1947 年退职。著有《远东现代政治》《中国与美国的外交政策》《美国和远东》等。

③　蒲立德(William C. Bullitt,1891~1967):美国驻苏联大使。出生于费城豪富之家,完成学业后即从事新闻事业,任费城 *Public Ledger* 记者,1916 年任该报驻德国特派员,因战地采访认真,受到美国总统威尔逊的赏识。1917 年俄国十月社会主义革命爆发被作为新闻记者前往苏联采访。第一次世界大战结束后,作为威尔逊总统代表团成员参加巴黎和会。因认为《凡尔赛条约》不平等,辞去团员职务,并发表公开信,呼吁美国拒签,由此失去重用。后游历欧洲大陆,结交各国政要、社会名流及学术文艺界人士。曾两度结婚又离婚。1926 年以小说影射乡亲故交私生活而遭到围攻。1930 年在柏林遇到分析心理学家弗洛伊德,两人合作对威尔逊总统的心理分析,1932 年完成初稿,并约定在威尔逊第二任夫人在世时不发表(1961 年威尔逊夫人去世,该书以 *Thomas Woodrow Wilson: A Psychological Study* 于 1967 年出版)。1932 年被罗斯福总统任命为白宫助理,为外交问题及国际金融问题顾问。1933 年参加伦敦国际经济会议。同年秋,被任命为美国驻苏联首任大使。1934 年奉罗斯福总统密令访问中国,与蒋介石就中国形势作了详谈,形成《访华报告》。1936 年 10 月任美国驻法国大使。1939 年第二次世界大战法国巴黎沦陷后返回美国,并向罗斯福总统建议同盟军反攻策略。1945 年后,不再担任公职。1947 年被美国新闻界巨子亨利·鲁斯相邀到中国一行,力主美国支持国民党发动内战,被美国共和党采纳。国民党据台后,多次访问台湾。1967 年病逝。

军(Albert C. Wedemeyer)①。(川编《晏阳初》,第 301 页;吴著《晏传》,第 405 页)

同日 与美国参加第二次世界大战退伍军人协会(Veterans Association of World War Ⅱ)主席 Chat Patterson②晤谈,被邀请出席其全国大会,所提美国援华案得到支持。(吴著《晏传》,第 405、458 页)

1 月 22 日 由美国务院远东事务处前主任项伯克(Stanley Hornbeck)驾车一同前往访美前驻苏大使蒲立德,被告语:前在中国居住时,亲见中国人的坚强耐苦是他国不能比拟的,尤其中国人聪敏也是世界上最优秀的。(川编《晏阳初》,第 301 页;吴著《晏传》,第 405 页)

1 月 24 日 拜访魏德迈将军(Albert C. Wedemeyer)。(吴著《晏传》,第 405 页)

1 月 29 日 史瓦蒲(G. Swope)与 Gordon Rentschler George Whitney 建议其应拜访白宫特别助理 Clark Clifford,并且 Rentschler 表示愿亲自向国务次卿 Robert Lovett 多加说明。(吴著《晏传》,第 405、458 页)

1 月底 自华盛顿返纽约市,向平民教育运动中美委员会各理事报告所提美国援华案。(吴著《晏传》,第 406 页)

1 月 应邀参加美国全国教育协会举行的午餐会。(姜编《记略》,第 67 页)

2 月 8 日 罗斯福夫人建议:应组织一委员会负责主持向国会推动工作,杜勒斯(John F. Dulles)③、顾临(R. Greene)以及天主教与工会人士、洛克菲勒、哈佛大

---

① 魏德迈将军(Albert C. Wedemeyer):全名 Albert Coady Wedemeyer(1897～1989),美国退役陆军上将,盟军中国战区第二任参谋长。出生于美国内布拉斯加州奥玛哈市。童年时代向往成为外科医生,但高中时适逢第一次世界大战爆发,乃矢志从军报国,获甄选进入西点军校就读,1919 年毕业后与同学赴欧洲旅游数月,返美后入乔治亚州班宁堡之步兵学校服役,并于 1920 年晋升中尉。1923 年奉调远东。1929 年至 1931 年转调驻中国天津之第十五步兵团。在华期间,勤习中文,并结识中国政商领袖,与林语堂、顾维钧及清废帝溥仪等人均有所接触,对中国风土人情了解渐深。1931 年再度奉调菲律宾,1934 年返美入堪萨斯州莱文沃思堡的指挥参谋学院受训。1935 年升为陆军上尉,1936～1938 年进入德国军事学院学习。1940 年任少校,在美军步兵组训部门任职。1941 年 5 月加入艾森豪威尔领导的战争计划办公室,负责新战争计划的制定,9 月提升为战时中校。1942 年 2 月又升为战时上校,服务于陆军部作战计划处,并作为马歇尔的代表参加联席作战会议,1942 年 7 月升准将。1943 年 9 月获少将衔,调任盟军东南亚司令部路易斯·蒙巴顿的副参谋长。曾奉蒙巴顿之命来华,商谈中缅边界纠纷问题。1944 年 10 月接任史迪威为盟军中国战区参谋长及驻中国美军指挥官。1945 年 1 月,晋升陆军中将。抗战胜利后负责协调日本投降后的受降、接收等工作。1946 年 6 月～1947 年回到美国任第二集团军司令、陆军副参谋长等职。1947 年 7 月奉杜鲁门总统之命,以总统特使的名义来中国各地"视察",并于 8 月出席国务会议"训话",蒋介石当场声明,"乐于接受"。1947 年 10 月～1948 年 11 月晋升至美军计划及行动总长。1948 年发生柏林危机,为柏林空运的主要支持者。1951 年 7 月在旧金山指挥第六集团军,1954 年在退役名单上被晋升至上将。1958 年出版回忆录。1979 年中美建交后被多次邀请访华,俱为其婉拒。

② 卡特·帕特森(Chat Patterson):第二次世界大战退伍军人协会(Veterans Association of World War Ⅱ)主席。

③ 杜勒斯(John F. Dulles,1888～1959):美国政治家,美国国务卿(1953～1959)。早年曾任律师,1944 年起成为共和党外交政策的主要发言人;1950 年曾策划介入朝鲜战争。在国务卿任内曾策动阿马斯(Carlos Castillo Armas)从洪都拉斯入侵,以对抗阿本斯(Jacobo Arbenz Guzmán)宣布将美国联合 (转下页)

学校长柯能特(James B. Conant)①、加州大学校长史波尔(Robert G. Sproul)②等参加，罗斯福夫人也将与他们一起到国会说明。(吴著《晏传》，第 406、458 页)

2 月 12 日　致信 S. 黄宗霑③。信中首先告知"很高兴地在《观察》(*Look*)杂志上看到了你优美的摄影被授予 1947 年金奖，谨向你表示我最衷心的祝贺！"其次，告知"最近《联合国世界》(*United Nations World*)杂志上发表了一篇我们的朋友赛珍珠写的有关中国平民教育运动工作的相当有意思的文章。我想你会对此特别感兴趣，所以给你寄去一本单行本，我希望你能喜欢。"第三，告知 3 月份的《读者文摘》(*The Reader's Digest*)还将发表另一篇有关中国平民教育运动的文章，题目是《中国建设着未来》。第四，告知见了纳尔逊·洛克菲勒(Nelson Rockefeller)并讨论了创办平民电影厂④一事。洛克菲勒非常感兴趣并捐款 10 万美元，当被告知黄宗霑准备以个人身份参加此计划时，他非常高兴。第五，告知在纽约电影制片人协会(The Motion Picture Producers Association)⑤的一次午餐会上发表了一次讲话，讲话由他们的副主席弗朗西斯·S. 哈门(Francis S. Harmon)⑥主持，哈门保证将提供创刊资金，纽约电影制片人协会已经拿出 10 万美元购买设备及其他物资。第六，将对平民电影⑦的浓厚兴趣告知平教会美中合作委员会主席杰拉德·斯沃

(接上页)果品公司在危地马拉的大片土地收归国有的政策，这件事使他成了控制各个香蕉共和国的名人之一。在 1954 年的日内瓦会议上，命令美国代表团成员不得与中国国务院总理周恩来握手。1953 年访问埃及，1954 年访问了台湾当局和巴黎，1958 年访问了摩洛哥。华盛顿杜勒斯国际机场即以其命名。

　　①　柯能特(James B. Conant，1893～1978)：又译"科南特"。美国教育家、科学家。1913 年在哈佛大学获文学士学位。1916 年在同校获哲学博士学位。1919～1933 年历任哈佛大学化学系教授、系主任。1933～1953 年任哈佛大学校长达 20 年之久，是 20 世纪中叶美国最有影响的教育家。强调改革中等教育、中学生应学习各学科的核心内容。被视为"要素主义"流派。1945 年，所任命的委员会提出了著名的"哈佛报告"——《自由社会的通才教育问题》，开始了大学的通识教育。还曾任美国全国教育协会教育政策委员会的主席，美国科学协进会和美国全国教育理事会的会长。代表作为《今日美国中学》和《美国师范教育》。

　　②　史波尔(Robert G. Sproul，1891～1975)：1909 年毕业于加利佛尼奥克兰的亚奥克兰中学，1913 年获得加州大学柏克利校区土木工程理学士，1926 年在西方学院(Occidental College)的法律系获得法学博士学位。1930～1958 年任加州大学柏克利校区校长。

　　③　黄宗霑：旧版《全集》译为"黄豪"。

　　④　平民电影厂：旧版《全集》误译为《人民电影》杂志。

　　⑤　纽约电影制片人协会(The Motion Picture Producers Association)：旧版《全集》误译为"纽约动画片生产联合会"。

　　⑥　弗朗西斯·S. 哈门(Francis S. Harmon，1895～?)：旧版《全集》译为"弗兰西斯·S. 哈门"。出生在美国密西西比的波尔丁，第一次世界大战在法国服务，1922 年从哈佛法律学校毕业。然后再回到密西西比在哈蒂斯堡一家报社当编辑。在 20 世纪 20 年代中期，担任密西西比基督教青年会主席达 5 年之久。1924 年成为州国会议员，1929 年当选为议长。1932 年接替约翰·莫特任国际委员会总书记。1936 年辞职后搬迁到好莱坞从事电影业工作，直到 1952 年。其间任纽约电影制片人协会副主席。在 20 世纪 60 年代早期，任纽约市协会的理事，引导它通过与布鲁克林协会合并形成更大的纽约基督教青年会。在纽约基督教青年会董事会工作和纽约滨江社区教会董事会工作。从 1957 年起担任受托人教会中心副董事长直至去世。

　　⑦　平民电影：旧版《全集》译为《人民电影》。

普(Gerard Swope)先生后,"他认为我们确实选定了一个帮助我们开展这项事业的合适人选,他热切地期待着你回到中国和我们共同工作的那一天。"希望能继续联络一些能在机会成熟时一道回国的人员。第七,告知已在中国吸收了一小部分成员准备教育电影的剧本材料,力争回国时已准备好一切并立即开始生产所必备的材料和设备。最后,邀请能担当平民电影①的领导工作,希望尽早答复。(新版《全集》卷4,第676~677页)

2月19日　再度访晤马歇尔国务卿谈美国援华案,但仍不着实际。(吴著《晏传》,第407页)

2月20日　在纽约市访晤《纽约先锋论坛报》发行人李德夫人(Mrs. Helen Roger Reid)②,决定3月11日与该报社主笔编辑午餐会谈,需要舆论力量坚持促成所提的美国对华计划。(吴著《晏传》,第408页)

2月21日　致信 M. 菲尔德先生。信中首先告知"一段时间以来我们一直希望找到一个有能力的人来领导我们的平民出版社③"。其次,告知在1946年春返回中国后,成功地吸收了一个30多岁的年轻人、上海《联合日报》的创办者刘尊祺④先生。"为了让他了解美国出版事业的最新发展,我们已从国际和平会年度捐款里给他提供了会员赞助经费,使他有可能来美国。刘先生来美后,参观了东部的许多出版社及设备,例如《纽约先驱论坛报》《基督教科学箴言报》《路易斯维尔信使报》《时代》杂志、《读者文摘》等。他为期一年的学习就要结束了,三月上旬将返回中国。"最后,告知刘先生将于3月1日路过芝加哥,并且非常想能会晤一次。"如果那时您在芝加哥,我很希望您能见一见他。他还特别想会见一些你们编辑部的其他成员,了解办报的一些情况,如果您能指派一名成员帮助他了此心愿,我非常高兴。感谢您所能给刘先生提供的一切帮助。"(新版《全集》卷4,第678页)

2月　联合国教科文组织美国委员会在华盛顿集会,讨论赫胥黎任期届满后的新人选。被列为候选人之一。因旧中国迄未缴纳教科文组织经费,事未果。(川编《晏阳初》,第301页)

3月2日　波士顿出版的《基督教科学箴言报》(*The Christian Science Monitor*)发表《中国知识分子》(*The Chinese Intellectual*)社论,转引赛珍珠女士在《联合时报》撰文建议给予他的平民教育运动计划以巨款援助,认为它是中国今日

---

①　平民电影:旧版《全集》误译为"《人民电影》杂志"。
②　李德夫人(Mrs. Helen Roger Reid):《纽约先锋论坛报》发行人。其他生平事迹待考。
③　平民出版社:旧版《全集》误译为"人民出版社"。
④　刘尊祺:旧版《全集》误译为"刘群之(Liu Tsun-chi)"。刘尊祺为上海《联合日报》的创办者并任社长。见本"年谱"1946年9月16日条注释。

最实用且开明的运动。该社论最后强调:"这一计划势将赢得中国民众的热诚支持,因他们对当前自由主义趋向已有反应。如果可能,晏阳初(我们时代一伟人)、美国人的金钱、中国人的品性三者结合将为中国缀成新时代。"(吴著《晏传》,第 411~412 页)

3 月 5 日　访问美国周以德众议员。周以为不需要出席众议院外交委员会作证。理由是:多数议员知晓其人品与工作;当时讨论的主要是如何通过法案分配款项;国会从未有非美国公民出席作证之先例。认为取消作证想法是明智的。(吴著《晏传》,第 415 页)

3 月 8 日　全美教育协会为晏举行盛大午餐会,应邀出席者 150 人,为该协会成立之后第二次盛会,被邀即席演讲"中国乡建平教大要"大约四十分钟,获得热烈反响。(吴著《晏传》,第 415~416 页)

同日　下午。在美国援华联合会总会举行的茶话会上,被大法官道格拉斯向到会的约 200 人介绍为教育家、非政治家,来美国是为中国四亿五千万民众说话。被邀演说十分钟,并逐一答记者提问。当场获得非常同情的赞许,甚至有人建议美国援华案至少应拨总数百分之十作平教乡建用。(吴著《晏传》,第 416 页)

3 月 9 日　上午,在道格拉斯陪同下往见杜鲁门总统。总统见面表达渴望当面会谈。因陈述:马歇尔将军使华试图将各党各派聚集在一起,但由于缺乏积极的计划而难成功。于是陈述建设性计划——"我愿见马歇尔计划援华款项都提供给这一计划,这是援助中国并使其自助的唯一途径。"总统主张将所有全数金钱都应用到中国平教与乡建方面,"这是热情与衷心给予中国民众,并且节省时日。""你的目标绝对正确,这一计划应即实行。""我的内心长久以来就是为民主中国了。为什么? 假如五分之一的人群和我们以及英法一起工作,俄国也将和我们妥协且一起工作。但是如果没有中国,真是要遭遇困难了,我心想中国还没有成为强大国家,却愿见到会有这样(的)事出现。"也赞同道格拉斯提议的由中美人士合组机构负责推行。(川编《晏阳初》,第 301 页;吴著《晏传》,第 416~417 页)

午后 12 时半,众议员周以德与道格拉斯女议员(Helen Gahagan Douglas)[①]设午宴邀请与众议院外交委员会议员 15 人会谈。(川编《晏阳初》,第 301 页)被外交委员会主席伊顿(Charles A. Eaton)介绍为"中国非凡人士之一"。席间被邀报告中国平教乡村工作以及这一计划要项约一小时。通过与共和党领导周以德、民主党

---

①　道格拉斯女议员(Helen Gahagan Douglas,1900~1980):曾当过演员,是美国第一位由加州选进众议院的女性民主党候选人。

领导道格拉斯女议员以及耶鲁同窗级友 J. M. Vorys[1] 的商谈,最后决定援华款百分之十应用于此计划及中美联合委员会都须明列于法案中。(吴著《晏传》,第 417~418 页)

下午 5 时,前往白宫拜访杜鲁门总统的顾问 Clark Clifford[2],告知上午见总统情形,在扼要说明所提美国援助中国平教与乡建计划后,指出第一期开办费一亿八千万美元比第二次世界大战时美军一日的战费还少。Clifford 再三表示:"这确是一令人感动并且实用的计划,这样的工作,自然应力加支持。"(吴著《晏传》,第 418 页)

3 月 10 日 面陈的简要备忘录被杜鲁门总统转送马歇尔国务卿。并说明:"我和他有一极具启发的谈话。我想如你和他会谈,将会有助益和建设性作用,但我并未向晏提及此议。他的论点是如中国要解决她本身的许多问题,不仅政府必须革新,人民自己也必须要有觉悟振作。他报告我:中国已有一群留美学生与国内人士组成的机构渴望将中国复兴工作从基层做起。这可能值得你和他会谈。"(吴著《晏传》,第 418 页)

3 月 11 日 应邀参加《纽约先锋论坛报》午餐会,报纸发行人李德夫人与资深主笔五人出席。对所提的平民教育计划美国援助案加以阐释。餐会耗时两小时半。结束时被李德夫人再邀参加当年秋举行的讨论会(Forum),并说:"两年前你如果出席了讨论会,当前情势会更好"。(吴著《晏传》,第 412~413 页)

3 月 12 日 马歇尔复陈杜鲁门总统,被提及自己与马歇尔已晤谈两次。(吴著

---

① J. M. Vorys:全名"John Martin Vorys"。译为"乌列斯"或"沃里斯"(1896~1968),俄亥俄州众议员,美国共和党议员。众议院外交委员会二号人物。出生在俄亥俄州费尔菲尔德县的兰卡斯特,在俄亥俄州的兰卡斯特和哥伦布公立学校上学,第一次世界大战期间作为美国海军航空兵飞行员在国外服务,退役时已获中尉军衔。1919 年毕业于耶鲁大学,与晏阳初是同窗好友。1923 年毕业于位于哥伦布的俄亥俄州立大学法学院;1919~1920 在中国长沙的耶鲁学院(湘雅学院)任教;1921~1922 年在华盛顿特区的美国限制军备委员会美国代表团任助理秘书。1923 和 1924 年被选为州众议员,1925 和 1926 年担任州参议员;1929 和 1930 年任俄亥俄州航空主管;1939 年 1 月当选共和党国会议员并九次连任。二战结束后,曾作为美国国会议员参加德国集中营情况调查。1948 年 4 月曾撰写《农村建设》("众议院法案中的所谓晏阳初条款"〈The So-called"Jimmy Yen"Provision of the House Bill〉)。促成美国援华案的实现。1951 年任联合国大会代表。1949~1959 年任史密森学会实际负责人,并从事法律实践。

② 克拉克·克里福德(Clark Clifford,1906~1998):美国政府官员。生于堪萨斯州司各特堡。1928 年获得圣路易堡华盛顿大学法学学士学位,此后 16 年从事律师工作。1946 年任哈里·杜鲁门总统的海军助理,同年任总统法律特别顾问(1946~1950)。对杜鲁门主义的形成和国防部的建立有较大影响。此后重新入律师界,1961~1963 年任约翰·肯尼迪总统的外交顾问,后任国外情报顾问团主席,主管美国谍报活动。在决定美国对越战争的军事策略中起关键作用。1968 年罗伯特·麦克纳马拉辞职后,还在林登·约翰逊总统手下当过短期的美国国防部长(1968~1969),编制了 1969 年的国防预算。1969 年再度从事律师业,1977 年任国务院派往塞浦路斯的特使,1980 年成为派往印度特使,后为奈克-里德根报业托拉斯董事,1982~1991 成为国际商业信贷银行主席,这是一群阿拉伯富翁开的银行,后来由于该银行涉及洗钱,贿赂,支持恐怖主义,武器贩运,出售核技术和逃税、走私、非法移民,以及至少达 13 亿美元去向不明的资金,克里福德被告上法庭,后由于身体衰弱终止调查。

《晏传》,第 418 页)

同日　《纽约先锋论坛报》发表《一项为中国的计划》(*A Program for China*)社论,对蒋介石国民政府一心对付共产党而没有为民众做实事提出批评。指出"今后宜采用改良生活情况、保健、教育、地方自治的观念。这不是幻想的乌托邦,而是中国人发明并且在中国经过实验表征具有成效。如果美国国会给予财源,中国政府又全心全力加以支持,这一计划即可付诸实行。"(吴著《晏传》,第 413 页)充分肯定其领导的平教运动,并为美国援华案能顺利通过进行舆论宣传。

3 月 16 日　哥伦比亚大学退休教授索特威尔(James T. Shotwell)①在《纽约先驱者论坛报》上刊文赞扬其在长达 25 年艰苦时期中与同仁一道发展成功的中国平民教育运动,认为是世界其他任何地区无可比拟的。这一运动不只仍继续存在,还能在国际战争及国内战火中扩充其活动范围,这是对平教运动基本力量的一大贡献,它的健全计划和管理能力提供美国对华政策一新基础。(吴著《晏传》,第 413 页)

同日　《芝加哥太阳时报》(*Chicago Sun-Times*)发表《主笔的意见》(*Editorial Opinion*)支持其向美国国会提议的中国乡村建设计划。赞誉所倡导的平民教育运动已成为"我们时代最有价值的社会伟迹〔绩〕,它将改变世界的历史"。(吴著《晏传》,第 414 页)

3 月 17 日　会晤《华盛顿邮报》(*Washington Post*)主笔黑尔巴特·伊利斯通(Herbert Elliston)②。阐释"帮助中国人即帮助美国自己。美国人或不了解中国人的方式,但是喜爱中国人,我来此就是为协助把握援华的正当途径,也为民主中国奠立基础。"黑尔巴特·伊利斯通赞同其平民教育计划,索要有关文件,特将致马歇尔函件副本给他,他表示详读后撰文尽力支持以促使美国援助其计划。并将赛珍珠与肯德的文章相赠。(吴著《晏传》,第 414~415 页)

3 月 19 日　美国会众议院外交委员会通过杜鲁门总统提出的援助欧洲及中国的建议。其中援华总数仍维持杜鲁门原议 5.7 亿元。授权国务卿商同中国政府组织一个 5 人联合委员会管理中国农村复兴与建设工作,自经济援助款项 4.2 亿元中拨付 5%~10% 用作经费。(川编《晏阳初》,第 301 页;吴著《晏传》,第 419 页)

3 月 23 日　《华盛顿邮报》刊布社论《中国与中国人》(*China and the Chinese*)

---

①　索特威尔(James T. Shotwell):即詹姆斯·肖特韦尔(James Thomson Shotwell,1874~1965)。为威尔逊总统在巴黎和会提出十四项方案的起草人,也是 1920 年后期美法两国倡导的《非战公约》起草人,曾访问过中国,实地参观过平民教育的活动。参见 1929 年"10 月 4 日"注释条。

②　黑尔巴特·伊利斯通(Herbert Elliston):又译为"赫伯特·埃利斯顿"。英国人,曾在英国约克郡做记者,年轻时曾到过中国。后来成为《曼彻斯特邮报》驻华盛顿记者。曾在《华尔街报》工作过,任《基督教科学箴言报》的金融版主编,1940~1953 年任《华盛顿邮报》主编,在《华盛顿邮报》时获得普利策编辑奖。

强调如果美国援华的目的是帮助中国人,则著名的"中国的晏"应参加服务。认为其具有奉献精神,以达孔子的理想——君子的境界,有其参与,援华的金钱不致浪费。(吴著《晏传》,第 415 页)

3 月 24 日　前往拜访美国参议员史密斯(H. Alexander Smith)[①]。谈话中得知史密斯曾任普林斯顿大学教授,与司徒雷登极友好,史密斯也了解所从事的中国平教工作有年,因此他对所提美国援华案特别条款热诚表示支持。(吴著《晏传》,第 420、460 页)

同日　前往拜访美国参议员 Claude Pepper[②],该参议员也说渴望所提美国援华案特别条款计划得以实行。(吴著《晏传》,第 420、460 页)

3 月 31 日　深夜十二点,中国经济援助法案中包括了晏阳初所写的提交平民教育运动美中委员会的备忘录。该法案拨款 27 500 万元,其中的 10% 是指定用于援助中国农民的乡村建设方案。(宋编《人民》,第 100 页;新版《全集》卷 3,第 135 页)

3 月　为协助联合国"文教组织"推行基本教育,同意派瞿世英赴巴黎主持基本教育工作半年。(吴著《晏传》,第 386 页)

4 月 1 日　美国援华法案,特列"晏阳初条款",规定"在援华款项总额 3.38 亿

---

①　史密斯(H. Alexander Smith):美国新泽西州参议员。1948 年 4 月 1 日在其推动下,美国国会通过了《1948 年援华法》(China Aid Bill of 1948)并于 4 月 3 日经杜鲁门总统签署生效。1949 年 1 月作为参议院外委会共和党首席议员向国会提交一份决议案要求美国政府加大对国民党政府的支持。同年国民党溃守台湾后,曾建议美国派兵驻扎台湾。11 月 5 日又致函艾奇逊敦促他在"任何情况下"都不得承认新中国并要求国务卿说服其他国家也不予承认。1951 年 11 月作为参议院外交委员会远东事务小组委员会的参议员陪杜勒斯访日。

②　Claude Pepper:译为"佩珀"(1900～1989)。美国民主党政治家。左自由主义和老年人的发言人。出生在亚拉巴马州钱伯斯县的一个贫困佃农之家,在露营山(Camp Hill)学校就读,后来在多坍(Dothan)当教师。后在恩斯利钢厂工作,随后在阿拉巴马大学学习。在大学期间,因第一次世界大战入伍在学生军事训练部队服务,1921 年本科毕业,后入哈佛大学法学院继续求学,1924 年获得学位。在阿肯色大学教了一段时期的法律,然后搬到佛罗里达州的佩里开办一家法律事务所。1929 年当选为佛罗里达州众议院议员。在竞选连任失败后将法律事务所搬到州府塔拉哈西。1934 年在美国参议院初选中失败,但在 1936 年的特别选举中获胜,为美国佛罗里达州参议院议员直到 1951 年 1 月。在参议院,成为优秀的新政拥护者并成为富兰克林·D. 罗斯福总统的亲密朋友。强调与知识分子和工会的合作,在参议院中是自由左翼势力的领袖。在 1938 年连任选举中不断固化其自由主义倾向。基于工资小时的账单竞选活动,很快成为其《公平劳动标准案》(The Fair Labor Standards Act)的主要内容,并提出《租借法案》(the Lend-lease Act)。但由于保守党的实力,其主张难以在美国执行。但基于与苏联的友好的国际关系的推进政策很有成效。1948 年给哈利·S. 杜鲁门不冷不热的支持,主张民主党应该提名德怀特 D. 艾森豪威尔,也不支持其朋友亨利 A. 华勒斯。1944 年再次当选,因 1945 年前往苏联拜见了斯大林,继后外交政策亲苏。于是在 1950 年选举中失利。同年回到迈阿密和华盛顿继续从事法律实践。1962 年被选为迈阿密地区的美国众议院议员,直至至 1989 年 5 月去世。20 世纪 70 年代早期担任应对犯罪的联合参议委员会主席,并倡导关注老年社会福利问题。1983 年执掌极富权利的规划委员会,并反对共产主义运动,反对古巴菲德尔·卡斯特罗政权,还支持援助尼加拉瓜反对派。1989 年 5 月被美国前总统老布什授予总统自由勋章(The Presidential Medal of Freedom),四天后去世。2000 年美国邮政局发行的纪念杰出美国人系列邮票将其列为其中。

美元中,拨付不多于百分之十金额"供给中国农村复兴联合委员会计划进行农村建设之用。"可以美钞或援华物质出售所得中国货币支付。"（吴著《晏传》,第 421 页）

4 月 7 日　为"印书局"募捐一事经史瓦浦（Mr. Gerard Swope）一再说明,斐尔德（Mashall Field）决定先支付十万美元,俟再回到中国后观察情况,决定作平民印书局用,或作平民教育其他用项。（吴著《晏传》,第 371、392 页）

4 月 14 日　在美国华盛顿上海午餐俱乐部午餐会上讲演。该讲演词收入宋编《全集》第二卷中。主要介绍抗日战争时期中国开展平教运动的一些事例、具体情况及近期的计划。首先,向与会者简单介绍中国的平教运动始于河北定县,并在定县实施了四个方面的计划,即教育、生计、卫生和自治。其次,重点介绍抗战期间的平教工作：①"与识字教育有关的工作。在战时,国民政府非常有力地推动识字计划,以致政府在平教会的辅助下,使两千七百万人口在战时受到识字教育";②"定县卫生实验主要方法后为国民政府所采用,在战前该实验已推行于十六个省份的农村。我推荐陈医生①为四川省政府卫生专员,使人感到惊奇的是：战时他在四川的六年中,竟然使其队伍由三十人发展到一千八百人,并成功地在四川建立了一百二十二个卫生中心";③"我们二十人进入湖南政府,让我们负责改组整个湖南全省七十五个县政府,重新训练五千名县长、各县科级官员,以及三万名村长的整套方案。……敌人三次企图侵入湖南省……但敌人每次都以大量的损失被驱出。……他们之所以能够历五年来的时间抗阻敌军于省外,其原因之一应归功于新组织的县政府和县级官员以及被动员起来受过训练的广大湖南民众的合作结果";④"我们研究了县政府的改革,其他的乡建工作者像阿莱（Alley）②和梁漱溟先生在山东省也做了研究。我们在河北省做的实验,后来在全国引起强烈反响。……新县制的采用,不但在战争年代帮助抗击了民族之敌,而且它也为民主政治打下了坚实的基础";⑤ 在重庆建立了乡村建设学院,开设了教育系,主要是"培训师资来教育训练成年人、未受教育的青年和未入学的儿童",并设立了农业经济系和水利工程系,为农村的建设培养人才;⑥ 在四川第三专员区进行实验："我们做的第一件事是深入乡村,推广这个教育计划",采用导生制,对农民进行识字教育;并组织合作社发展农业经济。第三,谈近期的计划,即用十年的时间、分三个阶段将平教工作推广到三亿五千万人口中。最后,希望"所有的国家联合起来,集中它们所有的资源、物质和人力"来对付愚、贫、弱、私四大病根,创造出一个美好的世

① 陈医生：陈志潜。
② 阿莱（Alley）：生平事迹未详,待考。

界。(新版《全集》卷2,第385~400页)

4月27日 收到美国经合总署署长霍夫曼(Paul G. Hoffman)①来信。信中谈道:"我希望你回到中国后,尽可能做出许多明确的初步工作,这是未来组织和经费所需要的;并发展平民教育真实的形象,以为适切农村建设的若干计划之一。当中美政府同意正式设立委员会时,这些初步工作应大有助力,促使许多计划得以迅速展开。因此关系,我以为这初步工作应计及农村建设的大部份〔分〕财务需要,是支付本地货币,极少外汇;故这一计划的岁费预算,要小心谨慎两种货币消费方式是不适用的。"(吴著《晏传》,第422页)

5月6日 美国总统杜鲁门致信。信中谈道:"我很高兴能和你讨论中国农村建设问题。希望这一在一九四八年援华法案受正视的农村建设计划,将对这些重要问题的解决,导致有效的贡献。因此关系,我了解霍夫曼先生四月二十七日致你函件,说明有关实现这一法案的条款若干考虑——你曾经和他讨论:'平教总会'能够实行农村建设计划。我确实感到'平教总会'能产生建设性贡献以促成这计划,我愿向你表示我对你为这一目的所作种种努力的意味相同的兴趣。"(吴著《晏传》,第423页)

同日 杜鲁门总统给大法官道格拉斯的信谈道晏已给他极深刻印象。(吴著《晏传》,第423页)

5月24日 自洛杉矶启程回国。被美国东西协会特赠奖状。(宋编《文集》,第344页;吴著《晏传》,第423页)

5月31日 从美国回到上海。

5月 在上海小住,即赴南京向当局详细报告。旋出席中国建设协会欢宴,出席会员200人,希望"协会"同仁参加工作使美国援华计划得以推行。(吴著《晏传》,第423页)

6月20日 中国乡村建设学院第一届学生毕业,赶往乡村建设学院主持四年制第一届学生的毕业典礼,亲自颁发51名学生的毕业证书②。(川编《晏阳初》,第301~302页)

---

① 霍夫曼(Paul G. Hoffman,1891~1974):美国企业家、经济合作署署长。生于芝加哥。1911年在史蒂倍克汽车公司任职,1925~1935年升为副经理,1935~1953年为总经理,1953~1954年为董事长。1954~1956年任史蒂倍克-帕卡德公司董事长。1948~1950年任美国经济合作署署长,负责在欧洲执行马歇尔计划。1951~1953年任福特基金会主席。1956~1957年任美国驻联合国大会的代表。1959~1966年任联合国经济发展特别基金会主席。1966年基金会并入联合国开发计划署,任署长。1972年离职。曾撰文《历史上最具勇气之复兴》一文,发表在1951年的《生活》杂志上,在该文中他对中国农村复兴联合委员会当时开展的工作有过拔高的评价。

② 据王超的硕士毕业论文《晏阳初与中国乡村建设学院》(四川师范大学硕士学位论文,2013年5月)第28页载,1948年毕业生为75人,不是51人,而1947年为51人,但1947年晏阳初不在国内,不可能给学生颁发毕业证。川编《晏阳初》第301页误为"4月20日",当时晏阳初在美国,还未回国,从前后的时间推定应为"6月20日",故改。

夏　与万国农具公司资助来中国的四位农业机械学教授商讨何种机械适合于四川合作农场等问题。(吴著《晏传》,第 423、461 页)

夏①　到广州,受到留美同学、广东建设厅长谢文龙②在财厅前太平馆设宴洗尘。作陪的有建设厅主任秘书谢群彬③、第三科(管农、林、渔、牧)科长黄干桥④及科内的技正、技士和刘文澜⑤。谢文龙在欢迎辞中简介说:先生是中华平民教育促进会的主将。他走遍大江南北十几个省、调查研究、培训干部、在保定等办实验县、办育才学校、保健院、广播站,推行节育。又组织人力编写教材,普及平民教育,扫除文盲十余万人。他还出国募集教育资金和讲学,获耶鲁大学名誉博士学位,是世界公认的成绩显赫的教育家。在宴会上对谢先生及与会者的接待深表谢意,又谦逊地说谢先生对他过誉了。他说自己之所以办平民教育,是因为这是开脑矿、除文盲、作育新民的运动;认为我国人民有贫、愚、弱、私四大病,而愚是最根本的,所以治四病得首先治愚。这就是搞平民教育的主旨。为达此目的,方针是以文化教育

---

①　刘文澜回忆为 1947 年夏,误也。1947 年夏晏阳初在美国,没在国内。从谢文龙、谢群彬和黄干桥任职情况看,当为 1948 年夏,也非 1946 年夏,故改。

②　谢文龙(1898~?):字济仁,广东开平人。香港大学经济系毕业后回到广州,在南海中学任英语科教师兼学生宿舍舍监,历两年,以严格认真见称。1922 年,前往美国留学,在费城本雪文尼亚大学以半工半读在铁路经济运输管理学的陆水运输专业修满五年研究生课程,获博士学位。1927~1928 年间,从美国回到上海,就任沪杭甬铁路管理局车务处商务科科长,兼任暨南大学教授,每周到该校教授铁路运输管理学数小时。1932 年被提升为车务处处长。后任负责兴修从杭州通至浙西江山的杭山铁路的铁路局副局长。旋调任设在南京浦口的津浦铁路局车务处处长。杭山铁路建成通车后,被调任该铁路局副局长兼运输处处长。抗日战争期间,亲自指挥,及时将浙赣铁路的车辆和员工安全转移到粤汉铁路局加以安置使用,被任为粤汉铁路局广州办事处主任。广州失守后回到开平县老家。1939 年,应陈延炯电召到重庆出任中国运输公司协理兼运输处处长。1941 年任西南公路运输管理局副局长兼贵阳马王庙汽车修配厂厂长。1942 年,任交通部贵阳材料转运处处长。1944 年至 1945 年间,负责在华盟军的后勤给养工作。抗日战争胜利后,负责接收除铁路运输线外的湘、桂、黔等省的公路运输线的车辆物资。1946 年 5 月,调任广东省建设厅厅长、省府委员。1949 年 2 月,广东省建设厅以政局影响奉命遣散人员,由此退休,偕家人移居香港。此后曾在香港一家汽车公司任经理,又曾任澳门大学教授。20 世纪 70 年代初期移居美国洛杉矶。任旅美谢氏宗亲会顾问、名誉会长。

③　谢群彬:广东开平人,1939 年及以前曾任开侨中学校长。1940 年任广东省教育厅秘书兼第一科科长。多次列席广东省政府第九届委员会会议事会。1943 年左右任陈济棠的秘书。1945 年任赤溪县县长,1946 年 5 月辞职。1947 年任新创刊的广州《经济建设》月刊负责人,广东省建设厅主任秘书。

④　黄干桥:毕业于广东大学农学专业,曾到日本考察农业教育。后在莫斯科中山大学及莫斯科大学求学,并毕业。20 世纪 30 年代任中山大学农政门及农业经济学系教师。1939 年前后为副教授。主讲农业推广及农业史。1942 年 8 月以稻作研究所所长兼任农林局副局长。1947 年 12 月任广东省建设厅农林处技正兼第三科(管农、林、渔、牧)科长。撰有《广东稻作改良五年计划实施中之检讨》《论省单位农业推广问题》《论建设计划与计划建设》《苏联之农业组织与农业技术》《"农经"漫谈》《妇女与蚕桑》等论文,撰有《中国农村经济问题》一书。

⑤　刘文澜(1921~　　):龙川县人。1946 年毕业于中山大学。1949 年下半年在坚如中学任教。1950 年春,经广州市文教局招考被送入南方大学第一期(师训班)学习,同年夏毕业。分配至广州市第二中学任教,教政治。1951 年上半年,调广州市文教局中教科任视导,后在广州市第三十四中学教语文。撰有《朱光市长与广州教师》《罗培元副市长为我落实政策》等论文多篇。

治愚、以生计教育治贫、以卫生教育治弱、以公德教育治私。方法是家庭、学校、社会三结合、同心协力,以达作育新民、国家富强目的。最后,先生寄望搞实际建设工作的与会者对其事业予以协助支持并多提建议。(刘文澜:《晏阳初在广州太平馆》,《岭南文史》1992年第3期)

7月30日　致信 H·威尔逊①。信中首先告知自己忙于筹备中美农村复兴联合委员会。"我到上海几乎一下飞机马上就投入筹建中美农村复兴联合委员会的工作。我与政府许多领导人及各方面农村建设的社会学家,还有我的同仁就这个问题进行了磋商。美国国务院与中国外交部关于成立农村复兴联合委员会的协议仍未达成,但我非常希望下星期或十来天之内就能签字。一俟签字,我们即可马上开始我们的计划。"其次,告知中国的政治经济形势有利于农村建设计划的开展。"我们的农村建设计划得到许多进步领导人和知识分子的普遍的响应,这是最令人振奋的。新当选的副总统李(宗仁)将军,是当今中国公认的英雄,他是最热心于此项计划的人之一。你对于张群最近同意担任中美农村复兴联合委员会主席一定会感兴趣。他曾任中国行政院院长,是中国的著名领导之一。他参加这个委员会的意义相当重大,这不仅表明中央政府非常重视该委员会,同时也使全国人民增强信心。张群出任乡村建设学院董事会的董事长十多年,我与他成为挚友也二十多年,我非常想与他共事。"第三,告知瞿世英博士出席了在墨西哥召开的联合国教科文组织大会,自己被告知提名为联合国教科文组织的理事长的候选人之一,中国教育部长和外交部长也已电示其代表加以支持。第四,告知一个星期之前,国民政府委员会在南京开会,任命出席在贝鲁特召开的联合国教科文组织大会的代表。"教育部长朱(家骅)博士将担任团长,其他成员是前教育部社会教育司司长张炯②,清华大学校长梅贻琦、辅仁大学校长陈垣和瞿世英博士,所有这些人都是我的老朋友"。最后,询问近况并表甚念希望有空按告知地址来信。(新版《全集》卷4,第679~680页)

7月　积极参与根据中美两国政府于当月3日在南京签订的经济援助协定所规定的"组织农村复兴联合委员会"的筹备事宜。经过多方的努力,达成其要项如下:

---

① 霍华德·威尔逊(Howard Wilson):时在卡内基基金会供职。

② 张炯(1879~1958):湖南常德县人。字居烂,号星舫。1909年京师大学堂毕业。辛亥革命后主持同盟会常德分会。曾任衡阳第三女子师范学校校长、常德劝学所所长、湖南省立第二师范学校校长。北伐时任国民革命军第二军政治部主任。后任国民党湖南省党务指导委员会委员、组织部长,湖南省政府委员兼教育厅长,湖南省党务指导委员会主任委员,教育部社会教育司司长。1938年后,任湖南第四区行政督察专员、保安司令兼乾城县县长,国民党湖南省党部湘西办事处主任,粮食部湘鄂区征粮督导团委员,国民参政会第三、四届参政员,审计部驻外协审,国民党湖南省党部主任委员。1949年去台湾,任《中央日报》董事、"总统府"国策顾问。

"（一）设立中国农村复兴委员会，由美国总统委派美国公民二人、中国总统委派中国公民三人组成之，选举中国委员一人为主席。（二）委员会之职权：（甲）拟定复兴中国农村区域之配合计划，并经由适当的中国政府机构，及中国之国际或私人机构予以实施。（乙）与上项所称之机构订立办法，以建立彼此合作之基础。（丙）在美国援华法案所规定之限度内，向美国及中国政府建议拨予该计划之资金及其他拨助款项，并向中国政府建议为该计划成功所认必需之其他资金及援助款项。（丁）订立实施该计划之工作标准，包括与该计划中合作之各机构所用人员之资格、种类及数目在内，并在该计划各方面保持经常督察，且有权建议对该计划任何方面予以变更或停止。（三）委员会得将下列各种工作包括于其计划之内，与上项所称之机构协议实施之。（甲）在若干省内选择若干县，创办关于农业、家庭示范、卫生及教育之一配合而且有推广性之计划，包括与推广此一计划地区内环境适应之若干辅助方案，如关于农业生产、销售、借用、灌溉、家庭与乡村工业、营养、卫生以及教育之方案，而其性质将促进凡所从事之一切方案之实施者。（乙）与中国政府之咨商：关于逐步实施土地改革措施之途径及方法。（丙）在适当地点实施关于研究、训练及制造之辅助方案，借以供给该计划之情报、人员及物资。（丁）就任何上述方式工作之得以较大规模健全发展者，制成方案，实施于较（甲）项所指之互相配合而具有推广性计划所包括地区为尤大地区，例如改良种籽之繁殖及分配，畜牧瘟疫之控制，灌溉及排水设备建造，以及卫生措施之倡办。（戊）在能使择定之方案，逐步发展之地区内，及此项方案之发展对于达到该项计划之目的，将作最有力贡献之地区内，依照对于农村改良应予以适当注意之原则，分配该计划下之援助，但分配援助之原则，不受纯属比例性或地理性之限度。"（吴著《晏传》，第 424~425 页）

8 月 5 日　正式换文公布，决定成立"中国农村复兴委员会"。（宋编《文集》，第 344 页）

8 月 11 日　被中国政府委任与蒋梦麟、沈宗瀚[①]为中国农村复兴委员会

---

① 沈宗瀚(1895~1980)：字海槎，号克难居士，宁波余姚人。1928 年毕业于北京农业专门学校。1923 年留学美国乔治亚大学农学院，后转康乃尔大学研究院，兼纽约世界教育会研究员，1927 年获哲学博士学位。回国后历任金陵大学农学院副教授、教授、系主任，中央农业实验所所长兼总技师，世界遗学会副会长、联合国粮农临时委员会技术顾问等职，致力于小麦、水稻、高粱育种和粮棉增产的研究。1949 年去台湾，作为"中国农村复兴联合委员会"重要成员和"行政院经济安定委员会"委员，对台湾农业的恢复和发展，以农业技术创新和农业制度改革两大范畴提出决策思路，并为台湾实施"土地改革"、引导农村实行农业现代化和商品化，作出了重大贡献。1964 年，继蒋梦麟出任"农复会"主任委员，1971 年，兼任由其参与筹建的"亚洲蔬菜研究发展中心"理事会主席。曾多次出席联合国科学与技术应用会议及国际农业发展会议，一生著述颇丰，为台湾农经学权威学者，发表论文 300 多篇，有英文著作《中国农业资源》《二次大战后台湾农业之发展》和《农村复兴联合会——二十年中美合作发展农业之经过》，还有《克难苦学记》《中年自述》和《晚年自述》三部自传。

委员。美国政府宣布以穆懿尔(Dr. Raymond T. Moyer)①、贝克(Dr. John Earl Baker)②为农复会委员。(吴著《晏传》,第425页;川编《晏阳初》,第302页)

8月14日 在上海《大公报》上发表《开发民力 建设乡村》。收入宋编《全集》第二卷中。首先,阐述"中国的安危足以左右东亚和平,东亚和平是世界和平的支柱。"其次,论述当时的世界还是个"唯力是视"的世界,并认为它有悖常理。"有力者存,无力者亡;有力者主,无力者奴;有力者支配人,无力者被人支配。而今日所谓有力者往往就是那些握有雄厚资本,握有军火武器的强权者,他们正以他们的强权压迫着世界的弱小民族。这显然是一种反常悖理的逆流。我们中国虽然经过八年英勇的抗战,到今天还是一个无力的弱国,仍然为有力者所支配。"第三,论中国"力"的埋没及带来的后果。"我们并不是根本无力,而是我们的'力'被湮没了,被压抑了,被摧毁而扼绝了! 结果,使中国整个社会窒无生机,中国的广大土地和人民全不发生作用,这是中国之所以危乱终年,东亚之所以不能安定。这对于世界和平当然是一个很大的威胁。"第四,论中国的潜在的"力"及我们应有的态度。"它潜藏在广大的占有全世界人口 1/5 的老百姓当中"。"我们今天急需的不是空洞的口号和标语,而是真正站在老百姓的立场上,为老百姓做点起码的基本的实际有益的工作。这工作,就是把蕴藏在中国广大乡村中伟大磅礴的力——民力——开发出来。"第五,论乡建工作是培养民力、充实民力的好方法。"建乡须先建民,一切从人民出发,以人民为主,先使农民觉悟起来,使他们有自动自发的精神,然后一切工作,才不致架空。我们要达到开发民力的目的,须从整个生活的各方面下手:必须灌输知识——'知识'就是力量;必须增加生产——'生产'就是力量;必须保卫健

---

① 穆懿尔(Dr. Raymond T. Moyer):字德甫,美国人,毕业于欧柏林学院,获学士学位。继后在康奈尔大学继续求学,获理学硕士学位。1921~1923 年前往中国任志愿者,对中国农业产生兴趣。返回美国之后,在欧柏林山西纪念协会的鼓励和帮助下,进入康乃尔大学和科罗拉多州立大学研究农业。与妻子于 1927 年再次回到中国后,1928 年山西私立铭贤学校筹办农科,被聘为主任并任农科教员,在推广作物优良种,改进农业耕作方式方面作出了重大贡献。从美国引进了许多农作物品种,由于自然条件的制约,大多品种不能适应气候条件而遭淘汰。建立了一个农业试验站。通过品种培育,提高了小麦、谷子、高粱、玉米、苹果、大尾巴绵羊的产量。1937 年抗日战争爆发使研究工作被迫中断。后回到美国。1946 年 6 月担任新成立的中美农业技术合作团副团长兼秘书长,来华从事农业调研,同年 12 月下旬返美。1948 年 8 月任中国农业复兴中美联合委员会主要负责人之一。1950 年任中国经济合作署驻台湾分署署长。著有《山西省土壤概述》《华夏十年》等。

② 贝克(Dr. John Earl Baker):美国人,交通管理专家。民国成立后即担任交通部顾问。1924 年任中华教育文化基金董事会成员。1948 年 8 月任中国农业复兴中美联合委员会主要负责人之一,认为台湾必须控制人口。著有《中国论述》(*Explaining China*,1927 年纽约出版社)、《城市生活中男性死亡率普遍高于女性的关系研究》(*The Relation of Urban Life to the General Excess of Male over Female Mortality*)、《中国铁路报告》(*Chinese Railway Accounts*)、《中国铁路债券的投资价值》(*Investment Values of Chinese Railway Bonds*)、《农复会的回忆第二部分》(*JCRR MEMOIRS Part II*. Formosa, Chinese-American Economic Cooperation, February 1952, Vol. 1, No. 2.)等。

康——'健康'就是力量;必须促进组织——'组织'就是力量。我们所谓开发民力,就是开发人民的知识力、生产力、健康力、组织力。人民自己有了这种力,才能称作'自力',有了'自力'才能做到'更生'!"第六,论乡建应整体推进。"时贤对于乡建工作的见解似乎并不一致:有既重视政治,有的偏向民众自卫,有的高唱惟有教育可以救国,有的特别强调农业。这些都甚重要,但乡村建设不是任何一面可以单独解决的,而是连锁进行的全面的建设。因为社会与生活都是整个的、集体的、联系的、有机的,决不能头痛医头,脚痛医脚,支离破碎地解决问题。"第七,论乡村建设的目标。"乡村建设虽始于乡村,但并不止于乡村,它不过是从拥有最大多数人民的乡村下手而已,它的最终目标当然是全中国的富强康乐,因而奠定世界和平。"第八,论乡村建设的唯一性与艰巨性。尽管乡村建设被有些人看作是"缓不济急",不能马上解决"饥饿、物价、战争种种现实问题",但"今日还是只有这条路可走。舍此别无二途,更无捷径。""我们不否认乡村建设是艰巨的工作,……工作总在阻遏曲折之中,始终未能达到吾人理想的境地。事实上,我们只是学术社会团体,我们所能为力的乃是乡村建设的研究实验。至于较大规模的推广实施,非赖政治力量不可。而不幸这 30 年来,国家连年遭遇内忧外患,政治始终未能踏入正轨。一直到今日,仍是漫天烽火,兵连祸结,使这种为人民的基本工作困难重重,遭受无穷的阻碍。愈在艰难的局面之下,愈需要我们加倍努力,因为今日的局面,人民几已陷于绝地,不容我们袖手旁观,见死不救。其实所救的就是你我自己。中国老百姓的失教、贫困、散漫、弱病,一日不解决,中国的社会就一日还要动荡混乱! 人民就一日不能不继续做奴隶! 所以乡村建设是基本又基本,迫切又迫切的工作。今日中国要求安定,要求繁荣,要真正实行民主,都必须从这为人民谋福利的基础上下手。因为求安定,首先是人民的安定,使人民能安能定,才是社会安定之本;求繁荣,首先亦在农村的繁荣、农民生活水准提高,才能得到普遍的繁荣;尤其实行民主,人民在文化政治经济各方面的基本力量——知识力、生产力、健康力、组织力——未曾开发出来,如何谈得到真正的民主呢?"最后,号召知识青年振作起来到农村去为"开发民力,建设乡村"尽力。"我们站在中国人一个起码的立场,以乡村工作者的身份诚恳地要求各方面,尤其对知识青年人士,今日大家极度苦闷自不待言,但一味垂头丧气,何补时艰? 唯有走到田野当中,走到农民当中,认识农村,服务农民,帮助他们挺立起来,才是我们彷徨中唯一的出路,也就是我们中华民族的唯一出路。当然,今日的乡村环境万分恶劣,工作难免不受阻害,然而只要我们有正确的认识,有坚决的行动,有前仆后继、百折不挠的精神,任何阴霾终必冲破,任何困难必可克服,因此,我在此特郑重提出'开发民力,建设乡村'这八个字,作为大家今后

努力的方向！"（新版《全集》卷 2，第 401～404 页）

8 月 15 日　在南京与新闻记者谈农村复兴问题。（宋编《文集》，第 344 页）

8 月 25 日　千家驹在《申报月刊》第 3 卷第 10 号上发表《中国农村建设之路何在——评定县平教会的实验运动》，对其领导的定县平教会这样论述道：首先，认为平教会的实验运动有值得肯定的地方。"惟定县平教会的实验与邹平的乡村建设，则他们都有较悠长的历史，都有身体力行的领袖，不仅是这样，他们还有一贯的理论系统，有整套的哲学基础，深信这种工作可以解决中国的农村问题，或甚至整个的中国社会问题。究竟他们的理论与实际对不对？他们是不是真正透视了中国社会问题的本质而为针对着中国病症所下的良药？这些都是每个关心中国农村前途者所应深思熟虑的问题。""按主持定县实验工作的平民教育促进会成立于民十二年，最初是晏阳初先生的平民千字课运动，以后晏君在实行识字运动的时候，发现吾国民族之病根，不仅缺乏智识，并且还缺乏经济，缺乏健康，缺乏合群的习惯，简言之，就是'愚，穷，弱、私'，他又觉得在或〔大〕都市里除文盲，收效远不如在农村里来得宏大，因此他们就决定了'集中农村实验的计划'，而以'定县为一彻底的集中的整个的县单位实验。'他们到定县是在民（国）十五年，以十五至十九年为准备时期，十九年以后为实验时期。在准备时期内'最主要的是在客观事实上发现愚、穷、弱、私四种基本缺点'，针对这四种基本缺点，于是有所谓四大教育，以'文艺教育'救农民之'愚'，以'生计教育'救农民之'穷'，以'卫生教育'救农民之'弱'，以'公民教育'救农民之'私'。为要推行这四大教育，于是又提出了'学校的''社会的''家庭的'三大方式。""从前有好多人把'实验'误会为'模范'，以为定县的工作是由美国金圆铸成的，纵然试验成功了，别的县份也决没有这种资力去模仿。这种批评完全是一种误解，因为第一'实验这个名辞〔词〕，并不等于模范……在实验运动者看来，一切学说，制度、法令不一定和人民的生活能够相和，所以实验运动是必要，而成败的把握是不一定，这个看法与建设模范县的看法完全两样'。第二'实验的时代往往多用一点经费，这是不应该过分责备的，如果我们希望最近的将来能够得到一套从人民生活里面产生出来的学说、制度、法令，而不抄袭东洋稗贩西洋的。那么这一点经费是不能说白花'的。"其次，认为平教运动同仁对中国社会的整体认识有问题。具体而言，"第一，我们觉得，定县平教会对中国社会的整个认识是有问题的。他们以为中国社会的根本病根是占百分之八十五以上的农民之愚、穷、弱、私，所以要救中国必须针对这四个字着手。可是他们就没有想到愚、穷、弱、私，只不过是中国社会病态之表现，怎样会发生这四个病态的现象这问题，是不能由这四个字本身得到解决的。……帝国主义在华的势力一日不推翻，中国的农民一日没有复苏的希望,这是第一点。第二,农村破产之第二因素谁也要承认是封建剥削关系之存在,无限止的苛捐杂税,高率佃租,高利贷资本等等正是驱使农民于穷困之渊的魔手,他们以税捐、兵差、地租、利息以及其他种种形态来榨取农民最后的一滴血。这个金字塔式的剥削制度一日不息〔熄〕灭,农村破产的运命也就一日不能解脱。第三,中国农村破产之第三个因素是天灾的袭击,天灾的摧毁农村是事实,但天灾之在中国,却正是社会环境所造成的结果,中国农村因资金全被帝国主义者所吸吮,军伐〔阀〕的存在又在不断的〔地〕破坏中国农村之水利系统。因此,中国农村才会在科学充分发达的二十世纪之今日,反每年要受大规模天灾水旱不断的打击。以上三个因素是促使中国农村破产之真正的动力,在这种种条件之下,农民那得不'穷'? 因为穷得不能维持最低水准的生活,他们又那得不愚且'弱'且'私'呢?'愚''弱''私'均不过是'穷'必然的结果,而'穷'自身又是帝国主义的侵略,封建残余的剥削等等所造成的产物。这样一个明如观火的事实不幸完全为平教会的人们所意识地漠视了。"第三,认为基于对中国社会误判而采取的解决中国社会问题的办法也是有问题的。"如果我们一面故意忽视了制造穷的诸基本动力,一面又想以枝技节节的办法来救济,则不仅舍本而逐末,亦所谓煮薪而止沸,薪不熄则沸不止,然而要谈到根本产〔铲〕除制造'穷'的诸社会条件,那就不能不结论到推翻帝国主义在华统治与消减封建残余这两个基本的课题上来了。但这却正是平教会的人们所不敢提出,不愿提出,而且有意识地避免提出的。为什么? 因为平教会之倡导者多出身于小资产智识阶级,他们大多数受了美国金元教育的熏陶,相信教育万能,教育救国的理论,他们的社会意识与社会关系不许他们走入革命之道路,而同时他们的科学训练与政治修养,又不许他们对于中国社会之病根作正面的认识,这是第一层。第二,平教会对于社会的整个认识既然是有问题的,他们根据这种有问题的认识而开出来的药方当然亦会药不对症。自然,他们在一小县之内,化〔花〕上了数十万元的巨款,且有多数优秀智识分子在那里工作,小小的成绩是不获难得的,例如因为实施文艺教育的结果,定县识字的人可以增加,有保健所的设置,病人死亡率可以减少,这些成绩,我们完全承认。不过,这里我们必须指出的是: 在定县社会经济的根本组织上,或者更浅近的说,在定县最大多数民众的经济生活(指狭义方面)上决不会因平(民)教育之工作而引起根本之变革;不仅如此,而且我们知道定县也正逃不出一般农村破坏的命运,它的社会经济正随着国民经济破产之深刻化,而日就衰落。……第三,如果他们认为平教会的工作仅为一种教育制度的实验,这只是普及农村教育(包含识字、卫生、农艺、公民等等)之一种实施的方案,他们的实验如果成功了,则在一个社会组织已经变革了的社会里,实施起来也许可以事半而功倍,或者说,在中国整个的政治经济都没有得到出路以前,局部的教育民众的工作也是必须〔需〕的,在乡村里使农民做一点事,比根本袖手不做终要好些。如其意义仅限于此,则我们非但不反对一种教育制度的实验,而且对这种实验具有热烈之赞助与同情。但平教会的人们对实验运动的评价是不止于此的,他们决不止把定县工作仅视为单纯一种教育制度的试验,而是把它视为解决中国社会之一切经济的与政治的问题之万能药方。他们一方面虽然极力避免提出了中国的根本问题,然而他们所企图解决的却正是这个根本问题。他们要'建设农村',他们要'推广全县以至全国',他们要'以定县为训练表证的中心,使农村复兴得到具体进行之方案,使国家得到一条基本建设的新路,使中华民族能于建设工作之中,创造一个新的生命。'一言以蔽之,他们要从撇开中国根本问题,以谋解决中国根本问题之一夹道中去找出路。这结果是没有不碰壁的,上面李景汉先生所述定县农民的破产化已经可以给我们作一最好的证明。其实,不要说社会的根本问题,即连小小的社会问题,亦不能用他们的'四大教育'来解决,我们还可以找出别的证据来。……由于上几个简单的事实中,我们可以看出平教会的工作实包含着一个不能解决的矛盾。他们想不谈中国社会之政治的经济的根本问题,但他们所要解决的却正是这些根本问题,他们不敢正视促使中国国民经济破产农村破产的真正原因,但他们所要救济的却正是由这些原因所造成的国民经济破产与农村破产。"最后,声明其批判仅限于平教会之把平民教育工作评价得太高,以及他们对于中国社会认识之根本错误一点而已。"至于定县实验运动之全部,我是丝毫没有菲薄之意的,反之,他们工作的精神,以及他们肯把目标自大都市移到乡村,这些都值我们深切的同情。他们整个的哲学虽不免于错误,但实验工作中之某几部分,特别是保健制度与平民读物等等确已变得极大的成功,值得我们推广到别的乡村去实行。但如果以为这种局部的技术上面的成功,就足以解决中国农村问题,而'使农村复兴得到具体进行之方案,使国家得到一基本建设的新路',那无疑地是一种新的乌托帮〔邦〕了。"(钟离蒙、杨凤麟主编:《中国现代哲学史资料汇编》第2集第8册《村治派批判》,辽宁大学哲学系1982年3月印本,第52~57页)

8月26日 《大公报》载其所撰《开发民力 建设乡村》。

8月28日 费孝通在上海《观察》杂志上发表《评晏阳初:开发民力 建设乡村》。文章指出:"农复会是想避免社会制度的改革而达到农村复兴的目的。""为什么不从土地制度入手解决中国农村问题呢?""晏先生的乡建工作是技术性的。当中国社会矛盾的死结解开了,他现在所提倡的四项工作:知识、生产、健康、组织,都是十分重要的。这些是开发民力所需要的技术。""晏先生悲天悯人的看法是发生在低估了中国农民自动自发的革命力量。""在这时局动荡、历史转捩的当口，他又接受了一个更大的考验。"(《观察》第 5 卷第 1 期，上海，1948 年 8 月 28 日刊)

9 月 6 日　致信 W. O. 道格拉斯。信中首先告知中美农村复兴委员会至今还未成立。其次，谈未成立的原因。"除了我七月三十日给您信中所说的原因之外，还有一个重要原因，就是两名美国委员还没有正式任命。事实上，已知穆懿尔是其中一名委员，但仍在美国。"第三，表达其担心。"使我们发愁的是，我们方面经过三个月的努力工作，委员会仍悬在空中。"第四，告知拟完成两件对于中美农村复兴委员会成功至关重要的事。"第一件是，要使委员会不仅有国家领导人，还要有既能指导国内又指导国际工作的各方面的专家，这些专家还要对农村复兴工作感兴趣和有信心。这些委员除了能顶住来自中央政府各部的压力维护委员会的利益，还要能够不受各种政治派别和集团的干扰。第二件是，要把那些已对农村复兴运动作出贡献的最有能力的领导人和专家集中到一起，形成一个核心。这些人将能为委员会做出真正的贡献。"为此，面见张群，"经过我反复与他交谈，他最终同意担任委员会的主席"；司徒雷登"也同意作为美国国务院同意提名的两名美国委员中的一名"，不过，后来情况变化，"新委员蒋梦麟被任命替代张群"。第五，告知农村复兴运动并不因人事任用变化而失败，并条陈理由。"第一，虽然像张群这样的朋友被排斥在委员会之外，但他们并非完全没有权力帮助我们；第二，地方政府还可以为我们提供帮助；第三，我们还有机会赢得该委员会美国两名委员的合作；第四，最重要的是我们有广大的忠诚于农村复兴工作的领导者、专家和有农村意识的改革者作坚强后盾。我们代表着斗争的正义一方，我们仍有希望。要赢得美国公众和美国国会对中国农村复兴事业的支持已经是够困难了，要赢得中国政府的支持几乎是不可能的事。除政府以外各政治集团所要的只是权力和金钱。在这种形势下，如果我们要想胜利完成农村复兴运动的目标，的确不是一件易事。愿上帝保佑我们完成解救中国受苦、受压迫、受蹂躏的平民的使命。"最后，告知旧金山的罗森堡基金会来信告诉同意为中国平教会 4 名教员提供资助，去加州对农业和合作组织进行考察和研究，4 名教员将于 10 月 6 日启程去旧金山，一年后我们的农学系将会成为中国大学中最强的农学系之一。(新版《全集》卷 4，第 680～682 页)

10 月 1 日　经其努力的"中国农村复兴联合委员会"在南京正式成立。其工作目标与方针是：(一)改善农民生活状况；(二)增加粮食及重要作物之生产；(三)发展人民潜力建设地方，并进而建设国家，以奠定富强民主中国之基础；(四)协助设立推进农村复兴方案之国、省、县级政府机构，并加强其原有机构之工作；(五)给予民主知识青年及有志从事建设工作之分子，参加此一工作之服务机

构。(吴著《晏传》,第 429 页)

10 月 18 日 致信 W. O. 道格拉斯。信中首先告知"已致电祝贺您生日,希望该电报能及时送达。我祝您'寿比南山,子孙满堂'。这是中国的一句古话,希望您能喜欢。"其次,告知"穆懿尔如果不是作为美国国务院的代表,倒是个可以一起工作的好同事。他正为我在中国已从事二十五年的农村建设计划分忧。"第三,告知华盛顿经济合作总署中国处主任奥尔维兰①先生最近到了南京,并对委员会的委员们讲:"我在华盛顿时是专家和观察员的身份出现的。很显然,美国国务院认为我对于委员会不拥有行政权力。如果可能的话,我将被彻底解职。"同时告知"委员会主席蒋梦麟千方百计要让他的一名得力助手担任该委员会的秘书长。"于是对自己的命运担忧。第四,表达坚信中国农村复兴事业还没有失败,但困难重重。"政府军不断惨败于共产党军队,人心相当不稳,改朝换代似不可避免。新货币金元券已开始贬值,这是最大的不幸。官方汇率虽是四比一,现实际汇率只有十比一。在这种情况下,要进行广大民众密切相关的复兴计划不是件易事。"第五,询问六月十五日、七月三十日和九月六日那几封内容很长的信件是否收到,请有空来信。最后,告知从汤静怡小姐寄来的剪报中获悉,虽在狩猎中发生意外,但奇迹般地避免了灾难,真感谢上帝的保佑。(新版《全集》卷 4,第 682~683 页)

10 月 28 日 在南京江苏路 48 号给 W. P. 毕范宇②回信。信中首先告知非常感谢十月二日很有见地的来信。其次,对信中仅简单地列举八件能为中美农村复兴联合委员会做的工作感到不甚满意。认为"您在许多方面都可以做出较大的贡献,但您信中未提到。您肯定知道委员会将要进行音影社会教育的计划,而这项计划就是您和施利夫③制定的,您会在这方面有特殊的贡献。"第三,对其在淳化镇乡村建设实验区的事很感兴趣,希望能一道去看看,坚信"您的实验区肯定会按照委员会的目标搞下去,现附上一份计划供参考。"希望对于委员会的计划在许多方面做出很大的贡献。第四,表达"决不满足于我们之间仅仅靠书信进行联系,我非常想同您作长时间的面谈。希望不久能实现。"第五,告知一定认真拜读所送的新书《中国——是黄昏还是黎明?》(*China——Twilight or Dawn*)。最后,告知许雅丽仍在歇马场协助中国乡村建设学院工作,若去上海,定去拜访。(新版《全集》卷 4,第

---

① 奥尔维兰:华盛顿经济合作总署中国处主任。其他生平事迹待考。

② 毕范宇·普莱斯(Frank W. Price):又译为"佛朗克·普莱斯"。美国长老会传教士。1919 年前到中国传教,任华中传教团领导。曾在耶鲁大学神学院学习。时任金陵神学院教授。曾积极发起为中国救济工作捐款,并在南京大屠杀中为救助神学院师生员工做了大量工作。1941 年在该院退休。所著有《中国——是黄昏还是黎明?》(*China——Twilight or Dawn*)等。

③ 施利夫:生平事迹未详,待考。

684 页）

10 月　南京政府宣布成立"中美农村复兴联合委员会"，正式就任委员和执行长。接着在广东、湖南、四川、贵州、江西等地设办事处，总会设在广州。设农村复兴委员会补助示范中心三处：（一）四川第三行政区的社会教育运动中心；（二）浙江杭州区农业推广与家庭指导中心；（三）福建龙岩土地改革中心。三处工作的出发点各自不同，但其目标均在发展一个综合性的方案，以解中国农村的重要问题。

（《文史资料选辑》合订本第 32 卷，第 93 辑，第 135 页）

11 月　撰写《目前乡村建设的重要性》。原载《乡建院刊》第 2 卷第 2 期（1948年 12 月 5 日刊），收入宋编《全集》第二卷中。首先，表达非常高兴又能够回到学院来、住在院里和诸位同学同仁一起生活，而不是今天跑南京明天跑上海。其次，表达乐意住在乡村和农民为伍。"因为我始终爱农民，我了解农民有无限的潜在力量。""看见从前不识字的农民现在识字了，从前没有组织的，现在有组织了。从前没有饭吃的，现在收入也增加了。一个个地对着我们发笑，使我获得无限的兴奋和愉快。"第三，阐述前方工作与后方工作的关系，希望师生在霍六丁先生的领导之下尽力工作、学习。"为了我们这项工作的开展，和我们这个学院的维持，固然需要人在后方努力，但同时也要有人打前方。我在前方给你们打天下，你们就应该在霍六丁①先生的领导之下，作后方的工作。前方与后方要互相呼应，互为生命。"第四，谈农复会的工作。"农复会的目的是在复兴中国农村；复兴中国农村的工作，平教会的一批同志同道，已努力奋斗过二三十年了。至于复兴农村的重要，我想你们都晓得了。因为中国的一切都要靠农民，今天中国的农民苦痛到这个程度，将要一个个地倒下去了，如果不扶他们站起来，中国无论如何是没有办法的。这是平教会向来所持据的看法和信念。然而这项工作的展开，靠国内的力量还不够，我们不得不去唤起国外的同情，利用国际的力量。所以去年我向美国国会提出建设农村一案，终获得美国众参两院议员的一致赞同，而且顺利地通过。"第五，谈推进乡村建设必先有一定的计划和方针，而制定该计划和方针必须建立在对农村实际的深入了解之上。并认为在兵荒马乱之中也应从事乡村建设，"大局愈混乱，乡村愈破坏，愈显得乡村建设的重要和迫切。"第六，谈乡建院在乡村建设中应担负的责任。"本院是造就乡村建设人才的唯一学府，对大局，对乡村都负有非常重大的任务。大家知道，今天有一个矛盾的现象，就是：一边人才没有出路，一边找不到人才。这是由于知识分子奔向城市的结果。必须要知识分子回到乡村才能解决这个矛盾的难

---

　　①　霍六丁：旧版《全集》误译为"贺绿汀"，下同。

题,今天乡村建设之重要远甚于从前,我们应该加倍努力。"第七,对学院事务谈自己的看法。"无论怎么困难,这个学院我要它逐渐的进步和充实",如图书和仪器的充实、保证电灯照明的变压器的解决、大的图书馆的修建,到歇马场的马路的开工、教职员宿舍和学生宿舍的添造、阳初路的修建等。"在教授方面,我一定尽力为你们从国外国内请最好的来;不但要替你们请教授,而且还要替你们培植教授。"第八,谈为学院奔走的初衷。"在如此艰难困苦的状态下,我始终愿意为这个学院而奔走而努力,既不是受了哪个总统或哪个大员的命令,也不是想升官发财,而是想拯救这个多灾多难的国家。我看见中国的乡村需要建设,'乡村建设'需要这个学院。"第九,谈中国农民需要启发、需要帮助,中国的希望也系于农民。"中国农民之所以成为哑子,全在于没有一批'发聋振聩'的人去启发他们,去帮助他们。假如都能像那个致欢迎词的农民一样,经过了一点启发,便都能站起讲话,那时中国怎么会没有办法?!"最后,对师生提希望。"希望诸位同仁继续不断地努力,继续不断地领导青年。你们青年也要自己在学识上操行上去追求";"生命存在一天,就要努力一天。"(新版《全集》卷2,第405~407页)

12月 撰写《乡村建设工作展望》。原载《乡建院刊》第2卷第4期(1949年2月5日刊),收入宋编《全集》第二卷中。主要报告农复会近来的工作,特别是与中国乡村建设学院和实验区有关系的方面。首先,谈前次农复会的朋友到院来对学院美丽的自然环境和师生们简朴的乡村生活所吸引,都认为该学院可以锻炼出能够深入乡村的实干苦干的青年,所以他们很同情,很愿意帮助。其次,谈农复会对四川水利的建设。"四川水利工程大小共有十一处(属于华西实验区者有两处),若完全修筑成功,可以灌溉农田二十万亩,其功利不可谓不大。……农复会为防患于未然,特要四川省政府订立合同,凡灌溉之处都须创办农业生产合作社,只有直接从事农业生产的农民才得为社员。"合作社对于它的社员有巩固土地所有权、保纳地租和扶植自耕的几点任务。"农业生产合作社之作用在于改善今天乡村极不合理的租佃关系。兴修水利以增加生产必须要与改善租佃关系相配合,对农民才有实际利益,才称得上乡村建设。"第三,介绍农复会在湖南方面的工作是帮助湖南省政府修筑洞庭湖堤。第四,谈农复会拟在广州"开拓一块极大而未被利用的荒地",在广西亦将展开工作。第五,谈农复会的工作区域及网络。从横的方面看,"农复会准备以四川、湖南、广州、广西作为主要的工作区域,尤其四川是一个中心;而四川又以平教会华西实验区为起点。"从纵向看,以华西实验区的所做即可明了。"一、在农业方面:(一)改良与推广品种。如推广中农所的改良水稻、小麦、玉米及南瑞苕、美芋等。(二)大量栽种桐树。(三)防治植物的虫害。(四)推销肥料。

（五）提倡畜牧、繁殖约克杂交猪。（六）注意兽医，设法防治猪牛病瘟。这些都是建设乡村而必不可少的初步工作，也是最实际最有利于农民和增产的工作。……二、组织方面：举办机织合作社与农业生产合作社。合作社是乡村经济建设的良好组织，假若光是生产而无组织，仍是不能改善人民的经济生活的。璧山机织合作社，已得农复会朋友们的欣赏。孙廉泉先生近正准备检讨过去之得失，重新草拟计划，送请农复会批准实施。三、水利方面：除梁滩河水利工程须迅速完成外，还有铜梁和其他两个地方的水利亦待兴建。四、教育方面：华西实验区现在已有三千多所国民学校，尚拟兴办一千所。这几千所学校，即是几千个'社学区'内的经济、教育、卫生的中心，也是乡村人民自行推动建设的机关，接受教育的场所。"最后，谈农复会工作与乡村建设学院的关系，并寄青年学生以期望。以上四方面的工作需要一批专家来领导，而恰好和乡建院四系相配合。"农业方面需要农学系的学生去参加；合作社需要社会系的学生去举办；水利工程需要水利系的学生去兴修；国民教育需要教育系的学生去主持。你们还愁没事做吗？你们还不感到责任重大吗？我实在非常着急，本院这一两百个学生，单是华西实验区都不够分配；何况湖南、广东、广西都在向乡建院要人呢！他们为什么向乡建院要人？因为乡建院是今天唯一造就乡村建设人才的地方，只有你们这批青年人才在向乡村建设的路上走，……我们这工作虽没有军队或雄厚的财力来作后盾，事实上今天已为国内国外的人士所重视所趋向了！所以乡村建设一定会成功的。然而要使乡村建设成功，不仅需要一批学识优良的青年，尤其需要一批会作事、不尚空谈的苦干青年，你们应该加紧充实做事的能力，希望先锻炼你自己！"（新版《全集》卷2，第408～410页）

是年　下半年，在成都住所接待华西协和大学乡村建设系张世文副教授及部分学生，听取他们所反映的乡建系办学经费困难，傅葆琛正在西康找刘文辉筹集基金，但没有什么结果，请求帮助。便从农复会经费中拨出一笔款，解决了乡建系非常急需的问题。[①]（党跃武主编：《上林春讯——纪念改革开放三十年档案管理和校史工作文集》，四川大学出版社2009年版，第202页）

是年　中国乡村建设学院报考人数 3 300 余人，录取 100 余人，招录比例 33.0∶1。（王超：《晏阳初与中国乡村建设学院（1940～1952）》，四川师范大学硕士论文，2013年5月，第18页）

是年　受到蒋介石召见。蒋召见时说："晏先生，日下你在城市可以看到政府

[①] 《上林春讯》第202页误为1947年下半年，实应为1948年下半年，因文中谈及晏阳初是中国农村复兴委员会主任，这是1948年的事，故改。

的活动,但一进入真正的中国人民所在的乡村,那里的政府就没有任何活动,人们从未注意这个基础工作(此即指乡村建设工作)。人们不愿去乡村,是因为乡村生活太苦。人们,特别是接受了现代教育的人们,乐意生活在现代舒适的上海、北平和其他大城市,所以他们不想去乡村。"并说:"我们必须为中国乡村建设准备领导者。你可否立即创办一个学院,并为这一乡建运动培养领袖人才?"回复道:"如你愿意帮助,我很愿意去做。"并阐述从前早已开始与南京大学合作培训工作人员,也曾为此工作训练大学人员,但是从未创办一所真正的为培训乡建工作人才的全日制专门学院。得到蒋委员长肯定答复:"我将尽力支持你,你先走一步试试。"至此,历时二十载的平民教育第一次接受了政府,即委员长的礼遇。在蒋委员长的支持下,平教会在离重庆70英里外的地方买了大片土地,大约500亩拟建立乡建育才院。(《抗日战争以来的平民教育》,新版《全集》卷2,第386~387页)

是年 暗中营救 1946 年下半年被捕的乡建院学生甘光余①,终使甘光余出狱。(中国人民政治协商会议四川省璧山县委员会文史资料委员会编:《璧山县文史资料选辑》第 2 辑,1989 年 3 月,第 56 页)

是年 所撰的《开发民力 建设乡村》刊登在《乡村教会》第 1 期、《江苏农讯》第 27 期和《廓清月刊》第 9 期上。

是年 美国的东西方协会主席赛珍珠和董事会代表威廉·O. 道格拉斯对其给予很高的评价,首先夸奖其抛弃个人发财和享受荣华富贵的优越条件,大公无私和艰苦卓绝地开展平民教育工作,使人民受益。"出生于书香世家的中国人民的儿子和世界的公民——晏阳初。照理说,你完全可以凭自己出众的才华而赢得声望和舒适的生活。然而,你却无私地把毕生精力奉献给自己祖国成千上万的地位低下的人民——他们从未进过校门,由于贫穷和目不识丁而任人摆布。出于真正的谦虚,你提出自己必须先向人民学习,然后才能教育人民。你以政治家的风度制订计划,用以检验所学到的一切,并在自己国土上选择有代表性的地区设点实验。你的工作不局限于进行识字教育,你还耐心地诱导人民。当他们的思想被启动,认识到自己的现实生活和今后该过什么生活时,你指导他们为获得健康、较好的生活和更强的自治能力而奋斗。像其他许多伟人一样,你不得不比较孤立地进行工作,因

---

① 甘光余:四川邻水县人,中国乡村建设学院社会系学生、四志会主席。在学期间,与邻水中共党组织负责人甘复中相熟,被介绍加入中国共产党。1947 年 3 月,任重庆各校学生抗暴联合会第三次全体代表大会主席;同年夏,接受胡有猷指示在乡建院成立中共支部,任支部书记。1948 年曾被捕,1949 年经多方营救获释。后任中共巴县东南里特支候补委员,担任特支在辅仁中学创办的干部培训班社会发展史教师。新中国成立后,任巴县文教科副科长、科长,整顿教育,强调提高教育教学质量。20 世纪 80 年代任四川省晏阳初研究会副会长。

为只有少数人敢于追随你。然而,你的工作却终于使祖国几百万人民受益。"其次,夸奖他寻找到了值得全世界学习和借鉴的有效办法。"多少年来,你坚定地摒弃私心杂念,在国内、国外寻求自己的朋友。如今,你已准备了一整套不但能为中国,而且能为世界任何地方平民改善生活,并被证明为行之有效的办法。你在世界之黑暗处点燃了一盏明灯,现在,该由我们去增加其亮度了。"最后,感谢其贡献及谈颁奖的缘由。"衷心感谢你与平民教育促进会对人类所作的贡献。我们——东西方协会主席和董事会,将此奖授予你。该奖每年发一次,由东西方协会主席和董事会主持,获奖者不论国籍,只要他(她)的意见和工作能对世界人民之间新的和伟大的理想事业①作出突出的贡献。"(《东西方协会主席和董事会代表的奖辞》,新版《全集》卷 2,第 438～439 页)

---

①　理想事业:旧版《全集》误译为"理解事业"。

1949 年（民国三十八年　　己丑）　五十九岁

1月　毛泽东为新华社写的新年献词《将革命进行到底》发表。

同月　蒋介石宣告"引退"。李宗仁出任国民政府代总统。

同月　北平和平解放。

2月　国民党中央党部由南京迁往广州。

3月　中共中央和人民解放军总部迁至北平。

4月　毛泽东、朱德向人民解放军发布向全国进军的命令。

同月　南京解放。

9月　中国人民政治协商会议第一届全体会议在北平举行。会议通过中华人民共和国定都北平，北平改称北京；采用公元纪年；以《义勇军进行曲》为代国歌；国旗为五星红旗。会议通过了《共同纲领》，产生了中央人民政府，选毛泽东为主席，朱德、刘少奇、宋庆龄、李济深、张澜、高岗为副主席。

10月　中华人民共和国成立。北京三十万人在天安门广场举行隆重庆典。

11月　人民解放军相继解放遵义、桂林、梧州、柳州、重庆等地。

1月15日　收到卢作孚发来的电稿。全文如下："重庆璧成①兄：O密。转阳初兄：农复会实验计划已电英弟，一切与平教会合作。但盼草拟实验区计划时顾到事实，与北碚有关问题商诸北碚。弟月底前回渝，甚盼与兄面商一切，兄行止如何，盼示弟。孚。一、十五。"（黄立人主编，项锦熙、胡懿副主编：《卢作孚书信集》，四川人民出版社2003年版，第929页）

2月2日　致信 G. 斯沃普先生。信中首先很抱歉告知没能像所希望的那样经常地写信。其原因一部分是由于经常在旅行，一部分是由于中国时局的动荡。其次，告知乡村改造委员会虽受到重重阻碍，已经不能取得任何大的进展了。但仍有使人满怀希望的事。条列如下：（一）委员会的计划。"委员会的计划有四个主要方面，即农业生产、社会教育、鼓励地方的积极性和一体化的乡村改造。"并逐一

---

①　璧成：即郑璧成(1889～1958)。

加以介绍。(二) 平教运动在四川省第三专区的一体化计划。"我们的这个实验区域包括十一个县,总人口为五百三十二万,这比丹麦或挪威都大得多。我已经给纽约办事处的汤小姐①寄去一整份提交给委员会的计划,并请求她送给您一份概要,因而这里我就不再详述这一计划了。"重点介绍了"生产者合作社""纺织合作社""识字与成人教育""地方对于改造的作用"四个方面。(三) 政治形势与平教运动。告知蒋介石辞去总统职务,把国务交到他的法定的继承人副总统李宗仁,并对李宗仁的为人和对平教运动的支持加以颂扬,希望在他的支持下平教运动能获得大发展;平教会董事会成员张治中目前正在与共产党的和平谈判中担任领导,早在任湖南省长时,"我们就是与他合作进行了一项全省范围的政府改组计划";前行政院长②张群被任命为中国西南军事长官,"他到重庆将会对我们加强整个四川乡村改造计划有很大的帮助,我们同样也会以我们简陋的方式对于他在中国西南部的行政有所帮助";共产党人对于平教运动也持支持态度,并以史实加以说明:"当平教运动在中国北方的定县开展实验时,共产党曾派来几批学员来学习运动的方法和技巧,以便把这些方法运用于他们自己的区域内。自从定县和邻近地区被共产党占领以来,首先由平教运动创始的改造活动仍被允许继续进行。……您知道,那时我数度收到共产党领导人的邀请,请我到他们的区域去开展我们的平民教育和乡村改造计划,但在国民政府时期这件事是办不到的。"总结道:"在过去的二十年中,平教运动在中国是尽人皆知的,并被看作一个无党无宗的,民有、民治与民享的运动。只要我们的运动有为我们的人民服务的自由并且能够保持在我们自己的轨道上,我们将继续开展下去。但是如果我们没有自由,我们就会像中国的一句格言所说的那样:'宁为玉碎,不为瓦全。'"(四) 委员会目前的窘境。"虽然可以引以为豪地说拥有相当于二千五百万美元总额(二百五十万保存在美国)的中国货币,然而我们却没有足够的现钞偿付管理费,更不要提改造项目了。您知道,到今天为止,美国政府对中国政府的经济援助已达近两亿美元,其中百分之十属于委员会;在这两千万美元中,委员会迄今得到的现钞还不足二十五万美元。""您会高兴地得知,委员会已经同意拨出一百万美元(一半用于对合作社的贷款,另一半用于协助教育、卫生、农业计划)给平教运动在第三专区的计划。我们谁都不知道我们什么时候才能得到实际的钱。我们一旦拿到钱,我就会带着钱飞回去在我们的实验中心实施整个计划。如果联合委员会确实能够如数付给平教运动这笔钱(即一百万美元),我们就能在四川干出一番

---

①　汤小姐：即汤静怡。
②　前行政院长：旧版《全集》翻译为"前总理"。

大事业来。"最后,祝愿斯沃普及其夫人身体健康。(新版《全集》卷 4,第 685~691 页)

3 月 30 日 给 A. 佩蒂斯夫人①回信。信中首先告知收到来信非常高兴。"您三月六日来信已转到这里。您给我回信实在太好了,使我知道你们已收到我们关于中美农村复兴联合委员会及平教运动情况的报告。"其次,告知面临的问题十分令人不安,具有建设性的计划虽正在进行,但进展很慢。第三,告知对国共两党的和平谈判结果还难以预料,但有些迹象表明成功的希望还是有的。"只要能有和平环境,通货膨胀问题很容易解决,实际建设也会有保证。"第四,告知到广西旅行的情况。"我最近刚从广西省回来,这是一次很令人鼓舞的旅行。广两省是目前中国的光明地区之一。平教会与该省已合作很长时间,曾帮助该省政府制订过平民教育及乡村建设的计划。该省有一个忠实、勤劳为人民谋福利的领导核心。我相信联合委员会会乐意帮助该省大规模地进行开发经济资源、加强民主化的建设。"告知拟写一份关于广西省情况的报告,写好后请汤静怡小姐寄上。第五,感谢告诉有关爱子在大学里取得的进步。对爱子教育发表看法:"我们希望他除学习现代教育方法及原则外,还希望他有机会去了解是什么使美国变成现在真正伟大的国家。……他可以先了解您及您的朋友。"最后,告知与太太一道都非常感激所给予爱子的帮助,请代向佩蒂斯先生致以最亲切的问候。(新版《全集》卷 4,第 692~693 页)

4 月 做题为"*Chinese National Association of the Mass Education Movement in Cooperation with the United Service to China , Inc.*"的报告(《截止 1949 年 4 月的工作进展报告——中华平民教育促进会与对华联合服务会合作》)。首先,报告"中华平民教育促进会总会"名称。其次,谈地理位置。"在四川省政府的合作下,第三专员区(重庆附近)被划为乡村建设运动的实验地区。这一专员区包括十个县和一个特殊地区北碚。我们指定璧山、巴县和北碚的主要地区为示范区,并以璧山为总部。一项乡村建设的协调性计划正在这一地区实施,这项计划包括基础教育、识字、合作社组织、农业改良和灌溉、农村卫生保健,以及地方自治等内容。这项计划在示范区已开始实施,今年初,又扩展到其他四个县,即铜梁、綦江,合川和江北四县。乡村建设学院位于四川巴县歇马场。"第三,谈目标和目的。"平民教育运动,从它数年所取得的经验中,已让人们认识到农村民众的潜力。正是通过一项包括了生活活动各个方面的综合建设计划以及科学民主的民众组织,使民众的力量得到发挥。……平教运动的实验和示范工作目的是通过社会实验方法和具体的示范,说明这项综合计划的功能。乡村建设活动中,各专业领导人员的

---

① 佩蒂斯夫人(Mrs. Alonze Peueys):时住美国科罗拉多州。生平事迹待考。

培训是作为训练机构的乡建学院的办学目标。"第四,谈组织情况。"平教总会"的监督机构是以著名教育家张伯苓先生为主席的理事会;平教运动的最高行政负责人是总干事及其同事;行政机构设有三个部,即训练部、研究部和实验部。训练部的负责人同时兼乡村建设学院院长,该学院依据教育部颁定的规章进行管理,它还设有一个特殊的田间实践部。学院设一个理事会,张群将军为理事会主席。第五,介绍"平教总会"负责人员。总干事晏阳初;乡村建设学院院长晏阳初,由霍六丁代理;实验部孙廉泉;研究部瞿世英;训练部由霍六丁代理。第六,介绍资金来源及运转情况。在平教运动实验区,乡村建设联合委员会拨款资助乡村建设综合计划的发展,这笔款项通过贷款的形式提供给合作社组织,以实现其生产计划,另对其他建设计划还有拨款。第七,介绍当时的计划和取得的一些结果。其乡村建设综合计划包括四个方面,即"(一)民众的生计:合作社、农业生产的改良以及其他经济活动是其主要计划;(二)基础教育和识字;(三)乡村卫生保健;(四)民主自治政府。"并逐一对这四个方面取得的成绩加以介绍。同时还对乡村建设学院在训练方面的工作进行了介绍。第八,谈美国援华联合服务会的贡献情况。"抗战期间①,美国援华联合会②对平教会教育和社会工作的捐献,平教会是感激的。更重要的是在平教会困难的时期给予的精神上的支持。美国援华联合会对平教会在培训高级复兴建设工作人员的工作中的作用的承认,使得社会上认识到平教会工作的重要性。"最后,谈平教运动的需求和对美国援华联合会的期望。根据平教会当时的计划和当时中国的形势,希望美国援华联合会在乡村建设学院的系科增设、教学用房、实验设备、图书馆、师资以及深入的研究和社会实验方面给予合作。(新版《全集》卷2,第411~418页)

秋　四川省土地改革、乡村卫生、综合计划(第三行政区)等都经"农复会"协助款项积极进行,为求工作圆满完成,居留重庆,随时与各方联络解决偶发问题。(吴著《晏传》,第466页)

11月19日　与中国乡村建设学院学生、中共地下党员、爱子晏新民③在家就政治观点辩论至深夜,不欢而散,分道扬镳。(中国人民政治协商会议四川省璧山县委员

---

① 抗战期间:旧版《全集》译为"自抗战以来"。

② 美国援华联合会:旧版《全集》译为"对华联合服务会"。下同。

③ 晏新民(1925~　):晏阳初次子,音乐教育家。四川巴中人。1951年毕业于美国卡罗拉多州立教育学院音乐系,获文学学士学位。同年回国,在北京师范大学音乐系、北京艺术师范学院任教。"反右"运动中被划成右派。1961年至1963年在北京艺术学院图书馆资料室工作,1964年至1991年在中国音乐学院图书馆资料室工作。"文革"结束后平反。其间因患脑栓塞,半身不遂,1981年赴菲律宾国际乡村改造学院,一边接受治疗,一边参加国际乡村改造培训。身体好转后回国,继续在中国音乐学院图书馆资料室工作,后被评为副研究馆员。曾收集、整理大量的音乐专题资料,译有美国音乐理论家、作曲家辟斯顿所著《对位法》一书。

会文史资料委员会编：《璧山县文史资料选辑》第 2 辑,1989 年 3 月,第 56 页)

11 月 20 日　自重庆飞往台北参加中国农村复兴联合委员会会议。(吴著《晏传》,第 466 页;宋恩荣、张睦楚：《1950,晏阳初在去留之间》,《炎黄春秋》2013 年第 1 期,第 36 页)

11 月下旬　在台北小住一周,取道香港,拟由香港转赴美国,准备就拟议中的国际平民教育运动事宜与有关方面协商。过港时与好友卢作孚晤谈。(吴著《晏传》,第 466 页;宋恩荣、张睦楚：《1950,晏阳初在去留之间》,《炎黄春秋》2013 年第 1 期,第 36 页;《未刊信函》,第 129 页)

12 月 7 日　由香港启德机场乘"菲律宾线"号的飞机前往美国,在纽约挂着"中美平民教育促进会"的牌子,继续干他的平民教育。(《文史资料选辑》合订本,第 32 卷,第 93 辑,第 135 页)

12 月　在美国就美援及农复会前途问题与美政界及民间人士交换意见。(吴著《晏传》,第 466 页)

是年　中国乡村建设学院报考人数 2 400 余人,录取 110 余人,招录比例 21.8∶1。(王超：《晏阳初与中国乡村建设学院(1940～1952)》,四川师范大学硕士论文,2013 年 5 月,第 18 页)

是年　堪萨斯大学萨拉·简妮特·韦策尔撰写了《晏阳初的中国平民教育运动：一项为了和平的事业》硕士学位论文。(Sara Janet Weitzer. "The Mass Education Movement of James Yen in China：A Program for Peace". MA. Dissertation, Kansas University, 1949.)

1950 年(庚寅) 六十岁

1 月　巴黎统筹委员会成立。

同月　英国承认中华人民共和国为代表中国的唯一合法政府。

同月　印度为共和国,尼赫鲁任第一任总理。

2 月　中苏两国政府在莫斯科签订《中苏友好同盟互助条约》,该《条约》规定,苏联同意放弃在中国的特权。

3 月　世界气象组织成立,总部设在瑞士的日内瓦。

同月　中共中央发出《关于镇压反革命活动的指示》。

4 月　台湾教育当局订颁《台湾省非常时期教育纲领》。

5 月　"舒曼计划"提出。

同月　中国与丹麦建交。

6 月　中国与缅甸联邦建交。

同月　朝鲜战争开始。

同月　杜鲁门下令美国第七舰队进入台湾海峡"阻止对台湾的任何进攻"。

同月　毛泽东在党的七届三中全会上作《为争取国家财政经济状况的基本好转而斗争》的报告。

8 月　台湾教育当局举办第一次高中毕业生各种奖学金留学考试。公布《中等学校及国民学校教员学术研究奖励办法》。

10 月　台湾教育当局颁发《实验四二制中学办法大纲》,指定台湾省立师范学院附属中学及省立嘉义女子中学两校实验。

1 月 13 日　平民教育运动中美委员会在纽约集会,在会上报告"农复会"的计划,以"平教总会"四大教育为基础,着重生计教育以增加生产。为此,"农复会"以约 50%的经费用于水利工程,洞庭湖复堤防洪工程;湖南民间与"农复会"各提供 160 万美元等值的经费共同进行,已圆满完成;四川水利有二千年历史,"农复会"协助 100 万美元,计划将省内约 100 条零星河流构成网型状态,使全省各地都可充分获得水作灌溉用。至于四川"二五减租"的推行、第三行政区综合计划的扩充,

成绩显著。（姜编《纪略》，第 73 页）

1 月 16 日　卢作孚致其函，页边上有"阅后火之"字样。谈到美中关系和台海两岸局势，希望其对结束中美对立、停止战争状态发挥影响："此外有请吾兄注意者，台湾绝非可凭藉以与大陆作战之基地，最后结束似只有时间问题。其利害，兄在港时弟已迭加分析，美政府最近确定不卷入之态度，亦系证明。但美政府仍予台湾以无济于事之经济援助，使海岛与大陆相持之时间加长，即使台湾对大陆之空袭及封锁加长，此于中共军事无大损害，徒增人民痛苦，徒增人民对于军费及兵员之负担，徒促中共更多仰赖苏联之军事援助，于国民党之最后命运全无补救，徒使中国人民更痛恨美国，徒失美国人在国际之威信。此种利害得失，万望兄向诸好剖析明白。如美国欲得全中国人之好感，最好设法结束台湾残余无望之争。此为弟个人对兄个人提供之意见也。裁酌之。"（《未刊信函》，第 129 页；宋恩荣、张睦楚：《1950，晏阳初在去留之间》，《炎黄春秋》2013 年第 1 期，第 36～37 页略有删节）

1 月 20 日　致信卢作孚。注明"极密（阅后附火）"。全信如下："（一）兄关于台湾意见，完全同意，而同时此间朝野有眼光者亦皆有同样看法。（兹附 New Ripublic〔Republic〕漫画，一见可知美人态度。）弟当遵照吾兄提供之意见，向各方作进一步的剖析。（二）弟正在此和美朝野商洽继续在大陆做纯粹为老百姓服务的工作，此时（尤其是因最近北平事件）大多数的美人是愤慨万分，反对在中共区域做任何工作，少数冷静而具有远大眼光者极赞成弟之主张（如美国之平教董事会诸好）。但是他们问了弟不能答复的一个问题。就是如因我辈努力说服了美国朝野及参众两院，问弟能否保证中共的合作态度？此点关系甚巨，切望兄用您那智慧而有效的技术，去弄个明白并从速见示。美国此时亦正在寻一条出路，赛珍珠告弟我来得洽好，正是需要吾人给他们指路的关头，可惜您不在此。但您在那，我在这也有好处，恐怕到了画龙点睛的时候，您有飞来的必要。弟此时的人缘不坏。（三）歇马场、北碚、璧山工作和同人实际状况究竟（着重号为原有，下同，编著）怎样？弟离川后迄今杳无消息，此心日夜难安。望兄用点时间打听个明白，并速函告，则不胜感激之至。（四）因中共占据四川，一切援助 SCA 立即停止。这是第二次在农村复兴案中国会规定的。从去年十一月起一文不发。弟正为吾人川中工作另筹募款项，但亦难矣哉！Write soon please. 弟初匆上"。（卢晓蓉著：《我的祖父卢作孚》，人民日报出版社 2012 年版，第 170 页）

1 月 31 日　卢作孚再次致其函，注明"极密"。全信如下："阳初兄：密笺敬悉。请告美国可靠友人，未来成败决不在原子弹或氢气弹，而在西方国家尤其美国对于落后国家有无真正了解。殖民地政策当然失败，第二次世界大战及目前状况均可证明。门户开放政策只着眼在商业往来，亦必失败。欲落后国家人民能自起来，绝无其事；必须先进国家真能全力帮助（比帮助西欧恢复需要力量更大）落后民族，使能迅速提高文化及生活水准，乃能使落后民族不生变化。对今后中国仍当寄予极大同情，予以帮助，使能和平建设，勿激起日趋恶劣的情感，日趋强烈的武装准备，走向极端，乃系可靠的办法。速设法引起新的舆论。不但为中国之幸。"（《未刊信函》，第 129 页；宋恩荣、张睦楚：《1950，晏阳初在去留之间》，《炎黄春秋》2013 年第 1 期，第 37 页略有删节）

2 月 13 日　收到卢作孚 1 月 31 日的信后，致信卢作孚，注明"极密"。全信如下："作孚吾兄：一月卅一号之密函数点与弟在此间所谈者不谋而合。近来【美国】朝野友好对于弟之主张（即在中国内地①继续农建工作）有同情者，有反对者（反对协助中共），但事在人为，只要吾人不灰心，不头〔投〕降，成功不是完全无望。但是弟有一重要问题（前函虽曾提过，但兄未答），就是：如因我辈努力，结果得到此间朝野的拥护，中共是否欢迎，是否同意吾人在大陆继续工作，此点万请我兄拨冗打听个明白，否则费了一番心血，把这边说服而那边又成问题。请见复，愈快愈好，愈确愈佳。"（《未刊信函》，第 129 页；宋恩荣、张睦楚：《1950，晏阳初在去留之间》，《炎黄春秋》2013 年第 1 期，第 37 页。【】内文字为后者原文，《未刊信函》无此）

3 月 22 日　卢作孚再致其信。全信如下："阳初兄：无关事业之报告① 子英已交代北碚管理局，所有北碚事业亦经完全捐献与政府，子英现在渝，渝市府邀任建设局副局长，似示能辞却。② 国仪②尚在港等待康乃尔大学入学准许证，是否可得准许，何时可得准许，尚不可知，吾兄可托友代为探讨否？彼仅有留学费用二千元，将来仍盼有学校或学术团体奖学金机会，乃能完成学业，否则仅能留美一年，似无必要也。③ 弟为事业安全，尚滞留在港，屡电渝辞职，未得同意，尚须待封锁问题解除后乃能决定行止。北衡原拟赴国外游历，以护照签证未得，至今留港，或终回到内地。④ 港有若干技术人员及建设性质之人才不肯即回内地，如果国际有领导地位者了解世界问题绝非备战可以解决，并了解对于落后国家有效之帮助为建设，为教导其人民共同起来建设，迅速提高其生活

---

① 内地：新版《全集》卷 4 第 694 页为"大陆"。
② 卢国仪（1927～　）：重庆合川人，卢作孚次女。毕业于南京金陵大学化学系，毕业后曾在上海工作，后到中科院长春应用化学研究所工作。"文革"期间曾被下放到吉林省怀德县（今公主岭市）农村劳动两年半。之后，仍回中科院长春应用化学研究所工作。后到南京大学任教和从事应用化学研究工作，任副教授。1993 年 12 月至 1998 年 12 月，被聘为江苏省人民政府参事室参事。

及文化水准,则滞在国外不肯即回国内之人才或尚有用于国外之机会,请兄更研究之。匆祝健康　弟作孚"。（卢晓蓉著:《我的祖父卢作孚》,人民日报出版社2012年版,第171～172页）

3月27日　再次致信卢作孚,仍标注"极密",着重谈了从农村建设入手,逐步改善中美关系的意见:"弟对于美国、中共的希望,试简述如左,请兄指教:（一）在灾民、饥民、病民、死民遍国的今日,中共只靠一个在经济上自顾不暇的苏联,怎么得了?!（二）我认为中国的大灾大难是我们救国救民的良机,在今日救死不及的时候,中美间不是谈政治、谈主义的时候,今天只应谈救灾、谈建设（我所谓:"即救即建"的口号）。鄙见是由农村建设入手（比较单纯,双方容易合作,因已有先例）;（中美）双方在农建、即救即建的工作上有了合作的（态度、情绪、机构和人物）良好基础,然后第二步就可进行工业的合作;有了农建、工建良好合作基础,中美双方政治的,甚至主义方面的调协不是绝对无望的（我辈如能为中共多拉一个强大的友国如美国,那么中共做附庸①的可能就可减少多了。独立的中国可能性也就可加强了）。（三）弟所提供的这点愚见（但是暂时只能粗支〔枝〕大叶）,您看中共可能有什么看法,什么态度? 未得到比较可靠的答复前,我在此无法进行。（四）如兄认为弟提的路线（由即救即建的乡建入手,而后工业,而后政治的合作）中共可以商量的话,我可进一步的同至好（陶格罗斯②,前天曾与谈）商谈具体办法（陶极赞同弟之路线）,如有必要,他可 secretly be authorized by the President as representative（被总统秘密委派为代表——[原]引者③）到中国进行合作商谈。兹事体大,万望我兄百忙中抽出时间为此事用精力洒心血,缜密的敏速的进行,给弟一个具体答复。事关吾民族前途、世界和平,谅兄必应我所求。陶兄要我代为致意。阅后附火,至要!"④（《未刊信函》,第129页;宋恩荣、张睦楚:《1950,晏阳初在去留之间》,《炎黄春秋》2013年第1期,第37页,个别文字略异,意无别）

同日　再致信卢作孚,告知香港民生公司代平教会接收款项首批二万五千美元已收妥、听说卢作孚有意让自己出任加拿大民生公司董事（表示"只要与兄事业有助,弟无不接受的"）等事,并特别询问"新政权对此种工作（指乡村建设工作——[原]引者）态度、政策究如何,吾人是否仍应继续苦撑?""川中情形,以及吾人工作实况,新权态度,切望兄拨冗见告,至要。"（《未刊信函》,第129页。宋恩荣、张睦楚:《1950,

---

①　附庸:指苏联的附庸。
②　陶格罗斯:即威廉·道格拉斯（William O. Douglas,1898～1980）。
③　原引者:指徐秀丽,《未刊信函》引文中所注"[原]引者"均指徐秀丽,下同。
④　信函内容在收入新版《全集》时,极个别文字和标点上有出入,特予说明。

晏阳初在去留之间》，《炎黄春秋》2013 年第 1 期，第 37 页，个别文字略异，意无别）告知前一日已收到纽约大学正式通知，杨民华①可入纽约大学肄业，入学通知书已航空寄出；还询问"兄派林文玉②赴川考查，结果如何？（子英、廉泉③忙何事？）北碚、璧山实区④学院及其他究如何？"（新版《全集》，第 696 页）

3 月 28 日　在纽约平民教育运动美中委员会给魏永清回信。信中首先告知 1 月 18 日来信很受欢迎。赞赏魏信把国内总的形势，特别是乡村建设学院的情况讲得很清楚。其次，询问 3 月 8 日去信是否已收到，并对信中所提的问题继续表示关心。第三，对新中国政权改善社会条件、帮助人民很欣慰。"非常高兴地得知新政权如此认真地改造社会条件，并真心实意地帮助人民。只要他们那样做，我们就是朝着同一目标而奋斗。"第四，十分关心国内灾情，并询问看法。"我从报纸上获悉，国内部分地区包括川北地区灾情严重。我们甚至听说有五千万人民面临饥饿的威胁。我非常想知道您对灾情严重程度的真正看法，您认为对于灾荒能够和应该做些什么。请您尽可能全面地告诉我关于这个问题的情况。如果有什么我可做的我一定尽力而为。"第五，告知对随信所寄来的乡建院中文通讯有极大的阅读兴趣，很好地了解到学院部分师生的活动情况以及新政权所产生的影响，希望继续寄具有参考价值和有意义的任何资料。第六，告知在美学习农业和合作组织的四位同事的情况。"有两位已学成归国，一位已在归国途中，另一位准备两星期后启程⑤。孟受曾现已在北平等待分配。我们办事处写信给他要他与瞿（菊农）博士联系，瞿博士很了解他，就是瞿博士推荐他申请奖学金的。另一位是朱松(Chu Sun)⑥，您很熟悉他的。当您收到此信时，他也该到歇马场了。再一位是张绍钫，他擅长育种

---

①　杨民华(1923～　　)：亦名杨翼昇。山东金乡人。1943 年考入西南联大物理系电机工程专业，1944 年入学，学习成绩优秀，1946 年因西南联大复员而回到北京在北京大学理学院物理系求学。积极参加学生运动，任人权保障委员，1947 年 11 月经萧松介绍加入中国共产党。曾任北京大学院系联合会常务理事、理学院院会主席。1948 年 6 月因组织学潮被开除（后补发毕业证）。1948 年 6 月到解放区，8 月到河北平山县中央团校（中央党校六部）学习，为第一期学员。1949 年回北京迎接北京大学新生。任北京大学军事接管联络组副组长。1949 年 11 月至 1973 年，历任中央教育部（高教部）高教司处长，司机关支部书记、中央电影制片厂副厂长，中共中央调查组江苏组组长、北京函授学院教务长、党委书记等职。1973～1977 年，任北京维尼纶厂"七·二一"大学校长、支部书记。1977～1981 年，先后担任中国科学院心理研究所党委副书记、副所长，中国心理学会秘书长等职。1981～1985 年，任中国科学院管理干部学院党委副书记，副院长、纪检组组长，中国行为科学学会常务理事。1985 年 11 月离休，担任管理干部学院思想政治工作研究会副会长，北京行为科学学会常务理事等。

②　林文玉：生平事迹待考。

③　子英：卢子英。廉泉：孙廉泉。

④　实区：即实验区。

⑤　启程：旧版《全集》为"起程"。

⑥　朱松(Chu Sun)：生平事迹未详，待考。

和家禽养殖。他也是原在瞿博士手下工作的并由他推荐到美国留学的。我们要他与瞿博士联系，并要他尽可能早地回到歇马场。第四位是张之光，您很熟悉他，其夫人现在北碚，是名护士。他擅长昆虫学，学了不少除虫的实际知识，特别是除水果害虫。两星期后他将乘'威尔逊总统'号轮船回国。"第七，询问四位在美求学同事回学院和实验区工作是否有困难。建议瞿博士给四位同事联系，并告知通讯地址。最后，祝全家安康，并请代向老同事及其家属问好。补记："我至今仍未收到菊农和则让①的来信。"(新版《全集》卷4，第700～701页)

3月30日 致信卢作孚。全信如下："作孚吾兄：三月廿二号手示奉到。兄在那百忙的苦撑生涯下给我写那样周详的两封信，真使弟感激万分。(一)SCA之两笔款(三万和七万美金)弟望能运用来维持院和区工作。(在目前美国反共空气下，为中国捐款是难于上青天！)七万元之款菊农有电来，谓首批二万五已收到。至于叁万元(染料)之款之汇渝办法，可遵照兄之意见(及菊农之请求)分期汇渝。如渝方一时不需款，可暂存港民生亦妥，总之请兄斟酌港渝间情形作主可也。(二)为国仪办入学准许证，不算困难(因成绩优良)，(杨民革或许证已办妥)，现在康乃尔是请其研究院奖学金的问题；如仅办准许证，早就办好了。弟的计划是先办准许证，提前来美，然后再请奖学金不迟，否则耽延时间过久。VISA更难。国仪的成绩书(正书只一份)现在康乃尔大学不便去要(因还有得奖学金的希望)，但为争取时间，最好是请兄速函金大当局寄一份，航快寄来，以便在另一大学办入学证，同时仍可等待康乃尔的消息。(弟为此已有英文信致兄，谅已收到)国仪读书，兄只备来美旅费，以后读书用费，弟绝对负责去办，祈释念。(三)关于兄所提技术人才问题以及国际协助问题，弟于三日前(廿七号)上兄函内虽提供有关此两问题之意见，如弟所提有可能性的话，这两问题，都可有办法。但弟意见究能否实行，望兄拨冗赐教，至要至感。弟初手上"(卢晓蓉著：《我的祖父卢作孚》，人民日报出版社2012年版，第173～174页)

4月14日 卢作孚致其信。全信如下："阳初兄：国仪就学得鼎助，据函，康乃尔已准其自费入学，至感幸。国懿②有函来，谓有同学 E. C. HO 很踏实稳重负责任，为教授所称许，可能订婚。但国懿欲于订婚之前明了其家庭情形，弟正托人调查，复函请其就近商承吾兄，为考察其本人，兄如时间容许，请为考察，并考虑之。

---

① 菊农和则让：即瞿菊农和孙则让(孙廉泉)。

② 国懿：即卢国懿(1921～)，重庆合川人，卢作孚长女。1947年毕业于南京金陵大学园艺系，1948年赴美国弗罗里达大学研究生院进修园艺，获农学硕士学位，后随丈夫定居美国加州洛杉矶。新中国成立后一直在美国生活。

匆祝健康。弟　　孚"（卢晓蓉著：《我的祖父卢作孚》，人民日报出版社 2012 年版，第 174 页）

4 月 19 日　卢作孚致其函，对其所关切问题作了简要回复。"密笺悉。兄先后所提意见，在目前国际局势之下能否洽得结果，不可知。弟在港亦无从接洽。亚洲问题诚不可听任战祸蔓延，诚当全力阻止战争发展，但基本拯救之道，仍在建设与改造，尤在农村建设与社会改造。中国如可在军事上告一段落，必能开始致全力于建设，必感觉需要国际之协助，届时必较易洽谈。目前或尚有困难，可否先试致力于国外若干建设性质及技术上之人才，促其回国，不愿尚可短期用于国外，请兄再与陶先生①商之。如弟有机会建议于新政府，仍当建议也。"（《未刊信函》，第 129 页；宋恩荣、张睦楚：《1950，晏阳初在去留之间》，《炎黄春秋》2013 年第 1 期，第 37 页，载文不全）

5 月 11 日　致信卢作孚。注明"密阅后附火（原信为 u 框定）"。全信如下："作孚吾兄：（一）我兄重视经济及农村建设方式来补助东亚民族，弟十二分同意。弟在纽约、华府、支加哥等地之有力朋友亦同意此种看法。下月初陶兄在华府要为我举行一个（非正式的）重要谈话会（不公布的）在他家里，大概各界有力分子通在被邀之列。弟要给他们讲，'建设强于枪炮，服务高于宣传'。但我能把握的问题是：假使我能说服他们朝野接受如农建的办法，我要知道（美国朋友也要问）中共可否可以合作，可以接受？吾兄是否可以用点功夫，给弟一个切实的答复，愈速愈佳，愈确愈佳，至要。（二）但如您认为中共无接受之可能，那弟又何苦呢？此事关于中国前途，世界前途，切望吾兄特别注意及之。弟初"。（卢晓蓉著：《我的祖父卢作孚》，人民日报出版社 2012 年版，第 175 页）

同日　再致信卢作孚。全信如下："作孚吾兄：昨日从 M 归来。此次代表兄赴坎拿大，一切顺利，曾拜看财政部诸公及外交部朋友。他们对于民生（尤其对兄）非常尊重爱护，真难得也。Clark 说，"希望此种彼此的好感和信用能继续不断下去，并望卢先生能解决他的各种困难。"我说：If any one can do it, Mr. Lu can do it。Mackay 为人相当诚恳。对于民生极为爱护，人亦能干。Thomas Wang 在公司同人中亦算一把好手，不可多得。弟初"。（卢晓蓉著：《我的祖父卢作孚》，人民日报出版社 2012 年版，第 176 页）

5 月 15 日　卢作孚致其信："阳初吾兄：（一）数日前奉一函，内有致菊农②函，为谨慎起见，托友带到内地付邮转去，因此或须迟数日乃能到达。最好兄写信时即加注意，非必要事不提，究系两个世界，容易引起误会，为学院增加困难也。

---

① 陶先生：即陶格罗斯，也译为"威廉·道格拉斯（William O. Douglas，1898~1980）"。
② 菊农：即瞿菊农。

（二）此间经手平教会款，经查明账目函复菊农，抄上一份，请兄查阅前此单，凭记忆函，兄不如此注明也，结束数第三期，已洽取，明日或又明日即可汇出。（三）菊农有一函附上。（四）国仪签证终感困难，已将一切证撤回，中止美国之行矣。匆祝健康　弟作孚。"（新版《全集》卷4，第699页）

6月　在美国各地演讲，认为协助第三世界发展中国家人民乃当务之急。（川编《晏阳初》，第302页；吴著《晏传》，第468页）

8月17日　致信卢作孚，希望卢作孚与美国最高法院法官道格拉斯（即信中所提之陶格罗斯——引者）见面、他本人也盼望能再次与卢作孚在香港会晤："作孚吾兄：一、弟至好 Donglas（Justice of the U. S. Super Court）到近东远东（India, Pakistan & Persia 等国）诸国家考察，约于九月廿日可抵香港（仅住一日），如可能，亟盼兄能在港和他长谈。他的政治关系之重要，兄是深知的，如兄能为此特别返港一趟，是千值万值的。这对于中美以及美国和东亚今后的关系和影响是极大的。我已将兄在港之电报挂号给他，他在离开印度的前一日必给您电报。中美关系长此恶化下去，非我国之福，非美国之福，非世界之福。对于中美关系的改善以及农、工、建设的合作，弟和各方友好无日不在积极努力中。天下无难事，天下无易事，只在吾辈如何努力耳！二、国懿①（卢作孚长女——[原]引者）后天在纽约中国使馆结婚，弟已嘱平（教）会驻美办事处帮同〔助〕办理一切，弟今晚赶赴纽约（因群英②，晏阳初女儿——[原]引者）养病，弟夫妇近日住在乡间，距纽约约十二个多钟头的铁路，代兄主持并照拂一切。婚礼举行后再当向兄报告。祈释念。三、最近台北农复会同仁来电促弟赴台商谈农建计划，彼等既不能在大陆实施农建，而只限于台北一隅，弟认为没有去台的价值。同时弟颇思同兄一晤，因此前日电成质兄③（民生公司香港分公司经理杨成质——引者）问兄何时返港，彼复恐在九月中旬左右，兄月内九月初既不在港，更无弟赴台的必要。吾兄□□□否，望您抽暇见示一二。匆祝健康。"（《未刊信函》，第129页；宋恩荣、张睦楚：《1950，晏阳初在去留之间》，《炎黄春秋》2013年第1期，第37页，载文不全）

9月18日　在纽约平民教育运动美中委员会致信魏永清。信中首先询问6月14日去信是否收到。"写了密密麻麻四张信纸，谈了我对学院、平教运动的全部想法，以及我在这里的活动情况。现在三个月过去了，但一直未收到回音。我想知道

---

①　国懿：即卢国懿。
②　群英：即晏群英，晏阳初长女，在美国学教育，在美国与华侨结婚。
③　成质兄：即杨成质，曾就读于重庆南岸广益中学。任民生实业公司船务处经理。1943年7月当选民安产物保险公司董事会常务董事，民生公司香港分公司经理。1979年12月起任四川工商联第三届、第四届、第五届执委会荣誉副主任委员。2009年9月当选为中华全国工商业联合会第五届会员代表大会代表。

六月十四日的信您是否收到。"其次,告知"就在前几天,我收到一张非常有趣的照片,它是我们学院成员八月在学院举行会议时的合影。随照寄来的还有一张您亲笔写的字条,另外还有一张会议议程的油印件。这是非常有价值的资料,尽管很简单,但使我了解到我们每个成员所作的报告。我从三十多个不同报告中了解到,在中国尽管有困难,但我们的工作仍在全面地继续进行着。"第三,对最近非常辛苦地忙于学生考试和注册工作很理解,对今年报考学院的学生只有五百名左右的原因做了探讨,认为与"所有的政府机构都是免费提供宿食的,大多数年轻人①当然都想进政府机构工作"有关。并认为"只要有素质好的男女青年愿意进我们学院学习,并能发扬学院精神,抱定将来全心全意为我们的人民服务的信念,这个学院就值得办下去,总之,质量比数量更重要。"第四,对下次来信内容作要求,希告知"(一)暑假期间学生的活动情况;(二)学生考试和注册情况;(三)乡村建设学院新学年的教职员和学生及其活动情况。"并强调"以上材料对于我们在美国的资助者以及我们美中委员会的成员来说是非常重要的。"第五,提醒"既要保重身体,又要履行您的职责"。最后,致问候,盼速回音,并请代向同事问好。(新版《全集》卷4,第702~703页)

10月24日　在麻省威斯里学院远东研究所演讲《中国的平民教育及其对世界的影响》。首先,回答朋友们常常问及的"在中国这样有高度文化的国家里,不识字的人数比例会如此之高"这一问题。认为原因主要有:"第一,由于历代王朝有意识地执行愚民政策。让百姓愚昧,这对他们来说是有利的。第二,中国的文字与语言很复杂,一般人差不多需要一辈子时间才能掌握。第三,士大夫对平民毫不关心,以致多少世纪以来,士大夫及平民自己都把人民的文盲现象视为是理所当然的。即使在民国成立之后,公众教育制度仍然很不完备,甚至不能解决学龄儿童的教育问题,更谈不上数以百万计的没有上过学的青少年及成人了。中国的教育表面上虽然对所有人都是开放的,但并非人人都能够受到教育。"其次,谈中国的平民教育及它的开端。"首先,它在法国的战场上开始,之后在中国的农村。先是在一个县,之后推广到有几个县的地区,最后推广到有三千万人的整个一个省。经过二十年的深入研究和实验,以及实际推行,我们在中国的土地上实施了一套可以提高平民群众的社会地位、经济水平的现实和有效的基本方案。""为了使其在全国实施成为可能,至少有两个要素是必不可少的。其一是政治权力;其二是充分的资金。我们是民间机构,因而能进行深入的研究,但却不能进行广泛的全国性的实施。我

---

① 年轻人:旧版《全集》译为"年青人"。

们原来希望抗战之后,我们可以在全国实施这一方案,但是没有得到这种机会。"第三,谈 1948 年平民教育运动机会的到来。1947 年在平民教育运动美中委员会的邀请下自己到美国,就美国政府对当时援华效果不满意提出建议:"帮助中国的最好方法是帮助中国人民,而帮助人民的最好方法就是要帮助他们自力更生。"并提出备忘录。其后,美国国会在 1948 年 3 月 31 日通过的中国经济援助法案计包括该备忘录的内容。"该法案拨款两亿七千五百万元,其中的百分之十是指定用于援助中国农民的乡村改造方案。为了实施这一方案,成立了中国农村复兴联合委员会①。它包括两名美国委员和三名中国委员,分别由美国总统和中国总统委任。……农复会②在中国实施的方案,主要根据我已向各位描述过的四点计划,其重点在于生计和增加生产。"第四,谈农复会在湖南做的水坝工程、在四川所做的水利工程、在广西、台湾及四川等省实施的土地租佃改革等工作以及美国很满意。"美国国会对农复会③第一年的工作结果十分满意,因而再一次拨款将近一千五百万元。……而它的一些经济与社会建设的项目,包括发展农业、组织合作社、公共卫生、教育、水利及地租改革等却遍及七个省份,估计有六千万中国农民受惠。……美国政府认为这一乡村建设方案是成功的,达到了预期的目的。"第五,谈美国援华乡建方案在中国成功的原因。"第一,因为这是一项联合的事业,是中国和美国成员之间的合作事业。""第二,因为这一方案不仅承认技术性技能的重要性,同时也不忽略社会职能的重要性。""第三,因为联委会特别注意到必须鼓励并启发当地的积极性。""第四,因为在进行其物质建设方案的同时,农复会④在可能情况下,也推行一些社会建设的措施。""第五,因为这不仅仅是一项建设方案,而且是求得解放的方案,解放人民潜在的能量。""最后——但不是最不重要的,是因为这些方案是土生土长的,是在中国的土地上产生和发展出来的,不是从外面或上面强加下来的。"第六,谈中国乡建模式对世界的影响,如对伊朗、马来西亚、印度尼西亚、印度支那和印度次大陆国家、拉丁美洲和非洲国家等都有借鉴作用。"令人震惊的事实是世界上有三分之二的人是文盲,饭吃不饱,房不够住,并且生活在远远低于人类应有的最低水平线之下。……正像人民是一邦之本一样,人民也是世界的基础。基础巩固,世界才有希望享受安宁。但如果像现在这样,基础的三分之二是软弱无力的,那么全世界的男男女女尽管高喊和平、和平,却不会有和平。因为

---

① 中国农村复兴联合委员会:旧版《全集》译为"乡村建设联合委员会"。
② 农复会:旧版《全集》译为"联合委员会"。
③ 农复会:旧版《全集》译为"联合委员会"。
④ 农复会:旧版《全集》译为"联合委员会"。

没有通向和平的捷径。……我并不赞成降低三分之一的人的生活水平以便和其他人拉平这种做法，而是赞成用提高三分之二的人的水平来拉平。这并不是幻想，是可以做到的。归根到底，人的基本生活水平是一个普遍性的问题①。对于这一基本生活水平，在一个国家里发展起来的基本原则和方法，可以适用于另一个面临类似的基本问题的国家。中国平民教育运动二十五年来在处理这些我刚刚描述的基本问题中所取得的经验，应该可以作为一项有益的模式。"最后，谈美国应该在提高世界下层人民生活水平上负起自己的责任。"谁也不否认美国是今天世界上最强大也是最富有的国家。在经济和社会方面，而这实际上是争取世界的不发达国家人民友善的方案，没有哪一个国家，包括苏联在内，能和美国较量。这就是美国的机遇，也是对它的挑战。仅仅去反对这样或那样是不够的。像美国这样一个伟大而充满活力的年轻国家，不能生活在简单的消极方面。为报答上帝所赐予它的无穷幸福，美国应该支持一项积极的、建设性的社会和经济改造计划，来提高世界上沉沦在下层的三分之二的人民，让他们提高生活水平，而不是去掠夺剥削他们；使他们能在我们共同的为世界和平与自由的斗争中，成为平等和全面的伙伴。和平缔造者应该比战争制造者更有远见卓识和勇气。"（新版《全集》卷 3，第 1～9 页）

同日　在丹拿哈尔中学跟那些年龄 15 至 16 岁的女孩子们谈话。给她们讲中国平教运动总的思想，还讲这种运动对人民群众和社会地位低下的人们所起的作用。告知她们世界上还有三分之二的人过着贫困的生活。这使女孩受益极大。"约翰斯顿夫人②说，在校史上，她们从来也没有听说过这样的事，不然的话，他们的女学生怎么会这样激动不已呢？她说：正是这情形深深地印在这些年轻人的心灵上，她们将永远也不会忘了这些事。"（旧版《全集》卷 2，第 370 页）

同日　前往韦尔斯利女子大学。（旧版《全集》卷 2，第 370 页）

10 月 28 日　给中国乡村建设学院谈自己韦尔斯利之行。首先，谈自己"带着坚定的信念回来了。"其次，谈自己 10 月 24 日在丹拿哈尔中学跟女孩们谈话。（参见同年"10 月 24 日"条）后去了韦尔斯利女子大学及当晚的学术活动，包括欧文·拉钦摩尔③讲话、诺特斯泰因④讲的人口方面的问题、卢森巴克⑤讲的关于土地方面的问题以及当天下午中央大学校长顾毓琇讲的关于技术革命方面的问题。第三，谈

---

① 人的基本生活水平是一个普遍性的问题：旧版《全集》译为"人的基本水平是普遍的"。
② 约翰斯顿夫人：生平事迹未详，待考。
③ 欧文·拉钦摩尔：生平事迹未详，待考。
④ 诺特斯泰因：生平事迹未详，待考。
⑤ 卢森巴克：生平事迹未详，待考。

自己发言情况。介绍了中国平教会的工作以及它与南亚、南美和南非等地区各民族人民的关系,谈这些地区的人民各自肩负的任务,应该去促进建立起一个强大的联邦国家并把加强人民自身的建设作为基础。"我讲的话似乎给他们指明了道路,并且给了他们新的希望。听了我的讲话以后,人们觉得形势相当坏,不过还有出路,这条路就是实际的并建立在众多成就基础之上的路,而这也恰恰是占世界人口三分之二的人们的路。我讲话没有涉及政治,但是具有建设性,并且具有挑战性,也是通向和平的一条切实可行的路。"最后,谈自己想去做的事。① 到大学尤其是美国最有影响的大学去讲演,引导大学生使他们了解平教会工作的意义,促使他们为人民有所作为;② 同政府、国会有影响的人物取得联系;③ 想同像纳尔逊·洛克菲勒这类人取得联系。"这些人做事是沿着农村建设的方向进行的。我乐于去拜访一些实干的活动家。"④ 花一些时间去和在农田里工作的人们进行座谈,特别是那些在巴西和利比里亚或其他国家农田里工作的人们,让自己的工作和实际的农业工作保持紧密的联系;⑤ 办公室里的工作,一方面深入了解不发达国家人民的经济和社会状况,先从亚洲开始,然后是南美,再后是非洲,这种调查有助于研究所有不发达国家的最新情况,另一方面是募集资金问题,因为在美国公众舆论改变之前,不能指望得到美国更多的资助。(新版《全集》卷 3,第 10~12 页)

12 月 1 日　重庆市军管会宣布解散中华平民教育促进会,并接收其所属乡村建设学院等机构。(徐达深总主编:《共和国史记》,吉林人民出版社 1996 年版,第 391 页)本人和中华平教会受到重庆《新华日报》、北京《人民日报》《光明日报》等连续发表文章的批判与声讨。

12 月 5 日　与赛珍珠女士伉俪会谈,提出协助落后地区人民为当时急务的具体观念,并说明为协助落后地区的工作,拟组织一小型委员会主持,以便联络美国"第四点计划"及联合国对落后地区技术协助的各种机构共同进行,赛珍珠伉俪赞成其构想。(吴著《晏传》,第 468 页)

同日　遭邹沧萍①撰写的《我所认识的晏阳初》(重庆《新华日报》)指责:"美帝国主义利用来侵略中国的一个理想人物""美帝国主义的走狗""是直接受美帝国主义指使,向中国人民巧妙地实行文化、经济、军事、政治侵略的奴才。"

---

① 邹沧萍(1927~　　):四川合江人。贵州师范大学政治经济系哲学教授。1950 年 7 月原中国乡村建设学院社会学系毕业后,分到原西南军政委员会直属机关党委从事干部政治理论教育工作。1954 年 9 月调贵阳师范学院政经系任教,主要讲授马克思主义哲学原理。1987 年后,为哲学硕士研究生讲授辩证唯物主义专题、毛泽东哲学思想专题和中国特色社会主义理论等学位课程。学术专长:马克思主义哲学、毛泽东哲学思想。主要著作有:《科学人生观》《马克思主义原理》《马克思主义哲学原理》。主要论文有:《毛泽东关于社会主义社会基本矛盾理论及其在新时期的发展》(《贵州社会科学》1993 年第 6 期)。

12 月 13 日　将拟组织一小型委员会来协助落后地区的工作的书面建议面交美国大法官道格拉斯，受到道格拉斯的赞赏，但顾虑以中国人到其他国家工作，可能有困难。道格拉斯认为当地政府热心才可能在适当地区推行工作，提及印度首相尼赫鲁（Nehrū）①可能有此兴趣；东南亚各国中的菲律宾或也可能建一"先导者"工作场，先设立一所农村教师学院训练领导人学习有关教育及社会经济建设计划的课程，以便菲律宾及泰国等地落后人群前来学习。向道格拉斯说明二三十年来在中国的经验：到某一省去推行计划，正如到外国去工作一样的困难。被邀往地最初只是需要金钱而不愿多听什么事要做；但等待一些时日以后，他们发现只有金钱并不能做出什么事，便会要人去指导。到外国去做，自多困难，但仍有可为和着手的地方。至于未来工作地点，自然须看当地政府的真正兴趣如何再作决定；农村教师学院的设立，应在实验中心的工作成功以后。此见解受到道格拉斯完全赞同。（吴著《晏传》，第 468～469 页）

12 月 15 日　受洛克菲勒（Nelson Rockefeller）之约赴午餐，商讨如何拟订"第四点计划"全部内容，尤其是亚洲部分，被委以执笔拟订。洛克菲勒深表遗憾，认为在五年前就采纳所提建议让美国政府协助亚洲人，事态就大不相同。向洛克菲勒说明：推行此一计划是想在富人资财增加的同时，工人也可分享利益。并告知正拟订建议将中国平教乡村经验的重点推行世界其他地区。（吴著《晏传》，第 469 页）

12 月 16 日　《人民日报》发布消息，说"'平教会'自成立之日起，即由晏阳初实际主持，在改良主义的外衣下，掩蔽着投靠美帝国主义的实质。与蒋匪反动政府勾结，巧妙而阴险地从文化、经济、政治、军事各方面执行帮助美帝蒋匪侵略和奴役中国人民的反动任务"。

12 月 18 日　所提关于"援助落后地区人民"案受到平教运动美中委员会的重视，并举行执委会加以讨论。该案指出："当前民主与共产主义的全球性竞争，只信赖军事战线是一致命伤。世界上有三分之二人群陷于饥饿、疾病、愚昧以及被压迫的困苦中，是对我们一大挑战，必须立即加以援助，促使这些落后人群前进，才可赢得时间——美国在经济与社会战线是举世无敌的强者，可是过分着重军事，忽视经济社会战线；不惜支付五百亿美元于军事战线，却只预算用三千五百万元作'第四点计划'援助落后地区的人民。而'非共'地区人民迄今仍占世界总人口的大多数，但能保持多久，不可预料。今约有十亿人民属于非共产统治的落后地区。这对于

---

①　尼赫鲁（Jawāharlāl Nehrū，1889～1964）：印度政治家，印度自治后，从 1951 年到 1964 年执掌印度大权。

美国以及这一'美中委员会'实在是一极大的机会和非常的挑战。"平教运动美中委员会"时常接到来自各国的请予协助函件——其中有泰国、越南、埃及、叙利亚、印度、古巴等国——但'美中委员会'尚未用公式表示或决定任何特别有关政策,不能对这些要求作深入考虑。"进一步指陈:"该委员会对军事战线无能为力,但在经济与社会战线确实能做有意义的贡献,认为美国较好的途径是提供积极的、建设的社会与经济计划,协助落后地区人民,促使他们能自助自立,成为为世界和平与繁荣而奋斗的平等与充分的伙伴。这样,他们就不是战斗的敌人或依赖生存的食客,而是盟友和工作伙伴。由此提出四项措施以实行上述目标:① 与政府的及私人的机构联络,如'第四点计划',国际经济社会发展协会(Nelson Rockefeller's American International Association for Economic and Social Development)、联合国技术协助委员会、世界卫生组织(World Health Organization)、粮食与农业组织(Food and Agriculture Organization)、文教组织(UNESCO)等;② 募集十万美元,以支付一小型国际技术专家团(主要以经济、社会建设人员作中心)人员薪金、行政费、旅费。这些专家的任务是与当地领袖们共同合作:(甲) 安排一依基本水准的经济与社会建设计划。(乙) 设置一为上述计划的'先导者工作场';(丙) 训练技术人员。③ 与任何对此基本计划具真挚的兴趣并提供充分支持的政府合作,共同为其人民工作。④ 当示范用的"先导者工作场"以及田野实习已经成功地设置,一种教师学院或其相当机构即可建立,以训练落后地区人民的领导人群。"(吴著《晏传》,第469~471页)该执行委员们阅读该建议案并聆听其口头解释后详细讨论,最后作出决议:所提将中国平民教育计划的经验推广于世界其他落后地区方案,原则批准;让其本人再加研究并探求后再采取进一步行动。(吴著《晏传》,第471页;宋编《文集》,第344页)

12月22日 重庆市军管会发言人发表书面谈话,称其创办的"中华平民教育促进会"在"改良主义的外衣下,掩蔽着投靠美帝国主义的实质,与蒋匪反动政府勾结,巧妙而阴险地从文化、经济、政治、军事各方面执行帮助美帝、蒋匪侵略和奴役中国人民的反动任务"。"特予取缔并接管中国乡村建设学院"。接着,遭《新华日报》《人民日报》《光明日报》《天津日报》《河南日报》《人民教育》等报刊连续发表文章批判声讨。(宋恩荣、张睦楚:《1950,晏阳初在去留之间》,《炎黄春秋》2013年第1期,第38页)中国乡村建设学院办学11年(1940~1950),共招收学生1 180人,修业期满,并经教育部核准毕业的学生共计379名,其中专科毕业生134名,本科毕业生245名。(詹一之、李国英著:《一项为和平与发展奠基工程——平民教育之父晏阳初评介》,四川教育出版社1994年版,第262页)中国乡村建设学院随后改名为川东教育学院,后经院系调整,川东教育学院部分师生分置到西南师范学院(今西南大学前身)、四川师范学

院（今四川师范大学、西华师范大学前身）。（《西南师范大学校史》《四川师范大学校史》《西华师范大学校史》）

12 月 28 日 遭甘泉①撰写的《撕破改良主义外衣看晏阳初的真面目》指责，被说成是"打起'学者'招牌，披上'改良主义'外衣的'江湖客'"。

是年 国际平民教育运动委员会成立，定居美国。（宋编《文集》，第 7、344 页）

是年 开始担任国际平民教育委员会主席和联合国教科文组织顾问，致力于国际，特别是第三世界国家平民教育和乡村建设事业，以定县实验的基本经验与中国平教乡建的理论为基础，在泰国、菲律宾、印度、加纳、古巴、哥伦比亚、危地马拉等国，继续为平民教育与乡村建设改造奔走，指导推行田间实验与社区教育，将初期的"除文盲，做新民"的口号扩展为"除天下文盲，做世界新民"，积极进行国际平民教育运动。（《定县足迹》，第 337 页）

是年 配合抗美援朝，重庆市军事管制委员会发动中国乡村建设学院师生开展批判亲美、恐美、崇美的思想教育运动。联系实际，将水利系学生邓矿关于解放军借住女生宿舍"影响校内交通、卫生"一事所写的《我们的呼吁》大字报，定性为反对解放军的反革命事件。并认定代理院长魏永清和副教务长石理亚②是这一事件的幕后支持者，开展大批判。接着，以"反革命罪"将魏、石、邓三人逮捕。川东人民法院以"刑字第 110 号判决书"宣判魏永清死刑，缓期二年执行；石理亚被判有期徒刑三年；邓矿也被判了刑。（宋恩荣、张睦楚：《1950，晏阳初在去留之间》，《炎黄春秋》2013年第 1 期，第 38 页；晏著《晏传》，第 211 页）此事发生后，基本断绝其回国的想法。

---

① 甘泉：生平事迹未详，待考。
② 石理亚：早年就读于燕京大学宗教学院，在大学期间撰写了《大学生下乡》，表达了从事乡村事业的决心。1934 年毕业。1935 年在怀柔教堂任牧师。抗日战争期间到华西年议会工作，后到中国乡村建设学院任副教务长。1950 年被逮捕，被判刑三年。1982 年，四川省高级人民法院复审，作出无罪判决。

1951 年(辛卯)　六十一岁

1月　教育部在北京召开处理接受外国津贴的高等学校会议、全国高等学校1950年度教学计划审查会议。

同月　东北地区开始试办中学二部制。秋季,北京市部分中学开始试行二部制;1952年秋季,上海市部分中学也开始试行。中学办二部制,先后在全国各地推行。

3月　教育部在北京召开第一次全国中等教育会议。

同月　在世界气象组织第一届大会上,原国际气象组织改组为世界气象组织,成为政府间的国际气象合作机构,并与联合国建立了关系。

5月　中华人民共和国与巴基斯坦建交。

同月　中央人民政府和西藏地方政府《关于和平解决西藏办法的协议》在北京签字。10月16日,人民解放军进驻拉萨。

8月　首批派往苏联的我国留学生启程。

8月～9月　教育部召开第一次全国初等教育会议、第一次全国师范教育会议、第一次全国民族教育会议。

9月　48个国家在旧金山与日本签署和平条约即《旧金山和约》,正式结束太平洋战争。日本发表宣言,宣布全面放弃库页岛的领有权。

同月　广东省在广州设立南方大学华侨学院、广东省立华侨中学开学。

11月　教育部、中华全国体育总会筹备委员会等九单位联合发出推行广播体操的通知。

同月　中国人民保卫儿童全国委员会成立,宋庆龄任主席。

12月　全国开展"三反"运动。

同月　中共中央发布《关于农业生产互助合作的决议(草案)》,要求各地试行。

1月10日　致信卢作孚。全信如下:"作孚吾兄:不通音讯将近半年矣!国懿结婚,弟代表吾兄在简朴而隆重的空气下主婚,一切皆顺利地快乐地完成。尔俊笃实,是一个好青年,祈释念。国内一切尚希不吝赐教,至感。即祝健康　弟初手上"。(卢晓蓉著:《我的祖父卢作孚》,人民日报出版社 2012 年版,第 178 页)此为给卢作孚寄出的最后一封信。(同前,第 165 页)

1 月 17 日 平民教育运动美中委员会执行委员举行非正式会议,组成国际平民教育运动促进委员会(The International Committee of the Mass Education Movement),网罗各方人士。并决定自是年二月至六月 5 个月做一般探寻,组织国际委员会,实地调查一二个可能合作的国家。采纳所提出的选定国家的四项准绳:① 必须是属于落后地区名单。② 必须它的政府对这一经济与社会基本计划,拥有真挚的兴趣且准备尽力支持。③ 必须是一有合理的政治稳定国家。④ 如当地领导群中已有乡村建设工作的核心分子,自更合适。(吴著《晏传》,第 471 页)

1 月 19 日～10 月 8 日 面对"组织国际委员会"及"一般探寻"两项任务,采取同时并进方式,即在纽约市及芝加哥分别拜访"美中委员会"委员交换意见,并请担任新组织的"国际委员会"委员,或特邀热心人士出任这一新组织的委员,扩大支持赞助范围,共襄斯举。先后拜访罗斯福夫人、赛珍珠女士,又访问其他有关的作家、新闻记者、政治家、企业家等,参加外交关系会议等。"四处奔走,未遑宁处,幸获成果"。(吴著《晏传》,第 472 页)

4 月 17 日 会见菲律宾驻美大使罗慕洛(Carods Romulo)①。其"农场重于战争"的论点受罗赞扬,罗欢迎其去菲律宾。接受邀请,并表示:如果菲律宾政府正式邀请,自乐于前往在各大学及文化学术团体作有系统的演讲,只是陈述本人和同仁如何面对中国种种问题、设法寻求解决的方法、获得一些成就的亲身经验——到外国去访问肯定绝不说"你们什么事应该去做",这是干涉他人,只说自己的问题是极有效的。但要解决当地问题必须有本地人领导,如当地有领导人,自己乐于对他们多作说明,并且坐下来和他们研讨寻求他们的一些问题,或者即可根据在中国三十年经验加以协助。希望罗慕洛回国后有正式邀请书。(吴著《晏传》,第 472～473 页)

4 月 20 日 会见印尼驻联合国首席代表 Mr. N. Palar②。特别说明:即令联合国若干组织技术人员及美国经济合作总署都已在印尼工作,但他们都是非亚洲的友人,对于如何建设和我们亚洲人观点多不相同。"我是亚洲人,背景和你们相同,可以和本地领袖在一起共同研讨哪些工作是适合本地背景又是本地需要的。

---

① 罗慕洛(Carods Romulo,1899～1985):菲律宾将军、政治家、外交家。联合国大会第四届会议(1949)主席。是战后外交舞台上的著名人物。1945 年联合国成立,代表菲律宾在联合国宪章上签字。1950 年任菲律宾外交部长,1952 年任驻美大使。先后服务于 8 位菲律宾总统。1952 年起长期担任菲律宾外长,其中包括在马卡帕加尔总统(1963～1964)、马科斯总统(1968～1984)手下任职。

② L. N. 帕拉尔(Lambertus Nicodemus Palar,1900～1981):印尼驻联合国首席代表。

然后制成蓝图,分别通知联合国各组织分途工作,这就是自己居主人地位,请友人按自己的需要来加以协助。"此论点给印尼官员深刻印象。(吴著《晏传》,第473页;晏著《传略》,第327页)

5月15日 卢作孚再次致其函,除开列代收的平教会款项详细账目、谈到女儿国仪①赴美签证"终感困难,已将一切证撤回,中止美国之行矣"外,提到"数日前奉一函,内有致菊农②函,为谨慎起见,托友带到内地付邮转去,因此或须迟数日乃能到达。最好兄写信时即加注意,非必要事不提,究系两个世界,容易引起误会,为学院增加困难也"。(《未刊信函》,第129页)

5月16日 参加平教运动美中委员会举行的非正式会议,报告近月洽谈情况,并指出亚洲新独立国家人士情绪尚不稳定,对于来自美国的事都抱怀疑态度,故原定前往亚洲访问计划一时未能实行。出席这一会议人士因建议以联合国文教组织顾问名义作此旅行,认可,但认为不应向文教组织申请旅费。因这一计划是正在组织中的国际平民教育运动会主动提出的,又是为推行落后地区平教乡村工作的第一个步骤,自宜由"国际平教会"支付旅费。(吴著《晏传》,第473~474页)

7月20日 在华盛顿出席印度大使潘迪夫人(Madame Vijaya Lakshmi Pandit)③晚餐会。印度人士认为中国乡建经验适用于印度,被邀请给各大学学生演讲,以便给印度大学生为民众服务提供新启示。潘迪夫人还询问赴印时间。(吴著《晏传》,第474页)

7月29日 在华盛顿会晤印尼驻美大使 Dr. Ali Sastroamidjojo④ 时,受到热诚欢迎,大使提及印尼极愿与贫穷及疾病作战到底,被邀去印尼传播中国平民教育运动经验。(吴著《晏传》,第473页)

8月14日 联合国教科文组织巴黎总部来电欢迎邀请担任秘书长的顾问,并允供给所需考察旅费。(川编《晏阳初》,第303页;吴著《晏传》,第475页)

8月17日 《人民日报》"文化生活动态"栏报道重庆《大公报》发表的瞿菊农的《自我检讨及对于中华平民教育促进会的认识》。

8月 被联合国教科文组织聘为特别顾问。(姜编《纪略》,第73页)

---

① 国仪:即卢国仪,卢作孚幺女,中山大学教授。
② 菊农:即瞿菊农。
③ 潘迪夫人(Madame Vijaya Lakshmi Pandit):印度大使潘迪夫人。为印度尼赫鲁总理胞妹,曾任联合国大会主席。
④ Dr. Ali Sastroamidjojo:通常简称"阿里"或"沙斯特罗阿米佐约"(1903~1976),已故印度尼西亚政治家,穆斯林。生于中爪哇的格拉巴格,曾任印尼教育与文化部部长、印尼驻美大使、国防部部长、内阁总理。

10 月 8 日　联合国"文教组织"秘书长委托的 Solomon V. Arnaldo① 致信，希望到巴黎为同年 12 月在巴黎召开的联合国大会有关事宜进行讨论。（吴著《晏传》，第 475、526 页）

10 月　为了解联合国文教组织已在墨西哥设立的一基本教育区域中心的进展情况，以便做巴黎讨论的基础，自纽约飞往墨西哥实地考察两周，发现若干特点及缺点。（吴著《晏传》，第 475 页）

11 月 7 日　联合国"文教组织"秘书长委托的 Solomon V. Arnaldo 再度致信，希望到巴黎为同年 12 月在巴黎召开的联合国大会有关事宜进行讨论。（吴著《晏传》，第 475、526 页）

11 月 9 日　应联合国"文教组织"秘书长邀请乘飞机前往巴黎。（吴著《晏传》，第 475 页）

11 月 10 日　到达巴黎后与教科文组织各部门负责人会谈。（吴著《晏传》，第 475 页）

11 月 30 日　以长函致"文教组织"秘书长 Jaime Torres Bodet② 提出评论及建议。赞许了"文教组织"在墨西哥进行的帕茨夸罗（Patzcuaro）乡村基本教育计划开创的三项正确途径；对此计划的进行提出了六项建议；强调指陈中心是以训练学生为农村服务为主要目标，农村服务自然是原始的、辛苦的工作，学生们却不能离开农村和村民，应居住农村和村民共同生活；进一步建议，如"文教组织"对这一计划是作拉丁美洲各国的表证，就应将墨西哥全国作一单位，发展成为基本教育的集中模范；并指陈"文教组织"有可能选择墨西哥做区域基本教育工作的第一中心，将它形成拉丁美洲各国的模范，但这是一项必须循正道进行的大工作；最后特别说明，国际平民教育运动会将于明年（一九五二）一月底派遣一探查队前往东南亚视察，企图寻求一个国家的政府有决心与能力推行一全国性的基本教育与乡村改造（包括土地改革）以造福农民，使"文教组织"与"国际平教会"等建设及民主力量能充分发挥，协助那一国家在短期内成为亚洲苦难人民的耀眼模范。（吴著《晏传》，第 476～478 页）

12 月 7 日　在巴黎会谈圆满完成后，自巴黎飞往开罗、伦敦访问。

---

①　Solomon V. Arnaldo：生平事迹待考。

②　Jaime Torres Bodet（1902～1974）：墨西哥杰出政治家和作家。出生于墨西哥。曾任公共教育部长、外交部长。从 1929 年到二战爆发前，在马德里、海牙、巴黎、布宜诺斯艾利斯和布鲁塞尔从事外交事务。1948～1952 年担任联合国教科文组织总干事。1955～1958 年，任驻法国大使。1971 年获参议院授予的贝利萨里·多米古兹荣誉奖章（The Medal of Honor Belisario Domínguez）。也是墨西哥国家通讯社西班牙皇家学院语言学会会员和国立大学教员。1974 年因重病自杀而亡。

12 月 19 日　飞返纽约。（晏著《传略》，第 328 页）

是年　署名"张扬、沙坪、于青"①的《反动组织"平教会"头子晏阳初》发表在《人物杂志》第 6 年第 1 期第 22～23 页上。该文对其加以批判。文章表述他：在抗日战争期间是逃兵，逃到美国、巴西、古巴等地"推行平民教育"，通过"国民外交"的身份，借以钱财为个人生活享受。并且在 1943 年，由美国主子的受惠，在纽约成立了"中美联合平民教育促进会"，领导平民教育，一切工作计划，经费预算，均由该会审核支付。甘为美帝国主义的工具，所以说他纯粹是美帝国主义的走狗，连改良主义都算不上。

是年　国际平民教育运动促进委员会成立，援助世界落后地区工作，担任会长。（姜编《纪略》，第 73 页）

---

① 张扬、沙坪、于青：生平事迹未详，待考。

1952 年（壬辰）　六十二岁

1月　中共中央发出《关于在城市中限期展开大规模的坚决彻底的"五反"斗争的指示》。要求在全国大中城市开展反对行贿、反对偷税漏税、反对盗骗国家财产、反对偷工减料和反对盗窃经济情报的斗争。

同月　政协全国委员会常委会作出《关于开展各界人士思想改造的学习运动的决定》。

2月　教育部发出废止对学生施行体罚或变相体罚指示。

4月　政务院发出《关于建立民族教育行政机构的决定》。据此教育部增设民族教育司，各大行政区教育部增设民族教育处（科），或在有关处（科）内设专职人员。各有关省、市、专属、县人民政府教育厅、局、处、科根据该地区少数民族人口的多寡，分别增设适当的行政机构或专职人员。

6月　中华全国体育总会成立。毛泽东为该会成立题词："发展体育运动，增强人民体质。"

10月　刘少奇率领中共中央代表团参加苏共第十九次全国代表大会，毛泽东委托刘少奇就中国向社会主义过渡的设想，向斯大林征求意见。刘少奇给斯大林写了一封长信，对中国过渡到社会主义所采取的步骤作了说明。

同月　中共中央批准关于结束"三反"和"五反"运动的两个报告。

11月　中央人民政府委员会第十九次会议通过决议，成立高等教育部和扫除文盲工作委员会。

同月　教育部发出指示：全国小学自1952年一年级新生起普遍推行五年一贯制。自1953年起，小学一律改为秋季始业。

年底　全国工农业生产达到历史最高水平。工农业总产值比1949年增长77.5%，比历史最高水平的1936年增长20%。人民生活得到初步改善。恢复国民经济任务胜利完成。大规模经济建设准备工作在全国进行。

是年　土地改革在全国基本完成。

是年　参加互助组的农户已经占全国农户总数的40%，初级农业生产合作社有3 600多个。在国民经济恢复时期（1950～1952），我国教育事业费支出占国家财政总支出的 5.49％；全国教育事业基建投资完成额占国家基建投资完成总额的 5.57％。

1月23日 经设在美国纽约市的国际平民教育运动促进委员会执行委员集会，正式决议以一万美金拨予"国际平教会"作为其到东南亚及中东考察的旅费。其考察任务有三：① 直接认识这些国家农民的经济与社会情况。② 访问任何为农民的农村改良计划的工作。③ 发现一个国家，其政府完全知晓农村建设的基本性及其重要，愿和"国际平教会"合作推行这项工作。（吴著《晏传》，第 479 页）

2月1日 应邀出席美国务院内"第四点计划"演讲会。一日之内分别从三个不同部分讲述中国平教乡村经验心得，对整个的计划应连环进行这一原则，解说详明。（吴著《晏传》，第 479 页）

2月6日 以教科文组织特别顾问的身份，与许雅丽、秘书汤静怡自纽约启程，经旧金山、关岛，开始其东南亚之旅。同行的还有世界粮食组织、卫生组织、"第四点计划"的代表数人。（晏著《传略》，第 248 页）

2月8日 挚友、乡村建设的同道、一代航运巨子卢作孚，因在"五反"运动中备受冲击与无端的污蔑，在重庆自杀身亡。此事对其打击极大。（宋恩荣、张睦楚：《1950，晏阳初在去留之间》，《炎黄春秋》2013 年第 1 期，第 39 页）

2月11日 到菲律宾马尼拉考察访问。菲国教育部已拟订访问各省农村日程表，并派成人教育司司长陪同前往。（吴著《晏传》，第 479 页）

2月13日～3月14日 在菲教育部成人教育司司长陪同下参观各地。（吴著《晏传》，第 479 页）

2月26日 出席美菲教育协会（The United States-Philippine Education Association）晚餐会，参会者为全菲教育界领袖及若干政府官员与国际组织人士，达 65 人。受菲律宾大学校长陈博士（Dr. Vidal Tan）主席①之邀致词，演说约一小

---

① 陈博士（Dr. Vidal Tan，1893～1978）：美菲教育协会主席、菲律宾大学校长。其父是中国人，其母为菲律宾人。出生在邦板牙的巴库洛市，1910 年考入菲律宾大学，1913 年毕业获文科学位，继后入康奈尔大学完成土木工程学士学位并同时获得艺术硕士学位。1918 年在菲律宾大学任助教，从事数学教学，1920 年升任数学副教授。1922 年晋升为教授，并于次年担任数学系代主任。后至芝加哥大学求学，1925 年以优等生获数学博士学位。同年任菲律宾大学数学系主任。1926 年被安排从事学生登记注册工作，同时担任首都水源区土木工程顾问直到 1928 年。从 1931～1933 年，成为大学董事会成员，并于 1938 年成为菲律宾大学艺术与科学学院首任负责人。1939 年担任工程学院主任直到 1949 年。1949 年离开菲律宾大学到远东大学（The Far Eastern University）任校长，直到 1951 年。1949 年同时被任命为菲律宾大学发展与建设执行委员会咨询工程师，负责大学迁校相关事宜。1951 年回到菲律宾大学担任校长，直到 1956 年。1952～1956 年还担任联合国教科文组织菲律宾委员会主席，1957 年任名誉主席，并担任一个杂志编辑。1959 年任奎松市议会四年一届的议员。还曾任联邦食品股份有限公司董事和菲律宾食品行业的董事会成员。

时一刻钟,首次正式发表在菲律宾的观感,副会长致谢词,并希望"晏继续予菲人协助"。(吴著《晏传》,第 482 页)

2 月 27 日　应邀对菲教育部官员演讲,自述本身经验心得以后,对菲社区农村学校计划提出建议。当晚,晏等一行参加 Dr. Salvador Araneta① 夫妇的晚宴,并与夫妇二人商讨其协助菲的事宜。(吴著《晏传》,第 482 页)

2 月 29 日　前往参观菲律宾女子大学并作演讲。(吴著《晏传》,第 483 页)

2 月　访菲律宾,与菲总统 Quirino② 任内的国防部长麦格塞塞(Ramon Magsaysay)③晤谈农村改革工作。(吴著《晏传》,第 496 页)

---

①　Dr. Salvador Araneta(1902～1982):一个狂热的民族主义者、宪政家、政治家、公务员、律师、教育家、经济学家、商人、实业家和慈善家、环保主义者。其父格雷戈里奥·索里亚诺·阿热拉塔(Gregorio Soriano Araneta,1869～1930)是法律权威、商人、民族主义和爱国者,在菲律宾三朝政权下任职。他的母亲是卡门·扎热哥载·罗哈斯(Carmen Zaragozay Roxas,1876～1943)。就像父亲一样,年轻时成了律师。1918年以优异成绩从马尼拉的阿提讷奥(Ateneo de Manila)大学获得艺术学学士学位,1922 从圣多汤玛士大学(University of Santo Tomas)获得法律学位,1922 年 8 月通过律师资格考试,随后进入哈佛大学攻读宪法和商业法硕士学位。1934 年和 1971 年两度成为宪法委员会委员。在第一次宪法会议上支持零售业的菲律宾化以帮助当地商人。他是宪法协会(The Philippine Constitutional Association)的创立者并两次当选为宪法协会主席。1950～1951 年在皮迪奥·季里诺(Elpidio Quirino)总统执政之下任经济协调部长,在拉蒙·麦格赛赛(Ramon Magsaysay)总统执政之下任农业部长。也是国家经济委员会的重要成员。1946 年建立两个教育机构后来发展为大学,首先建立了格雷戈里奥·阿热拉塔大学基金会(Gregorio Araneta University Foundation),在二战后建立了第一家民办农业学校,后来发展为德·拉·瑟尔·阿热拉塔大学(De La Salle Araneta University)。他将大部分个人财产捐赠这所大学,并创办了 FEATI University 为远东航空公司培养机械和工程人员。1945 年 11 月创建了菲律宾战后第一家航空公司 FEATI。还建立了公共面粉厂、制造电动马达的工厂。1948 年建立了动物食料工厂及生物实验室以制造动物疫苗。1935 年建立了菲律宾国家经济保护协会,1936 年与妻子建立了白十字会以收容孤儿。1945 年建立了圣神玫瑰十字军会(Holy Rosary Crusade)和麻风病朋友会(Friends of the Lepers)。1952 年创办菲律宾乡村建设运动。与父亲合著有《破产法》(1927)、《菲律宾管理代码》(1927),还著有《一个大学校长的教育智慧》(Educational Philosophy of a University President)、《教育为国家发展》(Education for National Development)、《经济民族主义和为各方面经济起指导的资本主义》(Economic Nationalism and Capitalism for All in a Directed Economy)、《菲律宾的美国欺骗:一个民主的盟友》(America's Double Cross of the Philippines: A Democratic Ally)。

②　Quirino:全名"Elpidio Quirino",译为"埃尔皮迪奥·基里诺"(1890～1956),菲律宾政治家,菲律宾总统(1948～1953 年在任)。在菲律宾独立之前,曾多次参加选举和任职。1934 年,陪同曼努埃尔·罗哈斯去美国,以确保通过泰丁斯-麦杜菲法案,其中规定了菲律宾独立日。菲律宾独立后,成为副总统。在罗哈斯总统去世后,于 1948 年 4 月宣誓就职总统。第二年,作为自由党的候选人,被选举为总统,任期四年。在任期内,发展经济,取得较好的经济利益,从美国得到更多经济援助。但一些社会问题仍未解决,导致人民起义,同时政府腐败行为较为普遍。1953 年改选时,被拉蒙·F. 马可赛以压倒多数击败。

③　麦格塞塞(Ramon Magsaysay, 1907～1957):又译"拉蒙·麦格塞塞""拉蒙·麦格赛赛""拉蒙·马可塞塞"。菲律宾总统(1953～1957 年在位)。马来人,手工艺者之子,原为教师,二战期间成为游击队队长。1950 年出任菲律宾国防部长,曾领导一场反游击战役,以对抗胡克运动。他向靠拢政府的农民发放土地和农具,并下令部下不得扰民。同美国交往慎密。1953 年当选菲律宾第三任总统。在任期间,实行了土地改革政策、工业发展政策等,试图扭转菲社会局面,但因盘根错节的社会关系而未能取得预期效果。1957 年,在飞机失事中遇难。

3月2日 与 Conrado①及 Domingo Bascara② 开始商谈如何设立一推行农村改造委员会。当晚,受菲华侨银行家薛君 Albino Sycip③ 邀请赴宴,孔拉多·贝尼特斯(Conrado Benitez), Domingo Bascara, Salvador Araneta 夫妇及菲国教育部长、工商部长、总统府执行秘书等交换支持所提在菲律宾推行农村改造的意见。(吴著《晏传》,第484页)

3月5日 出席菲律宾师范学院演讲会。受菲国会参议员邀请与各界领袖人士一百人晚宴,在宴会上演讲,反应热烈,不得已改变原订行程,在菲多停留一周。(吴著《晏传》,第484页)

3月6日 Salvador Araneta 邀集若干领袖人士商订组织一推行农村改造的临时委员会,拟订章程,选举孔拉多·贝尼特斯(Conrado Benitez)为临时委员会主席。受该委员会各委员一致要求,让其终止其他国家访问行程,集中力量协助菲律宾,因全菲具有可推行这一计划成功的种种因素,例如人民对民主概念的了解、学校教师为国家社会服务的精神、国内没有人口过多压力,社会各领袖为人民福利作若干建设的意愿。这些正是他多年推行乡村改造的社会基础。(吴著《晏传》,第484页)

---

① Conrado:即 Conrado Benitez,译为"孔拉多·贝尼特斯"(1889~1971)。菲律宾历史学家、经济学家、教育家。出生在拉古纳(Laguna)的潘哥三彦(Pagsanjan),在家乡接受小学教育,后进入维多利亚文法学校(后更名为马尼拉中学)接受中学教育,后转到菲律宾师范学校高中部毕业。1911年进入芝加哥大学求学,后获得艺术硕士和哲学博士学位。硕士论文题目是"在西班牙统治的菲律宾小学教育的研究"。1918年还从菲律宾大学获得法律学士学位。1920年任《菲律宾先驱》(*The Philippine Herald*)的第一任编辑。菲律宾大学文学院的第一位菲律宾院长、菲律宾商学院的建立者。并与妻子和另外几位同事建立了菲律宾女子大学(The Philippine Women's University),是菲律宾第一所由亚洲人创办的为妇女提供教育的大学。曾任1935年宪法草案起草的七人委员之一、奎松市议员。也是菲律宾哥伦比亚协会(the Philippine Columbian Association)的创立者、菲律宾基督教青年会会长。1952年先任菲律宾推行农村改造临时委员会主席,同年菲律宾乡村改造运动促进会建立,任总干事(理事会主席)。

② Domingo Bascara:多明戈·巴斯卡拉,生平事迹待考。

③ Albino Sycip:也作"Albino Z. Sycip"或"A. Z. Sycip",亦称"薛敏老(Hsüeh Min-lao)"(1887~?),菲律宾华人律师、企业家、金融家。被称为"菲律宾银行行长"。祖籍福建思明,生于马尼拉。薛芬士之胞弟。6岁返国,肄业于福州英华书院。数年后返菲,继续求学。1905年赴美深造,1912年获密歇根大学法学士学位。回菲考获律师资格,从事律师工作。为当时侨界唯一高级法律人才,甚为侨社倚重。个人、团体以至菲华社会凡有关法律问题,皆与之商量决断,华侨善举公所、岷里拉中华商会等大侨团均聘为法律顾问。1929年获上海圣约翰大学法学博士学位。亦从事经济活动。与薛芬士合营益华贸易公司。1920年参与创办中兴银行,任副总经理。长期负责该行经营管理工作。在菲律宾建立中行(China Bank),并在中国厦门和上海建立分行。1940年从李清泉手中接管该行管理权,任行长,直至70年代中期。热心侨社事务。20世纪20年代,侨社抗争簿记法,受岷里拉中华商会之托,曾于1921年与吴克诚回国及赴美游说,取得中外舆论对侨社抗争之同情。1925年再与吴赴美,协助杨孔莺、许敛办理在美最高法院对簿记法的上诉案,卒使上诉胜诉,而簿记法抗争亦告一段落。曾先后担任岷里拉中华商会董事、副会长、会长。20世纪30年代积极参与抗日救国运动。1942年1月以抗日罪被日逮捕,一年两个月后被释放。战后加入菲籍,参与创办投资商社(House of Investment),并任经理。也是菲律宾乡村建设运动(The Philippine Rural Reconstruction Movement)的发起人之一。还是马尼拉警察信托基金、菲律宾全国红十字会、大马尼拉团体公款、残废儿童救济医院、菲律宾基督教青年会等组织的有力支持者,沙里曼大学的董事。著有《美国对菲的经济援助》(1950)、《美国的援助与菲律宾的要求》(1959)等书。

同日 晚，受孔拉多·贝尼特斯（Conrado Benitez）之邀与菲国会议员多人晚宴，交换乡村改造意见。（吴著《晏传》，第 484 页）

3 月 8 日 接受华商薛君 Alfonso Sycip 拜访，薛郑重说明："菲律宾人民期望你来协助，我当努力向本地华侨募捐。这一计划成功，华侨也身受利益。"（吴著《晏传》，第 484 页）

3 月 10 日 菲国乡村临时委员会集议，决定新机构的名称是菲律宾乡村改造运动促进会（法人组织——Philippine Rural Reconstruction Movement, Inc.），这是一民间的非政府机构。为使菲国首长了解一切，特去拜会菲国基里诺总统，说明参观农村情形及中国乡村工作成绩。（吴著《晏传》，第 484、485 页）

3 月 14 日 被邀再度与菲律宾乡村建设运动促进会（PRRM）主要人士开会，决定组设顾问会议，邀约政府内阁高级官员担任顾问，并请菲基里诺总统担任这会议荣誉主席。并决定选择马尼拉附近的黎塞省作先导示范地区，是年夏季开始工作。立即进行筹募开办费及物色负责人；尽速寄信国际平民教育运动促进会正式邀请以便受邀来菲协助，并将菲总统 Quirino 签名的赞同函件寄送国际平教会。（吴著《晏传》，第 485 页）

同日 致信罗斯福夫人。首先，向夫人汇报在菲律宾做的一次为期四周的、令人振奋的、富有成果的调查研究。"在当地政府内外的友好人士的热情帮助下，我有幸参观了吕宋岛（The Luzon）和米沙鄢（Visayan）地区以及棉兰老岛（Mindanao）的一些省。"其次，告知在乡村地区参观时，在菲律宾的北部、中部和南部地区的学校教师和乡村工作者中间，发现了一种接受新知的精神。"我向二万多大学生发表了讲话，其中包括杜马哥特（Dumaguete）的西利曼（Silliman）大学的学生。在其中的一所大学里，礼堂只能容纳两千人，但后来我惊讶地得知，竟还有几千学生站在外面，通过扩音器来听。我们有关乡村建设运动的基本纲要适合于这里的年轻一代。"第三，告知这次参观的大成果。"一些出色的平民，与教育、健康、农业、商业和工业部官员一起，组成了一个在菲律宾推进平民教育和乡村建设的委员会，他们已经着手选择一个典型的省来做社会实验室（或者叫做〔作〕乡村建设先驱厂）。这个委员会打算给我们在纽约的国际委员会写信求帮助。"第四，告知拟在 5 月 23 日在纽约召开的国际平民教育运动促进委员会会议期间能做一个关于菲律宾及委员会新成员的发展方面的报告。并告知随信寄去一篇菲律宾《先驱报》1952 年 3 月 6 日的一篇社论。第五，告知下一步考察的行程。"应印度尼西亚政府的邀请，我明天将前往雅加达。我预计在那儿停留两周，然后去印度、巴基斯坦和其他一些近东国家。在返回纽约途中，我打算在欧洲同在罗马的联合国粮农组织、在日内瓦的世界卫生组织以及巴黎的教科文组织的官员进行会谈。"最后，告知从报纸上得知夫人在亚洲各国的

旅行是愉快而成功的,表达诚挚地敬意,并期待着 5 月在纽约相见。(新版《全集》卷 4,第 704～705 页)

3 月 15 日　与陪同人员一行离开菲律宾抵达印尼雅加达。(吴著《晏传》,第 486 页)

3 月 16 日至 3 月 30 日　在印尼平民教育处安排下,参观了若干平民学校。而在印尼停留二周,虽有考察机会,却缺乏讨论实际问题的对象。(吴著《晏传》,第 486 页)

3 月 31 日　离开印尼到达泰国首都曼谷,停留五日,考察泰国的农村工作。因泰国尚未进行农村工作,只有内政部主办的"土地授予计划",将曼谷市外约二十五英里地区荒土,授予无土地的人耕种进行已有十年,仍只有二百户共约一千二百人在此地区定居。其中约八十九户有一百五十英亩耕地。(吴著《晏传》,第 487 页)

4 月 4 日　与陪同人员前往曼谷当地考察时询问工作六年之久的主持人,对于上述提及的八十九户人家情况曾否调查:例如来自何地、原来职业、教育程度如何等。这是按经济与社会路线作社区计划的基础。对方答复并没有这些调查记录,听后大感惊异,因这一主持人是菲律宾大学农业推广系毕业生,应具备这样基本学识。为此自己便耗费时力与同往参观的国际组织(如世界粮农组织、卫生组织、第四点计划)的代表讨论,寻找如何合作协助改善这一"土地授予计划"的可能途径与方法。(吴著《晏传》,第 487 页)

4 月 5 日　离开泰国飞抵印度加尔各答(Calcutta)作非正式访问,因印度政府不曾致送正式邀请书,故在印度只拟停留一周。主要目的是参观阿尔贝特·迈耶(Albert Mayer)[①]推行的工作。通过迈耶与美驻印大使馆鲍

①　Albert Mayer:阿尔贝特·迈耶(1897～1981),美国规划师、建筑师、工程师,出生在纽约城,以对美国新城镇发展及在印度所做的创新规划工作而闻名。作为美国 35 年之前的纽约城市建筑师,在二战中是作为为军队服务的工程师、战后是作为策划师和顾问。曾就读于哥伦比亚大学和麻省理工学院,1919 年获得工程学学位。在土木工程专业毕业工作几年之后,对土木工程设计的社会后果感兴趣,几年后成了一位一级注册建筑师。与刘易斯·芒福德(Lewis Mumford)、克拉伦斯·斯坦(Clarence Stein)和亨利·莱特(Henry Wright)被说成是一群面向社会的建筑师、规划师和城市理论家。与芒福德和赖特一起共同创立了专业的住房研究协会以便应对城市化发展迅猛的住房设计问题。在 20 世纪 30 年代负责在纽约、在曼哈顿许多大型公寓楼盘的设计。担任全国各地的从克利夫兰到旧金山的安东尼奥到迈阿密等地的大规模住房项目的顾问,其负责的大型房地产项目促进了美国住房政策的改变和美国房屋局的成立。当离开纽约后,在众多国际场合如在不列颠哥伦比亚省、以色列,甚至远在印度做顾问,坚信城市规划的天职是给城市景观带来秩序。认为新城镇是解决城市过分庞大和原发性城市老化的有效途径;城市规划能满足所有新一代的社会需求,在昌迪加尔(Chandigarh)个案中赋予了这一变化的使命。在二战期间在美国和南非服务后,出国到印度作为一名工程师为军队服务即在昌迪加尔。着迷于印度文化,提出了几种新的针对印度农村和村庄的城镇计划。1945 年受到贾瓦哈拉尔·尼赫鲁(Jawāharlāl Nehrū)的接见,在印度 Etawah 农村试点旨在提高农村人的生活质量的项目,通过村民的"内部民主化"来培育经济和社会财富。在 Etawah 试点项目的发展规划工作很成功,于是在整个印度农村推广,1947 年被任命为北方邦政府规划顾问,1949 年负责昌迪加尔项目,1950 年因合伙人不幸去世曾中断该项目。完成该项目后,继续在不列颠哥伦比亚省 Kitimat 规划新的小镇,直到 1961 年 71 岁退休。退休后再回到哥伦比亚大学。1981 年在曼哈顿的家中病逝,享年 83 岁。2000 年被美国规划协会认定为"国家规划先驱"。

尔斯①会谈。商议仿中国"农复会"先例，美资助 5 400 万美元，仿中国定县实验。推行第一个五年计划，印政府选定 55 个地区，计 1 100 万人，以增加农业生产，改良教育及卫生状况为目标。（吴著《晏传》，第 487～489 页）

4 月 6 日 早晨，转往参观迈耶发起且主持的依塔瓦农村项目（Etawah Rural Project），迈耶已到当地引导说明。目睹该项目实际上只是一小型简单的工作，对象不过是七万五千人——不论如何，在印度却是一先驱。（吴著《晏传》，第 489 页）

4 月 12～15 日 与陪同人员一行自新德里飞抵巴基斯坦首府喀剌蚩②（Karachi）访问，会晤"第四点计划"巴、美两国在当地的负责人。经过会晤访问，了解到巴还没有任何农村建设计划，正有意在两省进行，一切仍在谈论阶段；了解巴国国会已通过一法案规定：各医学院校毕业生均征用在农村地区服务三年，期满以后始准在城市私人开业，由此，国内即得三百余医生为农村工作；巴基斯坦与印度战斗不已，两国都以国家预算大半用于国防，经济大受影响，难民问题严重，尤不易安置解决。（吴著《晏传》，第 491 页）

4 月 16～19 日 自喀剌蚩飞往布鲁特、黎巴嫩、叙利亚访问。这些国家国小民苦，各有难民十余万人，供应维艰，问题非常严重。一行曾访问若干收容难民居住的帐篷，一幅流民图令人恻然。（吴著《晏传》，第 491 页）

4 月 20 日 与陪同人员一行飞抵罗马。（吴著《晏传》，第 491 页）

4 月 25 日 由罗马转往日内瓦。分别与联合国粮农组织和卫生组织商讨合作支援某一国家农村改造的可能性。（川编《晏阳初》，第 303 页）

4 月 26 日 受麦格塞塞写信之邀，希望协助菲律宾乡村会进行桑纽斯（Sanluis）计划，以改善当地农民生活。（吴著《晏传》，第 497 页）

4 月 28 日 与贝勒特等约了菲律宾经济委员会主席一起，率领一队工程师到桑纽斯实地考察，进行工作。（晏编《传略》，第 254 页）

5 月 1 日 乘飞机到巴黎。（吴著《晏传》，第 491 页）

5 月 2 日 会晤教科文组织秘书长 Dr. J. T. Bodet。推荐赞许"文教组织"在

---

① 鲍尔斯（Chester Bowles, 1901～1986）：著名的政治家、外交官和外交事务作家。生于马萨诸塞州。1924 年毕业于耶鲁大学，任记者和大广告商。1942～1943 年任康涅狄格州物价管理局局长。1943～1946 年任美国全国物价管理局局长。1946 年 2～6 月任经济稳定局局长。1949～1951 年任康涅狄格州州长。后任美国驻印度大使。曾帮助尼赫鲁在印度发展大社区计划。曾撰《亚洲通过印度向我们挑战》一文发表在 1963 年 3 月 21 日的纽约《时代》杂志上，认为印度的乡村社区发展理念与晏阳初当年在定县、衡山和新都等开展的乡村改造活动非常相似，并对晏阳初的乡村改造运动的作用有过高的评价。

② 喀剌蚩：今通译为"卡拉奇"。

泰国进行的革新学校制度工作,但应努力培养本地核心分子。建议选送泰国青年赴美国南部去学习教育课程,再往菲律宾,这才具实际启示作用。认为教育实验至少需时十年才可评判。并述及菲律宾教育及社会情况,尤其学校教师的热诚,政治比较稳定,极少有外来侵略的危机等。谈话中,否定印度拟一年间建立 55 所训练中心来训练 6 800 名农村工作人员的跃进做法,认为前两年在不宜增加训练中心的前提下,集中人力物力在 Etawah Project 下加强训练本地人员,第三年起,既有工作人员,又可训练多数本地人员,如此五年间本地人才才能担负推动工作的责任。还回答了 Bodet 询问的"文教组织"怎样参加合作等问题。(吴著《晏传》,第 491、492 页)

5 月 7 日 与陪同人员一行返抵纽约市,完成这一次考察行程。(吴著《晏传》,第 492 页)

5 月 15 日 与道格拉斯交换意见,讨论对菲律宾平民教育乡村改造计划的经费投入问题,决定与道格拉斯前往菲视察其乡村会进行情况后再作决定。(吴著《晏传》,第 493、527 页)

5 月 20 日 与 Gerard Scope 交换意见,讨论对菲律宾平民教育乡村改造计划的经费投入问题。(吴著《晏传》,第 493、527 页)

同日 菲律宾乡村会电请莅菲协助推行平民教育乡村改造计划。(吴著《晏传》,第 473~474 页)

5 月 23 日 在纽约参加国际平民教育运动委员会会议,该会议决自平民教育美中委员会拨款六万五千美元作国际平教会推行工作之用。(吴著《晏传》,第 493 页)

5 月 27 日 菲律宾基里诺总统致函菲乡村会主席孔拉多·贝尼特斯(Dean Conrado Benitez)郑重表示欢迎晏在菲推行平民教育乡村改造计划,欢迎其前往协助一切,政府各部将与乡村会完全合作。(吴著《晏传》,第 493 页)

6 月 4 日 打电报给 Dr. Ba[①],表达同意接受菲律宾乡村会的邀请。(吴著《晏传》,第 493、527 页)

6 月 10~13 日 应邀参加华盛顿有关对外援助机构讲演会,其中有共同安全事务处(Mutual Security Agency)、国务院技术援助处(Technical Assistance Administration)、美国公共卫生署国际卫生处(International Health Division of U. S. Public Health)等,它们对菲乡村改造工作都可提供支助,故必须先交换意见。

---

① Dr. Ba:生平事迹未详,待考。

（吴著《晏传》，第 493 页）

7 月 3 日　就 6 月 4 日美国驻菲律宾大使 R. A. Spruance① 电报事宜回信。
（吴著《晏传》，第 493、527 页）

7 月 17 日　菲律宾乡村改造运动促进会成立，受其理事会主席孔拉多·贝尼特斯(Dean Conrado Benitez)致电相邀前往马尼拉协助推行平民教育乡村改造工作。（吴著《晏传》，第 493 页）

7 月 19～22 日　应菲律宾乡村改造运动促进会理事会主席孔拉多·贝尼特斯(Dean Conrado Benitez)之邀从美国纽约起飞经旧金山飞往马尼拉。（吴著《晏传》，第 493 页）

7 月 23 日　到达马尼拉。（吴著《晏传》，第 493 页）

7 月 24 日至 9 月 14 日　在菲律宾开始协助指导马尼拉那里的乡建工作。协助菲乡村会选定的两地作先导表证区：一即黎塞村。这一村居民邻近首都，却完全不知若干工作机会是开放的。一在吕宋岛中部，完全是佃农居住的 Nueva Ecija 省属 Aulo 村。这群佃农正是虎克党的群众。（吴著《晏传》，第 493 页）在菲逗留近两个月，在两个先导区进行医疗和社会调查。菲乡村会有 136 名经受训合格的农村工作人员，他们分别在先导区按四大教育同时并进的原则，高举"发挥潜力，不足救

---

① R. A. Spruance：英文全名"Raymond Ames Spruance"(雷蒙德·艾姆斯·斯普鲁恩斯，或译为雷蒙·史普劳恩斯，1886～1969)，生于马里兰州巴尔的摩市；是亚历山大和安妮·斯普鲁恩斯的儿子。在印第安纳的印第安纳波利斯长大，后被送往新泽西州由外祖母抚养。1903 年 7 月，斯普鲁恩斯从印第安纳州考入美国海军学院。1906 年 9 月毕业后赴战列舰服役。1908 年 9 月晋升为海军少尉。后来经过进修而赴辛辛那提号战列舰任职。1913 年升任美国海军亚洲舰队所属的驱逐舰上尉舰长。一年后转往岸上任职。1916年晋升海军少校，1918 年晋升海军中校。1919 年，出任海尔赛驱逐舰分遣舰队的阿伦·华特尔驱逐舰舰长，颇受海尔赛的赏识。1924 年，调任戴尔号驱逐舰舰长，稍后出任美国驻欧洲海军司令安德鲁斯的助理参谋长，不久又改任奥斯本号(DD-295)驱逐舰舰长。1926 年夏，进入美国海军军事学院深造。深造完毕，赴海军情报办公室任职两年，再赴密西西比号战列舰副舰长。还负责过数个工程、担任过情报人员和海军战争学院职位直至 20 世纪 40 年代。1931 年 6 月，调海军军事学院负责函授课程。次年晋升为海军上校。1933年 5 月，出任驱逐舰护航舰队司令沃森的参谋长。1935 年 4 月调任海军军事学院战术系主任，培养的学员有许多在第二次世界大战中任要职。1938 年，出任密西西比号战列舰舰长。1940 年 2 月，升任总部设在波多黎各的圣胡安的第 10 海军军区司令负责加勒比海地区边防，同年 10 月晋升为海军少将。随着欧洲战事的发展，其职责逐渐增加。1941 年 6 月，出任分遣舰队司令，旗舰为诺思安普敦号，在海尔赛麾下服役。1941年 12 月，率部离开珍珠港，在哈尔西指挥下执行向威克岛运送战斗机的任务，因而免遭珍珠港劫难。此后，数次率部为航空母舰特混舰队护航。在二次世界大战的最初几个月，指挥第五巡洋舰队(包括四艘重型巡洋舰和支援船只)，隶属威廉·海尔赛海军上将。1942 年 5 月率领第 16 特混编队离开珍珠港，于 6 月上旬与日本联合舰队在中途岛交战。同年 6 月调任太平洋舰队参谋长。1943 年 8 月，出任中太平洋舰队司令，以巡洋舰印第安纳波利斯号为旗舰，指挥吉尔伯特群岛战役。1944 年指挥马绍尔群岛战役、特鲁克群岛战役、菲律宾海海战。1945 年指挥冲绳岛战役。1946 年初，出任美国海军战争学院院长，直到 1948 年 7 月从海军退休。任中，对海军课程设置和内容进行了改革。1952 年 1 月被任命为美国驻菲律宾大使，直至 1955 年 4 月，任内完成关于美国基地问题谈判。1969 年，在加利福尼亚州逝世。以最高军事荣誉被安葬在旧金山南边的金门国家公墓。

济"的标语牌同村民共建生活。为此,经常前往协助,并与村民聚谈。(川编《晏阳初》,第304页;吴著《晏传》,第495页)

9月15日 自菲回纽约,以道格拉斯大法官辞卸国际平教会理事会主席,必须推选他人继任。稍加安排。(吴著《晏传》,第494页)

10月26日 再度莅临马尼拉。当时,菲乡村会募捐并不踊跃,便告诉各理事不要为金钱忧虑,应注重本身工作究竟如何,良好工作表现出来,捐款自然而来。向人募捐也不是乞讨金钱,而是提供捐款人一机会以投资具创造、有重要意义的工作。菲乡村会的前途寄托于这两个先导表证区的表现如何,而表证区的成败则系诸各理事的努力。(吴著《晏传》,第494页)

11月6日 与菲律宾乡村会理事一道前往拜见菲总统 Quirino,以非常沉重的心情劝说开放 Nueva Ecija 省十万亩共有荒地供农民用,终获同意。(吴著《晏传》,第494页)

12月6日 应马尼拉中华总商会副会长姚君(Yao Shingshao)①之邀参加其举办的宴会,姚即捐助菲乡村会一万比索(Peso,菲币名),姚旋受聘为菲乡村会理事。(吴著《晏传》,第495页)

是年 为表达爱国赤诚之心,将在美国留学的两个儿子送回祖国,并勉励他们说,年轻人的事业在祖国。(宦编《晏理论与实践研究》,第232页)

是年 在菲律宾开办了乡村建设工作人员训练班,第一次吸收70名大学毕业生参加训练。(苗编《乡教史》,第162页)

是年 到菲协助乡村会工作,时时警觉自己是客卿;尤其菲境华侨经济势力甚强,颇招当地人士嫉视,排华事件此起彼落,常劝华商尽力捐助菲乡村会工作,以示利害与共;如需访问菲政府官员,必挽菲乡村会理事一人同往,极少单独行动,避免新独立国家官民任何不必要的敏感,影响菲乡村会。(吴著《晏传》,第501页)

---

① 姚君(Yao Shingshao; Yao Shiong Shio, 1902~1998):即姚乃昆,名祥秀。菲籍华人,生于福建厦门,祖籍泉州晋江。幼年到菲律宾奎松省卢克班,并在卢克班学院学习。1941年日军占领菲律宾期间参加过游击队。开始经营其父的企业嘉泰贸易公司所属的嘉泰香烟公司,代理美国的"幸福牌""好牌""奥马牌"等名牌香烟。此外其嘉泰制药厂有限公司(Cathay Drug Co.)代理美国麦士克公司的抗生素,另外还有嘉泰包装厂、万国化工厂、塑料厂、藤厂、南华金丝草行、孔智畜牧场等企业,并投资太平洋银行任董事。1949年后经营出口商品。1955年后任卡泰公司、卡泰药房、哥伦比亚烟草公司(Columbia Tobacco Co.)董事长兼总经理,马尼拉银行行长,姚-西亚尔西塔有限公司股票经纪商和投资经纪人,东方石油公司和费立克·里腊格国泰医药公司和国际工业公司企业总经理,菲律宾华文报《联合日报》副董事长,菲律宾华人总商会副理事长,中华商会副理事长。1987年5月菲华总商会改选后任该会常务顾问。台湾"侨务委员会"顾问。1988年7月起任国民党第十三届、十四届中央评议委员。菲律宾反共总会副主席、菲律宾石油开发公司董事长等职。

　　是年　曼尼・马纳汉（Manny Manahan）①陪同到菲律宾乡村研究乡村状况。
（新版《全集》卷 3，第 154 页）

---

　　①　曼尼・马纳汉（Manny Manahan）：菲律宾前议员和菲律宾乡村改造运动董事会主席，菲律宾乡村改造运动的杰出领导，曾撰文《晏博士：平民运动的奉献者》，对晏阳初从事的乡村改造运动的事迹有较为详细的叙述。

1953 年(癸巳)　六十三岁

1 月　开始执行国家建设的第一个五年计划。

同月　中共中央发出《关于反对官僚主义、反对命令主义和反对违法乱纪的指示》。

2 月　英皇乔治六世逝世,伊丽莎白二世继位。

同月　中共中央公布《关于农业生产互助合作的决议》。

同月　土耳其和希腊加入北约。

4 月　美国结束对日本的占领。

同月　台湾当局和日本政府签署《中华民国与日本国间和平条约》。

5 月　美英法三国与西德签订了《波恩条约》。

6 月　毛泽东在中央政治局扩大会议上提出党在过渡时期的总路线和总任务。

7 月　澳门发生关闸事件。

同月　第十五届奥林匹克运动会在芬兰赫尔辛基举办。

8 月　周恩来率中国政府代表团访问苏联。

同月　"中国少年儿童队"改名为"中国少年先锋队"。

9 月　中苏双方发表会谈公报,并公布了《关于中国长春铁路移交中华人民共和国政府的公报》和中苏两国外交部长《关于延长共同使用中国旅顺口海军根据地期限的换文》。

10 月　英国的第一颗原子弹在澳大利亚附近的蒙特贝洛群岛爆炸成功。

同月　政务院颁发本年高等学校院系调整方案。至本年底,除农林、医药院校和系科专业设置尚需继续调整外,一般高等学校的院系调整工作基本完成。经过调整,全国共有高等院校 182 所。

同月　上甘岭战役开始。

11 月　美国在太平洋比基尼岛核试验基地爆炸成功了世界上第一颗氢弹。

同月　美国总统竞选;民主党 Adlai E. Stevenson 输给了共和党德怀特・艾森豪威尔。

12 月　政务院公布第一百九十五次政务会议通过的《关于整顿和改进小学教育的指示》。

同月　中共中央通过《关于发展农业生产合作社的决议》。是年，农业生产合作社发展到 1.4 万多个。

同月　政务院总理周恩来提出国家之间和平共处的五项原则。

12 月　麦格塞塞当选为菲律宾总统，因与其关系密切，受其支持在菲较大力度推行平民教育与乡村改造运动。（吴著《晏传》，第 496 页）

是年　在其推动下，菲乡村会开始进行教育计划。菲乡村会在 Nangka，Aulo 两实验场，经由村议会决定设立读书室及识字班。读书室陈列政府印行书籍小册，使久已离开学校的青少年有阅读机会。识字班使成年的文盲开通心智接受新知，应用缀音法教习。但这只是第一步，劝导成年农民参加农民学校是主要问题。经了解，发展形成"不具形式的教育"制度。教育计划主要着重生计训练，却并不忽略音乐、戏剧、跳舞、体育比赛种种活动，以充实农民精神生活。（吴著《晏传》，第 519～520 页）

1954 年(甲午)　六十四岁

1 月　美军释放前日本关东军司令南次郎。

同月　世界上第一艘核动力潜艇——"鹦鹉螺号"在美国康涅狄格电船公司的船坞下水。

同月　北京—莫斯科直达客车首次通车

2 月　中共七届四中全会在北京举行。会议揭露和批判高岗和饶漱石的反党分裂活动,通过关于增强党的团结的决议。

5 月　美国最高法院宣布废除黑白分校制。

同月　韩国外长卞荣泰在日内瓦的政治协商会议上,提出 14 项朝鲜半岛的统一方案。

同月　晶体管计算机在美国国际商用机器公司诞生。

6 月　中央人民政府公布《关于撤销大行政区机构和合并若干省、市建制的决定》。

同月　政务院总理周恩来访问印度、缅甸。中国与印度两国总理发表联合声明,提出了"互相尊重领土主权;互不侵犯;互不干涉内政;平等互利;和平共处"五项原则。

7 月　法国军队开始从越南撤军。法国在日内瓦与北越、南越、老挝、柬埔寨签订《印度支那停战协定》。参与者还包括中国、苏联与美国。

同月　中共中央发出《关于加强市场管理和改造私营商业的指示》。

8 月　在全国小学中推行少年广播体操。

9 月　政务院公布《公私合营工业企业暂行条例》。

同月　第一届全国人大会一次会议通过并公布《中华人民共和国宪法》《中华人民共和国全国人民代表大会组织法》。《中华人民共和国宪法》第九十四条规定:"中华人民共和国公民有受教育的权利。国家设立并且逐步扩大各种学校和其他文化教育机关,以保证公民享受这种权利。国家特别关怀青年的体力和智力。"第九十五条规定:"中华人民共和国保障公民进行科学研究、文学艺术创作和其他文化活动的自由。国家对于从事科学、教育、文学、艺术和其他文化事业的公民的创造性工作,给以鼓励和帮助。"

同月　杨秀峰为高教部部长,张奚若为教育部部长。

同月　欧洲核子研究中心（简称 CERN）建立。

10 月　美、英、法、意、比、加等国在巴黎举行国际会议,最后通过了巴黎协定。联邦德国被同意吸纳为北大西洋公约组织。

同月　高等教育部发出《关于重点高等学校和专家工作范围的决议》。《决议》决定中国人民大学、北京大学、清华大学、哈尔滨工业大学、北京农业大学、北京医学院等六校为全国性的重点学校。

同月　国务院任命黄松龄、曾昭抡、周建人、刘皑风、刘子载为高教部副部长;董纯才、叶圣陶、韦悫、林砺儒、柳湜、陈曾固、林汉达为教育部副部长。原高等教育部部长马叙伦离任。教育部颁发了师范专科学校各科统一的教学计划。高等教育部、教育部分别委托一些高等学校编写或修订统一的各科教学大纲。

12 月　二届政协一次会议通过《中国人民政治协商会议章程》。

是年　全国高等学校开始执行统一教学计划和教学大纲。

1 月 16 日　自纽约飞旧金山。（吴著《晏传》,第 496 页）

1 月 27 日　飞抵菲律宾马尼拉。先到两个先导表证区访问,对农民与农村工作的成就给予鼓励。他指出:当前一般村民和现代技术间有鸿沟,村民与具有良好教育的青年完全隔绝,与政府更是有距离。只有菲乡村会作主要桥梁,村民、良好青年、政府三者间才能相互沟通,农民的生活才能改善。（吴著《晏传》,第 496 页;川编《晏阳初》,第 304 页）

2 月 26 日　参加菲乡村会执行委员会议,在会上评估一年半工作得失,征选大学毕业生 200 名志愿赴农村工作,以建立成永久基础。认为麦格塞塞新政府应注意乡村改造,菲乡村会应以担任主要沟通工作为首要。当前一般村民与现代技术间有鸿沟,良好教育的青年与村民间完全隔绝,政府与村民间更有距离。这三大距离只有菲乡村会作主要桥梁才能互相沟通,农民生活才可改善。这就是菲乡村会当前以及长期奋斗的目标。这一指陈,不只是对菲律宾而言,实在是未开发国家普遍的现象。这是他在中国致力乡村平教的经验之谈。（吴著《晏传》,第 496 页）

4 月 5 日　菲乡村工作人员训练班 73 人正式结业典礼在新怡诗夏省（Nueva Ecija）奎巴（Guimba）的加尔文（Calvan）小乡村举行[①]。在毕业典礼前,找到麦格赛

---

①　这 73 人并非都是大学毕业生,也有一些是有经验和奉献精神的高中毕业生(新版《全集》卷 3,第 155 页)。吴著《晏传》第 497 页认为结业的人数为 76 人并且均是大学毕业生,与晏阳初所谈的 73 人和部分为高中毕业生有出入。

赛说:"总统先生,这里有七十三个受过优良教育的年轻人,经过六个月的培训,准备与乡村人民一起工作生活。他们是百分之百的菲律宾优秀男女青年。你愿意到加尔文参加他们的毕业典礼吗?"总统答应前来。毕业典礼计划在三点举行,结果等到五点才来。(新版《全集》卷3,第155页)麦格塞塞总统亲临致词,当他知道大多为大学毕业生时,他原认为菲大学生都习于领取高薪的白领阶级工作,不愿意到农村去吃苦,今见这批青年,非常感动,因而对乡村工作充满信心。结业典礼上,被麦格塞塞总统夸奖道:"你真做到了,不可能的事已成为可能的事实出现了!"(吴著《晏传》,第497、513页)印证了之前所认定的每一国家青年知识分子都具有促进国家强盛繁荣、人民安居乐业的抱负,只要有伟大且合实际的号召,青年人非木石,一定会有热烈的响应。

4月26日　收到麦格塞塞总统从马尼拉市马拉加汉(Malacahang, Manila)的来信,希望协助菲乡村会进行 San Luis 计划。目的有二:① 表证给反对派看:在虎克党首领 Luis Taruc① 家乡的村民享受自由和丰足的生活的现状。② 作其他一万八千村的建设模范并提供启示,为菲律宾伟大的昌盛的民主奠定坚强基础。(吴著《晏传》,第497页)麦格塞塞总统来信中这样写道:"毫无疑问,你清楚我已经把乡村发展放在最优先的地位。当获悉菲律宾乡村改造运动已经在这方面做了很好的工作后,我非常欣赏你对菲律宾乡村改造运动大力发展圣路易斯项目的帮助。鉴于你的丰富经验以及为乡村农民谋福利的奉献精神,我相信在你的指导下,圣路易斯项目能完成以下两个目标:一、在路易斯·塔鲁克(Luis Taruc)的家乡,向持不同政见者呈现让乡村人民享受幸福和自由快乐的生活是可能的;二、对另外一万八千个乡村的改造活动起到示范和鼓励作用,从而为菲律宾伟大昌盛的民主打下一个坚实的基础。我会让所有的政府部门和延伸机构以及军队对菲律宾乡村改造运动进行全力的配合。如果你和菲律宾乡村改造运动能够在这个问题上给予我帮

---

① Luis Taruc:即路易斯·塔鲁克(1913～2005),菲律宾抗日运动领导人之一,虎克游击队领袖。出生于邦板牙省贫农家庭。半工半读念完中学,就读于马尼拉大学(一说国民大学法科)。参加过菲律宾佃户运动,接受马克思主义。1935年加入菲律宾社会党。同年又参加社会党和共产党组成的反法西斯联合阵线。曾负责起草社会党党章,不久任总书记。太平洋战争期间日本入侵菲律宾后,在中吕宋组织菲律宾人民抗日军,1942年3月,任人民抗日军总司令。1945年美军收复菲律宾后,被选入众议院,但被当局剥夺议员资格,禁止就任。1946年底转入地下活动,从事反政府的游击战争。1948年6月接受季里诺总统的"大赦",曾一度恢复议员职位。由于和平谈判破裂,又潜回中吕宋领导武装斗争。因与菲律宾共产党总书记赫苏斯·拉瓦等人发生意见分歧,不同意菲共中央政治局1950年所提"菲岛出现革命形势"的决议,致被罢免总司令职务。1954年5月向麦格赛赛政府投降,被判处无期徒刑。1968年9月被马科斯总统宽赦释放。著有《人民的诞生》一书,对人民抗日军活动事迹记述甚详。

助,我将不胜感激。"①(新版《全集》卷 3,第 155～156 页)

4 月 28 日　约定菲律宾经济委员会主席、世界粮农组织等机构在菲的协调人 Filemon C. Rodriguez② 率领一队工程师同往 San Luis 当地视察,以便先解决水患问题。(吴著《晏传》,第 497 页)

4 月 30 日　与 Rodriguez 根据工程师报告详加研讨。因防止水患,非常困难,可能的办法是新建道路网及灌溉水利系统,干季时居民能耕种,自可提高其经济水准、增加收入。Rodriguez 愿向世界粮农组织申请协助工程费等。(吴著《晏传》,第 497 页)

11 月　接受菲律宾乡村会理事 Tomas Cabili③ 和总统麦克塞塞的邀请,担任总统乡村改造行动委员会顾问,协助推行菲乡村改造三年计划。使菲律宾成为亚洲乡村改造示范国家。

12 月 12 日④　经 Tomas Cabili 安排,受麦格塞塞总统之约同进早餐商谈三年

---

①　此为李会春的译文。同书全信赵洁的译文为:"亲爱的晏博士:您知道我给乡村的发展以最大的优先权,这是毫无疑问的。在了解到菲律宾乡村改造运动在乡村改造运动中所作的框架的同时,我要对您为帮助菲律宾乡村改造运动承担了发展圣路易斯计划(San Luis Project)的全部责任所作贡献表示深深的谢意。您具有丰富的经验和毕生为乡村人民谋福利的奉献精神,我坚信在您的指导下,圣路易斯计划一定能达到以下两个目标:一、向路易斯·塔鲁克家乡的反对者证明它能够给乡村人民带来享受自由和丰富的生活。二、为其他一万八千个乡村的改造作一个示范和典型,这样也就为菲律宾伟大而繁荣的民主制度奠定了牢固的基础。我会指示所有的政府部门和机构以及军队全力与菲律宾乡村改造运动合作,如果您和菲律宾乡村改造运动能够给我这个帮助的话,我将不胜感激。您真诚的拉蒙·麦格赛赛。"(新版《全集》卷 3,第 321～322 页)

②　Filemon C. Rodriguez:生平事迹未详,待考。

③　Tomas Cabili(1903～1957):全名"Tomas Lluisma Cabili",菲律宾的一位律师、记者、教育家和拉瑙(Lanao)议会的议员。1903 年出生在拉瑙省伊利甘(Iligan),后搬到吉尔勒莫(Guillermo Cabili)和诶菲范尼亚·H.留斯马(Efifania H. Lluisma),1911～1915 年在伊利甘小学(Iligan Primary School)接受教育,1915～1918 年到伊利甘小学(Iligan Elementary School)求学。1919～1923 年在菲律宾三宝颜省立高中(the Zamboanga Provincial High School)、宿务高中(Cebu High School)、斯里曼学院(Siliman Institute)和宿务省高中(Cebu Provincial High School)完成中学学业。在学期间多次获奖。1924～1926 年曾是一个广告栏目的记者和"宿务自由人"(The Freeman of Cebu)团队的一员。1925 年获设在宿务的菲律宾大学艺术学士学位,接着于 1925～1927 年在米沙鄢学院(Visayan Institute)学习法律课程,后转到菲律宾法律学院,于 1929 年获法律学士学位。1929～1930 年在法律学院和米沙鄢学院文学院作教师。1930～1932 年是菲律宾新闻社(The National News Service)的记者。1933 年当选为第一届国民大会议员,并担任拉瑙省 DMIM 报社和图片社的记者。通过律师资格考试后在家乡从事法律实践。1934 年被任命为拉瑙市第十七辖区的治安法官和拉瑙市丹萨兰的代理治安法官。后成为制宪会议代表,是 1935 年 2 月菲律宾宪法被批准之前唯一的制宪会议代表。同年在大选当中当选为第一届国民议会议员,曾就农业、电信业、特许经营权委员会、省级和市级政府、民族语言、公众教育、棉兰老岛和特殊的省份、拨款、公务员、公共土地等问题竭尽其能。1938 年再次当选为第二届国会议员。后来被指派为权益委员会主席(The Committee on Privileges)和农业、拨款、森林、棉兰老岛和特殊省份以及国家公司委员会成员。在二战其间成为日本占领地游击抵抗运动英雄。在塞尔吉奥·沃梅纳(Sergio Osmeña)统治时期,于 1945 年 2 月至 7 月担任过短暂的国防部长(Secretary of National Defense),1946 年当选为参议院议员,1949 年再次当选为参议院议员,直到 1955 年。1957 年在陪总统拉蒙·麦格赛赛出差时因飞机失事而去世。

④　严鸿国所著《晏阳初传略》(四川天地出版社 2005 年版)第 329 页说该时间为 12 月 2 日,误也。

计划,并请与 Tomas Cabili 一起前往美国请求援助。(吴著《晏传》,第500页)

12月15日 麦格塞塞总统致函,请求接受"总统乡村改造行动委员会"的顾问一职(Adviser to the Presidential Action Committee on Rural Reconstrction),给予各种协助与引导,获得美国援助,使这一个三年计划成功。(吴著《晏传》,第500页)

是年 由其作序、西德尼·甘博所著的《定县:一个华北的乡村社区——富兰克林·李主持的田野考察》一书由加利福尼亚的斯坦福大学出版社出版。(Sidney D. Gamble, with a foreword by Y. C. James Yen. *Ting Hsien: A North China Rural Community. Field Work Directed by Franklin Ching-han Lee.* California: Stanford University Press, 1954.)

1955 年（乙未） 六十五岁

1 月　南斯拉夫社会主义联邦共和国与中华人民共和国建交。

同月　中共中央发出《关于整顿和巩固农业生产合作社的通知》。

同月　美国通过《台湾决议案》。

2 月　教育部公布共 20 条的《小学生守则》。5 月，教育部公布共 18 条的《中学生守则》。

3 月　中国共产党全国代表会议在北京举行。会议通过《关于中华人民共和国发展国民经济的第一个五年计划草案的决议》《关于高岗、饶漱石反党联盟的决议》和《关于成立党的中央和地方监察委员会的决议》。

4 月　中国、印度两国政府发表关于印度政府将其在中国西藏地方所经营的邮政、电报、电话及其设备和驿站交给中国政府的公报。

同月　国务院总理周恩来率团出席在万隆举行的有 29 个国家参加的亚非会议。

同月　劳动部和工业交通运输各部联合召开第一次全国工人技术学校校长会议。

5 月　联邦德国正式加入北大西洋公约组织。

同月　赫鲁晓夫访问南斯拉夫社会主义联邦共和国。

6 月　法国同意突尼斯自治。

同月　中国科学院学部委员会成立，学部委员会中有冯景兰、梁思成、季羡林、冯友兰等 82 名高等学校的教授。

7 月　一届人大二次会议通过《中华人民共和国发展国民经济的第一个五年计划》。

同月　毛泽东在省委、市委和自治区党委书记会议上作《关于农业合作化问题》的报告。

8 月　中国与尼泊尔王国建交。

10 月　中共七届六中全会通过《关于农业合作化问题的决议》。

11 月　中共中央政治局召集由各省、市委和自治区党委的代表参加的会议，讨论并通过了《中共中央关于资本主义工商业改造问题的决议（草案）》(1956 年 2 月 24 日，经政治局作了个别修改，追认为正式决议)。

同月　青年团中央书记胡耀邦在《人民日报》发表文章：《关于农村扫除文盲工作》。文章指出：扫除文盲有三种形式（民校、识字小组、包教包学），要学三本书。要"书报下乡"。

12 月 15 日　高等教育部颁发修正后的《高等学校课程考试和考查规程》。

是年　教育部陆续颁发了各科统一的教学大纲。

1 月　撰成《三十年从事乡建工作的回顾》。回顾三十年个人从事乡建工作的经历。收入宋恩荣主编的、由天津教育出版社 2014 年出版的《晏阳初全集》第 3 卷中。首先，讲述开展平教运动的缘由：第一次世界大战时，大学期间参加赴法国服务华工的工作经验，"对我个人以后的工作影响极大"，感受到华工很辛苦，认识到他们是潜藏着无限的力量，需要接受教育来改变命运。"从那时起，我没有一天放弃为中国工人及农民服务的理想。"其次，讲述平教运动开展的经过。大战结束后回国，举办识字教育，开展定县实验。一是通过全国演讲、印发平民千字课等方式，使识字教育成为全国性大运动。二是在河北定县开展大规模试验，深入了解农民，并向他们学习。"定县的实验使全国各地的乡建工作得到许多宝贵参考，成为中国乡建问题的大图书馆。"第三，谈中国乡村建设的首要关键，是如何解决农民的穷、愚、病、散四大问题。因此，乡建工作的目标必须集中于开发农民的知识力、生产力、健康力和组织力。第四，介绍定县开展平民教育的方法。一是"几乎做到完全消灭文盲"，改进农业生产的工作得到许多专家协助；二是创办仓库、办贷款和办合作社，免除农民受棉商的榨取及高利贷的剥削，获得实惠；三是保健方面特别注重一般卫生和防疫工作；四是组织方面强调团体力量，以公民教育唤起农民自觉。并将上述办法逐步推广到华中华南，在全国各地建立八百多个实验中心。第五，讲述抗战前后，开展平民教育情况。抗战前，政府忙于军事、政治，无暇兼顾。但知识青年对乡建热情，"燕京、南开、协和、清华、金陵诸大学均参加工作，并增设有关乡建工作的课程"。抗战期间，平民教育工作仍未中断。应湘省张治中邀约，亲自至湘协助动员民众工作，开班训练全省省长科长；后又到重庆歇马场创办乡村建设学院。抗战结束后，中国乡村问题形势日益严重，迫切需要复兴及救济工作。计划大规模训练乡建干部，赴美募捐。在美演讲中提出中国乡村建设计划，请求美国国会拨款协助，得到杜鲁门总统及国务卿马歇尔的赞同。并于 1948 年 3 月 31 日得到国会拨款 2 700 万美元①，协助中国乡建工作。随后，回国组建"中国农村建设协

---

①　新版《全集》卷 3 第 18 页误为 2 700 万元。

会"，开展廿五减租运动，在各地乡村做防疫、水利等工作。最后，介绍中国乡村建
设工作的推广情况。一方面，近年来应邀分别赴墨西哥、菲律宾、泰国、巴基斯坦、
印度及印尼诸国，与各国当局商讨乡建问题，贡献在中国乡建工作的经验。各国认
识问题的严重性，大规模进行农建工作。另一方面，目前美国组织国际平民教育促
进会计划在东南亚推行平教及乡建工作，开始在菲律宾做大规模实验，进展顺利。
(新版《全集》卷3，第15～18页)

2月1日　参加菲乡村会主席孔拉多·贝尼特斯(Conrado Benitez)欢送自己
赴美宴会，在宴会上，指陈：农村工作员的表现，已证明他们是政府与农民间以及
现代技术与农民间的有效桥梁。(吴著《晏传》，第500页)

2月11日　孔拉多·贝尼特斯(Conrado Benitez)在新闻记者招待会中说明：
三年计划的目标是使菲律宾在农村复兴与发展上成为亚洲的示范国家。告诉其希
望菲人民与政府充分合作，每人尽力促成这一计划，一旦三年计划实现，经济上将
有极大改善，社会制度与全国保健卫生状况也大有革新进步。(吴著《晏传》，第
500页)

3月1日　自马尼拉飞抵美国，随即往来纽约与华盛顿之间，与国会议员及行
政机关人员会谈菲三年计划。(吴著《晏传》，第500页)

5月26日　菲律宾乡村会理事 Tomas Cabili 到美，被告知麦格塞塞不签发致
艾森豪信件①，当即坦白告诉 Cabili："你以私人公民身份来申请，将得不到一分
钱。"(吴著《晏传》，第500页)

8月31日　获麦格塞塞奖励基金会②所赠奖金一万美元，赞扬其为国际了解
的杰出成绩。"分享他对乡村改造的丰富的经验和创造性的领导；以及带给东方与
西方世界对于亚洲农民渴望充实生活的迫切警觉。"在所致的答谢词中，对颂词中
提及"希望继续关心为完整的人及塑造他们的社会制度而努力，比较单纯的改良他
们物质环境要好"，特郑重强调：乡村固重要，乡民更重要。如果乡民没有改造智
慧、知识、精神，乡村改造是不能有真实和永久效果的。乡村改造只是一种方法，人
的改造才是最高终极目的。并指陈：亚洲人所以饱受饥饿之苦，并非智慧低。只
要看孔子、释迦牟尼、耶稣基督都是亚洲人，即可证明亚洲人天赋聪慧。但亚洲人

---

①　此前3月9日，美国周以德议员曾建议："麦格塞塞总统应致信艾森豪总统，确实要求美国援助。"
②　麦格塞塞奖励基金会(The Ramon Magsaysay Award Foundation)：由美国洛克菲勒兄弟基金会
(The Rockefeller Brothers Fund)捐款设立，以纪念菲故总统麦格塞塞。所有理事均菲律宾人，每年选举一对
亚洲公众服务且对世界人类生活改善具有卓越贡献的人，赠予奖状及奖金。世人或称这是亚洲的诺贝尔
奖金。

一向注重"人"的性质,西方人却着意"物"的性质。结果西洋人发展科学,征服陆地、海洋、天空,且克服贫穷与疾病——向疾病和饥饿作战。科学自然重要,但只有科学是不够充实的。"如果我们注意科学与技术,而忘掉意识形态,有一天,我们将觉悟人们只是在继续活着,很少喜欢这样生活。他们将为吃得饱而满意,却不再是自由人!如果我们只想到肚子空的问题,忽视脑子空空如也,这将是极悲惨的。因此,当促进科学与技术以增加生产改善健康时,必须深思熟虑地且壮阔有力推展我们的民主意识。"还进一步强调:"菲乡村会同仁都认识发展'完人'的重要。许多志愿献身于乡村改造的大学男女学生的苦干实干,使我对菲律宾和亚洲人民的未来充满信心。亚洲人不需要救济,却需要有让他们充分发扬他们天赋潜力的机会。"最后指出:"这一奖金的赠予,是对设立于美国的国际平民教育理事会一极大鼓励:我们将更坚强地推展科学教育给平民并为自由的十字军,为发展中国家人民而服务。我谢谢这一万美元的奖金,我决定将它增加于'国际学人训练'基金项下,以鼓励青年男女来学习乡村改造的理论、技术、方法,亲自来把握'科学布道人''自由十字军'的精神。"(吴著《晏传》,第502~503页)

10月4日　美国著名杂志《展望》刊布当前世界最重要人物100人之一的晏阳初时,写道:"他为农民生活改进的理想与精神,举世无双。"(吴著《晏传》,第508页)

是年　担任平民教育国际委员会和菲律宾乡村改造运动顾问,为设在美国纽约的平民教育国际委员会和菲律宾乡村改造运动联合编写的《乡村改造:纲要与步骤手册》(以下简称《手册》)一书作序言——《从中国平民教育运动到菲律宾乡村改造运动》,收入宋恩荣主编、孙邦华执行主编、天津教育出版社2014年出版的《晏阳初全集》第三卷中。首先,介绍编写《手册》的目的是介绍乡村改造的哲学和方法,这一方法是三十年前在中国平民教育运动的基础上发展而来。"来自于平民教育运动的实践知识现在已成功地应用于菲律宾乡村改造运动之中。"其次,说明在菲律宾村庄一级所开展的乡村改造的基本原则、步骤、方法,描述了分布在菲律宾的黎刹省(Rizal Province)、新怡诗夏省(Nueva Ecija Province)、邦板牙省(Pampanga Province)等三个中心的菲律宾乡村改造运动的实验活动情况及其乡村改造工作者在执行计划中所发挥的促进作用。第三,介绍了面向成年农民的农民学校(Farmers School)和面向青年人的乡村改造青年会(Rural Reconstruction Youths)这两大基本团体在菲律宾乡村开展乡村改造活动的情况,并对乡村改造的方法与步骤做了简明扼要的说明,对生计、健康、教育、自治等乡村改造的四大基本工程的实施及其相关人员的精神与素质做了介绍。第四,强调该年在菲律宾乡村改造运动的重要地位,完成预定计划并为菲律宾三个中心的乡村改造运动打下了坚实的基础。三个中心的乡村改造运动的计划和实验将作为示范而被推广到所属省份的所有其他地区。最后,认为该《手册》对菲律宾乡村改造的工作者和其他任何地方从事乡村改造的领导者都将起到重要的指导作用。（新版《全集》卷 3,第 13～14 页）

1956 年(丙申)　六十六岁

1月　全国总工会第七届执行委员会主席团第九次会议通过《关于在三年内扫除全国职工中文盲的决定》。

同月　中共中央召开关于知识分子问题的会议,周恩来代表党中央作大会的主题报告——《关于知识分子问题的报告》。

同月　最高国务会议讨论中共中央提出的《1956 年到 1967 年全国农业发展纲要草案》。

同月　北京、天津、上海完成对农业、手工业和资本主义工商业的社会主义改造。

2月　国务院发布《关于推广普通话的指示》。

3月　国务院成立科学规划委员会,开始制订 1956～1967 年全国自然科学和社会科学 12 年长期规划。

同月　马丁·路德·金因抵制黑人白人分离而被判有罪。

4月　在中共中央政治局扩大会议上,毛泽东作《论十大关系》的讲话。

5月　毛泽东提出在艺术问题上的"百花齐放"和学术问题上的"百家争鸣"。

同月　中共中央提出既反保守又反冒进,即在综合平衡中稳步前进的经济建设方针。

6月　最后一批英国军队撤离占领了 74 年之久的苏伊士运河区。7月,埃及收回苏伊士运河的主权。

同月　波兰爆发部分群众抗议共产党政府的波兹南事件。

同月　一届人大三次会议通过《高级农业生产合作社示范章程》。年底,全国基本实现高级农业合作化,高级社入社户占全国农户总数的 88％。

9月　中国共产党第八次全国代表大会在北京举行。

10月　匈牙利十月事件爆发。11月,匈牙利脱离华沙条约组织。苏联入侵匈牙利。

11月　教育部发出《关于内地支援边疆地区小学师资问题的通知》。

同月　美国共和党德怀特·艾森豪威尔成功竞选总统。

同月　第十六届奥运会在澳洲墨尔本开幕。

12 月　日本加入联合国。

是年　我国教育代表团及学者访问瑞士、意大利、德意志民主共和国、波兰、苏联、罗马尼亚等国。其中包括以高等教育部副部长曾昭抡为团长的高等教育访问团访问苏联。

是年　德意志民主共和国、波兰、朝鲜、越南等国教育代表团和学者来我国访问。

是年　赫鲁晓夫在苏联共产党第 20 次代表大会上谴责斯大林。

10 月 3 日　在国际平民教育促进会上作报告："三年以前，不敢断言定县实验在中国以外是否实用。如今菲乡村会工作成绩，不只证明是有效的，并且更大大充实与增进了我们的经验。今后可以将这民间的人民对人民的工作推广扩展到其他正待开发国家的民间去。"（吴著《晏传》，第 508 页）

是年　在其间接帮助下，按其乡村改造思想，菲律宾历史上第一批全国选举的议员产生。（北师编《论著选读》，第 48 页）

是年　王福广①撰写的《对"动的教学法之尝试"一书基本论点的批判》发表在《东北师大学报（自然科学版）》第 3 期。该文指出：实用主义教育思想经过实用主义教育家们亲自来华的传播，一些文化买办如胡适、晏阳初之流极力帮助推销，一些当时的改良主义教育家如陶行知、陈鹤琴等人的介绍和实验，在旧中国教育界中就需要反复实践。

---

①　王福广：生平事迹未详，待考。

1957 年(丁酉) 六十七岁

1月 艾森豪威尔主义发表。

同月 麦克米伦接替艾登的英国首相职务。

2月 中共中央政治局通过《关于 1957 年开展增产节约运动的指示》。

同月 在最高国务会议上,毛泽东作《关于正确处理人民内部矛盾的问题》的讲话。

3月 《欧洲经济共同体条约》在罗马签订。

4月 中共中央发出《关于整风运动的指示》,决定在全党普遍地、深入地开展反官僚主义、反宗派主义、反主观主义的整风运动。

5月 《中国青年报》发表社论:《提倡勤工俭学,开展课余劳动》。6月5日《人民日报》发表社论:《一面劳动、一面读书》,提倡组织学生参加课余劳动,开展勤工俭学活动。在此前后,全国各地许多高等学校、中等学校开展了多种形式的勤工俭学活动。

同月 美国宣布将在台湾驻扎装备导弹的美国空军部队。

同月 青年团召开第三次全国代表大会,决定将团的名称改为中国共产主义青年团。

同月 台湾发生五二四事件,大批群众冲入捣毁美国驻台大使馆。

6月 中共中央发出《关于组织力量准备反击右派分子进攻的指示》。同日,《人民日报》发表社论:《这是为什么?》。从此,全国开展反右派斗争,是年至 1958 年春,反右派斗争被严重地扩大化了。

同月 《人民日报》发表毛泽东《关于正确处理人民内部矛盾的问题》讲话。

是年上半年 北京大学哲学系及学术界讨论如何继承祖国哲学遗产等问题。冯友兰教授认为:许多哲学命题从特殊意义看不能继承,从一般意义看却可以继承,即"抽象继承"。许多学者不同意这个观点。与此同时,教育界讨论教育中的继承性问题。一种观点认为,教育除了是上层建筑之外,又同时是永恒范畴,新旧教育之间存在着继承关系。另一种观点认为,按照历史唯物主义观点,教育属于历史范畴,教育是为各种社会的政治、经济发展服务的。因此,对教育遗产只能是批判地吸收。并认为,把教育看成是超政治、超阶级的"永恒"范畴,是资产阶级的教育观点,是错误的。

9 月　中共中央发出整顿巩固农业生产合作社的三个文件。

10 月　苏联发射第一颗人造地球卫星。

同月　教育部、全国扫除文盲协会、共青团中央、全国妇联联合发出通知:今冬明春,配合农村开展大生产运动和社会主义教育这个中心任务,推进农民业余文化教育工作。

11 月 2 日～21 日　毛泽东率代表团赴苏,参加十月革命 40 周年庆祝大会,并出席社会主义国家共产党和工人党代表会议及 64 个共产党和工人党代表会议。

是年底　我国发展国民经济的第一个五年计划胜利超额完成,国民经济发生重大变化。教育事业有很大发展。全国共有中等学校 12 474 所(其中中等专业学校 1 320 所,普通中学 11 096 所),在校学生 708.1 万人(其中中等专业学校、农业中学、职业中学 80 万人,普通中学 628.1 万人)。全国共有小学 54.73 万所,在校学生 6 428.3 万人。全国共有幼儿园 1.64 万所。群众业余学习、扫盲工作也有很大发展。在第一个五年计划期间,我国教育事业费支出占国家财政总支出的 5.59%;全国教育事业基建投资完成额占国家基建投资总完成额的 3.3%。

是年　岸信介就任日本首相。

12 月 5 日　在"国际平教会"会议中指出:菲律宾是应用定县实验基本经验与方法,在中国境外进行实验的第一个亚洲国家,经过将近 5 年时间,菲乡村会已证明中国宝贵经验在菲实用而且有效。菲律宾乡村会成立不过五年,创业伊始,只能集中力量于少数地区,而其影响却已遍及全菲朝野。菲乡村会以甚少人力、物力在短时期能有如此成就,本地性与民众(公民)性两大因素特关重要。今国际平教会协助正待发展中国家的主要目标,不只是发展农业或工商业,也是要建立一自由与民主社会,自必须按审慎与有系统原则进行。故在四环联结的四大计划中有关部分,鼓励公民力量和民众团体采取推进步骤,以维护他们极少享受权利的同胞能够履行他们的社会责任。为此不仅鼓励不受他人干扰的主动力,培养公民精神,也应打好民主基础。(吴著《晏传》,第 508～510 页)

同日　在"国际平教会"会议中指出:"美国统治菲律宾逾五十年后,全菲仍有一半以上人民不能识字写字。百分之九十的乡村居民甚至没有厕所,大多数农民困于贫穷,没有土地,乡村中从无地方自治机构。考其原因,即美国统治者采取自上而下的官僚政治。上层机构已经改良,其善政却从未及于全菲居住乡村百分之八十的人民。今国际平教会协助菲乡村会是自下向上开始工作,从民间着手,故已经在乡村中和居民共同工作。这就是政府与国际平教运动在基本上一极大的差别。政府着重技术的发展,我们是人的改造。经验教导我们:如果人民不经改造,也不可能改造他们自己的社会。"(吴著《晏传》,第529~530页)

12月15日 参加国际平教会,并就中国定县经验的普遍意义做了演讲。(宋编《人民》,第383页)

是年 应廉耕①撰写的《批判卜凯的技术改良主义的反动性》发表在《中国农业大学学报》第2期。该文认为:卜凯的技术改良主义属于反动的资产阶级技术改良主义派的范畴。资产阶级农业技术改良派实质上是和梁漱溟乡村建设派、晏阳初的平民教育派等没有两样,都是在维护封建地主利益、维护反动统治政权,为帝国主义、封建主义服务。

是年 刘又辛②撰写的《晏阳初的真面目》发表在《人民教育》第6期。作者批判了晏阳初一生的活动,介绍了"晏阳初法案"的内容,最后认为晏阳初是一个披着"教育家"外衣从事反共卖国活动的文化买办,是美帝国主义者的忠实奴才。1920~1949年一直在"教育家"和"改良主义者"的伪装下进行卖国活动。"如果勉强把他说成是改良主义者,也只能说是一种最反动、最下贱的改良主义者。认为对晏阳初最比较恰当的头衔应该是——以出卖祖国、反对人民为业的、给帝国主义者做走狗的文化买办"。③

---

① 应廉耕(1904~1983):教授。浙江杭县(今余杭)人。1930年毕业于金陵大学农业经济系。1938年获美国康奈尔大学农业经济系理学硕士学位。曾任金陵大学、北京大学农学院教授兼农业经济系主任。新中国成立后,任北京农业大学教授、农业经济系主任。1953年加入中国农工民主党。1956年加入中国共产党。编著有《台湾省农业经济》《东北五个国营农场经营管理情况研究》。

② 刘又辛(1913~2010):原名锡铭,字又新、又辛。山东临清人。1934年考入北京大学中文系,从胡适、罗常培、沈兼士、唐兰、罗庸、闻一多、魏建功诸先生治语言文字学。自1952年起在西南师范学院中文系(今西南大学文学院)任教授,曾先后讲授过现代汉语、古代汉语、训诂学、文字学、论语导读、诗经导读、史记导读等课程。后主要研究文字训诂学。论文有《论假借》《"古文说"说》《从汉字演变的历史看文字改革》等70余篇。专著有《通假概说》(巴蜀书社1988年出版),《训诂学新论》(与李茂康合著,巴蜀书社1989年出版),《文字训诂论集》(中华书局1993年出版)以及《汉语汉字答问》《汉字发展史纲要》《汉语词族谱》等书。

③ 这种判断实在是对晏阳初最大的误解,当然这种批判也情有可原。但从反面可反映出当时晏阳初的影响力。

1958 年（戊戌） 六十八岁

1 月　欧洲经济共同体共同市场成立。

同月　美国继苏联之后成功地发射了人造卫星"探险者 1 号"，发现了地球周围的辐射带。

同月　我国发展国民经济的第二个五年计划开始执行。

2 月　一届人大五次会议批准《汉语拼音方案》。

同月　中朝两国政府发表联合声明，于 1958 年底前志愿军撤军朝鲜。

3 月　赫鲁晓夫接任苏联总理，同时继续担任共产党第一书记。

5 月　中共八大二次会议制定"鼓足干劲，力争上游，多快好省地建设社会主义"的总路线，全国掀起"大跃进"的高潮。

7 月　美国出兵武装干涉黎巴嫩。

8 月　毛泽东在山东视察时谈"还是办人民公社好"。

同月　中共中央政治局扩大会议在北戴河举行。会议提出"以钢为纲"，全民动员，大炼钢铁。会议通过中共中央《关于在农村建立人民公社问题的决议》。会后，在全国很快形成了全民炼钢和人民公社化运动的高潮。

同月　人民解放军福建前线部队开始向金门、马祖国民党军队进行警告性炮击。

9 月　中共中央、国务院发布《关于干部参加体力劳动的决定》。

同月　中等以上学校学生和青年教师响应中共中央发出的全民武装、大办民兵师的号召，建立民兵师团，学生按营连排编制，实行生活军事化，进行军事训练。

10 月　中国人民志愿军全部撤离朝鲜。

同月　中等以上学校学生和青年教师进行军事训练达到高潮。

11 月　法兰西第五共和国宣告成立。

12 月　中共中央批转教育部党组《关于教育问题的几个建议》。各级学校统一安排教学、劳动、科研等各项活动，开始注意保证师生的休息时间。

1月1日 自纽约致函给家乡二哥晏海如①，表达自己对家乡、亲人的思念之情，信件辗转从香港寄回。在信中写道："您我兄弟，天各一方，弟不能尽弟道，这是我心中极其难过的一桩事。仍望在不久的将来，我们骨肉手足有团聚言欢的机会。尊书所述祖国的各种建设，此间报纸，常有记载，不胜兴奋。谈到华英②、群英两女，已先后结婚；至于弟自己，仍从事我四十年如一日的平民教育。光阴过得真快，兄已年逾古稀，七十八矣，弟亦年逾花甲，六十五矣，但不知老之将至，仍不断地努力为人类服务，望兄嫂保重，我们见面的机会，是迟早会来的。"（《文史资料选辑》合订本，第32卷，第93辑，第136～137页；中国人民政治协商会议河北省委员会文史资料研究委员会编：《河北文史资料选辑》第11辑，河北人民出版社1983年版，第12页）

12月2日 在国际平民教育运动促进会集会上提出创立"国际乡村改造学院"的计划，原址拟设菲律宾，获得支持。该计划大纲收入宋恩荣主编、由天津教育出版社出版的《晏阳初全集》第3卷中。首先，谈创立国际乡村改造学院是20世纪的要求。"联合国宪章开宗明义：'我联合国的人民。'强调'人民'，这正与中国古训'民为邦本，本固邦宁'前后一贯，相映成辉。人民是一国的根本，自然是世界的基础。但当前全球三分之二的人群，聚居于正待开发的国家，陷于贫穷、疾病、愚昧无知与苛政下。这样众多的人群如此衰弱不堪，世界哪来和平与繁荣？故二十世纪及其后时代的最大挑战，不是去探索太空的奥秘，而是去开发我们这个星球上的三分之二待开发的民众的潜能。"其次，阐述了为了迎接二十世纪对我们的挑战和满足国际平民教育运动发展的需要，应立即建立一所国际乡村改造学院。并将其作用归纳为："（甲）以平民教育和乡村改造的基本原理及实践经验为内容，培训那些来自不发达国家的青年，使他们能够从精神上和技能上承担起在自己的国家里开展乡村改造运动的任务，发动他们国内尚未开发的民众，使之成为'天赋的主人③'。（乙）集合那些有全球观念、有创造性和献身精神的科学家、学者作为教师，组成一个教育核心。他们不仅要具有知识和技能，而且要能培养学生们积极参加社会活动的精神和培养学生们的十字军精神及仁爱之心。（丙）应邀协助那些不发达国家组织其本地的民间的乡村改造促进会，推广乡村改造计划。（丁）在国家、地区和国际范围内，进行实地研究和实验工作，以为不断地改进和发展乡村建设的理论与实践提供基本材料，并作为情报信息的集散地。（戊）作为国际乡村改造运动的

---

① 晏海如：晏阳初二哥，四川巴中人。1934年曾在定县居住，撰写有《晏氏族谱》，对还原晏阳初生年做出贡献。曾将新中国成立后祖国及家乡变化告知在美国的晏阳初。
② 晏华英：晏阳初次女，在美国学医，在美国与华侨邓兴结婚。
③ 天赋的主人：旧版《全集》译为"自然的主人"。

领导中心。"第三,介绍地点拟选菲律宾,因为"（甲）菲律宾正在开展乡村改造运动,具有可供培训的环境。（乙）菲律宾的社会经济条件与其他不发达国家很相似。（丙）这个国家的政局相对稳定。"第四,教职员。分基本成员和合作成员。国际学院专任教师为基本成员,将培训、研究和推广集为一身;合作成员是指那些客座教授和讲师,他们的来源一是各个国家和地区乡村改造运动中涌现出来的领袖人物,二是一些大学或学术、社会机构具有同类精神和学识的优秀人物,三是与建院宗旨有着一致意愿的杰出的世界领袖与人道主义者。第五,学校的课程设置主要分培训、研究和推广三个部分,并详述了每部分课程的组成情况。最后,阐述创办该院的最终目的。"通过对各国民间的、自发的乡村改造运动的促进,并通过国际奖学金的颁发以及对投身于乡村改造运动的千百万人的培训,我们相信,博爱的纽带将把各国人民联合起来,一旦时机来临,各国乡村改造运动组成'世界联盟',形成一股强大的动力,以促进世界的和平与博爱。"（新版《全集》卷3,第19～24页）

是年　复表兄李子猷①信云:"尊函所述的各种建设,此间报纸,常有登载,但不如兄写的那样的生动,那样的具体,那样的感人。至于弟自己,毫无一善可陈。但无论环境好坏,弟仍从事四十年如一日的平民教育和平民生计,不断地努力为人群服务。我兄知我,为人类谋幸福,为世界求和平,是弟的素志,一息尚存,此志不渝的。"（《文史资料选辑》合订本,第32卷,第93辑,第137页;中国人民政治协商会议河北省委员会文史资料研究委员会编:《河北文史资料选辑》第11辑,河北人民出版社1983年版,第12页）

①　李子猷（1887～1959）:字鸿勋,四川巴中人。晏阳初表兄。16岁考入汉中警官学校,毕业后到靖国军第三师同乡李挽澜旅,后入刘湘二十一军,升任营长。1927年蒋介石在上海发动"四一二"反革命政变后,曾捐银给中共巴中地下组织翻印郭沫若所著讨蒋檄文《请看今日之蒋介石》四处散布。1934年充任刘湘第五路第八旅二十二团团长。先后驻防巫山、云阳、万县。1937年,改属五十六军一六四师,升任四九〇旅旅长,先后驻防大竹、南充和通、南、巴。1939年,任川陕"剿匪"副司令兼巴山督剿主任,进驻南江,清剿红军北上时留下的以刘子才、赵明恩为领导的"巴山游击队"。清剿结束后,引起顶头上司潘文华不满。1942年,潘借故罢其职,其部被潘文华编入其子潘钦州部,调金堂县任县长。后辞职闲赋家中。1949年,巴中解放前夕,县长骆湘浦闻风逃遁。国民党溃军扰境,社会秩序出现混乱。在中共地下党组织的引导下,李出面安定各界人心,积极参与迎接解放的活动,为和平解放巴中作出了贡献。县解委会成立,李担任副主任委员兼政治组长。1950年4月,县各代会成立,被列为"民主人士",被选为第一届各代常委会副主任委员。是年冬,作为特邀代表出席川北地区各代会议,并就任川北人民监察委员会政法处处长职。1951年秋,其清剿川北游击队的罪行被揭露,撤销监察委员会政法处处长职务,免于法办。自此回巴中城内家中,在公安机关"暗管"下生活。1959年病逝。

1959 年(己亥) 六十九岁

1 月　古巴共产党取得内战胜利,建立古巴共和国。乌鲁蒂亚任总统,菲德尔·卡斯特罗任武装部队司令。美国承认菲德尔·卡斯特罗在古巴的政权。

同月　戴高乐就任法国总统。

同月　国际海事组织的前身政府间海事组织在英国伦敦正式成立。

2 月　中国政府同越南社会主义共和国在北京签订协议,开始大量援助越南。

同月　中苏经济合作协定签订。

同月　教育部、内务部联合通知各地试行《聋人汉语手指字母方案》。7 月,教育部、内务部联合通知各地试行规范化的"聋人手语"。

3 月　人民解放军平定发生在拉萨的武装叛乱。第十四世达赖喇嘛逃离西藏,开始流亡印度。

5 月　中共中央发出《关于在高等学校中指定一批重点学校的决定》。北京大学、中国人民大学、复旦大学、中国科学技术大学、上海第一医学院、哈尔滨工业大学、清华大学、天津大学、上海交通大学、西安交通大学、华东师范大学、北京工业学院、北京航空学院、北京农业大学、北京医学院、北京师范大学 16 所高等学校为全国重点学校。

6 月　新加坡颁布新宪法——结束其英国直辖殖民地的地位。

7 月 2 日～8 月 16 日　中共中央政治局扩大会议和中共八届八中全会在庐山连续举行。全会通过《关于以彭德怀同志为首的反党集团的错误的决议》《为保卫党的总路线,反对右倾机会主义而斗争》的决议和《关于开展增产节约运动的决议》。会后,全党开展"反右倾"斗争。1978 年,纠正对彭德怀的错误结论。

7 月　赫鲁晓夫和尼克松展开"厨房辩论"。

9 月　我国发现大庆油田。

10 月　日本自民党顾问松村谦三访华。

12 月　十二个国家共同签署《南极条约》。

是年　我国国民经济发生严重困难。

2 月 11 日　给 J. W. 莱斯利①回信。首先，告知很高兴刚刚收到 2 月 9 日寄来的信。其次，告知读了关于平民教育运动的两份备忘录后，知道"你对这场运动的确有许多思想，这些思想具有简明、扼要的特点"，并告知随信寄去两份补充材料。一份是《菲律宾乡村改造运动的方法与其他不发达国家大不相同》，主要谈了几点不同，即该运动不是外国的而是本国的、不是政府的而是公民的、不是救济的而是发掘的、不是零碎的而是完整的、不是自上而下的而是自下而上的、不仅是技术的而且是思想的、不仅受到国家的重视而且受到国际社会的重视；另一份材料主要阐述乡村改造工作应非官方化，国际平民教育促进会应是非政治的、非秘密的民间团体，其目的是促进不发达国家的乡村改造工作，还谈了建立国际乡村改造学院的必要性及相关的设想。第三，告知当听到患咽喉炎后很难过，望早日康复。第四，告知将于 2 月 24 日到圣·保罗的麦卡莱斯特学院讲演，并于 2 月 25 日返回纽约。第五，告知几天前由沃利介绍认识了弗兰克·斯帕克斯博士，感觉是一个很好的人。第六，告知相信会在去加利福尼亚前收到此信。最后，补记阐明"我们应把由于推广活动要求充实高层次和具有献身精神的人员，视为一种积极的挑战，而不是把它作为乡村改造运动的弱点"。（新版《全集》卷 4，第 706～707 页）

2 月 24 日　到圣·保罗的麦卡莱斯特学院讲演。（旧版《全集》卷 3，第 741 页）

2 月 25 日　返回纽约。（旧版《全集》卷 3，第 741 页）

11 月 30 日　致信小 M. 菲尔德②。信中首先告知"应向在实地从事基础工作的人员灌输正确的知识"。其次，针对有人认为菲律宾的工作在某些方面已引起了极大的"混乱"，通过事实加以解释和澄清。第三，就有人认为菲律宾乡村改造的方案没有重要意义进行反驳，认为在菲律宾的乡村改造的方案是重要的：①"它证明了中国乡村改造方案在菲律宾同样是适用的"；②"它导致了国家对乡村产生影响"；③"它证实了一场公民的乡村改造运动具有极其重要的作用"；④"它为在人民中间开展运动创造了一种实践的模式，以便帮助不发达的国家。"最后，阐述建立国际乡村改造学院的重要性，并希望得到帮助。"在近四十年的深入研究和大规模的应用之后，我们已发展了一个植根于农村的方案。它适用于不发达农民的基本需要③。我们发现，能够帮助不发达地区农民的最好方法就是帮助那些具有献身

---

①　J. W. 莱斯利：即约翰·W. 莱斯利（John W. Leslie），美国著名的筹资专家，国际筹资权威。著有《寻求竞争性美元：二十世纪七十年代的大学管理》（*Seeking the Competitive Dollar：College Management in the Seventies*. Washington, D. C.：American College Public Relations Association, 1971）。

②　小 M. 菲尔德（Marshall Field, Jr.）：时在美国伊利诺伊州芝加哥。

③　基本需要：旧版《全集》译为"基本需要和条件"。

精神的领导人和青年人去发掘千百万不发达农民的潜力。因此,我们决定建立国际乡村改造学院。我们的学院需要帮助,为使你更清楚地了解我们的想法,随信寄去一份备忘录供你参考。我衷心地希望上面概略的叙述可以帮助你在十二月召开的实地工作会议上向董事会的成员澄清真相。非常感谢你的帮助与合作。"(新版《全集》卷4,第710～713页)

12月16日[①] 在国际平民教育会上做报告,强调政治及社会革新与经济发展必须同时并进,不可偏倚。在会上郑重说明:国际平教会的工作和联合国各种专门组织以及美国国际合作总署的工作都不相同,更不重复。又指陈:惟有本土产生的运动才能担负政治与社会的革新的基本任务。外国能为正待开发国家建筑水库、公路、桥梁甚至推进基本教育与公共卫生,但如一触及政治与社会革命,不论联合国或美国 CIA 以及民间机构,都不能闻问其事,以免干涉当地内政之嫌。并强调:物资的改善,至关重要;但政治与社会的革新却是基本的要件。经由各国乡村改造运动、赠予国际奖学金、训练愿献身于乡村改造工作者,一强大且友爱的结合势将于正待开发国家间形成。最后目的是结合所有各国的乡村改造运动,组成一"世界联盟"(World Alliance),将为全球一强大的力量,以促进世界和平与友爱。

(吴著《晏传》,第510～512页)

---

① 晏鸿国所著《晏阳初传略》(四川天地出版社2005年版)第330页说该时间为12月6日,误也。

1960 年(庚子) 七十岁

1 月　欧洲自由贸易联盟成立。

3 月　美国宣布将派 3 500 美军士兵前往越南。

5 月　美国批准出售避孕丸。

同月　智利发生强烈地震，14 万人死亡，方圆 6 百公里变成废墟。

6 月　苏共致书攻击中共。7 月，苏联政府突然照会我国政府，单方面撕毁中苏签订的几百个协定和合同，决定在一个月内撤走全部在华专家，停止供应重要设备。

8 月　第 17 届奥运会在罗马开幕。

9 月　中央文教小组组长陆定一提出，编写三种中小学教材，分别向新学制过渡。甲种教材，将现行十二年制教材加以修改，供十二年制学校用；乙种教材，将十二年学习内容，按十年安排，供十年制学校用；丙种教材，把程度提高到大学一年级水平，供试验新学制学校试用。据此，10 月 11 日，中共教育部党组向中央文教小组报告，决定集中力量编写十年制教材，对现行十二年制教材作适当修改。并帮助北京师范大学修改十年制教材。

同月　伊拉克、伊朗、科威特、委内瑞拉、沙特阿拉伯等第三世界产油国，为维护本国石油利益，在伊拉克首都巴格达开会，成立了石油输出国组织。

10 月　中共中央发出《关于增加全国重点高等学校的决定》。新增加的高等学校共 44 所。至此，全国重点高等学校共 64 所。

11 月　中共中央发出《关于农村人民公社当前政策问题的紧急指示信》。

同月　刘少奇、邓小平率中共代表团参加在莫斯科举行的 81 国共产党、工人党代表会议。

是年　我国国民经济发生严重困难。

1 月 1 日　在其推动下的 San Lius 计划带动了菲乡村民主的发展，村宪章施行后，菲乡村会协助所支持的各乡村的村议会及村民了解应用的方法，用方言编制小册分发，训练村民认识地方自治权利与义务，且组织公民学校，每月一期训练，村

民工余前来参加。（吴著《晏传》，第 499 页）

5 月 19 日　在其推动下的 San Lius 计划提高了农户的收入，为此《马尼拉时报》社论强调：菲乡村会在 San Luis 工作，使每一农户每年平均收入高至 965 比索，是全菲农家收入的三倍。菲总统加西亚（Carlos P. Carcia）①特以总统奖状赠予菲乡村会，嘉许其在乡村改造上做出"极有意义的先驱工作"，"在农民中已展开一无声而辉煌的革命"。（吴著《晏传》，第 516 页）

6 月 8 日　致信 M. 哈恩②先生。信中首先告知写信意图是"为了答复穆尔先生（Mr. Moore）③关于平民教育运动方案的询问"。其次，告知国际乡村改造学院的情况。"尽管国际乡村改造学院坐落在菲律宾，但其范围是国际性的。它的目的是：① 培训来自亚洲、非洲和拉丁美洲不发达国家的大学毕业生，使他们承担教育本国农民的基本任务，帮助农民向疾病和饥饿作斗争，并且发展自力更生和自治的能力；② 通过帮助农民自己的领导者组织公民的和本国的乡村改造运动，向不发达国家推广平民教育和乡村改造的方案；③ 开展应用研究，以发展和继续完善乡村改造运动的理论与实践。"并告知在甲米地省①获得 100 英亩土地作为院址,距马尼拉约 30 英里,正在修建道路,学院的总体规划及建筑物的布局和部分建筑物施工图已拟定;在过去的 6 年里,通过菲律宾的培训计划,已为该院荟萃和充实了一批高级教职人员。现在正在美国招募高层次的专家和管理人才,以后还要到其他国家招募同类人才,以充实学院的教职人员。第三,谈试点菲律宾乡村改造运动(PRRM)。"菲律宾乡村改造运动是在菲律宾乡村改造促进会的合作下,由我们帮助组织实施的一场公民的、本土的运动。"告知在菲律宾以新怡诗夏省为实验中心省,在甲米地省、内湖(Laguna)省和八打雁(Batangas)省为主办中心以及北伊洛戈省(Hocos Norte)、索索贡(Sorsogon)省和拉瑙(Lanao)省为地区中心。并对不同性质的实验区的目的做了介绍。除了中心省、主办中心和地区中心以外,还在其他两个省开展工作。"黎刹省开创了乡村改造工作。在我们的工作人员监督下,由当地的农民自己实施我们的乡村改造方案。另一项工作是在邦板牙省实行的菲律宾前总统拉蒙·麦格赛赛②的著名的圣路易斯计划。"还告知为学院筹集 500 万美元"种子基金"目标的进展情况。最后,谈及"如果菲尔德基金会能够广泛地参与促进会为世界上不发达农民所进行的计划,这与菲尔德先生的精神将是一致的。"(新版《全集》卷 4,第 714～717 页)

8 月 31 日　在接受拉蒙·麦格赛赛奖时致答谢词。收入宋恩荣主编的、由天津教育出版社出版的《晏阳初全集》第 3 卷中。首先,表达"我怀着深切的谢意和惭愧的心情接受这一巨大的荣誉。当然,我认为,颁发这个奖状与其说是对我个人所获得的成就的肯定,倒不如说是对乡村改造和平民教育运动重要性的肯定。……拉蒙·麦格赛赛奖励基金会(Ramon Magsaysay Award Foundation)董事会以平民自由和教育的伟大运动的名义颁奖,将鞭策我和我的同事们不能不为那些处境不利的同胞们贡献我们更大的力量。"其次,极为赞赏基金会表示支持和理解的讲话,认为改变农村的生活条件是重要的,但村民的思想和精神得到改造更重要,只有这样,村庄的改造才可能取得成效和持久地进行下去。"乡村改造仅仅是方法,而人的改造才是目的。"第三,介绍我们的同胞在今日世界仍处于饥饿中,"只要这种状况不改变,在我们这个世界上,和平和自由就将处于危机之中。"而这尤以亚洲人更甚,他们成为贫穷和疾病的牺牲者。第四,分析产生的原因。"我认为,我们亚洲人的祖先把大量的时间用来研究治人之道,而西方人的祖先却把时间用来征服

①　甲米地省:旧版《全集》译为"开维特省"。下同。
②　拉蒙·麦格塞塞:旧版《全集》译为"拉蒙·马可赛赛"。也有译为"拉蒙·麦格赛赛""拉蒙·马可塞塞"的。

自然。其结果是,西方人发展了所谓科学。他们用科学征服了陆地、海洋和天空。显然,也战胜了贫穷和疾病。因此,如果我们要把亚洲的农民变成现代的人,使他们能够战胜贫穷和疾病,就必须把科学带给他们。"第五,阐发把亚洲的农民变成现代人的方法。一方面是普及科学。"要使农民能够接受科学就必须普及科学。这对教育家、科学家们的智力和创造力是个巨大的挑战。他们必须将那些复杂的科学通俗化、简单化,并把那些科学转化成简单的、实际的术语,以使农民能够理解和应用。这对于受过教育、条件优越的青年大学生来说,同样是个挑战。他们必须愿意做传播科学的教师,到农村去工作,去生活,并在现存的现代科学与农民之间的巨大鸿沟上架起桥梁。……一种做法是救济,而另一种做法则是发扬,即发扬农民的潜力,使他们立足自己,与贫穷、疾病作斗争,并且战胜它们。"另一方面在注重科学技术的同时也重视思想意识的改变。"如果我们只考虑填饱肚子而忽视提供精神食粮,那是可悲的。而我们促进科学技术来增加生产,改善健康,就必须有意识地、强有力地推行我们的民主观念。"第六,为菲律宾生机勃勃的乡村改造运动而欣喜,主张商业、银行业、工业和教育界都应支持乡村改造和平民教育运动。第七,再次对这一奖金的赠予做评价及谈自己的处置打算。"你们通过为我颁奖来表达对乡村改造和平民教育运动的肯定,极大地鼓舞了我们在美国的董事会成员们和在世界各地的同事们。我们决心竭尽全力,在发展中国家推广平民科学教育和争取自由运动的方案。我们计划在发展中国家促进国家乡村改造运动,就像我们与菲律宾乡村改造运动①的菲律宾同事们一起做的那样。你们慷慨授予的一万元美金将存入我们的国际奖学金基金会,以鼓励那些来自发展中国家的最优秀的男女青年到菲律宾学习乡村改造的经验与获得传播科学和争取自由的精神力量。"最后,谈自己的希望及对 20 世纪最大挑战的看法。"我希望在适当的时候,将各国的乡村改造运动②组成一个世界联盟,形成一种世界力量,来促进国际理解并为平民教育暨乡村改造的迫切和重要的工作提供援助。因此,我接受你们的不是一笔巨额奖金而是一个挑战。二十世纪最大的挑战不是探索外层空间的秘密,而是发展亿万被上帝遗忘的孩子们和我们这个星球上不发达的农民,使他们成为我们平等的、富裕的伙伴,以建设一个更美好的世界——一个自由的、真诚相爱的世界。"(新版《全集》卷 3,第 25～28 页)

同日 获菲律宾麦格塞塞奖励基金会赠予的奖金 1 万美元,赞扬其为国际了

① 菲律宾乡村改造运动:旧版《全集》译为"菲律宾乡村改造促进会"。
② 菲律宾乡村改造运动:旧版《全集》译为"菲律宾乡村改造促进会"。

解方面的杰出成绩。赞词称"分享他对乡村改造的丰富的经验和创造性的领导;以及带给东方与西方世界对于亚洲农民渴望充实生活的迫切警觉。"晏在答谢词中指陈,"当促进科学与技术以增加生产改善健康时,必须深思熟虑地且壮阔有力推展我们(亚洲人)的民主意识"。进一步强调,"亚洲人不需要救济,却需要有让他们充分发扬他们天赋潜力的机会"。(吴著《晏传》,第501～503页;参见上条)

10 月 14 日　复信罗斯福夫人①。首先,感谢夫人对获奖的祝贺及对获奖的看法。"承蒙您写信祝贺我获得拉蒙·麦格赛赛奖。当然,我认为这个奖与其说是对任何个人成就的承认,倒不如说是对我已经致力了近四十年的平民教育和乡村改造运动重要性的承认。"其次,简述了自己到菲律宾的感受及菲律宾乡村改造运动的巨大意义。"自从我到达这里,就被菲律宾乡村改造运动取得的成就所鼓舞,这种鼓舞一直延续至今。菲律宾乡村改造运动不仅仅在新怡诗夏省的五十万人口中有效地实施了'社会实验室'的计划,还应公众及私人机构的要求,将运动扩展到菲律宾的北部、中部及南部地区。公众认为,该运动开辟了一条道路。它不仅适用于菲律宾,也适用于亚洲其他地区。它为国际乡村改造学院的方案铺平了道路。该学院是我们为培训来自亚洲和其他发展中国家的乡建工作者而建立的。"最后,希望返回时有机会向夫人汇报其工作。(新版《全集》卷4,第717～718页)

10 月 20 日　在其努力下,创建国际乡村改造学院(IIRR),依法向菲律宾德拉瓦州政府(State of Delaware)申请立案。福特基金会和洛克菲勒基金会决定共计捐资 1 000 万美元作建设费用。(吴著《晏传》,第543页)

10 月 27 日　领取创建国际乡村改造学院的许可执照。(吴著《晏传》,第543页)

是年　在其推动下菲律宾乡村改造工作成绩显著,在菲律宾独立十四周年纪念时,菲总统加西亚(Carlos P. Carcia)以总统功绩奖章②颁给菲乡村会,嘉许八年来,在乡村改造上做出"极有意义的先驱工作","在农民中已展开一无声而辉煌的革命"。(吴著《晏传》,第501、516页)加西亚总统(Carlos Carcia)称赞道:"因为从一九五二年到现在八年间,通过重要的先驱性工作在乡村改造和社区发展方面,对国家的经济和社会发展作出了突出的贡献……因为在乡村民众中开展了一场静悄悄但又显赫的革命……因为在汇集民间、政府和国际力量上,进行了持续引导,在改善菲律宾乡村生活上,是对政府工作一个补充……"(新版《全集》卷3,第173页)

---

① F. D. 罗斯福夫人(Mrs. Franklin D. Roosevolt):时在美国纽约第74大街东55号。
② 总统功绩奖章:也称总统功勋奖(Presidential Award Merit)。

1961 年(辛丑)　七十一岁

1 月　美国和古巴断交。

同月　法国全民投票,同意阿尔及利亚独立。

同月　中共中央召开的工作会议结束。毛泽东在会上提出大兴调查研究之风。

同月　约翰·肯尼迪就任美国总统。

3 月　中共中央工作会议在广州举行。会议制定《农村人民公社工作条例(草案)》(简称"农业六十条")。

4 月　第 26 届世界乒乓球锦标赛在北京举行。

同月　中央文教小组开会讨论中小学教材问题。

同月　尤里·加加林成为世界上第一个太空人。

同月　《维也纳外交关系公约》被签署。

5 月　美国 100 名特种作战部队人员进入南越。

同月　约翰·肯尼迪总统宣布要完成阿波罗工程。

同月　南非退出"英联邦",成立南非共和国。

6 月　肯尼迪与赫鲁晓夫在维也纳聚会。

7 月　周恩来和金日成在北京签署《中朝友好合作互助条约》,这个条约的核心是军事互助。

8 月　柏林墙修筑。

同月　教育部向中央提出实施教育工作者教龄津贴的意见和办法。

10 月　蒙古人民共和国加入联合国。

同月　斯大林的尸体被移出列宁墓。

12 月　特赦释放了原属于蒋介石宗团的战犯 61 名,属于伪满洲国的战犯 7 名。

同月　全国已经有 277 所高等学校设置函授部或夜大学。经过近几年的发展,函授部已有 194 个(比 1957 年的 58 个增加 2.3 倍),夜大学已有 153 个(比 1957 年的 36 个增加 3.2 倍)。函授部和夜大学共有学员 26.6 万人,比 1957 年的

7.8 万人增加 2.4 倍,函授部和夜大学都有了一批毕业生。

是年　高等学校进一步贯彻"百花齐放、百家争鸣"的方针,各种学术活动比较活跃。在哲学和社会科学、自然科学、工程技术科学方面,开展学术讨论。

是年　我国国民经济发生严重困难。

7 月　偕夫人许雅丽前往拉丁美洲委内瑞拉（Venezuela）、危地马拉（Guatemala）、哥斯达尼加（Costa Rica）、波多黎各（Puerto Rico）诸国访问,获得各国朝野热烈欢迎与响应。(川编《晏阳初》,第 305 页;吴著《晏传》,第 546 页)在危地马拉,被危地马拉总统邀请午餐畅谈;与当地"地主协会"（The Association of Land Owners）人士举行会谈,当得知这些地主对改善农民生活的工作颇有兴趣,有几名地主且愿将其大田庄提供乡村改造发展之用时,便因此拟先开始一小型表证工作,以事实表现寻求更多更大的支持赞助。在哥斯达尼加访问时,与当地"政治教育学院"（Institute of Political Education）人士会谈,促使"学院"负责人 Father Nunez-Sacha Volman[1] 等感到乡村运动的重要,拟在"学院"课程中增加"乡村改造"。多明尼加共和国（Dominican Republic）也欢迎他去访问。这次与夫人拉丁美洲之行,获得直接观察与证实:即这一地区农民的基本问题正与亚洲农民一样,当地也有优秀的民主领袖、公德精神充沛的男女,他们对其国内情况颇多怨愤不平,却感觉无可作为。当地大学生也和亚洲一样没有面对挑战性工作,只是欢喜玩弄政治,作政治煽动者,从没想到为其同胞做些事情,乡村小民都被忽视或遗忘不顾。故拉丁美洲其他国家如秘鲁、墨西哥等也都希望国际平教会在其国内推行乡村工作。(吴著《晏传》,第 546～547 页)

是年　与国际平教会执行长 Harry B. Price[2] 开始访问委内瑞亚、秘鲁、危地马拉等拉丁美洲国家,比较各地情况,增加实际了解。几次访问,并在华盛顿、纽约等地与有关人士再三研讨。(吴著《晏传》,第 602 页)

是年　经几年来以菲乡村会为手段将工作推广至 17 省内若干乡村,并注重合作社的组织与经营,村民的收入都有增加。(吴著《晏传》,第 499 页)

---

①　Father Nunez-Sacha Volman：生平事迹未详,待考。

②　Harry B. Price：全名"Harry Bayard Price",译为"普赖斯",1955 年由康奈尔大学出版所著《马歇尔计划及其主旨》（*The Mashall Plan and Its Meaning*）。1960 年被聘为国际平教会行政主任,与晏阳初访问委内瑞亚、秘鲁、危地马拉等拉丁美洲国家,了解情况,商讨解决这些国家平民教育问题相关对策。编有《农村重建与发展：一批为此奋斗的人们——当代国际经济学和发展经济学专题研究》（*Rural Reconstruction and Development：A Manual for Field Workers — Praeger Special Studies in International Economics and Development*,1967 年普雷格出版社）。

  是年 在其推动下的菲乡村会训练的辅助保健员、设立的保健中心、妇婴卫生讲习班与时俱增。(吴著《晏传》,第 515 页)

  是年 在其推动下的菲乡村会协助的五个表证农场成绩显著,每一农场每年平均收入高至 371.97 比索(原订目标是 200 比索),其中 186.19 比索来自稻谷,108.37 比索是二期耕作收入,11.8 比索是菜圃生产所得。养鸡收入是 25.71 比索,饲猪所得是 39.9 比索。邻近表证农场的农民耳闻目睹这些事实,都先后参加农民生计学校,接受稻谷耕作(选种、水的支配、肥料、虫害控制等)、蔬菜种植、家畜家禽饲养的教育。后又增加草菇栽培法等。(吴著《晏传》,第 517 页)

  是年 就菲律宾建的国际乡村改造学院募捐问题与 Dewitt Wallace 会谈。(吴著《晏传》,第 596 页)

  是年 西班牙文版《读者文摘》出版,之后收到了八百个请求,或者要求给他们提供信息,或者迫切要求去他们的国家开展和菲律宾乡村改造运动一样的改造计划。很赞同本土化的想法和这些国家人民有责任感。于是走访了拉丁美洲的一些国家,然后选择了哥伦比亚作为南美洲的代表,选择危地马拉作为中美洲的代表来开展乡村改造运动。(新版《全集》卷 3,第 361 页)

1962 年(壬寅)　七十二岁

1 月　西萨摩亚独立。

同月　教皇若望二十三世革除菲德尔·卡斯特罗的教籍。

同月　古巴和苏联签署贸易协议。

同月　美国海洋生物学家蕾切尔·卡逊发表《寂静的春天》,标志环保运动正式开始。

1～2 月　中共中央在北京召开有 7 000 人参加的中央工作扩大会议。会议初步总结"大跃进"中的经验教训,开展批评和自我批评。毛泽东在会上作自我批评,并着重讲健全民主集中制问题。

2～3 月　全国科学工作会议在广州举行。周恩来总理在会上作《关于知识分子问题》的报告。

3 月　法国政府被迫同阿尔及利亚临时政府签订《埃维昂协议》,承认阿尔及利亚自决和独立的权利。

7 月　阿尔及利亚举行全国公民投票,正式宣布独立。7 月 5 日定为独立日。

8 月　教育部召开城市二部制学校教学计划座谈会。会议提出:实行二部制仅限于小学和初中。

9 月　教育部发出通知,规定中学上课时间每节课为 50 分钟,小学每节课为 45 分钟(低年级可在每节课内活动三五分钟)。

同月　中共八届十中全会在北京举行。毛泽东在会上号召"千万不要忘记阶级斗争",全会通过了《关于进一步巩固人民公社集体经济,发展农业生产的决定》。

10 月　我国边防部队被迫反击入侵中印边界东西两段的印度军队。11 月 22 日,中印边界全线停火。

12 月　教育部发出《关于农村业余教育工作的通知》。教育部还发出"有重点地办好一批全日制中小学校"通知。

2 月 5 日 致信 W. E. 霍金①教授。信中首先告知来信给包括平教会和平教队成员在内的各位同仁写得十分亲切、关怀备至。其次,告知两三天前刚刚从华盛顿回来。"我不仅同施赖弗②及其和平队的高级助手们进行了亲切的会谈,还同美国国际开发署(AID)③的首脑福勒·汉米尔顿④进行了会谈。很久以来,这是我们第一次有机会在华盛顿与外国重要援助机构的权威人士一起讨论世界各民族乡村改造运动的重大问题。我相信在我们彼此之间已建立了友好的关系。这使我们有可能发展多种形式的合作。"第三,告知"由于受到目前乡村改造运动成就的鼓舞和不发达民族迫切需要开展乡村改造运动的挑战,我们的董事会已决定建立国际乡村改造学院。"该院将建在菲律宾,并告知其创办宗旨。第四,告知去年 8 月与夫人去了拉丁美洲考察。"在那里,我们发现农民面临着同样的基本问题——即四十年来,我们一直尽力解决的问题。收到的反响大大超出了我们最高的期望。政府官员和杰出的公民运动领袖强烈表示回去后在各自的国家里实施类似的乡村改造方案,就像我们在菲律宾所做的那样。"第五,告知菲律宾在政治舞台上崭露头角的新领导人情况。"新总统马卡帕加尔(Macapagal)⑤是乡村改造运动的伟大朋友。副

---

① W. E. 霍金教授(Prof. William Ernest Hocking,1873～1966):美国哲学家,人格主义的主要代表人物之一。曾在安多佛神学院任宗教史和宗教哲学讲师,后在耶鲁大学、哈佛大学任哲学教授,并曾在美国和国外其他大学讲学。主要著作有:《上帝在人类经验中的意义》(1912)、《哲学的类型》(1929)、《死与生的默想》(1937)、《人能成为什么样的人》(1942)、《科学与上帝观念》(1944)和《哲学序言》(与他人合著,1946)等。晏阳初致信时,在美国新罕布什尔州麦迪逊。

② 施赖弗:即施赖弗·罗伯特·萨金特(Shrirer Robert Sargent, Jr., 1915～   ),美国和平队队长(1961～1966)。1915 年 11 月 9 日出生。1940 年毕业于耶鲁大学法学院。第二次世界大战期间在海军服役,战后进入律师界,当华盛顿一家大法律事务所的高级合伙人。1946 年任《新闻周刊》助理编辑,结识富豪约瑟夫·帕特里克·肯尼迪。两年后为肯尼迪经营大型的芝加哥商品市场。1953 年与肯尼迪的女儿尤妮斯结婚。1960 年支持内兄约翰·肯尼迪竞选总统。1961 年 3 月,被肯尼迪总统任命为新边疆计划中的海外和平队队长,率领志愿人员为不发达国家提供教育、技术服务。肯尼迪总统被刺以后,被约翰逊总统任命为经济机会局局长,负责推行向贫穷开战的计划。1968～1970 年任美国驻法大使。1972 年在民主党全国代表大会上被总统候选人麦戈文挑选为副总统候选人,竞选失败。以后在华盛顿当律师。美国对外关系协会成员。

③ 美国国际开发署(United States Agency for International Development,缩写:USAID):是承担美国大部分对外非军事援助的联邦政府机构。成立于 1961 年 11 月 3 日,其前身是国际合作局。它作为一个独立的联邦机构,依照美国国务院的外交政策,力求"为海外那些为过上美好生活而努力、进行着灾后重建以及为求生活于民主自由之国家而奋斗的人们提供帮助"。

④ 福勒·汉米尔顿:美国民主党人,美国国际开发署第一任署长。认为对外援助是"我们在冷战中有效的兵工厂"。

⑤ 马卡帕加尔(Macapagal,1910～1997):旧版《全集》译为"马可波盖尔"。全名"迪奥斯达多·马卡帕加尔"(Diosdado Pangan Macapagal)。菲律宾自由党党员、菲律宾政治家、第 9 任菲律宾总统。进入政治生涯前在马尼拉当律师。在第二次世界大战中帮助反抗日本的占领。1948 年,出任菲律宾驻华盛顿大使馆第二秘书。1949～1956 年,当选为菲律宾众议院议员,此间三次任菲律宾驻联合国大使馆代表。1957 年,出任菲律宾民族党卡洛斯·加西亚领导的政府副总统。1961 年,自由党和进步党联盟将其选举为菲律宾总统。任期内着重打击政府内的腐败和贪污。为了刺激菲律宾的经济增长,采纳富有顾问的建议,允许菲律宾比索参加自由金融贸易,使菲律宾在其统治期间每年损失上百万比索。其改革政策被在参议会和众议会 (转下页)

总统和总统执行秘书许多年来一直是菲律宾乡村改造促进会的成员,菲律宾乡村改造促进会主席已被任命为全国经济顾问委员会的主席,负责全国包括外援的经济和社会计划①。由此看来,在全国范围内实施这个基本的和综合性的乡村改造方案的时机已经到来。"第六,告知"回来不久便看到赛珍珠,她告诉我曾访问过你,我非常希望在不久的将来能够再次见到你。"最后,与夫人雅丽②向其致以最热烈的问候。(新版《全集》卷 4,第 719~720 页)

5 月 2 日　积四十年实验经验奠定基础的国际乡村改造学院第一期校舍建筑完工,举行了奉献典礼,与各国代表 1 500 人参加该典礼会。(吴著《晏传》,第 531 页)

8 月 21 日　就菲律宾建的国际乡村改造学院募捐与 Dewiitt Wallace 会谈。(吴著《晏传》,第 596 页)

10 月 1 日　就菲律宾建的国际乡村改造学院募捐与"合众基金"(The Commonwealth Fund)的 Jame Wooster③ 和 Roger④ 会谈。(吴著《晏传》,第 596 页)

10 月 14 日　菲乡村会会长 Amando M. Dalisay⑤ 来信申诉菲乡村会会员之间的问题及纠纷。(吴著《晏传》,第 504 页)

10 月 15 日　长函回复菲乡村会会长 A. M. Dalisay,以主持中国"平教总会"三十年经验告语,正是他和中国"平教总会"同仁运用相互了解、洞察、宁静、勇毅的精神与献身这一事业的决心,使定县实验获得成功。这种精神和决心是历年强调致力乡村改造的人必须不断自我"再教育"的大前提。希望如今菲能够把握他的这一亲身经验,并且指出这也是其他正开发国家推行乡村工作人士必须身体力行的。这一手写长函对化解和纠正菲乡村会会员间的矛盾与纠纷非常重要。(吴著《晏传》,第 504~506 页)

11 月 15 日　致信 M. D. 达利赛⑥。信中首先告知 10 月 14 日寄来的密信不久前已收到。在信中所倾诉所遇到的困难以及所取得的成绩,并特别要求直言不讳的评论,对此深表谢意。其次,告知理解和真诚同情其处境及所面临的问题,愿

(接上页)中占多数的民族党阻挡。1965 年在总统大选中败给马科斯。1979 年,组织菲律宾解放民族联盟反对马科斯政府。其女格洛丽亚·马卡帕加尔·阿罗约是第 14 任菲律宾总统,并于 2004 年 5 月 10 日再次在大选中获胜连任。

①　此处译文与旧版《全集》略有不同。
②　雅丽:即许雅丽。旧版《全集》译为"艾丽斯"。
③　Jame Wooster:生平事迹未详,待考。
④　Roger:生平事迹未详,待考。
⑤　Amando M. Dalisay:译为"阿曼多·M. 达利赛",菲乡村会会长,1959 年由菲尼克斯出版社出版其所著的《菲律宾农业经济政策的发展》(*Development of Economic Policy in Philippine Agriculture*)。
⑥　M. D. 达利赛:应为"Amando M. Dalisay",又译为"阿曼多·M. 达利赛"。参见同年"10 月 14 日"条注。

意作些交流,提供在处理类似问题时所获得的点滴经验及教训。第三,认为"任何新创立的组织,都必然会遇到困难,我们应当做的事不是躲避它们,而是要在理解、认识和沉着冷静并充满信心的情况下去正视它们。你参与我们这个运动的时间还不很长,在去年四月你才开始担任运动的负责人。到一定的时候,在你通过询问,当然还通过与同伴们一起召开重新评估会的方式检验以前所采取的管理、协作和监督体系的效果之后,你可以抉择出为了获取更好的效果,如何去改进和修正这个体系。我们的基本宗旨和原则是保持以前的做法,但我们必须保持清醒的头脑,因时因事对我们的方法和技术进行必要的改进和调整。"第四,告知"具有健全的制度固然重要,但比较而言,拥有能干且富有奉献精神的同志更是关键。"第五,告知处理有个性、偏激、狂妄、固执的成员要有耐心、理解、容忍、谦让的心态,要经常不断地考查自己、反求诸己、时常自责,多进行私人交谈,像亲兄弟般地坦露胸怀、肝胆相照、消除隔阂,互相寻求一种如何才能更好地在一起融洽地工作的方式。"当双方以互相尊重、诚恳和坦率的精神进行了这种谈心后,不增进双方的理解和不促进相互间的合作,几乎是不可能的。"第六,告知"职员犯错误虽是一件坏事,但领导人犯错误则更糟。因为后者将影响整个运动。……运动的负责人必须保持警惕,以防止我们自身的缺点成为运动顺利进行的绊脚石,或影响①了我们同事们的士气。"第七,告知"知道你目前与马特拉②和阿古斯汀(Agustin)③合作得融洽,与卡普朗(Capulong)④合作得也不错,的确令我欣慰。"并对于运动的其他志愿工作人员如里格(Rigor)⑤、曼德克(Mandac)⑥、埃斯皮丽图(Espiritu)⑦、卡鲁扎(Caluza)⑧等的长处和弱点进行了详细的介绍。第八,告知"我们作为领导,必须学会发现别人的长处,发挥他们的优点,如果我们不是这样,我想就没有今天的 IMEM⑨ 或

---

① 影响:旧版《全集》译为"泄滞"。

② 马特拉(Matela):又译为"马蒂拉"。生平事迹未详,待考。

③ 阿古斯汀(Agustin):生平事迹未详,待考。

④ 卡普朗(Capulong):生平事迹未详,待考。

⑤ 里格(Rigor):菲律宾乡村改造运动的参与者,是菲乡村会会长阿曼多·M. 达利赛以及晏阳初在菲律宾从事乡村改造运动的同事。在农业方面有专长,踏实肯干、了解村民、热爱乡村工作、有信念。其好品质受到晏阳初赞赏。

⑥ 曼德克(Mandac):菲律宾乡村改造运动的参与者,是菲乡村会会长阿曼多·M. 达利赛以及晏阳初在菲律宾从事乡村改造运动的同事。富有实干和奉献精神,组织并登记信用社,从事经济实践活动。

⑦ 埃斯皮丽图(Espiritu):又译为"埃斯皮丽塔",博士学位获得者。女。菲律宾乡村改造运动的参与者,是菲乡村会会长阿曼多·M. 达利赛以及晏阳初在菲律宾从事乡村改造运动的同事。1960 年到菲律宾参与乡村改造运动,1962 年因故离开菲乡村会。

⑧ 卡鲁扎(Caluza):菲律宾乡村改造运动的参与者,是菲乡村会会长阿曼多·M. 达利赛以及晏阳初在菲律宾从事乡村改造运动的同事。

⑨ IMEM 是"国际平民教育运动"的简称。

PRRM。"第九，谈 PRRM 的特殊性及处理的特殊性。"开展我们这样的运动，是一种最富探索性和挑战性的工作。它不同于创办一所大学，在大学里几乎不存在协调和队伍中的合作，而且忠诚人民的精神也不如此重要；也不同于成立一个政府衙门机构。在政府部门，工作人员是下级，你如果是他们的上级，就可以发号施令，颐指气使；如果他们不遵守，可以采取纪律处分。而 PRRM 是一个运动！PRRM 是一个协会、一个民间团体。在 PRRM 中，我们需要人们尽最大的努力，他们必须具备良好素质。他们不仅必须精通自己的业务，而且必须有能力将复杂知识转化为农民能够接受的手段，所以需要有灵活性和创造性。他们必须生活在乡村，吃苦耐劳。他们必须与同事们一起以工作队伍的形式工作，为了取得工作效果，他们必须将自己的专业与别人的业务紧密配合起来。总而言之，他们必须忠诚于整个运动，对农民有全面的了解。"第十，谈让运动成员参与规章制度的制定是增进彼此了解和团结的好办法。"在我们这样的运动中，纪律不能以官僚政治的方式，以简单的强迫指令和强制遵守的方法来产生。……对于知识渊博且自尊的专家，最有效的纪律管理办法不是强令遵守，而是参与，让他们参与制订管理方案或制订规则。在PRRM，长期以来形成了召开各种各样的会议的好传统。……正是这些为高级职员举办的会议，它可以把与计划有关的问题和其他干系运动的关键事务提上会议桌面来，由与会成员进行自由而坦率的讨论。在讨论中，这些高级职员会对有关计划和实施情况发表更充分的意见。因为他们除了对乡村改造的各种工作进行技术指导外，还是负责实施计划的决策人。""至于制定什么样的规章制度，他们同样可能依据其实践经验发表他们的观点。在作决定之前，每个人都有发表个人见解的权利与自由，但当决定一经作出后，在经过了这样一个称之为'集体智慧'和'集体贡献'的民主和成熟的过程，那么每个人毫不例外的均有责任、义务和纪律之责任，必须服从决定。这就是说，当由'集体智慧'和'集体贡献'作出决定后，这个决定就富有远比上级施加的组织纪律条文更强大和更有效的集体力量，更具有组织纪律性。我的已〔以〕往经验告诉我，这是让人人发挥最大作用的极可靠和极有效的方法。其根本原因在于，决定是由所有人参与和制定的，所以每个人都感到自己有责任使该决定得以执行。根据我个人的经验，我知道赢得和转变一个忠诚而有能力的同事，比要求他听从决定尽管要困难得多，但也十分重要。因为打发掉一个人很容易，而争取一个人却很难。""建立一个由真正的同志（Colleague）——由了解运动思想、忠诚于运动并对运动作出实际有效贡献的人组成的团体……是要花相当长时间的。"第十一，认为作为领导应对成员"表现出同情的理解，并具有谦逊精神，对待他们不像是对待下级而像对待同伴和同志，你将得到他们的回敬。"第十二，强调留住人才的重要性。"现在的确不是让这些优异人才离开的时候啊,相反正是你最迫切需要争取他们合作与支持的时候。只有这样,运动才能得到进展而不是倒退。"最后,倡导应多谈 PRRM 的闪光点。"PRRM 虽然有它的不足之处,但它仍作为全菲律宾最大的乡村改造民间组织,受到人们的推崇。在乡村,它具有令人钦羡的美誉。……这方面的实际工作成绩就是像里格、马蒂拉、曼德克、阿古斯汀这样的与其他高级职员以及我们整个具有奉献精神的艰苦工作在乡村改造事业的人们取得的。因此,阿曼多,我们不要让自己的次要的急躁情绪膨胀或发展,以致于毁销了我们同伴们的美德,这些伙伴①们创造了今天在菲律宾的 PRRM。最重要的是,外国学员即将来到菲律宾考察和培训:考察我们的精神、我们的相互关系,学习我们的技术。我们能奉献给这些来自拉美②和亚洲的朋友们的是什么呢? 我们已经作了最大的努力,我们还应当加倍奋斗。"(新版《全集》卷 4,第 721~727 页)

是年 在其推动下,IMEM 在菲律宾创办的五示范农场每场每年平均收入增加至 390 比索,比较上年只增少许,但参加农民生计学校人数大增,多至 14 520 人。(吴著《晏传》,第 517 页)

---

① 伙伴:旧版《全集》译为"伴侣"。
② 拉美:旧版《全集》译为"拉、美"。

1963 年(癸卯) 七十三岁

2 月　毛泽东主席号召向雷锋同志学习。

3 月　中共中央发布《关于厉行增产节约和反对贪污盗窃、反对投机倒把、反对铺张浪费、反对分散主义、反对官僚主义运动的指示》。"五反"运动在全国逐步展开。

同月　苏共中央致信中共中央,就国际共产主义运动中的一些问题提出自己的意见。

5 月　毛泽东为《浙江省七个关于干部参加劳动的好材料》作了批示,发出关于开展阶级斗争、生产斗争和科学实验三大革命运动的号召。

同月　中共中央制定了《关于目前农村工作中若干问题的决定(草案)》。9月,又制定了《关于农村社会主义教育运动中一些具体政策的规定(草案)》。

6 月　苏联宇航员瓦莲金娜·捷列什科娃驾驶"东方"6 号飞船升空,成为进入太空的第一位女性。她在太空停留了 2 天 22 小时,绕地球飞行 48 圈。

同月　《人民日报》发表中共中央对苏共中央 1963 年 3 月 30 日来信的复信,提出《关于国际共产主义运动总路线的建议》(即"二十五条")。

7 月　中共代表团和苏共代表团在莫斯科举行会谈。

9 月　陆续发表九篇《评苏共中央的公开信》的文章至次年 6 月 15 日。

同月　中共中央工作会议在北京举行。会议决定再用三年时间,继续进行调整、巩固、充实、提高的工作。

10 月　教育部发出通知:组织高等学校文科学生参加农村社会主义教育运动。

11 月　美国总统约翰·肯尼迪在达拉斯的迪利广场遇刺身亡。

12 月　中共中央、国务院原则批准我国 1963~1972 年科学技术发展规划。

同月　正式公布施行《聋人汉语手指字母方案》。

是年至 1965 年　部分农村和少数城市的基层开展了社会主义教育运动(简称"四清运动")。

1 月 22 日　致信 A. M. 达利赛(Dr. Amando M. Dalisay)及全体高级职员。信中首先很高兴地告知一个由高级专家和大学生组成的拉丁美洲乡村建设代表团很有可能于九月来菲律宾国际乡村建设学院，接受为期六个月的指导和培训。他们将学习 PRRM(菲律宾乡村建设运动)模式。其次，谈 PRRM 模式的基本特性。"(一)由国内民间的杰出领导人组成的一个专门董事会，赞赏乡村建设运动的基本原理和方法，并负责主办这一运动。(二)有一批核心的技术人员，他们在农业、合作组织、乡村工业、教育、公共卫生和地方自治等方面有能力，并有奉献精神。他们能够将现代科学简单化，使之大众化，把科学转化为农民能理解、能应用的实用简易概念。这样，专家们技术性的'是什么'①就变成农民实用性的'怎么做'。(三)一批来自高等院校的青年，他们受过良好训练，工作勤恳，并具有奉献精神，与农民一起共同生活，共同劳作，并成为农民的组织者、老师、朋友和伙伴。他们是农民的'科学传教士'。农民乡亲们在他们的帮助下，不仅能成为更好的生产者和商人，而且能够成为民主社会中有知识的、活跃的公民。(四)以村庄为单位实施乡村改造②的综合性四重计划。(五)有觉悟的、受过培训的农民通过自己的组织——乡村改造运动协会、乡村改造工作者协会、乡村改造青年会——与村委会一起积极参加他们村庄的经济和社会建设活动，跟贫穷和疾病作斗争，自力更生、自我管理。受过培训的劳动力是经济建设的前提基础，有知识的公民是民主政治的基础。"第三，强调开拓精神需意会。"正如我常说的，有些东西如技术、技巧和知识，可以言传；而有些东西只能意会，我指的是那些工作人员、专家、助手以及乡村建设工作者的开拓精神。你只能从他们身上学到这种精神。我们坚持要拉丁美洲的朋友来菲律宾，其中一个重要原因就是让他们来学习菲律宾乡村改造运动的工作人员——高级、初级人员以及乡村改造工作者——具有的开拓精神。"第四，强调重塑精神的重要性。"技术性的'是什么'③很重要，但仅仅这样是绝对不够的。为了有效、出色地完成乡村改造④的艰巨任务，我们还必须具有更多的精神，即献身精神以及相互尊重、相互信任的精神和团结合作的精神。除非充分具备了这些精神品质，否则，即使工作人员具有技术、技巧，乡村改造计划也不会获得成功。"第五，告诫同事们让拉丁美洲来的乡村改造事业的同行学到技术、吸取到精神，不让他们失望。最后，希望为拉丁美洲朋友的来访准备相关事宜。"请你们给我列出以下人员的名单(包括高级、初级人员及乡村改造工作者)：① 能流利地讲西班牙语的人；② 西班牙语讲得相当好的人；③ 懂西班牙语但讲得不好的人。还请你们就培训计划

---

① 是什么：旧版《全集》译为"知道怎样"。
② 乡村改造：旧版《全集》译为"乡村建设"。后面多处亦同。
③ 是什么：旧版《全集》译为"知道怎样"。
④ 乡村改造：旧版《全集》译为"乡村建设"。后面多处亦同。

的经验,拟定一下六个月的培训课程。当然,应包括一个时间安排表,如占用多少时间来进行指导和课堂活动,花多少时间进行实地活动。如果你们能尽快办好上述事项,并把拟定的草案送来,我会对此表示感谢。"（新版《全集》卷 4,第 728~730 页）此信的简约稿同时编入宋恩荣总主编、孙修福执行主编的《晏阳初全集》第四卷（天津教育出版社 2013 年版）中,内容略有出入。特介绍于此。简约稿信中首先告知"菲乡村会经十年的努力,已具备五项基础:（一）一个负责任的理事会:包括全菲杰出的民间领袖,对乡村改造哲学有了解,愿尽力支持这一伟大工作。（二）一个核心组织,包含各类能干且愿献身的专门人才,努力将现代科学简易化,给农民传授能够了解并即能运用的知识。专家们的'是什么'[①],成为农民们实用的'怎样做'。（三）一群具有献身决心、受过良好教育又能吃苦耐劳的大学青年,深入农村,和农民共同生活,成为农民的组织者、教师、朋友、伙伴。他们是科学的传播人。农民得到他们的帮助,不只是一良好生产者、经营者,也是一民主社会中有知识的活泼公民。（四）在以村为单位实际进行的乡村改造中相互连环的四大计划。（五）已觉醒又经过训练的人民,经由他们自己组织的村议会和农村工作队男女队员的协助,是经济与社会建设的积极活跃的参与者,对抗贫穷与疾病,并发展自信心与地方自治政府。有训练的人是经济建设最需要的[②],有知识的公民则为政治民主的基础。"其次,强调拉丁美洲朋友除学习"若干事物如知识、方法、技术"外,还有一些事物,就只能感受、觉察、把握,"这就是十字军精神。"第三,强调献身精神的重要。"为使乡村改造的艰巨任务有效地完成,就必须具有献身的精神,即相互信任、相互尊重的合作无间的团队精神。如果这一献身精神不能明显地呈现,即使农村工作人员具有特别[③]的方法与技术,乡村改造仍难以成功。"（新版《全集》卷 4,第 730~731 页）

1 月 31 日　就菲律宾建的国际乡村改造学院募捐与 Dewiitt Wallace 会谈。（吴著《晏传》,第 596 页）

春　与夫人一道访问多米尼加共和国（Dominican Republic）,进行农民基本问题的考察研究。（川编《晏阳初》,第 305 页；吴著《晏传》,第 547 页）

9 月　国际平教会发展组请《读者文摘》发行人华莱士伉俪具名举行三次午餐会,邀请各公司、银行、基金会及著名领袖人士与会,席间华莱士介绍其所报告的国际乡村改造学院计划。这三次餐会扩大了支援的基础,获得良好反应。此后捐款

---

① 是什么:旧版《全集》译为"知道怎样"。
② 最需要的:旧版《全集》译为"首要的"。
③ 特别:旧版《全集》译为"个别"。

不断增加。赞助人名单超过一千人。(吴著《晏传》,第 548 页)

是年 从菲律宾将启程赴美时,菲乡村会会长 Gregorio Feliciano① 来告说:"没有存款了,怎样办?"于是安慰他:"不要发愁,事情会解决的。"当时需要四万七千比索支付薪金——翌日早,忽有四张支票寄到乡村会办公室,支付薪金以外,还有一万比索作其他开支。三个月以后,又没有存款可用。Feliciano 急电求援,一天以后,忽收到一万二千比索,仍不够支付薪金。翌日,又接到一万四千比索,恰可够用。收到 Feliciano 来信道:"我向上帝谢罪:我太缺乏信心了。"于是复信 Feliciano 说:"菲乡村会只遭遇上两次这样的事情,我在中国平教总会时常有如此仰屋叹息无款支用的境况哩。"菲乡村会多次在紧要关头收到捐款,渡过难关。这些事实证明:菲乡村会创立之初,所再三强调的金钱不足忧,只要坚定信心,努力为村民服务,有具体工作表现,各方捐款自动会送来的经验之谈。(吴著《晏传》,第 503~504 页)

是年 前往危地马拉②,认识 Dr. Adolfo Moline Orantes③,因才识品学俱优且热心公益,受到当地人敬重。在危地马拉倡导改善农民生活。(吴著《晏传》,第 602 页)

是年 接受国际平教会理事会主持"教育基金支援会"(The Council for Financial Aid to Education)的 Dr. Frank Sparks④ 的建议,并从 Sparks 提出实际负责捐款工作的候选人名中,聘任 Dr. Clyde W. Meredith⑤ 为国际平教会发展组(Department of Development)主任,于 9 月起开始工作。(吴著《晏传》,第 547~548 页)

---

① Gregorio Feliciano:译为"格雷戈里奥·费利西亚诺",菲乡村会会长。普雷格出版社 1967 年出版了其所著的《农村重建与发展:一批为此奋斗的人们——当代国际经济学和发展经济学专题研究》(*Rural Reconstruction and Development:A Manual for Field Workers — Praeger Special Studies in International Economics and Development*)。

② 危地马拉:亦译"瓜地玛拉",在中美洲人口总数之多居第二位,全国四百万人中百分之五十三是印第安人,其余是混种,主要是印第安人与西班牙人混血种,危国大多数的农村社区极不清洁而且素乱。饮用清水缺乏,当地人民只有依赖河水、湖水或其他天然水源应用,大多被脏物污染,因为没有处理排泄物的设备。农村房舍是如几百年前一样破旧,绝大多数不符合卫生条件。营养又不充足。故危国死亡率之高居美洲首位。主要死亡的大都是初生一年的小孩,以无预防、治疗故传染病蔓延。一九五九年,危国统计局数字指出:一千人中初生儿死亡率是二十九点一。母亲在生育后三十日内死亡的是一千人中有三十五人。一岁以下小儿死亡率是千分之八十九点七。危国境内印第安人在市镇里说西班牙语,但妇女说西班牙语的很少,都用方言。一般人的意见都以为在这国家只有用西班牙语文才是唯一解决语言问题的方法。在印第安人的学校教师,大都是国民学校毕业后再训练三年。其中有两三人成绩特优,前往墨西哥升学,但他们程度仍低于大学水准。危地马拉有七千二百四十八个社区,包括乡镇。其中有二千村有较佳道路可以进入,另有一千乡镇道路在干季时可进入,其余四千余村没有道路交通。危国政府对农民及教育曾有若干工作,美国各方面也多有援助;但问题复杂,成效始终不著。(参见吴著《晏传》,第 602、603 页)

③ Dr. Adolfo Moline Orantes:曾任危地马拉国政府外交部部长、San Carlos 大学法学院院长。

④ Dr. Frank Sparks:原在商界工作,后被一学院聘为院长,负责组织"教育基金支援会"(The Council for Financial Aid to Education),为学员募集捐款,颇有成效。为晏阳初筹款出谋划策。

⑤ Dr. Clyde W. Meredith:生平事迹待考。

1964 年(甲辰)　七十四岁

2月　《人民日报》发表《校外教育是社会主义教育的一个重要阵地》社论。

3月　巴西发生军事政变。

同月　国家科委、教育部联合向有关高等学校分别发出《1963～1972年科学技术发展规划研究任务通知书》，落实国家十年科学技术发展规划。

4月　国务院发出大力发展职业教育通知，将技工学校的综合管理工作由劳动部划归教育部主管。

同月　国务院外事办公室同意教育部关于1964～1966年派遣外语留学生的三年规划。

同月　中国与坦桑尼亚联合共和国建交。

5月　巴勒斯坦解放组织在耶路撒冷成立，简称"巴解"。

6月　南朝鲜六三运动发生。

同月　南非黑人政治家纳尔逊·曼德拉被判终身监禁。

同月　77国集团成立。

9月　中共中央发出《关于印发农村社会主义教育运动中一些具体政策规定的修正草案的通知》。

同月　高教部向直属高等工业学校发出《关于积极进行教学改革的意见》。

9～11月　一些省、市和中央部门成立专管半工(农)半读教育的机构，领导和推进半工(农)半读教育的试验工作。

10月　第十八届奥林匹克运动会在日本东京举行。

同月　苏共第一书记赫鲁晓夫被解职。

同月　我国第一颗原子弹爆炸成功。

同月　中国与赞比亚共和国建交。

11月　周恩来率领党政代表团赴莫斯科参加十月革命47周年纪念活动。

12月　威尔逊提出英国的"大西洋核力量"方案。

是年　《毛主席诗词》《毛主席语录》《毛泽东著作选读》(甲、乙两种版本)相继出版发行。全国掀起学习毛泽东著作的高潮。

是年　全国工业交通战线开展学大庆运动,全国农村开展学大寨运动。

是年　美国芝加哥市成千上万的小学生罢课,抗议城市学校的隔离政策。罢课活动使 38 所学校受到影响,黑人民权斗争朝着胜利迈出了一大步。

1 月 21 日　致信麦可米克(Fowler McCormick)①,希望能为国际平教会"教育基金支援会"(The Council for Financial Aid to Education)的"胚胎金"20 万美金认一些捐。(吴著《晏传》,第 597 页)

2 月 24 日　致信菲律宾乡村会会长 Mr. Gregorio Feliciano,特请他替代自己赴在马来西亚首府吉隆坡(Kuala Lunpur)召开的"亚非农村改造组织"(The African Asian Rural Reconstruction Organization)集会讲演,希望把握这一机会多与亚非各国乡村领袖接触:欢迎他们莅菲参观乡村工作;国际学院正式开学后,亚非国家可选人前来受训。这是国际平教推广向亚非国家扩展的最好机会。(吴著《晏传》,第 548 页)

5 月　与国际平教会行政主任 Harry Price 同往危地马拉、哥伦比亚考察,接触当地民间领袖人物。(川编《晏阳初》,第 305 页;吴著《晏传》,第 548～549、603、627 页)

6 月 17 日　参加国际平教会集会,提出考察危地马拉、哥伦比亚两国报告,指出当地人士对乡村改造的兴趣,经过三年的培养,已更加热烈。认为这两国可做中美和南美国家乡村改造的表证场实验区。(吴著《晏传》,第 549、603 页)

7 月 21～27 日　与夫人一道再往哥伦比亚视察,与当地人士详细商讨具体问题。(吴著《晏传》,第 604 页)

11 月 20 日　参加国际平教会会议,在会议上提出报告,在其建议下,国际平教会正式决议协助危地马拉和哥伦比亚作中美和南美国家乡村改造的表证场实验区。给予两国乡村会获奖学金人员各 16 名,并选送其领导人前往菲律宾参加 1965 年 1 月初开始的国际领袖人才训练。在会上阐明:哥伦比亚经济情况较危地马拉良好,奖学金仍依危国例支付,但对危国的技术援助,按危国请求再决定。预计经三次训练后,两国领导人才已可够用,并在本国训练当地人才。(吴著《晏传》,第 549、604 页)

是年　在其乡村改造计划的推动下,菲律宾国会制定农地革新法。菲乡村会仍使表证农场继续推行,同时研讨新计划以协助农民有能力去适合法律规定而逐渐成为土地所有人。(吴著《晏传》,第 517 页)

---

① 麦可米克(Fowler McCormick,1898～1973):出生于美国伊利诺斯州,其父是瑟姆公司(Same Company)负责人,毕业于普林斯顿大学,1941 年创办国际收割机公司(International Harvester Corporation),将该公司经营至 1951 年,主要从事农业和采矿业。在 20 世纪 40 年代,在其领导下,公司成为美国农产品设备的领头羊,1947 年销售收入翻了一番。也因创造和保持员工稳定关系而被世人知晓。

1965 年(乙巳) 七十五岁

1月 中共中央制定了《农村社会主义教育运动中目前提出的一些问题》(即"二十三条")。其中提出:"这次运动的重点,是整党内那些走资本主义道路的当权派。"

2月 国务院批准高等教育部的报告,同意本年向资本主义国家派遣自然科学留学生50名。我国自1957年开始向意大利、比利时、瑞士、瑞典、挪威、丹麦等国派出留学生。至1965年1月,8年共派出200名,绝大部分学习外语,其中自然科学留学生仅21名。1950～1966年底,我国共向29个国家派出留学人员10 678人。

同月 成立西南三线建设委员会。

4月 中共中央发出关于加强备战工作的指示。

5月 中共中央发出《关于在全国工业交通系统建立政治工作机关的决定》。

6月 英国甲壳虫乐队获得帝国勋章。

7月 李宗仁海外归来,周恩来等到机场欢迎。

同月 毛泽东看过《北京师范学院一个班学生生活过度紧张,健康状况下降》这份材料后,给中共中央宣传部部长陆定一写了一封信。信中说:"学生负担太重,影响健康,学了也无用。建议从一切活动总量中,砍掉1/3。请邀学校师生代表,讨论几次,决定实行。如何请酌。"此信简称"七三指示"。

9月 中国首次人工合成了结晶牛胰岛素。

11月 《人民日报》转载11月10日《文汇报》发表的姚文元的《评新编历史剧〈海瑞罢官〉》。该文对历史学家吴晗进行政治诬陷。

12月 黄炎培在北京病逝,终年88岁。

是年底 我国国民经济调整时期结束。

是年 全国22个省、市、自治区选定43所中小学为"大改"试点学校。"大改"试点,即学校在学制、课程、教材教法、考试方法、思想政治工作、生产劳动以及学校体制等各方面,不受教育部过去一切规定的限制,进行大胆改革。

是年 国民经济三年调整期结束。在调整期间(1963～1965),我国教育事业费支出占国家财政总支出的 6.79%；全国教育事业基建投资完成额占国家基建投资完成额的 2.7%。

1月5日 在菲律宾培训班开学典礼上讲话。首先，表达很高兴能对菲律宾乡村改造运动的 40 名新学员表示欢迎，很高兴能欢迎来自危地马拉乡村改造运动的朋友们和同行。其次，告知"在过去的十二年中，菲律宾乡村改造运动形成了服务于人民的伟大传统。我经常将菲律宾乡村改造运动叫做乡村改造工作。……菲律宾乡村改造运动的工作人员……不仅去接近那些生活贫困的人民，而且正像罗西斯(Rothes)①秘书刚才所说的那样，他们还去教育穷人如何摆脱贫困。菲律宾乡村改造运动具有一个甘愿奉献的伟大传统。我希望你们这四十名新学员在六个月的培训中，至少学会两件东西。第一是要学会技术知识，相对来说这是比较容易的。第二是要培养传教士式的热情。技术固然重要，但仅靠技术决不能拯救一个国家，决不能改造人民，要达到这些目的，必须将技术与宗教精神结合在一起。我们必须既要具有科学头脑的人，又要具有基督精神的人。必须同时具备这两种要素。……我的新朋友们，我希望你们都获得成功，愿上帝保佑你们在今后的六个月内至少掌握上述两个基本功。其一是学会菲律宾乡村改造运动的技术，其二是培养改造自己的人民、改造自己的国家的宗教精神。"第三，告知危地马拉的朋友们"曾有幸亲自参与录用你们中大多数人的工作，你们是自己国家的精华。我想告诉你们，也许你们这些新学员也曾收听到过，世界上的最大问题之一，是世界上三分之二的人都被叫做发展不良的人民。'发展不良'这个词听起来很不舒服。许多人为躲避这个词，而用'正在出现'的人民，或'发展中'的人民来取而代之，但他们仍叫铁铲为铁铲。我十分希望这一不愉快的称谓能使我们中的某些人觉醒，使我们愤怒，以至于想去做一些事情来改变这一状况，而不是去躲避它。"第四，阐述不发达国家之所以不发达是因为人民发展不良。正因为人民发展不良，所以国家的天然资源未得到充分利用，国家的矿物资源没有得到良好的开发。甚至连国家政府也发展不良。第五，认为"如果想有一个更美好的世界，必须要有更好的人民，人民是基础，巩固这一基础的唯一方法就是使未发展和发展不良的人民得到发展。在二十世纪中，世界面临的最大挑战不是去探索外部太空的奥秘，而是去发展这些未发展和发展不良的人民，就在我们这个地球上，这样的人成千上万。对于世界上的不发达国家来说，我们的使命不是飞往月球，而是深入到人民、农民和农业工人中

---

① 罗西斯(Rothes)：菲律宾乡村改造运动的工作人员，曾任秘书一职。

去。"第六,谈国际平民教育运动过去 43 年的主要工作。"这一运动一直在坚持不懈地努力寻求出使未发展和发展不良的人民得到发展的方法和能实现这一目的的人。……简单地讲,我们发现了下面的两条规律:第一,大多数发展不良的人民是乡村居民——农民。因此,在过去的四十三年中,我们的重点一直放在乡村改造上。第二,我们发现,尽管这些人民发展不良,但他们具有很大的潜力和能力,但这些都是潜在的。因此,我们的重点不是去救济他们,而是去释放他们的潜在力量。这个潜在力量是上帝赐予我们每一个人的,其中包括农民。利用这个力量去进行各方面的发展,去发展经济生产力,以及去担负起社会和政治责任。"第七,谈发展那些"发展不良"的人民的方法。"为了释放出上帝赐给农民们的潜能,必须向他们传授科学知识。……农民面临着的问题很多,但可以简化成四个基本问题,即贫困、无知、疾病和自私。因此,我们必须利用农业科学、工业科学去摆脱贫困,用社会科学去克服无知,用医药卫生科学去战胜疾病,用政治科学去克服自私思想。"要做到这些很难。"因为这些科学是在大学里教授的,实际上是给很少一部分幸运者讲授的,只有这些幸运者才具有科学技能和科学知识。但是,这些在高等学院里教授的科学既难于理解,又超出了农民力所能及的范围。为了利用这些基础科学去解决上述基本问题,我们需要下述的两种人。第一种就是我所说的科学简化者①。……他们能将这些高深的科学知识用连农民也能懂得的语言向别人传授。他们是一些既具有科学知识又能教授这些知识的科学家。……第二种人很重要。我将他们叫做'科学传教士'。他们将那些经过简化的关于农业、公共卫生、教育和自治方面的切实可用的实际科学知识传授给人民。"第八,谈学员参加菲律宾乡村改造运动的理由。在菲律宾乡村改造运动中,学员们将会看到"将这些基础科学以切实可行的方式用于满足农民们的需要和用于改造他们的条件的。""将会看到由科学简化者②组成的一个核心。他们或是大学的前任校长、大学的教授,或是政府各局的前任领导人,但他们已经辞职,断绝了与原职之间的联系,而来到郊区,来到山村,目的是直接研究农民们的困难所在。他们就是这里的科学简化者"。并告诉学员将有机会见到他们,并向他们学习简化复杂科学知识以服务于农民的方法。还会看到"一群'科学传教士',他们是大学里的精华,他们是从成千上万的人中挑选出来的。他们是自己的人民的'传教士'。"第九,谈国际乡村改造学院。首先谈创办缘由是收到了世界各地很多人的请求信,仅来自除古巴以外的所有中美洲和南美洲的国家

---

① 旧版《全集》在"科学简化者"后有"或仁者"三字。
② 旧版《全集》在"科学简化者"后有"和仁者们"四字。

的就达 800 多封,急切希望派人到他们的国家去开展类似于菲律宾乡村改造运动的活动,为满足不同国家的请求和需要,国际委员会决定成立国际乡村改造学院。然后谈学院的三个重要职能:"① 满足像危地马拉和哥伦比亚这样的不同国家的需要和请求;② 精心训练这些友好的合作的国家选送来的乡村改造运动领导者;③ 继续进行我们的技术和应用研究,以进一步改进现有的技术和方法与发展新的技术和方法。"很希望危地马拉的学员不久去甲米地(Cavite)①省的学院总部参观;也希望其中一些人成为学院的志愿者来共同完成国际乡村改造工程;还希望"你们能从我们所犯的愚蠢的错误和我们已经学到的一些有价值的经验中学到一些东西,从而能比我们取得更大的进步。"希望危地马拉朋友们注意当前的贫困并加以改变。"从玻利瓦尔②解放南美洲到现在几乎已经有一百五十年了。将南美从西班牙铁蹄下解救出来是一件事情。但实际上还有另外一件事情,那就是要将南美人民从无知、贫困、疾病和自私中解放出来。取得政治上的独立是一件事,获得经济上的独立是另外一件事。到今天为止,已经过去一百五十年了,但你们看到了,我也看到了,拉丁美洲的人民仍然生活在贫困、无知、迷信和饥饿之中。要将民众从无知、贫困、疾病和自私中解放出来,还需要另外一种解放者。这不是一件能靠武力来完成的工作,而只能依靠那些具有经过训练的头脑和无私的胸怀的男女老少们来完成。这也不是一件像玻利瓦尔解放南美那样能在十五年之内完成的工作,这件工作需要也许五十年,也许更长的时间。这件工作不像战争那样激动人心和壮观。这件工作需要一天又一天,一年又一年的辛苦劳动和奋斗。你们的任务不仅仅是乡村改造,乡村改造仅仅是一个手段,你们的最终使命是改造人类,这是最终目的。这件工作要求人们要具有极大的忍耐力,要深刻了解这件工作的意义,尤其是要自始至终保持奉献精神。"最后,希望学员"微笑着去迎接乡村改造训练任务吧,为回国以后去改造自己的人民和国家而努力学习吧。我冒昧地引用西蒙·玻利瓦尔的精神提出如下誓言:'我对我的上帝和生我养我的土地起誓:我将用我的双手和灵魂投入工作,直至打碎将我们的人民束缚在贫困、无知、疾病和自私之中的锁链。'"(新版《全集》卷 3,第 29~36 页)

1 月 6 日 在菲律宾的 Nueva Ecija 省属 Nieves 的田野实地训练站举行国际

---

① 甲米地(Cavite):旧版《全集》译为"开维特"。

② 西蒙·玻利瓦尔(Simeon Bolivar, 1783~1830):亦译为"博利瓦"或"波利瓦尔"。杰出的军事将领。生于委内瑞拉加拉加斯城的一个西班牙移民后裔的家庭。三岁丧父,九岁丧母。少年时代受教于启蒙老师西蒙·罗德里盖斯。青年时代,为寻求革命真理,探索解放拉丁美洲的道路,游历了法国、意大利、罗马等国。回国后,即投身于解放祖国、赶走西班牙殖民主义者的火热斗争之中。在 15 年中,他参加了 500 场战斗,解放了包括委内瑞拉、哥伦比亚、厄瓜多尔和秘鲁在内的许多地区。

乡村改造学院国际训练工作第一期始业式盛典。危地马拉及哥伦比亚两国热心乡村工作的领导人士与各科专家共 32 人，与菲律宾乡村会人士 41 名一同受训。（晏著《传略》，第 331 页；吴著《晏传》，第 549~550 页）

同日 先后为在菲律宾的 Nueva Ecija 省属 Nieves 的田野实地训练站举行的国际乡村改造学院国际训练工作第一期始业班学员做第一次讲演，主要讲"发现民众的潜能和知识分子的无知是我在法国的华工教育所得的经验"，（新版《全集》卷 3，第 37 页）该讲演词收入新版《全集》第三卷中。此日后至 4 月 22 日还做了 16 次讲演，将 44 年来平教乡建工作的历史、基本哲学与指导原则一一加以说明。讲述时多为平教会在中国经验，但随时举出其与其他国家情况的异同，例如中国文字是单字，菲律宾与危地马拉是字母拼音。在讲习时即询问危地马拉参加训练的教育专家：中国平民课本选用 1 300 个通用字一原则，是否适合危地马拉呢？被告知：危地马拉采用选择 1 500 个基本字作平民课本发展的方法正与中国的相同。演讲中说明，十余年来，在菲国并没有完全将中国经验移植过来，例如中国的"导生制"即未曾在菲尝试过，这就是因时、因地制宜，必须力求适应当地环境。还多次郑重强调：一定要谨记利用你们自己的优良传统和文化遗产，千万不要忽略，而只知崇拜美国、法国、西班牙。唯有利用自己文化遗产方能建设自己的国家。（吴著《晏传》，第 549、550 页）

1 月 8 日 以"识字和文学"为题在菲律宾国际乡村改造学院做第二场演讲。收入宋恩荣总主编、孙邦华执行主编、由天津教育出版社 2013 年出版的《晏阳初全集》第三卷中。首先，阐释自己在 1918 年立下的誓言："回到中国后，我不会从政、经商或者做其他任何一种工作，而是献身于教育，启迪我们为数众多的民众。"其次，谈自己从法国服役的中国农民学会识字和写字推测中国当时"其他的三亿六千万人也就能够学会识字和写字。"由此抱定为农民工作，由此进行了 43 年的活动，并把这些活动"仅仅看作是对农民工作的一个准备期"。第三，告诉听众自己在从事为农民工作中的有特殊意义的，或者是特别相关的，已经有帮助的事件。① 1920 年回到中国。1921 年，找到人生的伴侣并结婚。从此与夫人为平民教育运动而一起工作。②"最开始的教育实践只是从事识字教育工作，并遵循三个非常基本的原则，即第一，最少的时间；第二，最少的花费；第三，最大的成效。"③"选择那些民众每天需要使用的汉字，进行阅读和书写的教育"；"对不同种类文字作品中包含或涉及的不同汉字做非常艰苦的研究之后，我们确定了日常生活中大约一千三百个最常用的字。我们从四万个汉字压缩到仅仅只有一千三百个字，这些汉字被我们称为基本词汇，它是每个男人、女人和小孩为了具备基本的读写工具而必须学习的汉字。随后，从这一千三百个字里，我们选编了四册读物，每一册包括二十四节课。每周我们花费六个小时或每天一个小时;在星期天他们不用学习。就这样,一周六个小时,一个月二十四个小时,农民们能够在一个月内完成一册读物,九十六个小时,也就是四个月后,他们可以学完所有的四册读物并掌握里面的基本词汇。这是我国历史上最具革命性的事件之一。"④ 编纂了一本字典《平民字汇》,包括三千个汉字。"这三千个字和他们的词组一起达到了大约一万个词。农民在学会基本词汇以后,在字典的帮助下,他们几乎能够毫不费力地阅读日常生活中的各种东西。"⑤ "准备了一千多部小册子,主要是涉及对农业、健康、生物、诗歌、歌曲、故事等配以大量的图画加以示例说明等内容,我们把它叫做'平民图书馆'"。以巩固脱盲者不复盲。"世界各地有许多朋友想从事识字教育,但是,识字仅仅是一个工具。除非你接着进一步编写读物,以满足农民的要求。否则,他们没有材料可以继续阅读,他们迟早会忘记所学过的东西,又重新退回到文盲状态。"⑥ 介绍在中国从事平民教育遇到的困难及克服困难的办法。"第一,大学者和科学家对于农民一无所知;第二,当这些大学者和科学家给报纸写书或文章〔写文章或写书〕时,他们可以无限制地使用词汇,有四万个字可以随心所欲地用。现在要求他们只能使用一千三百字,他们必须在这个词汇范围内编写,他们当然会非常困难。我们很多伟大的作家能够为我们的学者和科学家写,但是他们却不能为我们的农民去写。"为此"号召科学家、农业专家、公共健康专家回到乡村,号召作家回到乡村,同那里的农民生活在一起,了解他们的境况。……你需要花一年时间和农民一起生活,去了解他们的需求,了解他们的状况,了解他们的长处和弱点,了解他们懂什么、不懂什么,然后你才能开始写作。否则,你所写的东西对农民是没什么用处的。""写完第一稿,便把它拿给刚刚识字的人传看。他们看过之后就评论说哪些部分能够看得懂,哪些部分看不懂。我们就把从农民那里收集来所有批评意见反映给这位学者,然后他就一遍又一遍地修改这个稿子,直到满意为止。最后,我们出版了这部稿子。"⑦ 介绍"流动图书馆"。即用扁担把书从一个村庄运到另一个村庄。在每个村庄设立一个读书室,每次会在那里留下一部分书。三到四个星期以后,又添一些新书而拿走前次留下的旧书,以便给农民朋友及时提供可阅读的材料。第四,强调对新的识字者准备可以理解的、有趣的、具有吸引力的文学及阅读材料非常重要,且是世界各地识字运动所缺少的。"如果你们真的能教人们读书,在他们学会识字之后,有正确而合适的文学准备给他们是非常重要的。否则,或者他们会忘记他们的识字,或者如果其他机构为他们准备阅读材料的话,他们会阅读错误的东西,那样做有什么好处呢?我们为什么想叫他们读书?是因为我们想在他们的头脑中灌输正确的思想,传授提高生产、防治疾病、成为更好公民等正确信息。但是，可悲的事实是许多人只是想去增加识字，而没有注意接着进行文艺教育。"第五，强调乡村改造运动的使命。"无论是在菲律宾，或是在危地马拉，还是在哥伦比亚，我们的乡村改造运动都有一个非常重要的使命，那就是，我们不仅要教会文盲识字，而且我们还必须为他们准备新的文学，使之成为菲律宾、危地马拉或哥伦比亚的新公民。这一点我们必须铭记在心。否则，这些新的具有识字能力的人就会读一些不合口味的东西。因此，我们的一个伟大使命是能够为我们几百万新的识字民众创作出充满生气的文学。"最后，提醒听众们好好思考将教育民众识字的良好体制——用最少的时间、最小的花费运用于民众教育之中。（新版《全集》卷3，第45～50页）

1月13日　以"怎样领导识字运动"为题在菲律宾国际乡村改造学院做第三场演讲。该演讲词收入宋恩荣总主编、孙邦华执行主编、由天津教育出版社2014年出版的《晏阳初全集》第三卷中。首先，他向来自危地马拉的听讲者介绍扫盲教育中一直遵循的基本原则"用最少的时间，花最少的钱，获得最大的效果"。并认为该原则具有广泛的实用性。"这不仅适用于教育方面，对我们工作的各个阶段来说都是适用的，不管乡村改造的哪个项目，它都是用最短的时间、最小的花费，为最大多数的人谋取最大的利益。"其次，谈本次演讲的目的是将既经济又实用的简单识字方法普及于平民之中。① 吸纳教师和学生加入这项识字计划；② 创造一种关于学习的重要性和迫切性的社会意识，使得教书的人会认为执教是一件光荣的事情，而学生们认为接受教育是特有的待遇。为此必须教育整个社会，去接洽社会上的杰出领导人，让他们认识到自己工作的重要性，尤其要教育已经受过教育的人；要争取社区小学里的教师、大学里的学生、商店店主和学生的父母；要组织一个城镇的全体平民大会、召集城镇所有学校教师的会议，告诉他们识字的重要性，接着，开每一个群体的平民会议，然后组织一个大游行。当社会意识被唤醒后，整座城镇组织成许多不同的部门来游说且招收不识字的人，这样群众的意识就被调动起来了。要让求学变成一种风尚，让受过教育的人教文盲也成为风尚。"整个社会营造出了一种教育氛围，那些能够教书的人就想教，应该接受教育的人则想学。"第三，介绍中国平民教育运动从中国西部发展到中国北部和南部、中华平民教育促进会成立及运转情况以及1925年太平洋关系研究会期间的有关演讲与随后的募捐。第四，介绍从事平民运动遇到的不太愉快的经历及其化解。第五，鼓励危地马拉的听讲者要有信心，"我确信当你们回去之后，你们也将遇到许多困难。而且你们的工作也不会如你们所想的那样简单和容易，一个新的国家不会在你们一回去就产生出来。"如果放弃，就不会有好结果。第六，阐释平民教育运动中的识字教育活动对中国产生的影响。① 它对中央政府产生了极大的作用,促使每一个省份都建立了一个平民教育机关;② 它对知识分子和受过教育的国家上层人物也产生了影响,使他们认识到农民们需要教育,而且也能被教育,普通民众承载着无限的潜力;③ 识字运动也给出版业带来了影响,出版商们开始给普通民众出书,由此带来了非常好的商机;④ 大约有八千万名普通民众学会了读和写,成千上万的教师志愿者们每天教一小时,促进了国家新的觉醒。最后,阐发"Mass Education"(民众教育)一词的重大意义。"它不是指普通的民众而是指平等的人民,换句话说,不管一个人是有钱还是没钱,他对所有的人来说都是平等的人。因此,我们称之为平民教育,或者说平等的人民都有平等的机会接受最基本的教育。……'平'字有非常丰富的内涵,它包含了平民教育运动的一些基本哲理,作为一个形容词它的意思是'平等',作为一个动词它表示'使平等'。当你把'平'当一个动词使用的时候,你是在平社会之不平,给人人都提供平等的机会。当社会处在不平等的状态时,就没有公正可言。你们将会记住这个'平'字。它上面的'一横'代表人的头脑,一种受过培养和训练的心灵。'两点'代表两只眼睛,一个代表平等,另一个代表公正。在中间部分是贯穿整体的十字架,这个'十'字代表心,耶稣基督之心,而且应该是对农民们的同情心,耶稣为了拯救我们而牺牲了自己。'平'是平民教育运动的标志,它所代表的是你必须回报。用你受过训练的头脑,睁开你的双眼,为的是致力于平等和公正事业。怀着一颗同情怜悯之心,你就能够完成帮助你们的农民朋友这一重大使命。"(新版《全集》卷3,第51~63页)

1月15日 在菲律宾国际乡村改造学院所做的第四场演讲,主题是与同仁讨论如何教会人民生活并且生活得更好。以"请知识分子下到定县去教会平民识字和改造生活"为题收入新版《全集》第三卷中。首先,论述人们学会阅读之后就可了解外国农民们的生活状况,从而产生新的渴望、新的需求,农民也一样。提醒搞扫盲教育的同仁们针对觉悟农民的不满引导他们继续学习,为重建和改造他们的生活而努力奋斗。其次,提醒扫盲同仁要认识到激发出平民新的渴望和需求之后而不再做任何事情的危险,如果不能够给他们提供满足他们需要的新知识和技能,就是在制造社会上更具有爆发性而没有任何好处的新问题。第三,谈确定落后国家平民教育的目标不能照搬美国追求舒适和愉快生活的目标,而必须要教育平民改造自己生活作为目标。第四,论改造平民生活的方法。① 必须了解他们,接近他们,成为他们的学生,方能教育他们。所有这些都"必须革新我们自身,必须深入到民间去。"继后列举当时平教运动的践行者如陈筑山、郑锦、孙伏园、熊佛西、冯锐、陈志潜的事迹。② 选择一个具有代表性的县——定县,以它作为一个单位,做一个社会实验室。在这个社会实验室里研究农民的问题，并研究有助于解决这些问题的技术。第五，赞赏危地马拉团体成员显示出不计报酬、甘于清贫、诚心为民众的精神，这是四十年之前定县精神的传承。最后，对所演讲的内容做小结，特别强调："只有那些受过教育，并且拥有现代科学技术知识的人才能帮助农民。为了帮助农民，他们首先必须自身与农民打成一片。世界上如此多的乡村运动最终失败，是因为这些专家不愿意同农夫打成一片，去由衷地、深刻地、同情地了解农民。如果我们想帮助农民，我们必须深入到他们中间去，甚至就像上帝一样，为了拯救世界，上帝自己不得不道成肉身，生活在我们之中。""为了从事乡村发展工作，最重要的事情是那些科学家、受过教育的年轻男女必须愿意深入地接触农民，他们在变成有效的工作者之前，必须变成农民的一分子。""当你处于世界的前列，从事一些你所处的时代前沿的活动，那就是你被误解的时候，并且会受到攻击。有这样一个说法，伟大的总是被误解的，我说是走在时代前列的就会被误解。……如果你保持前沿地位，你就会被误解，如果你落在后面，你就会被歧视。我们的社会，不管是中国还是菲律宾，这一点都是令人讨厌的。尽管乡村改造运动受到这些攻击，遇到这些困难，但是我们继续进行着，这是我们为之不懈奋斗的事业。"（新版《全集》卷3，第70～71页）

1月20日　对危地马拉和菲律宾学员讲话。该演讲词以"对危地马拉和菲律宾学员的讲话"收入新版《全集》第三卷中。首先，回顾了上一次报告中所讲内容。即"谈了中国投身平民教育运动的各种男女的情况。我谈了他们的技能，以及他们自愿深入到人民群众中去的情况。"其次，谈投身平民教育运动的人应具有高尚的道德情操。"参加这一运动的人觉得自己像是加入了某一宗教队伍。这些人不酗酒、不嫖娼，这就是这一运动（尽管是民办运动）之所以能在中国形成一股巨大的力量的重要原因之一。不管是什么样的运动，不管其领导者如何伟大，但是，如果他们的道德水平很低，那么这场运动必然会失败。""无论是来自菲律宾的年轻人，还是来自危地马拉的年轻人，只要你们参加了这场乡村改造运动，你们就不仅是参加了一场教育运动、一场社会运动、一场科学运动，而且还参加了一场道德运动。如果你们认为自己不能达到这种运动的这些标准，那么我奉劝你们赶紧离去。"第三，谈40多年来参加乡村改造运动的革命者们所做之事。"首先，他们找出了农民面临的困难所在。他们发现，农民存在许多问题，但可以归纳为四大基本问题：贫困、疾病、愚昧、自私①。……他们发现的第二件重要事情，就是农民的这四个基本问题之间的相互依赖关系。一个问题的解决决定于另一个问题的解决。""要帮助

---

① 　贫困、疾病、愚昧、自私：旧版《全集》译为"贫困、疾病、无知的〔和〕自私"。

农民,要帮助国家,仅靠教育不行,仅靠卫生不行,仅靠农业生产不行。但是,没有教育、生活和卫生方面的发展,自治是毫无意义的。"最后,谈团结和形成集体的重要性,平教运动与乡村改造也特别应注意综合改造方法。"不管你要干什么,如果你想获得成功,仅靠你一个人是不能拯救人民的,你必须与其他的专家团结起来,组成一个集体,成为一支队伍,建立起这支队伍的组织,树立起它的精神,那么你就有可能成功。……就像一只手的五个指头一样,假如你砍掉其中的一个,其他的四个也会不听使唤。你不能说这个指头不好,砍掉吧!因为它们是互相依赖的。一个指头的存在能加强另一个指头的功能。也许你们到我们这儿来能学到的最重要的一门知识,不是农业科学或公共卫生。因为你们总可以在其他地方学到这些基础科学知识,在康奈尔大学学习农业,在哈佛大学学习医学。你们不用非到这儿不可。但是,你们在这里能学到,而在哈佛或欧洲或哥伦比亚学不到的东西是上述的综合改造方法。这就是我们希望能对你们有很大帮助的东西。"(新版《全集》卷 3,第72~79 页)

1 月 23 日　在菲律宾国际乡村改造学院做第六场演讲。以"定县实验为什么从识字教育入手"为题收入新版《全集》第三卷中。首先,阐述定县实验的重要特征是它在方法上具有革命性。当时的实验者们"选择到乡村去,到民众中去,而不是从书本上寻找。""深入到民众中去,向民众学习。"其次,介绍发现乡村农民的愚、贫、弱、私四个基本问题,以及逐渐形成的乡村改造运动由"第一,以文艺教育治愚;第二,以生计教育治穷;第三,以公共卫生治弱;第四,以公民教育治私"构成。第三,详细介绍了逐渐形成这四个方面相互联系的计划的情况。"由最初刚到定县的时候,只有识字教育的意识,随后有了农业计划,继后有了合作组织,继之开展了公共卫生,到最后我们以农民自治完善了这一计划。我们从识字运动开始,最终形成了识字、生计、卫生、道德等四大教育相结合的乡村改造运动。"第四,强调乡村改造运动中"每一个部门都要与其他部门合作,协同工作。具有团队意识是最为重要的事情,否则,你只能给农民们做一些无足轻重的事情,而不能真正地教育农民,使他们成为健全的人,你也不能改造整个社会。"强调乡村改造者"必须接受再教育,从而使自己的思想发生革命性的转变",深刻理解自己计划同其他人正在进行的工作的相互关联性,从而有效而充满活力地实施综合性的乡村改造计划。要求来自危地马拉的学员在国际乡村改造学院学习期间要注重团队学习和团队精神的打造,回国后发挥团队的力量。第五,介绍在诸多工作中如何确立首先开始的工作,要求学员们"一定要充分利用你们自己国家的优良传统",必须从本国民众已知的东西开始,引导他们了解未知的东西。并介绍了定县实验为何首先确立识字教育领先、识字教育运动中的示范学校和导生传习制(小先生制),以及通过平民学校学员的共同学习而消除家族制进而平等地一起工作。最后,对印度的乡村改造计划主要是推进粮食生产提出了批评,进而强调改造乡村地区仅仅是方法和手段,人的改造才是最终目的。(新版《全集》卷3,第80~84页)

1月27日　在菲律宾国际乡村改造学院做第七场演讲,以"平民学校毕业同学会的社会实践活动"为题收入新版《全集》第三卷中。主要讨论平民学校毕业同学会成员的社会实践活动。首先,强调一个组织建立之后必须有活动,保持它的活力。其次,强调平民学校毕业同学会有八万个成员,只要互助,一切皆有可能,相互没有合作将会一事无成。第三,强调平民运动计划"只有建立在客观事实的基础之上,我们的计划才是明智的,才具有可操作性。""不过,在不发达国家想要收集到准确的材料是一件相当困难的事"并分析了产生的原因。第四,介绍了在定县实验中对经济和社会进行调查的原因、原则及具体操作办法,以及最终取得的研究成果《定县社会概况调查》一书,用中文、英文两种文字出版,中文两卷,英文一卷。第五,介绍解决民众享有有益的娱乐的办法。"引进一些娱乐活动,既花费不多,又具有教育意义,同时很有乐趣。娱乐的最经济的一个方法是人们自娱自乐,而不是让别人来逗你乐。这样。你就必须回归民族传统。不管是在菲律宾还是在危地马拉,传统的东西是精华与糟粕共存,人们可以对它进行改造。如果建立在民族传统之上,你们就能够推出民众喜闻乐见的娱乐活动。"尤其介绍了通过露天剧场演出培养民众的爱国主义情感,对历史上英雄人物的挫折、奋斗和取得成功的故事的了解,民主传统的培养和对妇女的尊重;同时引导戏剧工作者根据农民的生活编写新的戏剧,并让平民学校毕业同学会的成员亲自表演,让他们在表演中接受教育。"我们在定县实验区的戏剧部门准备的戏剧涉及了生计、教育、自治、卫生等四大教育的所有方面来提高农民们的道德品质。所有的戏剧都是由农民表演,并且为农民表演,既有教育性又具有娱乐性的,这是一个简单、经济又实用的方法,因此,可以借鉴。"要求听众们努力去尝试,尽量去实验。也同时强调给农民提供娱乐活动必须实事求是和健康。如放电影要考虑有电,且对电影题材必须选择。"有许多电影,特别是由好莱坞制作的电影,并不适合农民的需要和情况",甚至有的教坏民众,因此,"在民众娱乐方面,我们绝不能偷懒,从别国那里拿来的一些东西,不适合自己的民众。我们绝不能当别人的奴隶,我们必须自己做创造者。"最后,强调推行平民教育和乡村改造的项目必须遵循的基本原则,"就是不轻易马马虎虎地做事。我们可以走捷径,但是,捷径不是通往真正的成功之路。假如我们去模仿欧洲人或是北美人,而不去研究我们自己的传统或者寻求更能适合自己的人民的方法,我们就会失败。许多计划之所以失败,正是由于我们的懒惰。我们太像一个奴隶,有过太多的模仿,不用大脑,不努力奋斗。想花很少的力气去取得很大的成功,这样的事情是根本不存在的。无论是在菲律宾还是在危地马拉,乡村改造实验都是很困难的,我们必须做好这个心理准备。如果想要取得真正的成功,我们必须愿意付出代价。我们不能只是去拿别人的果实,因为那可能是苦果。如果我们想拯救我们自己的人民,我们必须找到我们自己的方法。"(新版《全集》卷3,第90~97页)

1月30日 在菲律宾国际乡村改造学院做第八场演讲,以"平民学校毕业同学会在教育、生计和卫生方面的活动"为题收入新版《全集》第三卷中。首先,重申平民学校毕业同学会成员对拥有四十万人口的定县的经济和社会发展所起的主要作用。其次,介绍平民学校毕业同学会的"新闻墙",以解决新农民(New Literates)无报纸阅读的问题。新闻墙是"选择了位于村子中心位置的一面墙,得到房子主人的许可之后,把整个墙涂上了一层白色的漆,然后在工人的帮助之下把当天的新闻写到上面,这些新闻包含一些重要的引人注目的事件,既有国家的也有本地的,甚至还有某些农民种植的新品种茄子的生长情况,这种做法不用任何花费,确实简单、实用又可以循环利用的。"第三,介绍定县实验区出版的《农民》周刊设的"平民学校毕业同学会专栏",以满足农民的阅读能力。该刊定期报道村子里正在进行的一些重要活动。第四,介绍平民学校毕业同学会运用无线电广播来教育民众。广播站每天播音一次,主要是介绍新闻和农业信息等。"这种广播很快成了向农民传授知识和提供健康娱乐节目的媒介"。第五,介绍在定县搞的生计教育的具体做法。在当时整个中国北部还没有一所与农业相关的学校的情况下,就建立自己的农业研究机构来进行探索和研究。在定县实验区,探索了如何提高棉花、小麦、水稻的产量。有了产量,组织信用合作社来训练农民的经济头脑,通过组织运销合作社解决棉花远销的问题,用本地猪与进口的波支猪(黑白猪)做了杂交实验以增加重量,用本土鸡与引进的来航鸡做了杂交实验以增加产蛋量。强调"生产上你必须要给农夫科学的方法,但那只是其中的一个阶段,你还必须做的是使他们成为一个商人。也就是说,我们必须教会他们既做高产的农夫又做精明的商人。让我再一次强调我们的哲学和方法,生产是重要的,但是,仅仅生产救不了农民,合作是重要的,仅仅合作也救不了农民。我们必须使他们受到良好的教育,具有健康的身体。健康、智慧的农民才是更好的生产者。"第六,介绍由五名专家组成的农民培训所(Farmers Training Institute)逐村开展的演讲以指导农民的种植业生产,教农民纺织技术,教农民发展灌溉和使用专家发明可提高三倍出水量的水车。第七,介绍定县实验区的卫生教育。让平民学校毕业同学会在农民卫生教育中发挥重要作用,使农民获得最低的健康预防和医疗救助。"我们以培训外行人的智力为基础开发了一个三级保健体系。这个体系共分三个层次，第一级是农村卫生工作的基础。在每一个村设保健员，由平民学校毕业同学会挑选（不是指派）一人担任辅助保健员，主要培训他们做五件事情。第一，记录村民的出生和死亡时间。第二，为预防天花和霍乱接种疫苗。第三，为村民预防疾病准备保健药箱。药箱包含十六种基本但安全的药品，像治眼病的药膏、消毒水、绷带等。我们的专家还教给辅助保健员哪些事情不能做，这些禁止做的与提倡做的同样重要。第四，利用平民教育促进会卫生部提供的图片来讲解怎样预防疾病。第五，帮助保持水井的卫生。……第二级是在县之下的区一级行政单位建立保健所。区通常由十至二十个村子组成，在这里我们增加了一名医生。区保健所的职能是培训村保健员，并且处理一些保健员所不能解决的问题，这个机构管理和指导村一级的保健点。第三级，即在县一级，我们有一个保健院负责所有的培训和实习工作，县保健院进行流行性疾病和传染病的控制研究，也做一些节育或计划生育工作。"并阐明建立三级保健体系开展工作的必要性以及最终形成的三个重要特色："（一）利用聪明的外行人做这种保健体系的基础。（二）节约使用少量的专业人员。（三）基于以上两个特色，这一体系在钱的使用上也相当节约。"第八，强调对于未来乡村改造有着非常重要作用的理念就是"体系"化地开展平民教育运动。"世界上许多社区或者乡村发展之所以遇到麻烦，就是因为多项事业是孤立进行的，教育单独进行，农业单独进行，卫生单独进行。各个项目必须相互关联，形成一个体系，这样在效果上要远远胜过分散孤立进行的情况，这就是我要强调它们是一个整体的原因。"最后，强调平民教育运动能够持续不断、持之以恒应遵循的两个重要的原则："第一，是必须建立一个体系；第二，是必须依靠农民的双手、精神和智慧。"（新版《全集》卷3，第98～106页）

2月1日　在菲律宾国际乡村改造学院做第八场演讲，以"关于县政府改造"为题收入新版《全集》第三卷中。主要谈政府改造，或政府改革，认为"如果我们打算带给民众教育、卫生、生计，那么政府本身就必须改造"。首先，提醒听讲者思考"农民的政府是干什么的"这个话题。其次，解释中国国家的行政部门设置情况，说明"中国有四亿五千万人口，有百分之八十五的人口生活在县和县政府管辖下的乡村里。换句话说，中国有三亿六千万人口不是居住在大城市，而是居住在县政府管辖下的乡村，那个县政府就是一个农民的政府。"因此，选择定县做实验是有特别考虑的。第三，介绍中国县长的权利，"他拥有现代政府的三个全部功能——司法、立法和行政！他集行政官、法官和立法者于一身。……如果他是一个好人，一个善良的人，那将会好一些，但这样的人是非常罕见的。如果他是一个坏人，整个县都会跟着遭殃。事实上有百分之九十五的县长都是坏人。如果一个政府官员非常接近民众,他就会被民众称作'父母官'。但在现实生活中,暴君是多过于父母官的。""一般农民不怎么关心谁是皇帝,或谁是省主席,但是他非常关心谁是他们的县长。"进而阐明改造政府的必要。第四,介绍定县宪政改革方案的出台。1932 年内政部次长甘乃光拟找到适合中国实际情况的、有助于实现国父孙中山先生"三民主义"的、建立一个民众都能民主参与的政府的改革计划而到定县来调查,提出"要解决政治腿的问题",希望得到中央政府的合法授权,以指导政府机构和政府官员改革的实验。继后在全国会议讨论定县政府改革。最后向全国内政会议提出选出河北省建立县政府改革的省级研究院,然后在该省选定县建立一个新的组织机构来进行县政实验,研究院院长由中央政府任命、院长有权任命县长的建议案,经过出面谈判协商和各种努力,终获通过。当然也是平教组织在定县教育、生计、公共卫生方面做出杰出贡献的背景下中央政府和省政府才予以注意,并接受有关定县政府改革计划的。第五,认为"菲律宾乡村改造运动已经达到了政府改革可以在市一级或省一级进行的阶段。这一天可能就会到来,当这个国家的全国政府愿意接受菲律宾乡村改造运动的挑战,抓住一个省进行科学的、实际的实验,就可能产生一个好的省政府。以此类推,当在省政府管辖下的市政府,在市政府管辖下的乡镇议会,所有的机构都能够有效地去帮助民众,给平民带来经济和社会生活的改善。"第六,介绍定县县政改革的具体做法,如县长和职员的选用、政府职能的转变、新的职能部门如教育部门、公共卫生部门和生计部门的引进等。第七,阐述民众素质提升与推进政府改革的关系。"如果你想提高人民教育水平、经济水平和健康水平,你就必须训练和组织民众自己开办识字班,经营自己的现代农场,组织自己的信用社和营销合作社,他们不知不觉地已经学到了自我管理的最基本的知识,并且要求建立自己的政府。……请记住,我们的教育、生计和卫生等计划构成了自治的基础。没有好的教育、生计和卫生的支撑,你不可能有好的政府。只有民众好,政府才能好。"第八,介绍衡山与新都实验。认为"新都实验从定县和衡山的经验中得到了很多好处。一年半以后,新都在政府管理方面取得了显著的成绩,包括财政、土地登记、民团自卫和人口调查。"最后,介绍 1937 年日本发动全面侵华战争,中国政府被迫发动民众起来抗日。认为"要发动民众起来抗日,有一个好的县政府是十分必要的。"湖南省的实验在抗日战争中发挥了重要作用。(新版《全集》卷 3,第 107～115 页)

2 月 10 日 在菲律宾的新怡诗夏省圣卢纳尔多城(San Leonardo)尼夫斯的田野里举行的国际乡村改造学院国际乡村改造培训工作大会开幕式上为来自危地马拉和哥伦比亚的参会人士作"从事乡村改造必须兼有科学的本领和坚定的信仰"的

报告。首先,向参会人士的光临表示感谢。其次,表示欢迎。认为这些人士"不仅是以受训者身份,而且是我们亲密的'传教士'伙伴,你们在这儿不仅是学生,而且是我们工作上的同事。""你们分别是危地马拉、哥伦比亚两国的真正代表。"第三,论参会人士的使命。希望参会人士向西蒙·玻利瓦尔学习,尽心爱国,"战斗不止,灵魂不息,直到取得胜利"做真正的"民族解放者"。提醒参会的哥伦比亚和委内瑞拉的朋友们思考:"玻利瓦尔解放拉美已经大约是一百五十年前的事了,可是现在拉美人民的情况怎么样呢? 获得政治独立是一回事,取得经济独立是另外一回事,获得道德上的崇高境界又是一回事。我和你们都目睹了拉美人民依旧生活在贫穷、疾病、无知和奴役之中。"第四,阐述消除贫穷、疾病、无知和奴役是一项艰巨的任务。"完成这项任务不能能用利剑而要用十字架,不能用杀戮而要通过治疗。这项任务不能像玻利瓦尔抗击西班牙侵略者那样,在十五年内就能完成,它需要花上三十年或者更长的时间,它也不像赢得一场战争那样壮观、激动人心和迷人。它呼唤另一种类型的解放者,需要人们对劳苦大众具有无比的耐心、深刻的理解力、真挚的同情心,以及在乡村改造主要领域的技术能力。它要求人们像科学家那样训练有素的思维和传教士那样献身的精神。"要求全新的"解放者"必须是科学家思维与传教士心灵的完美结合。认为要想塑造新的国民、新的民族,应该通过乡村改造。"我们总是强调通过乡村改造来实现人类改造,以人类改造指引乡村改造,二者相互影响、相辅相成。乡村改造可通过乡村改造专家来完成,但是,人类改造只能由人类改造的十字军战士完成。为了实现人类改造与乡村改造的共同发展目标,你们必须集科学家与传教士于一身,同时拥有科学和信仰。""你们有着共同的信仰,这比任何事情都重要。你们可能会想起圣詹姆斯说的一句话:'没有工作的信仰只是死的信仰。'因此,在宗教中,更多的是仪式,是规范,没有生命。没有工作,没有对同伴具体的服务,宗教就是死的;另一方面,没有信仰的工作又是无法坚持下去的。"提醒来自哥伦比亚和危地马拉的朋友们,以及来自菲律宾的优秀男女青年们必须懂得"没有宗教的科学将不能使你们的民族获得新生,同时,没有科学的宗教将是空洞的。我们必须把科学与宗教二者结合起来,把科学家与传教士集于一身。理由很简单,我们的任务不仅仅是乡村改造,还要特别注重于人类改造。""不发达国家最大的资产并不是他们的稻田和咖啡种植园,而是拥有成百万上千万未开发和不健全的人。"要求哥伦比亚、危地马拉的朋友眼光不是投向月球,而是应该重新关注农民。第五,论述既当科学家又当传教士、既拥有技术能力又具备高尚道德情操的人实在是很难的。"你们要走到生活在贫困中的民众中去,如同菲律宾乡村改造运动中的男女青年们正在做的那样,你们将要到危地马拉、哥伦比亚的贫穷农民中去,不仅仅与贫穷中的农民生活在一起,而且要帮助他们战胜贫穷。……你们将来不是作为乡村改造的技术专家回到各自祖国的,这种人才会有很多很多。你们应该是以人类改造的十字军战士的身份回去,这种人才的培养将是很少的。因此,将来的一切事情都取决于你们自己。……在国际乡村改造学院,我们的目标和期望是不仅能培训乡村改造的技术专家,而且更要培育人类改造的十字军战士。"第六,论参会人士来到国际乡村改造学院不是受训者而是传教伙伴,可以互相学习。"我相信你们也有很多东西教给我们。如果你们能从我们身上学到一些东西,那不是因为我们比你们聪明,而是我们比你们年长的缘故。我们非常希望你们年轻一代通过避免我们所犯的错误,汲取我们一些宝贵的经验教训,取得比我们更大更快的成就。"第七,阐述危地马拉和哥伦比亚的乡村改造运动"不应该以覆盖范围和数量为目标,而是以质量为宗旨"。"当你们回到危地马拉、哥伦比亚以后,你们要建立乡村改造的卓越中心区,它有一天将会被证明是一个示范——自己的人为自己的人民能够做什么的典范,并将成为邻近国家乡村改造的好榜样。"最后,希望参会的学员立下誓言,"为了改造你们的国家、改造你们的人民,……以西蒙·玻利瓦尔的精神起誓:'我向祖先的神灵和我的祖国起誓,战斗不止,灵魂不息,直到消除束缚人民的贫穷、无知、疾病、惰性等枷锁。'"(新版《全集》卷3,第116~122页)

3月3日 在菲律宾国际乡村改造学院做第十场演讲,以"定县实验对当时中国的影响"为题收入新版《全集》第三卷中。首先,开门见山指出"定县实验对其他地区的影响。"认为其影响是非常显著的。"它的重要意义,并不仅仅是我们为人们做了什么,或者说直接参与活动的人是重要人物,而是我们所代表或象征的东西对其他人的影响。换句话说,我们的活动有两个作用:一是对人们的直接影响,二是激励其他人来追随我们。"其次,介绍北京到定县的艰辛及定县的贫困与落后,但由于平教会工作的出色,其中包括享誉美国的哥伦比亚教授、堪称历史学权威、时任卡内基国际和平基金会(Carnegie Endowment for International Peace)主席的肖特韦尔(James T. Shotwell)、洛克菲勒基金会主席雷蒙德·福斯迪克(Raymond Fosdick)博士、南欧的公共卫生学权威、南斯拉夫的卫生部长斯丹巴(Stampar)博士、伦敦经济学院的著名教授托尼(R. H. Tawney)在内的教授、学生、官员、银行家、商人、教会领袖等"每年有五千到一万名参观访问的人"都争相前来,"有一段时间,定县以中国乡村改革的典范而闻名"。第三,介绍定县实验对民众的影响。① 带动了几百个乡村改造中心的建立并使乡村改造的思想更加深入人心。"成千上万的教授、学生、商人对定县进行访问,许多人回到自己的县里后开展了同样的实验,在其他地方建立了几百个乡村改造中心。有人做得很好,也有人做得不够好。但是，重要的是，乡村改造思想在整个国家得到广泛传播，许多中心纷纷建立，开展乡村改造计划。在此情况下，全国乡村改造会议一年又一年地举办，来自不同省份的领导和工作者可以在会上交流成功的经验与失败的教训。每次会议结束以后，都把关于会议讨论的内容汇集出版。"② 被邀请去指导各地的乡村改造运动。"由于乡村改造思想在全国的广泛传播，在定县实验时期，我们常常被全国其他地区邀请去进行领导培训的工作。例如，全国基督教领袖请我们为各教会负责人开展两周的讨论会，共有来自十四个省的代表参加。他们被如下的思想所激励：教化教徒是重要的，但是，让信徒开展经济和社会活动以富足教会生活，使教堂重焕生机也是重要的。由于战乱频繁且持续不停，所以火车停运，他们只能步行。二百多人参加了会议。这样的讨论会持续举办了两年。"③ 促使南方的蒋介石政府和北方的张作霖及张学良政府都派来代表到定县学习，从而推动了识字教育在军队的开展。④ 促使一些现代知识分子积极投身乡村改造工作。尤其是洛克菲勒基金会副主席冈恩先生(S. Gunn)参观定县实验后拟把定县作为高等教育转变方向的中心，并劝服基金会总部资助了一些钱组织了华北农村建设协进会。"这个协进会包括下列大学（根据我们的四大教育计划：农业、教育、公共卫生、自治）：一个是北京协和医学院，专业是公共卫生；另一个是中国的一流大学燕京大学，主要领域是乡村社会学；再一个是南开大学，领域是地方管理。还有一个是清华大学，科目是卫生工程。这几所大学都在中国北方。还有来自南方的金陵大学，农学非常出色。所以我们有五所一流学府参与的协进会，作为定县实验的基础。使大学与民众结合的理念和倾向非常有进取性。"通过该协进会，对大学教授产生了刺激作用；对学生来讲，接受了再教育和转变了思想。如北京协和医学院规定"学生如果未能在定县做过六个月实习医生就不能毕业。"该协进会还另外建立了一个新的医学校，集医疗和预防为一体，兼具医疗学校和公共卫生学校功能的医学校。该医学校将学制由 7 年缩短为 4 年，放弃欧美讲授的科目而考虑中国人民的需要。在调查的基础上，讲授初级的医疗和预防知识，并想引介国外新的东西，以适合我国的需要与条件。这一基本理念与原则后来流传下来了。第四，总结定县实验模式。它是在一定理念和基本原则指导下不同团队（包括政府官员、知识分子、教会领袖以及其他人）参与的，从教育苦力开始，以教育知识分子结束的运动。从"千字课"(Thousand Characters)识字计划开始，最后发展到对教育者进行教育和再教育，植根于农民的需要和问题、激情与希望之上的具有生命力的运动。最后，提出评判所从事工作是否有价值的两条标准。"所做的事情对专业领域自身是非常重要。怎样使人民觉醒、改造人民、引进有利于人民的计划，也都很重要。"要求学员回国后，以这两个标准衡量其工作："一是在专业领域内，你对人们有何影响。二是你做的、你成为的、你代表的，对你的邻近地区、省、国家是否也有影响。"（新版《全集》卷3，第123～130页）

3月10日　在菲律宾国际乡村改造学院做第十二场演讲，以"中国农村复兴联合委员会在抗战胜利后的建立"为题收入新版《全集》第三卷中。首先，阐述1945年抗日战争结束是推动中国乡村改造运动非常好的时期。"战争结束后，为把苦力们从'苦'和'力'中解脱出来而奋斗四分之一世纪的我们认为，开展一项大规模乡村改造运动的机会来了。我们对于自己二十年来为农民和苦力进行的深入探索所得的成果，终于有了希望能够大规模地推广。"其次，谈自己去见委员长蒋介石希望进行乡村改造却遭到反对。蒋介石说："我是军人。我必须集中我们的资源消灭共产党，我没有多余的资源为农民和苦力提供经济便利。"这种战争的"消灭"思维最终导致与蒋委员长追求的道路分手。第三，谈自己去见老朋友蒋夫人宋美龄也同样遭到反对。"她也认为最迫切的事是与共产党作战，乡村改造要暂时搁置。我们终于分道扬镳了。"第四，谈好友司徒雷登（John Leighton Stuart）对自己的支持。司徒雷登愿意将自己赴美国的使命给马歇尔将军发一封密电，终于促使1947年去美国拜见马歇尔将军，交谈后得到赞同，并建议去国会游说以便得到拨款。在美国国会老朋友、民主党的海伦·吉荷根·道格拉斯和共和党的周以德（Walter Judd）博士、参议院外交委员会主席范登堡（Vandenberg）、参议员亚历山大·史密斯（Alexander Smith）、诺兰（Knowland）等，美国主要报纸，如《纽约先驱论坛报》（*New York Herald Tribune*）、《基督教科学箴言报》（*Christian Science Monitor*）、《华盛顿邮报》（*Washington Post*）以及杜鲁门总统等的支持下，终于在1948年3月31日深夜12点"两亿七千五百万美元的拨款援助被国会通过。援华经济法案款项的十分之一被指定用于乡村改造项目。拨款通过后，建立了中国农村复兴联合委员会。"第五，阐述中国农村复兴联合委员会的重要特点是联合。"我特别强调了合作关系。不是美国或中国单方面，而是美方出钱、中国实施计划的合作关系。委员会有五名成员，三名中国人，两名美国人。因为他们感到我能为委员会带来收获，所以让我担任委员会主席；但是，我向中国总统和行政院院长表明我只想待在农田里，所以我只是做委员会的成员。"第六，分析中国平民教育运动能得到美国好心人支持的原因。不仅议案好，能言善辩，而且尤其重要的是："第一，美国政府对中国的国民政府已非常厌倦，认为只有我们的计划是为农民、苦力和全中国的老百姓谋福利。第二，乡村建设并不是一个空泛的理论，或者是一些人的幻想，而是一项长期的科学实践运动……我们的工作能抓住他们注意力的是关于我们实际成就的记录——三十年来献身于改善农民生活的学者与科学家、成百上千的年轻人的热血与眼泪的记录。"第七，给学员强调踏实工作的重要性。"当你们返回危地马拉和哥伦比亚后，不要以为你有好的想法和演说词，你就一定能取得成功，那是绝对不可能的。中国的乡村改造团队经历了斗争、辛苦、失望与挫折。成熟而富有经验的人和平民教育运动的优秀年轻人做了这项工作并从中取得了经验，是最好的证明。仅有聪明，你还不能获得成功。一个政客或一个说大话的人，决不可能获得成功。正是因为辛勤的工作、卓有成效的工作，才能赢得平民的支持。"第八，谈中国农村复兴联合委员会建立以后遇到很多困难。第九，介绍委员会在文化、农业计划、公共卫生和合作计划方面所做的各种社会和经济发展工作。尤其介绍在四川、广西、台湾的土地租用制计划（land tenure program）。第十，提醒学员应从中国共产党人能成功地占领中国这件事中吸取好的东西——蒋介石失去了人民。"失掉了民心，就失掉了人民，失掉了一切。"第十一，表达自己不愿休息而应工作不止，立志将三十年积累的、具有普遍性的经验尽可能推向那些欢迎自己的国家，"实践耶稣所教诲的上帝慈爱和人类手足之情"。"只要还存在贫穷、文盲、疾病和陋习，菲律宾乡村改造运动就要继续奋斗和进行下去。"最后，提醒学员，"只要还存在贫穷、文盲、疾病和陋习，你们就要继续奋斗。在这个日益变小的世界，没有'外人'而只有'邻居'，正如我们的圣哲孔子在两千多年前所说的：'天下一家。'"

（新版《全集》卷 3，第 131～140 页）

3 月 13 日　在菲律宾国际乡村改造学院做第十三场演讲，以"从中国到菲律宾的乡村改造运动"为题收入新版《全集》第三卷中。首先，介绍关于乡村改造运动当时存在的两种看法。"一种认为如果成绩斐然，为什么它不能阻止共产党的占领？这代表那些对改造计划持过分乐观态度的人的看法。另一些人认为运动并不如意，他们说：'他只不过是私立机构用小资金做小事而已，还能做什么呢？'"其次，鼓励哥伦比亚和危地马拉的学员不能轻视自己，要看重自己的能力。"你们这些将要返回哥伦比亚和危地马拉的人，不要因为自己渺小而低估自己，这将使你们犯大错误。没有什么比你们认识到自己的能力更为重要的事了。……许多官员和私立机构说，菲律宾乡村改造运动计划是菲律宾所有乡村计划中最杰出的计划，你的声誉不是看你有多大规模，而在于你有多么优秀。所以你要确保优秀，而不要在乎你的规模。"第三，列举世界著名政治家保罗·霍夫曼、切斯特·鲍尔斯和威廉·道格拉斯法官对乡村改造运动的看法。第四，勉励哥伦比亚与危地马拉来到菲律宾的朋友们。"只要在我们同胞中存在贫困、疾病、文盲、自私，我的手将不停止劳作，灵魂不息。""只要你们的国家有这样的问题（贫困、疾病、文盲、自私——引者），我也希望你们的手不停止劳作,灵魂不息,直到把你们的民众从贫困、疾病、文盲、陋俗的锁链中解救出来。"第五,介绍国际平民教育运动的宗旨是为农民服务。"国际平民教育运动为世界上的农民服务。我们董事会中有杰出的领袖,其中罗斯福总统夫人为董事会的服务死而后已,道格拉斯法官也是董事会的成员之一。"第六,介绍自己代表国际平民教育运动促进会在亚洲所做的两件事情,了解政府与私人机构为农民做了些什么以及印度尼西亚、泰国、印度、巴基斯坦和菲律宾等国是否欢迎国际平民教育运动促进会在乡村改造计划中给予帮助与合作。最后,介绍在菲律宾开始做平民教育时面临的困难,如没有钱,甚至没有办公室、没有职员。"所有的东西就是思想和信念,这两者是非常重要的、有活力的东西,每个人都可以拥有。"并强调献身精神、思想和信念是事业成功的关键。"亲爱的朋友们,当你们回到自己的国家后,你们可能会拥有所需的资金、漂亮的办公室和像现在这样的团队。但是,如果你没有像来自阿西西的圣方济各的菲律宾男女青年那样的献身精神,你们就不会有机会取得成功。菲律宾乡村改造运动并不是建立在金钱之上,而是建立在伟大的富有挑战性的思想和永不言败的信念上。当你们回到哥伦比亚和危地马拉后,你们可以忘掉这里所讲的东西,但是,不能忘掉这两件东西:富有挑战性的思想和永不动摇的信念。"(新版《全集》卷3,第141~148页)

3月17日 在菲律宾国际乡村改造学院做第十四场演讲,以"菲律宾圣路易斯最初几年的乡村改造运动"为题收入新版《全集》第三卷中。首先,谈营造教育氛围的重要性,认为它对人们从事某项事业可以起推动作用,并以自己的亲身经历加以说明。"在一次为国际青年商会做演讲时,有一个名叫奥斯卡·阿雷拉诺(Oscar Arellano)的优秀年轻人,在几年后告诉我说,他听完我的报告后很受感动,于是发动了行动兄弟会(Opteration Brotherhood),后来到越南从事医疗工作。在我做完报告后,教育氛围建立起来了。一九五二年,菲律宾从政府到教育界,直到社会各界,都在谈论乡村改造,参与乡村改造运动在当时变得非常时尚。"其次,强调干事业要团结各方面的人一起奋斗,协同工作向目标迈进,希望学员回国之后也这样去践行。"你们在听到菲律宾乡村改造运动董事会的组成时可能会感到惊讶。当刚刚建立时,它包括天主教徒、新教徒,甚至有佛教徒,有国家主义者和自由主义者两党派的政治领袖,高层官员与社会名流也参与其中。在运动之外,他们可能有激烈的争论,但是,他们又是心连心、手拉手地协同工作。……由于运动的目标如此之大,超过一切,为的是人民的共同福利,所以没有人能进行任何争辩和反驳,他们就是共同工作。谁说文盲不能教育,穷人不能教育,病人不能康复,普通人不能被训练成公民?当你们回到危地马拉和哥伦比亚后,你们会推动比你们国家现在更伟大的事业。这个计划如此重要、如此有基础、如此充满活力，任何人都应该抛开他们的政治偏见和宗教分歧，而献身于这项伟大的社会和经济工作，它将会改善底层贫穷农民的状况。在过去十二年来的菲律宾乡村改造运动中，还没有哪一个成员把它作为政治工具，或者满足个人私欲，这些人在这场运动之外可能有分歧，但在运动之内就是协调如一，这就是这项运动伟大的魔力。"第三，发表对学员回国做平民教育运动建立董事会的意见。"我不鼓励你们让官员和政客也加入董事会，但是，无论是危地马拉还是哥伦比亚，你们的首届董事会是很重要的，因为他们要为整个运动确定基调和建立传统。这就是危地马拉和哥伦比亚与我们合作，在选举当地领导人时为什么小心谨慎，而不是仅仅把某个有名望的大人物选入董事会的原因。更重要的是不管大人物有没有一颗伟大的心，他都要把国家与民众置于个人的利益之上。我可以向你们保证，董事会中的各个成员都是值得你们骄傲的。这些人不仅有名望，而且对农民有博爱之心。当你们回国以后，把你们所有的最好的东西给他们，尽你们所能把一切做得最好，这些杰出人士就会全力地支持你们。"第四，介绍菲律宾乡村改造运动董事会成立后所面临的困难，如没有资金、办公室和职员，以及被人误解，甚至遭到排斥，但要想法克服。第五，谈选择菲律宾做乡村改造运动的理由，尤其强调热情、奉献精神和决心的重要。"我指出在菲律宾，第一，知识分子和大学生最有热情的响应；第二，有一支充满奉献精神和影响力的领导团队。我向董事会指出，除非当地的知识分子、公民领袖、受过教育的年轻一代响应我们的计划和要求，否则我们外国人不可能会有多大的作为。现在我们又增加了危地马拉和哥伦比亚。确保成功的不是经济预算和职员规模，而是知识分子、领导人和受过教育年轻人的热情、奉献精神与决心。""正如我上次所说的，有两样东西：富有挑战性的思想和永不言败的信念。菲律宾乡村改造运动就是建立在这两个基础上。"第六，介绍菲律宾乡村改造运动如何解决技术人员和田间工作人员。技术人员由董事会派，而田间工作人员则招募想为农民做事的志愿者和优秀的男女青年。并介绍感人至深的优秀职员里克·拉贝斯①、马纳科普②先生和科拉尔夫人③。第七，介绍菲律宾乡村改造运动的三个指导中心。一个在新怡诗夏省八贡西卡萨巴尼，另一个在黎刹省南卡，另一个在邦板牙省圣路易斯的圣摩尼卡。尤其对圣摩尼卡中心做了详细的介绍。最后，强调工作应讲质量和扎实。"为了使你的

---

　　① 里克·拉贝斯(Ric Labez)：菲律宾乡村改造运动委员会执行董事，工作热心，精力充沛，富有奉献精神。

　　② 马纳科普(Carlos Manacop)先生，是维尔斯利学院的前任院长。

　　③ 科拉尔夫人(Mrs. Corral)：生平事迹待考。

工作开展得有成效,你不必做得很大,但是,一定要做好。不是工作的大小,而是工作的好坏,决定你对国家和人民能够产生怎样的影响。不要贬低自己,但是,也不能高估自己。只要你把工作做得稳固而扎实,你的影响就会扩展到全国。菲律宾乡村改造运动已经有这方面的成功经验。"(新版《全集》卷3,第149～156页)

3月20日 在菲律宾国际乡村改造学院做第十五场演讲,以"菲律宾圣路易斯计划及其影响——一个民间运动、一个本土运动"为题收入新版《全集》第三卷中。首先,谈圣路易斯计划让人激动,成绩斐然。一是有麦格赛赛这样伟大的领导者,他热爱自己的人民,想新安置圣路易斯的乡村人;二是他担任国防部长时就开展过被称为卡图布桑行动(Operation Katubusan)或叫拯救行动(Operation Redemption)的计划,有丰富的拯救民众的经验;三是他更偏爱人们自救的计划。不相信救济而相信解放,即发扬民众自己生产和成为公民的巨大潜能。于是麦格赛赛总统便邀请菲律宾乡村改造运动开展项目。其次,介绍菲律宾乡村改造运动董事会面对麦格赛赛总统的邀请经过了激烈的思想斗争,因缺少资金、人员和可能遇到的谋杀,但最终挺过来了,并深入到共产党领导人路易斯·塔鲁克的家乡圣摩尼卡的乡村,最后了解达到圣路易斯人的迫切要求是拥有土地、建立灌溉系统和优惠而有信用的贷款。第三,介绍自己与美国驻菲律宾大使雷蒙德·斯普鲁恩斯(Raymond Spruance)一起去见麦格赛赛总统讨论使圣路易斯的贫苦民众拥有土地成为可能的重要性,并得到总统的完全赞同。第四,介绍获得第一笔五十万比索筹款所开展的乡村改造项目,包括识字、栽种谷物和经济作物烟草、卫生项目以及家庭工业,尤其是称为普拉(pura)的编织业。第五,谈菲律宾乡村改造运动计划开展两年后的成效。"佃户就能够还清以前的欠债。文盲在该地区实际上已经全部扫除。更重要的是,家庭的年平均收入从三百比索增加到了九百六十五比索。""一九五六年,乡村改造运动计划交给菲律宾政府,变成了麦格赛赛的展示橱窗。……最重要的是,那片土地上的大多数农夫都拥有了自己的土地。"第六,介绍菲律宾乡村改造运动计划对菲律宾其他地区所产生的两大影响。"一是它对政府单位如全国善后重建署(National Rehabilitation and Resettlement Administration,英文缩写NARRN)的项目产生了巨大的影响,因为就像其他政府机构一样,花了大量的钱却收效甚微。该机构随后派人到圣路易斯,让菲律宾乡村改造运动的民众对他们进行恢复和重新安置计划的培训。……另一个持续而显著的影响是麦格赛赛仿照菲律宾乡村改造运动而为乡村改造建立的政府机构,叫着总统援助社区发展处①。目

---

① 总统援助社区发展处:成立于1956年。

前该机构在全国的工作人员已经超过两千名，他们正在为发展菲律宾农民的福利而奋斗。"第七，勉励学员们"只要你们有挑战性的思想，有一个适合你们国家的经过实验的计划和不屈不挠的信念，我能够担保你们将会获得成功。你们会对你们的政府和人民产生影响，如同菲律宾乡村改造运动对菲律宾政府和人民的影响。"第八，分析菲律宾乡村改造运动有作用的原因。① 私立性使它能自由地集中精力开展精深的研究和科学实验，以继续发展现有技术以及革新技术，有实验和革新的自由促使它必须走在政府和一代人的前面而永远没有满足感。② 本土性。"它由自己的国民组成。在中国是中国人，在危地马拉则是危地马拉人。无论在中国还是在菲律宾，这都是成功的秘诀。……从菲律宾乡村改造运动董事会主席费利西亚诺先生到乡村改造工作者的每个人都是菲律宾人，这是百分之百的菲律宾人的运动。我经常说，在这个乡村改造项目中，局外人可以提供帮助，但是，当局者必须亲自做事。激发这些高层官员、助手和合作者兴趣的，正是由于这是他们亲身参与的运动。他们有一套自己的思想意识与哲学。只有当他们亲身去做，而不是由他人越俎代庖，运动才会有动力。""菲律宾乡村改造运动是一个本土运动，是由菲律宾人完成而为菲律宾人谋利，所以它能解决基本的改革问题。"第九，阐述建设乡村共和制度的重要性。"不论在危地马拉还是在哥伦比亚，如果你们要想享有真正的民主和健康的共和制，你们必须首先建设乡村共和制度。人民参与乡村委员会是在任何国家建立民主的基础。……改革乡村政府的事只能由具有持久性和稳定性的民间机构来做。首先必须是自己的国民要深入到民众中去，他们不仅能够帮助民众饲养更多的鸡和猪，甚至能够做到改革他们的政府。"最后，表达对危地马拉和哥伦比亚的学员回国后的工作充满了期待。（新版《全集》卷3，第159～165页）

3月24日 在菲律宾国际乡村改造学院做第十六场演讲，以"菲律宾乡村改造运动的整体理念及其对国家的影响"为题收入新版《全集》第三卷中。首先，阐述菲律宾乡村改造运动的另一个重要特征——整体理念，它渗入到菲律宾乡村改造运动所有的重要活动中。① 谈菲律宾乡村改造运动领导层有整体的理念。其领导层由社会的三个关键团队构成。第一个团队他称为"国家的创立者"，他们是国内教育、商业、财政及其他领导机构的杰出领导。菲律宾乡村改造运动有一个卓越的领导团队即其董事会（Board of Directors）；第二个关键团队即科学家和学者——被称之为"科学人性化者"和"科学简化者"，这个团队将会运用他们的科学知识和技术去解决农村的问题；第三个团队，被称为"科学传教士"，来自大学和高中并接受科学基础训练的青年男女。这些年轻人就是需要鼓励、培训，然后派遣到受贫穷困扰的农民中去的人。"这三个团队，任何一个都不能孤立地把乡村工作做好。在许多国家,都有这个或那个团队,菲律宾乡村改造运动在这方面非常独特,它是三个关键团队的联合体。倘若分离,难有作为;一旦联合,就能为国家经济和社会改造提供巨大的潜力。"② 谈整体理念的第二个方面是整体计划。"农民的基本问题是相互关联的,一个项目的成功依赖于其他项目的成功。四十多年来,我们发现为改善农民的生活状况而开展的项目,必须有一个整体的方法。……整体方法一开始尽管费时长,见效慢,但是,从长远来看会更有效率,更有持久性。对我们来说,乡村改造运动的最终目标并不是物质的改善,而是人的改造,乡村改造仅仅是最终改造人的一个手段。人的改造的目标不是制造半个人,或四分之一个人,而是一个全人。为了达到全人类发展的目的,我们必须具有整体性的项目。"③ 论述菲律宾乡村改造运动的第三个显著特色是全民动员,这也是乡村改造运动的最终目标。进而言之,乡村改造运动不是个人参与的活动,而是动员乡村的全体民众。"乡村里的人由四个部分组成:成年男人、成年女人、青年和儿童。除儿童外,其余的人都是需要我们动员的。为什么没有包括儿童呢?首先,成年男人、成年女人、失学青年不在国民教育体系中,而对适龄儿童的教育是政府的责任。几乎每个国家的教育体系中,为儿童提供教育都被认为是政府的责任,而数目庞大的错过受教育机会的成年男性和青年人则不在此列。其次,我们强调的是当今国家的劳动力,既能够对直接促进经济与社会发展做出贡献的人群。这就是在我们乡村改造运动中,为什么不把学龄儿童纳入教育和培训之中的两大原因。"但是"如果仅仅把教育儿童的重任托付给学校,那我们就错了,表明我们忘了更有效的教育机构是家庭。"他认为"国家创建者、科学人性化者、科学传教士的共同指导"以及"项目的综合性、整体性"都是达到目标的手段,"这个目标就是动员全体农民"进而"实现人的改造"。因为"除非强调全体村民参与的重要性,否则乡村改造就不会有高效率和持久性。"其次,论述菲律宾乡村改造运动对国家的影响。① 影响和带动其他机构跟随自己做乡村改造工作。包括直接导致总统援助社区发展处建立起来;由奥斯卡·阿雷拉诺建立的民间性质的行动兄弟会在越南、哥伦比亚及其他国家开始的医疗救济项目;美国"世界邻居组织"(World Neighbors)在菲律宾也开展"世界邻居项目",并任命此前曾经是菲律宾乡村改造运动领导的里克·拉贝斯担任领导。② 帮助国家的知识分子群体——科学家和学者——和受过教育的青年人建立了一种新的社会价值观,到乡村农民阶层中去,而不是想到升官发财。③ 它为受过教育的青年建立了新的使命——"填补现代科学技术与农民之间的鸿沟"。充实"与战胜贫困、疾病、文盲、陋习的整体思想","充实空空的灵魂",激励了大学生做乡村改造运动的志愿者。最后,谈菲律宾乡村改造运动得到了卡洛斯·加西亚总统的肯定和赞赏，被授予总统功勋奖(Presidential Award of Merit)。（新版《全集》卷3，第166～173页）

4月12日　致函赛珍珠①。首先，告知国际乡村改造学院正日益引起人们的关注。其次，谈危地马拉和哥伦比亚作为中美洲和南美洲的乡村改造的试点问题。"院董事会选择危地马拉作为中美乡村改造的试点、哥伦比亚作为南美的试点的过程。危地马拉和哥伦比亚的乡村改造促进会都已正式建立了优秀的董事会。在我们的合作下，每个促进会都选派了一支乡村改造小队，送到菲律宾国际乡村改造学院，接受为期四个月的强化培训。危地马拉乡村改造小队的十六名成员已于去年十二月三十一日到达学院，哥伦比亚乡村改造小队的十六名成员已于今年二月六日抵达学院。每个小队都是由有能力的专家及其同事组成的。我想你会对小队的成员感兴趣，故随信寄去几张照片。"第三，告知在国际乡村改造学院位于甲米地②省的总部大楼建成以前，就在尼夫斯(Nieves)的实地培训站开展培训工作。正在与建筑师协商，计划早日在开维特动工。第四，谈此次培训的目的及指导原则。"是在私人团体的赞助下，为两个小队的成员能够成功地实施危地马拉和哥伦比亚乡村改造促进会的实地方案作准备。为了达到这个目的，就有必要使这些领导者深刻地领会我们乡村改造运动的基本哲学及其指导原则。这些原则可归纳为以下几句话：深入民间；与平民共同生活；向平民学习；从他们所知开始；用他们已有来改造；不是零零碎碎，而是整个体系；不是装饰陈列，而是示范模型；不是救济，而是发扬——即发扬平民的能力和潜力；乡村改造只是方法，而人的改造才是目的。"第五，谈培训学员应掌握的方法。"这个方法不仅包括'实际的社会技能'（即青年男女要能够赢得村民的信任，发现和动员村民的领导者，并且帮助他们有效地联合起来），还包括'实际的技术技能'，即四大任务连环配合③的乡村改造方案，包括生计（农业、合作社和村办工业）、教育（识字、文学和文化活动）、公共卫生④、自治。这是一个简便、经济、可行和可重复的广泛的技术系列。在培训中特别强调实地考察和参与。课堂教学直接与实际的实地工作相联系。"第六，谈培训效果。"拉丁美洲小队成员的反响是最令人鼓舞的。两个小队都具有极大的兴趣，并且逐渐地、稳步地发展了一种小队精神。它证明菲律宾乡村改造运动的永恒精神具有如此强大的生命力。在学院高级专家的指导下，两个小队已制定了在本国实施乡村改造方案

---

①　赛珍珠(Pearl S. Buck)：时在美国宾夕法尼亚。
②　甲米地：旧版《全集》译为"开维特"。
③　连环配合：旧版《全集》译为"联环配合"。
④　公共卫生：旧版《全集》译为"公共健康"。

的计划。"第七,谈自己对未来事业的打算。"在今年晚些时候,我们希望在亚洲组织一至两个新的乡村改造小队,在哥伦比亚和危地马拉组织另外的小队到国际乡村改造学院接受培训。目前,我们的国际推广项目已经开始实施。我们极力希望加快前进的步伐。我们的目标是建立推广乡建经验的真正'超级中心',不仅在拉丁美洲,而且在亚洲和非洲都要建立。因此,我们正在继续夜以继日地筹划,以便增进和扩充共产主义在世界大多数人民仍生活的农村一级选择民主的动力。"最后,告知美国氨基氰公司于1964年的春天决定为乡村改造运动每年提供15万美元的捐款,分三年支付,而在1964年12月又追加付给了30万美元的捐款;自1962~1965年以来,联邦基金会为国际平教运动提供了15万美元的捐款,在1965年2月25日的会议上议决再拨款15万美元。拨款从1965年11月1日开始执行,为期3年。(新版《全集》卷4,第732~734页)

4月22日 以"关于乡村改造运动和国际乡村改造学院的总结"为题给危地马拉和哥伦比亚工作队讲话。收入新版《全集》第三卷中。首先,告知这是对学员们所作的最后一次讲话。希望借此机会概括一下乡村改造运动的真正含义。其次,谈乡村改造运动的特点。"首先,乡村改造运动是一场教育运动";"第二,乡村改造运动也是一场科学运动";"第三,乡村改造运动还是一场革命运动";"第四,乡村改造运动是一场民主运动";"第五,乡村改造运动的另一个特点是:它是一个奉献者的运动";"第六,乡村改造运动是一场世界性的运动。"第三,谈奋斗的决心和努力的方向。"只要不发达国家依然存在着愚、贫、弱、私,我们就将继续战斗下去。基督教的信条告诫我们:上帝即父亲,人类皆兄弟。我们是我们兄弟的保护人。中国有句名言:'天下一家'。"第四,谈国际乡村改造学院的三个重要的功能。"第一,国际推广,这是我们最重要的功能。……第二个功能是领导层培训……我们的培训是和国际推广直接相关的,如果没有国际推广,也就没有领导层培训。在领导层培训中没有比进取心、事业心更重要的事了。……最后一个功能是应用研究。"三种功能的关系是互相联系的,"为了推广,你必须有经验,那就需要通过研究。为了能够推广,你必须有领导人才和工作人员,那就需要通过培训。为了保证你培训的领导人才能够充实、有用,你就必须研究。为了你的研究是重要和有活力的,就必须运用于实践。"最后,强调乡村改造运动的哲学和指导原则必须制度化。(新版《全集》卷3,第174~186页)

4月26日 在危地马拉训练班结业典礼上讲话。演讲词以"在危地马拉训练班结业典礼上的讲话"为题收入新版《全集》第三卷中。首先,谈"今天确实是乡村改造运动史上一个伟大的日子。"(新版《全集》卷3,第187页)其次,回顾乡村改造运动已经历的几个历史事件。第一件历史性大事发生在法国战场上,发现了"苦力"的

"力"；第二件历史性的大事是第一个社会实验基地——定县基地的开辟；第三件历史性的大事是组建了中国农村复兴联合委员会①；第四件历史性大事是菲律宾乡村改造运动的掀起。第三，谈乡村改造运动的"四大精神"，即追求精神、集体精神、战争精神和基督精神。最后，勉励学员回去后至少要具备两种素质："一是充分了解农民，二是准备为他们献出生命。""你们是国际乡村改造学院的第一批毕业生。我更多地是将你们看作军人，而不仅仅是献身者。尽管仁慈博爱很重要，但在目前这个时代里，战争精神即战斗精神也很重要。我殷切地期待着这样一天的到来，那时，许许多多的乡村改造勇士源源不断地来自非洲、亚洲和拉丁美洲。你们这第一批乡村改造勇士即将到拉丁美洲去战斗，但你们的大本营仍在这里。因为我们是一支军队，是一个整体。你们的失败就是我们的失败；你们的成功也是我们的成功。我们的总指挥就是万能的上帝，没有它的保佑，我们决不会成功；有它作为我们伟大的指挥官，我们绝不可能②失败。上帝保佑你们大家！"（新版《全集》卷 3，第 191 页）

春③　在其努力推动下危地马拉、哥伦比亚先后组成乡村改造促进会，（川编《晏阳初》，第 306 页）成为中美洲乡村改造实验场。（宋编《人民》，第 384 页）

6 月 11 日　给国际平教会促进会董事会撰写报告。收入新版《全集》第三卷中。首先，汇报国际乡村改造学院选址理由。国际乡村改造学院（IIRR）设在菲律宾，其理由是："（一）菲律宾有一个成功的且正在进行的乡村改造项目，它可以提供一个具体的示范和训练基地；（二）在乡村改造方面，菲律宾拥有一批能力强、富有经验的专家队伍以承担教师和工作人员的工作；（三）菲律宾有一批从第一流大学毕业的学生愿意献身于乡村工作。"其次，介绍拉丁美洲实验国家的选择。"在以前会议上的报告中，危地马拉（代表中美洲）、哥伦比亚、南美被挑选作为国际平民教育运动④项目的试验国家。在各个国家里，有杰出的公民领导人组织乡村改造运动。在危地马拉，委员会的主席是奎兰茨（Adolfo Molina Qrants）博士⑤……在

---

①　中国农村复兴联合委员会：旧版《全集》译为"乡村改造联合委员会"。

②　绝不可能：旧版《全集》译为"决不可能"。

③　吴相湘所著《晏阳初传》（岳麓书社 2001 年版）第 556 页认为时间为 1964 年，有误，1964 年时他们仅是乡村改造小队，还没有建立完善的乡村改造促进会，这些小队成员通过 1965 年 1 月 6 日至 4 月 22 日在国际乡村改造学院的培训，回国去便是建立他们国家的乡村改造促进会。参见"1967 年 11 月 26 日"条内容。

④　国际平民教育运动：旧版《全集》译为"IMEM"。IMEM 为 The International Committee of the Mass Education Movement（国际平民教育运动促进委员会）的缩写。

⑤　奎兰茨（Adolfo Molina Qrants）博士：危地马拉乡村改造运动委员会主席，曾任圣卡洛斯国立大学法学院的院长、外交部部长，数次在联合国内担任危地马拉的主要代表。

哥伦比亚,委员会主席是乔治·雷斯特普·霍约斯博士①";"经我与普赖斯先生(Mr. Price)②协商,每一个委员会挑选十六名人员,在国际乡村改造学院参加为期四个月的乡村改造工作的缩程培训。"第三,介绍国际乡村改造学院第一期国际培训计划情况。"在一九六五年一月六日,国际乡村改造学院与菲律宾乡村改造运动合作,在其训练基地举行了它的第一届国际训练项目的开学典礼,来自危地马拉和哥伦比亚的两组学员(各十六名)与四十名来自菲律宾的受训人员一道参加了培训。培训的第一部分内容是关于平教运动的四十年历史、它的哲学基础和指导原则,并讲演和讨论了生计、合作组织,健康、教育和自治诸方面结合进行的技术与方法。……其后,每一位受训者由一名老练的菲律宾乡村改造运动③工作人员陪同,在乡村里花两周时间与平民一道生活,并且如果条件允许的话,加入到乡村项目的实施之中去。由于受训者与平民、菲律宾乡村改造运动人员亲密相处,使他们不仅较深地了解到了项目的操作程序和实地操作方法,并且也使他们获得了菲律宾乡村改造运动工作人员所具有的献身精神,最后的两周用来让受训人员在国际乡村改造学院制定各自国家的乡建项目。"该培训给拉丁美洲受训人员留下的深刻印象是:"(一)乡村建设运动与乡村社会经济和其他社会项目的结合方式;(二)工作队的概念;(三)菲律宾乡村改造运动工作人员的工作热情。我要强调的是:'开始容易坚持难,有的东西可以教大家如何操作,比如技术方面等,但有些东西仅仅只能教大家应该如何,比如传道的精神,而这种精神是将工作持续下去的最重要因素。'"第四,汇报菲律宾乡村建设运动的新进展。包括政府社会发展部门已经请求与菲律宾乡村改造运动合作,菲律宾乡村改造运动已经与美国的一些私人机构建立了非常成功的关系;亚洲基金会④赠建一座图书馆;CARE⑤也提供设备和剩余

---

① 乔治·雷斯特普·霍约斯(Jorge Restrepo Hoyos)博士:哥伦比亚乡村改造运动委员会主席,曾任哥伦比亚银行家协会的董事,并曾经担任安德斯大学的校长。

② 普赖斯先生(Mr. Price):旧版《全集》译为"普莱斯先生"。

③ 菲律宾乡村改造运动:旧版《全集》为"PRRM"。本篇均同。菲律宾乡村改造运动(Philippines Rural Reconstruction Movement, Inc.):缩写为PRRM,简称"菲乡村会",是菲律宾的一个乡建组织。成立于1952年7月17日,Dean Conrado Benitez当选为第一届理事会主席。

④ 亚洲基金会:成立于1954年,由美国知名人士组成的董事人员管理。是一家私人赞助机构。它的资金来自美国及亚洲的公共及私人部门的捐助,包括公司、信托基金及个人捐赠。该基金会成立以来,致力于促进美国与亚洲之间的了解与合作,帮助亚太地区提高管理手段和完善机构建设。根据亚洲人士的倡议和要求,基金会资助的项目旨在建立有效的法律体制,推进经济政府改革,促使公共管理更富有成效及更能反映民意,促进亚洲国家之间以及美国与亚洲的合作。基金会1983年的《亚洲基金法案》授权美国国会每年为其拨款,亚洲基金会也向美国国际开发署(USAID)和美国新闻署(USIA)争取专项赞助。基金会还接受实物捐赠,如书籍及报刊。出版物有亚洲基金会简介、年报等。

⑤ CARE:即Cooperative for American Relief Everywhere的缩写,即美国援外合作社。美国民间援外合作组织,由各教派、工会等团体组成的救济组织,成立于第二次世界大战之后,总部设在纽约。

食品;在福特和洛克菲勒基金会支持下的国际水稻研究院也加入到水稻品种改良的合作行列中;和平使团拟在菲律宾开办和平使团志愿者特别培训课程。第五,汇报增加的地方捐赠情况。在 1964 年,菲律宾乡村改造运动在现金和实物方面提高了 40 万比索以上的收入,还成功地使得菲律宾政府通过了一个分享国家收入的法案和土地法案。这两法案只待总统签署后将成为法律形式固定下来。第六,汇报泰国和马来西亚正在探索开展乡建工作,可能成为新的乡村改造运动。最后,介绍国际乡村改造学院的建筑在威尔伯先生的 25 万美元的慷慨捐赠、雷德里、沃茨①先生 10 万美元赠款的慷慨允诺下已经在甲米地②省的基地开工,将在 1966 年 1 月完成。(参见新版《全集》卷 3,第 192~195 页)

秋　到泰国及大韩民国考察,实地谈论两国的乡村改造运动。(吴著《晏传》,第 613 页)

9 月 24 日　参加国际平教会理事会集会,会上被人提议将国际平教会更名为"晏氏乡村改造促进会"(Jimmy Yen's Rural Reeorstruction Movement, Inc.)简称 JYRRM。所得捐款全用于由晏阳初担任院长的国际乡村改造学院。因为美国朝野及其他国家人士都深知乡村运动是其倡导启发,如应用这新名称,不论文字或口头,对方一目了然,容易了解接受;比较"国际平教会"一名,须应用甚多,解释大不相同;捐款人对其了解并具充分信心,名正言顺,劝捐容易;这一"促进会"完全是为捐款便利,所得捐款均用于由其担任院长的国际乡村改造学院用。集会当经决议于是年 10 月 20 日在纽约举行会员大会时决定。(川编《晏阳初》,第 306 页;吴著《晏传》,第 551 页)

9 月 26 日　美国纽约州政府批准发给"国际乡村改造学院"法人执照。(吴著《晏传》,第 543 页)

是年　从本年起,国际乡村建设学院开始举行国际乡村改造领导人才的训练(Training of Rural Reconstruction Leaders)。每逢训练期间,必亲自讲解"乡村改造工作人员九项守则"。这九项守则是:深入民间,与平民打成一片,向平民学习,与平民共同商讨乡村工作,计划依平民知晓的开始,不迁就社会而应改造社会,农村工作不可零碎地做而应整体连环进行,对农民不是救济而应是发扬。(詹编《文集》,第 275~277 页;吴著《晏传》,第 582 页)

---

① 沃茨:旧版《全集》译为"瓦茨"。
② 甲米地:旧版《全集》译为"开维特"。

1966 年(丙午)　七十六岁

1 月　中国导弹核武器试验成功。我国国民经济第三个五年计划开始执行。

5 月　中共中央政治局扩大会议在北京举行。5 月 16 日,会议通过《中共中央通知》,决定撤销 2 月 12 日批转的、由彭真主持起草的《文化革命五人小组关于当前学术讨论的汇报提纲》和原"文化革命五人小组"及其办事机构,5 月 28 日重新设立文化革命小组(陈伯达为组长,江青、张春桥为副组长,康生为顾问),隶属于政治局常委之下。

6 月　中央人民广播电台广播了北京大学聂元梓等人的大字报,《人民日报》发表《横扫一切牛鬼蛇神》社论。"文化大革命"运动迅即席卷全国。

同月　美国无人驾驶飞船"观察者"号在月球成功登陆,同时向地球发回大量月球表面照片。

6 月　高教部发出因"文革"运动停招研究生通知,此后停招达 12 年之久。并发出"选拔、派遣留学生工作推迟半年进行"通知。从本年起,我国停止选派留学生达六年之久。

7 月　中共发出《关于工业交通企业和基本建设单位如何开展文化大革命的通知》。

8 月　中共八届十一中全会在北京举行。全会通过《中共中央关于无产阶级文化大革命的决定》(简称《十六条》)。毛泽东在会上发表《炮打司令部——我的一张大字报》。

同月　印度尼西亚与马来西亚正式宣布结束三年来的战争。

9 月　中共中央发出《关于县以下农村文化大革命的规定》。

同月　高教部给各国驻华使馆的《备忘录》中提出:"从现在起,在华外国留学生(包括大学生、研究生、进修生)回国休学一年。回国的往返旅费由我国负担。这些留学生返华学习的具体时间,届时将另行通知。"是年起,我国停止接受外国留学生达七年之久。

10 月　陈伯达在中央工作会议上作《无产阶级文化大革命中的两条路线》的报告。会后,全国掀起批判"资产阶级反动路线"的浪潮。

12 月　中共中央先后发布《关于抓革命,促生产的十条规定(草案)》《关于农村无产阶级文化大革命的指示(草案)》。

1 月 20 日　在纽约举行会员大会,一致通过,国际平民教育促进会正式更名为晏氏乡村改造促进会。推选 R. 瓦茨(Mr. Ridley Watts)①为理事会主席,道格拉斯(William O. Douglas)为国际乡村改造学院理事会主席。增选菲乡村会领袖孔拉多 · 贝尼特斯 (Conrado Benitez)、科莫略 · 巴尔梅塞达 (Comelio Balmaceda)②、华莱士(Dewitt Wallace)和许雅丽等为理事。(川编《晏阳初》,第 306 页;吴著《晏传》,第 552 页)使美国朝野及其他国家人士都深知乡村运动为其所倡导。(姜编《纪略》,第 79 页)

1 月　国际乡村改造学院第一期院舍,在菲律宾马尼拉市南郊主要校址落成。计有行政大厅、会议厅、餐厅、图书馆、教室、学员宿舍两所、七幢教师宿舍、职员宿舍、工作场。工程费未超过 45 万美元。福特基金会一位代表参观这一校园房屋及环境布置后,对其谋划表示赞许:简朴而实用。(吴著《晏传》,第 552 页)

同月　马科斯③就任菲律宾总统,更积极支持其在菲开展农村保健卫生事业,农村保健卫生列作最优先项目。具有新的活力勇气的卫生部工作网遍布全菲农村,工作实质完全和乡村会一样,每年却增加数百万金钱更加增强其效果。(吴著《晏传》,第515 页)

夏　在其推动下的泰国乡村改造促进会发起组织活动。(吴著《晏传》,第 613 页)

是年　马科斯就任菲律宾总统后,欣然担任菲乡村改造促进会荣誉会长,加大了推进菲乡村改造工作的力度。(姜编《纪略》,第 79 页)

是年　在其推动下,危地马拉乡村改造促进会成立,成为中美洲乡村改造实验场。哥伦比亚乡村改造促进会也已成立。(宋编《人民》,第 384 页)

是年　访问、考察南朝鲜,研讨当地乡村改造情况。(吴著《晏传》,第 556 页)

---

①　R. 瓦茨(Mr. Ridley Watts):又译"R. 沃茨",晏氏乡村改造促进会理事会主席。生平事迹待考。

②　科莫略 · 巴尔梅塞达(Comelio Balmaceda):晏氏乡村改造促进会理事会理事。生平事迹待考。

③　马科斯:全名"Ferdinand Marcos",译为"费迪南德 · 马科斯"(1917~1989),菲律宾第六任总统。生于北依罗戈省。1941 年参加美菲联军,任步兵师少尉情报员。1942 年参加巴丹战役。曾担任过菲军第二师军法长官,1945 年被麦克阿瑟将军任命为北吕宋八省行政官,晋升上校。1945 年加入罗哈斯的自由党。1964 年加入国民党。次年当选第六任总统。1969 年再次当选总统。1978 年兼任总理。同年在原国民党的基础上组成新社会运动党,自任主席。1981 年第三次当选总统,1986 年因选举舞弊被赶下台。死于檀香山。著有《今日的民主革命》。

1967 年(丁未)　七十七岁

1 月　《人民日报》《红旗》杂志发表《把无产阶级文化大革命进行到底》社论。《人民日报》发表《无产阶级革命派大联合,夺走资本主义道路当权派的权!》社论。中央发布《关于人民解放军坚决支持革命左派群众的决定》。《红旗》第 3 期发表《论无产阶级革命派的夺权斗争》社论,全国各部门各地方的党政领导机构几乎都被夺权或改组。

同月　阿波罗 1 号因火爆炸。

2 月　首都大专院校、中等学校红卫兵代表大会相继成立。此后,各地纷纷成立大专院校、中等学校红卫兵代表大会,并成为一个地区内红卫兵组织的领导机构。

2 月、3 月　中央一些老同志对"文革"的错误做法提出强烈的批评,被诬为"二月逆流"而受到压制和打击。

6 月　我国第一颗氢弹爆炸成功。

7 月　武汉"七二〇事件"发生,在全国掀起"揪军内一小撮"的反军乱军浪潮。

8 月　东南亚国家联盟成立。

9 月　中国援助赞比亚政府无息贷款修建坦赞铁路。

同月　《人民日报》发表姚文元《评陶铸的两本书》,提出要"彻底揭露'五一六'反革命阴谋集团"。

10 月　中共中央转发毛泽东 7 日至 9 日视察华北、中南和华东地区时的谈话纪要。并发出《关于按照系统实行革命大联合的通知》。

12 月　全国小学以红小兵团取代少年先锋队。

是年　上海、北京、天津、山东、山西、贵州、黑龙江、青海、内蒙古等省、市、自治区成立"革委会"。

4 月 12 日　致信 R. 沃茨。信中首先告知对其花费宝贵时间写信告诉"你与埃迪·麦吉(Eddi McGee)①和鲍勃·帕森斯(Bob Parsons)②的联系情况",提醒

---

①　埃迪·麦吉(Eddi McGee):旧版《全集》译为"埃迪·马吉"。生平事迹未详,待考。
②　鲍勃·帕森斯(Bob Parsons):旧版《全集》译为"鲍勃·帕森"。生平事迹未详,待考。

瑟得纳(Surdna)①和利利阿·巴比特·海德(Lillia Babbitt Hyde)基金会②是很难对付的。但相信 R. 沃茨不要多长时间就可以把他们争取过来。其次,就泰国的乡村改造运动发表自己的看法。"泰国政府几乎对国内所有的事情③都绝对地控制,不允许有私人活动。所以可以理解,由泰国知名人士组成的泰国乡村改造运动(TRRM)董事会虽然已经成立了一年,但还未得到泰国政府的批准。只是在我这次去泰国以后,泰国政府才终于批准这个为提高他们的同胞的经济和社会地位而组织起来的私人团体。"第三,告知泰国乡村改造运动董事会情况。该会的董事们资历高深,其董事会主席是普威博士,他是泰国银行的总裁,伦敦经济学派的生财有道者,人们称誉他为"廉洁的人",受到全国各界人士的尊敬。"普威博士出任该运动的主席,泰国的好人在乡村改造的旗帜下团结在他的周围,结果是泰国乡村改造运动董事会同时具有威信和财力。泰国只有三个人(两个男人、一个妇女)得过光荣的麦格赛赛④奖。该奖相当于亚洲的诺贝尔奖,而这三个人都是泰国乡村改造运动董事会成员。该董事会成立了两个委员会。一个是财务委员会,另一个是人事委员会。"它们拥有强有力的领导,认为泰国乡村改造运动具有强大活力的特征。第四,告知拜见泰国国王的情况,并告知国王是支持泰国乡村运动的。第五,告知 5 月 7 日国际乡村改造学院(IIRR)将举行正式的成立大会,会后将加紧进行领袖人才培训和实验研究工作。在成立大会期间菲律宾总统马科斯将授予格雷格(Alan Gregg)主席⑤最高

---

① 瑟得纳(Surdna):即瑟得纳基金会(The Surdna Foundation),1917 年由约翰·埃默里·安德鲁斯(John Emory Andrus)通过化工、木材采伐、矿产开采和房地产投机等积累了财富,为追求慈善目的而建立该基金会,由瑟得纳家族进行管理。基金会本着安德鲁斯节俭、实用、谦逊、忠诚、优秀和直接服务的理念使基金不断升值。1989 年安德鲁斯家庭的第三和第四代基于基金会董事会拟定了环境和社区复兴计划,以增加专业人士来扩大其基金的影响力。1994 年增加了有效的公民和艺术项目,1997 年增加了非盈利部门支持项目。1991 年参与的综合社区振兴计划(CCRP)与另外 20 个基金会及公司花一千万美元实质性的提高在南布朗克斯(the South Bronx)片区民众的生活质量,该项目 1998 年结束。

② 利利阿·巴比特·海德(Lillia Babbitt Hyde)基金会:利利阿·巴比特·海德又译为"莉莉亚·巴比特·海德"(1856～1939),本杰明·塔尔波特·巴比特(Benjamin Talbot Babbitt)的小女儿,一个雄心勃勃的企业家和发明家,在壮观的商业生涯中建立了自己的财富。其父是个熟练的机械师、化学家、出色的推销员、精明的金融家。1889 年 80 岁过世时将他的巴比特公司五百万美元房地产控股权的一半留给了莉莉亚(Lillia Babbitt)。1891 年莉莉亚嫁给了纽约律师克拉伦斯·海德(Clarence Hyde),62 岁时成为寡妇,只有唯一的儿子克拉拉(Clara)也先逝,于是致力于在艺术、医学研究、卫生保健、教育等慈善公益事业,1924 年她以 6.4 万美元捐作基金本金,她一直担任该基金会会长直至 1939 年去世。她的大部分遗产也遗赠该基金会,到 1941 年时,该基金会拥有大约 320 万美元。1983 年该基金会与约翰杰·伊-伊丽莎·简·沃森基金会(The John Jay and Eliza Jane Watson Foundation)合并为海德-沃森基金会(The Hyde and Watson Foundation)。

③ 事情:旧版《全集》译为"事物"。

④ 麦格赛赛:旧版《全集》译为"马可赛赛"。

⑤ 格雷格(Alan Gregg)主席:即 Gregorio M. Feliciano,旧版《全集》译为"格雷戈"。菲乡村会主席。

的公民奖章——金心奖章①。邀请参加成立大会。并对格雷格任国际发展部副主任以来的乡村改造工作充分肯定。第六,告知将于本月22或23日到科伦布去一趟,希望能在锡兰②组织成功乡村改造运动。第七,告知巴斯基(Basky)③不但忙着筹备五月七日的成立大会,而且在积极地参加培训工作。他的主要职务将是国际乡村改造学院人员培训委员会的主任。培训中十分注意工艺技术的培训,同时也从不忽视道德素质的培育。他在基督教青年会中不平凡又丰富的工作经验,特别适合于在培训委员会里做出不平凡的贡献。第八,告知"为了协调沟通和合作,我们将组织一个国际乡村改造学院与菲律宾乡村改造运动联合委员会。该委员会由下述人员组成:IIRR 院长、PRRM 主任、IIRR 副院长、IIRR 培训主任、PRRM 实地工作主任,另外在高级职工中选举一名人员。该委员会每周聚会一次,会址轮流在 IIRR 院址和新怡诗夏省尼夫斯(Nieves, Nueva Ecija)。"最后,告知"巴斯基和格雷格都认为上次你和戴维(David)④来访很激励人心和富有成效。所以他们认为今后你若每年来一次将是一件大好事。我知道你、戴维、经仪⑤和彬生⑥在日夜认真地寻找经济支持来源。筹募款项⑦是一个非常劳累使人头痛的事情。可是有了一伙有献身精神的能干的同事在你的领导下⑧是不会失败的。"(新版《全集》卷4,第735~738页)

5月2日 国际乡村改造学院(IIRR)举行第一期院舍落成典礼,菲律宾总统马科斯及各国代表1 500人参加盛会。以"国际乡村改造学院的使命"为题在典礼上发表简要演辞:对于当地报纸赞扬他45年的梦想成为事实,非常感慨,指陈这实在是中国"平教总会"千百同志30年来艰苦努力,塑造成模范;又经菲乡村会同仁15年的实验,证明中国方案可以行之四海,而美国友人财力及精神的各种支持赞助,更是主要因素。会上,被马科斯总统授予菲律宾最高平民奖章——金心勋章。奖状云:"今公认晏阳初博士在菲律宾表现的辉煌的献身工作……特别是他提

---

① 金心奖章:也称"金心勋章"(Order of the Golden Heart)。旧版《全集》第1版卷3第775页误为"金星奖章"。新版《全集》卷4第737页已改正。

② 锡兰:斯里兰卡民主社会主义共和国的旧称。

③ 巴斯基(Basky):生平事迹未详,待考。

④ 戴维(David):即里查德·埃尔斯·戴维,旧版《全集》译为"查德·埃尔斯·大卫"。被晏阳初称呼为"亲爱的卡丁"。国际乡村改造学院家畜家禽专家。1957年与晏阳初相识,1959年受命与晏阳初等共建国家乡村改造学院,并负责种植火树及其他树,以美化校园。1987年3月16日收到晏阳初博士的最后一封亲笔信。

⑤ 经仪:生平事迹未详,待考。

⑥ 彬生:即颜彬生小姐(Miss Yen Pinsheng)。

⑦ 筹募款项:旧版《全集》译为"筹款、募集款项"。

⑧ 在你的领导下:旧版《全集》译为"在你激励人心的领导下"。

供菲律宾乡村改造促进会的启发、指导与具体的种种方法，已给予这项工作必需的要素、发展与力量……尊敬他的精神：同情那些生活不好的人们，全部并且毫不自私地献身于改善人们的情况。"（吴著《晏传》，第 553～554 页；川编《晏阳初》，第 306 页）会间有人请求总统夫人唱歌，马科斯夫人即起立，转向面对晏先生用塔加拉（Tagalog）语唱她最喜爱的"Dahil Sa Lyo"歌。这一表示，引起全场一致热烈的掌声。这是马科斯夫人第二次公开地歌唱。

11 月 26 日　致信 H. N. 洛克菲勒。信中首先告知自从在华盛顿会面已有 10 多年了。其次，告知重要消息。"德威特和莱拉·华莱士①写信给我，他们将为乡村改造促进会提供一百五十万美元的经费，分五年支付；其他捐助人捐款二百五十万美元，每年支付五十万。随信寄去来信的复本。"第三，告知来信是在过 77 岁生日后不久收到的。尽管健康状况良好，热情也没有减退，但认为下一个五年肯定是为帮助亚、非、拉美各洲农民而终生奋斗的顶点。"如果有几个朋友能像你那样相信平民教育和乡村改造方案是有成效的和切实可行的，并且现在就帮助我落实这个五年的经费来源，那么我就可以把大部分时间用于最有价值的实地研究工作。我不乞求过悠闲安逸的生活，我渴望有机会从事乡村改造的实际工作，不必为寻找资金而在某段时间中断工作，要不断努力，②以便维持乡村改造运动的方案能够继续实施下去。"第四，告知"必须于十二月二十日以前飞抵马尼拉附近的国际乡村改造学院，去培训来自泰国、锡兰和越南的新学员。来自危地马拉和哥伦比亚的学员在该院接受了培训，现在已回到家乡，在我们的帮助下建立本国的乡村改造促进会。直接到每个国家去推广乡村改造的方案是不可能的，但是借助于适当的支持，我们就可以在每块大陆上充分进行成功的示范，让时间来检验我们的乡村改造方案。"第五，告知"此次赴菲律宾将会遇到华莱士的挑战，这是非常重要的。此时此刻，你的友谊——长期以来对乡村改造运动的爱护和支持，会比以往任何时候都具有更重要的意义。我相信，乡村改造是你的所爱③。我知道你会帮助我们迎接这次挑战。"最后，告知希望能与 H. N. 洛克菲勒会面半个小时，"请你指定会见的时间、地点。届时，我将在那里恭候你的到来。"（新版《全集》卷 4，第 738～739 页）

是年　哈里·贝亚·普赖斯所编的《乡村建设与发展：田野工人手册——晏阳初、格雷戈里奥·费利西亚诺及国际乡村改造学院和菲律宾乡村改造运动小组

---

①　德威特和莱拉·华莱士：即德威特·华莱士（Dewitt Wallace）和莱拉·华莱士（Dewitt Wallace Lila）。

②　"在某段时间中断工作，要不断努力，"：旧版《全集》为"在一定时期中断工作，"。

③　所爱：旧版《全集》译为"第一热爱"。

成员》由纽约的普雷格出版社出版。(Harry Bayar Price ed. *Rural Reconstruction and Development: A Manual for Field Workers* by Y. C. James Yen and Gregorio M. Feliciano and the Joint Staffs of International Institute of Rural Reconstruction and the Philippine Rural Reconstruction Movement. New York: Praeger, 1967)

1968 年(戊申)　七十八岁

1 月　杜布切克当选捷克斯洛伐克共产党第一书记,"布拉格之春"运动开始。

同月　南非医生克里斯琴·巴纳德进行了世界上首例心脏移植手术。

同月　阿拉伯石油输出国组织成立,总部设在科威特城。

3 月　《人民日报》重新发表毛泽东 1967 年对天津延安中学的批示(即"三七指示"),实行"复课闹革命"。

4 月　美国黑人民权运动领袖马丁·路德·金被枪杀身亡。

5 月　中共中央转发《北京新华印刷厂军管会发动群众开展对敌斗争的经验》,要求全国各地区、各单位"有步骤地有领导地把清理阶级队伍这项工作做好"。

同月　法国发生反对戴高乐的全国抗议活动。

7 月　英特尔公司(Intel Corporation)创立。

同月　毛泽东决定派工人宣传队进驻清华大学。8 月 25 日,中央发出《关于派工人宣传队进驻学校的通知》。从此,全国各城市大中小学以及上层建筑各个领域普遍派进了工人宣传队,领导斗、批、改。

12 月　《人民日报》发表毛泽东"知识青年到农村去,接受贫下中农的再教育,很有必要"指示。从此,全国各地城镇出现知识青年上山下乡的高潮。

同月　南京长江大桥提前全面建成通车。

5 月 3 日　泰国乡村会(筹)选送专家、学生 30 人到国际乡村改造学院学习,为期 3 个月。其中高级人员都曾任公职有年,其他青年大学生也多有农村工作经验。
(川编《晏阳初》,第 306 页)

6 月 28 日　在美国国际开发署援助泰国第三期乡村改造培训班上讲话,以"乡村改造运动的理念和方法"为题收入新版《全集》第三卷中。首先,对泰国朋友们的到来表示欢迎和感到特别荣幸及万分激动。其次,向来菲律宾调查菲律宾军队尤其是公民行动部(Civic Action Department)为提高乡村人民的生活水平的泰国朋友们简述自己领导乡村改造运动近五十年的经历。① 五十多年前它源于中国,教育和帮助农民的最初经验来自第一次世界大战时在法国战场上帮助协约国工作的二十万名华工当翻译,坚信华工有聪明的头脑,只是没有机会,于是教他们阅读和写家信,并在法国创办了一份中文报刊。② 后来回到中国,继续从事这一工作,开展了一场声势浩大的全国平民教育运动,教数百万的中国农民读书和写字;继后介绍农业知识,引进现代农业耕作方法,引进信用合作社以帮助他们不受高利贷剥削,引进供销合作社为了不让他们被商人盘剥,引进家庭手工业以便利用其农闲时间编制日用器具以增加收入;继后向他们讲解公共卫生知识。推广乡村改造计划的人大都很年轻,但是其中大多数人毕业于欧美的知名大学,有些人是大学教授,他们离开北京这样的大城市,来到农村,与简朴的农民一起生活和工作,以便了解农民,从而选择定县做实验。经过三十年,许多科学家、学者以及成百上千的大学毕业生努力研究调查,最终形成了乡村改造计划。③ 抗日战争结束后,又来到美国,促使美国国会于 1948 年通过了一项法案,亦名"晏阳初条款",国会同意成立中国农村复兴联合委员会。为了推进整个中国的乡村改造计划,法案提供了由国会通过的两千七百万美元的拨款。在共产党接管大陆前的一年半里,中华平教会在农村地区开展了一项有六千万中国农民参与的全国计划,它包括水利、教育、土地改革。④ 1949 年转移到台湾。当 1949 年中国农村复兴联合委员会来到台湾时,几乎很少有农民拥有土地,而今天百分之八十五的台湾人民拥有自己的土地。台湾的土地改革是通过和平民主的方式进行的,并相信这是世界上发展中国家进行土地改革的一种示范。⑤ 之后,被邀请到菲律宾,帮助他们组织现在你们所熟知的菲律宾乡村改造运动。第三,介绍菲律宾乡村改造运动对菲律宾国家的贡献。"这个运动为提高菲律宾乡村经济和社会水平作出了杰出的贡献,并且'在乡村人民中发起了一场静悄悄的但又是生机勃勃的革命'",并促使菲律宾总统麦格赛赛组建了总统援助社区发展处,设有三千多名工作人员管理着这个国家的一万多个乡村。第四,阐述国际乡村改造学院设立的目的是帮助亚、非、拉国家培训乡村改造的领导人才。"这个国际机构有三个功能:第一,培训世界各地与我们合作的国家的乡村改造领导人才;第二,指导他们研究,以便继续提高我们的技术和改进方法;第三,根据不同国家的请求,推广这个计划。"第五,介绍在拉丁美洲进行的实验。"哥伦比亚代表南美洲,危地马拉代表中美洲。我们与哥伦比亚朋友合作,也在危地马拉建立了乡村改造示范中心,作为他们国家的示范基地和邻国的榜样。一九六五年,我们在那里成立了一个全国性团队,它由在教育、农业、植物栽培、动物养殖、合作社教育、公共卫生及政府自治方面出色的专家与大学毕业生组成。也就是说,一个是由经验丰富的专家组成;另一个是来自各大学的热血青年,其中有的来自哥伦比亚乡村改造运动和危地马拉乡村改造运动。这两个运动都是本土人的运动,由本国人领导。"并强调本地特色和吸收半个世纪乡村改造成功的经验。第六,为泰国有全国性的乡村改造组织而高兴,并介绍自己在泰国推动乡村改造工作所做的努力,详谈了他与总理普拉巴特(Prahbat)将军及副总理的交谈、与所有内阁部长的谈话,与国王的交谈、拜访泰国银行总裁普威博士(Dr. Puey)以及普威博士得到富商斯诺先生(Mr. Snoh)的支持等,"最终我们组织了著名的泰国乡村改造运动"。第七,对来自泰国的学员给予希望。"回国后,你们不仅仅是领导者,也应当是为人民服务的仆人。首先,你们必须能支配资源、原材料,管理和调用来自政府、军队和人民中的人员,然后再开展你们伟大的事业,我很高兴看到一个团体能跟军人在一起。除极少数人外,你们中的大部分人既懂得战争的技巧,而且也逐渐学会和平的艺术。……不懂泰文,但我会汉语。汉语里'Thai'的意思是'和平',泰语的意思是'自由'。但是,还有另一个含义……你们怎么能让泰国人得到和平和自由?在中国是这样的,三千年来,这四个字一直赋予了我们的救星的意思。那个是'国家',这是'民族'。它不是理想?国家享受和平和自由。这如何可能呢?还有另一个词'Min-ngan',意思是'人民'和'安居或富足'。你们必须首先拥有这个基础。我想让你们记住,即使你们忘了一切,也不要忘了这个。你们必须让人民享受安居和富足。"最后,回答听众所提"你们为什么不在台湾而在菲律宾设立国际乡村改造学院"一问。回答有许多重要原因。① 培训的方法和培训者。"国际乡村改造学院需要具备这两种素质的专家:一是专业技术能力。可能是教育方面,也可能是卫生健康方面……二是实际的、成功的、准确的经验。他要去过乡村,能运用知识来满足当地人的需要,解决他们的问题。当你们具备了技术能力和实践经验后,才能教育别人。""我们花了十六年组建了一支有凝聚力的团队,他们当中有大学退休教授、政府官员,他们去过新怡诗夏省,并与当地人共同工作和生活了十年。这些人历经磨难,经历了试验、研究与再试验的整个过程,最终发现了真正有效的解决乡村人民问题的方法。这些人是有资格教育别人的。我把他们称为新型培训者。虽然他们的经验没有高度系统化和理论化,但是他们去过新怡诗夏省,亲自在学校研究如何解决问题。他们愿意与来自非洲、拉丁美洲和东南亚的朋友们分享他们成功与失败的经验。"② 乡村改造不只是研究基本原理,而是行动计划。它需要行动,不只是出自理论和书本的知识。"实践锻炼与听课同样重要,它们必须同时进行。"③ 需要拥有熟练的技术、能力和实践经验的人担任培训任务。④ 要有"传教士"精神。⑤ 要有既满意又安全的民族。"如果你们想建立一个国家,就得建立一个新的民族,没有捷径,没有妙法。你们必须有一个满意的民族。要想有个满意的民族,就不能像我们所说的那样:缘木求鱼。我们亚洲国家的许多领导人,甚至包括非洲领导人都谈论此事,但是他们又常常把它抛在脑后……因此什么也没改变。……没有一个国家是安全的,除非这个国家的人民是安全和满意的,除非你们给予人民更好的生活,这样你们才能扎下根基。否则,你们的政权是建在沙子上,而不是建在坚固的磐石上。"(新版《全集》卷3,第196~205页)

是年 在其推动下的菲乡村会与麦格塞塞医学中心联系训练医学院毕业生,以便担任乡村诊所医生。菲国24所大学学生经由菲乡村会训练后担任社会福利署工作。(吴著《晏传》,第523页)

1969年(己酉)　七十九岁

1月　联合国消除种族歧视公约生效。

同月　理查德·米尔豪斯·尼克松就职美国总统。

3月　《人民日报》发表驻复旦大学工人、解放军宣传队的文章：《我们主张彻底革命》。文章把"文革"前的高等学校称为"旧大学"，提出"彻底批判旧综合性大学那一套学制、体制、课程、教材、教学方针和方法"，培养"普通劳动者"；废除"高考和统一分配制度"等等。《人民日报》并为此开辟专栏讨论"社会主义大学应当如何办"。讨论一直延续到1976年7月，专栏共出78期。讨论的中心随着国内政治形势和教育革命运动的进展，不断变化，其内容几乎涉及高等学校工作的所有方面。

4月　戴高乐辞去法国总统职务。

5月　马来西亚发生被官方称为"种族冲突"的排华暴乱。

同月　苏丹发生军事政变。

同月　全国各级学校以"五七指示"为纲领，组织师生下厂、下乡参加劳动，建立校内外学工、学农基地，实行"开门办学""教学、生产、科研三结合"等。

7月　美国宇航员尼尔·奥尔登·阿姆斯特朗和巴兹·奥尔德林登陆月球。

8月　全国普遍开展群众性挖防空洞活动。

10～12月　林彪"第一号令"下达后，一些高等院校被裁并、外迁或改办五七干校或在农村建立"战备疏散点"，将大批师生员工及部分家属下放农村。同时大批中等专业学校被裁并、停办，教师和干部被下放。

12月　英国废除死刑。

1月9日　在菲律宾国际乡村改造学院举办的第二期越南特别课程班上以"国际乡村改造运动的历史和理念"为题做第一次报告，收入新版《全集》第三卷中。首先，表达与越南学员的亲近之感。因为"我们共同享有两个共同的纽带。首先，我们享有一个共同的文化传统。在我们前几天的讨论中，你们提到儒家经典和'四书'的学习，我也学习过这些经典，并且它们都记忆在脑海里。我父亲是一个中国学者，因此，我在十岁的时候就完成了'四书''五经'的学习。我发现你们中有相当多的一部分人会熟练地使用中文。因此,我感觉与你们非常亲密。另外一个共同享有的纽带是不太幸运的一个,那就是你们的国家也处在战争之中。今天讲的乡村改造运动就产生于第一次世界大战之中。当我从法国回到中国之后,我们的国家正处于内战,紧接着内战的是第二次世界大战,然后又是国共之间的战争。所以,今天在这里给你们演讲,我可以深刻地体会到在你们国家所面临的不幸的命运。"其次,给越南学员鼓气,相信能学有所获。"我坚信我的同事们,这些年在乡村改造的不同领域通过他们的示范所获得的经验,可以与你们一起分享。"第三,交代拟通过五个讲演与学员分享过去四十八年所积累的一些经验,将选取一些比较有意义的和与学员将要开展的活动相关的事情作为演讲内容,尽量挑选一些有意义的内容,并且对学员回到越南之后确实有帮助。第四,阐述"不管经历了怎样一个的破坏时期,你们都要去做一些具有建设性的活动。……你们可以看到即使在一个遭受严重破坏的时期,我们中国人民仍然可以完成一些有益的和有价值的事情。"第五,交代将"演讲主题确定在第一次世界大战期间我们所做的事情上面"。第六,详述他所做的事及其发现。① 作为北美基督教青年会战地服务协会志愿者赴法国做翻译员在法国北部的白朗为五千名中国劳工代写家信,随后教劳工学习识字和写家信。由最初的 35 个劳工获得识字证书,到每天晚上有大约三千个被称为"苦力"的人前来学习汉字,当数以千计的劳工都学会了识字,便开始在巴黎创办一份中国报纸。在回到中国之前便发誓:"我不去从政,不去经商,我将终身致力于教育,去启迪那些没有受过教育但是可教育的亿万人民。"通过法国的识字活动有了两个重要的发现:"一个发现是所谓知识分子的无知,另一个发现是所谓苦力和农民的巨大潜力。"② 带着两个发现,回到了中国,并开始了中国平民教育运动。并有了另外一个发现,就是找到了生活中伟大的另一半,即他的夫人,于 1921 年结婚,从此两人作为工作上的伙伴一起投身整个平民教育运动之中。③ 对于所谓的"苦力"有了一个新的含义——一个极具挑战性的意义,即苦力身上有更多的痛苦与更多的力量,应帮助苦力解除他们的"痛苦",因为他们的痛苦太多,发扬他们的"力",因为他们有潜在的力量。"我们的乡村改造运动的最终的目标是什么?那正是解除他们的痛苦,发扬他们的天赋力量。"④ 明白了以下重要思想:"第一,'民为邦本,本固邦宁',是两千多年前我们的圣人所说的至理名言,这甚至在今天仍然是真理。第二,我们的基本哲学是发扬而不是救济。所有从事乡村改造运动的人都必须记住这一点,我们的哲学不是救济,不是拿出来东西分发,而是发扬——去发扬人们的力量,这是巩固基础的方法。第三,乡村改造只是工具,人的改造才是最终目标,在你们从事乡村运动的时候一定要记住这一点。"⑤ 介绍识字教育中如何确立白话文、形成字汇以及将一千三百个基本字汇编成四册教材，使每一种读物花费三分钱，一共花费一角二分钱来面向众多的民众，并以此为教材去教民众识字。⑥ 介绍如何发动识字运动使人们积极参与，包括参与接受识字教育的民众的发动和召集数千名义务教师，以通过平民教育这种民间的运动开展识字教育最终迫使政府主动开始推行识字教育。到 1937 年日本发动全面侵华战争前，有超过六千五百万农民学会识字和书写。⑦ 继续为识字者提供适当的阅读材料，一方面防止遗忘，另一方面避免借助不良读物。于是组织专人深入民间体验农民的生活去为农民写读物，还建立了藏有一千多部读物的平民图书馆以及用扁担挑着从一个村子到另一个村子并不断更新图书的流动图书馆。⑧ 通过露天戏剧、露天电影、集体唱歌等形式教育农民。第七，阐述平民教育运动对国家的效果和影响。① 平民教育运动对政府产生了巨大的影响。"此前，政府从来没有进行过平民教育运动，然而在我们的实验和运动的影响下，政府设立了一个民众教育机构，政府官员和教育家在各省建立了中华平民教育促进会分会。比如，在中国东北的哈尔滨，在南方的广州，在西部的四川，在中部的湖南。"② "它给了一些大学生们提供了表达他们热爱民众的方式。那些知识分子、作家都是第一次为民众而写作，此前他们做不到，是因为民众没有能力阅读，因此无法找准创作的目的或意义。然后是出版机构，那些商业出版机构开始为全国的千百万民众出版小册子，这是一桩相对不错的生意。"③ "把学者、苦力、农民整合在一起，这在中国三千多年的历史上还是第一次。以前这两个阶层之间总是存在着巨大的鸿沟，为数不多的学者高高在上，千百万没有文化的农民处在社会底层，他们之间没有任何共同之处。但是通过我们的识字运动及其平民教育活动，在中国历史上第一次让学者和农民走到了一起。"④ 促使高级官员夫人和将军也重视平民教育运动并积极参与其中，一是前国务总理熊希龄的夫人朱其慧女士为平民教育运动奋斗了八年时间，夜以继日地工作，最后献出自己宝贵的生命；二是年轻的张学良将军，他十分重视士兵的识字教育。让平教会"帮他教了两个旅大约二万五千名士兵，不久，军队开始发行了报纸《士兵》，这是国内第一份面向士兵的报纸。以前士兵由于是文盲不会读报，现在第一次有了属于他们的报纸。"第八，提醒学员干事业要持之以恒，拒绝诱惑，不能向权力和金钱低头。"当你们的事业取得成功的时候你们就会面临很大的诱惑，很容易向有权力和金钱的人低头。《圣经》里面有这样一句话：'如果一个人赢得了整个世界却丧失了灵魂，这对他还有什么益处呢。'如果我向权力和金钱折腰的话，就不会有今天的乡村改造运动了。所以，你们看，当你们做出一些杰出的成就之后，出现的诱惑是很大的，某些人想驱使你脱离最初的想法，或放弃真知灼见。""当你们回到越南的时候,你们还没有取得大的成绩的时候,没有人会注意你们的。但是当你们成功了,确实做出了一些成就,人们就会纷纷找到你们,或者让你们加入一些政党,或者参与商业活动。如果那样,还会有乡村改造运动吗? 不再会有的。""必须牢记一点,你们要想成功地应用我们的经验,就必须有自我牺牲的精神,在任何艰难情况下都要坚持奉献精神,无论遇到什么困难,无论出现什么诱惑,都要坚持不懈,直到实现塑造民众的目标。"第九,谈乡村改造运动面临的最大问题是难得人才的问题。不管是在泰国还是在印尼,或在拉丁美洲和非洲,"最大的问题就是我们到哪里去寻找既有才能又热爱民众、愿意把自己的生命献给提高人民生活和文化水平的人。"从而阐释为什么要开展乡村改造人才的培训工作。最后,勉励来自越南的学员不仅要学会从事乡村改造的方法与技巧,更重要的是要发扬乡村改造运动长期积累的精神与爱心。"对于乡村改造运动的方法技巧,你们中的大部分人都能够真正掌握,虽然它是很重要的,但是仅有方法技巧是不足以塑造民众的。为了帮助民众,你们必须有一种十字军的精神,你们必须忘掉自我。世界上伟大的运动总是在少数人中开始,而不是在多数人、广大的民众那里。当你们回国之后,不是仅仅带回乡村改造运动的方法技巧,我希望和恳请你们回国的时候,也把真正的爱国精神和对你们自己的民众真正的爱心带回去,自愿为了你们的民众而献出自己的生命。我对你们每个人都抱有很大的信心。"(新版《全集》卷3,第206～225页)

1月10日 在菲律宾国际乡村改造学院举办的第二期越南特别课程班上以"定县经验"为题做第二次报告,收入新版《全集》第三卷中。首先,谈定县实验前中国民众受教育的状况。"在她五亿子民中,有超过百分之八十的人没有上过学,不识字。我们以伟大的文明而自豪,却没有意识到我们的文明是建立在辛劳、痛苦和贫穷的农民大众的落后的基础上的。因此,文化局限于少数人中。……我们自称的所谓精英或知识分子,认为农民不受教育是天经地义的事,他们是不可教育的。"其次,谈由农民能识字但仍饿肚子思考如何为农民服务。"识字是重要的和基本的,但是,仅仅学会识字并不能使我们的人民现代化,不能塑造出伟大的人民。于是我们做了很多思考和自我反省。""既然我们绝大部分的人民生活在脏乱、贫穷的农村,我们就应该深入到那里去。我们应该走到人民生活的地方,到那儿不是马上就教育他们,因为我们还不知道教他们什么,我们应该先向他们学习……在我们想成为农民的老师之前,首先是要做他们的学生。"第三,介绍为走到人民中去必须选一个县来做社会实验,当时定县特殊的自然条件和交通条件、普遍的经济和社会状况在中国北方具有典型性,促使定县被选择为实验县。第四,介绍一些到定县实验区工作的杰出人物,如康奈尔大学农学博士、名牌大学农学系主任冯锐,公共卫生学博士、著名大学卫生教育系主任陈志潜等,以及他们在定县所做的工作。如冯锐实验洋白菜的成功,陈志潜提出的整个国家的整套乡村保健制度。第五,强调为人民做事必须研究人民的问题,最好通过各种办法寻求与专家的合作。"如果我们要为我们的人民做些实事,我们必须彻底地、科学地研究他们的问题,了解问题的情况,然后开发能适应他们需要和问题的技术。这就是你们回到越南后真正要做的事情。你们还需要专家,最好的是让你们的国家专家与你们合作。你们也要记住,你们在招募那些高级专家加入你们的活动时,你们可能会碰到很大的困难,但是,不要灰心。就像我们在中国所做的那样,你们总会及时地找到办法。"第六,强调选择一个地区、一个省、一个州或一个县进行实验的重要性。"这种选择一个地区、一个省或一个州作为实验室的方法现在继续在乡村改造运动中使用。……当你在实验室犯了错误时,只是个小错误。但是,当政府制定国家计划时犯了错误,可就是大错误了。当你周游世界时,你会发现很多大项目并没有经过实验,没有经过检验,这是令人悲哀的事情。这种社会实验室的方法被证实是非常经济和科学的,因此,现在它被所有国家的乡村改造运动所接受,而他们的工作人员正是我们这个国际乡村改造学院所培养的。"第七,介绍在定县做的社会调查、介绍在定县实施的四大教育以解决农民的愚贫弱私,尤其是向学员介绍《定县调查》①一书。第八,强调"乡村改造运动的每个成员都要具备'三 C'的资格:竞争力(Competence)、创造力(Creativity)和同情心(Compassion)。我和我的同事们在中国的经验证明,如果一个人真的是称职的乡村改造人员,他就必须具备'三 C':有在他所学领域的能力;至于创造力,许多来到定县的专家后来又回到大学,就是因为他们只会教书,不能想出解决问题的技术和方法,他们所缺乏的就是创造力;第三就是必须要有同情心。他们也许有创造力,但是,如果他们对民众没有爱心,没有同情心,那么他们就不可能加入我们的团队,或者加入一段时间后,就得放弃。"最后,勉励来自越南的学员回到越南后,应寻找那些具备"三 C"的同事、合作伙伴。"在你们团队中必须拥有具备这三个条件的人。始终以这三个条件为目标:竞争力,创造力,同情心。如果你们要问我究竟是什么东西帮助我们创造了乡村改造运动,并维持这一运动历经四十八年,直到现在,那是因为过去在中国大陆,现在在菲律宾和台湾地区,我们的同事一直都是具备'三 C'的团队。你们说,这是很困难的一件事。是的,我知道找到这样的人是很困难,但是并不是不可能。等到你们回到越

---

　　① 《定县调查》:全书名是《定县社会概况调查》,李景汉主持完成,中华平民教育促进会出版部 1933 年出版。

南,我知道你们中的八九个人会致力于乡村改造运动,通过你们的示范作用,将会吸引到许多优秀的科学家和学者、许多优秀的青年男女追随你们。"(新版《全集》卷3,第226~244页)

1月13日 在菲律宾国际乡村改造学院举办的第二期越南特别课程班上以"中国和菲律宾乡村改造运动的经验"为题做第三次报告,收入新版《全集》第三卷中。首先,给学员介绍战争与搞乡村改造不矛盾,关键是能否看到挑战和把握机遇。"整个乡村改造运动就是在战争中诞生,并且在战争时期发展的。……人们通常会认为在战争年代所发生的只有破坏,然而,你们会看到在破坏时期进行创造的可能。当你们能够在困境中看到挑战和机遇时,就能开展一个伟大的、积极的改造运动,即使是处在一个破坏和毁灭的时代。"其次,勾勒平民教育和乡村改造运动是伴随战争发展起来的。第一次世界大战期间(1918),平民教育和乡村改造伟大思想诞生;国内战争期间(1921~1936),开展识字教育和定县实验;抗日战争期间(1937~1945),在湖南省产生抗战和改造计划;乡村卫生制度的应用;县政制度的应用;乡村建设学院的建立。国内战期间(1945~1949),乡村改造运动在中国大陆的开展,一年半的中国农村复兴联合委员会在台湾省的工作。第三,扼要介绍乡村改造运动的历史。"首先,第一次世界大战期间,诞生了平民教育和乡村改造的伟大思想。然后是在中国的国内战争期间(1921~1936),我的经验就是那些年积累起来的。我们做了什么?我们对上百万的农民进行识字教育和定县实验。接下来是抗日战争,许多重大的事情都在那个时期发生。在国共内战期间(1945~1949),我们创建了中国农村复兴联合委员会,我们使中国大陆六千万人民受益。一九四九年,我们去了台湾之后,中国农村复兴联合会使台湾的农村经济稳定下来,使岛上超过百分之八十五的农民分到了土地,这是世界公认的一次成功的乡村改造运动。再下来,当虎克游击队发动的战争遍及菲律宾各地时,麦格赛赛总统怎么能让虎克游击队阻止乡村改造运动,他是一个明智的总统,我认为他比蒋介石英明。他同时坚持两条战线,一边与虎克游击队作战,一边采用了同贫穷、无知和疾病作战的菲律宾乡村改造运动的四大计划。"第四,向学员介绍四十七年在乡村改造活动中获得的经验。"(一)每个国家,无论有多落后,你总能找到一些领导人,他们是真正热爱祖国、热爱人民,正在摸索着能为人民做些什么事。……(二)在欠发达国家,你会发现很多大学和高级学院的毕业生非常自私,一些人一心想挣钱,以便买大汽车,住大房子,享受生活,一些人想从政,拥有权力,以便能够控制或统治他人。因此,他们中的大部分人都迷恋金钱和权力。但是,因此而断言他们所有人都是这样的人是不正确的。我在菲律宾、危地马拉、哥伦比亚发现不少年轻的学生非常希望到脏乱的农村工作，以便带给他们的农民同胞一个新的生活。（三）你们要去找一些专家——那些在农业、医药、教育、合作组织方面受过良好教育的人。他们也许是大学的教授，或者是高级学院的教师，或者在政府机关工作。你们要争取他们的加盟，求得他们的合作和服务。你们也将会发现他们大部分人都是自利的，以自我为中心，不关心农民，但是，并不是所有专业人员都是这样。你们会发现大学教授或机关工作人员中会有一些人愿意加入你们的事业，因为他们看到了乡村改造对于他们的农民同胞是多么迫切和重要。"第五，提醒学员回国后要有信心、耐心并必须实干，以质量取胜，持之以恒。"你们必须要有信心和耐心，你们将会及时地找到许多人来做你们的伙伴。但是，你们回去之后，首先自己要努力工作，发展你们的计划是需要时间的。人们之所以被吸引过来，并不是因为你说了什么，而是因为你做到了什么。……你们回到越南以后，可以把活动开展得小些。一定记住，尽管规模小些，但是一定要好，一定要正确。开始可以做得小些，但是，不能停止，那是在为以后的发展打下基础。……既然有战争，就让我们尽力做到最好。不要拿战争作为自己无所事事的借口，而是把战争当作一种激励，一个挑战。"最后，鼓励学员发扬战争精神去从事乡村改造，并寄予学员成功的期望。"如果你们能抓住战争的精神，把它应用到工作上，以战斗的精神为一个和平的、建设性的项目服务，那是一件极其美好的事情。你们不是在前线作战，你们在后方，但是，你们是在带着战斗的精神开展你们的乡村改造运动，同贫穷、无知、愚昧、压迫作战，这是一件了不起的事情。你们到这里来，不是学习战争的艺术，而是学习和平的艺术——乡村改造——学习如何提升在农村和高原地区长期受苦而又长期被忽视的农民朋友的经济、社会和精神状态。你们来此，我希望你们不仅学会和平和建设的技术，而且学到与在你们国家频繁发生的各种基本灾难作战的斗争精神。把这种斗争精神应用到和平的项目中去，我知道，也确信，你们一定能够取得成功！"（新版《全集》卷3，第245～262页）

1 月 14 日　在菲律宾国际乡村改造学院举办的第二期越南特别课程班上以"国际乡村改造学院的历史与理念"为题做第四次报告，收入新版《全集》第三卷中。首先，介绍国际乡村改造学院产生的背景。"一九五二年，在菲律宾国家领导人的邀请下，我作为国际平民教育运动组织的代表第一次来到这里。菲律宾乡村改造运动和我们之间的这次合作，就是菲律宾乡村改造运动和国际平民教育运动之间的合作，但是，国际平民教育运动的名字就变成了国际乡村改造学院。""这个国际乡村改造学院与国际平民教育运动原来就是同一个组织。"其次，介绍菲律宾国际乡村改造学院组建的目的。"一个是帮助我在菲律宾的所有朋友组织和发展一个充满生气的乡村改造运动,以提高农民群众的经济和社会标准;另一个目的是,如果这次在菲律宾改造运动和国际乡村改造学院(在当时叫国际平民教育运动)的合作被证明是成功的话,那么我们国际乡村改造学院就想把这个计划推广到第三世界的其他国家去。""我们与菲律宾的朋友合作的另一个重要目的是:我们要在这里发展中国的乡村改造计划,我们想证明中国乡村改造运动中的项目、模式、基本理念、技术是否也适合于其他国家,是否适用于另一个有着完全不同的历史和文化背景、完全不同的经济和社会背景的国家。"第三,介绍十六年前实验研究的发现。"虽然两国的历史和文化背景不同,这个计划只是在较小程度上适应当地的条件和需求,但是,中国乡村改造的基本原则、基本理念和基本技术大致上还是适用于菲律宾,这一点使我们很受鼓舞。我们发现尽管世界不发达国家的文化不同,但是,无论是拉丁美洲、非洲还是亚洲,农民所面临的基本问题却是普遍相同的,这一点让我们倍感欣慰。因此,在一个落后国家发展的基本原则和方法也同样适用于别的落后国家,当然,还是需要作适当修改。"最后,介绍国际乡村改造学院的五个重要目的或功能。"(一)国际推广;(二)领导层培训;(三)运行研究;(四)咨询和反馈;(五)国际会议和出版物的发行。"然后逐一谈所发挥的功能状况。(新版《全集》卷3,第263~279页)

2月1日 在国际乡村改造学院举办的菲律宾乡村改造运动(IIRR-PRRM)高级专家和管理人员培训班上作第一次演讲,以"定县实验的经验"为题收入宋恩荣总主编、孙邦华执行主编、由天津教育出版社2013年出版的《晏阳初全集》第三卷中。首先,表达与新老朋友见面的幸福之情。"自从我们创建国际乡村改造学院以后,与新老朋友见面是最幸福的时刻之一。你们中有一些人已经与我们一起从事乡村改造运动十多年了,我认为其中一两个人已经有十五年了,帕尼托①甚至达十六年了。我想以最大的热忱欢迎我们的同事。如果你们问我喜欢做什么,我就喜欢每天和你们坐在一起交谈。"其次,解释汉语中"同志"与"同胞"两词的深刻含义及区别。"'同志'这一词是由两个汉字组成的(我可以在一分钟内教会你们汉语):其中一个是'同'——意思是相同或分享;第二个汉字是'志'——意思是远见,理想。相同理想的共享者,这就是汉语里的'同志',那不是更有意义吗?我们这一群人在一起不仅仅是为了一项工作,更是因为我们拥有共同的理想。这正是我们今天在一起的原因,也是我与你们在一起感到很高兴的原因。……对任何人来说,有一个理想是一回事,拥有共同的理想又是一回事。""同胞"一词的含义,

---

① 帕尼托(Bernito):生平事迹未详,待考。

"'同'——兄弟姐妹有同一个母亲,你们知道那种表述是什么意思吗? 同一位母亲所生,你们可以明白同一个母亲的儿女被称为'同胞'——意思是同一子宫的享有者。这种表达真的是非常奇妙。但是,这里也有不同——当然,兄弟姐妹都是非常非常亲密的,因为他们为一母所生。有许多兄弟姐妹,他们为一母所生,但是他们不能共享同一理想。有时他们甚至对抗。所以'同志'比同一位母亲所生的兄弟姐妹即'同胞'更亲近、亲密,因为他们拥有共同的理想。这就是我今天对你们的感觉,你们比我的兄弟姐妹更亲近、亲密。"并欢迎格兰特博士(Dr. Grant)①加入这个亲密的团体、内部圈子。第三,阐述他演讲的用意,是想使学员更优秀,甚至超过他。"我希望他们(年轻的同事们——引者)比我更优秀。那是我应该做的,否则这个运动就没有了希望。年轻人必须依靠老一代人的肩膀。如果世界还有希望的话,他们也应该这么做。因此,我怎样能够帮助你们,使你们比晏阳初更优秀,是我自始至终思索的事情。"最后,谈定县实验这个主题。它是"真正非常基础的部分,是平民教育运动的基础——理想、计划、技术和方法都是在那里发展起来的,甚至我的知识和经验也是来自那里,定县实验与今天的实验同样重要。"介绍了在定县进行的识字扫盲教育活动;社会调查和经济调查;发现四个基本问题即愚、穷、弱、私,进而有针对性地提出生计教育、文艺教育、卫生教育和公民教育,并通过学校式教育、家庭式教育和社会式教育加以实施和整合,以及在实施过程中的具体做法、所遇到的困难和解决办法。(新版《全集》卷 3,第 280~312 页)

2 月 2 日　在国际乡村改造学院举办的菲律宾乡村改造运动(IIRR - PRRM)高级专家和管理人员培训班上作第二次演讲,以"乡村改造运动的特点"为题收入宋恩荣总主编、孙邦华执行主编、由天津教育出版社 2013 年出版的《晏阳初全集》第三卷中。首先,介绍菲律宾乡村改造运动的双重作用。"当我一九五二年来到这里的时候,与菲律宾乡村改造运动的杰出董事会进行会面,我们对菲律宾乡村改造运动的双重作用达成了共识。从我这方面来说,是发展了一项具有活力的乡村改造运动;从另一方面来说,如果这个运动确实具有活力的话,我们就会欣喜地看到它能推广到世界上所有不发达国家中。"其次,谈乡村改造运动模式。乡村改造运动的模式必须是可以复制的。其显著特点:① 民间性。"这种乡村改造运动不是政府行为,人们可能会问我这是为什么,对此我有充分的理由。今天我只说出其中的几点。第一个原因,乡村改造运动是一项巨大的挑战,它关系到世界上许许多多

---

① 格兰特博士(Dr. Grant):即 J. B. 格兰特(J. B. Grant,1890~1962),旧译"兰安生"。参见 1929 年 9 月 11 日注释条。

的人。在任何一个从事这一运动的国家里，都会涉及百分之八十五的人民，因而这是一项艰巨的任务。运动涉及的范围之广，单靠政府的力量是无法企及的。……第二个原因更加重要，由于这一运动关系到全世界三分之二的同胞，所以我们必须深入地去研究它。正如我昨天所说的那样，乡村改造运动不是慈善事业，而是教育活动，它是为全世界三分之二的同胞服务的一门新的学科，因此，我们必须吸引科学家和学者加入进来，研究整个课题。在研究中，一定不能干扰这些科学家和学者，世界上研究这些重要课题的人必须是自由的，要给予他们充分的自由；否则，他们就不会研究出成果。如果这让政府参与了，那么政府一定会进行各种各样的政治干预，学者们的研究就会处在各种各样的政治压迫之中，因而不能充分地进行研究。所以必须要让那些从事乡村改造研究的人自由地进行实验，自由地进行创造。这一点是非常重要的。一旦我们失去了学术自由，我们将失去一切。"② 本土性。"我必须强调乡村改造运动所具有的本土性的重要性。菲律宾乡村改造运动是人民的运动，是菲律宾人民的运动，由菲律宾人民来完成，为菲律宾人民而开展。我从一开始就坚持这一信念，因为我在中国就是如此。我认为这是最基本的要求。无论何时，在说到乡村改造运动的经济和社会重要性时，只要将这种本土性拿出来，以整个国家为根基，那么就一定会产生最伟大的思想和最坚固的信念，并且这些思想和信念完全是属于他们自己的，绝不是外界所强加的。"③ 领导层的联合性。"菲律宾乡村改造运动是一个为大众服务的联合领导层，我把它称为改造共同体。我的意思就是说，乡村改造运动的一个非常重要的特点是它具有一个联合的领导集体。它是社区的三个关键部分的共同体。这三个关键部分的领导有哪些呢？第一个，我称之为国家的创立者。……另一个团体也是非常必要的，我称之为科学的普及者。……第三个团体是科学传教士，他们是由那些具有使命感的年轻的大学毕业生所组成。……对于大家来说，如果那三个团体中的任何一个都把乡村改造看作一门新的科学，看作是对新民众实施的新教育的话，那么单独的一个团体都不会有大的作为。……把他们集中起来，他们就能成为建设国家的基础力量。如今，这里有一个独一无二的、充满活力的联合体，这个联合体的特点就是菲律宾乡村改造运动的特点，也是乡村改造运动模式的显著特点。"④ 把四大教育融为一个整体。第三，阐述乡村改造运动模式的催化作用。他引证麦格赛赛总统的评价，认为菲律宾乡村改造运动承担了发展圣路易斯计划(San Luis Project)的全部责任，该计划一定能达到以下两个目标："一、向路易斯·塔鲁克家乡的反对者证明它能够给乡村人民带来享受自由和丰富的生活。二、为其他一万八千个乡村的改造作一个示范和典型，这样也就为菲律宾伟大而繁荣的民主制度奠定了牢固的基础。""所以说乡村改造模式的一个重要的特点就是它的催化效应,这种效应已经在这个国家发挥作用。……菲律宾政府第一次承认了乡村改造是他们的义务,乡村改造应该是政府职能的一部分,同时乡村改造运动也塑造了菲律宾乡村改造运动。如今这个机构已经在菲律宾发挥了良好的作用。我坚信,随着时间的推移,当有了合适的领导和财政的支持后,大家将会看到菲律宾乡村改造运动所做的是多么伟大的事业。不过菲律宾乡村改造运动必须始终要做老师,做指导者,做良师益友,要做得比政府好,要在工作的质量上保持领导地位,永远做工作的楷模,只有这样政府才会关注菲律宾乡村改造运动,才会来寻求指导。"最后,请里克①就他的演讲发表看法,并请马纳汉②先生做补充。(新版《全集》卷3,第313~322页)

2月3日　在国际乡村改造学院举办的菲律宾乡村改造运动(IIRR - PRRM)高级专家和管理人员培训班上作第三次演讲,以"乡村改造运动的基本理念"为题收入宋恩荣总主编、孙邦华执行主编、由天津教育出版社2013年出版的《晏阳初全集》第三卷中。首先,向学员讲明当场演讲的主要内容是"详细讲述乡村改造运动的基本理念。"其次,阐述乡村改造运动的理念。① 发扬理念(Release Concept)。"这是最基本的理念,贯穿于整个乡村改造运动之中。这一理念使我们的运动与世界上其他许多乡村机构区别开来。……这就是我们的基本理念不是救济而是发扬的原因。我们工作的整个理念,整个态度,整个计划以及整个操作过程,都使我们的工作与众不同,我们要发扬的是造物主不分种族和肤色而给予每个人的潜能。""人人都有潜能,但是如何发掘这些潜能呢? 我们认为最好的方式就是通过科学。科学将能够帮助发扬出潜能,这就是我们有农业科学、医学、社会学、政治学,但还要使这些科学适应人们的接受能力的原因。发扬人的能量的整个想法是建立在对民众力量有信心的基础上的。当现代技术、现代科学走近农民,发扬他们能量的需求非常迫切的时候,我们就去发扬他们的能量,促使他们迈向现代化,把他们带进现代生活的潮流中,让他们扮演平等的、重要的角色,在各自的国家建立自己的社区,创造更好的生活。"② 实验理念(Laboratory Concept)。"这个重要的理念贯穿于我们的操作过程之中,贯穿于我们整个计划之中,这就是实验的方法。这个理念也是非常重要的,它是科学的方法。在我们要试着在大范围内开展一项工作之前,我们必须对其进行实验……物理学家有物理实验室,化学家有化学实验室,我们这些要尝试解决人类问题的人必须有人类实验室。让研究人类问题的学者使用最好

---

① 里克:里克·拉贝斯(Ric Labez)。曾担任菲律宾乡村改造运动圣路易斯项目工作队队长,美国在菲律宾开展"世界邻居"(World Neighbors)项目的领导。
② 马纳汉:曼尼·马纳汉(Manny Manahan)。见1952年注释条。

的技术和研究方法,并为其提供实验室,这一做法是一个非常勇敢的举动。"③ 体系理念(System Concept)①。认为乡村改造运动应系统化,形成体系,就像定县实验的卫生体系一样。"定县卫生是一个完整的制度②,它与分散的、零碎的、独立的卫生计划有很大的不同。分散的卫生可能这里有一点计划,那里有一点计划,永远也不是全部的、整体的计划。有卫生训练、医药箱、卫生工作人员,工作周期,仅此而已。但是,农村保健制度是建立在三个不同的级别上。第一个级别是村,在它之上是区,这是第二个级别,第三个级别是县,这是三个不同的级别。这三个层次的保健制度是以三级不同的行政机构为基础的,在中国我们把你们的村叫做区,区比县低一级,它是由许多的村组成,在菲律宾,把区叫做市,县被称作省。那就是我们建立的三个不同层次的保健制度,整个保健制度是建立在三个不同行政层次基础上。"④ 整体理念(Totality Concept)。"在领导层方面,我昨天谈论过社区三种关键人员的联合问题,这三种关键人员是国家创立者、科学简化者、科学传教士,他们不只仅是单独的学生群体,不是单独的科学家团体,也不是单独的公民领导团体,而是一个联合体。整体理念渗透在整个领导层的头脑中。……整体理念不纯粹是教育的问题,也不纯粹是农业的问题,等等,它们是一个整体,是一个各种项目的紧密结合。分散的项目是不能对社区、对人民产生多大影响的。"⑤ 重新定位理念(Re-orientation)。"一个人如果在特定的专业上获得了知识,那么他必须为解决人们的需求和问题而去运用他的特定技术与知识。只有那些能将科学知识和技能成功地转化为人民所需的技术的人,然后才会在乡村改造运动中获得丰富的经验。当他来培训的时候,无论是在农业方面,还是在合作方面,抑或是在教育方面,也还是在公共卫生方面,他都知道他谈论的内容是什么,因为我们的目标是为了人民,为了把科学带给人民。整个知识转化的过程本身就是一门艺术,而且是非常有难度的。所以我们始终在坚持,除非那些科学家、学者、教授都进行了重新定位,否则他们绝对不会在迎合人民的需求和问题上发挥作用。"⑥ 整合理念(Integrated Concept)。"我们现在谈的是整合,我是想让我们这里的同仁们能真正意识到我们所做的各种事情之间有着内在的联系。……要知道一个问题的解决必然是依赖于另一个问题的解决。……我们必须对四大教育之间的联系有一个完整、彻底的理解,然后我们才会像一支真正的团队在一起工作。这样,你我之间的教育计划才能相互弥补、强化,我们才会有一支真正伟大的团队。任何一个方面都对另一方面的

---

① 新版《全集》第 326 页将"System Concept"译为"制度理念"不恰当,应译为"体系理念",故笔者用"体系理念"。

② 此处"制度"译为"体系"似更佳。

成功发挥着作用,这就是我所说的整合理念。"⑦ 模式理念(Pattern Concept)。"最近四十八年来的乡村改造运动,我们想发展两种模式:一种是私人(民间)模式,即乡村改造中人对人的模式;另一种是政府模式,即政府对政府的模式。在菲律宾,政府所具有的合作精神——我称之为帮助志趣相投者的精神,是我决定选择菲律宾作为推广乡村改造运动中心的原因。正如我昨天提到的,与政府在每个领域合作都是有可能的。我们在这里开展的乡村改造运动,是想要发展出那种有活力的模式,再则,这种模式意识是非常重要的。请记住,你们不能只是做一些零碎的改造计划,尽管很多组织在那样做。我们是一个很有抱负的团体,是一个非常有科学性的团体,我们不想在这里做那些琐碎的事情,但是,一旦我们开展了一个又一个项目,这些项目必定是相互关联的,最终它们会形成一种模式。……我们所做的每一件事、开展的每一个项目都是有意义的,项目与项目之间都是有联系的。我们做事的结果就是形成一种模式,就像一个拼图,所有不同的图片最终会形成一幅画。"最后,论述乡村改造运动的显著特点。①"乡村改造运动是一场教育运动"。②"它也是一场科学运动"。③"乡村改造运动不仅仅是一场教育运动,也是一场科学运动,还是一场革命运动"。④"这场乡村改造运动不仅仅是教育运动、科学运动、革命运动,它还是一场民主运动"。⑤"乡村改造不仅仅是教育运动、科学运动、革命运动、民主运动,它还是一场传教运动"。⑥"这场运动不仅仅是一场教育运动、一场科学运动、一场革命运动、一场民主运动、一场传教运动,还是个世界性的运动"。(新版《全集》卷3,第330～348页)

2月4日　在国际乡村改造学院举办的菲律宾乡村改造运动(IIRR - PRRM)高级专家和管理人员培训班上作第四次演讲,其演讲词以"乡村改造运动的机构"为题收入宋恩荣总主编、孙邦华执行主编、由天津教育出版社2013年出版的《晏阳初全集》第三卷中。首先,阐述成立乡村改造运动的世界中心的想法很早,在1934年出版的《定县实验》一书中就有反映。赛珍珠在第二部分已表达中国平教会有这一思想。其次,谈所有行动和行为的两个方面。"所有行动、行为都有两个方面。有时我们忘记了生活的另一个方面,那就是接受。对于输出,我们把自己付出的太多了;对于输入来说,如果没有知识和精神内容的补充就不能持续输出。如果你不能那样做的话,不久你就会在体力和精神上感到疲惫,直到你枯竭。……人的生活还有另一个方面——他需要加倍地吸收新知识,充实自己,重塑自己。……你们要知道,有时你们必须有能力看到无法看到的东西和能处理不可能处理的事情。"第三,谈国际乡村改造学院的主要职能,行动研究。他批评了"有许许多多乡村发展工厂,但是里面几乎没有从事真正乡村改造实验室的人才。人都会这样,当听说流行做某事的时候,每个人都会在不理解其真正含义的情况下去追赶这种潮流。但也正是这种潮流使这个部门建立了起来。我把它称作乡村发展工厂,但我们迫切需要的是少量的实验室,真正研究全世界的农民研究乡村改造中所出现问题的基本解决方法。……以前,我花大量的时间去劝说科学家和学者离开象牙塔,离开大学、研究机构、政府部门,以使他们能了解人民,参与实际行动。现在我还在到处劝说学者进行更多的学习研究。只有行动是不够的,还必须有学习研究。但是这两者彼此是不能分离的。如果将它们分开的话,将是一种灾难。如果我们只关注研究而忘了实际操作,那么我们研究的东西可能会是无用的,脱离人民生活实际,所以我们必须用实际操作来检验研究的有用性。同时,实际操作必须建立在研究的基础上,这两者是相互促进的。我们不能为了研究而研究,研究是为了运用,是为了行动,但行动必须以研究为基础。这就是为什么我们称它为运用性研究的原因。研究通过实际运用来检验,实际运用也通过研究来指导。"第四,谈乡村改造运动关注的重点事务。① 教育。② 开展计划生育。"我们在四十年前就谈论过这个话题。我想,在这一代从事的新的乡村改造运动中,如果不包括生育控制这一重要部分的话,运动将无法开展。人口的剧增是我们必须面对的问题。我们所有在这个国际乡村改造学院里的人和菲律宾乡村改造运动的人,都应该知道不计划生育带来的问题。这个问题不仅仅只在菲律宾、危地马拉、哥伦比亚、泰国存在,在非洲也存在。所以我们把这一全球性的问题聚集在此,这样可以让那些来自非洲、拉丁美洲和亚洲的朋友们在四到六个月的时间里(我希望有朝一日这个训练能进行六个月而不是四个月)经过训练对这一问题有所了解。"③ 土地改革。"无论你们说什么,只要土地的耕种者不是土地的所有者,你们就不会在生产上取得进步。这是一个非常重要的课题,我们不能忽视它。"④ 领导层的训练。"如果你得到了一流的训练,你必须对内容进行研究。如果你一年到头都训练同样的旧内容,就会变得陈腐和呆滞,所以不能那样做。这就是为什么我们应该不断地研究以保持新鲜的、有活力的内容的另一个重要原因。这种领导层的训练是相当重要的。"⑤ 农业、医学等方面知识的传播。"我们需要做的是将已有的大量农业知识和技能传播给人民大众。面对今天不发达国家的学者,对我们的同伴来说是一个巨大的挑战。假如有关农业和医学方面的发现现在才刚刚开始,我想,只要把不开化的人们考虑进去,他们就不会有太大的麻烦。但是我们现在要做的就是把现存的农业、医学知识传授给人们,把这些知识下放到人民可以接受的水平上,把复杂的知识转化为简单的、易于接受的语言,以便于民众能够接受和运用。这是非常重要的,所以当这些科学家和学者到我们这里来的时候,告诉他们这需要传递和转化的技术。还有一件迫切需要做的事,那就是让这些专家摘掉他们的眼罩,因为他们中的大多数都非常专业,因此知识也就变得很狭窄了。"在这些所有的事务中,强调要有整体的理念,强调能够欣赏自己同事的重要,强调合作和相互取长补短的重要。"真正的同事必须是一个团队。……那是一个具有团队精神和团队行动的集体。这听起来很简单,但是,要付诸实践并不容易。"要求在付诸实践时必须"对农民的人格和潜能表示尊重";"要学会互相尊重各自的文化,要学会彼此欣赏各自的贡献";要"尊重别国的文化,尊重别国的民主";根除仇恨情绪而产生国际友谊精神,进而"为世界的和平打好基础"。第五,谈乡村改造运动的国际发展问题。重点解释选择一个国家为乡村改造实验的五条标准。"(一)在这个国家必须要有一个关注占人口百分之八十五的贫困人口生活并热衷于乡村改造计划,具有高智商、公共精神、责任心的核心公民阶层。(二)这个国家必须有愿意把自己贡献给普及科学知识,使科学知识能为人民所接受的专业人员、科学家和学者。(三)必须有受过良好教育的年轻人并愿意与贫困且地位低下的同胞一同从事充满活力的教育事业。(四)政府的扶持。我不使用与政府合作这个词而用扶持,是为了让政府允许你们组织民间运动。你们无法想象民间运动在获得政府的许可过程中有多少麻烦、困难、问题和斗争。在拉丁美洲你还必须加一条。(五)宗教的支持。必须得到宗教的支持,否则你寸步难行。"希望在每个国家开展的乡村改造运动都能成为真正"优秀的中心"。"我总是说:'不要以追求数量为目标。'首先,我们没有钱也没有地方开展计划。其次,像我们这样的民间组织,虽不是必须,但我们必须以质量为目标,这样我们就可以向人民充分地展示乡村改造运动为人民做了些什么。与此同时,我们给周边国家提供了一个具体的范例。"第六,简单介绍国际技术合作和国际会议问题。主张国际乡村改造学院应跟不同国家的大学、研究机构合作,并对"金(Chin)女士正在这样做并且取得了巨大的成绩"感到高兴。同时强调国际会议非常重要。它可以"把那些热心的科学家和学者以及从事乡村改造的领导和同事们召集在一起,大家坐在一起待上不是四天,而是一个星期来交流经验。"分享成功的经验和分析失败的教训及其所致之因。"如果我们这样做了,我们就迈向了成功。让他们来这里交流经验是我们的一个目的,另一个目的是我们要建立国际友好关系,把所有从事乡村改造和乡村发展计划的人联合起来。然后我们会把所有讨论的内容都出版出来,这样我们就会有一个包含我们辛苦得到的成功与失败的经验的出版物。我们会把这一出版物发给全世界的同事和朋友。我确信,只要我们这样做了,就会有助于全世界乡村改造运动的发展与提高。"第七,谈国际乡村改造学院与菲律宾乡村改造运动的合作关系。认为"这是一个老合作关系,大约有十六年了",并想还会持续十六年。1952 年确立合作时就确立了工作的两个目标:"一个是帮助我们这里的朋友开展一场有活力的乡村改造运动,以便来帮助这些乡村的人民提高经济、社会和精神水平。另外,如果这个联合的事业能够证明是有效而成功的,我们就可以建立一种模式,一种乡村改造运动的国家模式,然后把这种模式推广到世界上其他发展中国家去。从一开始,当菲律宾乡村改造运动在进行提升人民初级的、基础的生活工作的时候,我们就确立了这个建立国际化模式的目标。"为建立乡村改造运动的世界中心,他认为要有所准备:① 新型的培训者。"要求这些人不仅要掌握技术能力,特别是还要有将技术努力与主要有活力的实践经验相结合的能力。如果我们要想给来自不同国家的朋友提供实际、有效的经验,我们就不应该只是具备理论能力的指导者,还必须深入民间,并要把自己的那些技术知识转化为每天与水牛、泥巴为伍的农民能够理解和运用的内容。所以,我们建立世界中心之前的第一件事,就是必须有能够把理论和实际结合起来的独特素质,同时能够完善经验,促使新的乡村改造科学产生指导者和训练者。"② 运作场所的准备。"受训者可以看到和观察到在运作的场所内实际正在进行的经济和社会改革的内容,而不是仅仅局限在教室里。……乡村改造是一个行动计划,我们必须有活动的场所,以便在训练中能做三件重要的事情:一件是可以观察到正在做什么,眼见为实,看也是一种学习。另一件是能够真正地、实际地、积极地参与,这是我们将来必须要提高的。不仅为了这些受训者进行观察,而且他们必须在田野里实践,在乡村改造运动各期领导人的系统指导下积极参与。我们所学的大量知识只有通过实践才能真正掌握。"③ 积极投身运动的热情。"乡村工作是一项艰苦的工作,它需要付出许多的汗水、泪水和辛酸,会遭受许多挫折。如果一个男人或女人没有投身运动的热情,那么迟早都会退出的。这个工作太辛苦了,尤其当工作本身艰苦而又必须训练人能够承受难苦的时候。……同伴们,如果要在国际乡村改造学院和菲律宾乡村改造运动之间最亲密地配合和合作,那么就应为训练发展这三个基础的、重要的元素。"他认为国际乡村改造学院与菲律宾乡村改造运动有密切不可分的合作关系。"无论国际乡村改造学院是否进行研究,尤其是是否进行操作性研究,它都要与菲律宾乡村改造运动一起工作。如果它进行的是理论上的研究,那么它和菲律宾乡村改造运动就没有什么可合作的了,但它进行的是操作性的研究,这就意味着我们必须和菲律宾乡村改造运动有密切的联系,菲律宾乡村改造运动也必须和国际乡村改造学院紧密合作。训练也是如此。当然,能够在这里进行传授——基本原则、理念、历史等等,是这种训练的重要部分。唯一一个和菲律宾乡村改造运动联系不大的部门是国际拓展部。在研究、训练方面这两者互相有着重要的联系。你们不能把这二者分开，所以我称其为合作伙伴，而不是协作。"第八，论述为乡村改造奋斗的五十年仅仅是进行准备，"五十年后我们才刚刚开始。"并对未来充满期望。"确实如此，我们才刚刚开始。我想我们知道在经历了五十年的试验和失败之后，我们现在知道了该如何开始。这是非常重要的一点。我想你们能注意到这些。五十年后，我们知道了如何更好地开始。……我们渴望和世界不同地方的我们的同仁分享我们的成功经验，以便他们能比我们更加成功。……四十八年来，我们所拥有的资金仅够糊口。我们现在开始有所好转了。五十年后，我们在增加资金方面以及在比这更重要的方面——赢得合作者上有了更多的经验。他们不仅仅是捐赠者、给予者，他们是共同理想的分享者——同志。……我们现在还有钱维持，不过我们还得不断地筹钱，我已经做了一些安排。……如果上帝愿意的话，我要做提升人的事而不是增加钱。我讨厌像败坏道德一样去寻找钱，但我每时每刻都在做。……我知道我所痛恨的东西，所以如果你们要问我，我愿意把我接下来的十年时间贡献给什么的话，那就是提高人的素质。如果我们不那么做，整个运动将会没有未来。我要在接下来的五到十年内走访全世界去寻找同志，让他们加入到乡村改造运动的各个重要领域，凝聚力量。我想在这里建造更多的村舍和公寓，住满了优秀的人，住满了那些具有专注的头脑和坚定的心灵的人，让他们加入我们，因为这个任务是非常巨大的。我们要为我们的事业注入新鲜的血液，年轻的血液。……我愿意把上帝给我的每一分力量都贡献给为这个国际乡村改造学院奠定基础的事业，这包括两方面的事：一件是具有奉献精神和创新精神的领导者，另一件是稳定的、永久的、充足的财政支持。"第九，谈自己不久将去泰国参观，对泰国从事乡村改造的同志有伟大的信仰大加赞扬。强调菲律宾乡村改造学院"不培养只知道出去挣钱的人，也不培养只知道夺权的人，我们要培养愿意把自己奉献给提升那些没有权利、吃不饱、穿不暖、不发达的同胞地位和生活水平事业的人。"第十，表达非常希望解决更多非洲国家的问题，介绍拟在非洲找两个国家实验国家乡村改造运动并为此尽力。第十一，谈非常希望当年能招募一些具有创造性思想和坚强决心的人物加入到菲律宾国际乡村改造学院的队伍中来。最后，交代当日下午讨论会时间和提醒大家准备好问题和意见。（新版《全集》卷 3，第 352～369 页）

是年　在其推动下，泰国乡村改造促进会成立。（《晏阳初传》，第 556 页）

是年　菲乡村会决定采行其曾在四川璧山实验的农耕合作社方式，提供农人新方法、新品种及贷款，并使他们廉价购买应用品，产品也易销售。信用组合与购买社的组成是第一步，然后改为合作社。不仅供给农民贷款，且有销售他们产品的途径。Nueva Ecija 十三村镇二十五村的 38 名耕作人首先参加这一计划的一周训练后,乡村会供给他们一快速成长、抗御病虫害力强的新品种 IR－20,教他们应用新学习的方法播种于稻田,收获成果不论干季或雨季产量,每公顷都比当地 1967 年收获平均数多三倍。其他农民都赶来采取这新方法新品种,迅速普遍于此二十五村草菇的栽培,应用这新方法也大增产量。是年,261 农户即自草菇获利 187 比索。菲乡村会因又在十六村设立二十六实验室生产草菇菌丝。每一实验室正常生产是自二月至六月间生产价值五万四千比索的菌丝供应农户。这十六村且组成草菇企业。又如竹制品、木制品、食物处理与保藏等,也是乡村会协助农户学习新方法以增加收入。(吴著《晏传》,第 517、518 页)

是年　在其推动下,菲乡村会确定乡村购买社与信用协会人员的训练。这两类人员必须懂得如何处理事务及应遵守的规律,社员及会员也需要经过说明实习,才能了解一些程序和手续。菲乡村会分别在马尼拉等地举行夏季社会行动研究班,天主教神父、修女及天主教大学学生、基督教教区长、宗教监督、牧师与专业的凡俗人都参加研究讲习。(吴著《晏传》,第 523 页)

1970年(庚戌)　八十岁

1月　中共中央发出《关于打击反革命破坏活动的指示》。

2月　中共中央又发出《关于反对贪污盗窃、投机倒把的指示》《关于反对铺张浪费的通知》。全国开展"一打三反"运动。

3月　日本万国博览会在大阪举行。

4月　我国第一颗人造地球卫星发射成功。

5月　班达拉奈克夫人领导的左翼联盟在锡兰(即今斯里兰卡)选举中获胜。

6月　太平洋岛国汤加独立。

同月　中共中央转发《北京大学、清华大学关于应届毕业生的情况报告》,指示各地参照该报告做好应届毕业生工作。

7月　埃及阿斯旺水坝竣工。

8月　苏联发射金星7号,成为首枚成功登陆金星的探测器。

8~9月　中共九届二中全会在庐山举行。陈伯达等在会上提出"天才论"和"设国家主席"等提议,未被采纳。会后,全国开始开展"批修整风"运动。

10月　我国和加拿大建交。

11月　毛泽东对北京卫戍区《关于部队进行千里战备野营拉练的总结报告》所作的批示中提出:"大、中、小学(高年级)学生是否利用寒假也可以实行野营训练一个月。"

12月　埃塞俄比亚承认中华人民共和国。

同月　毛泽东提出大中小学师生每年分期分批进行"野营训练"一二次。

同月　《海牙公约》签署。

是年底　我国发展国民经济第三个五年计划完成。据统计,第三个五年计划期间(1966~1970),我国教育事业费支出占国家财政总支出的5.93%;全国教育事业基建投资完成额占国家基建投资完成总额的0.44%。

是年　全国继续清查"五一六反革命阴谋集团"。

11月28日　此日及日后的1971年8月8日,1977年7月9日、11月5日、11

月15日在鲁弗斯·马修·琼斯①《告语我们这个时代》②(*Speaks to Our Times*)一书第十五页做批注:"对上帝的信仰是所有已知的力量中最伟大的力量。让一个人的内心加强对上帝的信仰,那么他的创造力就会加快,前进的步伐就会加强,对日常工作就会抓得非常紧,这是因为他已经开发他的潜能。"(新版《全集》卷3,第625~626页)

是年 国际乡村改造学院决定开展两项长期研究计划:① 乡村经济发展;② 乡村家庭计划生育。(晏著《传略》,第332页)

是年 国际乡村改造学院决定将大部分力量用于研究乡村发展有关各种重要困难问题。在Cavite省社会实验场集中精力对乡村改造的方法与技术作精湛研究;先以村作实地研究单位,再进而以一片乡村工作实验区为研究单位,最后以市为研究单位。依乡村改造的原动力,设立村民学校,发展村民能力。(姜编《记略》,第80~81页)

是年 国际乡村改造学院开始研究如何在乡村推行"家庭计划生育"问题。学院副院长兼计划生育部主任弗拉维尔(Dr. Juan Flavier)③主持,目的在试验"学院"创议的"家庭计划生育",教育、诱导、招募乡村男女加以训练的适当方式。这一研究计划包括三十五村,一研究队内有医生三人、护士三人。"家庭计划生育"赞助人六人,人口统计员一人,由一队长带领至乡村工作。(吴著《晏传》,第560页)

是年 菲乡村会因将Nueva Ecija地区十三个村镇、两个城市的二十八个妇女会联结为一乡村改造妇女会联盟,其他六省的六十四个青年团体也同样结盟,使村民了解自己乡村以外还有城市、省、国,"建国必先建乡"原则自乡村基础逐渐向上升高。(吴著《晏传》,第523页)

是年 日本学者家家美光行所撰的《中国乡村建设运动的本质——30年代国民党官僚资本下にぉけろ》发表在《亚细亚经济》第11卷第1号(1970年第1期)上,对其领导的平民教育运动给予了充分的肯定。(孙诗锦著:《启蒙与重建——晏阳初

---

① 鲁弗斯·马修·琼斯(Rufus Matthew Jones, 1863~1948):美国作家、杂志编辑、大学教授,基督教派公谊会教徒,公谊会历史学家、神学家和哲学家,撰写有57部著作和大量文章和报纸评论。

② 《告语我们这个时代》(*Speaks to Our Times*):该书是鲁弗斯·马修·琼斯(Rufus Matthew Jones)的著作选集,由哈里·埃默森·福斯迪克(Harry Emerson)所编,美国麦克米伦公司1961年出版。全书共分十个部分,即"上帝在哪里?""上帝怎样显现?""人是什么?""怎样解释良心?""什么是有生命力的宗教?""科学已经足够了吗?""祷告意味着什么?""与教堂有关的事情是什么?""基督教生活的方式是什么?""怎样对付黑暗的日子?"和"为什么相信不朽?"。

③ 弗拉维尔(Dr. Juan Flavier):即Juan M. Flavier,也译为"胡安·M. 弗拉维尔"。1960年毕业于菲律宾国立大学医学院,获博士学位,谢绝菲律宾总统对其卫生部长的任命,投身于乡村改造工作,曾任国际乡村改造学院副院长兼计划生育部主任、院长等职。

乡村文化建设事业研究 1926～1937》，商务印书馆 2012 年版，导论第 13 页）

是年　俄亥俄州立大学李向波撰写《中国乡村平民教育运动（1923～1937）》博士学位论文。（Hsiang-po Lee. "Rural-Mass Education Movement in China, 1923 –1927". Ph. D. Dissertation, Ohio University, 1970.）

1971 年(辛亥)　八十一岁

1月　我国开始执行发展国民经济第四个五年计划。

1月　国务院科教组邀请参加全国计划会议的各省、市、自治区和中央22个有关部门负责人座谈全国高等学校调整问题。根据会议讨论的意见,国家计委、国务院科教组汇总29个省、市、自治区的调整方案,于1月31日向国务院提出《关于高等院校调整问题的报告》。各地对高等院校的调整意见是:工科院校一般拟予保留;农科、医科、师范院校多数拟保留,少数拟改为中等专业学校或合并;综合大学一般拟先保留下来;政法、财经、民族院校拟多撤销一些。修改后的上述调整方案,经4月召开的全国教育工作会议讨论,确定将全国原有的417所高等学校,保留309所,合并43所;撤销中国人民大学、中国医科大学、北京政法学院、北京对外贸易学院、上海财经学院、暨南大学、华侨大学、中南民族学院等45所;改为中等专业学校17所;改为工厂的有3所;增设7所。在中央统一计划下,学校管理体制实行以"块块为主"——多数院校由地方领导;部分院校由地方和中央部门双重领导,以地方为主;少数院校由中央部门直接领导。专业设置要在调查研究的基础上进行。

1~9月　全国继续进行批修整风,开展对"先验论""唯生产力论""人性论"和"阶级斗争熄灭论"的批判。

2月　中国与尼日利亚联邦共和国建交。

4月　中国与美国开始"乒乓外交"。

4~7月　国务院在北京召开全国教育工作会议。会议在张春桥、迟群一伙的控制下,作出了错误的"两个估计",形成会议的《纪要》。周恩来提出对17年教育工作估计"辩证地看问题",指出普及小学教育"这是一个大政",强调《纪要》中要写上"经费不能减小,还要逐年增加",专款专用。8月,中共中央批转《全国教育工作会议纪要》,同意其中提出的"调整方案,会后继续试行"的意见。

7月　基辛格来到北京,双方就尼克松总统访华一事达成了协议,于7月16日发表了《公告》。

8月　追加本年教育经费3.5亿元,重点用于解决农村中、小学教育经费。

9 月　　林彪等驾机叛国外逃,摔死在蒙古温都尔罕。

10 月　　二十六届联合国大会以压倒多数通过决议,恢复中华人民共和国在联合国的一切合法权利。11 月,中华人民共和国代表团首次出席了联合国大会。联合国教科文组织也恢复我国合法权利。

12 月　　中国与塞内加尔建交。

同月　　苏联不载人的空间飞船从火星向地球发回无线电和电视讯号。

同月　　中共中央发出通知,下发中央专案组整理的材料,全国开展批林整风。

同月　　中华人民共和国外交部发表声明,抗议美、日把中国钓鱼岛等岛屿划入日本"归还区域",重申中国对这些岛屿的领土主权。

是年　　菲律宾、索马里、加拿大、日本、美国等国教育代表团和学生代表团访问我国。其中包括:加拿大不列颠哥伦比亚大学文化访华团,日本民族民主教育学习访华团,美国进步学生代表团等。

是年　　部分高等学校继续试点招收工农兵学员 42 420 人。

3 月　　危地马拉加拉帕(Jalapa)市 Carlos A. Pinto Lopez 市长邀请其发动成立的危地马拉乡村会协助开发拉莫塔拉(La Montana)地区。(吴著《晏传》,第 606 页)

8 月 8 日　　在鲁弗斯·马修·琼斯(Rufus Matthew Jones)《告语我们这个时代》(*Speaks to Our Times*)一书第十五页做批注。(新版《全集》卷 3,第 625 页,参见 1970 年 11 月 28 日条注文)

11 月　　加纳民间人士集会决定成立乡村改造组织。(晏著《传略》,第 333 页)

是年　　国际学院继续制定如何在乡村推动"家庭计划生育"的研究计划,该研究计划主要包括研究内容及方法论、招募与训练工作人员、准备若干程序的手册、纪录与报告、表格及视听教材等。是年八月实际工作开始进行,所使用的传播资料,都尽可能表达农村的道德价值标准与一般信念,或是根据与乡村习惯相近的,以及菲律宾"家庭计划生育"赞助人习惯使用的方法。此研究前后经过二年半的工作,一时尚未获得确切结论。(吴著《晏传》,第 560 页)

1972年(壬子)　八十二岁

1月　中共中央在关于《粉碎林陈反党集团反革命政变的斗争》材料扩大发放，全国各级各类学校根据中共中央的部署进一步开展批林整风运动。

同月　中国与马耳他共和国建交。

2月　美国水手9号探测器沿着火星轨道飞行，发回7 329张照片。

同月　中国与墨西哥合众国建交。

同月　美国总统尼克松来我国访问，中美两国领导人会谈。《中美联合公报》在上海发表。

3月　中国与大不列颠及北爱尔兰联合王国外交关系上升为大使级。

同月　《人民日报》认为"当前农村普及教育的重点应当放在普及5年小学教育上，首先满足广大贫下中农子女上小学的要求。在有条件的地区普及7年教育"。

4月　《人民日报》发表"坚持多种形式办学"方针。

7月　中共中央、中央军委批转北京军区、66军、天津警备区党委在批林整风运动中整顿军队纪律、纠正不正之风的三个报告。指出占用学校、医院和工矿企业的房屋……车辆和物资等情况，要"采取坚决的措施予以克服"。

同月　周恩来会见美籍中国学者杨振宁。

7～8月　国务院科教组在北京召开高等学校招生工作座谈会。

8月　国务院科教组通知院校调整方案，需要试行一段后，再视情况加以调整。因而各省、自治区要求改建和增设的高等学校，一般暂不列入高等学校名单。

9月　日本总理大臣田中角荣来我国访问，两国政府联合声明在北京签字，实现中日邦交正常化。

11月　国务院科教组召开外国教育研究问题座谈会。

12月　我国选派16名留学生赴英国学习英语。本年连同派赴法国的留学生20人，共派出留学生36人。这是1966年停止派出留学生以来，首批派出的留学生。

是年　全国继续批林整风。

是年　全国高等学校共招收工农兵学员 133 553 人。

6 月 18 日　在国际学院"家庭计划生育"研究进行之初，被菲律宾人尊称为"民众的人"（Man of the People）的曼努埃尔·P. 马纳汉（Mr. Manuel P. Manahan）①于《马尼拉时报》（*The Manila Times*）撰刊：《晏阳初：为平民的十字军人》（*Dr. James Yen: A Crusader for the Common Man*）指出："晏阳初和人类伟大思想家一样，他具有领先他的时代的天赋才思，这是一项农村发展工作者难于相信的事实：远远回顾一九三〇年代，定县实验时，晏和他的同仁们就已经将节制生育与农业生产问题并排处理。这一意义十分明显的真实，是五十年前，即晏开始构想农村发展的观念时，他领先时代五十年。现在世界其他国家才开始追随他。"（吴著《晏传》，第 562 页）

6 月 26 日　致信菲律宾乡村改造促进会全体工作人员。该信以"致菲律宾乡村改造促进会全体工作人员"为题收入宋恩荣总主编、孙修福执行主编、天津教育出版社 2013 年出版的《晏阳初全集》第四卷中。信中首先告知献身于菲律宾乡村改造运动的同事们，20 年来菲律宾乡村改造运动产生巨大影响，强调其历史资料最有价值。"一个国家的历史是最有价值的资料，昭示着其未来的发展②。这对于我们菲律宾乡村改造促进会也同样是真理。在过去的二十年里，尽管遇到了一些问题和挫折，但菲律宾乡村改造运动已在菲律宾全国上下产生了令人瞩目的影响。"其次，历数菲律宾乡村改造运动所取得的成就并予以肯定。① 菲律宾乡村改造运动帮助形成了一种新的社会价值观念，使越来越多的公民领袖、科学家和学者对本国农民的思想感情发生了根本的转变。"知识分子和专业技术人员到农村去与地位低下的农民共同生活、共同工作。他们不再为此感到难堪，而是感到骄傲。这与二十年前的情况迥然不同。"② 菲律宾乡村改造运动使知识青年成为乡村改造工作者，为他们开辟了一条新的出路，提供了一个新的职业。"不安分、又没有工作，这样的知识青年就会对国家构成威胁；而经过培训，承担义务，他们就可以成为乡村及国家改造的动力。"③ 菲律宾乡村改造运动有助于带来农村的根本的政治改革。"菲律宾乡村改造运动所进行的研究和示范产生的直接成果③就是建立了乡镇自治政府。菲律宾国会于一九五五年通过了《村政会法案》。其中规定：村政会的议员应由选举产生，而不能像以前那样由任命产生。这样，民主在菲律宾就获

---

①　曼努埃尔·P. 马纳汉（Mr. Manuel P. Manahan）：生平事迹未详，待考。
②　未来的发展：旧版《全集》译为"全球的发展"。
③　直接成果：旧版《全集》译为"直接后果"。

得了新的内容。"④ 菲律宾乡村改造运动已成为推行乡村改造的一种催化剂。菲律宾乡村改造运动所取得的成就给前总统拉蒙·麦格赛赛极为深刻的印象。他于1956 年在自己的办公室设立了总统援助社区发展处(PACD)①,该机构已拥有2 000 多个工作人员,管辖一万多个乡镇。⑤ 菲律宾乡村改造运动为农村地区合理的经济发展及社会变革建立了一种持久的模式,使国际乡村改造学院设在了菲律宾。1960 年,在庆祝菲律宾独立 14 周年之际,卡洛斯·加西亚(Carlos Garcia)总统授予菲律宾乡村改造促进会总统荣誉奖,以表彰该会"对国家经济和社会发展的卓越贡献";"在乡村改造方面重要的开拓性工作";"在农民中开展了一场无声的,但却是辉煌的革命";"在团结私人团体,国家机构和国际组织的力量,去补充和完成政府改善菲律宾农村生活的工作方面,发挥了领导作用。"第三,再次衷心祝贺纪念菲律宾乡村改造促进会成立 20 周年,勉励全体工作人员作为菲律宾乡村改造促进会的一员而感到自豪和欣慰。"在纪念菲律宾乡村改造促进会成立二十周年之际,我向你们表示衷心的祝贺。你们完全有理由为自己是菲律宾乡村改造促进会的一员而感到自豪和欣慰"。第四,强调不负盛名的重要性,重温 1952 年的专家和乡建工作者共同信奉的信条。"赢得声望是一回事,而不负盛名则是另一回事。为了帮助你们不负菲律宾乡村改造促进会的盛名,让我们一起来重温专家和乡建工作者共同信奉的信条",即"深入民间;与平民共同生活;向平民诚心学习;与平民共同计划;从他们所知作开始;用他们已有来改造。"① 深入民间。"读书是必不可少的,也是有益的。但要了解农民,书本知识充其量是第二手的知识,不能代替与农民的直接联系。面向书本的专家和乡建工作者必须面向农民。"② 与平民共同生活。"我们是农民的邻居,而不是漫不经心的参观者。如果不能从天堂降临人世,与人类共同生活,即使是全能的上帝也不能拯救人类。'圣经与现世相吻合……在人类中扎下了根'。而我们竟胆敢断言,只要我们远离象牙之塔,就可以了解和帮助我们的农民同胞!"③ 向平民诚心学习。"我们要作农民的学生,而不是作他们的先生。要教育受教育者,我们首先要对教育者进行再教育。专家和乡建工作者接受再教育的首要任务就是向平民诚心学习。是的,我们必须先学习,先做学生,后做先生。"④ 与平民共同计划。"我们是农民的伙伴,而不是'强加者'。如果我们把任何一件事情强加给农民,而不让他们参与或与他们无关,那么这件事早晚都会失败,这是必定无疑的。要作农民的好伙伴不仅是要向他们传授技术知识,还要辅之以社会知识。实际上,这需要更多的艺术而不是科学。"⑤ 以他们所

---

① 总统援助社区发展处:旧版《全集》译为"社区发展总统助理的机构(PACD)"。

知作开始,用他们已有来改造。"这里的关键词是他们而不是我们。不是以我们所知,而是以他们所知;不是用我们所有,而是用他们所有。关键的问题是:我们真的知道什么是他们所知,什么是他们所有吗? 以及他们真的知道我们能够帮助他们开始什么,帮助他们改造什么吗? 这个简单但透彻的乡建信条是几十年来与农民伙伴共同工作的结晶。它是用简单的词句表达的。我们乡建工作者不要惧怕使用简单的词句。人类历史上最伟大的教师就是耶稣基督。他用最简单的词语教给我们关于上帝和人的最深奥的道理。实际上,农民常用的词汇有播种机、芥子种、葡萄园等诸如此类的词汇。"最后,号召全体工作人员继续献身于菲律宾乡村改造运动,肩负起完成乡村改造这一伟大、富有挑战性的使命。"你们有着伟大的遗产和优秀的传统。在这个历史性时刻,我强烈地要求你们记住一个极其重要的事,这就是菲律宾乡村改造运动更伟大、更辉煌的日子,不是在你们的背后,而是在你们的面前——即不是在昨天,而是在明天。我和夫人①每天都向上帝祈祷,并将继续祈祷,祈求上帝赐给你们神圣的指示和力量,使你们能够为你们的人民和国家完成乡村改造,这一富有挑战性的使命。"（新版《全集》卷 4,第 740～743 页）

11 月 17 日　致信赛珍珠。信中首先告知(许)雅丽②和他整整一年都在外面,最近才回到美国。其次,为其身体欠安深表关心,真诚祝愿早日康复。第三,提及曾试图电话联系而未接通,后采用写信的方式却"实在不能令人满意。"第四,告知来年 2 月份计划去加纳帮助建立一个新的西非国家乡村改造促进会,希望在离开美国之前能够再次相见。最后,再次祝愿早日痊愈。（参见新版《全集》卷 4,第 743～744 页）

是年　在其促成下的加纳乡村改造促进会成立,决定在曼彭流域作先导实验场。（吴著《晏传》,第 618 页;参见上条）

是年　在其领导下的乡村改造运动促使菲政府新设立地方政府与社区发展部,主持推动村议会为基层政治的工作。（吴著《晏传》,第 523 页）

是年　所撰写的《1934 年的定县实验》由设在美国纽约的国际乡村改造学院总部出版（Y. C. James Yen. *Ting Hsien Experiment in 1934*. New York:International Institute of Rural Reconstruction, 1972）。该书与 1934 年在北京出版的那本书内容不同。参见 1934 年 7 月条。

---

①　夫人:即许雅丽。
②　(许)雅丽:旧版《全集》译为"艾丽斯"。

1973 年（癸丑） 八十三岁

1 月　《人民日报》《红旗》杂志、《解放军报》联合发表《新年献词》，传达毛泽东"深挖洞、广积粮、不称霸"的指示。

同月　谢赫·穆吉布·拉赫曼就任孟加拉国首任总统。

同月　美国总统尼克松宣布已达成越南战争停战协议。

2 月　国务院批转国家计委、国务院科教组《关于高等学校历届遗留毕业生处理问题的请示报告》。

3 月　中共中央决定恢复邓小平的国务院副总理职务。

5 月　国务院教科组发出《关于搞好高等学校搬迁合并问题调查的通知》。

同月　美参议院专门小组开始水门事件听证会。

7 月　国务院批转国家计委、国务院科教组《关于中等专业学校、技工学校办学几个问题的意见》。

8 月　金大中遭绑架事件发生。

同月　基辛格出任美国国务卿。

同月　中共十大在北京举行。会议通过了政治报告和党章，选举了中央委员会。大会决议：永远开除林彪、陈伯达的党籍；撤销林彪、陈伯达党内外一切职务。

同月　我国第一台集成电路电子计算机试制成功。

9 月　国务院科教组召开教育战线批判孔子问题座谈会。科教组负责人迟群在会上提出，要把批孔作为深入批林整风的一项大事来抓。10 月初，周恩来总理批评了迟群的错误论调。

10 月　第四次中东战争爆发，引发石油危机。

是年　日本、芬兰、秘鲁、罗马尼亚、法国、美国、德意志联邦共和国、南也门等国教育代表团和学者来我国访问。

11 月　经过 18 个月的选择，加纳乡村改造促进会选派六名专家启程赴国际学院受训，培养加纳乡村改造领导者的愿望终于实现。（吴著《晏传》，第 619 页）

是年　其推动建立的危地马拉乡村促进会所设的拉斯·布里萨斯（Las

Brisas）合作社参加危国咖啡生产农业合作联合会（Federation of Agriculture Cooperatives of Coffee Produce of Guatemala）。经由这联合会，这项高品质的咖啡已直接远销至德国。到年底，拉斯·布里萨斯合作社已积聚财产约六万美元。社内工作人员都曾参加危乡村会训练，精神能力都极旺盛，一切社务完全由他们自己经营。（吴著《晏传》，第 605 页）

是年　美国历史学者海福德（Charles W. Hayford）在哈佛大学完成的博士论文《中国的乡村建设：晏阳初与平民教育运动》，把晏阳初描绘为一个自由主义者，认为自由主义对晏氏及其朋友来讲并不意味着个人主义、在社会上的不负责任行为或大规模的资本主义，而是首先意味着合理地控制社会和民族力量的可能性；并以此来区分他与其他社会力量和个人如毛泽东等人在解决农村问题上的差别。（Charles W. Hayford. *To the People: James Yen and Village China*. New York: Columbia University Press, 1990.）

1974年(甲寅)　八十四岁

1月　中共中央发出由江青一伙选编的《林彪与孔孟之道》,供全国批林批孔之用。江青一伙策划召开中共中央直属机关和国家机关批林批孔动员大会,向周恩来总理和一些部门的负责人搞突然袭击。

同月　我国舰艇部队和渔民、民兵对入侵西沙群岛的南越西贡当局军队进行自卫还击战。

2月　国务院科教组转发河北省威县辛店大队贫下中农管理学校委员会管理学校的经验材料。并强调要在批林批孔运动中,"加强贫下中农对农村学校的管理,巩固和发展无产阶级文化大革命的成果"。

同月　《人民日报》发表社论《把批林批孔的斗争进行到底》。全国掀起批林批孔的浪潮。

同月　香港廉政公署成立。

4月　邓小平率中国代表团出席联合国第六届特别会议,并在大会发言。

6月　伊扎克·拉宾任以色列总理。

同月　北大西洋公约组织在比利时首都布鲁塞尔正式签署了美国同西欧盟国调整关系的《大西洋关系宣言》。

同月　法国和伊朗签订帮助伊朗发展十年协定,向伊朗出售了五座核反应炉。

7月　上海、江苏、四川、湖南、河南、辽宁六省、市和国家机关选派了大中学教师和干部389人进藏,支援西藏教育事业。

同月　复旦大学等13所院校为上山下乡知识青年试办的函授教育陆续开学,经本人自愿报名,领导批准,参加学习的达3万人。

8月　《人民日报》发表署名"初澜"的文章:《为哪条教育路线唱赞歌——评湘剧〈园丁之歌〉》。

同月　因为水门事件,美国总统理查德·尼克松辞职;副总统杰拉德·福特接任总统。

同月　国务院科教组、外交部联合颁发试行《出国留学生管理制度(草案)》及《出国留学生守则(草案)》。

同月　国务院科教组召开全国来华留学生工作座谈会。会议讨论、修改《关于外国留学生教学和管理工作的暂行规定（草案）》。会后，《暂行规定》报经国务院批准。

9 月　埃塞俄比亚革命爆发。

同月　国务院科教组、财政部联合发出关于开门办学的通知，要求各地大、中、小学普遍搞"开门办学"。

12 月　国务院科教组召开部分高等院校世界经济研究问题座谈会。

同月　国务院科教组通知各地参照执行《关于外国留学生教学和管理工作的暂行规定（草案）》。

同月　马耳他宣布成为共和国。

同月　国务院科教组、农林部、中共辽宁省委联合召开学习朝阳农学院教育革命现场会。会议提出，要使学校真正成为无产阶级专政的工具。此后，全国各地的学校掀起宣传、学习"朝农经验"的浪潮，大搞"阶级斗争"。

9 月 2 日　对国际乡村改造学院全体职员讲话。以"对国际乡村改造学院全体职员的讲话"为题收入旧版《全集》第二卷和新版《全集》第三卷中。首先，感到国际乡村改造学院全体职员"近几个星期以来……正在真正取得进步。这个进步与其说在计划上，不如说是在人民方面。这是一个至为重要的事情。这同以前我们习惯的办事方法来比是一个相当大的变化。现在我们的努力是要使人民意识到他们自己的问题，并且使他们意识到为解决这些问题做出努力是他们自己的责任。"强调"认识到问题是一回事……为解决这些问题做出努力又是一回事。"不能只是认识到问题，而且要为解决问题做出努力，是"国际乡村改造学院以至于整个乡村改造运动五十年来的目的所在"。其次，认为村镇领导、干部在态度、观点上的转变是"一个了不起的开端"，"还有许多其他村镇要配合我们一道工作"，他们"已经有了一个基础，并且逐渐形成了一些方法"。虽然"村镇干部方面在态度、观点上的转变不太容易衡量"，但是他相信"我们每一个人都能意识到人民方面的态度已经变化了。甚至他们中一些人的观念也在跟着变化。他们要自己为这些问题做一些努力，并且要求我们帮助。"第三，强调"经验一定要形成文件，要持续地记录下来，要记录在案"，而且"现在经历的取得的经验将会成为乡村改造这一新科学的一个组成部分"。第四，提出乡村改造工作如何且必须做到"中庸"。一方面，强调合作。"既不完全代替，又不完全依靠，而是一道去做。不要事事都替人民办，也不要事事都完全依靠人民自己去办，……现在我们强调了不仅要向人民学习，而且要同人民一起设计,这就是一道的意思,这就是合作关系。这就是中庸。但是达到这一点,我们需要的更多的是艺术而不是科学。我们同人民一道来工作。'一道'掌握在什么程度,'依靠'掌握在什么程度?而其中最重要的目的是'一道',是合作关系。我想,'一道'是我们应该努力达到的目标"。另一方面,研究与实施两者要互相结合,即依靠研究来实施,依靠实施来研究。"如果为研究而研究,那我们确实不必实际去干"。但是,"如果研究是为了磨快我们手中的工具,锻炼我们的理智,以便更好地同人民一道去工作,那么我们就不得不实施。""我们不是为研究而研究,而是为实施而研究,这样我们就要有科学的方法和科学的基础。如果研究搞单干,那么整个研究工作就会停滞,就会离题。如果实施搞单干,那么实施也就没有科学的基础,甚至我们所有的文件档案都无用了。因而这两个方面一定要结合,也要搞中庸。我们依靠研究来实施,依靠实施来研究。"并举例加以说明。第五,谈国际乡村改造工作中"十分缺乏的东西"和"做得不太多的方面"。"一个是成本会计。……我们的目标应该是,如何搞出最小限度的计划,不论是卫生方面、农业学徒方面还是教育方面。搞出最小成本的最低限度的计划,那么,这就意味着被模仿的可能性。这一点极其重要。时至今日我们一直没有充分注意到成本会计。我想现在我们不得不越来越多地注意它,因为我们不仅是为菲律宾,也不仅是为甲米地①,而且是为整个第三世界培训学生。……计划一定要简单——便于教授,便于学习;一定要节省时间和成本;一定要切实地符合人民的基本需要。如果你能够符合这三个基本标准,那么这个计划肯定是可模仿的。""另一个我认为我们没有给予足够注意的是体系。……我们反复强调体系。不管是教育,还是卫生或农业培训计划,我们不搞鸡零狗碎的东西,我们要搞完整的体系。……我们搞的必须是一个卫生的体系,一个教育的体系,一个经济发展的体系。""现在我要就评估问题说一两句。这也是我们在过去做得不太多的方面。……评估的实质,那么它到底意味着什么?如果我们真正接触到它的实质,它是一种态度,是作为工人或专家的意识的框架。专家一定要乐于建设性地以批判的目光看待他的工作。……其次,他要避开感情上的依恋。换句话说,他必须能够以感情上超然的态度去对待它,……这样他才能看清楚。第三是改变我们消极接受我们所学的课程的意愿……我们一定要时时警惕,我们所有的人都要以批判的目光看看我们在做什么——以建设性批判的、不带感情色彩的目光,并且乐于有准备地、充分地分辨出哪些我们一定要改变、哪些我们必须深入地研究、哪些我们必须继续进行。……我们脑子里每天都应该进行评

---

① 甲米地:国际乡村改造学院设在菲律宾甲米地省的西朗镇。旧版《全集》译为"开维特"。

估,这是我们对于我们所做的事情的一种态度,是批评性的,但却是建设性的批评,积极的批评。要以客观的,没有感情上依恋的目光去看待它,要乐于改变、改进我们的工作"。最后,希望职员们成为"自我结合"的人和"完善"人。"结合的人'是个相当了不起的人,他是和谐的,与邻人、同事和他自己和睦相处。这就是结合这个词的意思。""我肯定你们做了许多自我分析。我希望这是建设性的,你不由自主地要自我改善。""完善"人,即学术自由和智力的完善、道德的完善、名誉的完善等。"一个人的完善,其中之一就是智力上的完善……保持他们在智力上的完善与学术上的自由。……我们就是如此。除去智力上的完善——对此我们已经虔诚地奉行了五十三年——我们一直很贫穷,的确如此,但是我们一直是自由的。我们决不妥协。……这些年来我保持了学术上的自由和智力上的完善。这十分不容易,但是我们保持了我们的完善。""但是,这里我们还需要另一种完善,这就是道德的完善。当人们问我:'晏博士,你在寻找什么样的人?'……我说'那些具备四个 C 的人,第一个 C 是竞争力（Competence）,第二个 C 是创造力（Creativity）。……第三个 C 是奉献（Commitment）。他必须献身于世界上的穷苦人……第四个 C 是至为重要的一点——品行（Character）。'这就涉及道德完善的问题。""我知道我们这一群人中正洋溢着一种新的精神。当你们在结合的领域进行着不断发展的计划的时候,这不仅是智力的完善,而且也是道德的完善。……让世界的人们都知道,国际乡村改造学院是具有高度智力完善,高度道德完善,在野外正干着伟大的事业,献身于上帝和他那些贫穷的受苦的农村人——第三世界被长期遗忘了的、长期受苦的人们——的学院。"（新版《全集》卷 3,第 371～380 页）

1975 年（乙卯）　八十五岁

1 月　中共中央任命邓小平为中共中央军委副主席兼中国人民解放军总参谋长。

同月　中国与博茨瓦纳共和国建交。

同月　中共十届二中全会在北京举行。全会讨论了四届人大的准备工作，选举邓小平为中共中央副主席、中央政治局常务委员。

同月　四届人大一次会议在北京举行。周恩来总理在《政府工作报告》中重申：在 20 世纪内，全面实现四个现代化。会议通过了《中华人民共和国宪法》。

同月　非洲国家安哥拉脱离葡萄牙殖民统治取得独立。

2 月　中共中央发出通知：组织广大党员、干部和党外群众学习毛泽东主席关于理论问题的重要指示和《马克思、恩格斯、列宁论无产阶级专政》语录 33 条。

3 月　中共中央发出《关于加强铁路工作的决定》。

同月　四届人大常委会第二次会议决定：对全部在押战争罪犯，实行特赦释放，并给予公民权。

4 月　蒋介石因病在台北逝世，享年 88 岁。

同月　柬埔寨共产党攻陷柬埔寨首都金边。

同月　越南共产党军队攻陷西贡，越战结束。

同月　《红旗》杂志发表张春桥的文章：《论对资产阶级的全面专政》。

5 月　我国与欧洲经济共同体达成建交协议。

5～6 月　中共山西省委、教育部在昔阳县召开教育革命现场会，向全国推广大寨、昔阳教育革命的经验。

6～8 月　国务院召开计划工作务虚会，提出当前经济生活中要整顿软、懒、散的领导班子，要建立各项生产管理制度。

9 月　《人民日报》发表社论《开展对〈水浒〉的评论》，其中引述了毛泽东关于评论《水浒》的谈话。"四人帮"利用对《水浒》的评论，大肆宣扬"宋江架空晁盖"，诬陷周恩来和邓小平。

同月　中共中央在昔阳召开全国农业学大寨会议。邓小平在报告中提出："军队要整顿、地方要整顿。"华国锋提出：全党动员,大办农业,为普及大寨县而奋斗。

同月　巴布亚新几内亚独立。黎巴嫩内战爆发。

11 月　世界卫生组织宣布：亚洲有史以来第一次消灭了天花。

同月　中共中央按毛泽东指示在北京召开"打招呼"会议,部署批邓、"反击右倾翻案风"。

12 月　我国安全回收同年 11 月 26 日发射的人造卫星。

同月　印度尼西亚侵略东帝汶。

是年底　我国发展国民经济第四个五年计划完成。

是年　经过全面整顿,我国扭转了国民经济连年停滞下降的局面。

11 月　其领导的国际乡村改造学院经与 Cavite 省长、两市长及 58 村村长再三讨论后,邀集 58 村领导人士集会,讨论每一村组织一个"乡村改造委员会"(Rural Reconstruction Committee)。(吴著《晏传》,第 564~565 页)

是年　与夫人许雅丽应泰国总理邀请,协助泰国政府进行乡村改造工作,各部部长及其他高级官员会聚一堂,聆听其演讲。会后,应泰国国王、王后邀请赴夏宫拜访,长谈 3 个小时之久。离开泰国前夕,受到泰总理特设宴饯行。席间,总理亲自下厨炒了一盘面条奉上,说："这是我亲手烹调,表示对我的朋友一番谦恭和敬意。"(参见晏著《传略》,第 269 页)

是年　其推动的危地马拉乡村改造取得好成绩。危地马拉乡村会在拉·蒙达纳(La Montana)、贾拉帕(Jalapa)山区扩充农业改良会,由原有 17 所增至 25 所,为一万名农民服务。危乡村会协助这些改良会中 900 名会员取得信用贷款数额增至约五万美元。危地马拉乡村会一年内举行 500 次会议或研讨会,分别讲习植物、家畜、家禽、销售、记账等,增加农民知识。而农业改良会就成四环联结的乡村改造工作的中心。(吴著《晏传》,第 607 页)

是年　领导的国际乡村改造学院应用积聚的经验,在菲律宾创办两项新工作：① 在 Cavite 省内 Silang, Ceneral Trias 两市所属 58 乡村(共计人口 67 000 名),进行增强与扩大的整体的乡村改造。② 设立平民学校,发展村民能力,作乡村改造的转变原动力。这一新的整体计划旨在制成更加有系统的及有文证的研究。乡农的基本问题是相互连锁的,国际学院特着重于整体的乡村改造。(吴著《晏传》,第 564 页)

1976 年（丙辰） 八十六岁

1月5日 《人民日报》在"加强党的领导，开展教育战线的大辩论"的标题下，发表中共朝阳农学院委员会的文章：《大是大非问题一定要辩论清楚》。文章把对"朝阳农学院经验"持有疑问的观点，说成是"翻案""复辟"的奇谈怪论。

同月 周恩来在北京逝世，终年78岁。2月，中央确定华国锋任国务院代总理并主持中央日常工作。

同月 我国开始执行发展国民经济的第五个五年计划。

3月 《人民日报》发表《从资产阶级民主派到走资派》，煽动迫害老干部。

同月 中共中央印发《毛主席重要指示》。

同月 英国著名将军蒙哥马利逝世。

4月 柬埔寨希哈努克亲王辞职，后被逮捕。

同月 北京和其他许多城市爆发了以4月5日北京天安门事件为代表的悼念周恩来总理、反对"四人帮"的群众运动。

同月 教育部部长周荣鑫含冤逝世。

6月 国务院转发国家计委、教育部《关于1976年高等院校毕业生分配问题的请示报告》，提出：要坚持使毕业生回到基层、回到生产第一线的原则，毕业生一般返回原单位、原地区工作。本年全国高等院校应届毕业工农兵学员共14万余人。

7月 朱德在北京逝世，终年90岁。

同月 南北越统一，越南社会主义共和国成立。

同月 东帝汶成为印尼其中一个省。

同月 河北省唐山、丰南一带发生强烈地震。

9月 毛泽东在北京逝世，终年83岁。

10月 中共中央政治局采取果断措施，粉碎江青反革命集团。中央决定华国锋任中共中央主席、中央军委主席。全国开展揭露和批判"四人帮"的斗争。

11月 吉米·卡特成为美国第39位总统。

同月 《光明日报》发表教育部大批判组文章《毛主席的教育方针岂容篡改》，

揭发批判 1975 年 11 月 8 日张春桥说的"宁要一个没有文化的劳动者"的谬论。

　　12 月　中共中央发出《王洪文、张春桥、江青、姚文元反党集团罪证》材料之一。

　　同月　第二次农业学大寨会议在北京举行，要求基本实现全国农业机械化。

11 月 23 日　被危地马拉总统 Kjell Eugenio Laugerud Garcia① 依内阁会议决定赠授危地马拉国鸟勋章②(The Order of the Quetzal in Guatemla)，其颂扬辞云："这并不只是公开赞誉晏阳初博士在危地马拉永不休止地努力发扬农民自己的潜在力，以改善他们自己生活；而且也是表彰他为世界人民和永久和平所做的工作：解救在饥饿、无知、疾病、被压迫的种种灾害中的男女。当许多人还在被这些祸害缠扰时，政治自由，只是一句空虚的话语，国鸟勋章是我国最高的勋奖——国鸟 Quetzal 是一种不能在囚禁中生存的鸟，象征自由；是所有人类最珍爱的精神宝贝。""国鸟勋章实在只能配戴在一位最正当人的胸襟——这人终生在为广泛人的意义的自由在奋斗中。"(吴著《晏传》，第 607～608 页；旧版《全集》卷 3，第 805 页)

　　是年　美国《读者文摘》此前数十年先后七次刊载晏阳初的专文，这是美国畅销刊物对于一位平民空前的并且是唯一的多次表彰。姜逸樵收集已刊行的有关晏阳初生平事业的各种专题论述，汇集成册，影印出版了《晏阳初先生及其平民教育与乡村建设运动》(英文)一书。(薛伟强：《晏阳初研究八十年》，《河北学刊》2006 年第 2 期，第 124 页)

　　是年　约翰·蒋所著的《晏阳初博士的平民教育与乡村建设运动》由美国纽约的国际乡村改造学院总部出版。(John C. Kiang. *Y. C. James Yen: His Movement for Mass Education and Rural Construction*. New York: International Institute of Rural Reconstruction, 1976.)

---

　　①　Kjell Eugenio Laugerud Garcia：译为"吉耶尔·欧亨尼奥·劳赫鲁德·加西亚"(1930～2009)，毕业于军事学校后在美国学习参谋专业。曾任驻美大使馆武官、军事技术学校校长。1970 年任国防部长兼陆军参谋长。1974 年任总统兼武装部队总司令。1978 年去职。2009 年去世。
　　②　国鸟勋章：又称奎扎尔勋章。

1977 年（丁巳）　八十七岁

1 月　中共中央调刘西尧任教育部部长，雍文涛任副部长。

同月　教育部大批判组在《光明日报》发表文章：《一场围绕自然科学基础理论问题的政治斗争》。文章历述了周恩来、邓小平、华国锋等在 1972 年、1974 年、1975 年关于加强自然科学基础理论研究和教学工作的指示，揭露"四人帮"反对、破坏并利用这一问题。

同月　詹姆士·厄尔·卡特当任美国总统。

2 月　《人民日报》《红旗》杂志、《解放军报》共同发表社论《学好文件抓住纲》，提出"凡是毛主席作出的决策，我们都坚决维护，凡是毛主席的指示，我们都始终不渝地遵循"（即"两个凡是"）的方针。

4 月　《毛泽东选集》第 5 卷出版发行。

同月　苏联策划阿富汗青年军官发动政变，推翻了达乌德政权。

4～5 月　全国工业学大庆会议先后在大庆和北京举行。

5 月　贝京当上以色列总理。

7 月　巴基斯坦发生军事政变，总理布托被捕。

8 月　美国能源部建立。

同月　中共中央副主席邓小平召开科学和教育工作座谈会。应邀参加的有 30 多位著名科学家和教育工作者。邓小平作《关于科学和教育工作的几点意见》的讲话。

同月　中共十一大在北京举行。

8～9 月　南斯拉夫总统、南共联盟主席铁托访问中国，中南两党恢复正常关系。

9 月　签署《巴拿马条约》，美国同意到 20 世纪末将运河的主权交还巴拿马。

同月　中国科学院委托中国科技大学筹建研究生院。

10 月　中国恢复高考消息公布。

同月　苏里南举行独立后首次大选。

11 月　穆罕默德·安瓦尔·萨达特成为第一位访问以色列的阿拉伯领袖。

同月　埃及与以色列达成和解。

11~12 月　全国约 570 万青年参加高考,27.3 万人被录取。

是年　中共中央发出《王洪文、张春桥、江青、姚文元反党集团罪证》材料之二、之三。全国人民揭发批判"四人帮"。

是年　国民经济得到较快恢复。与上年相比,全国工业总产值增长 14.3%。

是年　各地学校和教育部门开展揭发批判"四人帮"的政治运动,清查与"四人帮"篡党夺权阴谋活动有牵连的人和事;清理、复查"文化大革命"运动中的各种案件,开始进行因反对"四人帮"而受迫害的人的平反昭雪工作。

是年　法国废除死刑。

6 月 30 日　其早年提出的"整体的乡村改造"观受到国际乡村改造学院院长 Dr. Juan M. Flavier 的特别推荐。他在参加加纳乡村会举行的研讨会的致词中说:"'让我和你们分享晏阳初博士的见解。'他说:'成为整体,必须最后亲自表达出来。因为他是一完全的整个的人。他的问题是相互连结的,一个成功的解决依赖于其他的成功解决。不论如何,成为整体是一自然的过程。一个活动,逻辑地导致其他的活动。他所关切的范围是生计、卫生、教育与文化、公民的职责。'"Dr. Flavier 又指出:"自几年前,世界银行总裁 Robert McNamara[①]也说需要整体的乡村发展。每一个人也都重复说这句话。但事实上,说是一件事,'真正了解'其意义的又是另一件事——晏阳初博士在四五十年前提出'整体乡村改造'原则时,Robert McNamara 还只有十七八岁哩。"(吴著《晏传》,第 625 页)

7 月 9 日　在鲁弗斯·马修·琼斯(Rufus Matthew Jones)《告语我们这个时代》(*Speaks to Our Times*)一书第十五页做批注。(新版《全集》卷3,第 625 页)注文参见 1970 年 11 月 28 日条。

7 月 30 日　给晏新民写信。信中首先表达与妻子对爱子思念之情。其次,告知他们 50 年如一日从事的工作是平民教育,"乡村建设现在已经推广到东南亚、南美、中美以及非洲等国。""我们创办的国际乡村改造学院(International Institute of Rural Reconstruction)的院址是腓力宾[②]"。第三,告知他与妻子的"精力不坏,仍

---

① Robert McNamara:全名 Robert Strange McNamara,译为"罗伯特·麦克纳马拉(1916~2009),美国商人、政治家,美国共和党人,出生于加利福尼亚州洛杉矶,曾任美国国防部长(1961~1968)和世界银行行长(1968~1981),是美国历史上的重要人物,作为国防部长,其在越战期间的作为最具争议;就任世界银行总裁后,致力于解决贫困问题,把世行援助重点从发达国家向欠发达国家转移。

② 腓力宾:即菲律宾。

能每天照常工作,不敢懈怠。我们院址的四围都是成千的农民,我们一切的一切都是和农民打成一片,还是'定县精神'"。最后,希望爱子早能痊愈,更盼望父子有再次相见的机会。(新版《全集》卷4,第745页)

8月20日 在鲁弗斯·马修·琼斯(Rufus Matthew Jones)《告语我们这个时代》(*Speaks to Our Times*)一书第十五页做批注,注文为:"宗教信仰是人类最有力量的品质之一。"(新版《全集》卷3,第626页)

同日 在鲁弗斯·马修·琼斯《告语我们这个时代》一书第十七页做批注,注文为:"上帝能够在个人的生活中显露出现,人性能够变成上帝之身的一个器官。上帝与我们同在,神性和人性绝不能分开。"(新版《全集》卷3,第626页)

9月4日 此日及此后的1987年1月26日,在鲁弗斯·马修·琼斯《告语我们这个时代》一书第二十三页做批注,注文为:"上帝必须有一个工具去工作,他需要我们去实现他的王国,去建设他的精神世界,我们是追随他的劳动伙伴。"(新版《全集》卷3,第626页)

同日 在鲁弗斯·马修·琼斯《告语我们这个时代》一书第二十三页做批注,注文为:"我们的工作是人的工作,通过乡村改造来实现人的改造,不是靠自动楼梯而是靠神圣的阶梯去推进。"(新版《全集》卷3,第626页)

11月5日 在鲁弗斯·马修·琼斯《告语我们这个时代》一书第十五页做批注。(新版《全集》卷3,第625页)注文参见1970年11月28日条。

11月15日 在鲁弗斯·马修·琼斯《告语我们这个时代》一书第十五页做批注。(新版《全集》卷3,第625页)注文参见1970年11月28日条。

是年 与乡村会同仁共同努力,使国际乡村改造学院第一次获得美国国务院国际发展局援助捐款52.7万美元。(参见吴著《晏传》,第593页)

1978 年（戊午）　八十八岁

2 月　中国和日本签署中日长期贸易协议。

3 月　中共中央在北京召开全国科学大会。大会制订了《1978～1985 年全国科学技术发展规划纲要（草案）》。

5 月　《光明日报》发表特约评论员文章：《实践是检验真理的唯一标准》。全国陆续开展关于真理标准的讨论。

7 月　巴西、秘鲁等 8 国代表正式签署《亚马逊合作条约》，组成亚马逊合作条约组织。

同月　中国宣布停止向阿尔巴尼亚提供一切技术和经济援助。

8 月　中日和平友好条约在北京签字。

12 月　中美两国政府分别在北京和华盛顿同时发表公报，决定自 1979 年 1 月 1 日起建立外交关系。

同月　中共十一届三中全会在北京举行。全会重新确立了马克思主义的思想路线、政治路线和组织路线，结束了 1976 年 10 月以来党的工作在徘徊中前进的局面，开始全面地认真地纠正"文革"中及其以前的左倾错误。全会坚决批判了"两个凡是"的错误方针；果断地停止使用"以阶级斗争为纲"这个不适用于社会主义社会的口号，作出了把工作重点转移到社会主义现代化建设上来的战略决策。

是年　全国继续平反冤假错案，落实政策。

1 月 14 日　在菲律宾国际乡村改造学院对培训学员讲话，其讲话稿由孙邦华加标题为"开展平民教育暨乡村改造运动的经验"，收入新版《全集》第三卷中。首先，阐述指导方针就是面临的问题。"我们没有其他指导方针，唯一的指导方针就是问题和针对问题所做的事情。"其次，谈不同的人有不同的经验，并指出共同的经验要确定哪类有用是很困难的。第三，谈论组织具有信仰的重要。"我非常尊敬那些救济穷人的机构和工作人员。但是，作为一个组织，我们的工作重点不是救济。这正是一个政策或哲学的不同的问题。我们的理念不是救济，而是发扬。"第四，谈自 1918 年以来自己从事平民教育的一些经验。① "我们的这场乡村改造运动诞生于战争,成长于战争。"② "我们发现了人民蕴藏着巨大的潜能,于是不辞辛苦与他们在一起工作,这并不是出于我们对他们的怜悯,而是出于尊重。尊重他们什么呢? 潜能,等待释放的潜能。"③ "人民所缺乏的不是大脑或智力,而是机会。只要我们给予他们一点机会学习浅显的汉字,事实就会证明他们不仅是渴求知识的学生,而且是有能力的学生,他们可以学好中国的基本汉字。"④ "人的发展是其他所有发展的关键。"如做平民教育,必须满足三个条件:"第一,简单;第二,节省;第三,必需。辛勤劳作的平民没有时间做无意义的事。"⑤ "教会人们阅读是一回事,提供给人们合适的读物又是另一回事。……我们必须为刚刚学会识字的平民创造一种新文学。"⑥ "如果你们想为这些挨饿的人在我们所说的生计教育领域里做点事情,那么就必须发展经济。因此,我们最终决定必须为填饱农民的肚子而工作。充分考虑到我们百分之八十五的人口以农业为生,因此,我们必须引入现代农业方法。"⑦ "劝说受过现代教育的科学家、学者离开象牙塔,深入民间,与农民共同生活,向农民学习,是件非常困难的事情。如果你们问我这么多年来我遇到的最大问题是什么,我认为不是钱而是人才,是既有科学家的头脑又有传教士的心灵的这类人才。"希望"第一,如我们过去所想,这些经验是可移植与可应用的。第二,如果不能那样,希望我们的经验稍加变通对他们①也会适用。不要完全照搬照抄,当你们同我在一起时要始终记住这一点,绝不照搬照抄。……最后,我希望我们的经验对你们是有益的。无论我所说的与你们分享的经验是否是可以应用的,或者是否是适用的,或者是否是有挑战性的,或者是否是普遍性的帮助,我都希望你们不会因此而厌烦。"第五,谈终身学习的重要。他举曾经六次担任美国总统顾问的巴鲁克在八十一岁生日时对"老人"理解加以说明。巴鲁克说:"我给你讲一讲老人的含义,一个停止学习的人才是老人。……我非常遗憾地说,许多美国年轻人都已经老了。至于我自己,如果我在有生之年不能学习很多的话,而且不是因为缺少学习的机会,我才真正老了。"又举印度甘地的名言:你打起精神了吗? 这是非常重要的。"学习就好像你永远活着,仅仅活着就好像明天你就要死去。"他说:"现在我要从头开始,要继续并不断学习。我必须坦言,我们有很多经验,不管你多么愚蠢,如果你学习了五十六年,你一定会学到对你有益的东西。……我敢说在你们这些受训者面前,我只是个学生。我在听了你们的谈话之后,学到了很多东西。……我认为自己不是一个好学生,因此,我将尽量做个好学生。"第六,介绍中国平民教育运动成

---

① 根据上下文,这里"他们"应为"你们"。

功后的示范性。"我们国内开展的平民教育运动,证明一开始就取得了成功。成功之后,我们在平民教育整个计划上为全国做了示范,示范内容包括教学内容、教学方法、教师培训方法、教师培训系统与管理等等,每个学生只需花费一角二分钱,完全能够承受。这就是截至一九三六年——日本全面侵略中国之前,我们影响了四千五百万人民的原因。"然后介绍定县实验的情况,尤其是知识分子如何农民化问题。提出知识分子要具备"竞争力"(Competence)、"创造力"(Creativity)、"奉献精神"(Commitment)和品性(Charater)四"C"要求学员作"科学传教士和具有传教士精神的科学家",希望学员"以利文斯通①和史怀哲②这样伟大的科学家和科学传教士为榜样"。最后,给学员交代将离开一周到泰国去发动泰国全国的乡村改造运动,让学员认真研究《定县实验》和《告语人民》两书。(新版《全集》卷 3,第 381～399 页)

同日　在菲律宾国际乡村改造学院对培训学员的讲话过程中,将赛珍珠所写的《告语人民》和他写的《定县实验》两书赠送给每位学员。并就两书做简要介绍。(新版《全集》卷 3,第 392 页)

1 月 23 日　与国际乡村改造学院培训班学员座谈,讨论乡村改造运动。以

---

①　利文斯通:即戴维·利文斯通(David Livingstone,1813～1873),探险家和传教士。出生在苏格兰南部。1840 年获得医生资格,而后他航海到达南非。他在那里成为一名医学传教士,并进行多次长途探险。他探索了赞比兹河,是第一个见到尼亚萨湖和维多利亚瀑布的欧洲人。他在 1865 年出发去寻找尼罗河的源头,之后的五年多音信全无,直至美国记者 H. M. 斯坦利去寻找他。斯坦利在 1871 年找到了这位探险家,向他问候的话现在非常有名:"利文斯通医生,我没猜错吧?"

②　史怀哲(Albert Schweitzer,1875～1965):20 世纪人道精神划时代伟人、一位著名学者以及人道主义者,被誉为"非洲圣人"。出生于德国肯萨斯伯格(Kaysersberg),在他六个月大时随父母去根斯巴哈(Gunsbach)居住,他的父亲路易斯(Louis)在当地一个教堂担任了五十年的牧师工作。从小就受教会思想影响,富有爱心,立志帮助受苦难的人,广交朋友。年轻时在音乐、宗教与哲学方面展现出众才华。25 岁成为神学和哲学博士,随后在史卓斯堡(Strabourg)大学担任神学及哲学教授,并发表了几本著作。也是一位非常优秀的风琴演奏家,尤其对巴哈的作品有独特的领会。29 岁时,读到一篇有关非洲大陆急需医疗援助的文章后,决定放弃蒸蒸日上的学术地位和演奏生涯,重新进入医学院学习。八年后,与志同道合的伴侣海伦(Helene)远赴非洲的岚巴瑞(Lambarene),在原始森林边的奥顾(Ogooue)河畔建立了史怀哲医院,开始为非洲人民奉献其爱心。经常奔波于欧洲各大城市,举办风琴演奏会为医院募集经费。在非洲蛮荒的贫穷落后地区为他素不相识、语言不通的非洲人民献上他所有的精力、智慧和爱心达五十余年,直到九十岁高龄在岚巴瑞逝世。一生反对任何暴力与侵略,极力倡导尊重生命的理念。相信宇宙间所有的生命是结合在一起的,反对战争,反对破坏环境,反对发展核武器。1953 年,获得诺贝尔和平奖。1965 年,以 90 岁高龄在非洲逝世。所著有《尤金·孟许》(1898)、《康德的宗教哲学》(1899)、《根据十九世纪科学研究和历史记载对最后晚餐问题的考证》(1901)、《耶稣的救世与受难的秘密——耶稣生平的素描》(1901)、《巴赫论》(1905 法文版;1908 德文版)、《耶稣生平研究史》(1906)、《德法两国管风琴的制造与演奏风琴的技巧》(1906)、《原始森林的边缘》(1921)、《文明的哲学:文化的没落与再建及文化与伦理》(1923)、《使徒圣保罗的神秘》(1930)、《我的生活和思想》(1931)、《非洲杂记》(1938)、《培利干的生活与感想》(1951)等。现有国际艾伯特·史怀哲组织(International Albert Schweitzer Association)及国际艾伯特·史怀哲基金会(International Albert Schweitzer Foundation)发扬其精神和继续其在非洲的医疗援助工作。

"与国际乡村改造学院培训班学员讨论乡村改造运动"为题,收入新版《全集》第三卷中。首先,介绍曼谷的交通与空气污染的状况,希望学员珍惜国际乡村改造学院这个美好的地方。其次,表扬学员认真阅读《告语人民》和《定县实验》两书,并完成了作业。交代拟举行小测验检验学员所学情况,尤其是能否提出什么问题来。希望学员不仅仅局限于安排的课程,应该自己有所突破。第三,回答学员加里·斯特朗(Gary Strong)、默里·拉塞尔(Murray Russell)、唐·韦斯布罗德(Don Weisbrod)、克莱夫·亚历山大(Clive Alexander)等提出的问题。① 回答学员所提"如果没有日本入侵事件的发生,乡村改造运动是否还会像现在这样影响中国的发展方向?"他介绍了中国乡村改造运动的发展简况,介绍了自己在抗日战争胜利后如何面见蒋介石委员长拟搞乡村改造运动而被拒;如何到美国演讲说服美国政府通过"援华案";如何组建中国农村复兴联合委员会,负责管理财政,同时把乡村改造和平民教育运动推广到全国;蒋介石失去大陆后幡然醒悟,在台湾支持中国农村复兴联合委员会在台湾的计划,在台湾取得了三项最突出的成就:"(一) 直至今天的土地改革。马科斯总统借鉴了台湾的土地改革模式。(二) 计划生育,世界上有两个地方以他们的计划生育而著称,一个是韩国,另一个就是我国的台湾。(三) 农民合作协会。凭着蘑菇那样的小东西,农民一年的收入可达两千五百万,就是因为农民得到了良好的组织和培训。"并阐述乡村改造的重要的基本方面:"一个是农业生产,另一个是控制再生产。如果仅仅提高产量另一方面却不控制再生产,会产生什么后果? 污染持续增加。齐头并进,这是台湾的计划,中国农村复兴联合委员会的计划。还有农民的组织问题。近来人们一直在谈论农民的参与,台湾正通过中国农村复兴联合委员会来做这件事。现在农民可以自主完成每一件事,从培训到组织。"② 回答学员所提"如何在印度开展乡村改造运动?"尤其介绍了埃塔瓦乡村改造计划。③ 回答学员所提"乡村改造运动如何招募人手?"介绍中国乡村改造运动如何动员和吸引专家、教授参与乡村改造运动,动员和培训农村保健员,如何招募志愿者将自然科学、卫生、社会科学的观点与民众分享,如何动员村民主动参与乡村改造运动等。④ 回答学员所提"定县实验如何影响现在这种整体农村发展思路?"一是当政者受到中国平教会和国际乡村改造运动所撰写的书稿的影响,"最好、最有说服力的是先攻克疾病、贫穷、无知的实践问题,然后再写书。因为那样的书是出于你的汗水和泪水,出于你的生命血液。当内容具有创造性的、与现实密切相关的、切实可行的时候,那才是,且只有那时才是写书的时机。"二是《读者文摘》刊文的影响。"不过最近几年,我想定县实验影响到现在整体思路的发展思路主要是因为《读者文摘》上面的文章。《读者文摘》报道关于我们运动的文章始于一九二九年。那是第一次，那也正是《读者文摘》创刊之初。我不知道他们怎样从各种杂志上选文章，但他们挑选了有关我们运动的那一篇。第二篇文章在一九三六年出版。在过去的这些年他们总共选了多少篇？有七篇不同语言关于我们运动的文章。他们约有一亿读者遍布世界各地。《读者文摘》上的文章肯定会产生影响，但到底是什么影响，有多大，我也不确定。德威特·华莱士先生（Dewitt Wallace），《读者文摘》的出版商、创刊者，说：'一般来说，几乎没有机构可以让我们刊发文章超过三篇。七篇更是从来没有。只有一个是超过三篇的，那也只是四篇，是关于亨利·福特这个名流老人的。'但是我们有七篇。也许正是因为这些文章以不同语言被刊发，对我们的运动产生了一些影响。"三是多年培训工作的影响。"我们一直在做培训已经有些年了。也许他们中的一些人成为了我们运动的有效代言人，一些人把我们的理念、方法带到了他们自己的国家，就像那是埃塔瓦市和很多其他国家的例子一样。所以我猜这是第三个原因。"四是从事乡村改造工作者的自悟。"也许在人们为农村发展不断努力后，他们终于发现了这一点。零散的方法效果不好。他们自己发现了这一点。因为愚、穷、弱、私等问题是内在相关的，所以我们必须以一种整体的方式来处理它们。这就是我要谈的一个重要内容，你们可称之为综合的理念。我会告诉你们许多这方面的内容。它极其重要。所以通过他们自己辛苦获得的经验，他们最终领悟了这一点。这也有可能。"⑤ 回答学员所提"在不同国家、不同的背景下如何把《定县实验》和《告语人民》两书里的内容应用于不同的情况？"首先举例毛泽东学习共产主义理论并加以改造，不把主要精力放在工人上而是联合农民；又举充分利用中国传统文化尊师重道的传统而将识字教育作为接近民族的突破口；举在菲律宾以充分利用喜欢唱歌的民族特点组织龙大拉①合唱破除工作坚冰；最后指出"我就用上面的例子来说明，我们从识字教育开始，你们不一定也要从识字教育开始。也许有另一种文化，也许他们也很尊师重道，那么你们也可以采取这种方法，但如果不是，就不要采用那种方法。就像在菲律宾，我们就要从音乐开始。"最后，介绍下一步演讲的内容及初步的安排。（**新版** 《全集》卷3，第406~419页）

4月7~17日　在第十届国际乡村改造培训班上连续做了 7 次报告。讲述乡村改造的基本原理及历史回顾与经验。其中 4 次报告收入旧版《全集》第二卷和新版《全集》第三卷中，其内容大致如下：第一次报告重点探讨了科学知识、社会知识

---

①　龙大拉（Rondalla）：一般译为"朗达亚"，是一种由六弦琴组成的拨乐器（吉他），演奏者边弹边唱，起源于中世纪的西班牙地区，后来被西班牙殖民者传到菲律宾。

和精神是实现人的开发的三个要点;第二次报告着重介绍《告语人民》《定县实验》两本书和讲述从事乡村建设运动的经历;第三次报告重点探讨如何将四大任务连环配合的方案纳入政府的组织机构来为人民服务;第四次报告重点探讨定县实验对中国乃至整个世界产生的影响。

在第一次报告中,首先,赞美这地方很美,是宜于思考的场所,号召工作人员,在辛勤的劳作之余,勤于思考与沉思。"我们的工作人员,在辛勤的劳作之余,应该有一个安静的地方可以思考、沉思。(修建)这个地方的目的就是要利于沉思、引发创造性的思想和计划。"其次,对国际乡村改造学院作了两点说明。一方面,它是最早在乡村地区进行研究试验的机构。"一九五七年以来,有二十名科学家和学者参与其事。"另一方面,许多亚洲、非洲、拉丁美洲的追随者请求去他们的国家,帮助开展工作。"仅拉丁美洲,就有八百多份请求。"为此,在经过46 年的时间进行准备与继续研究,决定建立一所以国际培训、国际推广和应用研究为宗旨的世界中心。指出来自不同国度、具有不同文化背景的培训学员的共同目标是:"要深入学习和研究乡村开发的真谛,获得一些真知灼见,并带回各自的祖国加以应用"。这个目标的达成,需要大家紧密团结,使学院成为世界友谊的中心。第三,指出 60 年前开始的乡村开发工作的"乡村开发"只是一种方法,人的开发才是目的。因为"当某国人民的潜力没有得到开发时,相应地其政府职能不能得到发挥,那么该国就是不发达国家。政府职能的发挥有赖于人民潜力的开发程度,因政府职能的发挥不可能超越人民潜力的开发程度。若人民的潜力未被开发,则政府的职能就不能得到发挥。"第四,重点探讨实现人的开发的三个绝对必要、不可或缺的要点:科学知识、社会知识和精神。最后,祝贺乡村工作者担当起"作新民"这件世上最难的事业,倡导大家继续致力于人的开发。(新版《全集》卷 3,第 421~422 页)

在第二次报告中,着重介绍《告语人民》《定县实验》两本书和讲述从事乡村建设运动的经历。首先,介绍《告语人民》是对话方式详尽阐述关于乡村建设运动真正发源地——定县实验区的报告,在许多第三世界国家中已成为指导乡村建设的经典;《定县实验》真实可靠地记述了自己与同仁所付出的努力和取得的一点点成绩。建议专心致志的阅读、研究《告语人民》和《定县实验》两本书,寻找、发现和推断半个世纪以前的工作与当时有何相关性。其次,详细讲述从 1917 年在法国教华工识字开始以来从事乡村建设运动的经历及自己的工作感悟。最后,嘱咐详尽地、有分析性地、有创造性地研读《告语人民》和《定县实验》两本专著,并记录遇到的疑问。(参见新版《全集》卷 3,第 429~439 页)

在第三次报告中，首先，提醒《定县实验》是一本书，是一份报告。该书是在
1932 年写给朋友和捐款人的报告，于 1934 年正式出版，讲述早在 50 年前就已经做
过的事情。指出平民教育促进会建立的宗旨是探索平民的各种潜伏力和寻找教育
他们的途径，其追求的目标是教育和训练平民去改造生活。其次，解释国际乡村改
造学院的名称的渊源，强调人的改造的重要性。"我们使用乡村改造至今已有半个
世纪之久。这是为什么呢？因为，农村发展是由中国的科学家和学者倡导
的。……为什么是改造呢？……对于一个病态的、贫困的社会，是维持它的原状
吗？不！应该去改造它。""乡村改造仅仅是方法，是工具，人的改造才是目的，是我
们最终追求的目标。……只有人的改造才是第一位的和最重要的。……如何在
愚、贫、弱、私的基础上建立一个新社会？要想改造社会，首先必须改造人。人是社
会的基础。如果你要有一个新的国家、新的农村，那么你必须有改造了的人民：在
智力及精神等方面改造了的人民。"第三，指出"定县实验"报告的目的，是寻找解决
问题的方法和手段。强调的一个基本思想是抛弃旧观念，重新学习。"我们所作所
为是以农民的基本需要和基本问题为出发点的。我们必须抛弃旧观念，重新学
习。……'平民学校毕业同学会的成员①学会了为了共同的利益而一起工作。这
些工作对启蒙和组织青年农民成为在整个试验区推广乡村改造方案的中坚力量是
至关重要的。'……这是我要强调的一个基本的思想。从平民学校毕业的农民回到
各自的村子与其他农民共同分享所学到的知识。"指出校友会成员具有归属感、自
尊感、自豪感和共同的使命感等精神，其共同目标是为了整个实验区的乡村改造事
业。第四，详细阐述国际乡村改造学院制定的四大任务连环的乡村改造方案。"他
们面临着四个基本的问题，即愚、贫、弱、私。这四大问题不仅是亚洲农民的问题，
也是世界农民的问题。亚洲、非洲和拉丁美洲的农民有着共同的基本问题。因此
我们修改了我们的方案，使其成为一个综合的乡村改造方案。"要求发扬农民的智
力、生产力、健康力和公民力。四大任务连环配合的方案纳入政府的组织机构内，
让政府成为为人民服务的机构。"乡村改造方案如果不考虑乡镇政府和农村生活
的文化、经济和卫生等方面的工作就是不完善的，也不可能取得任何效果。""政府
或政治方面是乡村改造方案的一个组成部分。……将四大任务连环配合的方案纳
入政府的组织结构中。我们将剥削人民的政府机构转变成为人民服务的机构，使
其利用四大任务连环配合的方案的四条渠道来为人民服务。这是一个令人兴奋的
经验。"最后，号召乡村改造工作者继续开发并发扬人民的潜伏力（包括智力、生产

---

① 平民学校毕业同学会的成员：旧版《全集》译为"校友会的成员"。

力、健康力和公民力），实现真正的民主。"人民身上潜藏着智力、生产力、健康力和公民力。我们要开发这些力，发扬这些力。民主就意味着人民当家做主……多少个世纪以来，他们一直是奴隶，我们的目的就是解放他们，靠开发和发扬他们的潜藏力来解放他们。我们必须这样做，人民才可能成为国家的主人，我们才会有真正的民主。……你们回去后，一定要为这样的民主去教育你们的人民。"（新版《全集》卷3，第440～450页）

在第四次报告中，重点探讨定县实验对中国乃至整个世界产生的影响。首先，详细讲述定县如何形成了不同的体系，强调"人民""体系"和"可模仿性"三个词的重要性。"'人民'这个词在这本书①中……出现了四百八十八次。你们可以了解到我是多么倾向于人民。在这两本书中还有一个经常重复并强调的词是'体系'。……这两个词对我们很重要。第三个十分重要的词是'可模仿性'。……我们想要模式。我们总是说，一种东西、一件事情，一定要简单、经济、实用，并且可模仿，这样才能作为一种模式。"其次，谈定县实验影响到高等教育，受到洛克菲勒基金会高度赞誉。"洛克菲勒基金会的头目——一位十分杰出的学者——认为，基金会这么多年来在很多项目上帮助中国，他说：'我想现在我们应该集中干一件事，而不要在许多事情上浪费我们的资金。'这样，他派他的副主席——一位很有才华的科学家——到中国来研究，以便决定什么项目是最重要的。""他跑遍了中国，最后来到定县……他向基金会主席介绍说，对于中国的现在和将来最有意义的事情是乡村改造。他说他们做了这么多从上至下的事情。这里有一个从下至上的计划，他们的重点在于人民，许多科学家和学者正在认识到这个原则。'洛克菲勒基金会应该帮助他。'他强调说。随着这个建议他又报告说：'我到过的许多大学，它们的课程都是照搬欧洲的——主要是德国——和北美的，还有美国的，没有一个中国人真正严肃地研究过应该给中国农民什么样的高等教育，中国人有百分之九十是农民。这些大学是为大城市培养学生的。'他建议成立一个组织，这个组织后来叫作'华北农村建设协进会②'（定县在中国北方）。这个委员会由我国的五个主要的大学组成。这些大学被选中有一个重要的因素……一定与乡村改造相关。这样我们选了在农业、卫生、农村经济方面力量雄厚的大学。华北农村建设协进会③由这样几个主要大学组成，定县作为中心。定县的基本理论、基本原则和基本方法，作为了革新的、注入了新的生命的高等教育的指导思想。……我们绝没有想到这种完

---

① 指《定县实验》。
② 华北农村建设协进会：旧版《全集》译为"中国乡村改造协进会"。
③ 华北农村建设协进会：旧版《全集》译为"中国乡村改造协进会"。

全颠倒过来的方法竟然会影响到这些具有高度文化修养的大学。在中国历史上第一次大学为了使他们更加适合于农民的实际需要与问题,对他们的课程进行了改革,重新组织,并增添了新的活力。"第三,谈创建新的医科学校是"协进会"的成果之一,即医疗和卫生学校合二为一。第四,谈定县实验计划获得美国国会的支持。讲述与国民党政府意见相左,毅然离开中国,随后,寻求国际友人帮助,使美国国会通过包括"晏阳初条款"的议案及对中国平教会、国际乡村改造运动的支持。最后,希望乡村改造工作者发现上述经验是有用的、有所帮助。"在你们回国以后,你们会发现我们的某些经验适合于你们的需要和条件。我希望你们发现这些经验是有用的、有所帮助的。"(新版《全集》卷 3,第 450～458 页)

11 月 18 日　在菲律宾国际乡村改造学院培训班上演讲,以"乡村改造运动的历史与理念"为题,收入新版《全集》第三卷中。首先,向国际乡村改造学院的五位美国学生获得应授予而没有授予的——M. I. 学位,不是神学硕士学位或技术硕士学位,而是泰加洛(Tagalog)硕士学位表示祝贺,并表扬他们的勤奋学习,希望这些外国朋友下到乡村地区时为国际乡村改造学院的工作人员做好翻译解释工作,为第一次有了杰出的、非常有魅力的泰加洛人代表而感到高兴。其次,介绍当天演讲的主题是"乡村改造的历史与哲学"。认为"任何伟大的民族都有一段伟大的历史,历史造就了我们这样的大运动。中国历来注重以史为鉴。对国家而言,历史是最有价值的,因为它蕴藏着未来的因子。"第三,告知学员正在尝试一些不可靠的事。"尝试把半个世纪乡村发展的历史浓缩在几个小时的演讲中。我所希望的就是把与当今世界发展需要有关的、有重要影响的事件与你们分享。把那些真正创造了历史,并且仍然在不断创造历史的事件与你们分享。"第四,向学员介绍六十多年前的两个发现及由此在中国所开展的乡村改造工作。"第一个发现就是对'苦力'的发现,对他们的苦难和潜能的发现。也许一些人听我描述过'Coolie'这个词。'Coo',指'苦','Lie'指'力量'。我有亲眼见过这些'苦力'的悲惨生活经历,同时我也亲身体会到了他们的潜力、他们的智慧力量。另一个发现却不是有挑战性和令人振奋的,而是令人沮丧的。我发现了知识分子对同胞的冷漠和无知。不是对外国人的冷漠和无知,而是对同胞的冷漠和无知。""我们这些中国知识分子多少世纪以来一直理所当然地认为农民、体力劳动者、苦力是没有资格接受教育的。我们认为他们又笨又懒,根本不会学习。其实这些人所缺少的,不是智慧,而是机会。是世界大战再教育了一个无知的、作茧自缚的中国知识分子,使他认识到劳动人民所缺少的不是智慧而是机会。"促使自己教华工识字,办《华工周报》,从中受到了很多教益。"我学到的首要的就是:不是我教育了苦力,所谓无知的、目不识丁的苦力,而是他们教育了我。教育了我什么? 很多事情。第一使我知道了他们平民需要什么,他们感到所需要的是什么。……第二件事情是什么? 我们怎么帮助平民解决他们的问题呢? 要从他们所知晓的开始,要懂得如何建立在平民已有的基础上。""我在法国的经验让我了解到我们祖国平民大众蕴藏着无尽的财富和伟大的潜力。通过他们,我们找到了改造中国的方法。我们从这些劳工身上学到的另一件东西是什么呢? 你们应该很熟悉,那是我们运动的基本原则:不是救济,而是发扬。平民最需要的不是救济,而是发扬。发扬平民的潜力。这是我们从中学到的。"于是力图让平民掌握基本的词汇,学会白话文读写。回国后致力于平民教育运动,到农村去,接近平民,选择定县做实验,解决民众存在的问题。通过定县实验,学到了"与零碎的方法相对应的整体理念",尤其是针对农民的愚穷弱私,采取了相互联系的以"文艺教育"救农民之"愚",以"生计教育"救农民之"穷",以"卫生教育"救农民之"弱",以"公民教育"救农民之"私"。"我们认识到整体理念的重要。不能零零碎碎地进行,要有主导,以平民为主导。发扬平民潜力的思想就是要让平民成为他们自己命运的主宰,自己乡村的主人,让他们自己管理县、省,自己管理国家。那时他们都是平等的,都是为了创造更美好的世界而奠定基础的一分子。"第五,简谈定县实验对中国的影响。它脱离了"一场小小的智力运动",变成了一种催化剂,其"影响不仅在一个农村地区,而是辐射到全国",影响了社区、省乃至全国包括中央政府。第六,教学员读书的方法。"随着学习的深入,你们一定会有很多问题。我强调一点,你们有问题时一定要记录下来。我的演讲是一个资源,另一个资源就是这些材料。所以请把问题和想法记录下来。"找时间充分讨论。并结合自己所学写论文,论文应包括两点:"第一,你是否从这个讲座中学到了东西。如果学到了,那么学到了什么? 在论文里你可以自由畅谈,无所拘束;第二,我们的短期课程培训结束了,学了这两部书,你对国际乡村改造学院将来的角色有什么看法? 如果还有其他什么问题,请都写下来。""我会用心研究你们的论文。当我们回来时,我愿意首先坐下来像这样一起学习,然后再个别和你们谈谈论文。……你们也许会惊奇,其实也用不着奇怪,我已经习惯于每次回来都和大家聊聊。我这样做确实是因为我从你们身上学到了很多的东西。"最后,提醒学员应不断学习和善于学习,并用自己的亲身体验加以勉励。"我和我的夫人在乡下住了两天,我们从农民身上学到了很多东西。所以我从来没有理由说:我已经学够了,我做不到这一点,因为每一次我和同事交流,不管是和谁,我总能从他身上学到一些东西。当我下乡村的时候,总是能够从农民身上学到东西。"(新版《全集》卷 3,第 460～473 页)

11 月 26 日　约中国文化学院史学研究所吴相湘①教授面谈,拟同意吴撰写中文传记一事,一见如故,相谈欢洽。

---

①　吴相湘(1914～2007):湖南常德人,北京大学历史系毕业。曾在中央研究院历史语言研究所负责校勘《明实录》。抗日战争爆发后,投笔从戎,入国民党第九战区司令部工作,专事收集战争资料编纂战史,多次随军在前线参战,到敌后了解情况。抗日战争胜利后,历任北平故宫博物院编纂、兰州大学副教授、河南大学、台湾大学教授,新加坡南洋大学历史系主任,台北中国文化学院史学研究所教授。曾应美国西雅图华盛顿大学邀请,主持《中国革命同盟会史实研究计划》,并参加了纽约哥伦比亚大学《中国民国时期人名典》的撰述工作。2007 年 9 月 21 日,在美国伊力诺州自由市逝世,享年 95 岁。著有《第三次长沙会战》《三生有幸》(自传)、《近代人和事》《民国人和事》《咸丰辛酉政变纪要》《晚清宫廷实纪》《宋教仁——中国民主宪政的先驱》《民国百人传》《中国近代史论丛》《第二次中日战争史》《晏阳初传——为全球乡村改造奋斗六十年》。并曾主编《中国近代史论丛》《中国现代史料丛刊》《中国现代史料丛书》《中国史学丛书》。

1979 年（己未）　八十九岁

1月　美国与中华人民共和国建交。

同月　全国人民代表大会常务委员会为和平统一祖国发表《告台湾同胞书》。

同月　《人民日报》发表特约评论员文章：《完整地准确地理解党的知识分子政策》。

同月　越南军队占领柬埔寨首都金边，结束红色高棉统治。

同月　教育部召开研究生招生工作会议。会议确定本年全国有298所高等学校和100多个研究机构招收研究生。

2月　伊朗伊斯兰革命，沙阿政府倒台。4月，霍梅尼宣布伊朗伊斯兰共和国成立。

3月　中共中央批转教育部党组的报告，决定撤销1971年中共中央批转的《全国教育工作会议纪要》和1974年中共中央转发的《关于河南省唐河县马振扶公社中学的情况简报》两个文件。

同月　埃及与以色列签署和平条约。

同月　邓小平在党的理论工作务虚会上提出四项基本原则。

4月　巴基斯坦前总理阿里·布托被处绞刑。

同月　中共中央召开工作会议，提出对整个国民经济实行"调整、改革、整顿、提高"的方针。

同月　中国教育学会成立。名誉会长为杨秀峰、成仿吾、陈鹤琴，会长为董纯才。

5月　撒切尔夫人成为英国第一位女首相。

6月　美国总统吉米·卡特与苏共中央总书记、苏联最高苏维埃主席团主席、苏联国防委员会主席勃列日涅夫在维也纳签署限制战略武器条约。

7月　中共中央、国务院决定对广东、福建两省的对外经济活动实行特殊政策和优惠措施，在深圳、珠海、汕头和厦门设置经济特区。

9月　阿富汗爆发政变，哈菲佐拉·阿明推翻总统穆罕默德·塔拉基。

10月　美科学家首次测出星际空间反物质流。

10～11 月　中国文艺工作者第四次全国代表大会在北京举行。

12 月　全斗焕在韩国发动军事政变。

同月　教育部在北京召开教育事业计划座谈会，讨论贯彻"调整、改革、整顿、提高"八字方针的具体措施。

同月　苏联军队入侵阿富汗。巴布拉克·卡尔迈勒成为阿富汗总统。

是年　全国高等学校上报国家科委在本年内完成的重大科技成果共 226 项。其中包括北京大学研究的"计算机-激光汉字编辑排版"、清华大学研究的"DJS-140 型计算机"、四川大学完成的"不分明拓扑及其他拓扑的研究"等。

是年　教育行政部门和各级学校继续平反由林彪、"四人帮"反革命集团制造的冤、假、错案，清理历史上的积案，落实党的各项政策。

1 月①　就"乡村改造"答记者问，会谈内容以《与晏阳初博士的一次会谈》(*A Conversation with Dr. Y. C. James Yen*)载国际乡村改造学院主办的《乡村改造评论》第 1 期(*Rural Reconstruction Review*, January 1979, pp. 30 - 31)，以"就'乡村改造'答记者问"为题，收入新版《全集》第二卷、第三卷中。首先，回答记者"关于农民工作，普遍称之'乡村发展'。为何国际乡村改造学院②却用'乡村改造'这个名词"的问题。指出：国际乡村改造学院是过去中国平民教育和乡村建设运动的延续和发展。"早在本世纪二十年代，一大批大学校长、教授、政府官员发现自己尽管明白孔孟之道和现代科技，但并不理解我们的人民，即百分之八十五的农民民众。由此我们决意离开象牙塔和美丽的北京城，带着我们的妻子儿女到贫困的定县农民中生活和工作。定县是中国北方的一个拥有四十万人口和四百七十三个自然村的穷县。"定县作为第一个社会实验室，通过多年的调查研究成果，制订一套旨在改善经济和农民生活方式的计划，曾称此谓"改造"。强调"改造"不仅意味着"改变"，而且还包含着"建设"。"'Reconstruction'一词，是从中文本义的'改'（'改变'）和'造'（'建设'）直译过来的。因此我们所谓的改造不仅意味着'改变'，而且还包含着'建设'"。改造一词"最关键的问题是改变什么和建设什么。"沿用"乡村改造"在于"改造"一词"在中文里是一个富有动力和挑战性的词，意味铲除贫穷。"其次，回答如何理解"整合"及如何实行。认为"整合"是在农民中生活和工作的过程里掌握的艰苦方法。"我们并未从东方或西方的书本中学习到什么'整合'，但是

---

① 旧版《全集》第 2 卷只注明是 1979 年，未标明月份；新版《全集》第 3 卷标明为"1979 年 1 月"。

② 国际乡村改造学院：旧版《全集》为"IIRR"。下同。

我们在与农民共同生活和工作的过程中掌握了这个艰苦的方法。在我们试图解决农民的问题时,我们认识到整合的重要性。一个患病的农夫是个低能劳动者,此即表明健康与高效劳动存在着一定的关系。一个大字不识的农民是一个素质低下的公民,此即显示教育与新民的关系。"得出结论,解决各地农民所面临的种种基本问题,必须采用"整合"方法同时解决。即强调"整合"方法或"全面"的概念非常重要。"各地农民所面临的种种基本问题,诸如贫穷、文盲、疾病、公民意识差,是相互影响和制约的,要解决好其中的一个问题必须同时解决其他的问题。一个农夫也许会把生产搞得好些,但他若是一个对商业一窍不通的人,仍然受人剥削,例如放高利贷者或中介人会剥削他;他的产品增加了,但是收入却仍然微薄。简单地说,片面地解决问题不足以使农民翻身站起来。由此可见,'整合'方法,或用国际乡村改造学院的述语说,'全面'的概念是多么的重要。"第三,讲述乡村改造运动中遇到过的困扰。① 经费的短缺是最明显的困难。"经费的短缺,这也是所有私人机构的一个共同的困扰。但国际乡村改造学院的困难更大,因为我们重视自己的知识分子人格完善和学术自由,我们宁愿穷也要选择自由,即自由地实验和自由地创造,不愿得钱而成为别人的代理人或工具。"② 发现人才是最大的困扰。"最大的困扰乃是难以找到适当人选参与我们的工作。"所谓的"适当的人选"必须具备竞争力(Competence)、创造力(Creativity)、奉献(Commitment)和品性(Character)四个"C",但一般的人很难具备。第四,回答国际乡村改造学院在非洲、拉丁美洲和亚洲推行的国际性的乡村改造运动的政策。指出国际乡村改造学院旨在乡村改造的质量和榜样,强调地方化领袖的作用。"作为一种民间机构,我们不把大规模的群众运动或面面俱到作为追求目标,我们不强调这些,而是旨在乡村改造的质量和榜样。国际乡村改造学院不会在一个与我们合作的国家内直接展开工作,我们的实验告诉我们外人可以帮助,但工作必须由当事当地的人去做,因此我们强调的是地方化领袖的作用。每一运动是群众自愿自发的,由该国的人来领导和推行。他们由专业人员组成一个乡村改造的基干队伍,这些专业人员来自国际乡村改造学院并受过有关专业训练。"指出国际乡村改造学院在非洲、拉丁美洲和亚洲都推行了国际性的乡村改造运动的政策:一是在第三世界的每一个洲中只选择两个国家进行合作。"在拉丁美洲,我们与两个国家的运动有联系,一个是南美的哥伦比亚,一个是中美洲的危地马拉。在亚洲,我们选择了泰国和菲律宾。在非洲,我们选择的一个是西非的加纳,在不久的将来我们会在东非选择另一个国家的。"二是国际乡村改造学院的中心课题是帮助发展我们的每一个隶属的国家运动中心,使之成为"中心典范"而发挥其三方面的功能:成为本国的典型、服务其邻国并成为邻国的培训中心、建构自己的"社会实验室"以试验国际乡村改造学院发现的技术与方法是否适用于第三世界国家。三是每一运动由三个核心群体组成：杰出的公民领袖、在农业、合作社、公共卫生和乡村教育方面的专业人士、献身于乡村改造的知识青年。"（一）杰出的公民领袖，充任董事会董事；（二）在农业、合作社、公共卫生和乡村教育方面的专业人士，每个人都成为'科学普及者'，使专家的科技变成农民实际生产和生活的简化操作；（三）献身于乡村改造的知识青年。这三组人如果分开，各行其是，则哪一组人也完成不了什么大业；如果三股力量凝集在一起，就会对国家的社会基层的经济和社会改造发挥极其重大的作用。"最后，分享乡村改造中获得的有价值的知识学问。概括起来就是乡村改造运动的格言："深入民间""与农民打成一片""向平民学习""与平民共同计划""从农民已知开始""在已有的基础上建设""不是迁就社会而是改造社会""不是救济而是发扬"，并对这八条格言详加解释。（新版《全集》卷 3，第 474～479 页）

4 月 30 日　给 Howard W. McCall, Jr.[①]写信。（吴著《晏传》，第 628 页）

春　受泰国务总理 General Kriang Sak[②]邀请，偕夫人同往曼谷，协助泰国政府进行乡村改造工作。内阁各部会首长及其他高级官员都参加会议聆听其演说。并应泰国国王、王后邀请偕夫人赴夏宫茶叙，长谈农民问题至 3 小时之久。离泰前夕，General Kriang Sak 特设盛宴于其官邸，席间他赴厨房，亲手炒面条一盘捧上席面说："这是我亲手烹调，表示对我的朋友一番谦恭敬意。"[③]（参见吴著《晏传》，第 617 页）

夏　与中国文化学院史学研究所吴相湘教授谈话，并由吴录音记录，开始口述自身历史。此后两年间，共与吴五次谈话共计约 300 小时，为人们留下宝贵研究材料。（吴著《晏传》，第 11～12 页）

6 月 27 日　致金淑英夫妇[④]。首先告知刚从菲律宾回来，已知道他们对国际乡村改造学院的工作有兴趣。其次，告知 1978 年内举行了三个国际乡村改造运动

---

①　Howard W. McCall, Jr.：译为"霍华德·W. 麦考尔"。生平事迹待考。

②　General Kriang Sak：全名为"General Kriang Sak Chamanan"，译为"江萨·差玛南"（1917～2003），原泰国总理，武装部队最高司令，上将。生于沙没沙空府。先后毕业于朱拉冲军事学院、参谋学院、美国陆军指挥和参谋学院。1940 年起在军队任职。先后任陆军指挥和参谋学院高级计划官、东南亚条约组织副参谋长。1962 年任泰国武装部队最高司令部副参谋长。1973 年任武装部队总参谋长，晋升陆军上将。1975 年任武装部队助理最高司令。1976 年任最高副司令。1977 年任武装部队最高司令。1977 年参与"革命团"发动的政变，任总理兼内政部长，后任总理兼国防部长、财政部长。1980 年 2 月自愿退休，2003 年 12 月 23 日去世。

③　James Yen. *Letter to Mr. Howard W. McCall, Jr.* (NYC. April 30,1979).

④　金淑英夫妇：时在美国新罕布什尔州北韦阿蒂芬尼山农场。

领袖人物培训班。"第一个培训班,世界宣明会①送来三十六位领袖人物。宣明会是一个在五十多个国家运作的国际基督教传教组织。多年来,他们一直进行救济工作。然而,近来他们决定把他们的重点从单纯救济转到进行乡村开发。我们对他们进行为期两个月的培训。我们很高兴帮助他们进行了工作重点转型,从救济型转变到一个积极发掘占人类三分之二的农民朋友的潜力计划中来。我们的第二个培训项目是对和平志愿队技术组的志愿者进行培训。第三个培训项目就是我们的正常业务——第十届乡村建设领导人的培训,即对来自印度尼西亚、孟加拉国、印度、斯里兰卡、肯尼亚、加纳、阿富汗等国家的政府和私人机构的有关领导人的培训。"第三,介绍从 1979 年 1~3 月,进行了第十一届领袖人物培训。他们是分别来自非洲和亚洲 21 个国家的乡村建设领导人。仅尼日利亚政府就派来 6 个州的乡村建设领导人,去年派来了 9 位领导人。尼日利亚总共有 19 个州,已为其培训了 15 个州的领导人。所以,尼日利亚有一天就可能成为非洲最有影响力的乡村建设中心。第四,告知欧洲正在出现一种新的类型的基金会执行人。"如国际可可组织(ICCO)的约翰·毛里斯②、德国免于饥饿运动(FFH)的荷尔兰③和伯恩德·德里斯曼④是突出的代表人物。他们不是在办公室里等着申请人上门,而是从一个国家走到另一个国家去寻找值得他们支持的项目。毛里斯来到菲律宾农村,看到男男女女的村民们,特别是青年们所从事的经济和社会活动时,他非常兴奋地对国际乡村改造学院的新院长弗拉维尔说:'今天我看到了行动中的社会发展项目,这正是我的基金会所要寻找的项目,我们要支持它。'"第五,告知德里斯曼访问了菲律宾,田野项目受到了赞赏,"他对弗拉维尔说:'你能让我们的基金会作为你们乡村建设的伙伴吗?'说服毛里斯和德里斯曼支持我们,靠的不是巧妙的推销技巧,而是我们脚踏实地和创造性的工作,是眼见为实的成绩。"最后,告知国际可可组织和免于饥饿运动都给予国际乡村改造学院的菲律宾项目大量的捐款。它们会考虑对发展中国家如菲律宾和泰国的国际乡村改造学院项目给予资金支持,但他们的政策

---

① 世界宣明会(World Vision):简称宣明会,是一个有基督教背景的国际性的从事救灾、扶贫与发展的慈善机构。成立于 1950 年,自成立以来,该会一直积极回应世界各地贫穷人的需要,并透过开展儿童为本区域发展项目、救灾及重建、教育、医疗卫生、农林环保、孤儿及有特殊需要的儿童服务,协助贫穷人摆脱贫穷,达致自力更生及持续发展。2004 年度在全球 98 个国家和地区开展工作。在全球筹募所得的善款及物资总值多达 15.47 亿美元。帮助 1 亿人脱离贫穷、饥饿及不公平待遇。其中 240 万人是资助儿童。2001 年 10 月我国国务院新闻办公室所发表的《中国的农村扶贫开发》白皮书当中提到国际机构过去在中国扶贫领域的贡献,其中该会便是其中之一。截至 2004 年,该会在我国 16 个省、市、自治区推行约 88 个救灾及扶贫发展项目。自 1989 年至 2004 年度,该会在中国的项目总投入经费超过 6.36 亿元人民币(7 760 万美元)。

② 约翰·毛里斯(John Maurice):生平事迹未详,待考。

③ 荷尔兰:生平事迹未详,待考。

④ 伯恩德·德里斯曼:生平事迹未详,待考。

不允许给富足的国家像美国的项目提供资助。(新版《全集》卷4,第746~747页)

6月29日 在鲁弗斯·马修·琼斯《告语我们这个时代》一书第一百六十八页做批注,注文为:"通过祷告把一个伟大的上帝吸引到一个小小的心灵上。"(新版《全集》卷3,第627页)

9月3日 在菲律宾国际乡村改造学院举行的第十二届国际领袖人才培训班(International Leadership Training,英文缩写ILT)开幕式上发表演讲,以"乡村改造运动的使命与经验"为题收入新版《全集》第三卷中。首先,谈从事乡村改造的目的是"为了第三世界人民","为了占人类总人口三分之二的农民"。其次,表达"能与具有相同理念、志同道合的人们一起从事乡村改造工作"的高兴之情。第三,介绍国际乡村改造学院创建的缘起、选址及周围环境。尤其对凤凰树的精神加以赞扬,希望学员要领悟凤凰树的精神——"越是烈日烤晒,它的花盛开得越美丽。"同时介绍选址原因及此地迷人之因:"第一,它是一个强盗土匪横行的省份,这里需要我们;第二,那真是一个非常美丽的地方。……我们能拥有如此美丽迷人的地方有两个原因。一个是我们没有钱去创造人工的美丽,所以,免费利用上帝创造的实用的美;二是美丽的自然创造了安谧的气氛。"这是"一个有助于形成有创造力的思想、有创造力的计划和创造性的决策的场所。在这里,我们有一种很好的气氛,融合了简单、节约、美丽,尤为重要的是安谧。"第四,向学员介绍过去五十八年乡村改造运动所做工作的四个阶段,指出:"整个运动在战争中形成,在战争中成长,在战争中发展。……我要说的每件事情都不是从书本中得来的,而我们通过辛勤工作,为生存而战得来的。"第五,重点向学员介绍乡村改造运动的发现。① "多少世纪以来,我们想当然地认为这些农民——'苦力'——与教育无缘,他们代表了愚蠢、懒惰及所有的缺点。但是,从此我个人有了一个新发现。三千年来,这些农民被湮没了,完全被遗忘了。甚至没有人想到建立一种教育制度,以培训和开发这些农民。"② "苦力蕴藏着巨大的潜力。……这些地位低下的平民缺少的不是头脑,因为上帝已经赐予他们头脑,他们缺少的是机会。"③ "我们的基本理念不是救助,而是发扬。这些自尊、勤奋的农民不需要来自任何人的救助,迫切需要发扬。……我们这样做是因为认识到农民蕴藏着巨大的潜能,是出于对农民的尊重,而不是怜悯。我们发扬他们的潜能,以便有一天他们能自己站稳脚跟。"④ "研究人类问题的人必须有一个社会实验室!如果你们仅仅发放问卷,提出很好的问题是一回事,而得到一个很好的答案则是另一件事情。我们认为,如果真正希望帮助那些占人类人口三分之二的没有受过教育、没有现代化的人们,我们不能仅仅发放问卷,应该自己深入民间。如果我们想聪明地帮助他们,我们必须了解他们。如果我们想要了解他们,我们必须走近他们。他们在哪儿?他们分散在无数脏乱、贫穷的乡村。"⑤ "我们到那里不想做变革的代理人,而是做虚心研究和学习的学生,自愿向农民学习。把自己称为变革的代理人,命令他们改变什么,不要改变什么,何时改变,怎样改变,等等,这是明显的自以为是的做法。"⑥ "我们发现,在非洲、拉丁美洲和亚洲,农民都存在着愚、穷、弱、私的问题。我们认识到间接了解到愚、穷、弱、私等问题是一回事,亲自发现则是另一回事。我们发现这些问题是相互关联的,一个问题的成功解决取决于另一个问题是否成功解决。因此,一个完整的新概念——整体理念——通过几年的实验正式形成了。"⑦ "为了解决农民的这一系列问题,我们必须有一个乡村改造的整体计划,包括:生计教育以治穷,文艺教育以治愚,卫生教育以治弱,公民教育以治私。"⑧ 多年的汗水、血泪铸就的信条,言简意赅。它们是:"第一,深入民间";"第二,与农民共同生活,向农民学习";"第三,与农民共同计划,共同工作";"第四,从农民已知开始";"第五,建立在农民已有的基础上,而不是你们自己的基础上";"第六,不是顺应,而是改变";"第七,不是救助,而是发扬"。⑨ "我们进行乡村改造是想要给予我们同胞中的三分之二——农民,即苦力一个机会,从而使他们与另外三分之一的人达到同一水平,以便他们能成为平等的伙伴。"⑩ 从事平民教育运动的人才应具有竞争力(Competence)、创造力(Creativity)、责任感或称奉献精神(Commitment)和"品行"(Character)①等"四 C"的品质。"人们问我:'在你整整五十八年的工作中,最大的问题是什么?'许多人认为是金钱。筹钱是困难的,但是,这不是最主要的问题,我最大的难题是找到具有四'C'的人才。"最后,对学员提出希望。"我希望你们来到这里能够得到收获与快乐,也希望你们十分慷慨地把你们的经验说出来让我们分享,我们也将同样自由地与你们分享我们的所有经验。这样,当你们回国后,你们不仅在技术上,而且在精神上都将变得更好。你们能够打一场漂亮的战争,作为真正的战士去同愚、贫、弱、私作斗争,造就新民。"(新版《全集》卷3,第480~490页)

9 月 11 日　在菲律宾国际乡村改造学院举行的第十二届国际领袖人才培训班上发表演讲,以"乡村改造运动的历史与理念"为题收入新版《全集》第三卷中。首先,强调互相学习的重要性。"很高兴在这次培训班上,你们中间有在乡村发展方面非常有经验、成熟的领导者。与其称它为培训班,不如将它称为分享班,因为我们有很多要向你们学习,当然,我也希望你们能向我们学习。"其次,介绍演讲主

---

① "品行"(Character):在新版《全集》卷 3 的记录文稿中没有这个品质,只出现了 3 个品质,但下文又提的 4 个"C"。这里根据晏阳初在其他演讲中提及的内容,补充此品质。

题及价值。"我演讲的主题是乡村改造的历史与理念。我相信,对任何民族来说,历史是最有价值的可以分享的素材。……学习历史意味着使我们的长处更长,短处更短。这可以让我们清楚地了解自己所做过的事情和担任的角色,并为我们未来的工作有所借鉴。我们可能起到了一些相当好的作用,所起的一些作用可能已经创造了历史,我们必须将之发扬光大。那是我们必须做的。那是在中国语境中历史的全部含义。伟人创造伟大的历史。没有历史的人很像没有遗产、没有根的孤儿。"第三,阐述乡村改造运动历史记录的重要性。"在我们自己的社会实验室里,我们已经连续记录了超过五十八年的对乡村改造的集中研究实验的成果。在中国,我们有过四个社会实验室——华中、华东、华北和华西,因为我们不满足于只有一个实验室。我们想要把一个民族作为一个整体去获得它的全部图景,我们有一项建立在整个民族研究基础上的全国计划。我们希望有一天,在像你们一样愿意在非洲、拉丁美洲工作的同事的经验的基础上形成一个全球的计划。希望有一天,在全球经验的基础上我们会有基础建立一个全球计划,建立一门关于乡村改造的新科学。我们很感谢仁慈的上帝让我们保存了完整的记录,即五十八年来由中国科学家和学者以及后来我们去过每个国家的政府和人民参与集体研究的实验记录。我们在一起工作,成百上千的学者和上千万的农民参与其中。"第四,阐述使用"乡村改造"而不使用"乡村发展"一词的缘由。"在那时的中国,四亿人民中有百分之九十是农民。我们想要为这大多数人做最有益的事情。我们要'重塑'他们,然而,我们没有把自己打扮成变革的代理人。乡村改造意味着变化、改革。如果改革是对宗教,复兴是对文化和教育而言,那么,乡村改造是为了世界的农民。我们坚持使用这一词语,因为我们认识到它充满了驱动力。这是一个病态社会,你们能对它做些什么?要改造它。在那两个汉字'改造'背后包含了这种力量与挑战。有两种历史——一种是活的历史,另一种是死的历史。前者仍然存在有生命的力量,在逐步地再造这个世界。后者是已经过时了的。我可以自豪地说,我们正在从事的是一种活的历史。"第五,阐述如何对待历史。"历史由事件以及事件背后的意义所组成。我想要你们不仅知道我将呈现的事实,而且要明白那些事实蕴含的意义。"第六,论乡村改造运动的使命。"六十多年来,我们一直在寻找开发农民潜能的方式与方法。六十年来,我们的基本理念是发扬而不是救济,虽然在灾难发生时需要救济。一个国家处于低度发展状态是因为这个国家的人民是未开化的。农业欠发达,矿产资源未得到开发,政府组织未健全,就是因为人民是未开化的。因此,人的发展是其他所有发展的关键。那么,我们怎样完成人的发展任务呢?我们要尽可能发扬他们在个人成长、经济生产力、社会和政治责任方面的潜能。发扬农民的潜能是我们这些年来一直坚持艰苦努力工作的动力。乡村发展只是手段；人的发展才是目的。"第七，介绍中国乡村改造运动中识字教育的具体事件。① "以教中国农民识字为开端，主要教给他们自我教育的工具"。教平民一千个基本汉字和白话文，发现"农民具有等待开发的巨大潜力。识字是开发农民天赋才能的基本步骤"。以"尊师重教"的古老中国的传统和文化来开展识字教育。"一个中国农民可能是文盲，但是他非常看重教育，非常尊崇学者和老师。那么谁可以成为老师？学会读书写字的人。在一个人具备了阅读和写字能力之后，他就可以教那些不会读书识字的人。在整个平民教育运动中，我们创造了一种气氛，即成为一名老师是一种荣誉，成为一名学生是一种权利。"识字计划坚持一个基本的教学标准，"首先，所教的东西必须简单，必须足够的简单以便农民能够理解和接受。""第二个基本的标准是经济，你所教的东西必须节省费用和时间。""第三个基本标准是所教的必须是必需的，农民必须离不开它。""如果不简化，农民是学不会的；如果不经济，农民是负担不起的；如果不是必需的，农民是不乐意学习的。"② 为识字平民准备读物，引导知识分子深入农民之中进行创作，开创了平民文学的发展。③ 平民流动图书室的建立，让平民有书可读。第八，阐述识字教育产生了巨大的影响。① 教会了五百多万人读书写字；② 使中国学者和知识分子开始认识到自己同胞存在着巨大的潜能。③ 教育文盲的制度被中国教育部采用，在全国设立了从中央到省再到乡镇的各级民众教育机构。④ 中国的著名作家和学者到了定县后，抓住了农民的灵魂，学会了农民的词汇，服务农民的、以历史、中国伟大的领袖和英雄人物、农业等为主题的书籍编写了出来。⑤ "深入乡村，向农民学习，证明是成功之道。"最后，强调学员要具有自信、创造力和责任感。"我们所做的每一件事都是中国历史上的第一次。我们必须与传统作斗争，满足三亿六千万人的需求。你们不仅需要自信，而且必须有创造力。除非你们有自信、创造力和责任感，否则就会失败。"（新版《全集》卷3，第491～495页）

9 月 15 日　在菲律宾国际乡村改造学院举行的第十二届国际领袖人才培训班上发表演讲，以"乡村改造运动的整体理念"为题，收入新版《全集》第三卷中。首先，交代当天演讲的主题是讲"整体理念"的起源。其次，分析中国两千多年的科举制度造成了人民长期落后。认为在科举制度下，想要参加考试的人必须掌握所有的经典——历史、哲学、文学等。如果通过了考试，他就有可能取得任何官职，登上升官发财之路。但是，掌握应该具备的知识需要很多年的时间，农民是没有这个精力的，并且农民不懂文言文，"在中国我们没有平民能够阅读和文学作品的词语，因为平民被认为是不可能有阅读和写作能力"。第三，分析人民落后的另一个原因是

"因为许多世纪以来唯一的文学作品、识字媒介如同拉丁文一样的古典作品那样深奥难懂"，农民很难自我教育，无书可读。"许多世纪以来，农民理所当然地被歧视，尤其是被傲慢的学者歧视，他们从来没有学过任何知识，也没有尝试过学习。"第四，介绍组织知识分子团队到定县深入民间。"我们组成一个包含大学校长、教授、政府官员以及其他想要改变现状的知识分子的团队……从容谨慎地深入民间，不是去指导和告诉农民做什么，不做什么，而是和他们像邻居一样共同生活，像合作者一样共同工作，像学生一样向他们学习，像伙伴一样共同制订计划。这个群体深入民间，其特殊的目的是发现农民的长处，使长处更长；开发他们有待发扬的潜能与力量。"但是，一些学者和科学家以及他们的妻子不能忍受这种艰苦的生活，或没有创造力和智慧使他们的深奥知识转化为让农民可以理解和应用的语言最后离开回北京了。大约一半多的人留了下来，继续奋斗。第五，介绍在定县所做的事情。① 开办平民学校。"这种学校帮助我们完成这三件事情：第一，帮助我们发展师生关系；第二，帮助我们提高人民的教育水平；第三，培养他们坚强的意志和归属感。"② 成立校友会。"我们把八万农民组织起来成立被称为'平民学校毕业同学会'的校友会，这个组织使他们产生了归属感，他们感觉到他们有了团结一致的力量。"③ 在普林斯顿大学著名教授甘博的指导和训练下作了相当多的经济调查，并为此写了一本书。④ 让平民掌握阅读和书写方法。"到一九三六年，估计超过四千五百万的平民掌握了阅读和书写方法，然后，有了惊人的阅读需求。"由此创造了平民文学。⑤ 为使农民填饱肚子做农民有关农业方面的培训。如科学种棉、科学养鸡并改良鸡的品种；"单靠农业不能做好农民生计工作，所以，我们必须对抗高利贷剥削，于是成立了信用合作社。""农民不仅被钱庄老板剥削，而且也遭到了当地经销商盘剥。所以，我们必须组织训练棉花种植户转向成立供销合作社，从此，他们把直接棉花销往棉纺厂。"办地方特色的家庭手工业，如从事纺纱和织布。⑥ 为了农民身体少病进行卫生预防。发现凡是生病的农民劳动力都很低下，知道了良好的卫生和良好的生产之间存在着重要的关系。从而建立了县、区、村三级保健制度。⑦ 教导农民实施自治。"在人民受到更好的教育，生活状况得到改善，享受到更好的健康的时候，才是教导他们实施自治的时候。正如柏拉图所说：'人是政治的动物。'你不能阻止人民对他们自己的乡村感兴趣。所以，我们的四大教育的最后一阶段就是关于地方自治。"第六，阐述对农民实施的四大教育是有机联系的整体。"如果你们真正想以乡村改造作为人类改造的手段，你们应该整合农业、教育、卫生、自治四大教育。整合是必然的，是自然而然的事情。……整合就是一个团队的共同努力。在这个团队里，在它的成员中应有三个相互关系：彼此独立，彼此信任,互相尊重。没有团队一起计划,就不会有互相之间的配合。由此产生了团队的共同工作和决策。所有这些表现了人道主义的精神和学习的渴望。你们必须有真正的团队精神:付出与收获。"最后,强调互相配合说起来容易,做起来难。但提醒大家无论如何这是完全可以做到的。(新版《全集》卷3,第496~503页)

是年 原国际乡村改造学院理事会主席道格拉斯退休,接任理事会主席。(吴著《晏传》,第595页)

是年 同意非洲罗得西亚(Rhodesia)①W. V. I. 总部②复印其手撰 *The Ting Hsien Experiment in 1934*③。收到其负责人的道谢信。信中说:"如果我告知你:自国际学院获得的观念是我们工作的基础,是不应惊奇的。我们的活动部主任Peter Cormack④ 牧师阅读'*The Ting Hsien Experiment*'以后说:这才填充了以前多年经验中缺少的一空洞:九年以来,担任农业推广工作,但从来没有能了解为什么有些事不被当地人所接受! 今后这本书将对我们了解农村改造具有基本的重要性。"(参见吴著《晏传》,第584~585页)

是年 以国际乡村改造学院理事会主席身份时常和院长 Dr. Flavier 到菲律宾乡村及危地马拉、哥伦比亚、泰国、加纳各国去视察,副院长颜彬生女士主持纽约办事处并就近协助照顾危地马拉、哥伦比亚两国乡村会。(参见吴著《晏传》,第595页)

是年或此前⑤ 与儿子晏振东谈话。首先,对中国改革开放出现的大好局面加以肯定,认为"前途光明"。其次,希望中国从事三农问题的专家"能参考各方面

---

① 罗得西亚(Rhodesia):位于南部非洲的英国殖民地南罗得西亚在1965年11月11日单方面宣布独立后取的新名,沿用至1979年5月31日;布什战争结束后,新任首相埃布尔·穆佐雷瓦在1979年6月1日更改国名为津巴布韦罗得西亚,1980年4月18日再更名为津巴布韦(并获国际普遍承认),沿用至今。国名源于创立英国南非公司的英格兰政治家、商人塞西尔·罗兹(Cecil Rhodes)。罗得西亚是未被国际普遍承认的国家,1970年3月宣布采用共和制,总统——克利福德·杜邦、约翰·拉索尔只是虚位元首,(唯一一位)首相伊恩·史密斯才拥有实权。罗得西亚定都索尔兹伯里(今哈拉雷),以英语为官方语言,1978年时约有6 930 000人口,占地390 580平方公里。1965~1970年货币为镑、1970~1979年为元。

② W. V. I. 总部:即"World Vision International"总部(世界宣明会国际总部)。宣明会是一个基督教国际救援及发展机构,建立于1950年。当时美国基督教青年宣教士皮尔斯博士,有感于平民特别是战争孤儿的遭遇,创建该救援组织。开始于韩国,再推广到整个亚洲,并且于泰国曼谷设立亚太总部。后发展至埃塞俄比亚、加纳、津巴布韦、阿富汗、印度、罗马尼亚、奥地利、玻利维亚、萨尔瓦多、墨西哥、以色列和巴布亚新几内亚等90多个国家。现在集中在小区发展和赈灾工作,帮助贫困儿童及其家庭,建设可持续的未来。到2012年时,在全球约100个国家或地区有其会员在工作。2004年度,在全球筹募所得的善款及物资总值多达15.47亿美元,总受益人数超过1亿,其中240万人是资助儿童。世界宣明会是世界上其中一颗具规模的救灾、扶贫及发展的民间机构。该会通过开展儿童为本区域发展项目、救灾及重建、教育、医疗卫生、农林环保、孤儿及有特殊需要的儿童服务等发展项目,协助贫穷人摆脱贫穷,达到自力更生及持续发展。该会与世界卫生组织、联合国儿童基金会及其他联合国分支机构保持合作关系。

③ *The Ting Hsien Experiment*:即《定县实验》。

④ Peter Cormack:译为"彼得·科马克"。非洲罗得西亚(Rhodesia)W. V. I. 总部活动部主任、牧师。

⑤ 时间是1980年之前即1979或更早,具体时间待考。

的适宜中国的经验，尤其是农民方面、农村建设方面的经验，但必须是真正有价值的经验。文章不能救国，没有对农民的深刻认识和坚忍不拔的改造精神，是做不到的。"第三，强调从事乡村改革必须实干，要有实际经验加上知识和精神。第四，希望更多的人能分享他的乡村改革所获得的经验，希望能与中国大陆从事乡村改造的同仁合作。第五，阐述新民与新国家建设的关系。"六十年以来继续不断地探求真正建国救民之路——新的路、新的学术，为第三世界人民服务，现已在亚、菲、南美付诸实践。这样为大众打出一条生路，发扬'四力'，'四力'兼备，也就是具有知识力、生产力、健康力和政治力，这样的民众才叫做新民。有了新民做基础才可以称为新国家。"第六，主张国内要有世界眼光，要善于向世界先进经验学习，并为世界的和平发展做贡献。"国内形势逐渐好起来了，还要扩大胸怀，把世界经验拿出〔进〕来。什么地方好就学什么。先要解放自己，才能解放国家，天下一家的大目标才能实现。民为邦本，本固邦宁，天下一家。全世界可以互相帮助，即天下一家，否则就是自闭自杀。现代的核弹越搞越多，威力越来越大。一次能杀伤几百万人、毁灭整个城市。和平之路是天下一家。治国平天下，为平天下而治国。中国人应该有世界的观念和胸怀。天下一家的思想是我们祖先传下来的。"第七，对孙辈晏玲①学工程表示赞同，希望她能成为真正的专家，成为中国工程界的权威。也表示愿意帮助更多去美国的中国人深造进而成为权威。最后，向家人问候，包括晏振东夫妇及孙辈小青、小谊、玲玲、平平②。（新版《全集》卷 3，第 507 页）

---

① 晏玲：晏阳初孙女，晏振东之女。
② 小青、小谊、玲玲、平平：四人都是晏阳初当时在国内的孙辈。

1980 年(庚申)　九十岁

1 月　中国与厄瓜多尔共和国建交。

同月　中共中央在北京召集干部会议,邓小平代表中央作《目前的形势和任务》的报告。

2 月　国务院发出《关于实行"划分收支,分级包干"财政管理体制的通知》。

同月　中国与哥伦比亚共和国建交。

同月　中共十一届五中全会选举胡耀邦为总书记,选举万里等 11 人为书记。会议通过了《关于党内政治生活的若干准则》,通过了提前召开党的第十二次全国代表大会的决议和为刘少奇平反昭雪的决议。

4 月　津巴布韦共和国独立建国。

5 月　我国向太平洋海域发射运载火箭获得成功。

6 月　美国有线电视新闻网(CNN)正式开播。

7 月　奥林匹克运动会在苏联莫斯科举行。

同月　中共中央发出《关于坚持"少宣传个人"的几个问题的指示》。

8 月　中共中央政治局(扩大)会议在北京举行,邓小平在讲话中提出了逐步实现各级领导人员的革命化、年轻化、知识化、专业化。

9 月　两伊战争爆发。

同月　中共中央发出《关于进一步加强和完善农业生产责任制的几个问题》。

10 月　中共中央转发中央纪律检查委员会关于康生、谢富治问题的两个审查报告的批语,决定把康、谢的反革命罪行向全党公布,同时撤销对这两人的《悼词》,并决定开除他们的党籍。

11 月　美国总统选举,共和党罗纳德·里根战胜民主党吉米·卡特。

同月　最高人民法院特别法庭对林彪、江青两个反革命集团的 10 名主犯进行审判。

12 月　中共中央工作会议在北京举行。

是年底　我国发展国民经济第五个五年计划完成。全年工农业总产值比上年增长 7.2%。工业总产值比上年增长 8.7%(其中轻工业增长 18.4%),农业总产值比上年增长 2.7％。大多数地区获得好收成，是新中国成立以来第二个粮食高产年。在生产发展的基础上，人民生活得到进一步改善。

1 月 6 日　致信晏新民。信中首先表达他与妻子对儿子的思念之情。"我们三十余年不见面是人生最痛苦的事"，"无日不想念你和哥哥振东，朝夕求上帝保佑你们。"（旧版《全集》卷 3，第 785 页）其次，告之"六十年如一日地为'解除苦力的苦，开发苦力的力'继续不断地努力进行。现在推广到南美、中美、亚非①等国。"第三，告之"今天的祖国对于英文似颇注重"，叮嘱爱子"应当特别努力学习英语②"。"你们的英文底子不错，进步应该特别的快，今后的用处广大，切望注意！！"第四，告知"想给你们送一份《文摘》(*Digest*)③，可以吗？ 要不要？"最后，祝愿早日康复，身心愉快。（新版《全集》卷 4，第 748 页）

1 月 25 日　在鲁弗斯·马修·琼斯(Rufus Matthew Jones)《告语我们这个时代》(*Speaks to Our times*)一书第 12 页做批注，注文为："怎样将这个无所不在的存在转换成一个对日常实际工作任务有益的内在力量和精力资源。"（新版《全集》卷 3，第 625 页）

1 月 28 日　在鲁弗斯·马修·琼斯(Rufus Matthew Jones)《告语我们这个时代》(*Speaks to Our Times*)一书第 17 页做批注，注文为："上帝在哪里？ 他在我们周围；在我们背后；他在我们上面；他在这里。"（新版《全集》卷 3，第 626 页）

2 月 20 日　此日及日后的 1983 年 9 月 5 日，在鲁弗斯·马修·琼斯《告语我们这个时代》一书第 170 页做批注，注文为："如此安静，'主啊，教我们如何祈祷！'"（新版《全集》卷 3，第 627 页）

同日　此日早上七点在公寓及日后的 1983 年 9 月 5 日在公寓阅读鲁弗斯·马修·琼斯《告语我们这个时代》一书，在第 170 页做批注，注文为："达到以心灵与上帝见面的心态，体验上帝存在和交流的快乐，一个人必须付出的代价是：'热情的献身精神，不平常的专心，长期不间断的精神准备。'"（新版《全集》卷 3，第 627 页）

3 月 6 日　此日及日后的 1986 年 3 月 3 日，在鲁弗斯·马修·琼斯《告语我们这个时代》一书第 98 页做批注，注文为："亲爱的上帝啊！ 请教给我完全掌握内在生命的真实意义，赋予我拥有和运用为了被折磨的第三世界人民的利益的能力，阿门。"（新版《全集》卷 3，第 627 页）

---

① 亚非：旧版《全集》为"菲亚"。
② 旧版《全集》为"加强英文、英语"。
③ *Digest*：美国《读者文摘》。

初夏　在美国为国际学院筹划时,因妻许雅丽血压稍高曾抽暇送去医疗并陪护。(吴著《晏传》,第660页)

6月25日　在鲁弗斯·马修·琼斯《告语我们这个时代》一书第12页做批注,注文为:"继续不断地寻找,去寻找、发现、体验、实践上帝的存在。"(新版《全集》卷3,第625页)

7月中旬　在自纽约启行飞往马尼拉的途中忽感不适,即在夏威夷换机折回美国,经医生诊断为摄护腺①病。(吴著《晏传》,第660页)

7月　阐释乡村改造的要素与国际乡村改造学院的精神②。原准备与夫人前往菲律宾参加国际乡村改造学院第十届国际领袖人才讲习会结业典礼。途中因病未去,故撰讲词电传给国际乡村改造学院院长胡安·弗拉维尔(Dr. Juan Flavier)宣读,主旨在说明乡村改造工作三项要素以及国际学院伟大精神之所在。收入旧版《全集》第二卷和新版《全集》第三卷中。讲词首先说明国际乡村改造领袖人才训练的时间为7周,主要分享乡村改造运动经验,使大家短时间内获得极具启示与实用的经验。"一九六五年,国际乡村改造领袖人才训练创始,讲习时间是四个月,今减少至七周,即只讲解与乡村改造有关的最具有意义的经验的精华。六十年艰苦奋斗的珍贵心得,浓缩于七周内讲解。完全是使你们在短时间内获得极具启示与实用的经验,而不多费时间。"其次,详细阐述乡村改造工作三项要素。第一要素是怎样认识科学与技术(technical know-how)。"多少世纪以来,科学与技术在全球约三分之二农民之间,存在极大鸿沟,如何沟通这一距离,是对二十世纪世界上优秀科学家的一大挑战。自五十年前的定县实验以来,我们即进行实验、测验、研讨如何简单化至关重要的科学,如农业、保健等,使在一英尺③深的泥田和水牛一同耕作的农民,能够了解且应用。目的在使知识技术转化为农民的实际操作(practical do-how)。国际乡村改造学院现正进行的平民学校即是一最好事例,学院同仁一而再、再而三地实验解决这一在非洲、亚洲、拉丁美洲农民中普遍存在的艰难工作。"第二项要素是如何认识社会(social know-how)。"这不如'怎样认识技术'具体化。这有点微妙并且是更不可捉摸的。许多自美国派往外国的科学家,自发展中国家回美时都是沮丧失意的。这不是由于他们没有把握怎样认识技术,而是缺乏对当地社会的认识。既已忽视当地文化和人民传统的习俗,如何发展与他

---

①　摄护腺:即前列腺。

②　晏阳初及其夫人前往菲律宾参加国际乡村改造学院第十届国际领袖人才讲习会结业典礼式,途中因病未去,故撰讲词电告学院院长宣读。

③　英尺:旧版《全集》为"尺"。

们的和谐友好？怎么可赢得他们的信任和合作？地主剥削他们，高利贷榨取他们，贪官污吏压迫他们，知识分子轻视他们。这些农民失去对任何人的信任，是不足惊诧的；更恶劣的是他们也丧失了对自己的信心。如何协助这些颓丧抑郁的农民发展自尊、自信？没有这些，乡村改造工作如何能有效并且长久。这要求一种新科学。""弗拉维尔（Dr. Flavier）正在发展的'怎样认识社会'的思想，这是一种新科学；在乡村改造工作全盘考虑是非常需要的。这主要是他多年来和农民共同居住、工作、商讨一切，特别是向他们学习的心得。国际乡村改造学院具有这样一批忠实于它的章程①且具备创造、奉献的科学家②。"第三项要素是国际乡村改造学院的精神，即自由与独立精神、不可征服的精神和"献身"的精神。"要了解并吸收这种精神是很困难的，因为它是看不见的东西，但比其他什么都更重要③。"并详细介绍了国际乡村改造学院自由与独立精神，所向无敌、不惧任何困难的不可征服的精神以及"献身"精神。最后，希望并祈祷学员回国后不仅要采取"怎样认识技术""怎样认识社会"的方法，更重要的是谨记国际乡村改造学院的"（一）威武不能屈（Military Might Cannot Crush It.）。（二）富贵不能淫（Money and Power Cannot Corrupt It.）。（三）贫贱不能移（Poverty Cannot Deter It.）。（四）战乱不足忧（Wars Cannot Stop It.）"的精神。（新版《全集》卷 3，第 503～506 页）

8 月 18 日　在美国医院动手术。其妻许雅丽心脏病突发，医治无效逝世，享年 85 岁。（参见吴著《晏传》，第 660 页）

11 月 22 日　在鲁弗斯·马修·琼斯《告语我们这个时代》一书第 70 页做批注，注文为："我们必须学会由耶稣基督显示诸多神圣潜力。"（新版《全集》卷 3，第 626～627 页）

12 月 22 日　给长子晏振东和次子晏新民写信。首先，告知在去菲律宾国际乡村改造学院途中，在凤凰城（Phoenix）作停留，现在与他们的妹妹小艾丽斯（Alice Jr.）在一起。其次，表达写信的目的是想告诉他们的妈妈去世的情况。"自今年一月起，妈妈身体一直不好已好几个月了，但她完全凭毅力要与我一起去菲律宾。因为我们要参加国际乡村改造学院为来自非洲、中南美洲和亚洲的乡村发展的领袖人才每年八月举办的讲习会，这些年来我们每年都是如此。然而很不幸，大约上午十一点钟，当我们的飞机快到檀香山上空时，我病得很厉害，因此我们不得不下飞

---

①　章程：旧版《全集》译为"守则"。

②　旧版《全集》后有"的自然发展"五个字。

③　因为它是看不见的东西，但比其他什么都更重要：旧版《全集》译为"这是无实体的，不可见的，但比一切都更重要的"。

机,然后转机回纽约进行手术。一下飞机我就直接去纽约医院,而你们的妈妈去你们的妹妹格雷丝(Grace)在韦斯特彻斯特县欧文顿镇(Irvington Westchester)的家。就在当天,我不得不在医院进行手术,而你们的妈妈也不得不在欧文顿镇一家医院进行紧急心脏抢救。她得的是严重心脏病,因抢救无效,就这样平静地安息了。她临终前对格雷丝说的最后一句话是:'父亲的手术成功吗?'"第三,谈自己对来世和上帝的看法。"现代人已淡泊来世。来世的魔力不是为了他——我们需要什么?需要不道德的东西能够恢复具有道德,需要更加真诚地感谢率真的道德和一个人的内在精神。"第四,谈夫人的灵魂仍在,仍陪伴自己。"她的自由精神现在就像天使一样,有力地穿越在时空中。因为她的转化,我们有理由相信她会去在北京的家,你们会听到她呼唤。她会去我们在菲律宾的朋友的家做客。我感到她的精神时时刻刻地陪伴着我。真的,我感到和你们的妈妈比以前互相更贴近了。因为新的关系,我觉得我更加有力量和更加有坚定的信心做个好男人。对我们的同事来说,应该做个更好的同事;对我的妻子而言,应该做个更有价值的伴侣;对我的上帝来说,应该做个更加虔诚的仆人,竭尽全力地帮助他的那些在非洲、拉丁美洲和亚洲被压迫的孩子们,将他们解救出来。"第五,夸赞自己的夫人与自己"开创了一场运动,她一直'坚守信念'。……她的记忆是一种祝福。她的生活是一种激励。"其六,告诉追悼会在韩德尔的光荣赞美诗——《哈利路亚》(*Handel's Glorious Hallelujah Chorus*)声中结束。最后,祝一九八一年是个健康的新的一年。补写:"在我到达菲律宾后,我将为振东和玲玲开始办理来菲律宾国际乡村改造学院所有一切必要的合法手续,以及安排经费等事宜。"(新版《全集》卷4,第749~750页)

1981 年（辛酉）　　九十一岁

1 月　《周恩来选集》上卷出版。

同月　美国共和党当选总统里根宣誓就任第 40 位美国总统。

同月　被伊朗扣留了十四个半月之久的美国 52 名人质被伊朗当局释放。

同月　最高人民法院特别法庭判决林彪、江青两个反革命集团案及江青、张春桥、姚文元、王洪文等 10 名主犯。

同月　我国开始执行发展国民经济的第六个五年计划。

2 月　在青少年和全国人民中开展"五讲"（讲文明、讲礼貌、讲秩序、讲卫生、讲道德）、"四美"（心灵美、语言美、行为美、环境美）为主要内容的文明礼貌活动。

3 月　中共中央、国务院转发国家农委《关于积极发展农村多种经营的报告》。

4 月　美国航天飞机"哥伦比亚"号起飞发射后，飞行 54 个半小时，绕地球 36 周，按原定计划于 14 日当地时间 13 点 21 分在加利福尼亚州爱德华空军基地安全着陆。

5 月　宋庆龄在北京逝世。

同月　法国社会党领袖弗朗索瓦·密特朗当选法国总统。

6 月　中央教育科学研究所在北京召开全国中小学教育实验工作座谈会，交流各地教育实验工作经验。

同月　非洲统一组织第 18 届国家元首和政府首脑会议在肯尼亚首都内罗毕举行，会议着重讨论了加速非洲的非殖民化进程问题。

同月　中共十一届六中全会在北京举行。全会通过了《关于建国以来党的若干历史问题的决议》。选举胡耀邦为中共中央主席，邓小平为中央军委主席。

7 月　国务院批转教育部、外交部、财政部等 6 单位联合制定的《出国留学人员管理教育工作条例》和《关于出国留学人员国外经费开支若干问题的意见》。

同月　英、法、美、日、西德、意大利和加拿大七国首脑会议在加拿大首都举行。

8 月　中共中央宣传部在北京召开全国思想战线问题座谈会。胡耀邦、胡乔木就加强党对思想战线的领导、改变涣散软弱状态作了讲话。

9 月　叶剑英委员长向新华社记者发表谈话，提出台湾回归祖国、实现和平统一的九条方针政策,建议举行两党对等谈判,实行第三次合作。

　　10 月　关于合作与发展的国际会议(简称"南北对话"首脑会议)在墨西哥的坎昆城(又称坎昆会议)举行。

　　11 月　中国女子排球队首次荣获世界冠军。

　　12 月　中共中央书记处书记习仲勋与出席中小学教育工会思想政治工作经验交流会的代表座谈。

　　同月　中国教育工会全国委员会在北京召开中小学教育工会思想政治工作经验交流会。

　　1 月 2 日　自美国返回菲律宾马尼拉南郊国际乡村改造学院。随后,积极协助国际乡村改造学院院长弗拉维尔(Dr. Juan M. Flavier),准备这一年内三次国际领袖人才的训练工作,以培养准备推行乡村改造运动的国家人员为主要对象;认识了解乡村改造运动的基本原理、工作原则和进行方法,结业后回本国进行组织乡村改造运动促进会,选择一二处作先导表证区。(吴著《晏传》,第 663 页)

　　1 月 17～31 日　在国际乡村改造学院举办的特别研讨会中讲课。(晏著《传略》,第 334 页)

　　7 月　旅美华人、历史学者吴相湘编著的《晏阳初传——为全球乡村改造奋斗 60 年》由时报文化出版事业有限公司出版。该书是第一本反映其为乡村改造而奋斗终生的传记。作者着重勾画其自 20 世纪 20 年代初到成书的 1981 年 60 年间致力于平民教育特别是乡村改造的伟大实践。该书大多引据国际乡村建设学院(IIRR)档卷及他口述等第一手资料,材料翔实、史笔严谨,具有较高的史料价值,为中国新时期对其研究的开创做出了重要贡献。2001 年,该书在中国大陆由岳麓书社重印。

　　9 月 13 日　与从国内到菲律宾国际乡村改造学院学习的长子晏振东、次子晏新民谈话。其谈话记录由宋恩荣根据晏振东日记整理,收入新版《全集》第三卷中。主要谈三个问题。"一、无论政府好坏,农村工作总要从下面做起。要教农民能自己主动地去做和学会怎样自己做,政府和其他机构只是从旁帮助。若是依靠上面往下做,好的政府是费力不讨好,坏的政府是什么也做不出来。二、重要问题都要搞清楚。比如农民没有采用新稻种,是因为农民自己不愿意采用,还是买不起或买不到种子,或新种子还不能适应该地区。又如政府办的合作社的失败,问题是怎样形成的,要从失败中吸取经验教训,找出解决办法。三、发展农业,一方面要提高生产,另一方面要搞好销售、信贷,以及其他方面,要通盘考虑。"(新版《全集》卷 3,第

509 页）

9 月 19 日　与儿子晏振东、晏新民谈话。其谈话记录由宋恩荣根据晏振东日记整理，收入新版《全集》第三卷。首先，谈"新民健康必须恢复百分之七十以上才可以回国。使他能比一般教师教学水平高一点，才能更好地为祖国出力。"其次，要求"必须把乡建工作学通、学好再回去"。第三，主张孙女晏玲应定好方向，以便发挥其长处。第四，阐述"民为邦本，本固邦宁"，对中华人民共和国成立后的一些做法进行评论。主张"使农民科学化，用科学武装起来，用民主思想武装起民众，才能真正实现民主，国家才能安宁，世界才能和平，天下才能成为一家。"第五，反对照抄照搬，强调外国的东西应本土化。"外国的东西一定要经过自己的分析、研究与实验，结合本国历史和现在的情况才能对自己有好处。只有经过自己研究实验出的东西才是最宝贵的。"第六，坚信三个"四"，即四大教育（文艺教育、生计教育、卫生教育和公民教育）、四个 C（竞争力、创造力、奉献和品行）、四个标准（质量标准、相关性标准、可测性标准以及创新性标准）。第七，关于回国的问题，"只有在权威人士认为需要，且又真诚邀请的前提下，才予以考虑"。第八，就邓小平关心三儿子晏福民拟安排到驻美大使馆工作，后才知早已被迫害致死，认为"文革""那十年真是够乱了，连关心他的领导人都不知他的去向。"第九，告知从孙伏园信中得知毛泽东曾夸晏福民是个勇敢的孩子。最后，告知应从小学就教一些中国传统文化，如《论语》和《孟子》里有用的内容，使学生有中国文化的依托。（新版《全集》卷 3，第 509～511 页）

9 月 27 日　国际乡村改造学院所属乡村改造运动各国分会在菲律宾举行会议上，主持大会。菲律宾、泰国、危地马拉、哥伦比亚、加纳等国乡村改造促进会参加。（晏著《晏传》，第 334～335 页）

9 月 29 日　与儿子晏振东、晏新民谈话。其谈话记录由宋恩荣根据晏振东日记整理，收入新版《全集》第三卷中。首先，不赞成晏玲过早到美国去留学，怕受文化冲击，主张"先到菲律宾把英文学好念完大学再到美国"。其次，谈菲律宾大学水平很高，美国也承认，加之花钱只是美国二流大学的十分之一，唯一不足就是英语不纯正，有泰加洛人口音，但只要说得清楚，美国人是可以听懂的。第三，菲律宾离中国近，可以省旅费。第四，在菲律宾念英语学校也远比美国念英语学校便宜。第五，提醒儿子"晏平、小谊出国读书必须考虑钱的问题。"最后，认为在菲律宾大学中成绩优秀的可以到美国去做研究工作，但成绩平常就不用到美国去，主张晏玲在国内读完大学再说，暂时不到菲律宾大学或美国去留学。（新版《全集》卷 3，第 511～512 页）

10 月 6 日　寄给晏振东 5 本吴相湘著的《晏阳初传——为全球乡村改造奋斗六十年》。（参见旧版《全集》卷 3，第 790 页）

10 月 12 日　再给晏振东寄 5 本吴相湘著的《晏阳初传——为全球乡村改造奋斗六十年》。（参见旧版《全集》卷 3，第 790 页）

10 月 15 日　与儿子晏振东、晏新民谈话。其谈话记录由宋恩荣根据晏振东日记整理，收入新版《全集》第三卷中。首先，谈"人权是重要的。不重视人权将会吃大亏。"其次，谈自己"从未做过官，没有骂过人，对不同意见从不反驳，以工作回答。所做的事都是使农民受益的。"最后，为避免"亲蒋"嫌疑而谢绝去台湾。（新版《全集》卷 3，第 512 页）

11 月 4 日　与儿子晏振东、晏新民谈话。其谈话记录由宋恩荣根据晏振东日记整理，收入新版《全集》第三卷中。首先，谈当年筹组农复会时的美国活动是秘密进行的，一是怕遭蒋介石谋杀，也怕美国国会知道后反对。其次，谈当时找准了要攻的关键"能打动美国国会、四大报纸和杜鲁门总统"。第三，谈当时平教工作已有三十年的历史①，且有工作成绩和忠实于农民工作的民间组织。最后，认为"晏阳初条款"是"一次打动美国国会而通过的一个外国人的方案"。杜鲁门总统本想把所有款交给中华平教会而不是国民政府，但怕引来杀身之祸，加之从来的援助请求受益主体都是政府，也就没敢全部接受。（新版《全集》卷 3，第 512～513 页）

12 月 10 日　致信晏振东和晏新民。信中首先告知旅途艰辛。"这次旅途艰难，从马尼拉到夏威夷飞机颤抖了一夜，而且空调出毛病，气温过低，加上一夜没睡好，使我多年来第一次患重感冒。"其次，告知坚持游泳的习惯。"夏威夷刮大风，可是我仍旧照老习惯去海边游泳，因为我非常需要运动，有一天只有我一个人在海里游泳。"第三，告知旅途中写了给艾碧②和儿辈的长达 12 页的信遗失，希望能找到。"这几天在路上我已写了十二页的信给艾碧和你们。可是今天找不着它们了，也许过几天能找到。"第四，告知到达纽约后整整开了三天会。"我到达纽约当天就开了一整天的会，第二天一早在群英家与自年（弗拉维尔院长），彬生③开会筹备十二月八日的执行委员会，会议又花了一整天。昨天又开了一整天董事会。"第五，表达挂念之情。"虽然没有时间写信，但我一直在想念你们"。第六，谈及中国政府对传记

---

①　平教工作从 1918 年到法国劳工营服务到 1948 年 10 月农复会正式成立，刚刚三十年。新版《全集》卷 3 第 513 页认为"远远超过三十年"，其截止时间误为 1981 年 11 月谈话时，而晏阳初这里是谈到农复会成立时平教工作的历时。

②　艾碧：生平事迹未详，待考。

③　彬生：颜彬生。

可能的态度。"这里的朋友在谈了我奋斗六十年的传记后,对中国政府可能做出的反应不太乐观。开明人士①会赞扬这本书,如果一个发展中国家要从基础上(从村庄一级)建设国家的话,他会发现书中有丰富的建设性的、有用的,甚至是不可缺少的信息。"要求密切注意这本书的读者的反应并告知。"我们应当密切注意读过这本书的人们对书的反应。无论是好是坏都要告诉我。"第七,嘱咐绝不要宣传乡建工作,且言行必须谨慎,静观其变。"你回国去到原机关好好地工作②,静静地观察。古训说'欲速则不达'。你回国时只带了一本书。若是情况好,我再继续给你寄;若情况不好,政府可能把它变成禁书。你的言行,一定要时时刻刻非常谨慎。"第八,嘱咐回国带足钱,其他只带必要物品。"你们带回去的衣物先要打听好要上多少税,好把钱带够。以后只带必需的东西。"第九,提出三点希望:"① 按照医嘱每天做保健操。② 请露娜③医生给你安排好定期到马尼拉去看医生。③ 若是那位按摩医师按摩效果很好,就可以请他经常来。我希望你能变成一个健康的青年,回国后能正常工作,为建设一个新中国而作出贡献。当然,艾碧④可以帮你安排就医的各种事情。"最后,告知"弗拉维尔博士明天回马尼拉,他将尽全力帮助你和哥哥"。(新版《全集》卷 4,第 751～752 页)

---

　　①　开明人士:旧版《全集》在"开明人士"前有"主要是因为书中有些地方批评了中共。但也可能少数"这些话。

　　②　你回国去到原机关好好地工作:在这句话之前,旧版《全集》有:"最重要的事是叫振东'睁大眼睛看,竖起耳朵听,但是口要紧闭。'我们应与密切注意读过这本书的人们对书的反应。无论是好是坏都要告诉我。可是绝不要宣传乡建工作。因为做宣传会引起别人怀疑而惹出麻烦。我们建议你至少在一年之内不要说什么。看看再说。"与新版《全集》个别文字和标点不同,意思相同。

　　③　露娜:生平事迹未详,待考。

　　④　艾碧:旧版《全集》误为"爱碧"。

1982 年（壬戌）　九十二岁

1 月　中共中央转发《全国农村工作会议纪要》。

同月　秘鲁的培尔·佩雷斯·德奎利亚尔成为联合国第五位秘书长。

同月　中共中央、国务院发出《关于国营工业企业进行全面整顿的决定》和《国营工厂厂长工作暂行条例》。

同月　中共中央发出《关于加强政法工作的报告》。

3 月　全国人大常委会通过《关于严惩严重破坏经济的罪犯的决定》，对刑法有关条款作了补充和修改。《中华人民共和国民事诉讼法（试行）》公布。

5 月　《人民日报》发表《大力加强农村教育事业》社论。

同月　英国、阿根廷为争夺福克兰群岛（马尔维纳斯群岛）爆发海战，史称英阿"马岛战争"。6 月，马尔维纳斯群岛的阿根廷驻军向英国军队投降，英阿马岛战争结束。

6 月　以色列对黎巴嫩发动全面入侵。数天内就占领了黎巴嫩的半壁江山，史称"第五次中东战争"，也叫做"以色列入侵黎巴嫩战争"。

7 月　廖承志发出致蒋经国信，希望共竟祖国统一大业。

8 月　法国加入不扩散核武器条约。

同月　《中华人民共和国和美利坚合众国联合公报》发表。

9 月　中共十二大在北京举行。

同月　以色列伙同黎巴嫩境内的基督教民兵对黎巴嫩境内的巴勒斯坦难民进行极其血腥的恐怖屠杀，史称"贝鲁特大屠杀"。

同月　邓小平会见英国首相撒切尔夫人，阐述中国政府 1997 年收回香港的基本立场。

10 月　我国在海上向预定海域发射运载火箭获得成功。

同月　全国人口为 1 031 882 511 人，其中，大陆人口为 1 008 175 288 人。

12 月　《中华人民共和国宪法》公布施行。

同月　批准《中华人民共和国国民经济和社会发展第六个五年计划（1981～1985)》《中华人民共和国 1983 年国民经济和社会发展计划》和《国务院 1982 年国

家预算执行情况和 1983 年国家预算的报告》，通过《国务院组织法》等 4 个法律案，公布施行。

同月 共青团第十一次全国代表大会召开。

1 月 24 日 此日在女儿晏群英家及日后的 1983 年 4 月 4 日、1988 年 4 月 30 日和 1988 年 5 月 20 日阅读鲁弗斯·马修·琼斯(Rufus Matthew Jones)《告语我们这个时代》(*Speaks to Our Times*)一书，在第 170 页做批注，注文为："祷告是精神与精神(上帝的精神)之间的愉快的沟通与交流。"(新版《全集》卷 3，第 627 页)

同日 此日在群英家及日后的 1983 年 10 月 23 日阅读鲁弗斯·马修·琼斯《告语我们这个时代》一书，在第 170 页做批注，注文为："祷告是人们高贵的冒险，也是最完整地寻求生命的意义和价值的方法，人们通过它可从事最富有意义的人类事业。"(新版《全集》卷 3，第 627 页)

1 月 26 日 在鲁弗斯·马修·琼斯《告语我们这个时代》一书第 70 页做批注，注文为："这是我自己的认识：'人是在不断遇到许多挫折后逐渐成长起来的，一个伟大的未来会展现在他面前。他是一个未完成的作品，逐渐成长为一个完整的人，因为他是为永恒而生。'"(新版《全集》卷 3，第 627 页)

1 月 30 日 致信晏振东。信中首先希望英文信能帮助其不忘英语，强调英文很重要。"我用英文给你写信帮助你在中国不忘记英文。今天，英文是很重要的。"其次，感谢将书介绍给他人，并渴望知道他们的真实反应。"中国的知识分子和中国领导人认为该书是好还是坏①，它对祖国建设或祖国乡村建设是否有用。我认为乡村建设是国家建设的基本工作。"告知将寄 5 本书，嘱托"你应甄别哪些人可以送，哪些人不要送②。……应征求她(指白云——引者)的真实意见，我们必须知道真实的意见。"第三，告知"陈志潜医生曾提到过去的乡建学院校友组织了校史研究会"，询问是否认识乡建学院校友会的领导人。再次强调甄别送书。"你应当知道这本书应当送给哪些人和不应当送给哪些人。他们的名誉如何？他们在国内被尊敬吗？"第四，告知吴相湘教授的书适合知识分子阅读，自己准备编写一本简笔字的书供青年(大学生等)阅读，可能会在香港用简笔字出版，询问其态度。第五，询问工作状况。第六，告知已写信陈志潜医生并告之"国际乡村改造学院目前主要是加强对大陆③的了解，以便采取合乎实际的步骤。"第七，询问晏玲及其爱人的近况。

---

① 认为该书是好还是坏：旧版《全集》为"对书有好感或恶感"。
② 你应甄别哪些人可以送，哪些人不要送：旧版《全集》为"注意甄别将书赠送哪些人，哪些人不要送。"
③ 原在"大陆"后有"中国"两字，引者略去。

第八，询问是否请晏昇东和他妻子对吴相湘的书做"校订"，表示对晏昇东不信任。"（晏）昇东给群英的信中对吴相湘那本书大加批评，说这本书中错误很多，并说你请他和他妻子做'校订'，你真请过他们吗？"①最后，评价"吴相湘的书是一本伟大的好书。告诉昇东不许批评这本书。"（新版《全集》第 4，第 753～754 页）

1 月 主持国际乡村改造学院董事会年会。（新版《全集》卷 1，第 656 页）

2 月 2 日 在鲁弗斯·马修·琼斯《告语我们这个时代》一书第 70 页做批注，注文为："人是在不停地发展——从猴子到人。第二阶段的发展应该是从人到上帝。而上帝是神，我们是按他的形象所造的。这个形象不是物质的而是精神的。"（新版《全集》卷 3，第 627 页）

同日 致信晏新民。首先，告知最近因吞咽困难而做了喉部的检查，但未检查出什么毛病，自己安慰自己"必须有耐心，或许五月的某一天我可以找到解决的办法。"其次，告知纽约近来天气很坏，到处是雪，但自己仍坚持运动，每天坚持锻炼一小时。第三，为洛拉医生和弗拉维尔医生寻找那位马尼拉精通新医术的医生和另一位乡村医生而高兴，希望对儿子身体恢复起帮助。第四，强调除医生外，自己本人的信心和毅力对身体恢复同样重要。第五，告知因许雅丽去世常感孤独，但"一刻不能放弃为劳苦大众的奋斗。事实上，我的战斗意志比任何时候都更坚强。"最后，夸奖新民在菲律宾的进步，包括结交朋友、接受康护治疗及学习乡村改造知识技能等，但还应学会忍耐。"世界上无论什么有价值的事物都是不能轻易得到的，你必须付出代价——包括忍受孤独。"最后，告知很遗憾未能找到所需要的音乐书，让他告诉弗拉维尔医生和夫人萨姆正汇钱支付新民的康复费及书籍费。（新版《全集》卷 4，第 754～755 页）

2 月 21 日 委托平教会卫生教育部主任陈志潜到河北定县参观访问，自己的亲属陪同前往。（川编《晏阳初》，第 308 页）

2 月 28 日 其子晏振东、侄子晏昇东和侄媳绍芳②寄上家书一封。信中告知"在定县为人民做的有益的工作，给定县人民留下了深刻的印象，至今仍被人们传颂着。"通过汇报具体的事实告诉先生，今天在中国共产党的领导下，当年搞平教会时没来得及实现的愿望已经实现。信的内容如下：首先，讲述到定县进行访问，受

---

① 旧版《全集》卷 3，第 789 页，在此话后有"我不相信他，他是个胡乱吹牛的一个无知无用的人，怎么够得上做'校订'？全书约共 6，70 万字，把少数几个人的名字印错了，当属免不了的事，也是无关紧要的事。我要你立刻警告他：叫他立刻停止乱吹他是'校订'者。你告诉他，叫他永远说着下文：睁开眼睛看，用耳朵听，但是把口紧闭。"新版《全集》为："全书共约六七十万字，把少数几个人的名字印错了，当属难免之事，也是无关紧要的事。永远记住下面的话：睁开眼睛看，用耳朵听，但是把口紧闭。"

② 绍芳：即胡绍芳，晏阳初侄媳，晏昇东妻子。

到热情款待。"1982 年 2 月 21 日,我和振东、昇东弟兄伴随着陈老(志潜大夫)。被安排在县人民政府招待所二楼最漂亮的房间,……我们稍事休息,即登车参观定县料敌塔,十三级宝塔巍然屹立。……接着参观定县卫生院。……在归来的途中,又参观了定县人民政府办公楼,……县政协、人大均在此办公。县委书记迎上前来亲切握手,表示欢迎。晚间在招待所小饭厅进餐。河北省政协副秘书长韩绍田、干部李惠敏(是由石家庄专程来接待我们的)、定县女县长吕惠然、定县政协副主席黄国士、定县统一战线工作部部长刘庆祥等和我们同席进餐。当天晚上招待我们看宽银幕电影《亲骨肉》。"其次,告知定县人民对平教会的工作印象深刻,至今称颂。"……大家在谈到定县塔的史料时,昇东朗诵了李景汉先生编著的《定县社会概况调查》中的有关部分,无不称赞平教会的工作扎实细致。……次日(2 月 22 日)先参观高头村大队。……我们在大队办公室休息茶话时,出现了非常动人的场面,原来高头村的一个保健员名叫段树田,……用激动的目光望着陈老说:'我是原高头村的保健员,是您培养的,是平教会培养的。'……另外一位土改时的老书记段成山也很兴奋。……朗诵了歌词,随着唱起来。大家情绪高涨,满堂欢笑。高头村大队副书记贺冬寒发言说:'晏阳初老先生为高头村作了好事,他针对当时农民的愚贫弱私的病症进行四大教育。我们时时怀念他,希望晏老先生早点回来,回来看看定县的人民,看看定县的新面貌。'还有一个妇女干部也热情地说:'我们都希望晏老先生快点回来'……听着这些朴实而真挚的语言,心里热乎乎的,眼睛也湿润了。来到高头村大队办公室的后院,有人拿来一张大照片给我们看。这是过去平民学校学生王振禄保存的,是毕业时的师生合影,照片上的"平"字旗的字迹清晰可辨。……大家都称赞这张照片留存得好。接着参观了双平山。……我们进城参观了考棚,这是当时平教会办公的地点。县政协黄国士副主席说:"当时晏老先生让把柱子锯掉,换成横梁,改成礼堂,以便开会、演戏之用,现在是定县电力厂的礼堂。……定县统战部刘部长说:'晏老先生怀念定县,定县人民更怀念晏老,盼望晏老再回定县看看。'吕县长也说:'定县人民是不会忘记晏老先生的,希望他早日归来。'"第三,2 月 22 日下午召开座谈会,汇报定县的主要情况。包括六方面:"一、定县猪。是平教会 1929 年引进的波支猪(现在叫波中〔种〕猪)和定县当地猪交配的猪种。……现在(1982)已进行到第三世代,是全省重点科研项目之一。……目前,人民生活水平提高,不愿吃肥猪肉,定县猪的瘦肉率高(51.7％),符合人民要求。二、定县已成为无文盲县。这是最近(1982)统计的。从 12～45 岁无文盲的县就叫做'无文盲县'。虽无文盲,但文化教育仍继续开展。'生产责任制'实行以后,学科学,学技术,带动文化学习。寓文化学习于科学技术之中……围绕生产学技术,结合技术学文化,和农业技术推广站的工作联系起来。……五户成立一个科技户,通过科技户带动其他户,把科学、技术、文化传给千家万户。三、定县的苹果。定县的水果过去以梨为主。自从 1933 年定县平教会引进苹果后,遂逐年发展。目前苹果的生产超过梨的生产,居第一位。……定县是保定地区引进苹果最早的县。四、定县小白杨。是平教会有意识引进为了实验示范的……经华北,中央有关单位鉴定是美白杨与欧洲白杨天然杂交种,现定名为定县小白杨。……现在有六十多个村种小白杨树,约四百多万株,可成为防护林带。这是平教会留下的好处之一。五、定县已消灭天花,卫生工作容易推行,成效大。……现在定县每年预防接种达四五十万人次。白喉、百日咳、破伤风、乙脑、流脑的预防接种都达到省里要求。平教会重调查,有记录,对以后的人搞这项工作提供了资料。另外,医务人员有的是从平教会培养出来的,工作、学习都有成效,……全县五个区都有卫生防疫科,附设于分院,有自上而下的防疫网。六、‘会读千字课,沾了不少光’,使解放后的扫盲工作突飞猛进。……1982 年要着手两条腿走路,办多种形式的业余学校和农业学校。他(县教育局王振修局长——引者)并详细介绍了解放后历年定县的各项学校数和在校人数以及报考大专、中专的人数和录取人数的百分比,使我们对定县的教育概况有所了解。”第四,告知定县县长吕惠然到定县档案馆专门借来三部书:“① 李景汉编《定县社会概况调查》、②《定县的实验》……③ 汤茂如主编的《定县农民教育》。”第五,告知 2 月 23 日下午参观定县第一中学、师范学校、博物馆和幼儿园(原天主教堂)。第六,2 月 24 日先后参观了猪场、屠宰场、韩家洼公社等地,“最后,振东访问公社的信用合作社”。最后,告知定县人民仍称颂其毕生为平民教育、乡村建设做出的贡献。“……您那时真是博学多艺,风华正茂! 您不辞辛劳,奔走各地,为了振兴中华,您,重调查,搞实验,开一代新学风,您是值得人们尊重的。为了平民教育,为了乡村建设,您这一生经受了多少风雨啊! 现在,十年浩劫过去了,祖国正在进行四个现代化的社会主义建设。祖国要中兴,祖国要统一,祖国需要您,人民需要您,回到祖国的怀抱吧!”(《河北文史辑》,第101~108 页)

5 月 31 日　致信晏振东。信中首先祝贺打字的英文信取得好成绩,并希望英文写作继续保持好的成绩。“你用打字机写的英文信①确实使我惊奇。祝贺你的成绩。我希望你能继续用英文写作,保持这个成绩。这会对你英语水平的提高大

---

① 　你用打字机写的英文信:旧版《全集》为“你的打字的英文信”。

有帮助。英语在当今世界上是很重要的。^①"其次，从来信得知"许多人和组织对我的看法^②，特别是那些积极的评价"表示"很想回祖国观光"，但"心有余，力不足！"第三，询问已寄出的 10 本吴相湘教授写的书（《晏阳初传》）是否收悉，请用电传告知，并寄信告诉书送给谁。"你要我再寄给你几本吴教授写的书（我的传记）。一九八一年十月六日我寄了五本，十月十二日又寄了五本。到今天已有八个月了。你该收到了，但你在信中没有提及这事，我当然为此要担心了。请用电传告诉我你收到这十本书没有。然后，你写信告诉我你把书送给谁了。我希望这些书没有丢失。"第四，告知新民定于 6 月 8 日乘中国民航飞机从马尼拉回北京，并将用电传告诉航班号码和到达时间。谈及新民"好像很想结婚。……我希望有一天他能找到一位能帮助他的人结婚。"第五，关心、询问家人的近况。"我希望你的妻子病情好转和玲玲有长进。……晏平^③什么时候毕业？他爱好什么专业？我希望你能晋升为高级工程师"。最后，要求经常来信，并认为"乡建学院校友们看来是很有希望的"。（新版《全集》卷 4，第 756～757 页）

8 月 2 日　致晏振东。首先，告知信中附了美国圣约翰大学中国历史学教授、一个伟大的中国学者和历史学家李又宁^④的一篇文章复制件。"信中所附的文章是全文在美国和香港《中报》^⑤发表的。该文曾得到普遍的重视。"为中国大陆对自己在中国和世界各地所做的大量工作未曾提到感到遗憾。"大陆的《参考消息》只

---

①　此话后，旧版《全集》有"当然，打字也应如此"。

②　看法：旧版《全集》为"态度"。

③　晏平：晏阳初孙子。

④　李又宁：女，英文名也用"贝纳黛特·李"。美籍华人女学者。祖籍福建，出生于中国并在中国接受小学和中学教育，后移居台湾，考入台湾大学历史系，获文学士学位，是吴相湘教授的得意门生之一。后赴美深造，获哥伦比亚大学历史学博士学位。美国圣若翰大学亚洲研究所中国历史学教授、中国学者和历史学家。主讲"中国妇女史与文学""现代中国政治与文化史""中国语言政策与语言策略"和"中国古代文学"等课程。课余勤于著述及编辑工作，1969 年创办英文季刊 *Chinese Studies in History* 并担任主编至今。也是华族留美研究会创办人兼会长和纽约天外出版社创办人兼社长。主编与出版华族留美史丛书，已出版了《留美八十年》，《当代留美中学生》，《华族留美史：150 年的学习与成就》等书。中英编著颇丰。主要中文编著有《近代中国女权运动史料》，《近代中华妇女自叙诗文选》，《胡适与民主人士》，《胡适与他的朋友》，《吴晗传》，《华美族与 911 浩劫》和《庆祝吴教授相湘先生九十华诞论文集》等多种。主要英文编著有 *Chinese Women through Chinese Eyes*，*The First Emperor of China*，*The Introduction of Socialism into China* 和 *Two Self-portraits*：*Liang Chi-Chao and Hu Shih* 等多种。2001 年主编与出版了《华美族研究集刊》，2003 年 1 月又出版了《新法拉盛集刊》（*New Flushing Journal*）和《科技界的华美族》（*Chinese-Americans in Science and Technology*）两种新刊物，以纪录华美族所做的贡献。

⑤　《中报》（*Centre Daily News*）：1980 年 2 月 27 日在香港创刊。由傅朝枢出资经营。同时还出版《中报月刊》，系综合性杂志。1983 年起在美国出纽约版、旧金山版和洛杉矶版。主要版为香港新闻（包括体育消息）、国际新闻、中国今日、财经消息、娱乐消息、副刊、小说及专栏。督印者为《中报》有限公司，董事长兼社长为傅朝枢，总编辑为张宽义，副总编辑兼采访主任为余国础。1987 年 4 月 21 日宣布，中报（包括美洲版）由21 日至 24 日暂时停刊。25 日正式宣布即日起停刊。《中报月刊》则照常经营。

登出它的百分之五。只登载了第一次世界大战时我在法国与中国华工在一起的经历。我在中国和世界各地所做的大量工作却未曾提到，实在遗憾。"其次，询问是否收到自己的传记(《晏阳初传》)并望立即写信告知。"若是小谊还没收到她那本，就请从这十本中给她一本。"还询问是否送书给乡建学院校友们。第三，告之李又宁将于 8 月 26 或 27 日到北京访问、探视，并将拜访全家。"这位优秀的学者(她现在国际乡村改造学院与我在一起，她准备继续报道我们的工作)将于八月二十六或二十七日到北京访问她的历史学方面的朋友和出版方面的事。我已将你的名字给她，作为她将探视的亲友。她当然会访问你和你的全家。她是我们的乡村建设运动的一个忠实信徒。她约四十岁，叫我晏伯伯。她不但是一位卓越的中文学者也是一位卓越的英文学者。她有着可爱的、和蔼可亲的性格。你见到她会高兴的，而且她见到你和你的家人也会高兴。玲玲会有一个好机会练习她的英语了。"①最后，希望爱和祈祷伴随全家。"我的爱和祈祷伴随着你和你的妻子和两个可爱的孩子玲玲和平平。"该信又附言，"多谢你考虑周到的七月四日的信。(刚好在你生日的第二天，祝你来年富有成就和幸福)。由于政府不允许刚毕业的大学生出国，所以还得找一个有效的办法把平平带到这里。玲玲也会遇到这个问题，因为她也在八三年六月毕业。你提出的任何可行办法我都将认真考虑。北京到菲律宾只需五小时飞行。可以考虑平邮。"(新版《全集》卷 4，第 757~758 页)

8 月 22 日② 在菲律宾国际乡村改造学院撰写怀念好友卢作孚的文章《敬怀至友作孚兄》。原载《乡建校史研究会通讯》第 4 期(1983 年 5 月出刊)；收入北碚区政协文史委员会编《北碚开拓者卢作孚》(1988 年版)，再收入旧版《全集》第二卷和新版《全集》第三卷及卢国纪著的《我的父亲卢作孚》和卢晓蓉著的《我的祖父卢作孚》等中。文中首先谈自己相交的人甚多，"惟有作孚兄是我最敬佩的至友。"其次，谈卢作孚的高尚品格。① 有理想，有大志。深知要使中国富强，必须发展交通。长江是交通要道，需要轮船，所以组织民生轮船公司，以应时代的需要。② 极富创造力，具有实现理想的才干和毅力；忘我忘家，绝对无私。③ 生活非常简朴，常年穿着一套中山装；为了节省梳头的时间而剃光头。④ 是个绝顶聪明人。抗战期间，为了跟美国商人打交道，拜许雅丽学英文，晚上有空时就读一点，半年之内，就能看英文报。⑤ 对人的观察很敏锐。深知对怎样的人说怎样的话；不说闲话，言必有物；用字精当，从容不迫，有条有理；很沉着，有组织，有思想。第三，略谈与卢

---

① 此段引文与旧版《全集》文字有一定出入，但基本意思无变化。
② 旧版《全集》及新版《全集》均误为 1981 年 8 月 22 日，实为 1982 年 8 月 22 日。

作孚的交往情况。卢作孚对定县实验感兴趣，派人来参观；中国乡村建设育才院建立后担任学院的会计董事；从美国回国后在中国乡村建设学院讲演，给师生介绍在美国吃苦募捐之事，改变人们认为在美国即享清福的观念。自己提醒他注意衣冠，教他学打领带，留起头发并用心地学梳头。最后，为其结局悲惨而惋惜。"像作孚这样一位正人君子、爱国志士，了不起的实业家，国人应当敬重。然而，他的结局竟是如此悲惨。我为国家伤心，我为至友哀痛。"①（卢国纪著：《我的父亲卢作孚》，人民出版社 2014 年版，第 432 页；卢晓蓉著：《我的祖父卢作孚》，人民日报出版社 2012 年版，第 166～167 页）

8 月 28 日　致信晏新民。该信原由夫人执笔，大约写于 1978 年②，因故未能寄出。此日只是自己在原信末加上祝语"祝：吾儿新民迅速恢复身心健康！"首先，表达生日祝福。"生日快乐！你已经五十三岁了，我高大的儿子"。其次，告知 1978 年 9 月 10 日听到格雷丝③告知爱子身体日益恢复并且每天都在做翻译工作，感到很高兴，并对带回的照片很满意。"她带回的和你们一起时所拍的照片非常好。我们把它们置于书桌上，摆在卧室里，以便随时都可以看一看。得知你的身体正日益恢复，并且你每天都在忙着做翻译工作，我们是多么高兴啊。我相信你的体质会日益增强，并且很快就能进行全天工作了，或者教书，或者在图书馆工作。"第三，告知玲玲的信写得极好，希望能读一些英文书刊，提高英语写作能力。第四，告之和格雷丝一家及华莹④一家到山区风景地——莫霍克湖（Lake Mohouk）度过了一个愉快假日，谈及许多有关中国的亲人们的一些情况。最后，表达思念之情，祝愿早日康复。"我们想念我们亲爱的儿子，想念国国夫妇，想念玲玲、平平。当然还有忠实可爱的王师傅。愿你的身体早日康复，以便能继续做你喜爱的工作。我们每天都为你这样祈祷，亲爱的塔迪。"（新版《全集》卷 4，第 758～759 页）

是年　四川省高级人民法院以《〔1982〕川法刑字第 16 号刑事判决书》，对其并肩作战的战友、原中国乡村建设学院代理院长魏永清案等改判，撤销原川东人民法院〔1952〕刑字 110 号关于魏永清死刑的判决；宣告魏永清无罪释放。（宋恩荣、张睦楚：《1950，晏阳初在去留之间》，《炎黄春秋》2013 年第 1 期，第 41 页）

---

① 旧版《全集》卷 2 和新版《全集》卷 3 为："像作孚这样一位正人君子、爱国志士，了不起的实业家，不幸过早逝世，令人惋惜。"
② 信中有晏新民 53 岁，晏新民生于 1925 年，故推算写于 1978 年。
③ 格雷丝：生平事迹未详，待考。
④ 华莹：生平事迹未详，待考。

1983年(癸亥)　九十三岁

1月　中共中央发出《当前农村经济政策的若干问题》,要求各地试行。

同月　全国职工思想政治工作会议在北京举行。

同月　中共中央发出《关于加强农村思想政治工作的通知》。

2月　中共中央发出《关于加强党员教育工作的通知》。

3月　邓小平在视察上海、江苏以后,认为大专院校要大发展。

同月　美国总统里根(Reagan)制订星球大战计划。

4月　教育部发出《关于实行〈为外国人举办短期学习班的有关规定〉的通知》。

同月　中共中央、国务院批转国家计委、国家经委《关于当前经济工作中几个问题的汇报提纲》。

同月　中共中央、国务院决定对海南岛实行经济特区的某些政策,给予较多的自主权。

5月　我国加入《南极条约》。

7月　《邓小平文选》出版。

同月　北京举行首都应届高等学校毕业生报告会。

9月　中、日、英、美的石油公司在中国南海合作勘探开发石油的合同在北京签署。

10月　中共十二届二中全会在北京行。全会通过《中共中央关于整党的决定》,开始全面整党。邓小平发表《党在组织战线和思想战线上的迫切任务》的重要讲话。

同月　中共中央、国务院发出《关于实行政社分开建立乡政府的通知》。

11~12月　全国农村工作会议在北京举行。

12月　国务院学位委员会在北京举行第五次会议。会议通过我国第二批博士学位授予单位45个,学科、专业点316个,博士导师601人。硕士学位授予单位67个,学科、专业点1 052个。

1 月　李又宁撰写《晏阳初与国际乡村改造学院》。原文载全国政协《文史通讯》1983 年第 1 期。收入詹编《文集》中。该文讲述了晏先生创建乡村改造学院渊源，阐述国际乡村改造学院的原则、工作和组织。首先，讲述了晏先生所创建乡村改造学院的渊源。指出国际乡村改造学院是国际性的、教育性的、民主性的机构。缘起自第一次世界大战期间，先生在法国战地工营，教导华工识字，发现了苦力。1929 年至 1936 年，与同仁们，以定县为"民间实验室"，进行乡村改造。抗战初期，主持"中华平民教育促进会总会"，在湖南动员广大民众抗日，并培养数万地方基层行政人员。1940 年，在四川巴县歇马场，创设"中国乡村建设学院"。20 世纪 50 年代初期，始创并推动菲律宾乡村改造运动。1967 年 5 月，正式创立"国际乡村改造学院"。其次，阐述"国际乡村改造学院"的原则、工作、组织。（一）原则：① 民为邦本，本固邦宁。（建国必先建民，强国必先强民）② 人人皆为有天赋的德、智、能。（皆可发展为新民、新人。"人皆可以为尧舜"）③ 深入民间，以民间为"实验室"。（以平民为师，与平民为友，自生活中认识问题，研究问题、解释问题）④ 发扬平民的潜力，导其自力更生。（力：智力、体力、生产力、组织力）⑤ 当因时、因地、因人制宜。（不持成见）⑥ 教行合一。（教室所教，即民间所行。以示范教导，自实践学习）⑦ 农村科技化，科技平民化。（科技普及全民）⑧ 连环方略，治本改造。（民间的基本问题，互相牵连，枝节的治标，不足解决）⑨ 国际推广，国外人是协助者，本地人是主干者。（否则不能生根）⑩ 为天下平民谋福利，为当代民众奠定基础，为后世开太平。（二）工作内容：① 实践研究。② 国际领导人才讲习会。③ 国际推广。（三）组织：自主参与、自主实验、自由创造。其缴费多来自欧美民间，不接受任何政治性资助。最后，指出晏先生为第一任院长，担任至 1978 年。（参见詹编《文集》，第 404～407 页）

2 月 7 日　此日及日后的同年 10 月 23 日阅读鲁弗斯·马修·琼斯（Rufus Matthew Jones）《告语我们这个时代》（*Speaks to Our Times*）一书，在第 170 页做批注，注文为："我会坚持祷告直到我能领会一点快乐，快乐来自确实体验到与上帝的交流。"（新版《全集》卷 3，第 628 页）

4 月 4 日　阅读鲁弗斯·马修·琼斯《告语我们这个时代》一书，在第 170 页做批注，注文见 1982 年 1 月 24 日条。（新版《全集》卷 3，第 627 页）

5 月　在鲁弗斯·马修·琼斯《告语我们这个时代》一书第 52 页做批注，注文为："人的改造就是人的潜力的开发"；"乡村改造现在是一场伟大的战斗"。（新版《全集》卷 3，第 626 页）

6 月 6 日　在鲁弗斯·马修·琼斯《告语我们这个时代》一书第 23 页做批注，

注文为："亲爱的上帝啊,让我成为你的工具,为了孩子们和被遗忘的世界农民。"(新版《全集》卷3,第626页)

8月7日 在群英家阅读鲁弗斯·马修·琼斯《告语我们这个时代》一书,在第170页做批注,注文为："我在持续不停地祈祷,直到我在祈祷中感觉到上帝的存在。"(新版《全集》卷3,第628页)

9月5日 在公寓阅鲁弗斯·马修·琼斯《告语我们这个时代》一书,在第170页做批注,注文见1980年2月20日条。(新版《全集》卷3,第627页)

9月6日 韦政通在台湾撰写《晏阳初农村改造的思想》,于10月26日刊登在台湾《中国论坛》特为先生90寿辰出刊《向晏阳初先生致敬》专辑上。由其侄子晏昇东供稿,收入詹编《文集》中。作者主要探讨先生在乡村改造运动中表现了一套极具创意的思想,指出其思想主要内容由四个成分所组成:儒家的民本思想、基督教的圣经、科学的方法和民众的思想。儒家"民为邦本,本固邦宁"的民本思想为乡村改造运动提供了最高的领导原则;圣经所启示的基督精神,则是乡村改造运动主要动力的来源;科学方法乃解决农村问题的有效手段;民主则代表乡村改造运动在现代中国所要达成的现实目标。具体而言,一是使儒家民本思想落实于现实努力;二是以基督的精神献身于农村改造;三是把科学的源泉引到农村;四是乡村改造与民主的关系;五是开放心灵与人文理想。最后,指出"今天时代不同了,农村的卫生保健工作已有很大的改善,定县的成套做法不一定还适用,但其精神和不少方法却仍然非常可取。"(詹编《文集》,第428页)

9月25日 与阔别34年的学生李真①电话交谈,约定9月27日在住所相见。

9月27日 上午,电话通话中得知李真不能如期赴约,感到遗憾。下午3点,对李真的拜访表示欢迎,并亲切交谈。其交谈主要涉及:① 得知原乡建校友都很想念他时,表示自己"也很想念原乡建学院的师生及平教会的同仁"。② 听取李真的汇报后很高兴。"第一,原乡建学院的同学在祖国大地上,在各自不同的岗位上都竭尽全力为人民大众辛勤工作,各自都作出一定的贡献。第二,历史证明,凡是

---

① 李真(1930~):四川巫溪人。1948~1949年就读于中国乡村建设学院教育系,1960年毕业于北京大学哲学系。1982年2月至1983年6月为美国哈佛大学访问学者。后任北京大学哲学系副教授、教授。曾任北京大学西方哲学史教研室副主任。主要从事西方哲学史,特别是古希腊哲学的教学和研究。主要著作有《简明欧洲哲学史》(合作,人民出版社,1979年)。译著有《亚里士多德的三段论》(合译,商务印书馆,1981年)、《科学共产主义》(合译,北京出版社,1981年)。主要论文有《论西方哲学史中关于真理和真理标准问题的论争》(载《西方哲学史讨论集》,三联书店,1979年)、《新托马斯主义在美国》(载《当代美国哲学述评》,上海人民出版社,1986年)、《维特根施坦与奥地利哲学》(载《现代外国哲学论丛》,人民出版社,1986年)、《学贯中西,道通古今,境臻天地——论冯友兰哲学的眼界、方法与境界》等论文。

为人类作了好事的,人民是不会忘记的。晏先生从事的平民教育、乡村建设工作也是为人民作的好事。特别是解放后中国农村发生了巨大的变化。晏先生多年为之努力的目标,在中国广大的农村已经和正在以更加广阔的规模得到实现(比如水利,改良品种,民众教育,医疗保健,等等)。"③ 询问原乡建学院的情况,让李真罗列校友的名字和工作单位,讲述对一些同学和同事的回忆。④ 谈及妻子许雅丽夫人充满深情。⑤ 谈及自己的健康和工作。健康方面:告知十月是其九十寿辰,健康状况良好。"在纽约的一些社会名流和华裔美国人中的知名人士要为他举行祝寿大会。这就是他在纽约多停留一些时候的原因。否则,他早已返回菲律宾。那里还有大量的工作等着他哩。他笑着说:'经医生检查,我的健康状况良好,心脏、肝、胃、大脑等部位都没有什么毛病。所以,我并没有'退休'。我还在工作。'"工作方面:告知在菲律宾距马尼拉市不远的乡村创办的国际乡村建设学院(Institute of International Rural Reconstruction,简称 IIRR)担任顾问,尽力工作。⑥ 谈到自己的乡村建设的基本思想和基本主张。告知乡村建设的具体目的是"开发苦力之力,解除苦力之苦",即"要让劳苦大众自己起来,自己奋斗,把广大劳苦大众蕴藏的巨大力量发掘出来,使之能发展生产,改善生活,提高文化,享受幸福。这也就是说,要开发劳苦大众的智力、体力、经济力、组织力、使之成为'新民'。"认为,"只有这样地解决了百分之八十以上的劳苦大众的问题,才能真正推进人类的进步和保障世界的和平。这也就是中国先哲的'世界大同'的崇高理想。"特别强调指出,"乡村建设理想是基于他备〔倍〕加赞扬的中国传统的'大同'思想的。……中国儒家的社会理想与个人的修养是结合起来的,即是'正心、诚意、修身、齐家、治国、平天下'。光是'修身、齐家'是不够的。中国哲人的理想是要推己及人,达到'治国、平天下'。这里就包含着'天下一家',亦即'四海之内皆兄弟也'的崇高思想。"并且常向西方人士宣扬这一套哲理。"一个人光是自己吃得饱饱的,不管别人是吃饱了还是挨饿,这是不行的。这就没有尽到一个人的责任。要使每一个人都自觉起来,把自己的力量用于为人类进步事业服务。"在"对这一崇高思想和崇高事业的体验是十分丰富和十分深刻的"的同时,又随即指出,"要达到这一崇高目的则是十分艰巨的任务,要有大批有为的志士仁人为此献身,脚踏实地作大量平凡而切实的工作。"指出"要真正懂得乡村的情况,劳苦大众存在的问题,以及针对某一问题如何解决的途径,就决不是一件容易的事,非有二三十年的功夫不可。……又比如,要组织劳苦大众开展乡村建设工作,也绝非一件容易的事。他说,在这方面,我们不拒绝与各地政府方面的合作,但我们主张组织劳苦大众自己来推动这种关系他们自己生活和前途的工作,并从中受到教育和培养出自己的领袖人才。……政府方面的事情,我们干预不了,我们只寄希望于民众自身的觉悟和工作,而这是直接关系到他们自己的利益和社会的进步的。……在推进工作的方式上,……主张在培养了骨干,积累了经验和民众愿意的情况下逐步开展,逐步推广。这当然是一件需要时间的社会工作。但是,只要我们坚持下去,那是会取得巨大成就的。"⑦ 谈祖国和亲人。介绍振东、新民和福民①三个儿子的情况。认为三儿子福民"很有作为,很有才气",并为其遭迫害含恨而死深感痛惜②。⑧ 谈展望未来和祖国的前途。询问国内是否有人建议在国内恢复乡村建设学院,表达了自己的看法。"这个问题,谈何容易! 办一所学院得有人,得有经费,首先是要有一批有志于此,有献身精神,肯踏实苦干的人才!"指出比较现实的途径:"国际乡村建设学院研究出来的经验是供人们参考的。在这方面我们也愿意与中共合作。如果他们愿意派人来我们学院研究乡村建设问题,我们欢迎,还可以免收费用——附带说一下,别的国家派人参加研究班是要交费的。我们研究的经验刊登在我们的刊物上。如果他们有兴趣,希望了解,我们可以寄送。……认为不对的,可以批评;认为对的,可以来参考。这方面如果有可能,请向有关方面转达一下这个意见。"交谈后,送吴相湘所著《晏阳初传》给李真。在晚餐间,对被邀请回国参观访问表示有些困难。餐后与李真分别,告知李真"请代我向乡建的校友们问好"。(《渝文史》,第69~79页)

10月14日 夜里10点,与在北京的儿子晏振东接通隔洋电话。晏振东在电话中告诉:"欧美同学会举办成立70周年纪念活动,邀请您参加,现在国内形势很好,国家对知识分子很重视……"在电话里,首先告知儿子,一些美国朋友正在为他筹备90寿辰庆祝活动,实在分不开身,不能回国参加活动,感到很遗憾。其次,对国内形势好转,深感欣慰。"中国参考各国的长处,采用适合中国国情的办法,很好,这样前途就会光明,国内情况好起来,就能扩大胸襟向世界学习,把世界好的经验吸收进来。"最后,说"我是中国人,我搞平民教育也对全世界的人民都要给予帮助,要发展四力(知识力、生产力、健康力、政治力),四力兼备才算新民!"(《定县足迹》,第78页)

---

① 福民:即晏福民(1928~1968),曾用名李耀民,四川巴中县人。晏阳初之子。

② 关于晏阳初何时得知三子晏福民迫害致死的噩耗,宋恩荣先生2014-02-04 11:27:57在博客中撰写的《致〈炎黄春秋〉编辑部——兼答高放先生》一文认为"晏阳初确切知道晏福民已死的情节,是1984年孙女晏小青和妹妹去菲律宾国际乡村改造学院进修时才当面告诉的。昨晚我就此事发邮件询问晏小青,今晨刚刚收到她的电子邮件,她说'你好,宋教授。如果你指爷爷得知爸爸的消息的实情,……告知爸爸去世的详情是在我和妹妹(伟谊)到菲律宾后,经爷爷多次追问,是我跟爷爷说的。小青2013-8-11'。这一短信澄清了以上问题。""高放先生与孙叶青的再次求证,说'1978年大女儿(群英)回国探亲时已得知详情',这里表明'已得知详情'只是'大女儿'。可以肯定的是大女儿群英返美后并没有把三弟福民被迫害致死的消息告诉父亲。"与此处1983年晏阳初确已知晓矛盾。只好存疑待考了。

10 月 15 日　《团结报》以《远在天涯　近在咫尺》为题目，报道了他与儿子晏
振东的隔洋通话。内容同上条。

10 月 18 日　致信欧美同学会同仁。全信如下："欧美同学会诸位仁兄仁姐有
道：久缺音问，而怀思无已。夏间荷蒙赐书，幸甚谢甚，承不弃在远，邀约回国叙
旧，感何如知！适值冗忙，稽复为歉。母国故人，时在念中，惟以年迈，行虽不杖，不
宜长途旅游，此医生之命，不得不从也。盛情厚谊，念兹在兹，特申谢忱，并颂时
绥　弟晏阳初拜。"（新版《全集》卷 4，第 760 页）

10 月 23 日　阅读鲁弗斯·马修·琼斯《告语我们这个时代》一书，在第 170 页
做批注，注文见 1982 年 1 月 24 日条。（新版《全集》卷 3，第 627 页）

同日　阅读鲁弗斯·马修·琼斯《告语我们这个时代》一书，在第 170 页做批
注，注文见 1983 年 2 月 7 日条。（新版《全集》卷 3，第 628 页）

10 月 26 日　在其 93 寿辰来临之际，美国总统罗纳德·里根及夫人从白宫发
来贺电。电文载："亲爱的晏博士：今逢您 90[①] 大寿，我和南希向您表示热烈的祝
贺！漫漫数十年，为那些积弱贫困地区以及最偏远地的人们，您创立了自我拯救的
思想。为服务于发展中国家孤落山村和广大乡村的农业、公共卫生、教育事业，您
开创新道……您的工作一直影响着发展中国家的开发道路。"（晏著《传略》，第 343 页；
宋编《文集》，第 347 页）

同日　参加由大卫·洛克菲勒（Mr. David Rockefeller）[②]在纽约联合国代表
宴会厅举办自己 93 寿辰纪念会，200 多名朋友出席。（晏著《传略》，第 335 页；宋编《文
集》，第 347 页）获得人民国际授予的爱森豪威尔大奖章（The Eisenhower
Medallion），公认其"对世界和平和相互理解的特殊贡献"。（旧版《全集》卷 3，第
805 页）

同日　台湾《中国论坛》特为其 93 岁寿辰出刊《向晏阳初先生致敬》专辑。韦
政通在 9 月 6 日于台湾撰写的《晏阳初农村改造的思想》，为该专辑中的一篇。收

---

①　当时误认为是 90 岁，实为 93 岁。晏阳初曾亲口说过："因为身处西人之中，身材矮小，因此，便少报
了 3 岁。后来因一切均成定局，也就未作纠正了。"参见 1890 年"10 月 30 日"条。

②　大卫·洛克菲勒（Mr. David Rockefeller，1915～　）：出生于 1915 年，5 岁上林肯学校一年级，16 岁
毕业。1932 年进入哈佛大学学习，毕业后进入父亲的公司工作。1942 年 5 月在日本偷袭珍珠港后，大卫抱
着为国效力的想法应征入伍，曾担任战地情报官的职位。他师承祖训，勤奋、勇敢，工于心计和计算，富有商
人的冒险精神。41 岁时他出任大通银行董事会的副董事长。上任之后，大刀阔斧地对银行进行了改革和整
顿，并且合并了曼哈顿银行，从而使大通曼哈顿银行一跃成为全美最大的银行，创造了金融史上的辉煌奇迹。
之后，又做出一系列令人叹为观止的壮举，例如下注华尔街，建设国际大厦，将总部迁入其中，在政界游走，巨
资支持基辛格，抢先登陆苏联、中东及中国等地，将业务扩展到全世界等等。他被公认为国际金融领域中的
一位领袖级人物。

入詹编《文集》中。（内容参见同年"9月6日"条）

10月　收悉原中国乡村建设学院部分校友联名致信与祝寿。（超金等编：《海外著名华人列传》，工人出版社1988年版，第622页）

11月15日　致信中国乡村建设学院校友。信中首先告知已收到来信和捐赠物品，表达感谢之情。"热诚的来信，精美的桌布、餐巾，都已接到，谢谢，谢谢，谢谢！"其次，感动给予的关怀和厚爱，往日相处历历在目。"诸位对我的关怀和厚爱，令我万分感动。纵然远隔重洋，纵然睽远数十年，过去的种种，又如在眼前。我恍然年轻了，又与大家在一起。"第三，表达"我很高兴知道您们的近况，并为您们的勤奋和成就而感到骄傲。"第四，为"情谊""民本思想"和"实践"将校友们紧密联系而感到欣慰。"时间和空间，不能阻隔灵智的沟通。连系我们的，不但是深厚的情谊，更有万世不移的民本思想。我永远是乐观和积极的，深信民本的实践，是强国平天下的道途。"最后，表达中国乡村建设学院的重要地位。"中国乡村建设学院在我心中占有重要的地位。我永远怀念您们。"（新版《全集》卷4，第760～761页）

是年　给长子晏振东写信。首先，告诉儿子振东"李又宁博士将于明天早晨六点启程飞往北京，在北京逗留两个星期。她此行的主要目的是想了解我们的著作在中国大陆出版的可能性。她希望访问几位历史学家和社会学家，征求他们的意见。她特别急于访问李景汉、吴文藻、冰心等。你设法帮她打听一下李景汉的地址。她抵京后住在哪一家饭店还没有确定，到京后他会主动与你联系的。她是一个十分聪明和能干的人，你见到她会非常高兴的。她称呼我'晏伯伯'，你要像自家人一样接待她。"其次，告知"我在邮件中附有你所喜欢的读物。"第三，询问晏福民的大女儿、自己的孙女小青有什么打算？希望儿子振东写信告知。最后，让振东代他问候儿媳、两个孩子玲玲和平平。（新版《全集》卷4，第761页）

1984 年(甲子)　九十四岁

1 月　中共中央发出《关于 1984 年农村工作的通知》。

同月　国务院下达《1984 年国民经济和社会发展计划(草案)》。

同月　国务院批准第二批博士、硕士授予单位及学科、专业点、博士导师名单。至此,我国博士授予单位有 196 个,学科、专业点 1 151 个,指导教师 1 788 人;硕士学位授予单位 425 个,学科、专业点 4 254 个。

2 月　全国经济工作会议在北京举行,会议强调要把全部经济工作转移到以提高经济效益为中心的轨道上来。

同月　康斯坦丁·乌斯季诺维奇·契尔连科接任苏联共产党总书记。

同月　邓小平在视察广东、福建等地回京后同几位中央领导同志作《关于经济特区和增加对外开放城市问题》的谈话。

4 月　中共中央、国务院决定进一步开放天津、上海、大连、秦皇岛、烟台、青岛、连云港、南通、宁波、温州、福州、广州、湛江和北海十四个沿海港口城市。

6 月　哲学家米歇尔·福柯去世。

同月　邓小平会见第二次中日民间人士会议日方委员会代表团时作《建设有中国特色的社会主义》的谈话。

10 月　首都举行盛大阅兵仪式和群众游行,隆重庆祝建国 35 周年。邓小平在庆祝典礼上发表重要讲话。

同月　中共十二届三中全会在北京举行。会议通过《中共中央关于经济体制改革的决定》,确认我国社会主义经济是公有制基础上的有计划商品经济,规定了改革的方向、性质、任务和各项基本政策。

11 月　里根连任美国总统。

12 月　《周恩来选集》下卷出版。

同月　中英两国政府领导人在北京签署关于香港问题的联合声明,规定我国政府于 1997 年 7 月 1 日对香港恢复行使主权。

是年　中国教育学会儿童教育心理学研究会、教育经济学研究会、杨贤江教育思想研究会成立。至此,中国教育学会已成立 23 个全国性专业(学科)研究会。全国 29 个省、直辖市、自治区成立省级教育学会，并建立 423 个专业（学科）研究会。

2月25日 致信晏振东。信中首先为得知儿子的身体日益康复而感到安慰，嘱咐应更加注意身体的健康。"从你的信中得知你已痊愈，只是左臂还得等一些时候才能完全好，我得到莫大的安慰。我感谢上帝赐予你的健康明显的进步。你也像你的父亲一样越来越老了，应更加注意身体的健康。"其次，告知孙女玲玲近况。"玲玲距群英家很近，她的学校只需二十分钟就可到达，所以玲玲周末经常到她家去。昨晚我与玲玲通了电话。听起来她很愉快，并且英文有进步。"第三，告知正在与老朋友巴特列特①博士用英文共同写一本关于 60 年来的斗争和成就的书，李又宁博士在写一本以中国青年人为对象的书。最后，询问是否看过《中国时报》为纪念自己 90② 寿辰所写文章，以及人们读过对自己的传记后的反应和对乡建运动的态度，希望寄信告知。最后，询问是否需要自己的传记，告知要寄去两份纪念自己 90 寿辰的期刊。"若该期刊很受欢迎，我还可以给你寄去几本。"（新版《全集》卷4，第762页）

6月19～21日 委派国际乡村改造学院副院长颜彬生女士到定县参观访问，受到河北省及定县政府的热情接待。（参见晏著《传略》，第335页）

7月 台湾学者韦政通在《儒家与现代中国》（东大图书有限公司 1984 年版）一书中，将其视为新儒学的代表人物并用《农村改造的实践者：晏阳初——读晏阳初传》（第259～274页）、《晏阳初农村改造的思想》（第275～292页）加以介绍，揭示了自新文化运动以来儒家与现代化的冲突，认为"事实上当年许多从事乡村改造运动的人物中，唯一比较有成效且能持之以恒的只有晏阳初，……他把儒家的民本理想落实于现实的努力，是优良传统现代化的一个例证。"（"自序"，第5页）

秋 自美返菲律宾国际学院后宣布：1986 年是世界和平年，要努力实行早在 1943 年提出的，使乡村的人们具有"免于愚昧无知的自由"的号召。（《中外书摘》，2008 年第 3 期）

是年 定县博物馆将位于东大街的先生旧居进行修缮，大门上方"晏阳初旧居"的匾额由时任全国人大副委员长的许德珩亲自题写。旧居内布置了"平教会展览室"，用图片和一些珍贵的实物再现了平教会和他当年在定县的工作和生活。（晏著《传略》，第303～304页）

---

① 巴特列特：未详，待考。

② 实为 93 寿辰。其后亦同。

1985 年(乙丑)　九十五岁

1 月　邓小平《建设有中国特色的社会主义》出版。

同月　中共中央、国务院发出《关于进一步活跃农村经济的十项政策》,基本上改变统购统派政策,把农村经济纳入有计划的商品经济轨道。

同月　六届人大常委会第九次会议决定 9 月 10 日为教师节。

2 月　中共中央、国务院决定把长江三角洲、珠江三角洲和闽南厦门、泉州、漳州三角地区开辟为沿海经济开放区。

3 月　国务院召开的全国科技工作会议在北京举行。会议研究科技体制改革问题。

同月　戈尔巴乔夫当选为苏共中央总书记。

同月　中共中央发出《关于科学技术体制改革的决定》。

3 月 27 日～4 月 10 日　六届人大三次会议通过《中华人民共和国继承法》,批准《中华人民共和国和大不列颠及北爱尔兰联合王国政府关于香港问题的联合声明》。

4 月　英国女王签署将香港归还中国法案。

同月　西欧国家提出尤里卡(EURECA)计划。

9 月　中国共产党全国代表会议在北京举行。中共十二届五中全会在北京举行。会议增选田纪云、乔石、李鹏、吴学谦、胡启立、姚依林为中央政治局委员,增选乔石、田纪云、李鹏、郝建秀、王兆国为中央书记处书记。

同月　墨西哥发生大地震,数千人丧生。

12 月　印度、巴基斯坦、孟加拉、斯里兰卡、尼泊尔、马尔代夫和不丹成立南亚国家区域联盟。

同月　《刘少奇选集》下卷出版发行。

年底　我国国民经济和社会发展"六五"计划全面超额完成,国民生产总值平均每年增长 10%。

5 月 13 日　阅读鲁弗斯·马修·琼斯《告语我们这个时代》一书,在第一百七十页做批注,注文为:"为了国际乡村改造学院(IIRR)要设法去领悟祷告。"(新版《全

集》卷 3,第 628 页)

8 月 10 日　在纽约收到全国人大常委副委员长周谷城的邀请信,信中周谷城首先以全国人民代表大会常务委员会副委员长及全国人民代表大会教育科学文化卫生委员会主任的名义,郑重地邀请晏阳初及随行人员来华访问,欢迎他回国参观访问,"考察中国农村改革和教育发展情况,并探望亲朋好友。"其次,告知"近几年来,中国农村进行了一系列改革,促使农业生产蓬勃发展,农村教育事业也发生了很大变化。"最后,表示"我相信,通过您的访问和考察,必将进一步加强我们之间的联系和友谊。我期待着您的来访"。(新版《全集》卷 3,第 629 页)

8 月　接到周谷城的邀请信后,十分高兴。"他对大女儿群英说:'我已到了这般年纪,有义务、有责任回去好好看看,考虑余年为祖国做点什么事情。'"(晏著《传略》,第 273 页)

9 月 3 日　深夜 11 点,应全国人大副委员长、全国人大教科文卫委员会主任委员周谷城的邀请,回国考察,所乘飞机在首都机场降落。陪同者有国际乡村建设学院院长弗拉维依尔①博士,著名中国前辈外交家颜惠庆先生的女儿颜彬生副院长,及其女晏群英、晏华英。走出机舱,心潮起伏,思绪万千。在心里默默地说:"祖国啊,母亲! 远方的游子又回到了你的怀抱!"当看见前来迎接的亲友儿孙,激动的眼泪夺眶而出,哽咽着用四川话说:"我天天想祖国,想你们。海外的同胞回国观光后都说这几年祖国的政策变好了,人民变富了,祖国变强了,这更激起我想回祖国看望的心念。当我接到周谷城副委员长代表祖国人民发来的热情、亲切的邀请信时,我再也按捺不住要回国的急切心情。今天我终于回来了,踏上我阔别了 30 多年的祖国土地,见到了离别 30 多年的亲人,我哪能不高兴、不激动呢?"接着,与亲朋们一一握手、拥抱,还不时辨认着老友,说出他们的名字。(晏著《传略》,第 273~274 页)

9 月 4 日　晚上,在人民大会堂会见周谷城副委员长。周谷城设宴为其接风,并高度评价了他为中国与世界平民教育事业所做的杰出贡献。当周谷城举着酒杯道:"欢迎你回国观光! 你 20 年代就在中国开展平民教育运动,用四大教育开发农民的脑矿,创造了'定县经验'。这些年你又把中国的经验推向世界。你从事平民教育几十年了,希望你这次多看看、多走走,为我国农村的经济和教育的发展多提宝贵意见。"之后,则谦虚地说:"不敢说提意见,只能说是互相交流,我从来对任何事都是抱着学习的态度去认识的。"(晏著《传略》,第 274 页)随后,会见出席作陪的全国人大和国务院侨办的一些同志。

---

①　弗拉维依尔:又译为"弗拉维尔"(Dr. Juan M. Flavier)或"胡安·M. 弗拉维尔"。

9 月 5 日　新华社、《人民日报》刊登了《周谷城会见晏阳初一行》，内容如下：人大常委会副委员长周谷城当晚会见并宴请菲律宾"国际乡村建设学院"董事长晏阳初一行。全国人大常委会委员张承先等在座。（《人民日报》1985 年 9 月 5 日；《〈人民日报〉索引》1985 年第 9 期，第 16 页）

9 月 7 日　与随行人员到石家庄，在宾馆会见了河北省省长张曙光①。张曙光见面便说："欢迎晏老回到河北，这里是你当年开创平教运动的老根据地。你们博士下乡，至今还传为美谈。希望你一如既往地关心河北、关心定县的发展。"听后当即表示："我愿为增进大陆同胞和海外侨胞的友谊，为中国和第三世界国家农村的改革，努力作出自己的贡献。"（晏著《传略》，第 274 页）

9 月 8 日　回到第二故乡定县，参观访问。（晏著《传略》，第 335 页）在定县政府招待所会见了县委副书记、县长张赋祥②、县人大常委会主任康树成③、副主任汪德鉴④、副县长杨宏⑤、县政协副主席黄国士⑥等人，受到热情欢迎。上午 10 点 30 分，到达县政府招待所的院落时，满脸笑容，操着浓重四川话对来迎接的人们连声道谢。（《定县足迹》，第 72 页）当听说堡自町村果农们专门送来的水果，意味深长地说："这真是故地老树结新果啊！"（《定县足迹》，第 73 页）50 年前，平教会在定县以翟城村为生计教育的试验场，开展了农作物的栽培和试验。堡自町果园曾是 50 年前搞果树嫁接的试验地。随后，会见王凤义夫妇。（《定县足迹》，第 75 页）

晚上，会见当年平教会景慧学校学生张克敏。（《定县足迹》，第 75 页）回忆起从

①　张曙光（1920～2002）：原名韩志洪，又名韩建勋，河北饶阳人，原河北省省长、内蒙古自治区党委书记、中共第十二届中央委员、十三大代表。1938 年 2 月参加中国共产党，担任饶阳县一区青年抗日救国会主任、青委书记、区委委员、冀中八分区青救会组织部部长、青救会主任、冀中八分区各界抗日救国联合会青年部长、冀中青（县）沧（县）交（河）县委常委，中共献县、武强、青县县委书记，兼任献县、武强、青县游击大队政治委员，中共冀中区党委青委组织部长等职。1949 年 8 月担任共青团河北省委组织部部长、书记。1953 年 5 月担任共青团中央青年农村工作部部长、团中央办公厅副主任。1958 年 10 月担任中共云南昭通地委书记处书记。1960 年任云南省委组织部副部长兼共青团省委第一书记。1977 年担任中共文山壮族苗族自治州委第一书记。1981 年 7 月任中共河北省张家口地委第一书记。1982 年 7 月任中共河北省委书记兼河北省省长。1986 年 3 月任中共内蒙古自治区党委书记兼内蒙古军区党委第一书记。1987 年 8 月离职，担任中顾委委员。
②　张赋祥：定县帅村人。1981 年 12 月任定县副县长，1983 年 7 月任中共定县副书记，同年 12 月任定县县长，在定县任职至 1985 年 12 月。
③　康树成：1984 年 6 月 6 日定县第九届人民代表大会上被选为定县人大常委会主任。
④　汪德鉴：定县中山路东（今定州市东大街）人，无党派人士。1981 年 12 月至 1983 年 12 月任定县副县长。1983 年 12 月起任定县人大副主任。
⑤　杨宏：山东省莘县人，女，回族。1983 年 12 月至 1986 年 3 月任定县副县长。
⑥　黄国士（1926～　　）：河北定州人。1939 年参加工作。20 世纪 50 年代初以后先后任县农林局副局长、町疃店区区副区长。1981 年任定县政协副主席，1987 年 5 月任定州市政协副主席，曾任河北省政协常委等职。

东大街到考棚的平教会总部有一条胡同,曾在此认识骨科医生张仁民结伴去郊外打猎,并常去他院中赏花。平教会南迁时,将自己在法国华工营时所拍的一张照片送给他作纪念。(参见晏著《传略》,第276页)接过张克敏手上曾送给其做纪念的珍藏的照片,眼睛潮湿了,无限深情地说:"小希廉(张克敏的小名),你真是有心计的人。"(《定县足迹》,第77页)

9月9日 上午,与随行人员首先参观了当年平教会的会址考棚。"定县的县长告诉晏阳初说:'当年平教会在这儿改建的无柱礼堂、广播电台室、图书室三处,已经定为河北省级文物古迹。'"接着,一行人冒雨参观了东大街的"晏阳初旧居"并题词:"平教乡建是方法,发扬民力是目的。"这座四合院,门楣上挂着人大副委员长许德珩题写的"晏阳初旧居"的匾牌,整座院子仍然保持原貌。院内有两间屋子现在作了陈列室,展柜里面陈列着《定县社会概况调查》《定县秧歌选》《农民千字课》,以及以前使用的澡盆和文件柜。边仔细观看,边讲述一些回忆。对二女儿晏华英说:"你当年就是在这个院子里出生的,定县是你真正的家乡。"参观达两小时。看见陈列室墙上挂的《九大信条》连连向定县县长鞠躬说:"谢谢、谢谢!我万没想到,定县乡亲们这样高看我,使我万分感谢,终身难忘,我要对定县、对中国、对世界再作贡献。"(晏著《传略》,第275页)

下午,参加省政府举行的座谈会,联席会议的有定县县长张赋祥和县里其他领导。会前曾说:"多年前我和我的同事在定县搞平民教育和农村改造,有些收到了一些实效,有些还只是一些尝试,和现在中国共产党领导下的农村建设还有着很大差距,我这次回来就是来学习的。"在会上讲话中,突出讲述了自己一贯奉行的乡村改造的九大信条。说:"这些年来,我始终没有忘记定县,没有忘记定县的父老乡亲。我在87岁时,曾总结了这些年搞平民教育和乡村建设的九大信条,这九大信条是我的基本思想和做法。第一条是民为邦本,本固邦宁,人民是国家的根本,本不固则邦不宁,这是最基本的一条。""我们为民服务,一定要牢记:民为邦本,本固邦宁。"接着逐一对其他信条结合自己过去的平教与乡建经历加以阐述。座谈会持续到下午5点多钟。(《定县足迹》,第84~95页)

下午5点多从平教会旧址出来,看到定县的乡亲们撑着雨伞,挤满了整整一条街的热烈的场面,激动得流眼泪,大声地对乡亲们说:"我今天非常高兴回到家乡来了,定县是我的第二故乡,你们都是我的好乡亲!"回宾馆的路上,对同行的人说:"我当年领'世界伟人'的奖时,也没有这样激动。"(晏著《传略》,第275页)接着冒雨到东朱谷村、李亲顾村、翟城村等村里访问。在东朱谷村,会见了学生徐沙(曾当村长,现已退休)。在徐沙的带领下,一行来到当年平民学校的旧址,并介绍村里的变化。看到乡亲们冒雨赶来，精神焕发，不禁感叹其变化。还冒雨访问当年搞卫生教育的李亲顾村，参观后对定县陪同人员说："定县确实发生了巨大变化，乡亲们的生活比过去富裕了，从定县的变化，我看到了中国的前途和希望。中国的乡建工作做得实在是好，变化出人意料，比较起来，我当年搞的只不过是一种方法的研究，要真正改变广大农村的面貌，还得有现在这个制度。""我很赞赏老百姓讲的两句话'是毛泽东领导我们彻底翻了身，是邓小平带领我们走上了富裕路'。"（《定县足迹》，第 80 页）随后。亲切会见了 50 多年以前的老房东，80 多岁高龄的贾春恋老大娘。在翟城村，参观了农民的院子、村里的礼堂、电影院和农贸市场，并不住地称赞。在当年住过的农民家里，老房东拿出珍藏多年的平民学校的照片。当看到屋子里的沙发、电视说："你的家比我当年在县城里住的地方还神气嘛。"当与随行要离开村子时，乡亲们恋恋不舍。（晏著《传略》，第 277～278 页）在讲话中一次又一次地称定县人民、翟城村的乡亲们是自己的亲友，定县是他的第二故乡，"禁不住要同家乡亲友，兄弟姐妹们拉拉家常话"。讲到中华民族的古训"民为邦本，本固邦宁"时说："民强我们的国家才能强，民富我们的国家才能富，我们应该努力的是固本的工作。希望定县的亲友兄弟姐妹今后要继续努力。"（《定县足迹》，第 81～82 页）

9 月 10 日　上午，与随行人员参观了位于城北的定县种猪厂。这个种猪厂存栏种猪千余头，是华北地区著名的冀合白猪繁育基地，同时这里也曾是当年平教会集中搞林果畜牧的试验场。下午，与随行满载着定县人民的深深眷恋，依依不舍地离开了定县。（《定县足迹》，第 82～83 页）

9 月 12 日　在中国革命博物馆外宾接待室会见了原平教会的一些老同仁、乡村建设学院的一些老校友、巴中县派来的一些代表和晏氏的一些亲属。首先由乡村建设学院校友的代表、北京大学教授李真致词："我前年在纽约拜访晏院长时说过，当晏院长回国时，我们感到有两点可以告慰老院长：第一，晏老长期为之奋斗的乡村建设思想，如今已在中国的大地上，已经在更加广阔的范围和更为深刻的程度上得到了实现。第二，我们乡村建设学院的校友，如今都成了祖国建设的栋梁，我们没有辜负老院长的期望。"听后便发表了充满激情的讲话。首先表达离别 30 多年后与祖国人民和故乡亲人相聚，是梦寐以求的事。其次，指出此次回国的目的是"学习，先观察问题、研究问题，然后协助人民解决一些问题"。再次，表示对祖国翻天覆地的变化欣喜不已。最后，指出曾经的工作是一种方法的研究，"要真正改变农村的面貌，还得靠现在的制度。"讲话赢得了热烈的掌声。接着一些老朋友、老同事、巴中的代表纷纷讲了话。当巴中的代表、县政协副主席米崇昆①老先生讲到巴中继承晏老的事业,在扫除文盲方面做出了卓越成绩,获得联合国教科文组织的民间扫盲奖时,激动地说:"这件事我知道,我也是教科文组织的顾问嘛。巴中人民了不得!"(晏著《传略》,第278~279页)

9月14日 晚,会见全国人大常委会副委员长、九三学社主席许德珩。并与其女儿晏群英、晏华英参加宴会,周培源、茅以升、孙承佩②、赵伟之③等在座。(《许德珩会见晏阳初》,《人民日报》,1985年9月15日)

9月15日 《人民日报》刊登了《许德珩会见晏阳初》。就前晚宴会情形进行了报道。(参见晏著《传略》,第276~277页)

同日 在全国人大教科文卫委员会郁晓民④同志陪同下,回故乡四川成都,参

---

① 米崇昆:四川巴中人,民主人士,解放前曾任南江县赤溪区区长、巴中中学总务主任,为掩护中国共产党起过积极作用。新中国成立后曾任巴中县政府秘书、巴中县政协驻会副主席、县政协老委员联谊会副会长、《巴中县志》顾问等职。撰有《怀念晏老》《严恭寅先生传略》《中国都市社会学专家邱致中教授》《参观川陕博物馆随笔》《晏阳初与平民教育》《陈开泗先生在川期间二、三事》《张子完将军传略》《巴中中学校歌》《咏南龛、灵山诗四首》等。

② 孙承佩(1915~1990):山东桓台人。原名耿殿文。1934年考入北平大学法商学院。1935年参加一二九运动。1936年参加中华民族解放先锋队。后任民族革命通讯社记者、《新蜀报》主笔、北平中外出版社社务委员。1946年加入九三学社。1947年加入中国共产党。新中国成立后,任《光明日报》采访部主任和总编室副主任、《新建设》杂志代主编、北京市文化局副局长。曾当选为九三学社第二届中央理事、第三和第四届中央常委兼秘书长、第六和第七届中央副主席、第八届中央常务副主席。第二至第四届全国政协委员、第五和第六届全国政协常委、第七届全国政协常委兼提案委员会副主任。1990年10月20日在北京逝世。编有京剧《官渡之战》等。

③ 赵伟之(1924~2011):山东海阳人。1945年辅仁大学肄业后,在行政院救济总署鲁青分署科员、青岛儿童急救会工作,任干事。1949年参加中国民主同盟,从事民主革命运动。1950年进入华北人民革命大学学习。1950年至1962年,任民盟天津市委会干事、办公室副主任。1962年加入九三学社,任九三学社天津市委秘书长、副主任委员。1983年任九三学社中央执行局委员兼秘书长。1990年12月后任九三学社中央副主席、副主席兼组织部长,九三学社第十一届中央委员会名誉副主席。第六届全国政协委员,第七、八届全国政协外事委员会副主任,全国政协常务委员、副秘书长。2011年5月22日在北京逝世,享年88岁。

④ 郁晓民(1927~):女,浙江富阳人。全国人民代表大会教科文卫委员会干部。其父亲郁华是法官,教授,早年留学日本,早稻田大学毕业。叔父郁达夫为新文学运动的先驱。幼年聪慧,深受父母教海。高中即参加学生运动。1944年考入上海南通学院农化系,参加了女同学会和农之友团契(中国共产党的外围组织)。1945年曾到富阳环山教小学半年,后又回大学求学。由于农化系撤销,转入农艺系。曾任学生会文娱部长,组织文娱晚会、联欢会、歌咏比赛、义卖、参加大游行等。1948年9月底到苏北解放区,入华中革命大学学习。先作为军管会工作人员参加接管上海相关事宜。被分配到华东团委青年文工团任舞蹈组副组长。1949年9月初,返回南通农学院,补修课程,作毕业论文,同时参加建团工作。1950年4月选送到哈尔滨农学院做研究生培养学习俄语。1952年4月任中央农业部农民代表访苏(联)参观团翻译组副组长。7个月后回国返校被任命为哈尔滨农学院外语教研室主任。1953年调农学系任助理系主任兼党总支书记。1956年调团委工作。1962年调到新成立的基础部任主任并兼任党总支书记。"文革"遭批斗,后下放佳木斯香兰农场(哈尔滨农学院也迁到此)劳动。先到大田干活,后被学校安排当食堂管理员,再后调农学院教俄语。1972年调黑龙江省中医学院(今黑龙江中医药大学)担任基础部主任兼总支书记。1977年底被调入中国科学院教育局,负责研究生和学位工作。1982年晋升教育管理高级工程师。1983年调全国人民代表大会教科文卫委员会教育研究室工作,1990年离休。翻译有沙博理所著的《马海德传》,撰有《五次冲击,(**转下页**)

观、考察了新都县农村建设。

9 月 16 日　在北京饭店举行家宴,款待从巴中老家、成都、重庆、沈阳、天津赶来见面的侄儿、侄女、侄孙辈,以及从南京赶来的卢作孚的女儿卢国仪以及他家以前的厨师王师傅。大家看到其身体健康、精神旺盛,都很高兴。席间,侄孙朗诵了两首诗:"昔年渡海西去,年少正当风华;今朝载誉东归,华发难改乡音。平教乡建运动,如今未艾方兴;恰似西山红叶,一片火红燎人。""五湖四海本为家,丈夫何必囿一巴;怎奈父母生身地,难辞乡亲道无暇。"接过诗稿,边看边称赞。当听说侄孙以前是伐木工人,现在是中学教师时,连声称赞:"有志气! 有志气!"（晏著《传略》,第279 页）

9 月 18 日　上午 9 时,在锦江大礼堂原"中国乡村建设学院校史研究会"（今四川晏阳初研究会前身）举行的欢迎仪式上,会见了乡建校友五十多人。校友们争先恐后地发言,介绍四川的变化,介绍自己的工作。听后,连连称赞。（晏著《传略》,第 280 页）继后发表了热情洋溢的讲演。讲演词由胡力三①根据讲话录音整理。以《在成都校友欢迎会上的讲话》原载《中国乡村建设学院校史研究通讯》第 6 期（1986 年 1 月）,收入詹编《文集》第 297～305 页,以及宋编旧版《全集》第二卷第 479～486 页中。首先,称赞校友代表们的报告。"像听到亲友,同学、真正的同志的声音。""这几十年以来使我最感动的、最深刻的,我也要看作远大的就是你们今天这些报告。……看到你们红光满面,你们的那种笑容和内心,叫我十二万分的感动。……我今天真兴奋万分,我真正感到今天我不是九十二岁而是二十九岁,可与你们,真正的同志,继续奋斗,使中国在世界上除欧美之外,成为一个治国的示范和榜样。你们的报告大有口才,话简单清楚,满脑都是意义,满脑都是挑战。你们真是一个了不起的集体,分工合作。……你们是可畏的同志们"。阐述"同志"的内涵,"同志远比同胞亲切深远",并介绍自己为全球的乡建运动、平民教育运动奋斗了 64 年,在这些了不得的同志同道中,除其妻是整整 59 年一同奋斗的工作伴侣,与在座的陈志潜教授同道50 年、国际乡村建设学院第一副院长颜彬生已经同道 39 年。其次,表达回国的观感,称誉中国的三位伟大人物。① 佩服周恩来总理"活到老、学到老、干

（接上页）五次选择——在母校南通学院九十周年纪念学生干部会上的发言》《怀念我的娘——陈碧岑》《陪同晏阳初在国内考察》等论文。

①　胡力三(1934～)：蜀人。曾先后在一些团刊、党报任编辑、记者多年,后调高校任教,兼学报编委,退休于四川省地方志编委会总编室。副编审。成都市诗词学会理事,四川《濯锦诗词》主编。著有《栖霞阁诗词》。

到老"的话。② 佩服邓小平先生,"是发扬光大者,好像是扭转了乾坤。这是我对邓先生非常之佩服的缘由。他是真正做到了天翻地覆,积极的天翻地覆……了不得的人物,我佩服他得很。"③ 称赞毛泽东。"1922 年我提倡全国的识字运动,扫除文盲。第一个地方是在湖南长沙。……那时的一百多位义务教员中就有毛先生。毛主席是一个伟大的人物,是个了不得的人物。那时他就是参加咱们的平民教育运动的一员。现在有外国人写毛泽东传记,就说他那时是受到很大的影响,就是说要能真正打到民间去,方法注意要简单、要经济、要实际"。第三,讲述办平民教育经历,创建了乡村建设学院。指出其伟大之处是平民教育运动、乡建运动是代表全世界的"平民教育运动、乡建运动是代表全世界的"。第四,提出自己有三"发":① 有一种发现。"苦力"的"力",即"苦力"的潜伏力。认为劳苦农民最需要的是发扬他们的潜伏力。② 发明,即发明开人矿、脑矿。"……我的最深刻最渊博的教员是苦力,他逼着我们要为人民服务,要深入民间认识问题,研究问题,协助农民一同解决问题,而不是冥思苦想。""我们从北京连家属一同去,与农民一同吃苦,吃穿住一样,才逐渐成了农民的朋友、亲人。我们先要农民化,才能化农民;先民众化,才能化民众。"提出九大信条中,"第一条是'民为邦本,本固邦宁',本不固,邦不能宁。"钦佩邓小平"是了不得的领袖,他做的是固本的伟大的工作。"指出学者周谷城代表全国人民代表大会的邀请信,代表了八亿公民。表达被全国的四化建设和巨大的变化感动,希望待观察研究以后,能有所得。"我是真诚地回来学习的。待观察研究以后,……要朝夕传道,而且要大干。……我希望在相当的时间后真正有所得,真正知道四化建设中那〔哪〕些方面是了不得的,那〔哪〕些方面或者还可加强。"③ 发扬。即是发扬"苦力"的力。"……这是同人民一起吃苦,一起干,做他们的学生、朋友、伴侣、邻居,才发现了四大问题,即愚、穷、弱、私。积六十年来的研究、实践,才有四大教育:一是文化教育,开发人民知识;二是生产教育,勤劳智慧的中国农民有了先进的生产技能便更了不得;三是卫生教育,我们特别重视预防工作,当年定县同志陈大夫(指陈志潜教授)把复杂的医疗技术简单实用地推向民间,把医学科学知识简单化、民众化,传授给乡村保健员,他是天下第一人。……我们使之简单化、经济化、实际化,尤其是重视预防这一套,使四十万定县民众能够自己保健和预防。……第四是团结力的教育,针对'私',我们要增强他们的团结力。……总的说,就是要发扬人民的知识力、生产力、健康力、团结力。这也适合中美、非洲、亚洲的其他地区,……问题既同,便需要我们几大洲的知识分子去发现苦力,开发脑矿,使广大人民变成真正的新民,四力皆备的才是新民。上帝已经给了他们这个潜伏力,我们的任务是发现,发扬。乡建学院校徽上有一个红色的'平'字,就是第一发扬人格平等的精神,人皆可以为尧舜。第二要使人民受教育的机会平等。第三要固本,本固才邦宁。第四才能治国平天下。……所以这个开发脑矿的工作还要继续研究,要活到老、学到老、干到老。我们这个机关、这个运动,就管发现民力,发扬民力。""从哪儿开始呢? ……即'正心、诚意、修身、齐家、治国、平天下',……身修、家齐、国治,还不要忘世界。治国的哲学八个字,即'民为邦本,本固邦宁'。平天下还要再加上四个字:'天下一家'。……现在世界上三分之二还是穷的。我们不揣冒昧,不分种族,要负起天下一家的使命。所以不仅在中国做工作,还要跑到外国,到菲律宾、南美和非洲去工作,因时、因人、因地去做适合其国情的四大教育工作,去开发第三世界的民力,共享治国的甘苦。我们不敢懈怠,正不断改进自己的工作。见到熟人,不能不说亲切的话,不敢说应酬的话,否则不诚实、不亲近。从今后起我们不但是天下一家,你们在中国大陆,我们年年有人到大陆,你们年年有人到我们那边去,我们是真正的一家。"最后,倡导大家"要很谦恭的,用最不可少的时间去研究"。希望大家"所有的抱负、使命应该有一天实现。"强调是大家作为躬行实践的人,是"坐而谈,起而行,言必信,行必果"。(旧版《全集》第2,第479~486 页)

9 月 21 日   上午,到中南海西花厅与邓颖超见面。向邓颖超表示自己对周恩来总理逝世的痛惜心情,他说:"总理是人民的好总理,海内外人士都认为总理是伟大的政治家。"邓颖超向他介绍了国内 30 多年来的经验教训,对他的回国表示非常高兴,并说:"您培养了不少人才,有的学生为中国的解放和建设事业做出了贡献。一个人对人民做过好事,人民永远不会忘记他的。"并欢迎他常来常往。(魏亚南:《邓颖超会见晏阳初博士》,《人民日报(海外版)》,1985 年 9 月 22 日;晏著《传略》,第 280 页)

同日   下午,到中南海紫光阁与万里见面。万里亲切地对他说:"这些年,我们重点是先把农村的经济搞上去,随之农民的教育和文化也要跟上去。你在农村做了那么多年教育和改造工作,既有国内经验,又有国外经验,我们对你抱有希望,希望你多做贡献。"(魏亚南:《晏阳初回故乡》,《人民日报(海外版)》,1985 年 10 月 15 日;晏著《传略》,第 280~281 页)

同日   下午,访问了位于天安门附近南河沿的欧美同学会,受到许多老友新朋的热烈欢迎。出席欢迎茶会的有:严济慈、茅以升、胡子昂、费孝通、梁漱溟、

阳翰笙、薛暮桥、赵君迈①、杨放之②、程思远、陈铭德③、邓季惺④、吴大琨⑤、张权⑥、

---

① 赵君迈(1901~1988):湖南衡山人。又名恒愍。1926年毕业于美国威斯康辛大学土木工程系。1928年毕业于美国诺维支骑兵学院。曾任浙江省教导团团长,国民党政府财政部税警总团第一团团长、缉私总队总队长,国民党政府军第四师第三旅旅长。1932年率部参加一二八抗战。后任财政部税警总视察、湖南省盐务局局长、衡阳市市长兼警备司令、国民参政会参政员、长春市市长、联合国善后救济总署渔业管理总处处长。1949年去香港经商。1955年到北京后,任中国摔跤协会会长。第二至四届全国政协委员,第五、六届全国政协常委,欧美同学会副主任委员。

② 杨放之(1908~2003):又名吴敏。河南济源人。1925年赴莫斯科中山大学学习。同年加入中国共产主义青年团。1927年转入中国共产党。1931年回国。曾任中共上海沪西区委宣传部部长,武汉、重庆《新华日报》编委,延安《解放日报》编委、副总编辑。1945年入延安中央党校学习。后任晋冀鲁豫边区《人民日报》总编辑。1947年在河北武安组建了临时新华社总社。建国后,历任政务院财经委员会副秘书长,国务院副秘书长兼秘书厅主任,国务院外国专家局局长,中华全国新闻工作者协会特邀理事。是中共第十二次全国代表大会代表。第五、六届全国政协常委、第六届全国政协提案委员会副主任、医药卫生组副组长。

③ 陈铭德(1897~1989):四川长寿人。1924年毕业于北京法政大学。1925年在成都法政专科学校讲授新闻学,并任《新川报》总编辑。1927年任重庆《大中华日报》主笔。1929年9月在南京创办《新民报》,任社长。抗战爆发,《新民报》内迁四川,1938年1月在重庆复刊。1943年出版成都版,成立新民报总管理处,任总经理。抗战胜利后,《新民报》发展为成都、重庆、南京、北平、上海5社8刊,由总管理处负责统筹,任总管理处总经理。新中国成立后,历任上海《新民晚报》副社长、顾问。北京市政协副秘书长,全国政协委员、常委,民革中央常委、团结委员会主任委员、中央监察委员会副主席。中华全国新闻工作者协会理事。

④ 邓季惺(1907~1995):女,四川奉节人,14岁考入四川省立第二女子师范学校。在校期间,她受到恽代英、张闻天、萧楚女等老师进步思想的影响,与进步师生一起参加校内外争民主的活动。毕业后她又到上海、北京读书,学习法律,后到南京司法部任职。这时她常同李德全、曹孟君、谭惕吾等妇女活动家一起,从事妇女解放运动。1933年毕业于北平朝阳大学法律系。1935年在南京、镇江执行律师业务,并负责《新民报》"法律问答"栏的解答。1937年任《新民报》副经理。抗战期间《新民报》内迁重庆,任经理。1943年《新民报》在成都出版,即任成都版经理。1945年抗战胜利后,兼任南京、上海两地《新民报》经理。1949年至1952年任北京《新民报》经理。曾任上海《新民晚报》顾问、中华全国新闻工作者协会理事、全国政协委员、北京市政协副主席、中国人民政治协商会议法制委员会委员、北京市民政局副局长。主要著作有《新民报二十年》《抗日战争时期的中国新闻界》《新民报创刊六十周年感言》等。

⑤ 吴大琨(1910~2007):江苏吴县人。东吴大学肄业。曾任全国各界救国联合会宣传部总干事、东吴大学副教授、《经济周报》主编。1945年加入中国共产党,1946年赴美国华盛顿州立大学远东研究所任研究员、副教授。1951年回国。历任山东大学、中国人民大学教授,中国世界经济学会第一届副会长,北京市城市经济学会第一届会长,中华人民共和国香港特别行政区基本法起草委员会委员,中国民主建国会第二至四届中央常委。第七届全国人大常委,第三至六届全国政协委员。著有《资本主义经济危机与经济周期》《中国的奴隶制经济与封建制经济论纲》等。

⑥ 张权(1919~1992):中国女高音歌唱家。江苏宜兴人。1936年拒绝家里学医的决定,投考了杭州艺专,主修钢琴,后从俄籍教师马具(Marshin)学声乐,打下良好的声乐基础。1937年入上海国立音专声乐系,师从周淑安、黄友葵。1942年毕业于重庆国立音乐学院并留校任教期间,主演我国第一部歌剧《秋子》,轰动山城。1947年赴美国纽约罗城纳萨瑞斯学院。1949年入罗城大学伊斯特曼音乐学校研究生院学习声乐。1951年获音乐硕士学位和音乐会独唱家、歌剧演员称号。1951年回国,先后在中央实验歌剧院、黑龙江省歌舞团和哈尔滨歌剧院担任独唱和歌剧演员。1978年任北京歌舞团艺术指导和声乐教师。1981年调入中国音乐学院。1982年任副院长。1983年任教授、声乐硕士研究生导师。曾任中国音乐家协会第三、四届理事、常务理事,北京文联副主席,北京音乐舞蹈家协会主席,中国音乐家协会和北京分会及表演艺术委员会委员、主任,中国音乐学院歌剧系教授。声乐造诣很深,擅长演唱西洋歌剧及艺术歌曲,曾在《秋子》《茶花女》《兰花花》等多部歌剧中饰演主角。也善于演唱中国的艺术歌曲,如《我住长江头》《玫瑰三愿》等。撰有论著《我的声乐学习》。

吴凡吾①以及欧美同学会的委员、部分联络委员和中央统战部、全国政协、国务院侨办、北京市委统战部、北京市政协的负责同志。大家欢聚一堂，畅叙久别之情。欧美同学会代主任委员茅以升首先致欢迎词，赵君迈副会长讲话。听后首先感慨"欧美同学会也是我的一个家。""欧美同学会的创始人、我国著名的外交家颜惠卿博士是我的老朋友，曾经做过平教会的财务部主任。"又说："颜彬生女士在美国读完大学后就跟我一起工作，我们是两代人的交情了。在座的许多人我们都是老交情了。"其次，对中国的巨大变化感到惊讶和高兴。"这次回到祖国，看到变化之大，令人惊叹，真是百闻不如一见，更使我们对祖国的前途抱有无限希望。邓小平先生说尊重知识、尊重人才，今天在座的都是我们国家的人才。……你们的责任太大了，新中国的建设重担就放在你们肩上了。"最后，再次对这次盛会表示由衷的感谢，这种热烈的欢迎不是表面的，而是："Come from your heart and reach to my heart(心心相印)。"(晏著《传略》，第281～282页)

9 月 22 日　新华社在《人民日报》刊登《邓颖超会见晏阳初博士》：邓颖超9月21日上午在中南海西花厅会见了菲律宾国际乡村建设学院董事长晏阳初博士和他的两个女儿。这次能在北京相见，都非常高兴。他们进行了亲切、友好的交谈。

同日　新华社《人民日报》刊登《万里会见晏阳初博士》。

10 月 5 日　李廷瑛②在《团结报》1985 年第 5 期上发表《晏阳初老人的故国行》。由"故地重游倍增情""甘为平教献余生""三十六年一美餐"三部分构成。收入四川省政协文史资料委员会、巴中县政协文史资料委员会合编的《平民教育家晏

---

①　吴凡吾(1918～　)：上海市人。1938 年入延安抗大学习。同年 2 月加入中国共产党。抗日战争时期，先后任抗大五分校文工团主任、三大队政治教导员，总校政治部组织科干事、抗大总分校干校政治指导员，新四军第二师兼淮南军区天高支队政治处宣传股长、新四军第二师直属政治处组织股长、供给部政治委员。解放战争时期，曾任东北军区军工部大连建新公司人事部组织科科长、研究学院辅导处主任。1949 年 10 月以后，历任中央财政经济委员会人事处处长，政务院专家工作办公室副主任、国务院外国专家局副局长，国务院外事办公室西方组组长。1970 年起，任外交部美大司副司长，中国驻澳大利亚大使馆参赞，国务院外国专家局局长。撰有《粟裕将军称赞大连生产的大炮弹》《张西蕾：一个无愧于先烈的新四军女兵》《深切怀念骆耕漠同志》《记骆耕漠创办的华东供给学校》《习仲勋亲切待人二三事》《回忆成长道路上一些往事》等论文数十篇。

②　李廷瑛(1918～　)，四川万县人。1938 年春考入重庆《新民报》，任记者，后任《新民晚报》采访部副主任。1945 年至 1948 年，在《南京人报》任采访部主任。此间曾独力创办揭露国民党内幕的《北极阁》旬刊。又任南京《大同晚报》总编辑。1948 年底回重庆《新民报》，以主笔名义从事采访及编辑。解放后负责西南影片公司、四川省电影公司宣传工作。1958 年被"错划"，1961 年平反回重庆。1985 年应邀到北京《团结报》任特约编审。1986 年应邀到重庆市对台办，编辑对台宣传刊及指导内部宣传月刊。1986 年退休。他是新中国初期获准采访新政协最后一次筹备会及政协第一届一次会议和开国大典的 24 名中外名记者之一，并有过采访周恩来和毛泽东主席和出席毛泽东主席家宴的经历。20 世纪 90 年代出版的《中国著名编辑、记者大辞典》列有《李廷瑛》辞条。撰有《抗战纪事》《耄耋之年忆业师》《记抗日战争中的报纸义卖》《张友鸾妙手编"花絮"》等。

阳初》(四川大学出版社 1990 年版)一书中。

10 月 15 日 人民日报(海外版)刊登了魏亚南撰写《晏阳初回故乡》。文中，讲述在中南海紫光阁会见了全国人大委员长、国务院副总理万里。

10 月 侯外庐撰写《韧的追求》由三联书店出版。晏阳初在该书中被侯外庐用另一种视角评论了一番："晏阳初在数十年间是入'现代名人'之列的。作为缘悭一面的邻居，我无权褒贬晏阳初，作为一位'现代名人'，我或可评价他的思想。""想不到抗日战争把晏阳初的'乡村建设'活动推到了我的面前，使我得到一个机会，能将这位人物的形象和这位人物的主张结合起来，建立一点感性的认识。""他(指晏阳初——引者)在歌马场以官价向地主买田四百多亩，然后将田交给原来的佃户耕种。这位乡村改革家怎样处理佃租关系，是我感兴趣的问题。四川重庆一带的农村，地主把田租给佃户，租额是固定不变的，即根据某一丰收年的收成折算确定下来，不论遇到多严重的灾年，佃户都必须按此定额交租，即使竭尽所获还不足数，也必须设法补足缺额。据我了解，'平教会'没有实行减租，也没有改变定额地租的办法，他们与一般地主的不同在于，逢歉年，允许佃户免偿缺额，至于交出全部收获的佃户将何以为生，则是无人过问的。晏阳初的'乡村建设'究竟有没有改善农民经济地位，有没有触动农村封建剥削关系，便不言而喻了。""晏阳初在白鹤林住了近一年，这一年中，我体验到了一种更甚于'鸡犬之声相闻，老死不相往来'的生活，说来近乎是滑稽，晏阳初和我仿佛有默契，彼此避免照面，以至于事实上我的确与他不曾有一次正面相遇的机会，不曾有过一回颔首之谊。""在白鹤林，晏阳初维持着相当高的生活水准。他的家庭雇有两个满口京腔的女佣，一个西餐厨师。据其家人说，他在家里很少说中国话，基本上不吃中国饭。……晏不允许两家的孩子来往。""晏阳初拒人千里之外的态度或非偶然，因为他的生活标准、格调是远离百姓的。""(晏阳初)的特点是，常常不以中国人的立场分析中国的问题。……我一向认为他搞的那一套与帝国主义的在华利益不相矛盾，与国民党统治利益更不相抵触。抗战期间，通过一年的旁观，我产生了一个新的认识。晏阳初自称欲救治国人之贫弱愚私而拒人于千里之外，他热中平民教育、乡村教育，以'乡村建设'的倡导者自居，却决不缩小与中国百姓之间的鸿沟。退一万步，如果说晏阳初心中真有一个乌托邦的话，我想，那也兴是布施者构想的幻境，而这位布施者自己口袋里的钱，也不过是从美国人那里得来的。"(侯外庐著:《韧的追求》，生活•读书•新知三联书店 1985 年版，第 107～109 页)参见"1940 年"条。

12 月 17 日 王德福在《人民政协报》上发表《平民教育家、美籍华人晏阳初》，对其一生事迹做了介绍。收入韩省之、卫扬勤编的《海外杰出华人》(时事出版社

1987 年版）中。

12 月 20 日　《光明日报》第 4 版刊登了武民英的《"我看到了中国的前途和希望"——晏阳初博士归乡访问记》。报道：全国政治协商委员会主席、已故国务院总理周恩来的遗孀邓颖超则在她的家里接待了晏阳初。

是年　王德福在《人民政协报》1985 年第 5 期上发表《"中国乡村的建设实在好!"——记晏阳初博士旧地重游》。

同年　以定县政协主席李济东①为会长的定县晏阳初研究会成立。（晏著《传略》，第 304 页）

同年　日本学者小林善文所著的《平民教育运动小史》由日本株式会社同朋舍出版，该书对其领导的中国平民教育运动做了介绍和肯定。（孙诗锦著：《启蒙与重建　晏阳初乡村文化建设事业研究 1926～1937》，商务印书馆 2012 年版，导论第 13 页）

同年　日本学者新保敦子所撰的《中华平民教育促进会と乡村教育运动——定县实验にみろ抗战力量の形成》发表在"现代中国学会"的《现代中国》第 59 号（1985 年第 7 期）上，对其领导的中国平民教育促进会给予了肯定性评价。（孙诗锦著：《启蒙与重建——晏阳初乡村文化建设事业研究 1926～1937》，商务印书馆 2012 年版，导论第 13 页）

是年　1934 年 7 月用英文撰写的《定县的乡村建设实验》(Y. C. James Yen. *The Ting Hsien Experiment in 1930～1931*. Peking: Chinese National Association of the Mass Education Movement, 1934.)由菲律宾国际乡村改造学院重印，以小册子形式发行。

是年或之后　原四川省南江县公安局局长、南江县书法协会副主席陈科理(1932～1993)曾将所写的《忆吉米晏》诗赠赵锡古。全诗为："路论山区人才枯，巴州不见晏阳初。萧声惊破还乡梦，凤凰何事远故都。"（南江县政协文史委编：《南江县文史资料选辑》第 7 辑，南江县政协文史委 1998 年 2 月印本第 1 版，第 164 页）

---

①　李济东：中共党员，河北清苑人，高中学历。1965 年 12 月至 1966 年 6 月任政协定县第五届副主席。1983 年 7 月任定县县委副书记。1984 年 5 月，任中共定县县委党史资料征集编审领导小组组长。1987 年 5 月任定州市第一届政协副主席。1988 年 4 月，应菲律宾国际乡村建设学院晏阳初之邀，到菲律宾参加国际乡村建设研讨会，在会上作了《定县乡建在改革中前进》的报告，拜访了晏阳初并赠送了礼品。编著有《晏阳初与定县平民教育》等。

1986 年（丙寅）　九十六岁

1 月　中共中央、国务院发出《关于 1986 年农村工作的部署》。

同月　中共中央发出《关于严格按照党的原则选拔任用干部的通知》。

同月　我国国民经济和社会发展第七个五年计划开始执行。

2 月　中共中央、国务院发出《关于进一步制止党政机关和党政干部经商、办企业的十项规定》。

同月　全国总工会、全国职工教育管理委员会在北京召开新闻发布会，表彰 800 名全国职工教育先进教师。

3 月　国务院召开第一次全国城市经济体制改革工作会议。

3～4 月　六届人大四次会议批准"七五"计划和关于"七五"计划的报告。会议通过《中华人民共和国民法通则》《中华人民共和国义务教育法》《中华人民共和国外资企业法》等。

4 月　前苏联基辅州靠近白俄罗斯边界的普里皮亚特市的切尔诺贝利核能发电厂发生严重泄漏及爆炸事故。

5 月　《马克思恩格斯全集》中文版 50 卷全部出齐。

9 月　《毛泽东著作选读》出版发行。

同月　中共十二届六中全会在北京举行。全会通过《关于社会主义精神文明建设指导方针的决议》和 1987 年召开党的十三次全国代表大会的决议。

10 月　英国女王伊利莎白二世第二次访问香港。

同月　叶剑英逝世。

12 月　《人民日报》发表评论员文章：《珍惜和发展安定团结的政治局面》。

3 月 3 日　在鲁弗斯·马修·琼斯《告语我们这个时代》一书第九十八页做批注，注文见 1980 年 3 月 6 日条。（新版《全集》卷 3，第 627 页）

5 月　《文史杂志》1986 年第 3 期刊载由胡力三撰写的《月是故乡明——晏阳初博士二三事》，讲述先生常年远离故乡在国外求学和在第三世界开展与推广平民教育事业。尽管已因从事平民教育的业绩获得世界声誉，但先生一刻也没有忘记自己是炎黄子孙,对祖国、四川故乡饱含深情和怀念。

7 月 11 日　中共重庆市委常委会上,审议了中国乡村建设学院校史研究会的报告之后,决定以在《重庆日报》上公开发表老校友、中共地下党员詹一之、陶维全①文章的方式,为中华平民教育促进会和中国乡村建设学院平反,恢复名誉。(宋恩荣、张睦楚:《1950,晏阳初在去留之间》,《炎黄春秋》2013 年第 1 期,第 41 页)

8 月 31 日　《重庆日报》第 2 版全版以通栏标题发表了经重庆市委常委讨论通过、以原乡村建设学院学生詹一之、陶维全署名的题为"坚持为农民服务的思想,努力建设现代化新农村——晏阳初先生创建中华平民教育促进会、中国乡村建设学院的简述回顾"的长篇文章。

8 月　在鲁弗斯·马修·琼斯(Rufus Matthew Jones)《告语我们这个时代》(*Speaks to Our Times*)一书第五十二页做批注,注文为:"我们的中心工作是开发潜能。"(新版《全集》卷 3,第 626 页)

10 月 14 日　《人民日报》海外版对同年 8 月 31 日《重庆日报》刊载的詹一之、陶维全署名的《坚持为农民服务的思想,努力建设现代化新农村——晏阳初先生创建中华平民教育促进会、中国乡村建设学院的简述回顾》文章实际作了全文转载——仅删掉文章最后引用列宁《论合作制》中的几段话。当被校友电告得知此消息时非常激动地说:"历史是公正的!"(晏著《传略》,第 212 页)

是年　《四川社联通讯》1986 年第 4 期刊载由胡力三撰写的《著名国际平民教育家晏阳初热情支持筹建乡村建设研究中心》的简讯。介绍其回国考察时,"在成都期间,他热情表示支持乡建校史研究会提出筹建中国乡村建设中心的倡议。委托华西医大教授陈志潜代表他与校史研究会和重庆有关部门进行多次研讨。基本议定由重庆市社科院(筹)与晏老在海外创办的国际乡村建设学院合作筹建中国乡村建设研究中心。该中心将是包括科研、教育、实验三位一体的科研事业单位,开展有关专业人才的各种培训活动,研究中国农业现代化进程中的理论问题和实际问题。现已初步选定:在(北)碚歇马场、大磨滩为第一个实验点,在此开展资源普查和社会调查,制定社会经济、科技、文化、教育发展规划及具体实施方案。待做出成绩后再逐步扩大试验范围。现在,经重庆市人民政府批准的关于筹建这个研究中心的协议草案及经费预算方案,已寄交晏老,晏老代表将于十月份来重庆进行具体磋商,并开展工作。"

---

①　陶维全:时为重庆社会科学院研究员、副院长、四川晏阳初研究会副会长、原中国乡村建设学院学生。

1987 年(丁卯) 九十七岁

1 月　中共中央政治局举行扩大会议,推选新的党中央总书记。

同月　六届人大常委会第十九次会议通过《关于加强法制教育维护安定团结的决定》。

同月　中共中央发出《关于当前反对资产阶级自由化若干问题的通知》。

2 月　国家教委、河北省人民政府在涿州市召开河北省农村教育改革实验区工作会议。国家教委和河北省人民政府商定以河北省实验区的阳原县、完县、青龙满族自治县为农村教育改革实验区。会议明确,实验区工作应以协同各方面力量,探索在贫困农村能使教育和经济协调发展、经济开发与智力开发密切结合,逐步改变贫穷落后面貌的途径为主要任务。

3 月　国家教委通知发出《高等学校校长任期制试行办法》。

同月　邓小平《建设有中国特色的社会主义》出版增订本。

3～4 月　六届人大五次会议在北京举行。会议通过《中华人民共和国村民委员会组织法》,批准《中华人民共和国政府和葡萄牙共和国政府关于澳门问题的联合声明》。

4 月　中葡两国政府领导人在北京签署《关于澳门问题的联合声明》,规定我国政府 1999 年 12 月 20 日对澳门恢复行使主权。

同月　国家教委副主任何东昌在北京市高等学校继续教育协作组成立大会上发表讲话。指出要突破仅仅是学校教育、一次教育的观念,树立继续教育观念。

5 月　国家教委发出通知,继续选派万名应届高等学校毕业生参加一年讲师团支援教育活动,主要任务是担任县级以下中小学教学工作。

6 月　英国首相撒切尔夫人组新政府。

10 月　中国共产党第十三次全国代表大会在北京举行。

11 月　中国第一家肯德基餐厅在北京前门开业。

12 月　国家教委中学教育司在天津召开全国初中工作经验交流会。

1 月 26 日　在鲁弗斯·马修·琼斯《告语我们这个时代》一书第二十三页做

批注，注文见 1977 年 9 月 4 日条。（新版《全集》卷 3，第 626 页）

3 月 16 日 给理查德·埃尔斯·大卫①寄去的亲笔信被大卫收到。全文如下："亲爱的卡丁：你实在是了不起，你使我了解了一切重要事情，例如有关罗拉和纪念园的事。没有人更比你信仰坚定并忠于职守，你始终不渝地勤奋工作。我极为赏识你并致谢忱……由于你住在国际乡村改造学院的校园中，罗拉纪念园等一切事都必需〔须〕照料。我为你祈祷，并真诚祝愿你康乐幸福。你给了我巨大的喜悦与安慰。上帝会始终赐福于你。爱与祝福永远伴随你……你的父亲②、深爱着你的 Y. C. 詹姆斯·晏。"（《渝版纪念文集》，第 197 页）

6 月 28 日 应全国人大常委会的邀请，第二次回国考察。在访问中央教科所时说："我这次回来有两个重要目的：第一，我上次回去以后，在一年多的时间里，我们做了自省自察的工作，这次来就是看看，在哪些方面，我们对于祖国多多少少可以有点贡献。第二，我们要来祖国进一步学习。"（晏著《传略》，第 336 页）

7 月 2 日 晚上，接到周谷城的电话，得知湖南武冈师范（前身为衡山乡村师范）的代表将来拜访，表示欢迎。（晏著《传略》，第 282 页）

7 月 3 日 下午，在建国饭店会见了湖南武冈师范的代表萧月衡③等。欢迎客人到访。告知自己曾到武冈师范的前身衡山乡村师范演讲。"1941 年，日寇压境，衡师迁到武冈，改名为省六师。《晏阳初传》第八章第三节就是写的你们学校嘛。"随后，回忆了当年在湖南的一些活动，谈到了张治中，谈到了农民抗战教育团和地方行政干部学校。他说："我们所做的这些，都是本着'民为邦本，本固邦宁'这个基本哲学思想的。人民是根本，我们不能忘本。抗日战争时期我去武汉见蒋中正先生，陈说'民本'思想。兄弟阋于墙，外御其侮嘛！希望他重视固本，启迪民众觉悟，团结起来抗日，停止内战，减轻人民负担。如果只重强军，这是忘本！蒋先生听了很生气，说：'晏先生你赤化了。'他倒行逆施，最后也只好跑到孤岛上去了。这就是不注重固本的结果。"（晏著《传略》，第 283 页）

7 月 5 日 上午，在中国历史博物馆会议厅，与原乡村建设学院校友、四川师范大学代表、武冈师范代表、定县代表以及来自重庆、成都、沈阳及北京的乡建校友共 80 多人相聚，亲切的交谈。上午 9 时后，在中国历史博物馆会议厅与 80 余岁的

---

① 理查德·埃尔斯·大卫：国际乡村改造学院家畜家禽专家。

② 此处"父亲"似译为"老伯""老人""老头"等更合宜。

③ 萧月衡：湖南武冈人，时为武冈教师进修学校教师。此次会见后专门撰写了《我们会见了平民教育家晏阳初博士》，收入李溥主编的由湖南出版社 1992 年出版的《都梁文钞今编》一书中。

画家胡絜青①和蔬菜专家蒋名川、70 多岁的原乡村建设学院教务长叶德光夫妇等一一握手,感谢前来看望。首先,表明这次回国目的。"我这次回来是学习的,与祖国人民共商乡村建设问题。你们都是专家学者了,你们应当多发挥作用,为人民多做些贡献。"接过定县的两位代表带来的当地出产的草莓酱、珍珠罐头和一些工艺品等礼物,连声称谢。其中,武冈师范送的是一幅自己的画像;四川师范大学的代表赠送了副对联:寻求有贝之才,培养无贝之才②,投身乡村建设,周游全世界;解除苦力之苦,开发苦力之力,从事平民教育,奋斗 70 年。另外有一盒反映该校师生教学、生活的录像带《智慧之泉》以及校景照片。并奉上邀请与颜彬生等一道莅校访问的请柬。最后,当乡村建设学院的校友们欢迎他 100 岁时再来北京并为其祝寿时,非常高兴的说:"我一定来!"(晏著《传略》,第 284 页)

7月6日 午后,在女儿华英和中央教育科学研究所宋恩荣陪同下来到北京复兴门外大街 22 号楼 9 层 17 号拜访梁漱溟先生。宋恩荣在《最好的纪念》中记述了这次会见的情景:老友重逢,分外激动。他们紧握对方的手互致问候,并且相互搀扶走进客厅,然后在两把藤椅上坐下。先生发话道:"梁老,我们两人都出生于 1893③ 年,又同时从事乡村建设运动,历经磨难与奋斗,都同样活到今天,真是奇缘啊!"然后梁先生点头说:"是啊!许多往事仍历历在目。"交谈中回顾了从事乡村建设实验及开展抗日民众教育的往事与旧友,为了共同的目标、为救亡图存、振兴民族、为中华的强盛而奋斗不息的往事,充满了真挚的爱国主义情怀。(《渝版纪念文集》,第 73~76 页)简要地讲述了自己在海外工作的情况。然后说:"我几十年如一日从事乡村建设运动,到今天问心无愧。力恶不出己,一心为平民。知我者谓我心忧,不知者谓我何求。"随后,话题转到这次回国的感受。"我前年曾回来过一次,这次又能回国访问,机会难得。祖国的变化确实很大。中共中央雄才大略,制定了改革开放的政策,局面为之一新。邓小平先生真是具有伟大的气魄和求实的科学精

---

① 胡絜青(1905~2001):女,满族,原名玉贞,笔名燕崖、胡春,号洁青,北京人。1931 年毕业于北京师范大学国文系。1931 年与舒舍予(老舍)结婚,随老舍去各地,在大小师范院校教授文学课。自幼酷爱文艺,嗜绘画书法。曾受著名画家汪采白(汪礼祁)、杨仲子、孙诵昭影响。1938 年结识齐白石。1943 年从北平携带子女流亡北碚,在编译馆通俗读物组任编审,编写有关妇孺的通俗读物。平常为杂志社写散文,并向老舍提供北平沦陷后的情况,帮助老舍创作出了《四世同堂》第一、二部。后在北碚女子师范学校任教和乡村建设学院任副教授。老舍由美国回国后,1950 年迁回北京。同年正式拜师齐白石,深得教诲并受器重。1958 年受聘于北京中国画院,为一级美术师。曾任中国画研究会常务理事、中国美协会员、中国书协会员、满族书画研究会会长、北京文联顾问、中国画研究会顾问、北京中国花鸟画研究会顾问等;第二至四届全国文代会代表;第二至五届北京市政协委员,北京市文联顾问。主要作品有《月季》《银星海棠》《菊花》《苍松》《凌云直上》《傲霜图》《玉羽春光》等,出版有《胡絜青画集》《胡絜青百菊图》等。

② 所谓"有贝之才",即财富之财;"无贝之才",即才华之才。

③ 梁漱溟先生生于 1893 年,当时晏阳初误认为(最初实为有意)自己也是生于 1893 年(实为 1890 年)。

神，这是本世纪内世界上发生的一大奇迹！"停了停，又说道："中国历史悠久、幅员广大，应该跻身于世界强国之林。要强大就必须振兴经济，要振兴经济，就必须发展教育事业。前两天我同全国人大教科文委的副主任张承先谈了很多，他以前做过教育部长，对教育很在行，他谈到现在有些地方正在进行教育改革的试验，这工作很有意义。中国应该开发农村，首先是提高人民群众的文化素质。我这次回国访问的一个重大收获就是强烈地感觉到我应该好好地虚心学习，人应活到老，学到老，真希望以后再有机会回祖国看看！"（晏著《传略》，第 285 页）

同日　夜，在建国饭店单独会见前去看望他的巴中代表，巴中县政协副主席黄道忠①和政协委员王正玉②。与客人握手问好后，举起茶杯表示欢迎。当黄道忠转达了巴中李县长和县政协陈主席的问候和邀请，表示"很想回巴中看看，但这次没有安排"。接着，详细地询问了回巴中的路线、交通状况、途中所需时间，表示今后一定回去。并拿出一本笔记本，请留下两位代表和县长、主席的姓名，以作纪念。当他们签名后，晏阳初拿着本子仔细端详，风趣地说："道忠者，为道义忠诚忠厚也。"（晏著《传略》，第 285～286 页）

7 月 8 日　接见武冈师范的代表，为武冈师范设立晏阳初奖学金并题写奖学金名，还为该校建校 50 周年题写"民为邦本　本固邦宁"词。（《湘版思想研究（一）》，彩图第 2 页及题词第 1 页；正文第 160 页）

7 月 10 日　应欧美同学会的邀请，在北京南河沿一号的古老的大院与胡子昂、严济慈、雷洁琼、傅学文③、茅以升、伍修权、梁漱溟、陈铭德、鲜恒④、许德珩等人

---

①　黄道忠：曾在四川巴中中学任教，任教导主任等职。后任巴中县副县长、巴中县政协副主席至 1994 年 4 月。1981 年 6 月，还在副县长任上兼任县体委主任。1987 年曾赴京晋见晏阳初先生，1989 年 5 月 4 日参加巴中晏阳初研究会成立会，对晏老事迹甚为感怀。撰有《浅谈党与非党的合作共事》《咏名城巴州调寄〈望海潮〉》《百字令 忆晏阳初先生》等。

②　王正玉：事迹未详，待考。

③　傅学文（1903～1992）：女，江苏宜兴人。曾就读于上海大同大学，1925～1927 年在苏联莫斯科中山大学社会系学习。回国后于 1931 年与邵力子结婚。1934 年在陕西创办西京助产学校，培养了一批妇产科医护人员。抗战期间，于上海复旦大学迁重庆复课时创办复旦附属小学。1939 年和 1943 年担任中苏文化协会妇女工作委员会副主任和赈济委员会辅导院长后，负责收容救济从沦陷区来的妇女和学生，并组织职业培训、帮助安置就业。1940 年至 1943 年间随邵力子出使苏联时，曾译译介绍苏联卫国战争女英雄卓娅的《丹娘》一书，在国内出版后影响颇大。抗战胜利后在南京创办力学小学并自任校长，至 1949 年到北京后，又先后创办育新托儿所和培新幼儿园，并曾资助中国残疾人福利基金会、北京儿童福利基金会、江苏宜兴儿童乐园基金会等单位兴办儿童福利事业。新中国成立后历任北京市妇联委员，全国妇联执委，中华妇女节制会北京分会会长，中国国民党革命委员会中央委员、常委、监察委员会副主席。第五届全国政协委员、第六届和第七届全国政协常委。

④　鲜恒（1920～1995）：四川西充人，1943 年毕业于中央大学经济系。次年赴美留学，先后在美国宾夕法尼亚、俄亥俄大学学习企业管理和银行学，获企业管理学硕士并任研究员。1947 年回国后，任重庆大学、重华法商学院、求精学院等院校教授。在其父亲、我国著名爱国民主人士鲜英先生的影响下，青年时期就参加了抗日救亡活动。解放战争期间，放弃联合国工作职位，回国参加爱国民主运动，为配合解放大军入川，做了大量工作。新中国成立后，历任重庆福农面粉公司经理，《新工商》杂志编辑，全国工商联副处长，欧美（**转下页**）

相聚,并被受聘任欧美同学会名誉会长。(旧版《全集》卷2,第487页;晏著《传略》,第286页)严济慈说:"晏老学长德高望重,驰名中外,我谨代表欧美同学会全体学友,诚聘您为本会海外名誉会长。"(晏著《传略》,第286页)在热烈的掌声中,接受了严济慈递交的聘书,并应邀讲话。

同日　在北京欧美同学会为欢迎他举行的茶话会,会上讲"我为什么第二次回到祖国",由晏振东根据录音整理。原载《乡建校史研究会通讯》第8、9期合刊;又载《群言》1987年第10期,收入旧版《全集》第二卷中。首先,对各位会友举行欧美同学会表示非常感动,对大家的爱戴深表感谢,称赞欧美同学会今年取得的惊人进步。其次,介绍同年同岁①的好友梁漱溟先生。"他办乡村建设,在中国是大家非常崇拜的。"推荐青年们读他写的书,"他还出版了许多本书,不但有益于现在的青年,今后几百年的青年,也可以从他的书里看到他的做人道理,献身于平民的这种精神。"并希望大家遵照梁漱溟先生百年如一日的精神,为平民服务。第三,谈第二次回到祖国的缘由。1985年第一次回国访问时,同仁以谦恭和虚心的精神邀请回来参观考察祖国的建设情况,深受感动。这次回国有两个重要目的:一是考察"在哪些方面,我们对于祖国多多少少可以有点贡献。"尽自己绵薄之力做一点什么。二是要到祖国来进一步学习。表示非常敬佩当代中国所执行的政策,尤其是对外开放。指出这次回来要进一步地增进彼此的认识,"愿意把我们70年多年在乡村深入民间认识问题、研究问题、协助人民解决所取得的一点知识献给祖国。"第四,简要概述70年多年开展的乡村建设工作。从事乡村工作主要的一个哲学是"民为邦本,本固邦宁"。①从事的乡村工作是努力实现"固本"的工作。所谓的"固本"工作,即"我们这几十年就是为了要研究,彻底地深刻地创造一套学术,以便传授给后来人,后来这些青年。叫他们能够知道,能够献身于这个伟大的工作。"②强调民为贵。"因为本为民,我们绝不能忘'本'。"从事乡村工作的同仁,走进劳苦民众中间,与人民同住,与人民为伍,向人民学习。"我们搞了这几十年,我们知道,很多事我们可以向人民学习。要求我们因时、因地、因人而施。"③几十年的研究逐渐形成了一个系统,即要求研究工作要"深入浅出",这是"最不容易做到的,是最重要的。""现在最宝贵的,能够建设新中国、新世界的,就是科学。科学不应是少数人享受的,而应是全世界劳苦大众都应享受的。应该成为他们的知识,成为他们的技能。使专家的所有科学知识能够打入到民间去,必须能够把科学民众化,然后才能

(接上页)同学会常务副会长兼秘书长,曾是全国政协第六、七届、八届委员,全国工商联执委,民盟中央对外联络委员会副主任。

①　梁漱溟先生生于1893年,当时晏阳初误认为自己也是生于1893年,实为1890年。

化农民。"强调科学深入是最宝贵的东西。"我们需要有一批人能够深入研究任何一方面能够提高人民生活、提高他们的人格的科学"；又必须能够把科学民众化、化农民，其办法是办民间实验室，深入民间去发现种种问题、研究问题并逐渐地解决问题，在解决问题的过程中，协助、推动人民去做，在人民的精神中和他们的实践中发现和加以培养其自力更生的能力。④ 工作需要深入人民的生活，发现和发扬他们的"力"，把苦力变成民力，变成人民的力量——知识力、生产力、健康力、团结力，而且需要综合四力，共同成为一个团结的力量，只有四力兼备的才是新民。"所以，我们在中国的口号是一方面除文盲，一方面做新民。"最后，再次感谢会友们的爱戴。（晏著《传略》，第 286 页；旧版《全集》卷 2，第 487～491 页）

同日　在北京亲切接见武冈师范代表团全体成员；全国人大周谷城副委员长为该校即将成立的"晏阳初教育思想研究会"题写了会名。（《湘版思想研究（一）》，彩图第 3、4 页）

同日　新华社、《人民日报》刊登了《世界平民教育家晏阳初受聘任欧美同学会名誉会长》。

7 月 11 日　参加了全国人大副委员长周谷城、朱学范的宴请。被祝贺访问圆满成功，并希望再回来。（晏著《传略》，第 286 页）

7 月 13 日　辞别乡村建设学院的校友和一些老朋友，乘飞机返回美国纽约。临行前，与送行的人们一一话别。随后，来到两个儿子跟前，回忆在 1951 年送两个儿子回国的情景："现在你们的子女也在美国学习。我希望他们学到真本事，好回来为祖国服务，而不是要他们去镀金的。"接着说，希望每个中国人要努力为祖国服务。"中国现在虽然比以前富强多了，但是要真正让人民过上幸福安康的生活，还需要我们每一个中国人更加努力，包括我们在海外的中国人。"（晏著《传略》，第286 页）

7 月　任宝祥、庾国琼①、王志祥②在《教育研究》1987 年第 7 期上发表《晏阳初的平民教育思想和教育实践》。文中着重概述其平民教育思想和实践为发现、发明、发扬三个阶段。开发脑矿是其一项最平常然而是最重要的发现。他通过调查、研究、实验，发明四大教育，秉承活到老干到老、发扬平教精神。他奔走全国，开展

---

①　庾国琼（1923～）：湖南武冈人。1950 年毕业于中国乡村建设学院教育专业。历任四川师范大学教育系副教授、教授。主要从事古代教育史研究工作。曾任湖南省武冈师范学校晏阳初思想研究会副会长。著有《颜之推的教育思想》《晏阳初的早期教育实验》《国将兴：必贵师而重傅——荀子论教师》，合著《晏阳初的教育思想与教育实践》，合编有《"教"与"育"考》《秦汉魏晋篆隶字形表》等。

②　王志祥：事迹未详，待考。

平民教育;定县实验,推行四大教育;创办学院,培养乡村建设人才。认为研究他的教育主张和教育实践,吸取其中有价值的东西,对我国社会主义现代化建设,特别是农村教育建设是颇有益处的。

8 月 四川师范大学庾国琼在《教育研究与实验》1987 年第 4 期发表《晏阳初早期的平民教育实验》,系统讲述其从 1918 年在法国为参加第一次世界大战的华工服务、教华工识字写信算起,矢志不移的致力于平民教育和乡村建设的情况。

9 月 朱铁英①在《瞭望(海外版)》1987 年第 33 期发表《晏阳初在北京》。

10 月 15 日 前往白宫,接受美国总统罗纳德·里根为他颁发的"杜绝饥饿终生成就奖"——奖给国际乡村改造学院董事会主席晏阳初博士荣誉状。奖词写道:"六十余年来,为杜绝第三世界饥饿和贫困根源,始终不渝地推广和开拓着一个持久而综合的计划。"(旧版《全集》卷3,第802页;晏著《传略》,第287页)

10 月 美国的《读者文摘》发表约翰·赫尔塞(John Hersey)②的特写《吉米晏——为人类奋斗的战士》。

同月 王德③在《人民画报》1987 年第 10 期发表《平民教育家晏阳初博士》。

同月 《华声报》1987 年第 30 期,刊出《一生致力平民教育贡献超卓,晏阳初获里根赠"杜绝饥饿奖"》。

12 月 23 日 陈元④在香港《大公报》美洲版发表《平民教育家晏阳初印象记》,内容包括"四川巴中人""国际享盛誉""毛泽东任教""不平等条约""当年一件事""致力于扫盲""博士下乡""奔走呼号""若干人物""一幅墙画""卓有成效""家国情怀""来寻故地""声情激流""可做楷模"。收入湖南省武冈师范《晏阳初教育思想研究》编辑会所编的《晏阳初教育思想研究》(湖南教育出版社 1988 年版)中。

是年 对自己九十年的生活历程进行口述,由美籍华人女学者李又宁撰写成《九十自述》⑤,刊载台湾《中国论坛》杂志。由其侄子晏昇东供稿,收入宋编《文集》、詹编《文集》、旧版《全集》第二卷。全文共六章,内容如下:第一章"火种的故事",由"亲恩永怀""民本思想的火种""鞭训难忘"小节组成;第二章"腹有哲理气自雄",由"内地会""朦胧初视苦力之苦""姚牧师与西学堂""领受两项终生影响""学友切磋触动志向""与西学启蒙师告别""襄助一位了不起的人""心在传道或救国

---

① 朱铁英:事迹未详,待考。
② 约翰·赫尔塞(John Richard Hersey, 1914~1993):美国普利策文学奖获得者。
③ 王德:事迹未详,待考。
④ 陈元:事迹未详,待考。
⑤ 晏阳初口述,美籍华人学者李又宁撰写,本文为完成的前六章。

间"'三C'火种待机燃"小节组成;第三章"在香港的悲欢岁月",由"扬子江水流千里　不及文轩送我情""面对挑战　不畏不息""海外初发第一炮""友谊与琴歌""故人永在思念中"小节组成;第四章"常青藤下",由"海中之变""新港温情""民主的现身说法""世上最伟大的事""爱的驱使"小节组成;第五章"'有教无类'的现代意义",由"民可使教之""破天荒的事""教学法的新曙光""德智并重""发现了一种新人"小节组成;第六章"乐而思蜀",由"古典的学院生活""基地和利器的探索""许芹牧师和他的家庭""终生伴侣""悲与喜"小节组成。全文近5万字。(参见旧版《全集》卷2,第492～555页)

1988年(戊辰)　九十八岁

1月　蒋经国病逝。

同月　国家教委在北京召开全国高等教育工作会议。

2月　韩国卢泰愚就任总统。

3月　中共十三届二中全会在北京举行。

3～4月　七届人大一次会议在北京举行。会议通过《中华人民共和国宪法修正案》《中华人民共和国全民所有制工业企业法》《中华人民共和国中外合作经营企业法》。会议通过成立中华人民共和国澳门特别行政区基本法起草委员会的决定、设立海南省的决议和建立海南经济特区的决议。

4月　台湾红十字会开始受理转递大陆信件。

7月　亚洲30亿人口日。

9月　中共中央政治局召开中央工作会议,讨论全面深化改革问题。

同月　第24届汉城奥林匹克运动会开幕。

同月　中共十三届三中全会在北京举行。全会确定把1989、1990两年改革和建设的重点突出地放到治理经济环境和整顿经济秩序上来。

11月　中共中央、国务院召开的全国农村工作会议在北京举行。

同月　我国宣布承认巴勒斯坦国,两国建交。

11～12月　国家教委、河北省人民政府联合在石家庄召开河北省农村教育改革实验区第三次工作会议。会议总结交流实验区工作经验,表彰先进单位和个人,研讨并部署进一步深化实验区教育改革工作。会议提出,实验区要进一步加强领导,深化教育内部改革,积极组织实施"燎原计划",大力推进经济开发,并确定相应措施。1989年3月10日,国家教委、河北省人民政府联合印发本次会议的纪要。

12月　邓小平在会见印度总理拉吉夫·甘地谈话时指出,要以和平共处五项原则为准则,建立国际政治新秩序和国际经济新秩序。

是年　韩国新宪法生效。

1月　从纽约赶到菲律宾马尼拉,为在菲律宾召开的国际乡村建设研讨会筹

划和指导。（《渝版纪念文集》，第 98 页；詹等著《评介》，第 387 页）

3 月　吴福生①在《团结报》1988 年第 13 期上发表《重视开发"脑矿"——晏阳初博士一席谈》。

4 月初　邀请中国和许多第三世界国家的乡村工作者在 IIRR 召开了乡村改造研讨会②，目的是把中国的经验传播到广大第三世界。（晏著《传略》，第 288 页）

4 月 12 日　参加在菲律宾加维特（Cavite）省思朗（Silang）镇举办的菲律宾 IIRR 国际乡村改造研讨会。（《渝版纪念文集》，第 98 页）

4 月 19 日　经其多方努力，中国代表团应菲律宾国际乡村建设学院的邀请，赴菲参加中菲国际乡村改造研讨会。下午 5 时到住地菲律宾国际乡村建设学院，继后到其夫人许雅丽的墓地吊唁。（《定县足迹》，第 231～232 页）

4 月 21 日　在 IIRR 的住所里接见了中国代表团全体成员——全国人大教科文委教育室主任吴福生先生、郁晓民女士、中央教科所研究员、旧版《全集》的主编宋恩荣先生、四川省晏阳初研究会会长詹一之先生、副会长陶维全先生、原乡村建设学院的学生、定县的政协主席李济东，河北省政协常委严仁覃③和国家教委的代表共 15 人。（晏著《传略》，第 292 页；《定县足迹》，第 233～234 页；《渝版纪念文集》，第 98～100 页）进行了长时间的亲切交谈，真诚谈道："你们是我的同胞，我也是你们的同胞，今天能在菲律宾欢迎来自祖国的亲人，并共同讨论乡村改造问题，真是莫大的荣幸。"（晏著《传略》，第 292 页）接过河北省政协送的《击水南海》画和定州市（原定县）送的《月季花》画，端详着说："雄鹰击水，很好！很好！鼓励我搞事业就要像雄鹰击水一样，要有勇气。"接着说："你们的到来，反映了邓小平先生领导中国走向改革开放的魄力，也为 IIRR 开创了与共产党领导的社会主义国家交流与合作的先例。多年来，祖国、故人时在念中，'举头望明月，低头思故乡'，我希望能在有生之年为祖国的建设事业尽自己的绵薄之力！"（晏著《传略》，第 292～293 页）

4 月 24 日　晚上，聆听四川代表詹一之与陶维全汇报四川省重庆市与平教会

---

①　吴福生：曾任全国人大教科文卫委员会教育研究室主任、研究员，中国教育学会常务理事，中国高等教育学会理事，中国职业教育学会理事，中华职教社理事，中国比较教育学会顾问等职。

②　为了让祖国各界人士更多、更好地了解他从 20 世纪 50 年代起，在国际上从事平民教育、乡村改造的成就及经验，在第二次回国访问结束后不久，国际乡村改造学院就向北京和几个省、市的有关人士发出邀请，拟于 1988 年 1 月在菲律宾国际乡村改造学院举办中国与国际乡村改造学院关于乡村改造研讨会。但由于被邀请的代表在国内办手续时碰到的一些麻烦，对方会期不得不一再推迟，直到 4 月中旬才得以举行。该会会期为 11～26 日共 15 天，中国代表团 19 日才赶到。（参见旧版《全集》卷 2，第 556 页；《定县足迹》，第 233～234 页；《渝版纪念文集》，第 98～100 页）

③　严仁覃：民盟盟员，曾任省委副主委、河北省城乡建设厅高级工程师、总工程师兼规划院院长，河北省建设委员会总工程师、省政协常委。

在北碚歇马场合办乡村建设研究中心问题。参加的还有国际乡建学院弗拉维尔(Juan M. Flavier)院长、颜彬生女士和秦宝雄先生。(《渝版纪念文集》,第100页)

4月26日 国际乡村改造学院为中国代表举办的研讨会快结束时,中国代表提出希望在中国举办一次关于先生平民教育、乡村建设思想的国际学术讨论会,当即得到国际乡村改造学院负责人的积极支持[①]。(詹等著《评介》,第389页)

4月28日 为平教、乡建事业筹款,离开菲律宾飞往加拿大。后因过度劳累,途中生病,被迫回到纽约治疗。(《渝版纪念文集》,第100页)

4月30日 阅读鲁弗斯·马修·琼斯(Rufus Matthew Jones)《告语我们这个时代》一书,在第一百七十页做批注,注文见1982年1月24日条。(新版《全集》卷3,第627页)

4月下旬[②] 在菲律宾国际乡村改造学院举行的国际乡村改造学会研讨会上做报告,报告分五次做完。其讲话录音经李剑波、颜芳等初步整理,由参加本次学术研讨会的宋恩荣做删节、归纳、修订和注释后,以"在乡村改造国际学术研讨会上的报告"为题,收入新版《全集》第三卷中。在第一讲"开创"[③]中,首先,欢迎来自中国的代表。"你们是我的同胞,我是你们的同胞。我从事乡村改造工作已有七十年,穷干、苦干、硬干,从在中国干,到在世界干。今天能和你们一起讨论乡村建设问题,真是莫大的荣幸。"其次,谈乡村改造运动当今的任务。"首先就是让世界人民都能成为民主国家的国民,用英文说就是'to protect democracy'。其次是'to make the world protect and feed democracy',即保护和培养民主。我们的工作是培养,不是保护。因为我们还没有真正的民主,没有民主国家可以保护。因为我的口语(slogan)[④]是'to make the world feed democracy',即培养民主。"第三,介绍自己在法国劳工营服务的经历。包括如何参加美国留学华人到欧洲做志愿者;到法国白朗为华工服务中如何帮华工写信,进而教华工识字,办华工识字班和《华工周报》;如何采用分组教学和助教制;如何招募志愿者;进而通过识字教育提升华工的思想觉悟。① "明白中国农民不是'不可

---

① 后经国际学院与我国家教委中央教科所商讨,认为河北定县是晏老乡村建设的发祥地,因而决定这次会议在河北省省会石家庄市召开,并由国际学院、中央教科所和河北省教委共同主办。会议原定于1989年9月或10月举行。后因受到当年北京政治风波的影响,延期到1990年5月。

② 因签证问题,北京、四川、山西代表一行7人晚到了4天(见新版《全集》卷3,第619页注释)。4月19日下午五时才赶到住地菲律宾国际乡村建设学院,继后又与晏阳初一道去许雅丽墓地吊唁。(见上"4月19日"条)而晏阳初第一次作报告就明确提及"欢迎来自中国的代表",可见作报告的时间不是从4月13日开始,最早是4月20日,最迟不超过4月25日,故这里以"下旬"统称。新版《全集》卷3,第601页所注时间"4月13~25日"不够准确。

③ 参见《渝版纪念文集》,第98页。

④ 口语(Slogan):这里的"口语"应为"口号"。"Slogan"应译为"口号"为佳。

教'，而是'无教'，成为文盲不是他们的错。"② "中国有很多高级官吏，他们离'皇帝'很近，都是上等人，但他们其实是'民盲'。我认为中国有两种瞎子，一种瞎子是文盲，一种瞎子是没有认识到人民的潜在力量和智慧的'民盲'。人民不但愿意学习，而且很勤恳地学习。……在中国成千上万的人民中肯定隐藏着很多有潜在力的林肯、爱迪生、福特，具体有多少'脑矿'是无法说清的。……中国人民非常聪明，不但愿意学习，而且有能力学习，但他们却没有机会学习。那些'民盲'只会纸上谈兵，写很多'救国'的文章，但对救国救民却毫无用处。中国最大的罪人是谁？民盲。最可怜、最应该获得发展的是谁？苦力。只要给苦力机会，他们就会愿意学习。这不仅与中国有关系，而且与其他国家也有关系。"于是主张"发动教育上的革命"。③ 立志不想升官发财，只希望把自己所有的一切奉献于那些可敬可爱的苦力、同胞。④ 人民是衣食父母，也是国家的保卫者，"人民是我们的恩人，而'民盲'则是我们的仇人"。⑤ 平民教育的"平"不是贫穷的"贫"，而是平等的"平"；"只要我们都是中国人，我们都是平等的。既然大家都是平等的，就应该有平等的机会受教育。正像我刚才说的，中国人不是不可教，而是根本无教。"在第二讲"平教运动"①中，首先，阐述"民为贵"。重申古训"民为邦本，本固邦宁"。认为"人民是国家的根本，只有'民为邦本'，国家才可以安宁"。其次，谈开展定县实验和成立国际乡村改造学院的目的。"简单说，我们要开发世界上最大的脑矿，使人民的潜能得到发挥"。第三，谈改造自己的重要性，"如果我自己不改造，就不可能改造人民。……如果我们和人民合不来，就不可能改造社会、建设国家。"第四，谈在定县开展了十年乡村建设工作的原因。① 受中国人被日本看作东亚病夫的刺激，努力把"病夫"去掉。② 留学日本、欧美的知识分子回到中国后看到中国与日本有天壤之别，开始反思中国社会问题，而一般知识分子丝毫不注意民众的苦。③ 中国平民教育促进会正在办全国的识字运动，已经坚持了十多年；也正在创作平民文学，让识字的农民有书可读。从事平民教育的知识分子不再觉得"英雄无用武之地"。第五，介绍平民教育的目的是"作新民"。① 培训农民。介绍自己和平教会同仁"从成千上万的汉字中挑出一千三百多个最基本的字，教给劳苦大众"；"出版了一千多本教材，很便宜地卖给平民，在晚上给他们上课，教他们识字"；"努力说服了著名戏剧家熊佛西加入我们（的事业），……他写了很多感人的剧本"；"请了一位著名的画家到定县来……画出了很多反映民众生活的作品"；"后来其他知识分子在创造中也注意深入浅出，把农业、卫生、教育等知识都简单化，让农民看得懂"。② 增

---

① 参见《渝版纪念文集》，第 98 页。

加农民的收入,增进他们的自尊,充分发扬他们的潜伏力。"最重要的事就是把深奥的问题简单化,一切要科学化。"③ 训练士兵,提升士兵的文化水平。到北方的张学良的东北军给第二十六旅和第二十七旅的士兵开识字班,让士兵学会读书看报,还办了《士兵周报》,并拒绝张学良要挟当北方政治组织的领导人和拟捐赠平教会的八百万元的基金。第六,提醒参会人员,包括中国去的代表,思考"定县的经验是否还适合中国的需要,以便更好地发扬农民的潜伏力";提醒大家不要轻视吴相湘编著的《为全球乡村改造奋斗六十年——晏阳初传》一书。第七,介绍平教会的信条。"'与平民共同生活,向平民诚心学习',了解人民后再对症下药"。最后,为20世纪50年代以来的几十年"不在中国,不能为中国做事"感到惋惜,也对当时残酷的阶级斗争持批评态度,为爱子晏福民在"文革"中被迫自尽表示痛心,对有人认为他是美国间谍感到很伤心,明确表示"无论何时何地,我晏阳初绝对不会做间谍"。在第三讲"平民实验区"①中,首先,介绍拒绝做北方的政治首领是"因为我们要自由(freedom),不要别人管我们。我做了别人不敢做的事情。……我们不愿意做富人,不愿意成为他们的奴隶,而是努力到外面去宣传,去募捐。我们坚持穷干、苦干、硬干,坚持我们的自由和独立,最后我们获得了尊重和崇拜。当时中国进行了二十多年的内战,后来和日本鬼子打仗打了八年,但我们坚持进行乡村工作,在国际上也获得了尊重。"其次,谈平教会精神。"富贵不能淫,威武不能屈,贫贱不能移,这也是我们平教会的精神。没有这种精神我们不会取得任何成就。"第三,表达向与会人员学习。"和你们相比,我做得不算什么,我们应该向你们学习。"第四,强调自己是中国人,思念祖国,愿为开发国人的脑力尽力,愿为促进中菲合作尽力。"我仍然是一个中国人,'床前明月光,疑是地上霜,举头望明月,低头思故乡'。我不能不低头思故乡。今天,我的目的是告诉你们,我们不是为钱,也不是为官,而是为开发至少八万万农民的脑力。中国拥有世界上最大的脑力,开发人们的智力,中国就会实现真正的团结。中国有几千年的历史,我们要促进中菲两国的合作,我们对工作毫无怨言,愿意鞠躬尽瘁,死而后已。"第五,夸赞秦宝雄博士②、弗拉维尔院长和为国际乡村改造学院募捐的人士。第六,谈自

---

① 参见《渝版纪念文集》,第98页。

② 秦宝雄(1917~2012):国际乡村改造学院副院长、晏阳初的秘书颜彬生的丈夫。出生于北京。1936年考入清华大学经济系,学校南迁而未能回校继续读书。1938年赴美,毕业于美国普渡大学电机系,获工程学士和硕士学位。先在纽约开工程事务所,后在美国国际商业机器公司(IBM)任高级顾问,1986年退休。定居于纽约市北郊。一生忠心支持夫人颜彬生所从事的乡村改造事业,曾任国际乡村改造学院董事会董事。2010年还担任国际平民乡村建设理事会秘书长。2012年6月病逝于美国纽约。撰有《往事杂忆》4篇(《忆丁文江》《谈晏阳初》《清华往事》和《童年岁月》)等。

己的三个弱点。"第一,我忘记了我的年龄。第二,我忘记我只能说一个钟头。第三,我忘记还要说一件事情。"最后,介绍自己保存着的、六十年前由好朋友甘博完成的一个调查报告——《北京社会调查》(*Peking China*①)。夸赞他为调查克服很多困难的敬业精神。由此强调做事情要靠自己、要认真。"我们认为号召人民做一件事,要想真正干得好,必须依靠人民自己做。政府、有钱的人都可以帮助人民,但人民不能完全指望他们,必须依靠自己。所以我要把这本书介绍给你们。中国人的态度是差不多就行,实际上这是不行的,要真正把事实弄清楚。我们还要与从前的苦力(也就是现在的学生)共同商量着做事情。"在第四讲"四大连锁"②中,首先,强调应该深入民间,但"许多最初创办这些工作的同仁们与他们的夫人常常发生冲突",反对"回国后却跑到农村,住在穷乡僻壤的地方"。其次,介绍当时在国外留学很多年回国者"刚回国时,满腔热情,想为国家作贡献,然而政府腐朽不堪,他们大失所望,感觉所受的教育无用武之地"的情况。第三,强调平民教育运动对知识分子的吸引与激励。"后来他们了解了我们做的工作,就高兴起来。我们的做法激发了他们的自尊心、自信心。当时我们在全国各地办识字运动,每一个省都有中华平民教育促进分会。开办平民教育是中国自古以来就没有的事,要让全国人民都能够读书看报,这是很了不起的一件事。"第四,分析中国文化与美国、日本的差异,尤其指出中国当时使用的是文言文,"一切藏书都使用文言文。即使他学会了千字课,也没有办法阅读古籍。以前中国的大学者和大作家写作都用文言,不会写白话文。但是(现在)有很多学者愿意加入我们的行列,他们开始学着写白话文,让农民有办法读书看报。"而美国有两种文字即拉丁文和英文,英文是面向大众的;日本人很聪明,他们把从中国学来的东西简单化、平民化,这样劳苦的民众就可以在短时间内学会看书看报。最后,分析知识分子要深入民间的原因。"因为我们能读得懂书,但对人民却完全不了解。我们这一帮文人学士对人民而言,就是'民盲'。文盲不能够看书、看报,图书馆对大部分中国人来说是没有用处的;而'民盲'不了解人民,不会写白话。因此我们必须进行乡村改造,开发人民的潜伏力。……为此,我们只有离开象牙塔,深入民间,与农民打成一片,做农民的朋友,向他们学习。""我们要真正为人民谋福利,为世界谋利益与和平,先从哪里做起啊? 先要从那些乡民做起,他们是中国的根本。我们(留学归来)去乡村里面工作,农民却以为我们是外国人。因此,我们要再造我们的身体,再造我们的眼光,再造我们的思想,再造我们

---

① Peking China: 应是 "*Peking: A Social Survey*" (New York: George H. Doran, 1921)之误。

② 参见《渝版纪念文集》,第 98 页。

的行为,再造我们对他们的态度,完全改造自己。知识分子虽然愿意帮助人民,但不知道从哪里做起,不知道怎么做农民的指导人。所以,我们首先必须深入民间,去认识问题,研究问题,要谦恭地向乡民、苦力学习。……总之,我们先要当学生,不要当先生,要到民间去,与农民同吃同住。我们是学习家,要到每一个村子学习,向成千上万的农民学习,然后改造自己。我希望大家了解,在改造国家之前,先要改造自己。只有通过亲身体验苦力的生活,才能知道苦力的苦,否则只能知其一不知其二,知其然不知其所以然。”在第五讲乡村改造信条①中,首先,谈乡村改造信条。重点谈三大信条:“深入民间;与平民共同生活,向平民诚心学习;共同计划,共同工作。”“从他们所知开始,用他们已有来改造;以表证来鉴别,从实践来学习。”“不是装饰陈列,而是示范模型;不是零零星星,而是整个体系。”其次,论当时中国在一定程度上有了科技的能力、科学的知识,乡村改造运动能不能做到继续深入。提醒人们深思过去“农民为什么都没有饭吃呢?”认为此问题很重要,“需要深入研究,要有研究心得。”很佩服别的国家大干特干。认为找到让本国穷乡僻壤苦力改善生活的唯一办法就是深入民间。第三,介绍国际乡村改造学院所面临的“(规模)很小,没钱,不敢再多加几个人”的困难,但团队有自己的精神——“贫贱不移,威武不屈,不愿意发财、升官,这是我们的气魄和人格。”第四,谈国际乡村改造学院的愿望和志向。“第一,要治国;第二,我们要帮助天下平民。在国际乡村改造学院,我们除了教农民科学外,还教他们四个字:‘天下一家’”;“先是穷干,然后是苦干,硬干!无论别人是否走得通,我们要想办法走得通”;“虽然没有钱物,没有人力物力,但是,我们愿意牺牲一切去争取实现一个美好的世界”;“我们不迁就社会,以愚公移山的精神改造社会”;“我们不是去救济农民,不是可怜他们没有饭吃,没有衣服穿,没有住的房子,我们是信任他们,崇拜他们,他们拥有天下最大的脑矿。假如我们开好脑矿,社会就会有天下最好的医生,最大的医学家,最大的数学家,最富的人民。只要这个世界上还有穷人,我们就有责任。”“我们最大最后的目的是什么呢?一方面,对于国家,‘民为邦本,本固邦宁’,没有这八个字,国家非倒塌不可;另一方面,我们不像法国、英国那样去开拓殖民地,我们要实现‘天下一家’。……我们的工作要做到两点:一是治国,治国的根本哲学就是民为邦本,也就是民本主义;一是天下太平,天下一家,我们都是一家人,都是弟兄姊妹。这也是国际乡村改造学院的宗旨。我们没有一个人愿意去做官、发财,没有一个人沽名钓誉。我们的出发点很简单,要下乡培养‘新民’。……我们要实现天下一家,这是最后的目的。没有

---

① 参见《渝版纪念文集》,第98页。

实现天下一家,我们的工作就不会停止。"第五,表达自己的希望。"希望乡建工作可以一代一代地传下去。我希望今天在座的各位同胞,有同样的看法,同样的气魄,真正为人民工作,愿意为人民贡献自己的一生,和人民打成一片。我相信,天下一家不是一件不可能的事,梦想可以成真! "第六,提醒人们好好思考"为什么三千年来没有平民教育?"批评拉丁美洲和非洲的政府人士至今还不重视开发民力,中国也长期不理会"民为贵"。"我们发现这个苦力的苦和苦力的力,可是拉丁美洲以及非洲的政府人士,领导人,不注意这个。民为贵、君为轻,这是中国的古训。但是,长期以来人们没有理会,一点都没有理它,这是中国的一个大问题。还有一个呢,一句话就是所谓愚民政策。这是一个很大的问题:愚民政策。这是天下最羞耻的一桩事情,最羞耻的一桩事,不能见人的一桩事情。我们这个国家弄成一个愚民政策,甚而至于焚书坑儒,要把学者一个个斗倒、斗臭、杀掉。'四人帮'差不多都做到了。……怕有心人,怕有知识的人,他们害怕,因此啊,好了,就造成一个政策,叫愚民政策,这是没有平民教育最大的后果。他们不需要平民教育,害怕这个东西。"第七,谈自己七十年与苦力打交道,深知苦力真苦,一生"一不做官,二不发财,什么都不干,只干一桩事情,就是为这一帮苦力,为这一帮乡民,受压迫的人们而奋斗"。并谈自己对"平民"的"平"的理解——"这个'平'字不是贫穷的'贫'啊,是平等的'平'。其含义,第一,咱们都是中国人,都是平等的;第二,大家都应该有平等的机会,一样受教育;第三,社会公平了,天下才会太平。"提醒人们注意两种火,即明火和暗火,尤其要注意"潜伏的火,地下火(实指老百姓心中的怒火——引者注)"。第八,谈乡村改造运动在菲律宾的影响力。"当我们(在菲律宾)的事业取得一些成功后,叛乱分子的头子就主动向政府投降,他对参谋总长和国防部长说没有理由再继续叛乱,因为我们(的乡村改造)已经实现了(他们)为之奋斗的目标。后来总统也认识到我所从事的这项工作的意义,而且很感激我们所做的事情,并想把我们的组织提升为全国性的组织。"第九,谈回国之感,尤其强调自信的重要。"我这次回国,看到了你们如何运用自己的实践经验改造自己的国家。中国虽然有庞大的人口,但你们有信心发展自己的国家,我们也希望能够向你们学习。""一个人没有自信就没有勇气,做人之道最重要的是自信。我们能团结起来开展乡村改造工作,就是因为我们都有信心。我们能够全心全意地把整个灵魂都献身于我们的信仰和事业,并坚持不懈地进行工作,希望最终实现我们的理想。"最后,表达高兴之情。一是祖国大陆的代表能来参会。"你们这次来是非常不容易的,今天你们来了,我们心里高兴极了,骄傲极了。以前没有人会想到你们可以(从中国大陆到)这里来,我们一起开讨论会。如今梦想成真了,大家都非常高兴。"二是"很高兴今天下午来到这里,因为这是我第一次听说马纳汉先生描述的历史情况……今天我们很幸运地有机会听他讲述了一段有历史价值的故事。"此外,还谈及自己眼睛只有一只还可以看,即使戴上眼镜,看东西也是似是而非的样子。(新版《全集》卷3,第601~618页)

4月下旬 在菲律宾IIRR国际乡村改造研讨会演讲中途休息时,为从中国北京、四川、河北、山西来的代表赠书、签名。(新版《全集》卷3,第605页)

4月下旬 主持菲律宾IIRR国际乡村改造研讨会,在会上分为5个专题,先后作了5次报告①,主要讲乡村改造历史及哲学,包括第一讲开创;第二讲平教运动;第三讲平民实验区;第四讲四大连锁;第五讲乡村改造信条。内容丰富,精彩动人。(《渝版纪念文集》,第98页)

5月12日 阅读鲁弗斯·马修·琼斯《告语我们这个时代》(*Speaks to Our Times*)一书,在第一百七十页做批注,注文见1982年1月24日条。(新版《全集》卷3,第627页)

7月 宋恩荣在《教育研究》1988年第7期上发表的《晏阳初与乡村教育运动》一文系统阐述了晏阳初平民教育与乡村改造的理论:不仿古,不仿欧,创建适合中国国情的平民教育体系;除天下文盲,做世界新民;深入民间,推行文艺教育、生计教育、卫生教育和公民教育四大教育,采取学校式教育、社会式教育、家庭式教育三种主要实施方式。作者认为,借鉴乡村教育运动的历史经验,可推动当时农村的全面改革。

同月 谭健华②将约翰·赫尔塞在美国《读者文摘》上发表的《晏阳初——向愚昧贫穷开火的斗士》节译后在《文史杂志》1988年第4期上以《他在战火中走上平民教育之路》为题加以发表。作者以流畅的文笔描绘出这个为全世界亿万人民带来希望和尊严的佼佼者、一生献身于平民教育事业的伟大事迹,称赞先生具有坚韧不拔的信念和对未来的憧憬,虽然尚未名扬四海,却是20世纪促进社会进步的一股力量,他由衷相信平民的力量,毫不游移;先生坚信他的故乡——中国的目不识丁的贫苦工农和第三世界备遭践踏的平民,都能学会读书识字,讲究卫生,过一种有意义的、富于创造性的生活。先生将让世界获得和平与安宁的希望寄托在实现这个理想之上。虽几经挫折,但仍百折不挠地致力于实现他的理想。

---

① 宋编《文集》,第348页认为只做了四次报告,误也。
② 谭健华(1929～　):四川省社科专家,四川省教育学院(今成都师范学院)外语系教师,擅长英汉翻译。

8 月 6 日　参加美国朋友麦坦·梅森①夫妇在他们的安克拉姆农场举行的晏阳初 98 岁寿辰庆祝会，200 多名各界人士到会祝贺。（晏著《传略》，第 337 页）

8 月 25 日　河北定州市成立晏阳初平教思想研究会。

9 月　山西省教育科学研究所肖垠②在《当代教育科学》1988 年第 3 期上发表《开发"脑矿"使农民具有"四有"——晏阳初平民教育思想评介一二》。作者是在菲律宾参加国际乡村改造研讨会，并实地考察先生及其同事设计的菲律宾乡村平民教育实验村后，对其教育的主旨问题进行评介。首先，作者指出其平民教育思想的主旨是开发人的"脑矿"，强调对农民整体地开展四大教育，即生计教育、文化科学知识教育、卫生健康教育和团结自治教育，必须注意教育方式方法的简单化、经济化和实际化。其次，作者讲述了先生为了实践他的平民教育思想，从 1918 年以来，整整七十年一直以奉献的精神，在国内外从事着平民教育和乡村建设工作。第三，作者指出菲律宾国际乡村建设学院的工作，具体地推广了先生的平民教育思想，并结合第三世界的农村实际，在实践中得到发展：① 突出了平民教育中的生计教育，有着简单具体、积极实惠、实用科学三大特点；② 非正规的平民教育与正规的学校教育相结合，为人们提供更多的受教育机会；③ 从农村实际出发，对农民开展多形式、多层次的培训活动，帮助农民学习科学种植与养殖技术，学习科学使用方法和科学管理，提高农民的经济水平；④ 建立一种乡村改造的工作人员队伍，保证乡村建设与平民教育工作；⑤ 帮助农民建立平民组织。最后，根据其平民教育思想及国际乡村建设学院的实践，作者提出值得借鉴之处：① "博士下乡"，至今仍有重大而深远的社会意义；② 改造、建设农村，首先要了解农村及农民实际，进行细致、系统全面的农村调查，从实际出发取得有效改革；③ 农村的经济与社会发展，必须与教育紧密结合，特别是教育的整体改革与发展相结合；④ 对农民及其子女应整体进行经济、文化科学知识、卫生健康的四大教育；⑤ 要把农民家庭作为一个单位进

---

①　麦坦·梅森：生平事迹未详，待考。

②　肖垠(1924～　)：原名谢光瑾，河南孟津人。曾任山西省教育科学研究所研究员，全国教育学研究会理事，山西省教育管理研究会理事长。1947 年毕业于北京师范大学中文系。历任中央教育部教材编审委员会编辑、人民教育出版社政治教材编辑室负责人、山西稷山师范学校中文组主任、《太阳》文艺月刊主编、山西省教育厅政策研究组研究员、《山西教育》杂志编委及编辑组长、山西省教育科学研究所教育理论研究室主任、《教育理论与实践》主编。多年来从事教育科学的研究，现致力于中国农村教育的研究，已完成"六五"国家重点教育科学研究项目《中国农村教育研究》的专题之一《山区教育结构及发展的研究》，主持的"七五"重点教育科学研究项目为《提高农村基础教育质量与效益的研究》。主要著作有《教育后进生的对话》(合作，教育科学出版社，1985 年)等。主要论文有《当今世界教育思想改革趋势对我们的启示》(载《教育思想问题探讨》，吉林教育出版社，1987 年)、《试谈马克思论普及教育的两个问题》(载《学习马克思的教育思想》，人民教育出版社，1983 年)、《教育管理的指导思想和哲学基础》(载《学校管理的科学与艺术》，贵州人民出版社，1986 年)等。

行教育;⑥ 要培养农民自主向上的精神,教育他们为理想而奋斗;⑦ 认真发展农村的民族文化,加强农民的精神文明建设;⑧ 建立一批专门培训农村工作人员的机构,有效培养一大批自愿搞农村建设的工作人员队伍。

同月 由湖南省武冈师范《晏阳初教育思想研究》编辑会所编的《晏阳初教育思想研究》由湖南教育出版社出版,书名由周谷城题写。除收录先生的《平民教育概论》和《中国农村教育问题》外,多是一些学者的研究文章,包括覃松桂①的《了解晏阳初,研究晏阳初》,宋恩荣、夏映辉②的《晏阳初与平民教育运动》,任宝祥、庾国琼、王志祥的《晏阳初的平民教育思想和教育实践》,欧阳清晏③的《晏阳初的教育思想必须认真研究》,肖心刚的《我对晏阳初教育思想的认识》,曾昭伟④的《学习衡山乡村师范的办学特色,弘扬晏阳初的平民教育精神》,曾弥高⑤的《从衡师的办学特点初步领会晏阳初的教育思想》,邓昭赞⑥的《试论晏阳初"四大教育、三大方式"的现实意义》;颜湘清⑦的《发展全民教育,建设高度社会主义民主——对晏阳初平民教育思想与实践的思考》,邱源海⑧的《加强农村成人教育,为农村经济建设服

---

① 覃松桂:曾任邵阳市教委主任、邵阳市副市长、市政协副主席。湖南省武冈师范学校晏阳初思想研究会副会长。

② 夏映辉:中央教科所专家,《小学生生活》杂志主编。

③ 欧阳清晏:曾任武冈师范副校长、湖南省武冈师范学校晏阳初思想研究会副会长。

④ 曾昭伟(1940~):洞口县人。1958 年考入湖南师大,1962 年毕业分配在武冈二中任教,先后担任教导主任、副校长等职。1983 年任宣传部长、县委常委、县文联主席。1986 年调任武冈师范党委书记。1992年 1 月调任湖南广播电视大学邵阳分校党委书记。1992 年 7 月调湖南省社会主义学院任教务处长,曾任该院院务委员、工会主席、教授。所主编的《晏阳初教育思想研究》(40 万字,湖南教育出版社出版)获湖南省哲学社会科学 1991 年优秀成果奖、邵阳市哲学社会科学优秀成果一等奖。1992 年以后负责编写了《统战领导学》(吉林人民出版社)、《爱国统一战线基础》(武汉出版社)、《爱国统一战线与中国特色社会主义》(学习导报刊登)等统战理论著作,并获得 1995 湖南省统战系统优秀作品奖。1994 年 9 月起被聘为中共中央党校政治思想科学专业委员会特约研究员。1995 年 8 月起被聘为全国党建学会研究员。担任湖南省武冈师范学校晏阳初思想研究会秘书长。

⑤ 曾弥高(1912~):湖南武冈人,大学文化。历任小学校长、中学教师、中师语文教师、生活指导主任、教导主任、邵阳地区小学语文教研会理事、武冈小学语文教研会副会长、武冈师范学校晏阳初教育思想研究会理事,先后从事教育工作共 50 多年。在武冈师范学校工作期间,曾致力于小学语文教学研究,为改进武冈教学付出了一定的心血,多次被评为先进工作者。作品有《小语教学必须注意培养儿童的求异思维》获邵阳地区小学语文教研会学术交流论文甲等奖;《从衡师的办学特点初步领会晏阳初的教育思想》和《发扬平教思想,深化教育改革,提高农民素质》,收入湖南教育出版社出版的《晏阳初教育思想研究》第 1、2 集。另著有《八十自述》《中华民族形成的经过、原因及其发展前途》。

⑥ 邓昭赞:湖南武冈师范学校教师。撰有《情感与教学》《情感与教学的初步认识》等论文。

⑦ 颜湘清:生平事迹未详,待考。

⑧ 邱源海(1957~):湖南洞口人,湖南师范大学毕业,高级讲师。曾任湖南武冈师范学校教研室主任,武冈师范学校晏阳初教育思想研究会理事,邵阳市作家协会会员。多次被评为优秀工作者、优秀班主任。1987、1997 年两次荣立三等功。合作的《未来小学教师素质培养实验研究报告》1997 年获全国科研成果评比三等奖。1990 年至今先后在报刊学术会议上发表教学论文 60 余篇,多次获得奖励。

务》,刘道顺①的《晏阳初的平民教育与武师的民族师范教育》,傅万邦②的《"平"字新诠》,许新民③的《晏阳初教育思想的卓越实践家汪德亮生平简介》,陈元④的《平民教育家晏阳初印象记》,萧月衡的《我们会见了平民教育家晏阳初博士》,杨启永⑤的《读晏老为武师题词——"民为邦本"后》,《湖南省武冈师范学校简史》。

10 月 21 日　在其 98⑥ 寿辰来临之时,收到美国总统罗纳德·里根从华盛顿白宫发来的贺辞。贺辞中首先表达美好的祝愿。其次,赞赏全心全意为他人服务并为发扬"人们有潜力解决自身的问题"这一思想所做的终身努力。"在我任职期间,最大的报偿之一莫过于得知有像您这样全心全意为他人服务的贤达之士。正像您所做的那样,我始终相信,人们有潜力解决自身的问题。我很赞赏您为发扬这一思想所做的终身努力!"第三,表达全世界的人们的崇高的敬意和热爱。"我认为这就是人们敬献给您的最丰厚的礼物。"称誉其所作出的贡献,造福人类。"您为免除人类的愚昧和贫困所做出的贡献是您赐予未来一代最宝贵的财富。您是一个真正的人!"最后,再次表达生日祝福。(旧版《全集》卷 3,第 803 页)

10 月　刘钢⑦在《重庆地方志》1988 年第 5 期上发表的《晏阳初行迹》中着重从立志与办学、平教之初、定县十年方面阐述晏阳初平民教育和乡村建设的实践活动。

11 月 26 日　湖南武冈师范(其前身是其倡办的湖南衡山乡村师范学校)成立

---

①　刘道顺:高级讲师,中共党员,1987 年毕业于中南民族学院中文系,获文学学士。现为中国教育写作学会会员、中国教育学会小学语文教学法研究中心会员,曾任湖南省武冈师范学校晏阳初教育思想研究会理事、副秘书长。曾任湖南省武冈师范学校年级备课组长、语文教研组副组长、学校教育科学研究室主任等职。多次获得优秀班主任、先进工作者、优秀作文指导教师、优秀实习指导教师、优秀共产党员等荣誉称号,并于 1999 年度受到邵阳市教委行政嘉奖。

②　傅万邦:生平事迹未详,待考。

③　许新民(1940~　):湖南武冈人。中师毕业后被保送入邵阳师专学习。后为武冈师范语文高级讲师。系民盟武冈市委主委、政协武冈市委常委、湖南省作家协会会员、邵阳市作家协会理事、中国教育写作学会会员、全国文学社团研究会副会长等。在教学改革中勇于探索,不断创新。指导该校学生社团"凌云文学社"已先后多次被评为全国优秀文学社团,主编的社刊《凌云文学》于 1994 年荣获全国文学社刊大奖,1999 年获全国校园社刊特等奖;曾多次被评为全国优秀指导教师,荣获全国"育才奖"和全国"优秀辅导员"光荣称号,1995 年曾曾宪梓教育基金会教师奖。

④　陈元:生平事迹未详,待考。

⑤　杨启永(1923~　):湖南武冈人。小学毕业后,接受 10 年师范教育,1954 年华中师大教育系毕业。先后在湖南新化、邵阳、洞口、武冈等师范学校任教育学和心理学教学工作。1987 年评为高级讲师。是中国心理学会和湖南心理学会会员,湖南邵阳地区教育学会理事。1959 年参加《湖南中师教育学教学大纲》的编写。所编教材《教育学》和《心理学》于 1978 年和 1980 年由湖南人民出版社出版发行,在教育部部颁统一教材未发行前是湖南中师的通用教材、湖南教育工作者教育理论学习读本。

⑥　当时误认为是 95 岁,实为 98 岁。因原来凭记忆误记而致。参见 1890 年"10 月 30 日"条。

⑦　刘钢:生平事迹未详,待考。

"晏阳初教育思想研究会"。刘欣森①在成立大会上做了《研究和借鉴晏阳初的平民教育思想,为深化教育改革和发展农村经济服务》的讲话。(《湘版思想研究(二)》,第1~3、275页)

11月27日 湖南武冈师范召开的晏阳初教育思想研究会通过《晏阳初教育思想研究会章程》,包括"宗旨""任务""会员""机构""经费"和"附则"共6章12条。宗旨是"晏阳初博士是现代我国和世界著名的平民教育家。晏阳初教育思想研究会是研究、实验晏阳初平民教育思想和乡村建设理论的群众性学术团体。""本会以马克思主义为指导思想,采取科学的实事求是的分析方法,全面地深入探讨和研究晏阳初的平民教育和乡村建设的理论和实践,吸收其中的经验,为振兴中华,发展教育,提高民族素质服务。"任务有五项:"1. 广泛收集有关晏阳初教育思想与实验的资料,及时掌握海内外研究信息,深入开展工作。2. 以晏阳初当年创办的湖南武冈师范学校或其他地区为实验基地,开展实验活动。通过调查、改革、实验,及时总结经验。3. 举办学术会议,编辑出版学术书刊和有关资料,交流教育改革和乡村建设经验和科研成果。4. 加强与国内外研究晏阳初的学者、学术团体的友好联系与学术交流。5. 组织本会会员的教学、科研的评奖活动。"(《湘版思想研究(二)》,第271~272页)

12月 刘钢在《重庆地方志》1988年第6期上发表的《晏阳初行迹》(续)中着重从兴办乡建学校、在四川、海外生涯等方面阐述晏阳初平民教育和乡村建设的实践活动。

---

① 刘欣森(1925~2012):湖南涟源人。1949年8月参加革命工作,1980年1月加入中国共产党,曾任湖南省教育厅原党组副书记、湖南省教育厅副厅长、湖南省教育厅关工委主任和名誉主任、湖南省教育学会副会长、湖南省职工教育研究会副会长、《湖南省志·教育志》编纂委员会主任委员、《湖南教育史》总编、湖南省教育基金会秘书长。1991年12月离休。2012年6月17日在长沙病逝,享年87岁。

1989 年(己巳)　　九十九岁

1 月　《中华人民共和国香港特别行政区基本法草案》颁布。

同月　布什就任美国总统。

2 月　美国全球定位系统第一枚工作卫星成功发射升空,并进入太空轨道。

4 月　七届人大通过《中华人民共和国行政诉讼法》。

同月　大陆人口总数已达 11 亿。

同月　胡耀邦逝世。

5 月　苏共总书记戈尔巴乔夫来华正式访问,中苏两国和两党的关系实现正常化。

同月　国家教委发出"在全国建立农村教育综合改革实验区"通知。

6 月　波兰举行首次议会民主选举,团结工会候选人瓦文萨当选总理。

同月　中共十三届四中全会选举江泽民为总书记。

7 月　北京正负电子对撞机和北京谱仪通过鉴定。

同月　哥伦比亚、墨西哥、委内瑞拉三国集团成立。

同月　法国庆祝法国大革命 200 周年。

8 月　中共中央发出《关于加强党的建设的通知》。

10 月　中共中央隆重纪念李大钊诞辰一百周年。

同月　"希望工程"设立。

11 月　中共十三届五中全会通过《关于进一步治理整顿和深化改革的决定》。

12 月　美国总统乔治·赫伯特·沃克·布什与苏联领导人戈尔巴乔夫在马耳他举行高峰会,象征冷战的结束。

同月　中共中央发出《关于坚持和完善中国共产党领导的多党合作和政治协商制度的意见》,强调这一制度是我国的一项基本政治制度。

2 月　西南师范大学何志汉①在《中国教育学刊》1989 年第 2 期上发表的《论晏

---

① 何志汉(1924~1987):湖南资兴人。九三学社社员。1948 年毕业于中国乡村建设学院教育系,先后任中国乡村建设学院、川东教育学院助教、讲师,1952 年后在西南师范学院教育系任教,1987 年 　（转下页）

阳初的平民教育思想与实践》，着重论述了三个问题：一是以农民为主要教育对象，"解除苦力之苦，开发苦力之力"；二是两个文明一起抓，"即教育，即建设"；三是学以致用，"以社会为实验室"。作者认为晏阳初的平民教育思想和乡村建设实践，是根据我国具体情况，吸取了外国的有益经验，始终把"人"的建设作为建设新农村的前提，"即教育，即建设"，学用一致。这些观点，对我国当时农村教育改革，建立中国特色的社会主义教育体制，不无可借鉴的地方。

3月20日 四川省晏阳初研究会在原中国乡村建设学院校史研究会基础上在成都的四川师范大学正式成立。会长詹一之，秘书长刘学鉴①。来自省内各地和天津、湖南、贵州等省、市的代表参加了成立大会。在成立大会上，胡晓风②、林凌③、王均能④等作了学术发言。（詹编《文集》，"前言"第1页；姜编《记略》，第98页；四川晏阳初研究会网）

（接上页）评聘为教授。教学论专业硕士生导师。曾任四川省教育研究会理事长。从事教学论的教学与研究，为本科生讲授教学论、小学语文教学法、教育学原理等课程，主讲硕士学位课程教学论研究，协助指导博士生，为博士生讲授中国教学论研究课程。撰有《传统教学论和现代教学论管窥》《关于美育的几个问题》《论鲁迅教育思想的渊源及其贡献》《启发式教学新议》《论晏阳初的平民教育思想与实践》《鲁迅教育活动年谱（初稿）》《西方课程的发展和当前的改革》等论文10余篇，著有《教学论稿》（西南师范大学出版社1988年版）、《鲁迅教育思想浅谈》（四川教育出版社1981年版）、《怎样教小学语文》（湖北人民出版社1981年版）。

① 刘学鉴：四川文物总店原副经理，四川省晏阳初研究会首届秘书长。

② 胡晓风（1924～2012）：湖北武汉人。1938年加入中国共产党，历任津綦边区特支书记、下川南工委委员、县委书记，涪陵中心县委书记，涪陵地委办公室副主任、宣传部副部长、青委副书记、书记，中国共产主义青年团西南工委副部长、主任、部长，中共中央西南局青年委员会委员，西南团校教育长，中青社秘书长，团中央副部长，中国冬泳协会副主席，中华全国体总委员、常务，成都体育学院党委书记、副院长，省文教办副主任，省委宣传部副部长兼省高教局局长、党组书记，省委宣传部顾问，省顾问委员会委员等职务。1993年1月离职休养。著有《生活教育创造史》等书。

③ 林凌（1926～ ）：曾用名何颖达、何大海。山西平定人。1948年毕业于北京师范大学物理系。1949年后，历任北京石景山钢铁厂（现首都钢铁公司）工会副主席，重庆钢铁公司党委常委、工会主席、转炉厂党委书记，中共四川省委《上游》杂志编辑部工业组副组长，中共中央西南局工交政治部办公室副主任，中共四川省委政策研究室处长，四川省社会科学院研究员兼副院长，《经济体制改革》杂志主编，国家体改委兼职委员，中国工业经济协会副会长，中国城市经济学会副会长，四川省经济学会理事长等职。曾和蒋一苇提出两大经济体制改革建议：一是对首都钢铁公司这类大企业试行上缴利润递增包干责任制，二是在重庆这类大城市进行经济体制综合改革试点。两条建议均被国务院所采纳。著有《中国经济体制改革探索》《四川扩大企业自主权试点经验》《中国经济体制改革的目标模式和新体制的框架结构》《中心城市改革及其在新体制中的地位和作用》等。曾两次获得孙冶方经济科学奖。1988年被授予国家级有突出贡献专家称号。

④ 王均能（1932～ ）：重庆江北人，中共党员。1959年毕业于四川师范学院（现四川师范大学）物理系，留校工作。1960年起从事静电加速器研究。1963年在南京大学物理系进修理论物理。1964年起从事理论力学的教学和研究。历任讲师、副教授、副系主任、系主任。1983年10月开始任四川师范大学校长至1994年8月。1994年9月至1997年3月任中共四川师范大学党委书记。其间于1992年在中央党校地厅级干部班进修。1987年开始，先后被英国剑桥国际传记中心和美国传记协会选入世界名人录。曾任全国高等师范教育研究会副理事长、四川省高等教育学会副主席。撰有《在非惯性系中力学现象的观测》（选入亚洲实验物理论文集）等论文；主编有《走向未来的农村中学教育研究》（电子科技大学出版社1995年版）等书。

3 月　四川省巴中县成立以政协副主席黄道忠为会长的晏阳初研究会。（晏著《传略》，第 304 页）

5 月　胡宏文[①]在《湖南教育》1989 年第 8～9 期上发表《他曾与爱因斯坦齐名——晏阳初与武冈师范》，文中着重阐述了其平民教育思想对武冈师范起到了深远的指导作用，使其始终保持着其平民教育与乡村建设思想的特色。

夏　在纽约举办的"纪念乡村改造运动七十周年大会"上演讲《博爱、手足情、和平、平等、繁荣》。这次演讲是他本人生平所发表的最后一次公开演讲，在演讲中，他谈到了未来七十年关于博爱、手足情、和平、繁荣的前景。首先，阐述博爱、手足情与和平的重要。他说："我们的最终目标可用早在孔子之前的一千多年的中国圣人之言来表达，即四个汉字：天下一家。我们必须接受这个绝对真理：人类要生存，就必须相互之间亲如兄妹一样生活！……我们今天一直生活在核战争毁灭的笼罩下，在人类历史上从来没有什么时候比现在这样更急需把手足情谊、和谐、和平作为奋斗目标。我想强调的是提高产量和改善衣、食、住等条件仅仅是实现目标的第一步。那些经过我们的乡村改造培训的人必须要有一个坚定的目标，这个目标远比增加国民生产总值更重要。他们的眼界必须超越狭隘的民族利益，他们必须成为博爱和手足情谊的使者，成为和平的提倡者、和平的缔造者、和平的建设者！"其次，强调平民教育运动使命。他说："然而，只要世界上三分之二的人民——第三世界国家的人民，仍然面临贫穷、无知、疾病和不公。这样，世界和平就没有希望！中国平民教育运动的符号为'平'，它的含义代表的是和平与平等。没有平等，就不可能有和平。……因此，我们的使命就是把每个地方的贫困农民都提高到优越的兄弟姐妹那样的水平。"第三，对平民教育运动和乡村改造的前景做了描绘。"在平民教育运动与乡村改造上，经过七十年的辛劳和奋斗，我很荣幸地登上了人生之巅，看到了未来的景象。在那片土地上，富裕得到处都有牛奶和蜂蜜，公平就像河水顺流而下一样自然，正义就像巨大的江河一样宽广。在战胜贫穷、饥饿、无知、疾病等困难和取得手足情谊、博爱、和平等胜利上，我们有了一个光明的前景！"最后，他呼吁所有亲爱的朋友，呼吁关心人类幸福和地球上的每一个人，都来帮助

---

①　胡宏文（1951～　）：土家族，中共党员，湖南汉寿人。1976 年毕业于湖南师范学院。现任湖南教育报刊社总编辑、编审、《中国教育报》湖南记者站站长。从事新闻出版工作二十多年，已独立著书 1 部，参与著书 2 部，发表论文 16 篇，其他作品 80 万字。多次获国家级、省部级奖，其中省部级一等奖 2 次，全国性学术团体一等奖 5 次。1998 年被授予"湖南省优秀中青年专家"称号。1999 年被选拔为湖南省跨世纪学术技术带头人培养对象。撰有《大面积推行素质教育的探索——湖南汨罗市中小学教育改革 12 年写真》《加强教育期刊的三个冲击力》《创造性思维的五种品质》《论邓小平素质教育思想》等论文，著有《教育报刊采访写作方法论》一书，参编了《教育期刊编辑学》。

完成乡村改造运动的发展旅程,参与到争取富裕、公平、正义的大潮中去。（新版《全集》卷 3,第 623～624 页）

8 月　薛涌[①]在《书林》1989 年第 8 期上发表《晏阳初——从中国走向世界的平民教育家》。作者指出,先生提出的为落后地区创造良好的人文环境、采取“四大教育”结合的方针,对我们还是有所启示的。

同月　其部分著述经中央教科所研究员宋恩荣先生收集、主编为《晏阳初全集》第一卷由湖南教育出版社正式出版发行,共印 700 册。收入其 1916 年至 1937 年的论著和书信。主要有从事平民教育和乡村建设运动 70 余年间所写的专论、调查报告、总结报告,以及在国内外各种场合发表的演说和讲话。包括 20 年代为第一次世界大战法国战场上的旅法华工写的关于识字教育的文章、30 年代全力投入和倡导平民教育及乡村改造运动所写的专论。其中在定县实验区的整体调查报告,组织农民抗战自救的讲话和文稿等。（参见旧版《全集》卷 1）

同月　《民国档案》1989 年第 18 期刊出《晏阳初请赞助在晋省开展平教运动致孔祥熙函稿》。

9 月　因轻度中风,住进医院。以顽强的毅力与疾病做斗争,不久出院回家中疗养。养病期间,不停止工作,他要写一本书,留给未来的乡村工作青年。每天都用相当一部分时间进行这一工作,由他口述,专人笔录。生病期间,弗拉维尔曾赴纽约陪伴。一天,对弗拉维尔说:“你还记得你要辞职的那天吗?”“记得,晏博士,我很抱歉。”“不必,我正是要提醒你。”那是在 1970 年的一天,弗拉维尔曾提出想要辞职的要求时,一位世界伟人,竟说要屈膝求他。从而被先生对事业的那种精神所感动。躺在床上,对要回菲律宾的弗拉维尔说:“明天你要走了,请等等我,我也十分想去菲律宾。你知道,过去的 70 余年只是为未来的工作做准备,我的工作刚刚开始。”听了这话,弗拉维尔感动得流下了眼泪,一个为事业奋斗了 70 余年的垂暮老人,竟说工作才刚刚开头。同时,弗拉维尔也感到自己肩头的重担的分量,先生未竟的事业,要靠像弗拉维尔这样的一批人来继承。（晏著《传略》,第 293～294 页）

同月　周谷城在《教育研究》1989 年第 9 期发表《〈晏阳初文集〉序言》,着重阐述先生作为中国现代史上著名的教育家、世界平民教育运动和乡村改造运动的奠基人,对中国乃至世界的平民教育所做的巨大贡献。先生提出的“深入民间,到群

---

①　薛涌(1961～　)：1983 年毕业于北京大学中文系,先后就职于北京晚报社、中国社会科学院政治学研究所。1994 年赴美,1997 年获耶鲁大学东亚研究硕士学位,1999 年至 2000 年在日本进修,曾为耶鲁大学历史系博士候选人、波士顿萨福克大学(Suffolk University)历史系助理教授。近年在国内出版的作品有《直话直说的政治》《右翼帝国的生成》《薛涌看中国》等。

众中去"等十大信条,通过四大教育：即文化教育、生计教育、卫生教育、公民教育,培养广大农民成为具有知识力、生产力、强健力与团结力的新民的主张,以及实施四大教育所采取的学校、社会、家庭三结合的三大方式。这些实践经验的总结和实验研究的成果无疑对当时我国农村教育的发展与改革,对我国农村的开发与建设仍具有一定的现实意义。先生关于开发"脑矿"的思想,对当时我国正在进行的社会主义现代化建设仍有着重要的现实意义。先生与他所领导的平民教育及乡村改造运动自然不可避免地有其自身的和时代的局限。

10 月 15 日　在纽约用英文写信给堵述初。首先,述"自我最近一次访问中国已经两年多了。虽然我很想再次进行访问,但长途旅行对我来说变得越来越困难"。其次,惊讶地得知堵述初已八十多岁,为堵述初及其子女们都很好感到欣慰。第三,告诉堵述初美国设立了一个小基金会,其目的是为了对平民教育运动会的老同事给予一些帮助。很高兴地给他寄上两千美元,对他过去对平民教育运动所做的贡献表示感谢。同时,也是为了使他能够有个好身体和幸福生活之需提供点帮助。钱款不久将通过纽约中国银行汇给他。第四,希望堵述初能写出定县平民文化教育经验的回忆录,如项目是如何选定的、实验的内容是什么,刊登在《平民文学》上,将感谢不尽。认为"平民教育运动开创了中国的新的、朴实的、有用的文学。我们在平民文学方面所做的工作,将在平民教育运动历史上具有不可估量的价值"。最后,希望堵述初可以写些关于自己以及自己如何加入到平民教育运动中来的文章。(新版《全集》卷 4,第 763 页)

10 月 25 日　在美纽约寓所内庆祝 99 岁生日,国际乡村改造学院派代表 8 名前往祝寿。美国总统乔治·布什①给以祝贺。布什致晏阳初 99 寿辰②贺辞。首先,表示与芭芭拉的崇高的敬意和良好的祝愿。其次,赞赏服务发展中国家的平民

①　乔治·布什(George Bush,1924～　)：亦称老布什,生于马萨诸塞州米尔顿,美国总统(1989～1993)。是富有的投资银行家普雷斯科特·布什的儿子。先后在几所著名的私立中学学习。1942 年 6 月毕业于安多佛的菲利普斯学院后,参加了美国海军,第二次世界大战期间担任轰炸机飞行员。退伍后到耶鲁大学攻读经济学,1948 年获经济学士学位。大学毕业后,到得克萨斯州经营石油业。1951 年与人创办布什-奥弗比石油开发公司。1953 年至 1959 年是扎帕塔石油公司的创办人和董事。1956 年至 1964 年是休斯敦扎帕塔近海石油公司总经理。1964 年,布什参加得克萨斯州参议员竞选失败。1966 年竞选国会众议员成功。1970 年竞选参议员失败,被尼克松总统任命为驻联合国代表。1972 年任共和党全国委员会主席。1974 年任驻中国联络处主任。1975 年任中央情报局局长,1977 年辞职。1979 年被共和党提名副总统候选人并在竞选中获胜,1984 年连任。1988 年竞选总统成功。执政后,内政平平,但外交十分活跃。提出"超越遏制"战略。在任期内,东欧剧变,苏联解体,世界格局发生了根本变化。提出"新大西洋主义",调整与盟国关系。1991 年,发起"沙漠风暴"的军事进攻得胜。以此为契机,提出建立"世界新秩序"主张。1992 年,布什谋求连任失败。他的儿子乔治·沃克·布什(George Walker Bush,1946～　)2000 年 11 月当选美国第 43 任总统,并于 2004 年获得连任。

②　原误以为 96 寿辰,实为 99 寿辰。

所作的努力。"您一生服务于发展中国家的乡村平民,给了众多美国人极大的鼓舞。通过寻求给予那些处于困境中的人以帮助,而不是施舍,您重申了人的尊严与价值。我对您通过给予平民更多的自由和机会来帮助他们摆脱贫穷所作的努力表示赞赏。您已使无数人认识到,任何一个儿童决不只是有一张吃饭的嘴,而是具备无限潜力的、有两只劳动的手的、有价值的人。您是我们人类的颂歌,是你们同行的楷模。"最后,再次表达真诚祝愿。（旧版《全集》卷3,第804页）

10月 肖垠在《教育理论与实践》1989年第5期发表《有必要重新研究晏阳初的农村教育实验方法》。该文着重论述了重新研究先生的农村教育实验方法的必要性。先生在农村教育的实践中,注重农民教育方式方法的简单化、经济化与实际化,重视以社会实践为实验室的表证法的应用,采取了比较的方法,始终重视首先搞好农村的社会调查作为实验的依据。

10月上旬 在美国纽约做眼睛白内障切除手术。（欧阳清晏:《在国际乡村改造学院的日子里》,《师范教育》1991年5月31日）

10月底11月初 收到堵述初所撰两万余字的《定县实验中的平民文字》稿,因在病中,目力不行,由颜彬生先生坐在病榻前逐字逐句念诵,细心静听。听完后频频颔首,表情愉快。（新版《全集》卷2,第430～431页）

11月 宋恩荣所编的《晏阳初文集》由教育科学出版社出版,共印3000册。该书选编了先生从20世纪20年代至80年代各个历史时期的文章、演讲、报告等25篇,附录史料和介绍评价文章15篇。（参见宋编《文集》）

同月 前一年4月在菲律宾国际乡村改造学院举行的国际乡村改造研讨会上所做的乡村改造信条讲演,由宋恩荣记录并整理,后寄美国,经秦宝雄校阅,并征得先生同意,以"乡村改造运动十大信条——在IIRR国际乡村改造研讨会上的讲话"为题收入宋编《文集》出版面世。该信条与其曾于87岁(实为90岁)时手书的"九大信条",用词及顺序略有出入。首先,欢迎中国代表团参加了国际乡村改造研讨会,共同探讨乡村改造的理论与实践。"有10亿人民的国家派出代表团与一个民间组织共同探讨问题,这表明了中国领导人的气度与魄力,也反映了中国政府执行开放政策的决心。"其次,回顾1985年与1987年曾两度应全国人民代表大会副委员长周谷城先生的邀请回祖国访问,探亲访友,参观访问北京、定县、成都等地。谈道:"我亲眼看到祖国取得了了不得的成功,亲身体会到邓小平等先生固本工作的伟大成就。此行使我对祖国的前途产生了无限的希望,我真诚地希望能对新中国的建设力尽绵薄,做一点贡献。"强调参加IIRR研讨会是相互交流乡村改造的经验,共同探讨乡村改造的理论,以促进乡村改造的工作。希望争取更多的机会回到中国去学习。其次，详细介绍"乡村改造运动的十大信条"。"这是我们集 70 年工作经验的总结，也可以说是我们事业成功的十个基本条件。十大信条是：深入民间；与平民共同生活，向平民诚心学习；共同计划，共同工作；从他们所知开始，用他们已有来改造；以表证来教习，从实干来学习；不是装饰陈列，而是示范模型；不是零零碎碎，而是整个体系；不是枝枝节节，而是统盘筹划；不迁就社会，应改造社会；不是救济，而是发扬。"并逐条加以详细阐释。"最后，希望大家不辱使命。"我们为民服务，一定要牢记'民为邦本，本固邦宁'。现在世界上还有三分之二的人在受苦，我们不揣冒昧，不分种族，不顾国界，以改造乡村，来负起达到天下一家的使命！"（宋编《文集》，第 321～323 页）

冬　因摔伤，腿部骨折，后并发肺炎。

是年　廉芳①、力三②在《四川社联通讯》第 2 期上发表《晏阳初研究会成立》。

是年　熊贤君③在《教育论丛》（季刊）第 2～3 期上发表《试论晏阳初的"新民"说》。

---

①　廉芳：生平事迹未详，待考。

②　力三：生平事迹未详，待考。

③　熊贤君（1957～　）：博士。华中师范大学毕业后留校在教育科学研究所工作，从事教育理论的研究和教学。2002 年被华中师大增列为兼职博士研究生导师。后调深圳大学师范学院任教，任学前教育系主任，享受国务院特殊津贴。出版的主要著作有：《中国教育管理史》《中国教育发展史》（合著）、《晏阳初教育思想研究》（合著）、《从湖北看中国教育近代化》《皇子教育》《俞庆棠教育思想研究》《千秋基业——中国近代义务教育研究》《湖北教育史》（上、下卷，主编）、《现代中国科教兴国启思录》《中国女子教育史》等。

1990 年(庚午)　一百岁

3月　中共十三届六中全会通过《关于加强党同人民群众联系的决定》。

同月　国家教委发出通知,中等专业学校(含中师)原则上继续推行校长负责制,也可以根据情况,实行党委领导下的校长负责制。

同月　立陶宛独立。纳米比亚宣布脱离南非独立。

3～4月　七届人大三次会议通过《中华人民共和国香港特别行政区基本法》。

4月　中央宣布开发、开放上海浦东。

5月　江泽民在首都举行纪念"五四"报告会作《爱国主义和我国知识分子使命》讲话。

同月　拉脱维亚最高苏维埃通过了共和国独立宣言,定国名为拉脱维亚共和国,恢复1922年时该共和国宪法,宣布苏联宪法和法律在拉脱维亚无效。

同月　国家教委办公厅发出通知,要求各地进一步做好控制中小学生的流失工作。

6月　"十五国集团"(南南磋商与合作首脑级集团)首脑会议闭幕。

7月　第四次全国人口普查登记开始。10月,国家统计局公布普查结果:中国总人口为 1 160 017 381 人,大陆人口为 1 133 682 501 人。

同月　我国新研制的大推力运载火箭——长征 2 号捆绑式运载火箭发射成功。

9月22日～10月7日　第十一届亚洲运动会在北京举行。

同月　我国与新加坡建交。

11月　撒切尔夫人辞去英国首相职务。

12月　斯洛文尼亚人民表决脱离南斯拉夫。

同月　中共十三届七中全会审议并通过《中共中央关于制定国民经济和社会发展十年规划和"八五"计划的建议》。

1月16日前　接到 IIRR 副院长颜彬生的电话。颜彬生女士从印度考察回到纽约。电话中,她说:"我这次到印度南部参观了印度乡村会的一些工作,他们还建立了一个'甘(甘地)晏(晏阳初)教育中心'。你看什么时候我向你汇报呢?"（晏著《传略》,第294页)则约定1月16日见面。

1月17日　凌晨1时15分,因患肺炎,在纽约圣鲁克·罗斯福医院与世长辞。享年100岁。这位为中国和世界穷苦百姓奋斗了一生的世界伟人,走完了他辉煌的人生旅程。（晏著《传略》,第294页)

谱　余

1990 年

1 月　80 多个国家的政府首脑(如布什、万里等)和社团组织、学校及个人发了唁电、唁函。美国各大报纸纷纷报道了其逝世的消息,《世界日报》还以连载的方式发表了题为《多彩人生》的文章,追述了其多彩多姿的一生:融中西文化为一体,因此在他的一生中既有中国传统文化的表现,又有西方现代文明的痕迹。(参见晏著《传略》,第 294 页)

1 月 20 日　两个女儿、女婿及 10 多个孙辈在美国为其举行了葬殓仪式。(晏著《传略》,第 298 页)

2 月 21 日　下午 4 时,IIRR 在纽约上西城教会联合会为其举行了追思会,亲朋好友 200 多人出席。(晏著《传略》,第 298 页)

3 月　詹一之主编的《晏阳初文集》一书由四川教育出版社出版,收入晏阳初文章 25 篇,附录收入了部分与晏阳初共同进行平民教育运动的"老平教"瞿菊农等人的文章及实验区的调查、情况介绍等;还选用了由晏昇东提供的一篇台湾报刊上的有关文章;以及《晏阳初活动记略》。(詹编《文集》,第 451 页)该书参加 1992 年全国书展被评为二等奖。

5 月 28 日　中国教育学会副会长、中央教育科学研究所所长吴畏研究员在"晏阳初平民教育与乡村建设思想国际学术讨论会"开幕式上做《让晏阳初教育思想在新时期结出新的果实》的讲话。收入由宋恩荣主编的《教育与社会发展——晏阳初思想国际学术讨论会论文集》中。首先,认为召开该次国际学术讨论会,是因为晏阳初是中国现代史上著名的教育家,是平民教育运动和乡村改造运动的先行者。他将平教事业由中国逐步推向世界,影响深远。研究、探讨晏阳初的教育思想和教育实践,对于国际和地区间乡村教育和建设的经验总结、交流,探索新的有效途径,增进世界各国、各地区同行的相互了解、合作与友谊,对于我国农村教育综合改革的进一步开展与不断深化,都将具有重要意义。其次,讨论会确定在晏阳初多年从事乡村建设和教育实验的河北省召开,也是很有意义的。河北定县(今为定州市)是晏阳初最早进行大规模乡村改造建设和教育实验研究的地方,河北省又是当前我国推行"燎原计划",开展农村教育综合改革卓有成绩的省份之一。最后,呼吁参会专家、学者能在一个相互尊重、自由和谐的气氛中各抒己见,切磋思考,对晏阳初的教育思想进行深入探讨和全面认识。（参见宋编《国际会议论文集》,第11～21页）

5月28日～6月1日　中央教科所、河北省教委、IIRR及北京欧美同学会联合主办的"晏阳初平民教育及乡村建设思想国际学术研讨会"在中国河北省石家庄市国际大厦隆重举行首届晏阳初国际学术研讨会。来自菲律宾、美国、英国、加拿大、日本、印度和中国海峡两岸的专家、学者77人①参加了这次首届晏阳初国际学术研讨会。大家都怀着敬仰的心情和极大的兴趣对晏一生的思想与实践进行了热烈讨论,收到论文50余篇,纪念文章、资料汇编和学术著作数十种。（晏著《传略》,第301页）该会议由Martha McKee Keeh编辑有英文会议论文集,参见"1993年"的最后一条。

5月　湖南省武冈师范学校主编的《晏阳初教育思想研究　第2集》由湖南教育出版社出版。收入刘欣森的《研究和借鉴晏阳初的平民教育思想,为深化教育改革和发展农村经济服务》、宋恩荣的《晏阳初教育思想初探》、夏辉映的《从识字教育到农村的综合治理——晏阳初先生平教思想发展线索初探》、曾昭伟的《从新的历史高度,重新认识和评价晏阳初的教育思想》、王道章的《认识晏老、敬仰晏老、借鉴晏老——为晏阳初教育思想研究会成立而写》、李建求的《中国乡村平民教育概说》、庾国琼的《浅谈晏阳初思想的三"本"》、高奇的《发扬平民教育精神,开发民族智力,提高国民素质》、熊贤君的《论晏阳初的"新民"说》、许超荣的《以提高教育的社会效益为中心,深化农村教育改革》、邹今托的《对晏阳初先生的再认识》、雷晋虞的《晏阳初乡村改造运动的一大特色》、萧心刚的《晏阳初人才教育之思想与实践》、欧阳清晏的《中国农村教育的思考》、申生龙的《晏阳初的平民教育思想与当今中国的现实教育》、程融钜的《发展平教思想,深化教育改革、普及义务教育》、曾弥高的《发扬平教精神,抓好扫盲工作,提高农民素质》、李榷的《学习晏阳初的教育思想,提高人民的思想文化素质》、彭若芝的《以美育人——晏阳初教育思想中的一个重要元素》、刘道顺的《加强公民教育,培养高尚"民德"》、邱源海的《公民教育势在必行》、胡宏文的《他曾与爱因斯坦齐名——晏阳初与武冈师范》、庾光川的《办好"造人的基本工厂"——有感于晏阳初的家庭教育》、钟明华的《试谈农村的治愚与脱

---

①　晏阳初纪念文集编辑委员会所编的《晏阳初纪念文集》（重庆出版社1996年版）第55页认为参会者"50多位",似有误。

贫》以及《晏阳初教育思想研究会章程》。

5月 李济东编著《晏阳初与定县平民教育》由河北教育出版社出版。该书汇集了散落在各地有关晏阳初及平教会在定县平民教育中的68篇各种材料,时间跨度为1926～1936年,为研究"定县实验"提供了重要参考。

6月13日 《光明日报》报道:"晏阳初身体力行,以全部的热情与精力投身于平民教育运动——他的思想与实践得到全世界的钦佩与敬仰,他开创的事业,正在蓬勃发展。"

6月 晏阳初部分骨灰安放仪式在菲律宾IIRR校园举行。多国代表及菲律宾政界、民间代表800多人出席仪式。在这个仪式上,IIRR的畜牧专家理查德的讲话基本上概括了晏阳初一生的闪光点。内容如下:"作为乡村改造工作者,36年来,我对晏博士有以下印象,现介绍给大家:一、晏博士对建议与抉择是很开放的,但最后由他决定。二、他从不自封专家,但他却始终学习不倦。甚至当他已年逾90时亦如此。三、他总是富有创造力,不满足于现状而不倦地追求更佳成果。他常忠告IIRR的工作人员,在工作前即要充分计划并提前做好实施的一切准备。四、他在忠于乡村改造的使命中保持了自己的声誉,他常说:'损害生命无非是个人之死,但损害声誉则会危及社会。'五、经费匮乏从未阻止他的工作。'乡村改造是上帝的事业……上帝会支持我们'。六、他常到乡村改造工作者艰苦工作的农村去,因此他明白我们的需要甚至知道我们的顾虑。他多次找人谈话,倾听意见并鼓励他们坚持工作。他从不单独依靠书面报告行事,因为他善于听取口头报告,特别在对待他的同事时亦是如此。七、晏博士重视保持自己的身体健康。他热爱音乐,几乎每晚都要弹钢琴,饭菜简单但有营养。每天至少进行两个小时的游泳或散步。八、晏博士高度评价公平竞争和有意义的成就,他常说:'一次清白的失败优于一个卑鄙的胜利。'九、晏博士乐于为事业献身。他的教诲如今仍响在耳边:'一个组织的领导如果不乐于献身,那将是这个组织的不幸。'十、晏博士一贯忠于上帝。他常为IIRR的职工及其家属祈祷,而为农民祈祷,每天达四五次之多!"(晏著《传略》,第298～299页)

8月 由四川省政协文史资料委员会、巴中县政协文史资料委员会编的《平民教育家晏阳初》由四川大学出版社出版。该书包括晏阳初部分著述、平教运动的历史回顾、关于平教乡建的部分评介、晏阳初与新中国、在美菲访问晏阳初、诗词一束和国际友人的记述共七个方面,反映了晏阳初的业绩及思想理论。

是年 王胜杰在《天府新论》第1期发表《晏阳初研究会召开年会》。记述四川省晏阳初研究会的部分会员和四川省、成都市从事教育、乡村建设、社会科学研究的各界人士共 70 多人在成都举行年会的相关情况。

是年　中国第二历史档案馆孙修福在《民国档案》第 3 期上发表《斯诺与晏阳初往来书信一组》，将在翻阅馆藏中华平民教育促进会英文杂卷时发现的斯诺与晏阳初的信件译出公布。

是年　IIRR 的颜彬生女士著有 *Dr. Y. C. James Yen*(1893～1990)(《晏阳初年谱》)，IIRR 编撰了 *Y. C. James Yen's Thought on Mass Education and Rural Reconstruction*, *China and Beyond* 及 *Rural Reconstruction Review*(《乡村改造评论》)。

是年　美国历史学者查尔斯·海福德(Charles W. Hayford)将 1973 年在哈佛大学完成的博士论文《中国的乡村建设：晏阳初与平民教育运动》冠以《走向民间：晏阳初和中国乡村》(*To the People: James Yen and Village China*)由哥伦比亚大学出版社出版。(Charles W. Hayford. *To the People: James Yen and Village China*. New York: Columbia University Press, 1990)作者以"定县实验"为研究中心写成该书。

是年　詹姆斯·B. 梅菲尔德①认为，在其乡村建设思想中存在着让农民获得持久发展的思想因子，以该思想为出发点，他着力探讨在当代农民获得持久发展的必要与可能。菲律宾的胡安·M. 弗拉维尔与康拉多·S. 纳瓦罗②分别总结了他们在菲律宾贯彻晏阳初科学简单化原则的经验与如何促进平民教育的发展、让平民参与乡村改造的经验。加拿大的伊拉兹马斯·D. 芒纽则以非洲的乡村改造经验为例，尖锐地指出了其在 1934 年就提出的科学研究与农民的实际应用相结合的设想仍然没有得到真正的贯彻。印度的 G. N. 雷迪总结了印度在教育、生计、健康、自治四方面综合改造乡村的经验。

是年　① 詹一之在《重庆社会科学》第 3 期发表《一项为现代化民主国家奠基的工作——重新认识晏阳初平民教育乡村建设实验》。② 朱健在《读书杂志》第 9 期发表《免于愚昧无知的自由——晏阳初种种》。③ 胡晓风在《四川教育学院学报》第 4 期发表《两位献身平民教育的先驱——纪念晏阳初、陶行知诞辰 100 周年》。④ 曾昭伟、欧阳清晏在《邵阳师专学报(社会科学版)》第 6 期发表《师范教育适应农村教育综合改革的可贵探索——试论晏阳初的师范教育思想》。⑤ 湖南省

---

①　詹姆斯·B. 梅菲尔德(James B. Mayfield)：曾获博士学位，犹他大学教授，曾参加国际乡村改造学院的推广和研究工作，有介绍晏阳初和乡村改造工作的著作《深入民间》于 1985 年出版。

②　康拉多·S. 纳瓦罗(Conrado S. Navarro)：国际乡村改造学院工作人员，曾任国际乡村改造学院院长助理和实地工作研究部主任。

武冈师范学校在《师范教育》第 12 期发表《借鉴晏阳初教育思想,深化农村师范教育改革》。⑥ 张晓洪在《教育理论与实践》第 2 期发表《晏阳初平民教育和乡村建设运动对当今农村教育的几点启示》。⑦ 陶维全在《重庆社会科学》第 3 期发表《解除苦力之苦,开发苦力之力——怀念七十二年从事平民教育运动的晏阳初先生》。

是年 菊元、一之在《天府新论》第 5 期发表《晏阳初平民教育与乡村改造思想国际学术讨论会简介》。

是年 毕诚在《教育研究》第 8 期发表《晏阳初平民教育与乡村改造思想国际学术讨论会综述》。

1991 年

6 月 "晏阳初博士史迹展览馆"揭馆典礼在四川省巴中县隆重举行。四川省人大副主任刘西林、省政协副主席吴汉嘉,省侨联主席余杰以及达县地委、行署、政协的领导、兄弟县的代表及全国各地的来宾及晏氏亲属 80 余人,巴中县党政领导及各界代表共 500 余人参加了庆典。全国人大教科文卫委、国务院侨办、欧美同学会、菲律宾国际乡村改造学院、中央教科所及晏阳初国内外的子女晏振东、晏群英、晏华英等单位和个人共发来贺信、贺电 30 余封。(参见晏著《传略》,第 304 页)该史迹展览馆是晏阳初文化公园的建筑主体,中西合璧的建筑格局,气势恢宏。占地面积 5 000 多平方米。展出了 200 余件珍贵的历史文物、图片和文字资料,全面记录了晏阳初博士人生历程、思想成就、社会实践和伟大成就。特别是反映晏阳初在河北定县、菲律宾、委内瑞拉等亚、非、拉各地推行平民教育思想和乡村建设运动的 100 余幅图片,是首次与世人见面,弥足珍贵。

10 月 宋恩荣主编的《教育与社会发展——晏阳初思想国际学术研讨会论文集》由湖南教育出版社出版。该书载有学术讨论会合影,冯友兰、冰心的题词,邵恒秋、彭清源、袁方、周先庚、北京团结报社的贺信贺词,周谷城、严济慈的序,雷洁琼的贺信,鲜恒的贺词。收入与会论文有吴畏的《让晏阳初教育思想在新时期结出新的果实》;吴福生的《晏阳初教育思想的实践意义》;宋恩荣的《从定县走向世界——晏阳初教育思想再探》;河北省教育科学研究所、河北省教育学会、晏阳初教育思想研究课题组的《晏阳初定县平民教育实验简析》;陈菊元的《晏阳初先生"开脑矿"的思想与实践》;夏辉映的《论晏阳初实践的教育哲学》;詹一之的《一项为现代民主国家奠基的工作——重新认识晏阳初平民教育乡村建设实验》;黄济的《晏阳初平民教育与乡村建设》;庾国琼的《晏阳初平民教育与乡村改造思想的形成与发展》;钱忠源的《晏阳初平民教育与乡村改造思想的评价问题及现实意义》;阎国华、阎广芬的《晏阳初平民教育思想述评》；熊明安、丁湘的《晏阳初平民教育理论述评》；熊贤君的《为了民主与科学——简论晏阳初的平民教育思想》；胡晓风的《两位献身平民教育的先驱——纪念晏阳初、陶行知诞辰 100 周年》；萧垠的《晏阳初的农村教育思想与实验方法的现实意义》；金林祥的《晏阳初乡村教育理论和实践探微》；毕诚的《晏阳初的教育社会学思想初探》；曾昭伟、欧阳清晏的《论晏阳初的师范教育思想》；王如才的《晏阳初的公民教育思想》；程方平的《晏阳初与国际扫盲》；陶维全的《解除"苦力"之苦，开发"苦力"之力》；赵成元的《中国人对世界文化的新贡献——纪念晏阳初先生》；堵述初的《"定县实验"中的平民文学》；陈志潜的《忆老友晏阳初先生》；韦政通的《"创造转化"与"自我实现"——论晏阳初的思想与人格》；萧新煌的《晏阳初先生国际乡村改造与第三世界农民》；美国查尔斯·W. 海福德的《在新文化一代人士中晏阳初思想与实践的中国特色》；日本镰田文彦的《"定县实验"在中国教育史上的意义》；英国林培乔的《晏阳初教育思想与实践在成人教育传统框架中的地位》；菲律宾胡安·M. 弗拉维尔的《执行晏博士的乡村改造信条：一些实地经验》；美国詹姆斯·B. 梅菲尔德的《持久的发展——晏博士思想与持久性最新概念的结合》；菲律宾康拉多·S. 纳瓦罗的《乡村改造中的平民教育和平民参与——国际乡村改造学院的经验》；加拿大伊拉兹马斯·D. 芒纽的《乡村建设与研究中被忽视的问题》；印度 G. N. 雷迪的《政府组织与非政府组织的扫盲战略合作——晏阳初综合治理方针在印度实验的个案研究》；菲律宾安东尼奥·C. 德杰苏斯的《乡村改造运动中的保健事业——定县的遗产》；美国颜彬生的《奉献精神与乡村改造》。书后附有"晏阳初平民教育思想与乡村改造思想国际学术研讨会"邀请信。全书 30 万字。（参见宋编《国际会议论文集》）

是年 ① 夏辉映在《教育论丛》第 1 期发表《论晏阳初实践的教育哲学》。② 中央教科所李继星在《河北成人教育》第 3 期发表《晏阳初与定县平民教育试验区》。③ 钱忠源在《教育论丛》第 4 期发表《晏阳初平民教育与乡村改造思想的评价问题》。

1992 年

4 月 其部分著述经中央教科所研究员宋恩荣先生收集、主编为《晏阳初全集》第二卷由湖南教育出版社正式出版发行，共印 700 册。该书收录 1938～1988 年间在湘川等地开展平民教育和组建乡村建设育才院的专论及讲话。该卷末，附有美国女作家赛珍珠 1945 年写的《告语人民》，真实地记录了其思想和从事平民教育的事迹。（参见旧版《全集》卷2）

5月　其部分著述经中央教科所研究员宋恩荣先生收集、主编为《晏阳初全集》第3卷由湖南教育出版社正式出版发行,共印700册。主要收录了1916~1984年与有关人士、亲朋好友、社会团体等的书信,并附录了《晏阳初膺选"现代世界具有革命性贡献伟人"的文件》《东西方协会主席和董事会的奖辞》《周谷城的邀请信》《美国总统罗纳德·里根颁"杜绝饥饿终生成就奖"》《罗纳德·里根致晏阳初95寿辰贺辞》《乔治布什致晏阳初96寿辰贺辞》《晏阳初博士受奖简介》等7篇文章。(参见旧版《全集》卷3)这样该全集三册全部出齐。该旧版《全集》虽因条件所限还有大量资料未被收录,但它是当时为止资料最多也是最权威的晏阳初文集,当是研究其思想和实践的必备之书。

是年　由四川省晏阳初研究会、巴中县人大常委教科文卫委员会、政协文教卫体委员会、成人教育办公室、教育学会、台联、侨联、晏阳初研究会、晏阳初博士史迹展览馆、台北市晏氏宗亲会等10个单位联合发起的"晏阳初文教基金会筹备委员会"在巴中成立。原达县地委副书记周永开任主任委员,原巴中县常务副县长王超担任常务副主任委员。(参见晏著《传略》,第304页)

是年　① 蒋伟国、杨凯在《安徽教育学刊》第1期发表《晏阳初与华工教育》。② 唐润明在《民国春秋》第2期发表《晏阳初初期平民教育活动》。③ 韶在《淮阴教育学院学报(文科版)》第4期发表《平民教育家晏阳初》。④ 南京民国档案编辑部王晓华在《西华师范大学学报(哲学社会科学版)》第6期发表《张澜与晏阳初教育思想比较》。⑤ 张会军、禹志兰在《乡镇论坛》第6期发表《献身平民教育事业的晏阳初博士》。⑥ 王道澍在《安徽教育学院学报(社会科学版)》第4期发表《农村大教育观——晏阳初乡村教育思想探析》。⑦ 刘文澜在《岭南文史》第3期发表《晏阳初在广州太平馆》,作者回忆事隔40多年前有晏阳初在广州的一则往事。

是年　费正清著《观察中国》(袁晓梅译)由四川人民出版社出版,该书第28~37页载:"闻名于世的吉米·晏在20世纪20年代深入中国北方农村,在那里开展识字、公共卫生以及农业科学的乡村运动,取得了巨大的成功。"

是年　日本学者镰田文彦所撰的《中国的农村教育者·晏阳初——との的事迹と资料》发表在日本《参考书志研究》第42号(1992年第11期)上,对其给予了高度的评价。(孙诗锦著:《启蒙与重建 晏阳初乡村文化建设事业研究 1926~1937》,商务印书馆2012年版,导论第13页)

1993年

9月初　晏阳初长女晏群英遵照遗愿,将晏阳初的另一部分骨灰送回故乡。

巴中市派团前往重庆迎接。(晏著《传略》,第 300 页)

10 月　晏阳初著,马秋帆、熊明安主编的《晏阳初教育论著选》由人民教育出版社出版。该书以时间顺序,主要选编晏阳初 20 世纪 20 年代至 40 年代的教育论著,涉及平民教育、乡村建设等问题,附录他的讲话稿和有关国际乡村改造的文章等。(参见《论著选》一书)前有 1989 年 8 月沈阳师范学院教育系马秋帆作的序等,全书 24 万字。

是年　詹姆斯·格兰特所著的《晏阳初的平民教育与乡村建设思想》由美国纽约的国际乡村改造学院出版(James P. Grant Y. Y. C. *James Yen's Thought on Mass Education and Rural Reconstruction*. New York: International Institute of Rural Reconstruction, 1993)。

是年　詹姆斯·格兰特作序、玛莎·基恩编的《中国与超越:晏阳初平民教育及乡村建设思想——1990 年石家庄晏阳初国际会议论文集选编》由美国纽约的国际乡村改造学院出版(Martha McKee Keeh ed. , with a foreword by James P. Grant. Y. C. *James Yen's Thought on Mass Education and Rural Reconstruction: China and Beyond: Selected Papers from an International Conference Held in Shijiazhuang* , China, May 27 – June 1, 1990)。

是年　台湾师范大学博士生曾秀卿在导师詹栋梁、蔡培村指导下撰成《民初平民教育思想的发展与实践之研究:以晏阳初、陶行知、梁漱溟为例》博士论文。作者分别探讨了三人的平民教育思想的理论与实践,评析并比较其异同,以及阐述其对当代社会教育思想及研究的启示。

是年　① 宋恩荣在《教育研究》第 3 期发表《晏阳初的历史贡献与历史局限》。② 马岚在《干部人事月报》第 5 期发表《世界平民教育之父——晏阳初》。③《山西成人教育》第 6 期发表《晏阳初平民教育思想简介》。④ 庾国琼在《教育史研究》第 2 期发表《为纪念享誉世界的中国教育家,〈晏阳初全集〉问世》。

1994 年

1 月　詹一之、李国音合著的《一项为和平与发展奠基工程:平民教育之父晏阳初评介》一书由四川教育出版社出版。该书简要论述晏阳初平教与乡建思想、实践的传记。包括"导论""晏阳初与平民教育运动""定县实验""抗日战争及其前后向华中华西推广扩展""为推动战后乡村建设工作的努力""协助菲律宾推行乡村改造""国际乡村改造学院""亚洲、拉丁美洲、非洲的乡村改造""心在中国"共 9 章。前有胡晓风"序",后有"后记"。全书 27 万字。

11月 宋恩荣、熊贤君合著的《晏阳初教育思想研究》一书由辽宁教育出版社出版。该书从为平民教育奋斗终生、规模空前的平民识字运动、平民继续教育与乡村建设、定县实验的历史定位、县政省政改革的尝试、从中国走向世界与民本思想、基督精神、科学民主的基本信念及历史贡献与历史局限等方面,详细阐述了晏阳初教育思想研究。作者实事求是的肯定了晏阳初一生事业与思想的成就与贡献,实事求是地批评了晏阳初事业与思想的失误与局限,为人们考察近代以来中国知识分子追求探索国家近代化过程中的历史接轨提供可贵的借鉴。作者全面考察了晏氏教育思想形成、发展的整个脉络,还立于社会总体高度上,对晏氏教育思想与整个时代背景的关系进行了描绘,对晏的三大基本信念(民本思想、基督精神、科学民主)加以深入阐述与剖析,在此基础上给予较全面、客观、公允地评价,为晏阳初教育思想研究的深化打下良好的基础。

是年 ① 程静英在《高师函授学刊》第 6 期发表《晏阳初与"博士下乡"》。② 杜中在《四川师范大学学报(社会科学版)》第 1 期发表《试论晏阳初的爱国主义思想》。③ 张良才、刘义江在《齐鲁学刊》第 3 期发表《晏阳初平民教育思想述评》。④ 石河在《教育史研究》第 2 期发表《晏阳初幼时所受的家庭教育》。⑤ 四川省社会科学院曾绍敏在《社会科学研究》第 4 期发表《平民教育的起点——晏阳初在法国华工中的教育活动》。⑥ 许新民在《教育史研究》第 3 期发表《但愿扫盲有穷期:学习晏阳初教育思想随感录》。⑦ 曾宁波在《教育科学论坛》第 5 期发表《晏阳初的平民教育思想》。

1995 年

10月6日 定州市晏阳初中学成立,是以晏阳初的名字命名的一所综合公办高级中学。(《定县的足迹》,第 333 页)

是年 ① 姜荣耀在《四川师范大学学报(社会科学版)》第 1 期发表《试论晏阳初平民教育思想的特点》。② 周孟璞在《四川师范大学学报(社会科学版)》第 1 期发表《晏阳初的科普思想和"定县实验"》。③ 闻诚在《教师博览》第 1 期发表《为全球乡村改造而奋斗的晏阳初》。④ 滨州教育学院历史系孙远方在《滨州教育学院学报》第 1 期发表《晏阳初"平民教育"的理论与实践》。⑤ 梁严冰在《历史教学问题》第 1 期发表《浅论晏阳初的"平民教育"》。⑥ 中央教科所宋恩荣在《教育史研究》第 3 期发表《我与晏阳初先生的交往》。⑦ 杜菊辉在《益阳师专学报》第 3 期(第 16 卷)发表《评晏阳初及其平民教育派的理论和实践》。⑧ 姜荣耀在《复印报刊资料(成人教育与其他类型教育)》第 2 期发表《试论晏阳初平民教育思想的特

点》。⑨ 晏鸿国在《四川师范学院学报》第 4 期发表《晏阳初先生年考》。⑩ 操太圣
译的《农村教育改革的历史经验：陶行知、晏阳初、梁漱溟乡村教育实验的比较》发
表在《行知研究》第 3 期上。

是年　① 吴琼、赵中男在《教育评论》第 5 期发表《成功的探索——〈晏阳初教
育思想研究〉简评》。② 熙平在《四川社科界》第 5 期发表《晏阳初研究的一大丰硕
成果：读〈一项为和平与发展奠基工程：平民教育之父晏阳初评介〉》。

1996 年

8 月　晏阳初纪念文集编辑委员会编撰的《晏阳初纪念文集》在重庆出版社出
版。雷洁琼为该书作《晏阳初——平民教育运动的开拓者》的序。收入胡絜青《小
小的认识》，陈志潜《乡村建设的先驱——缅怀我的良师益友晏阳初》，常得仁、黄景
美《悼晏阳初先生》，堵述初《1938 年晏阳初先生为什么要派我访问延安》，张世文
《晏阳初先生与定县调查研究》，颜彬生《回忆晏阳初先生》，弘农《悼念与崇敬——
为晏阳初先生逝世作》，姜逸樵《纪念晏阳初先生》，任宝祥《献身平教　饮誉终生》，
崔宗培《怀念晏阳初先生》，邵恒秋《追忆晏阳初前辈》，吴福生《我看晏阳初》，吴畏
《值得永远怀念和学习的晏阳初先生》，滕纯《珍贵的一页　永恒的纪念》，韦政通
《社会关怀的典范：晏阳初》，肖新煌、黄章明《访晏阳初先生谈苦力、农民、乡村改
造和知识分子》，李又宁《忆晏老》，宋恩荣《最好的纪念》，郁晓民《陪同晏阳初先生
在国内考察》，李济东《在马尼拉拜访晏阳初博士》，吕健心《我的自我认同过程》，詹
一之、李国音《对晏先生理想和事业的几点重新认识》，陶维全《临别的嘱托　难忘
的教诲——追忆晏院长在菲律宾的两次谈话》，刘孝仲《在实践中重温晏老的教
诲》，朱铁英《回忆晏阳初院长二三事》，王维新《回忆育才院晏院长二三事》，李德韩
《幸福的回忆》，姜旭升《语重心长　谆谆教诲——忆晏院长三次训辞》，罗道美《深
切怀念晏阳初院长》，曾永臧《学习晏院长的艰苦俭朴的精神》，曾庆权《晏院长关心
水利建设》，孙惠连《晏公用人之道》，赵大连《难忘的记忆》，陈凤元、陈菊元《忆晏叔
叔》，李执《晏阳初先生与定县农村话剧活动》，梁特猷《晏阳初先生与定县景慧学
校》，周立璞《纪念科普先驱晏阳初叔叔》，晏振东《忆父亲的爱国心》，晏昇东《阳初
叔父的心声》，晏复茵《怀念我敬爱的幺叔——晏阳初》，晏鸿国《魂归故里——晏阳
初先生骨灰归乡记》，邓兴、晏小青和刁志谦《在追悼会上的讲话》各一篇，《在晏阳
初先生诞生 100 周年纪念会上的讲话》（包括康拉多·S. 纳瓦罗的讲话、胡安·
M. 弗拉维尔的讲话、理查德·埃尔斯·大卫的讲话、阿瑞斯利·阿尔加莫拉的
讲话、埃弗任·帕塔姆的讲话、詹姆士·约翰生书面讲话、约翰·瑞格比书面讲

话),《〈团结报〉1990 年 2 月 3 日报道》,万里、廖晖、翁福培三份《唁电》,《汪德亮先生吊唁信》,秦严彬生《向晏夫人致敬》,弘农《晏阳初先生九秩寿宴(摘录)》及编后记。

是年 ① 湖南师范大学历史系卢建华、李文珊在《衡阳师专学报》第 1 期发表《晏阳初民本政治观初探》。② 英芬、志惠在《乡音》第 1 期发表《英名长存　伟业千秋:世界著名平民教育家晏阳初和晏阳初中学》。③ 石河在《教育史研究》第 4 期发表《晏阳初的教育改革思想与实践》。

1997 年

2 月 26 日　举行晏阳初陵墓奠基典礼。(晏著《传略》,第 300 页)

6 月 30 日　晏阳初的骨灰安放仪式在四川省巴中市塔子山举行,巴中市副市长黄吉翠、晏阳初文教基金会常务副主任王超主持仪式,各界人士及巴中市晏阳初中学师生冒雨出席。

12 月 18 日　四川省晏阳初研究会第四届理事会成立,会长詹一之,副会长兼秘书长姜荣耀。

是年　由原巴中市教育基金委员会筹资 40 万元迁建新的晏阳初博士史迹展馆开馆。新馆建有展览馆、墓、塑像设施 309 平方米。四川省人大副主任刘西林、省政协副主席吴汉嘉、省地侨办、地、县各级领导、邻近干部共 1 000 多人,参加了揭馆典礼。全国人大常委会、国务院侨办及海内外有关单位和个人发来的贺电贺信数 10 余件,台北市四川同乡会、晏氏宗亲会派人专程送来金匾表示祝贺。

是年　哈佛大学查尔斯·海福德撰写了《中国的乡村建设:晏阳初与平民教育运动》的博士学位论文(Charles W. Hayford. *"Rural Reconstruction in China: Y. C. James Yen and the Mass Education Movement"*. Ph. D. Dissertation, Harvard University, 1973)。

是年　① 新乡师范专科学校张玉山在《河南师范大学学报》第 1 期发表《评晏阳初"平教派"的理论与实践》。② 周文辉在《河北成人教育》第 1 期发表《深化农村教育综合改革——光大晏阳初的平民教育思想》。③ 南京大学历史系孙林在《民国档案》第 3 期发表《晏阳初与民国时期的平民教育》。④ 未未在《今日名流》第 7 期发表《"平民的基督":晏阳初》。⑤ 林贵福、叶元辉、李福安在《中外教育》第 3 期发表《晏阳初和陶行知平民教育思想的启示》。⑥ 四川大竹清水职业中学欧源坤在《川东学刊》第 4 期发表《职高生"脑矿"开发简论——学习〈晏阳初文集〉的启示》。⑦ 谢尚品在《炎黄春秋》第 12 期发表《曾被誉为"世界十大伟人"之一的晏阳初》。

1998 年

12 月 18 日 四川省晏阳初研究会第四届理事会成立,会长詹一之,副会长兼秘书长姜荣耀。

是年 中央电视台开始拍摄的"中国百年人物"专辑 30 多期中,拍摄人物为孙中山、毛泽东、邓小平、晏阳初等。

是年 菲律宾国际乡村改造学院晏阳初研究中心所编的《〈参与、监控与评价:经验与教训〉会议论文集(1997 年 11 月 24～29 日)》由菲律宾开威特的思朗出版社出版(Y. C. James Yen Center, International Institute of Rural Reconstruction. *Participatory Monitoring and Evaluation: Experience and Lessons: Workshop Proceedings. November 24～29, 1997*, Silang, Cavite, Philippines, 1998)。

是年 ① 申培轩在《中国成人教育》第 1 期发表《晏阳初的平民教育思想及其实践》。② 达县师范高等专科学校中文系副教授唐华生在《川东学刊》第 1 期发表《安邦固本 必须抓好农村教育工程——学习〈晏阳初文集〉的思考》。③ 南京大学历史系孙林在《民国档案》第 3 期发表《晏阳初与民国时期的平民教育》。④ 李文珊在《四川教育学院学报》第 2 期发表《晏阳初民本政治观探析》。⑤ 中央教育科学研究所宋恩荣在《河北师范大学学报》第 2 期发表《晏阳初对中国教育现代化与本土化的思考》。⑥ 王丽君在《农村成人教育》第 10 期发表《晏阳初乡村教育实验的现实意义》。⑦ 中央教育科学研究所宋恩荣在《河北师范大学学报》第 2 期发表《晏阳初对中国教育现代化与本土化的思考》。

1999 年

1 月 29 日 《光明日报》刊登了刘重来撰《晏阳初 梁漱溟 卢作孚》。

夏 晏阳初博士史迹展馆旧馆全部资料搬入新馆。

是年 ① 牟映雪在《教育史研究》第 1 期发表《雷沛鸿与晏阳初教育思想之比较》。② 谢尚品在《名人传记》第 3 期发表《平民教育之父晏阳初博士》。③ 马有德在《巴蜀史志》第 3 期发表《世界教育家晏阳初》。④ 赵碧玫在《六盘水师专学报》第 4 期发表《论晏阳初的教育思想》。⑤ 曾昭伟在《湖南教育》第 6 期发表《晏阳初教育思想研究有新进展》。

2000 年

是年 宋恩荣编撰、镰田文彦译的《晏阳初及其平民教育和乡村建设》在日本农山渔村文化协会出版。该书是宋恩荣应日本农山渔村文化协会之约选编的。

是年 詹一之主编的《科教兴农的先行者——晏阳初华西实验区》是首部研究华西试验区的专著。

是年 北京师范大学教育系 97 级教育学专业周逸先撰写《定县模式与邹平模式——晏阳初、梁漱溟乡村教育之比较》博士学位论文。该文从乡村教育运动溯源、晏阳初与定县实验、梁漱溟与邹平实验、定县模式与邹平模式之比较和结论与评说五个方面,对定县模式与邹平模式——晏阳初、梁漱溟乡村教育进行比较研究。

是年 ① 周春燕在《镇江高等专科学校学报》第 1 期发表《晏阳初与平民教育运动》。② 湖南省社会主义学院教授曾昭伟在《湖南省社会主义学院学报》第 3 期发表《论晏阳初教育思想的时代意义》。③ 宋恩荣在《教育史研究》第 2 期发表《晏阳初——走向民间的学人》。④ 中国晏阳初教育思想研究会会长陈白玉在《湖南省社会主义学院学报》第 4 期发表《借鉴发扬晏阳初教育思想,为教育改革发展服务》。⑤ 湖南省社会主义学院秘书长文克成在《湖南省社会主义学院学报》第 4 期发表《晏阳初的平民教育与中华民族凝聚力》。

2001 年

5 月 河北师范大学研究生宋颂在导师郭贵儒指导下撰成《论晏阳初的平民教育运动》硕士学位论文。

同月 四川省晏阳初研究会在四川师范大学召开纪念晏阳初诞辰 110 周年逝世 10 周年学术研讨会,来自北京、湖南、重庆及四川的代表 74 人参加了会议。收到论文、专著 24 篇(部)。

7 月 岳麓书社出版了由著名旅美华人作家吴相湘编著的《晏阳初传》(简体字版本)。

是年 《晏阳初 1930》(即晏阳初在定县)40 分钟的专题片先后在中央电视台第 1、第 2、第 10 频道多次播放,并作为优秀片参加了"中国电视纪录片 20 年回顾展",还到首都高校巡回展映。

是年 旧金山大学德布拉克·谢尔登撰写了《西方与东方合理性中的自我与他者:对社会经济发展的影响》的博士学位论文(Debrak Sheldon. "*Self and Other in Western and Eastern Rationalities : Implications for Social-economic Development*". Ph. D. Dissertation, University of San Francisco, 2001)。

是年 赛珍珠原著、林特溟翻译的《晏阳初与平民教育运动》在《天涯》第 5 期发表。

　　是年　① 湖南省教育厅副厅长、晏阳初教育思想研究会前会长刘欣森在《湖南省社会主义学院学报》第 1 期发表《简论晏阳初的师德建设思想》。② 武冈师范学校曹才力在《湖南省社会主义学院学报》第 1 期发表《在社会调查与社会研究的实践中深化对晏阳初教育思想的认识》。③ 湖南师范大学文学院史振厚、临沂四中田红梅在《德州学院学报》第 3 期发表《晏阳初科学思想探析》。④ 韩山师范学院政史系李文珊在《学术论坛》第 4 期发表《试析晏阳初乡村改造运动的理论特色》。⑤ 华中师范大学教育科学学院金保华在《贵州文史丛刊》第 3 期发表《论晏阳初科学普及思想》。⑥ 湖南省社会主义学院副教授杨峥嵘在《船山学刊》第 3 期发表《晏阳初平民教育思想中的民主政治观》。⑦ 中国农业大学朱启臻在《中国农业大学学报（社会科学版）》第 3 期发表《晏阳初平民教育实践对现代农民教育的启示》。⑧ 湖南师范大学文学院史振厚在《成人教育》第 11 期发表《论晏阳初的"四大教育"及其现实意义》。⑨ 西南师范大学教科所靳玉乐、王牧华在《重庆工学院学报》第 6 期发表《亘古永存的火种　通往新世纪的桥梁——论晏阳初的人文精神》。⑩ 黎才发在《湖南教育》第 13 期发表《晏阳初教育思想与当今乡村素质教育》。

　　是年　陈放在《四川师范大学学报（社会科学版）》第 4 期发表《"纪念晏阳初先生诞辰 110 周年学术研讨会"综述》。

2002 年

3 月 23 日　《光明日报》刊登王宪政的《晏阳初与定县平民教育实验区》。

4 月　湖南师范大学中国近现代史专业硕士研究生史振厚在导师陈先初指导下撰成《晏阳初乡村改造思想初探》硕士学位论文。

8 月 10 日　北京望京实业总公司、北京世济民强商贸总公司劳务对接恳谈会在定州市中山劳务中心举行定州市晏阳初研究会。定州市晏阳初研究会会长李志会在恳谈会上发了言。

11 月 10 日　四川省晏阳初研究会第五届理事会在四川师范大学成立。会长扈远仁、常务副会长兼法人代表陈焕仁、副会长兼秘书长姜荣耀。

　　是年　山西农业大学社会科学部王宇雄在《山西农业大学学报》第 1 期发表《晚年晏阳初的中国情结》。

　　是年　张夫伟在《中国成人教育》第 1 期发表《晏阳初平民教育思想及其启示》。

　　是年　汪登兴在《中国改革（农村版）》第 2 期发表《晏阳初：与爱因斯坦齐名

的中国人》。

是年　济宁师专历史系张卫军在《济宁师范专科学校学报》第 2 期发表《评晏阳初平教会乡村建设的实践和理论》。

是年　北京师范大学教育学院周逸先在《高等师范教育研究》第 3 期发表《晏阳初平民教育与乡村改造方法论初探》。

是年　湖南省社会主义学院曹贱保在《湖南省社会主义学院学报》第 2 期发表《浅谈晏阳初平民教育理论中的民本思想》。

是年　南开大学外国语学院陈敬在《南开学报》第 5 期发表《从〈告语人民〉看晏阳初与赛珍珠的文化共识》。

是年　巴中市委、市政府、巴中区委、区政府,决定以建在东郊塔子山的晏阳初史迹展览馆、晏阳初陵墓为中心,建造具有浓厚文化氛围的"晏阳初文化公园"。

是年　北京晏阳初农村教育科技发展中心成立,该中心是中国人民大学乡村建设中心的分支机构,系全国各地对社会责任具有深刻自觉、对晏阳初及其同仁的思想和精神具有相当认同的有识之士共同发起成立,致力于中国社会的可持续发展,消除城乡差距,促进教育机会公平,提升农民及城市劳工的生活品质。北京晏阳初农村教育科技发展中心的前身,即晏阳初平民教育与乡村建设委员会(筹),从 2002 年开始即以乡村建设论坛为平台,在国内开展乡村建设的宣传和动员工作,并依托中国经济体制改革杂志社,与福特基金会合作推动"大学生支农调研"的项目,该项目为期两年,协助全国各地一百多所高校建立了一百多个涉农学生社团,大学生利用假期到农村和工厂、建筑工地做短期支农调研一时蔚为风尚。此后这一项目发展为"农村发展人才计划",直到现在。通过这个项目,中心积累了大量可动员的青年才俊,他们有理想,有志愿精神,愿意深入到农民和工人中间,发现问题,解决问题。同时,中心也获得了初步的项目执行经验。

2003 年

1 月　晏阳初和美国作家赛珍珠著的、宋恩荣编的《告语人民》一书由广西师范大学出版社出版。该书是我国著名平民教育家晏阳初的多年活动和思想的结晶。收入其《平民教育》《为和平而教育世界》《农村运动的使命》等文章 23 篇;同时还收入了美国著名作家赛珍珠对晏阳初平民教育运动的采访稿《告语人民》。

7 月 17 日　鄢烈山在《南方周末》上发表《平民教育家晏阳初的实践与精神》。

7 月 19 日　河北省定州市翟城村举行了"晏阳初乡村建设学院"的揭幕仪式。该学院是在翟城村一处废弃的中学原址上建立的。2000 年,该校曾被乡政府按国有资产处理,以 30 万元的价格卖给当地一位陈姓农民,欲办所私立学校未果。2003 年 1 月,翟城村筹资 39 万元买回这所中学,并花了 2 万元建立晏阳初的塑像。该学院由晏阳初平民教育与乡村建设委员会、中国村社发展促进会、中国社会服务及发展研究中心(香港)、国际行动援助中国办公室、翟城村村民委员会、晏阳初农村教育发展中心联合创办,由翟城村村委投资 40 余万元建设的。中国经济体制改革杂志社总编温铁军任院长。袁小仙任院长助理。学院坚持"人民生计为本,互助合作为纲,多元文化为根"的行动原则,以推动中国乡村的可持续发展。其宗旨是:培养乡村建设人才,并通过研究实践国内外先进的乡村建设思想,探索中国农村发展之路,为我国的经济和文化建设服务。秉承晏阳初、梁漱溟、陶行知等前辈的平民教育理想与乡村建设精神,通过研究实践国内外及历史上各种乡村建设思想,培养乡村建设综合人才,推广乡村建设和农村综合发展实践经验。学院拟开展的工作主要有翟城村的综合发展试验、乡村建设人才培养与基地建设、生态农业试验、生态建筑的研究与推广、与乡村建设相关的研究与出版和建立乡村可持续发展平台与公众参与网络。学院采取"劳动者免费就学"的原则,即前来培训的人员只需参加学校的劳动。每年学院的运行成本在 50 万左右,除了翟城村外,每个理事单位每年出资 3 万至 6 万,再加上向香港嘉道理基金会申请用于后勤和培训的费用,基本上实现了收支平衡。学院开设的课程主要分为两大部分,一是教农民如何组织起来,回乡后创办合作社;二是教农民实用的生产技术。截至 2006 年 2 月,该院建筑面积达 2 500 平方米,耕地面积 26 亩。有教室、宿舍、办公室、试验室、宽带网电脑室,图书室、资料中心等教学办公设施。同时,翟城村民免费提供学院周边耕地 50 亩供办学期间学员实习及可持续农耕的示范推广之用。

11 月 28 日　四川省晏阳初研究会在成都召开了晏阳初乡村建设思想与全面建设小康社会学术研讨会,来自北京、河北、重庆及四川各地代表 35 人参加了会议,收到论文 24 篇。

是年　巴中市教育局将 1997 年成立的晏阳初中学纳入市局管理,并将巴中市第三中学、巴中市第五中学与晏阳初中学合并,建立新的晏阳初中学。

是年　北京晏阳初农村教育科技发展中心作为晏阳初乡村建设学院的发起单位之一,开始走向农村,深入到农民的实际生产生活当中,并在此过程中,推动以组织创新和教育创新为主要内容的农村综合发展工作,同时开始面向全国培养农民合作经济组织的带头人。此后该中心参与发起的农村综合建设试验区有七个,分别在河北、河南、宁夏、海南、福建、安徽、吉林,依托这些试验区开展的合作组织培训,培养了上千人次的农村建设人才。与此同时,中心还开展"田间地头丛书"的编辑工作、乡村建设论坛及乡村建设媒体沙龙的组织工作。

是年 《中国改革(农村版)》第 11 期刊登了《晏阳初乡村建设学院招生简章》。

是年 广西师范大学硕士研究生陈敏在导师齐佩芳指导下撰成《晏阳初平民教育思想及其实践的当代启示》硕士学位论文。

是年 ① 华东师范大学教育学系杨建华在《职教通讯》第 2 期发表《晏阳初的农民教学原则及其对农村职业教育的启示》。② 谢美生在《大舞台》第 1 期发表《晏阳初与平民戏剧》。③ 洛阳师范学院教育科学系张西方在《洛阳师范学院学报》第 6 期发表《晏阳初乡村教育改造思想与农村教育综合改革》。④ 中央教育科学研究所宋恩荣在《河北师范大学学报》第 4 期发表《"世界公民"——晏阳初与赛珍珠》。⑤ 杨东平在《教师之友》第 7 期发表《平民教育之父晏阳初》。⑥ 大连教育学院宋丽娜在《职业技术教育研究》第 8 期发表《晏阳初平民教育思想与当今农民教育改革》。⑦ 肖梅在《党史纵横》第 9 期发表《"世界平民教育之父"晏阳初》。⑧ 鄢烈山在《探索与求是》增刊第 2 期(第九、十期)上发表《晏阳初的定县实验》。⑨ 杜洁、邱建生在《中国改革(农村版)》第 10 期发表《知识分子到农村去——晏阳初乡村建设学院成立》。⑩ 早稻田大学政治经济学部平野健一郎著、中央教育科学研究所于逢春译的《晏阳初及其平民教育和乡村建设运动的过去、现在与未来——评宋恩荣编著〈晏阳初及其平民教育和乡村建设〉》发表在《河北师范大学学报》第 6 期。⑪ 汪登兴在《党政论坛》第 11 期发表《晏阳初与乡村改造运动》。⑫ 上饶师范学院陈发云、余龙生在《江西社会科学》第 12 期发表《晏阳初教育思想及其对当前农村扶贫工作的启示》。

2004 年

4 月 29 日 翟城村由农民自发成立合作社,重建晏阳初乡村建设学院。

5 月 18 日 《中国经济时报》刊登乔国栋、卢娟、刘瑞婷《重建晏阳初乡村建设学院》。

5 月 华东师范大学人文学院历史系中国近现代史专业硕士研究生田成刚在导师李蓓蓓教授指导下撰成《晏阳初:农民问题的理论与实践》硕士学位论文。

5 月 北京师范大学硕士研究生卢爱婷在导师朱志敏指导下撰成《浅析晏阳初在定县的平民教育思想与实践》硕士学位论文。

6 月 19 日 河北农业大学硕士研究生刘晓敏在导师陶佩君教授和王慧军教授指导下撰成《晏阳初"定县实验"中的参与式发展理念与方法研究》硕士学位论文。

6月21日　《经济日报(农村版)》刊登《晏阳初与平民教育》。

6月　河北大学硕士研究生鲍玉仓在导师郑志廷指导下撰成《定县模式述论》硕士学位论文。

同月　杨振良教授指导的台湾花莲师范学院民间文学研究所的研究生江明渊撰写的硕士论文《民初陶行知、晏阳初教育理论与民间文学之关系研究》重点探讨了民间文学在民初平民教育运动中的作用。论文以历史分析法和文献探讨的方式,对先生的教育理论与民间文学的关系同陶行知做了分析和比较,客观评价了先生在20世纪二三十年代推行平民教育与乡村教育的历史贡献,认为除了重视平民受教育权,企图通过开化民智以"作育新民",为实行共和国权利义务做准备外,其更深层含义则蕴含了"浓郁之人道关怀与爱民族、爱国家之情操,亦即知识分子教育救国的具体实践"。(孙诗锦著:《启蒙与重建——晏阳初乡村文化建设事业研究1926～1937》,商务印书馆2012年版,"导论"第15页)

是年　① 欧阳敏、李俊杰、温铁军、米金水、王春光在《人民论坛》第3期发表《"晏阳初先生"回来了——农民技术培训及乡村建设之意义的讨论》。② 中国人民大学郑杭生、张春在《江苏社会科学》第2期发表《晏阳初:平民教育从中国到世界的历程》。③ 广西师范大学教育科学学院王继平在《成人教育》第5期发表《农村人力资源开发的重要途径——试论晏阳初开发"脑矿"思想的现实意义》。④ 武汉大学政治与公共管理学院李文珊在《河南社会科学》第4期发表《试论晏阳初的现代民本思想》。⑤ 湖南省社会科学院历史所王国宇、西北农林科技大学经济管理学院史振厚分别在《河南社会科学》第4期发表《论晏阳初乡建思想的科学性与民主性特征》和《晏阳初乡村改造思想形成的理论背景》。⑥ 西华大学人文学院徐宁在《西华大学学报(哲学社会科学版)》第4期发表《略论晏阳初的平民教育思想及其现实启示》。⑦ 徐楠在《中国改革(农村版)》第6期发表《乡村建设的开篇之笔:记晏阳初乡村建设学院首期培训》。⑧ 韩山师范学院政史系李文珊在《学术论坛》第3期发表《晏阳初梁漱溟乡村建设思想比较研究》。⑨ 黎光寿在《中国改革(农村版)》第6期发表《晏阳初学院:寻找另一条道路》。⑩ 大连教育学院成教部宋丽娜在《中国职业技术教育》第21期发表《晏阳初的平民教育思想与当今农民教育改革》。⑪ 西北农林科技大学经济管理学院史振厚在《河南社会科学》第4期发表《晏阳初乡村改造思想形成的理论背景》。⑫ 河北大学人文学院李静在《河北大学成人教育学院学报》第3期发表《一个实践家的农村复兴之梦——论晏阳初的农村经济思想》。⑬ 刘华山在《新西部》第9期发表《平民教育之父晏阳初》。⑭《教师博览》第9期发表佚名作者的《晏阳初:与爱因斯坦齐名的中国基督徒》。⑮ 凌霄在《21 世纪教育》第 3 期发表《被遗忘的真正建设力量：晏阳初平民教育思想》。⑯ 浙江宁波市鄞州中学校长助理邱展峰在《中小学校长》第 12 期发表《晏阳初的平民教育思想》。⑰ 江登兴在《21 世纪教育》第 6 期发表《黑暗之处的点灯人：怀念平民教育家晏阳初》。⑱ 李恩明在《巴蜀史志》第 6 期发表《晏阳初平民教育国际论坛在巴中举行》。⑲ 谷斯涌在《炎黄春秋》第 12 期发表《晏阳初与张学良的一段交情》。⑳ 湖南商学院图书馆肖华玉在《陕西社会主义学院学报》第 4 期发表《晏阳初平民教育思想的民主政治观》。㉑ 张建琼在《教育史研究》第 1 期发表《晏阳初抗战时期在四川的教育实践及其教育思想》。

2005 年

1 月　孟雷著的《从晏阳初到温铁军》一书由北京华夏出版社出版。该书共三章，第一章"薪火相继的定县实验"，包括"晏阳初'定县，我的第二故乡'"和"温铁军：'世界是我们的，做事要大家来'"；第二章"告语人民：晏阳初'乡建运动'辑论"，包括"'乡建运动'影响中国"和"走向国际化的'乡建运动'"；第三章"世纪反思：温铁军看'乡土中国'"，包括"中国的问题根本上是农民问题""市场失灵＋政府失灵'——双重困境下的'三农'问题"以及"为什么要进行新时期'乡村建设'？"该书收有晏在国内外进行乡建活动相关照片 50 余幅，其中很多是首次面世。全书 12 万字。

9 月　由其侄孙晏鸿国编著的《晏阳初传略》一书由设在成都的天地出版社出版。该书史料丰富，内容翔实，披露了晏阳初一些鲜为人知的史实。该书分"巴山蜀水　人杰地灵""香港大学　初露锋芒""耶鲁大学　探索真知""法国战场　平教发端""报效祖国　推行平教""成立总会　结合同仁""博士下乡　定县实验""抗日救国　身负重任""两度赴美　筹款兴教""战后重建　振兴农村""除天下文盲　作世界新民""怀念祖国　叶落归根"和"伟业千秋　自有传人"共 13 章，附有"晏阳初年谱""晏阳初祖籍初考""晏阳初生年考"和"布什总统给晏阳初的生日贺电"以及后记。该书介绍了晏阳初的生平，表现了他的爱国主义精神、奉献精神、科学精神和奋斗精神，使我们进一步了解到晏阳初多彩多姿的经历和成功经验。该书 32 万字。

是年　华东师范大学职业技术教育学专业硕士研究生王琦在导师马庆发教授的指导下撰成《晏阳初乡村教育实践的现代价值——晏阳初平民教育思想对当代农民职业教育的启示》硕士学位论文。

是年　① 河北大学教育学院、西华师范大学教科院王小丁在《河北大学学报

(哲学社会科学版)》第3期发表《两种模式的比较——裴斯泰洛齐的贫民教育与晏阳初的平民教育》。② 河北大学教育学院张珍珍、邢台学院王开琳在《邢台学院学报》第1期发表《晏阳初女子教育思想述评》。③ 河北大学教育学院吴洪成在《临沂师范学院学报》第2期发表《晏阳初的定县乡村平民教育实验述评》。④ 湖南省长沙县梨江中学章澪在《湖北大学成人教育学院学报》第2期发表《浅析晏阳初平民教育理论与现代民本思想》。⑤ 曲阜师范大学继续教育学院王青在《河南职业技术师范学院学报(职业教育版)》第2期发表《晏阳初平民教育实践对当今成人教育的借鉴意义》。⑥ 曲阜师范大学继续教育学院王青在《西北成人教育学报》第2期发表《浅谈晏阳初平民教育思想对当代成人教育的借鉴意义》。⑦ 杜智鑫在《民主与科学》第3期发表《民、知识分子与爱——〈晏阳初传〉读书札记》。⑧ 王国宇在《船山学刊》第2期发表《论晏阳初乡村建设的方法论思想》。⑨ 烟台师范学院心理与教育学院张惠娟在《教育探索》第8期发表《评晏阳初的乡村教育思想》。⑩ 西华师范大学教科院王志刚、李江涛在《甘肃农业》第8期发表《晏阳初"定县实验"对当今农村教育改革的启示》。⑪ 河北大学教育学院、西华师范大学教科院王小丁在《教育理论与实践》第9期发表《创新——晏阳初平民教育思想的主旋律》。⑫ 西南大学历史文化与旅游学院苟翠屏在《西南师范大学学报(人文社会科学版)》第5期发表《卢作孚、晏阳初乡村建设思想之比较》。⑬ 辽宁大学马列德育教研部张静芳在《北京化工大学学报(社会科学版)》第4期发表《试论晏阳初的文化观》。

2006 年

1月 由山东省社会科学界联合会、山东省社会科学院主办的"科学发展观：理论·模式·实践——山东省社会科学界2006年学术年会"结集出版的论文集《科学发展观：理论·模式·实践——山东省社会科学界2006年学术年会文集(3)》收录了山东行政学院区域经济研究中心吴炜峰的《社会主义新农村建设中的农民教育问题——对晏阳初平民教育思想的继承与发展》。

4月15日 《保定日报》刊登了李占才撰写的《晏阳初与定县平民教育实验》一文。

4月17日 《科学时报》刊登了任黎明、李晨合写的《晏阳初名下的新乡村建设实验》。

5月 南京师范大学公共管理学院伦理学专业硕士研究生唐献玲在导师钱焕琦教授指导下撰成《晏阳初平民教育思想研究》硕士学位论文。

同月　北京师联教育科学研究所编选《晏阳初乡村平民教育思想与教育论著选读》由中国环境科学出版社、学苑音像出版社出版。

6月23日　《阿坝日报》刊登了《永立潮头为人民：都江堰市晏阳初工程学校发展纪实》。

6月　湖南师范大学硕士研究生黄银辉在导师郑大华指导下撰成《晏阳初新民思想与实践——兼与梁启超新民思想的比较》硕士学位论文。

是年　① 河北大学教育学院吴洪成、丁倩在《河北师范大学学报(教育科学版)》第1期发表《试论晏阳初定县乡村平民教育实验的几个问题》。② 湖南农业大学朱静颖、岳阳职业技术学院邹纪生等在《岳阳职业技术学院学报》第1期发表《晏阳初教育经费思想初探》。③ 华南师范大学孙诗锦、龙秀清在《天津师范大学学报(社会科学版)》第2期上发表《晏阳初研究的回顾与展望》。④ 南京师范大学公共管理学院唐献玲在《重庆教育学院学报》第2期发表《伦理视角中的晏阳初平民教育思想》。⑤ 河北大学教育学院张宛在《河北大学成人教育学院学报》第1期发表《晏阳初教育思想及对当今成人教育的启示》。⑥ 上海大学历史系薛伟强在《河北学刊》第2期发表《晏阳初研究八十年》。⑦ 华东师范大学职业教育与成人教育研究所许瑞泉在《科技信息(学术版)》第7期发表《黄炎培农村改进理论与晏阳初乡村教育思想之比较》。⑧ 湖南农业大学科技师范学院周莉、沈维凤在《科技信息(学术版)》第11期发表《论晏阳初的平民教育原则》。⑨ 江苏省盐城师范学院郝宏桂在《民国档案》第4期发表《晏阳初"乡村建设"理论与实践的历史启示》。⑩ 华中师范大学教育学院张燕在《内蒙古农业大学学报(社会科学版)》第2期上发表《雷沛鸿与晏阳初乡村教育实验比较》。⑪ 福建师范大学教育科学与技术学院马斌在《内蒙古师范大学学报(教育科学版)》第6期发表《晏阳初的教育观——中华民族再造的起点》。⑫ 天津大学管理学院陶佩君、赵国杰在《北京林业大学学报(社会科学版)》第2期发表《晏阳初"定县实验"中的参与式农业推广方式探究》。⑬ 河南科技学院信息工程学院刘广、华南师范大学教育信息技术学院曹云云在《电化教育研究》第9期发表《晏阳初平民教育运动与电化教育实践》。⑭ 黔西南民族师范高等专科学校池家西在《黔西南民族师范高等专科学校学报》第3期发表《晏阳初与陶行知乡村平民教育实践和思想之比较》。⑮ 新疆大学周智健、杨娟在《吕梁教育学院学报》第3期发表《浅论晏阳初的平民教育及乡村改造思想》。⑯ 河北大学司雅梅、石家庄市消防支队刘建勋在《科技咨询导报》第10期发表《晏阳初平民教育思想对我们的启示》。⑰ 西安外事学院朱媛美在《民办教育研究(双月刊)》第5期发表《世界平民教育之父——晏阳初》。

是年　香港特别行政区民政事务局、香港公民教育委员会、郑州大学公民教育研究中心主办的两岸四地公民教育研讨会,并出版《21世纪中国公民教育的机遇与挑战——两岸四地公民教育研讨会论文集》一书。该文集收录了郑州大学公民教育研究中心李治德的《晏阳初平民教育思想对当前我国农村公民教育的启示》。

是年　北京晏阳初农村教育科技发展中心总干事邱建生被中国人民大学农业与农村发展学院、中国农业大学人文学院、中国社会科学院农村发展研究所等机构评为"新农村建设年度人物"。

2007 年

3 月 2 日　《中国教育报》刊登马建强《晏阳初:跨进泥巴墙的教育家》。

5 月　河北大学硕士研究生李红霞在导师吴洪成指导下撰成《晏阳初乡村教育理论构建研究》硕士学位论文。

同月　南开大学硕士研究生台跃华在导师刘集林教授指导下撰成《晏阳初平民教育思想及其对当前农民教育的启示:基于中牟县新民镇的实地研究》硕士学位论文。

同月　辽宁师范大学中共党史专业硕士研究生傅厚春在导师史艺军指导下撰成《晏阳初中国乡村建设思想研究》硕士学位论文。

同月　湖南师范大学历史学中国近现代史专业何飞在导师郑大华教授指导下撰成《陶行知、晏阳初乡村教育思想的比较》硕士学位论文。

同月　河南大学教育史硕士研究生张爱梅在导师李申申教授指导下撰成《裴斯泰洛齐和晏阳初乡村教育理论与实践之比较》硕士学位论文。

7 月 4 日　晏鸿国在《中华读书报》发表《晏阳初与中国乡村建设学院》。

7 月 17 日　《作家文摘报》刊登《新一代的"晏阳初"》。

10 月 25 日　《时代信报》刊登《晏阳初旧居　柑橘林里的安静小院》。

是年　北京晏阳初农村教育科技发展中心开始认识到作为农村建设主要力量的青壮年大部分已离开农村到了城市,聚居在工业区、城中村和建筑工地里,中心乃开始在福建厦门农民工聚居区开展以教育文化为主题的服务工作,历时多年,积累了较为丰富的农民工社区工作经验,培养了众多的农民工社区工作人才。

是年　北京航空航天大学硕士研究生范佳在导师谢宝富指导下撰成《晏阳初与温铁军乡村建设思想的比较研究》硕士学位论文。

是年　上海财经大学博士研究生左克红在导师盛邦和教授指导下撰成《中国

"乡村建设"思潮与实践的哲学评析：以廿世纪二三十年代晏阳初与梁漱溟的乡建为案例》博士学位论文。

  是年 ① 中国传媒大学电视与新闻学院宫承波、中国人民大学新闻学院艾红红在《上海大学学报(社会科学版)》第 1 期发表《试论晏阳初的传播思想》。② 燕山大学王黎锋在《船山学刊》第 1 期发表《晏阳初"民族再造"乡村建设思想初探》。③ 新疆大学人文学院杨娟、新疆大学政治与公共管理学院周智健在《吉林省教育学院学报》第 2 期发表《浅论晏阳初的平民教育及乡村改造思想》。④ 湖南师范大学王中华在《中国农业教育》第 1 期发表《晏阳初平民教育思想对当前我国农村职成教育的启示》。⑤ 集美大学教师教育学院杨建华在《宁波大学学报(教育科学版)》第 1 期发表《晏阳初的平民教学思想及对"新农民"教育的启示》。⑥ 邯郸学院教育系郑艳霞、李彦群在《邯郸学院学报》第 1 期发表《晏阳初的平民教育思想及对当代农村教育的启示》。⑦ 河北大学政法学院胥仕元、梁素贞在《河北经贸大学学报(综合版)》第 1 期发表《乡村建设：晏阳初平民教育思想之核心》。⑧ 河北大学教育学院、西华师范大学王小丁在《成人教育》第 5 期发表《试论晏阳初农村成人教育思想的创新》。⑨ 广东惠州惠阳一中刘朝春在《云南行政学院学报》第 5 期发表《晏阳初的乡村建设思想及其对新农村建设的启示》。⑩ 曲阜师范大学继续教育学院张蓉在《乌鲁木齐成人教育学院学报》第 2 期发表《晏阳初的平民教育思想及其对当前我国农村成人教育的启示》。⑪ 天津工程师范学院职教系梁卿在《皖西学院学报》第 3 期发表《论晏阳初平民教育的价值取向》。⑫ 燕山大学文法学院李晔、李振军在《中国农史》第 2 期发表《留美知识分子与 20 世纪 30 年代的中国乡村建设——以晏阳初在河北定县的实验为例》。⑬ 华南师范大学黄心月、任小兰在《现代教育论丛》第 6 期发表《晏阳初定县实验之儒学精神探微》。⑭ 湖南农业大学科技师范学院曾晓芳、夏金星在《武汉职业技术学院学报》第 4 期发表《晏阳初的农民教学原则对"新农民"培训工作的启示》。⑮ 永州职业技术学院师范学院周艳红在《新西部(下半月)》第 8 期发表《晏阳初的平民教育与新农村建设的比较》。⑯ 北京航空航天大学公共管理学院谢宝富、范佳在《武汉职业技术学院学报》第 4 期发表《晏阳初、温铁军乡村文化教育思想比较研究》。⑰ 广西师范大学张学博、尹娟在《职业教育研究》第 12 期发表《晏阳初与梁漱溟乡村教育思想之比较及对新农村教育的启示》。⑱ 福建师范大学教育科学与技术学院林欣欣在《当代教育论坛》第 12 期发表《从晏阳初的"平民教育"看教育公平》。⑲ 华东师范大学法政学院田成刚在《探索与争鸣》第 12 期发表《晏阳初解决农民问题的历史教训》。

2008 年

1 月 位于河北定州的、创办于 2004 年的晏阳初乡村建设学院走到了尽头。其主要原因是温铁军设计的课程与村支书米金水等农民希望的课程有差距,采用短期培训班的方式设置的课程过于简单,农民学习后没带来经济效益。推广生态农业,由于不施化肥不打农药,学院种植的粮食与村民的产量相差较大,第一次种植的西瓜仅有"拳头大",学院的学员被当地人笑话成"不会种庄稼"。推广生态农业农民响应不足,全村仅有四户响应。加之翟城村 1 200 户 5 000 人中留守的多是老人和孩子,占到全村总人口六分之一的村民选择常年在外打工,而真正愿意前来参加培训的村民屈指可数。推广合作社的实验最初取得了一定成绩,第一期培训结束后,便有农民回乡建立合作社,后来来自山东、安徽、河南等地的学员也回去建立了多个合作社。截至 2006 年 2 月,建立的合作社有山东省鱼台县谷亭镇姜庄村姜庄合作社、安徽省阜阳市颍州区三合镇南塘村南塘兴农合作社、重庆市綦江县石角镇丰岩村五社丰岩综合经济合作社、山西汾阳市栗家庄乡栗家庄村合作社、河南省兰考县葡萄架乡贺村合作社、河南省兰考县城关乡陈寨村经济发展合作社、河南省兰考县三义寨乡南马庄经济发展合作社、河南省兰考县仪封乡胡砦村经济发展合作社、河北省定州市东亭镇翟城村翟城合作社等。2006 年 10 月 31 日,十届全国人大常委会第二十四次会议表决通过了《农民专业合作社法》后,学院培训的主体由过去的农民转变为乡镇干部。但合作社的实验在翟城合作社发展中出现了问题而受阻。

2 月 25 日 《四川日报》刊登阿累《想起了晏阳初的平民教育》。

6 月 华中师范大学马克思主义理论与思想政治教育专业硕士研究生蒋舟在导师唐克军副教授指导下撰成《晏阳初公民教育思想研究》硕士学位论文。

同月 湖南农业大学职业技术教育学专业硕士研究生曾晓芳在导师夏金星指导下撰成《晏阳初职业教育思想探析》硕士学位论文。

同月 东北师范大学中国近现代史硕士研究生徐丽颖在导师刘景岚教授指导下撰成《晏阳初平民思想及其实践的当代意义》硕士学位论文。

同月 西北大学中国近现代史专业硕士研究生张森在导师陈国庆教授指导下撰成《梁漱溟、晏阳初乡村建设理论与实践之比较》硕士学位论文。

8 月 福建师范大学教育史专业硕士研究生翁静在导师陈伙平教授指导下撰成《晏阳初平民教育思想研究》硕士学位论文。

10 月 6 日 《巴中日报》发表《晏阳初博士史迹展览馆管护失范》。

10 月 9 日 《黄石日报》刊登《晏阳初的别样乡恋》。

10月12日 《重庆晚报》刊登《晏阳初与歇马场》。

10月 李志会编著《晏阳初在定县的足迹》由河北人民出版社出版。该书集中收集整理了晏阳初及平教会在定县的有关史料。编写中,定州市晏阳初研究会的同志和有关人员抢救性地对平教老人进行了采访、拍照、录音、录像,留下了不可再生的珍贵图片、音像、文字等历史资料。此书延续和保存了发生在定县的那段平教运动的历史,是定州"世界平民教育之乡"可靠的佐证。全书共四章。第一章:乡建10年,讲述晏阳初与定县的乡村建设,以及专访当年和晏阳初下乡的博士们;第二章:平教记忆,为定州健在的平教会当事人讲述当年晏阳初的平教活动,以及留下的美好回忆;第三章:论坛回声;第四章:文章书信。

11月13日 四川省晏阳初研究会常务副会长唐志成率该会名誉会长、顾问及部分会员,陪同美国美中友协查城分会副会长詹畅女士、Ron MoRin 先生、杨家珍先生等一行21人前往都江堰晏阳初工程学校进行面对面捐赠活动并参观该校的活动板房、修复后的学生宿舍。

11月14日 上午,詹畅女士参观了晏阳初实验学校,同副会长、该校校长唐乙裴就如何更好地宣传、继承晏老精神等共同感兴趣的问题进行了亲切友好地会谈。对今后学校的发展、老师、学生互派等达成了意向性合作意见,对各种具体实施计划磋商完成后实施。

12月20日 上午9时,在成都市成洛路一段一号晏阳初实验学校召开"晏阳初乡村建设理论与农村改革发展"学术研讨会(即年会),会议围绕:① 改革开放三十年来晏阳初乡村建设理论与实践研究综述;② 晏阳初乡村建设实践与新农村建设;③ 晏阳初乡村建设理论形成的思想基础;④ 四川农村改革发展与和谐社会构建;⑤ 晏阳初平民教育思想的历史反思及当代价值;⑥ 晏阳初与世界平民教育等展开研讨。会期一天。四川晏阳初研究会会长扈远仁,副会长、法人代表唐志成,副会长杜学元、唐乙裴,副会长兼秘书长伏绍宏、副秘书长王小丁以及西华师范大学四川省教育发展研究中心部分研究生以及晏阳初实验学校部分师生等出席了会议。

是年 东北师范大学历史文化学院徐利颖在导师刘景岚教授指导下撰成《晏阳初平民教育思想及其实践的当代意义》硕士学位论文。

是年 北京大学硕士研究生马亦欣在导师周建波教授指导下撰成《投资人力资本,重建乡村经济:晏阳初乡村建设思想初探》硕士学位论文。

是年 ① 华南师范大学教育科学学院韦永琼、杨旸在《重庆教育学院学报》第1期发表《晏阳初基督教信仰形成的教育历程考察》。② 何建华在《东南学术》第1

期发表《晏阳初的平教运动及县政改革实验》。③ 黄波在《同舟共进》第 2 期发表《怎样看晏阳初》。④ 晏鸿国在《同舟共进》第 2 期发表《还记得晏阳初吗》。⑤ 广西师范大学政行学院硕士研究生黄利剑在《沿海企业与科技》第 2 期发表《浅议晏阳初乡村建设思想》。⑥ 邢景宇在《新农村建设》第 3 期发表《加强农民教育培训是新农村建设的当务之急——晏阳初乡村建设对现代新农村建设的启示》。⑦ 西北工业大学人文与经法学院崔义中、李勇、王颖超在《未来与发展》第 3 期发表《借鉴晏阳初经验　推进新农村建设》。⑧ 山东大学马克思主义学院刘东霞等在《洛阳师范学院学报》第 2 期发表《晏阳初平民教育思想对我国新农村建设的启示》。⑨ 青岛市教育科学研究所翟广顺在《山东教育学院学报》第 5 期发表《晏阳初与梁漱溟乡村教育思想基础比论》。⑩ 湖南农业大学高等教育研究所刘卫在《世纪桥》第 5 期上发表《浅论晏阳初的女子教育思想》。⑪ 西华师范大学教育科学学院王小红、杜学元在《河北师范大学学报（教育科学版）》第 5 期发表《农民现代性素质的塑造与"三农"问题的解决　——晏阳初"民本""新民"思想启示录》。⑫ 山东大学马克思主义学院刘东霞、山东省淄博一中毛洪涛在《牡丹江大学学报》第 5 期发表《晏阳初梁漱溟乡村建设实验比较探析》。⑬ 西南大学教育科学研究所陈礼洪在《成人教育》第 6 期发表《晏阳初"农民化"思想的现代解读》。⑭ 华中师范大学政法学院蒋舟、张冬利在《华中师范大学研究生学报》第 2 期发表《晏阳初公民教育思想的形成与发展》。⑮ 西南交通大学苏志宏、郝丹立在《四川大学学报（哲学社会科学版）》第 6 期发表《教育与中国现代民族国家——论晏阳初的平民教育思想》。⑯ 赵旭东在《中国社会科学》第 3 期发表《乡村成为问题与成为问题的中国乡村研究——围绕"晏阳初模式"的知识社会学反思》。⑰ 西华师范大学陈朴、王小丁在《社会科学论坛》第 9 期（下）上发表《论晏阳初农村成人教育思想创新及当代启示》。⑱ 韩志峰、王凯山、贾丽君等在《中国合作经济》第 9 期发表《走出象牙塔跨进泥土地——晏阳初》。⑲ 黄冈师范学院科技处林永希在《黄冈师范学院学报》第 5 期发表《陶行知、晏阳初平民教育思想评述》。⑳ 兰州商学院财税与公共管理学院郭明霞在《社科纵横》第 11 期发表《试论晏阳初平民教育思想的理论渊源与创新》。㉑ 黔西南民族师范高等专科学校教育管理科学系何飞在《经济与社会发展》第 11 期发表《试析晏阳初乡村教育思想的形成》。㉒ 云南师范大学教育学院周郎萱在《科教论坛》第 11 月（中旬刊）上发表《晏阳初的平民教育思想及其对当前我国农村成人教育的启示——读〈乡村改造运动十大信条〉有感》。㉓ 广西师范大学李冰克在《党史文苑》第 22 期发表《晏阳初的乡村教育运动及其历史启示》。㉔ 泸州医学院赵洪波、黄晓利、吴岚在《党史文苑》第 11 月（下）上发表《晏阳初的平民教育思想对当前农民工教育问题的启示》。㉕ 许冰在《福建论坛·社科教育版》专刊上发表《晏阳初定县文艺教育实践对当代社区音乐教育的启示》。㉖ 内江师范学院石嘉、谢锐等在《内江师范学院学报》增刊上发表《晏阳初的平民教育思想对社会主义新农村教育改革的价值》。㉗ 福建师范大学教育科学与技术学院翁静在《洛阳师范学院学报》第 6 期发表《晏阳初平民教育思想的核心内容与特色》。

2009 年

3 月 重庆师范大学专门史专业硕士研究生徐幔在导师向中银教授指导下撰成《晏阳初社会思想研究》硕士学位论文。

4 月 14 日 《燕赵晚报》刊登《晏阳初在定县》。

4 月 湖南农业大学高等教育学专业硕士研究生刘卫在导师张云英教授指导下撰成《晏阳初农民教育思想研究》硕士学位论文。

同月 天津大学技术经济及管理专业硕士研究生袁慧在导师赵国杰指导下撰写《定州两次乡村建设试验的比较研究》硕士学位论文。

5 月 11 日 以晏阳初名字命名的图书馆"立人乡村图书馆"第四分馆——晏阳初图书馆在巴州区茶坝中学开馆。

5 月 17 日 《巴中日报》刊登袁万明、秦和平撰写的《晏阳初图书馆在茶坝中学开馆》。

5 月 西南大学教育史专业博士研究生张颖夫在导师廖其发教授指导下撰成《晏阳初"平民教育"理论与实践研究》博士论文。该文试图从当代中国社会转型期的视角,就晏阳初"平民教育"理论与实践进行历史的梳理和研究,细致探讨晏阳初"平民教育"理论与实践对当代中国社会转型期的教育、社会以及新农村建设的价值和现实意义,以期在宏观与微观方面促进学术界对于晏阳初"平民教育"理论与实践的全新审视与深入研究,并且希望引起政府对它的关注。

6 月 11 日 《重庆晨报》刊登《晏阳初北碚旧居今年内完成修复》。

7 月 5 日 四川省晏阳初研究会在四川省社科院管理学所会议室召开了会长办公会。四川省晏阳初研究会会长扈远仁、常务副会长唐志成、副会长郭虹、杜学元、唐乙裴以及常务副秘书长吴嘉华等 16 人参与了此次会议。会议由扈远仁会长主持。唐志成副会长在会上传达了四川省社科联第六次代表会议精神,并对晏阳初研究会的发展等问题做了重要讲话。会议先后听取了"农村留守儿童心灵读本"研究进展、《晏阳初平民教育理论与乡村建设实践》的编辑出版、晏阳初基金的筹备、南江教师培训以及网站建设等方面的情况汇报;讨论并初步决定于 2009 年 11

月在西华师范大学召开四川省晏阳初研究会第二届学术年会——"新中国成立 60 年：晏阳初平民教育思想与实践论坛"。会议还采纳了杜学元副会长关于补修《晏阳初全集》的建议，决定成立"晏阳初全集编修办公室"，办公地点设在四川省教育发展研究中心，由唐志成副会长和杜学元副会长负责。会议还就其他事宜进行了讨论。

7 月 7～12 日　应巴中市南江县教育局的邀请，四川省晏阳初研究会组织专家团，在南江县教师进修校开展了为期 4 天的送教培训活动。本次培训共分两期进行，来自南江的 230 余名乡村英语教师参加了培训。为了搞好这次送培活动，四川省晏阳初研究会会长办公会进行了专门研究与部署。扈远仁会长和吴嘉华常务副秘书长多次与南江县教育局进行沟通协调，明确提出，要组织一支有爱心、业务精的培训队伍参与送培活动；唐志成副会长也要求，必须做好充分准备，组织精干力量，举办一次让参培者满意的、高质量的培训活动，让晏阳初的平民教育精神在晏老的家乡发扬得更好。按照会长办公会的决定，该会选派副会长杜学元，常务副秘书长吴嘉华，副秘书长王小丁、赖长春，并邀请了四川师范大学和谐教育研究会会长赖晓旭、英语教研部主任曾正平两位老师，共同组成讲师团。根据南江县教师进修校的总体安排及参培教师的要求，该会副会长、西华师范大学"四川省教育发展研究中心"副主任杜学元教授、副秘书长王小丁博士就当前教育理念，结合英语教学的基本理论，给参培教师做了非常精彩的学术报告。其余讲师分别就英语口语教学及英语教材的处理等问题与参培教师进行了重点研讨。受到南江县教师进修校喻仲春老师及全体参训学员的好评。

7 月 8 日　四川省扶贫基金会栋梁工程分会、四川省晏阳初研究会联合向四川省各中小学校发出《关于推荐贫困生就读"栋梁工程·晏阳初班"的通知》："为大力推进职业技术教育的发展，与时俱进地继承和发扬晏阳初的平民教育和乡村建设思想，与现阶段教育的实际情况相结合，更多地注重教育的公平和均衡发展，帮扶贫困家庭子女能够学有所成，对家庭的脱贫致富起到促进作用，也为国家和社会培养合格的技术性人才做好有益的探索和实践。四川省扶贫基金会栋梁工程分会与四川省晏阳初研究会联合成立了'栋梁工程·晏阳初基金'，并在四川经济专修学院开设了栋梁工程'晏阳初班'，专门招收和资助贫困学生，让他们继续升入更高一级学府，完成职业技能学习，缓解就业压力，解决就业问题。现将推荐贫困生就读'栋梁工程·晏阳初班'的有关事宜通知如下，望各学校认真组织落实。一、资助对象：1. 我省部分地震灾区、革命老区、少数民族地区、边远和贫困地区的家庭经济困难、品行端正，经审查核实确实需要提供经济帮助，本人愿意就读的初、高中毕业生;2. 持有初、高中毕业证;3. 行为习惯良好,没受过纪律处分,无违纪记录,年龄在 15 岁以上,21 岁以下(必须持有居民身份证或者临时身份证),男性身高在 1.58 米以上,女性身高在 1.50 米以上,身心健康,无不良嗜好者。二、资助人数:初中起点大专 200 人,高中起点大专班 100 人。三、专业设置:初中起点大专班专业:电子与信息技术、服装制作与营销、旅游服务与管理、幼儿教育与管理(学制五年)。高中起点大专班专业:数控技术、应用电子技术等(学制两年)。备注:有关详细内容见学校资助专用推荐介绍。四、资助及交费标准:初中起点大专班:入学时由'栋梁工程·晏阳初基金'一次性资助学费 2 560 元,学习第三年顶岗实习勤工俭学 4 200 元冲抵学杂费,新生仅交中专段书籍资料及住宿费共 2 500 元,完成三年学业。每名学生还由国家助学金生活补助每月 150 元,每年 10 个月,补助 2 年共计 3 000 元。升入大专后,由'栋梁工程·晏阳初基金'一次性资助学费 3 000 元,其余学杂费按国家规定收取。高中起点大专班:由'栋梁工程·晏阳初基金'在学生入校时一次性资助学费 3 000 元,其余学杂费按国家规定收取。"并告知了资助程序、报名时间和联系方式。

8 月 26 日 电影《晏阳初》在定州开机,影片再现了平民教育家晏阳初平民教育"定县试验"的艰辛历程。20 世纪二三十年代,晏阳初在定县(今定州市)开启了平民教育和乡村建设运动先河,并把定县平民教育实验成果推广到亚洲、非洲、拉丁美洲等 40 多个国家和地区。影片《晏阳初》根据李志会《晏阳初在定县的足迹》一书改编,由河北张氏集团投资,八一电影制片厂、九州同鼎影视文化有限公司联合发行,片长 90 分钟。

8 月 27 日 《河北日报》刊登《再现平民教育家艰辛历程——电影〈晏阳初〉定州开机》。

9 月 4 日 晏阳初位于河北省定州市的旧居修缮工程正式完工。晏阳初旧居建成于清末民初,为四合院式民居,由东、西、南院及北跨院四部分组成,总占地面积约两千七百平方米。经多年自然侵蚀,仅存西院南北房各五间、东西厢房各三间。2006 年 6 月,被列为第六批全国重点文物保护单位。2009 年 3 月,国家文物局拨款 70 万元人民币对旧居南房和东西厢房进行落架修复。负责修缮的河北省古代建筑研究所专家尽可能使用原做法、原工艺、原材料,对主体建筑内的地面、墙体、梁架等进行了保护性的修缮,恢复了经后人更改的与历史原貌不符以及与传统民居不协调的部分。经过五个多月的努力,修缮工程正式完工,待国家相关部门验收后即对外开放。

9 月 11 日 上午,《读者报·大学生活》周刊向"栋梁工程·晏阳初基金"捐赠协议在四川经济专修学院体育馆前举行了隆重的签字仪式。原省委宣传部副部长、四川省晏阳初研究会会长扈远仁对这次活动作了简短、精辟的解说,并鼓励学生们珍惜时光、积极向上、学好知识、回馈社会。四川经济专修学院李小春副院长代表全院师生发表了热情洋溢的欢迎词后,由《读者报》总编万时红、四川省委宣传部宣传处罗副处长、省学联执行主席朱炜、团省委青少年事务中心主任余文吉、四川师大文理学院学工部长黄彬等分别致词。《读者报·大学生活》周刊主编李超、四川省晏阳初研究会常务副秘书长吴嘉华签订了捐赠协议书。参与仪式的学生代表季宁宁也发言表示了认真努力学习、积极回报社会的决心。

9 月 18 日　《燕赵晚报》刊登了《晏阳初定州旧居修缮一新》的报道。

10 月 1 日　《天府早报》刊登《四川晏阳初研究会祝祖国昌盛人民富强　四川经济专修学院祝全国人民节日快乐》。

12 月 19 日　四川省晏阳初研究会 2009 年年会暨晏阳初平民教育思想研讨会在晏阳初曾经创办中国第一所乡村建设学院的地方——重庆北碚晏阳初中学召开。出席这次研讨会的单位有重庆市委办公厅、北碚区委、北碚区人大、北碚区教育局、北碚区教育工委、重庆世界竹文化博物馆、河北定州市委宣传部、巴中市委宣传部、四川省社科院、四川师范大学、西华师范大学、西昌学院、宜宾学院、巴中市委党校、河北保定工业学校、北碚晏阳初中学等。出席这次会议的会员代表 41 人、西南大学博士生 6 人、西华师范大学硕士研究生 12 人、四川师范大学和四川省社科院的硕士研究生 5 人、晏阳初中学以及重庆市部分中学、职教中心的代表 24 人,共115 人。晏阳初当年所教过的七位学生作为特邀代表出席了这次研讨会。研讨会以"新中国 60 年,晏阳初平民教育思想与实践"为主题,收到论文 31 篇,著作 2 部,宣传资料 4 份。四川省晏阳初研究会副会长、西华师范大学四川省教育发展研究中心主任杜学元教授主持开幕式及上午的主题发言;四川省晏阳初研究会副会长兼秘书长伏绍宏研究员主持下午的大会主题发言。与会代表围绕研讨会主题,对新中国 60 年来晏阳初平民教育思想与实践进行了广泛的交流和探讨。四川省晏阳初研究会会长、原四川省委宣传部副部长扈远仁,四川省晏阳初研究会副会长、法人代表、四川师范大学文理学院院长唐志成教授,晏阳初中学校长刘远莉,河北定州市委宣传部副部长崔廷玉,北碚区委统战部部长唐臣存,重庆竹文化博物馆馆长何杰,晏阳初弟子陶维全,河北定州晏阳初研究会会长李志会,《今日巴中》编辑部主任张敬伟,西南大学博士生黄英杰、王延强,西华师范大学硕士研究生余闯闯、曾庆荣、陈莉,四川师范大学研究生翟毅宁,四川社科院研究生余思,晏阳初中学教师姚秀英等在大会分别作了致辞和主题发言。与会人员围绕主题发言进行了热烈的交流和讨论。杜学元教授最后做总结,认为这次大会学者面广,代表性强,参会人员多,提交的论文多;大会发言踊跃,具有问题意识和忧患意识;整个会议凸显了知识性、思想性、艺术性的特点,本次会议为晏阳初平民教育思想的研究提供了一个很好的交流平台。"路漫漫其修远兮,吾将上下而求索"。只要大家同心同德,未来充满希望。为深入研究晏阳初平民教育思想,四川省晏阳初研究会会长扈远仁对未来的工作提出了十点意见:发挥伟人优势,加强对外的合作与交流;强化调查研究与学术研讨;向省政府提出搞好四川教育改革发展的对策建议;办好"乡村建设论坛"和"职业教育论坛";出版《世界平民教育之父——晏阳初》普及性读物;建设试验基地;开展以"我的中国心"为主题的演讲活动,把"思源、感恩、爱国、成才"的教育引向深入;为争取在巴中市建一所乡村建设学院献策出力;丰富巴中晏阳初文化公园和晏阳初史迹展览馆的内容。

12月20日 四川省晏阳初研究会借北碚实验小学召开了会长会议,会议议决增加陈历伟(原四川省人大常委、农业委员会副主任)、孙家水(四川省政府投资公司机关党委副书记)、田蜀华(宜宾学院副教授、博士)、景志明(西昌学院副院长)为副会长;郭俊英(农业工作通讯杂志社西南办事处主任)、郭平(宜宾学院教授、博士)为副秘书长;黄英杰(泸州医学院、博士)、张敬伟(巴中市委党刊《今日巴中》编辑部主任)、桂熙(成都知心教育公司策划)、刘远莉(重庆晏阳初中学校长、高级教师)为常务理事。

同日 定州市委宣传部副部长崔廷玉,定州市晏阳初研究会李志会,定州市作协主席杨江敏,定州市晏阳初旧居纪念馆李文忠,北京国家广电总局数字电影制片人西桐辉,四川省晏阳初研究会常务理事晏鸿国、张敬伟在参加四川省晏阳初研究会学术年会后到晏阳初家乡四川省巴中市进行了考察、交流。

12月21日 上午,在巴中市委宣传部常务副部长郑开屏及巴州区委宣传部有关领导陪同下,定州市委宣传部副部长崔廷玉、定州市晏阳初研究会李志会、定州市作协主席杨江敏、定州市晏阳初旧居纪念馆李义忠、北京国家广电总局数字电影制片人西桐辉一行拜谒了晏阳初墓地,参观了晏阳初博士史迹展览馆。下午,在巴中市政府办公大楼3楼会议室,巴中市政协老领导李旭升、市委宣传部副部长、市精神文明办公室主任马云、市政协文史委、文体局、教育局等相关负责人及晏阳初博士亲属共100人观看了电影《晏阳初》(暂定名),定州市委宣传部崔廷玉副部长对影片拍摄制作作了详细的介绍,与会人员对影片给予了高度的评价和赞同,一致认为,影片主题突出,真实地再现了晏阳初博士在定州的十年乡村建设运动的伟大实践,很有艺术性和感染力。对大力支持拍摄工作的定州市委、政府、影片编剧、摄制组深表感谢,对于弘扬晏阳初博士精神和平民教育理论和实践,推动社会主义新农村建设,具有深远的历史意义和现实意义。有关专家对影片的进一步修订提出了建议性意见。崔部长一行对于定州弘扬晏阳初精神、实践晏阳初理论所取得的成就作了介绍和交流。

是年 四川省扶贫基金会栋梁工程分会、四川省晏阳初研究会联合成立了"栋梁工程·晏阳初基金"。该扶贫基金会联合有关单位面向全国率先创办了以"品学兼优、家境贫困"的高校学生为援助和培养对象的大型社会公益事业。

是年 ① 华东师范大学职业教育与成人教育研究所庄文、顾金良在《继续教育研究》第 1 期发表《晏阳初之现代成人教育思想阐释》。② 漳州职业技术学院高职研究与评估所汤汉林在《漳州职业技术学院学报》第 1 期发表《识字教育·乡村建设·民族再造——晏阳初的教育抱负及其启示》。③ 河北省博物馆刘德发在《文物春秋》第 3 期发表《晏阳初在定县开展平民教育运动时留下的两件文物》。④ 四川文理学院教育科学与技术系陈芳在《中国成人教育》第 5 期发表《晏阳初的平民教育思想及对农村成人教育工作的启示》。⑤ 上海社会科学院戴雪梅在《科学·经济·社会》第 3 期发表《公益心与公德心的养成机制探析——来自晏阳初平民教育活动的启示》。⑥ 华南师范大学公共管理学院付凤仙在《哈尔滨学院学报》第 3 期发表《梁启超与晏阳初的新民观比较》。⑦ 西华师范大学四川省教育发展研究中心李亚娟、王小丁在《西北成人教育学报》第 3 期发表《论晏阳初的平民教育思想及当代价值》。⑧ 信阳师范学院当代马克思主义研究所张玉鹏在《今日南国》第 3 期发表《晏阳初乡村教育理论和实践初探》。⑨ 西华师范大学四川省教育发展研究中心曾庆荣、王小丁在《传承》第 3 期发表《晏阳初的乡村建设思想对新农村改革和发展的启示》。⑩ 西华师范大学四川省教育发展研究中心王小丁、汪旺根在《喀什师范学院》第 2 期发表《晏阳初与裴斯泰洛齐乡村教育思想之比较》。⑪ 凯里学院成人教育学院杨建忠在《凯里学院学报》第 2 期发表《论晏阳初平民教育实践的基本特点》。⑫《社会工作(下半月)》"理论"版第 4 期发表《晏阳初与平民教育》。⑬ 贵州师范大学文学院钟芳芳在《文学教育(上)》第 5 期发表《晏阳初平民教育思想研究》。⑭ 乐山师范学院教育与心理学系刘河燕在《中国成人教育》第 10 期发表《晏阳初乡村教育思想及其对当代农村教育的启示》。⑮ 西华师范大学四川省教育发展研究中心王伟良在《临沧师范高等专科学校学报》第 2 期发表《晏阳初平民教育思想对新农村建设的启示》。⑯ 同济大学法政学院唐踔在《河北工程大学学报(社会科学版)》第 2 期发表《晏阳初乡村建设思想述论》。⑰ 湖南农业大学刘卫、张云英等在《煤炭高等教育》第 3 期发表《论晏阳初农民教育原则与方法》。⑱ 河北大学历史学院冯杰在《史学月刊》第 7 期发表《晏阳初为定县乡村建设四次赴美募捐考略》。⑲ 厦门大学教育研究院刘一彬、福建信息职业技术学院翁静在《教育与教学研究》第 8 期发表《晏阳初平民教育思想的特色与历史价值》。⑳ 赤峰学院学生处徐利颖在《赤峰学院学报(汉文哲学社会科学版)》第 9 期发表《晏阳初平民教育思想对当代农村教育的影响》。㉑ 南开大学周恩来政府学院邵长兰在《教育探索》第 9 期发表《晏阳初对乡村教育本土化的探索》。㉒ 华东师范大学职业教育与成人教育研究所王美楠在《高等函授学报(哲学社会科学版)》第 11 期发表《晏阳初公民教育思想引领下的农村文化建设》。㉓ 福建信息职业技术学院翁静在《文化学刊》第 6 期发表《晏阳初平民教育思想的精神向度刍议》。㉔ 西南大学历史文化学院苟翠屏在《文史精华》第 11 期发表《晏阳初与卢作孚的交情》。㉕ 华南师范大学公共管理学院纪书燕、华南理工大学广州汽车学院李大章在《中小企业管理与科技(上旬刊)》第 12 期发表《民本：晏阳初思想的基本点》。

是年 中国地方教育史志研究会编辑部主办《教育史研究》创刊二十周年暨中国教育史研究六十年学术研讨会,并出版《纪念〈教育史研究〉创刊二十周年论文集(2)——中国教育思想史与人物研究》一书。该文集刊登了 17 篇关于晏阳初的文章,它们是：夏辉映的《晏阳初平民教育与乡村改造思想国际学术讨论会综述》;马秋帆的《梁漱溟、晏阳初教育思想的特色及其影响》;黄济的《晏阳初的平民教育与乡村建设》;吴福生的《晏阳初教育思想的实践意义》;阎国华的《晏阳初平民教育理论述评》;胡晓风的《两位献身平民教育的先驱——纪念晏阳初、陶行知诞辰 100 周年》;河北省教育科学研究所、河北省教育学会晏阳初教育思想研究课题组的《晏阳初定县平民教育实验简析》;宋恩荣的《从定县走向世界——晏阳初教育思想再探》;许新民的《但愿扫盲有穷期——学习晏阳初教育思想随感录》;石河的《近年来晏阳初研究综述》;四川师范大学教育科学学院副教授、西北师范大学教育科学学院博士生张建琼的《晏阳初抗战时期在四川的教育实践及其教育思想》;华东师大教育科学学院职业教育与成人教育研究所纪军的《论析晏阳初关于农村教育的思想》;中央教育科学研究所宋恩荣的《晏阳初——走向民间的学人》(该文是日本农山渔村文化协会在日本出版《晏阳初,为乡村改造奋斗的一生》的《前言》);华东师大教育系牟映雪的《雷沛鸿与晏阳初教育思想之比较》和中央教科所石河的《晏阳初的教育改革思想与实践》。

2010 年

1 月 北京五洲传播出版社出版了晏鸿国所著、译谷译的《做世界新民》(*Make*

New Citizens of the World）。该书为国家汉办定制丛书《中外文化交流故事丛书》（*Roads to the World*）之一，面向国外各孔子学院学生和对中国文化感兴趣的外国读者发行。该书将"世界平民教育之父"晏阳初在中国开展平民教育，进而领导国际乡村改造运动的故事介绍给外国读者。除"前言"外，包括"探索真理之路""投身平民教育""定县实验""做世界新民""对世界文化的贡献"五部分。

同月　河北定州晏阳初社区学习中心重新建立，致力于低碳乡村和生态农业的试验和推广，同时培养生态农业的推动者和技术人才。

4 月　东北师范大学硕士研究生李丽在导师于伟的指导下撰成《晏阳初中国特色乡村平民教育思想研究》硕士学位论文。

同月　浙江大学政治学理论专业胡芬芳在导师毛丹教授指导下撰成《晏阳初的农村社区改造思想及其价值》硕士学位论文。

5 月 28 日　定州市晏阳初文化交流中心正式成立。

5 月　四川省晏阳初研究会副秘书长胡尚峰下派凉山彝族自治州，担任州教育局副局长。胡尚峰（1975～　），男，汉族，四川广安人，中共党员。2007 年开始担任四川省晏阳初研究会副秘书长。下派前为四川师范大学学生工作部（武装部）、学生处副部长、副处长，兼任学校低年级学生培养办公室主任，学校科技青年联合会副秘书长，关心下一代工作委员会副秘书长，大学生心理危机干预领导小组办公室主任。

6 月 7 日　《保定日报》刊登薛永强、陈宝强撰写的《定州市晏阳初文化交流中心成立》一文。

6 月 25～26 日　定州市举办晏阳初诞辰 120 周年纪念活动。活动中，国际平民乡村建设理事会秘书长秦宝雄、著名电影艺术家田华等与社会各界专家、学者共计 400 余人，追忆和探寻世界著名平民教育家晏阳初的伟大实践，对其在定州的生活及平民教育事业进行缅怀。大家一起观看了反映当时晏阳初平教事迹的纪录片《乡村建设》和为纪念晏阳初诞辰 120 周年特别制作的献礼片《晏阳初》，并参观了晏阳初中学、晏阳初故居等地。

6 月 28 日　《保定日报》刊登建强撰写的《定州市举办晏阳初纪念活动》一文。

8 月 2 日　《保定日报》刊登《晏阳初主要贡献与影响》一文。

8 月　晏阳初《平民教育概论》由高等教育出版社出版。书中收录了晏阳初在 20 世纪初叶关于平民教育的代表著述和文章，集中阐述了平民教育的理念、精髓，从原典中尽可能系统地发现晏阳初的思想精华，集中体现其献身"平民教育"的真精神。晏阳初所主张和实践的平民教育与乡村改造运动，对当下中国社会的发展和进步具有重要价值和积极影响,其中对农民教育的方法、理论以及实践探索都对今天正在实行的社会主义新农村建设大有补益。

9月10日 为了贯彻落实《国家中长期教育改革和发展规划纲要》,促进农村教育可持续发展,四川省晏阳初研究会决定将于10月在西华师范大学举行研讨会,会议将围绕《国家中长期教育改革和发展规划纲要》,结合晏阳初平民教育思想,深入探讨当前农村教育的热点问题,围绕农村"学前教育""基础教育""高中教育""职业教育"和"高等教育"等撰写论文,以纪念晏阳初诞辰120周年,并发出邀请函。

9月25日 《巴中日报》刊登中共巴中市巴州区委书记廖伦志和中共巴中市巴州区委副书记、区长张平阳合撰的《借鉴晏阳初博士平民教育思想 扎实推进社会主义新农村建设》一文。

同日 上午,由四川省巴中市人民政府和四川省人民对外友好协会主办的"纪念世界平民教育家晏阳初诞辰120周年暨平民教育研讨会"在成都举行,来自菲律宾、美国、俄罗斯、英国、法国、德国、瑞典、芬兰、澳大利亚、日本、印度、加拿大、西班牙、新西兰、韩国、马来西亚、斯里兰卡等17个国家的60余位嘉宾和国内专家学者相聚一堂,隆重纪念晏阳初诞辰120周年。四川省人民对外友好协会会长秦琳主持会议。中共巴中市委书记、市人大常委会主任李仲彬在会上致辞。菲律宾驻华大使民尼迪托先生、美国耶鲁大学教授白彬菊、北京大学教授何晋、英国毅华国际文化发展中心马修、清华大学教授焦义菊、马来西亚国际专业服务机构成都地区主任吴美颜、中国人民大学教授何光沪、晏阳初学生代表、北京大学教授李真、河北省定州市委宣传部副部长崔廷玉、北京晏阳初平民教育发展中心总干事、中国人民大学乡村教育中心副秘书长邱建生、四川省晏研会会长扈远仁出席会议并发言。研讨会上,来自国内外的专家学者共同缅怀晏阳初为中国和世界平民教育事业和乡村改造运动所作的杰出贡献,一同追思晏阳初为平民教育事业奉献一生的精神风范。大家认为,晏阳初的平民教育思想和实践经验,对今天的全民教育和社会主义新农村建设依然具有现实意义,传承和弘扬晏阳初的伟大思想和实践,可以更好地推进教育事业特别是乡村教育事业发展,加快新农村建设步伐,实现国家富强和民生改善。

10月22日 晚上,四川省晏阳初研究会在四川省南充市铁荣路的万泰宾馆三楼会议室召开了2010年度工作总结会及2011年工作规划会。四川省晏阳初研究会会长扈远仁、四川师范大学文理学院院长唐志成、四川省晏阳初研究会副会长兼秘书长伏绍宏、乐山五中教师毛启荣、四川光亚国际学校校长卿光亚、四川省晏阳初研究会副会长杜学元、巴中晏阳初博物馆馆长晏鸿国、四川省晏阳初研究会副秘书长王小丁等参加了会议。会议对 2010 年度工作做了总结。"1. 组织建设。学会增选了黄英杰、张敬伟、刘远莉、桂熙四位常务理事;增选了陈历伟、孙家水、景志明、田蜀华、杨松林五位副会长;增补了郭俊英、程遥、郭平三位副秘书长。全年新吸收会员三十余人。2. 常规工作。编辑了学会建设与管理文集,严格按照国家法律法规和本会章程开展学会活动。学会日常管理工作基本做到了规范有序,能基本满足学会日常运转要求;坚持了办公会议制度和年会制度。全年共召开会长办公会 5 次,秘书长办公会 13 次,年会 1 次;加强了对专业委员会的管理,逐步完善了学会的'专业委员会管理办法',履行了学会对'业委会'等专委会的监管和指导。3. 对外宣传。学会通过会议、文本交流、简报、网站、信函等多种形式加强自身宣传。网站建设长抓不懈,日点击率由上年 300 余人次增加到 600 余人次,已成为学会加强自身宣传和扩大对外交流的重要窗口。4. 对外交流。除继续巩固原有联系渠道外,进一步加强了与省外大专院校、科研机构及相关机关与企事业单位的联系。派员参加了河北省定州市举办的纪念晏阳初诞辰 120 周年学术研讨会;派出 21 名会员参加了四川省友协和巴中市人民政府举办的纪念晏阳初先生诞辰 120 周年研讨会,并向大会提交了多篇学术论文,有两篇论文被收入了大会论文集;接待了中央教科所、北京大学、中国人民大学、北京师范大学、西南大学、重庆市北碚区晏阳初中学等单位的专家学者。5. 理论研究与普及。全年组织撰写论文数十篇,适时召开了晏阳初平民教育思想研讨会暨年会,出版了论文集《固本与开新:晏阳初的平民教育思想研究》;出版了专著《做世界新民》;编辑的校本教材《晏阳初的故事》,已被重庆市晏阳初中学试用。开展了对巴州区、南江县、通江县及相关乡镇、农村中小学的调研活动,撰写了《推进教育公平进程中的问题及路径优化选择》调研报告。撰写并向省有关部门呈交了对我省《"十二五"规划》和《中长期教育规划》的对策建议报告。组织了本年度省规划课题的申报活动,参与了培训乡村教师的活动。6. 整合学会资源,支持乡村教育。学会集中力量完成了对地震重灾区彭州市和北川县共七所学校防灾减灾教育的师资培训,社会反响良好,给巴州区引进了川明参发展资金 40 万元。7. 组织会员通过成都市红十字会开展了向玉树、舟曲灾区的捐款活动。8. 财务管理严格,账目明晰。2009 年学会结余资金 44 307 元,本年度新增收入 41 100 元,本年度支出 53 857 元,学会现有经费 31 550 元。"对 2011 年度工作做了规划,其要点主要有:1. 要加大宣传教育力度;2. 加强交流合作;3. 搞好调查研究和学术研讨;4. 为省制订经济社会发展"十二五"规划和贯彻实施国家《教育规划纲要》建言献策出力;5. 建设晏阳初教育思想实验基地;6. 注意发挥会员作用。

10 月 23 日 由四川省晏阳初研究会主办,四川省教育发展研究中心承办的"纪念晏阳初诞辰 120 周年暨晏阳初平民教育思想学术研讨会"在西华师范大学新校区行政楼六楼会议室召开。西华师范大学党委书记杨树政到会祝贺,四川省晏阳初研究会会长扈远仁,西华师范大学副校长刘玉平、宣传统战部部长李鸿生,四川省教育发展研究中心主任杜学元、副主任李化树,以及来自四川省社科院、巴中晏阳初博物馆、攀枝花仁和区教育局、西华师范大学、四川师范大学、宜宾学院、西南交通大学、成都经济技术学校、重庆晏阳初中学、乐山五中、四川都江堰光亚学校等 18 个单位的代表,西华师范大学四川省教育发展研究中心和教育学院的研究生共 107 人出席这次会议。会议由刘玉平副校长主持。副会长唐志成代表四川省晏阳初研究会致词。校党委书记杨树政代表学校党委、行政,向会议的胜利召开表示衷心祝贺。他充分肯定了晏阳初的平民教育思想及其当代价值,并希望与会代表结合《国家中长期教育改革和发展规划纲要》的贯彻学习,实践好晏阳初的平民教育思想,努力推进社会主义新农村建设,推动城乡教育均衡协调发展。与会代表围绕晏阳初平民教育思想,结合社会现实,展开了热烈研讨。四川省晏阳初研究会会长扈远仁、晏阳初的弟子周定汎和李绍良教授、四川师范大学文理学院院长唐志成、乐山五中教师毛启荣、四川都江堰光亚学校校长卿光亚、巴中晏阳初博物馆馆长晏鸿国、四川省社科院李俊霞、景光仪、晏阳初研究会业主专委会秘书长胡大于、宜宾学院贺永平、四川省教育发展研究中心 2009 级研究生郭伟、程海燕等分别在大会上做了学术交流。大会收到论文 60 多篇。四川省晏阳初研究会副会长、四川省教育发展研究中心主任杜学元对研讨会做了总结和点评,指出纪念晏阳初诞辰 120 周年暨晏阳初平民教育思想学术研讨会的成功召开,让与会人员再一次缅怀晏老,知其人、闻其言、思其行,使与会者更坚定了向晏阳初学习的信念。晏阳初的业绩将彪炳史册,其平民教育精神将永远闪耀光辉!

10 月 26 日 《巴中日报》刊登《纪念晏阳初诞辰 120 周年暨平民教育研讨会在蓉隆重举行》《藉着前贤的光辉 创造美好的生活——纪念晏阳初诞辰 120 周年暨平民教育研讨会掠影》《深切缅怀 砥砺精神——纪念世界平民教育家晏阳初诞辰 120 周年》《传承和弘扬晏阳初平民教育思想——纪念晏阳初诞辰 120 周年暨平民教育研讨会专家、学者访谈录》等文章。

同日 《四川日报》刊登《纪念平民教育家晏阳初诞辰 120 周年》。

11 月 由扈远仁和唐志成主编、杜学元和王小丁副主编的《固本与开新——晏阳初的平民教育思想研究》由四川大学出版社出版。为了纪念晏阳初诞辰 120

周年,在四川省晏阳初 2009 年年会的基础上,该书收集了国内部分研究晏阳初平民教育思想的内容。包括三个部分:① 四川省晏阳初研究会 2009 年研讨会专辑:历史回顾,探究平民教育理论,结合当代中国的教育实际,总结经验,拓展晏阳初平民教育思想的研究。② 理论探索:从不同角度追溯晏阳初的平民教育思想,揭示其科学精神,体现其当代价值。③ 实践诉求:不同的研究者从诸多层面,阐述了晏阳初平民教育思想的实践价值,结合当代中国教育所面临的问题,从晏阳初的平民教育思想中取其精华,寻求路径,彰显实践价值。该书对新农村建设,构建和谐社会具有较大的意义。

是年　① 河北大学马列教研部何建华在《华中师范大学学报(人文社会科学版)》第 1 期发表《试论晏阳初平教运动对政府的影响》。② 上海师范大学法政学院陈兆旺在《理论界》第 1 期发表《晏阳初公民教育思想探析》。③ 北京交通大学人文与社会科学学院博士生李红辉在《科学社会主义》第 2 期发表《晏阳初的农民教育思想及其实验》。④ 山东工商学院社科部高宝琴在《法制与社会》第 2 期发表《晏阳初"乡村建设"思想及实践的历史启示》。⑤ 孙孔懿在《江苏教育研究》第 2 期发表《人民性:人民教育家的根本属性——以晏阳初和他的"平教同志"为例》。⑥ 北京大学经济学院周建波在《贵州财经学院学报》第 2 期发表中国邮政储蓄银行有限责任公司马亦欣的《投资人力资本,重建乡村经济——晏阳初乡建理论的经济学分析》。⑦ 山西大学教育科学学院樊利华、英语周报社刘爱民在《太原大学教育学院学报》第 1 期发表《晏阳初的平民教育思想》。⑧ 赤峰学院徐利颖在《鸡西大学学报》第 2 期发表《晏阳初乡村女子教育思想初探》。⑨ 西华师范大学四川省教育发展研究中心余闯闯、张晓燕、韩双双在《理论观察》第 4 期发表《试论大学生村官对晏阳初乡村建设理念之借鉴》。⑩ 北京晏阳初平民教育发展中心总干事、中国人民大学乡村建设中心副秘书长邱建生在《南风窗》第 7 期发表《为中国找回晏阳初》。⑪ 兴义民族师范学院何飞在《兴义民族师范学院学报》第 1 期发表《陶行知、晏阳初乡村教育思想比较研究》。⑫ 何岸在《源流》第 15 期发表《平民教育家晏阳初》。⑬ 中共北京市委党校张燕在《太原大学学报》第 3 期发表《论晏阳初的乡村改造思想对新农村建设的启示》。⑭ 浙江师范大学教师教育学院赵旭、徐君在《河北大学成人教育学院学报》第 3 期发表《晏阳初平民教育思想及其对农民教育的启示》。⑮ 乐山师范学院教育科学学院刘河燕在《大众文艺》第 20 期发表《晏阳初乡村教育思想与四川农村成人教育研究》。⑯ 华东师范大学教育科学学院李慧慧、西华师范大学满忠坤在《现代教育论丛》第 10 期发表《晏阳初的家庭教育思想及启示》。⑰ 湖南理工学院体育学院刘立刚、雷霞在《文学教育》第 12 期发表

《晏阳初平民教育思想及其对农民工教育的启示》。⑱ 西华师范大学四川省教育发展研究中心徐敏、王小丁在《文史博览(理论)》第 12 期发表《晏阳初平民教育思想与中国教育近代化》。⑲ 泸州医学院吴岚、赵洪波在《成人教育》第 12 期发表《新生代农民工教育的目标和内容探析——晏阳初的平民教育思想对新生代农民工教育问题的启示》。⑳ 河北大学教育学院秦玉清在《成人教育》第 12 期发表《晏阳初的乡村建设思想对社会主义新农村建设的启示》。㉑ 江鸟在《天风》12 月刊上发表《以"三 C"精神矢志 平民教育的改革家晏阳初》。

是年 兰伯特·苏赫著《晏阳初传》由德国萨尔布吕肯的 VDM 出版社出版 (Lambert Surhone. *Y. C. James Yen*. Saarbrücken：VDM Verlag, 2010)。

是年 西华师范大学四川省教育发展研究中心王小丁、杜学元、余闯闯在《教育科学论坛》第 5 期发表《"四川省晏阳初研究会 2009 年年会暨晏阳初平民教育思想研讨会"综述》。

2011 年

1 月 18 日 《中国民族报》刊登《基督徒晏阳初：中国乡村建设的先驱》。

3 月 9 日 《中华读书报》刊登摩罗《明智崇高晏阳初》。

4 月 29 日 上午九时在四川省社科院办公楼 B 区 712 会议室召开四川省晏阳初研究会会长、秘书长办公会议,讨论了 2011 年度的工作及其部署。

5 月 18 日 在国际博物馆日的当天,四川省巴中市晏阳初博物馆工作人员走上街头,宣传《中华人民共和国文物保护法》,散发宣传单一万余份,同时,展出了世界革命性十大伟人之一、世界著名平民教育家和乡村建设运动创始人晏阳初博士的珍贵图片。该馆解说员向市民讲解晏阳初博士生平事迹。

5 月 25 日 《天府早报》刊登《普及乡村国际教育 与晏阳初同做一个梦——访新中国首位民办学校校长卿光亚》。

5 月 "晏阳初教育思想实验基地"在都江堰光亚学校揭牌。光亚学校将携手"四川省晏阳初研究会",把国际教育送到广大农村地区,在四川农村地区学校开展国际教育培训。

同月 河北师范大学职业技术教育学专业研究生王果平在导师张志增研究员的指导下撰成《晏阳初农民职业教育思想与实践研究》硕士学位论文。

6 月 10 日 《重庆日报》刊登《北碚区晏阳初中学始建于 1958 年》。

6 月 中共北京市委党校中共党史专业研究生张燕在导师侯且岸教授指导下撰成《晏阳初的乡村改造思想述论》硕士学位论文。

7月18日　《保定日报》刊登谷晓丹《定州投拍电影〈晏阳初〉央视播出》。

8月7日　《光明日报》刊登西南大学西南民族教育与心理研究中心赵驹发的《平民教育在"新民"——晏阳初的平民教育思想》一文。

9月6日　教育部办公厅、国家广电总局办公厅《关于印发〈第27批向全国中小学生推荐优秀影片片目〉的通知》，教育部和国家广电总局将电影《晏阳初》列为爱国主义影片，并向全国中小学生推荐。

9月　扈远仁、唐志成、杜学元主编的《不朽的平民教育思想　辉煌的乡村建设成就——伟大的平民教育家晏阳初》由四川大学出版社出版。2010年是晏阳初诞辰120周年，四川省巴中市委、巴中市人民政府，四川省对外友好协会在成都召开了纪念晏阳初诞辰120周年大会，大会收到论文30篇；同年四川省晏阳初研究会在西华师范大学召开了"纪念晏阳初诞辰120周年暨晏阳初平民教育思想学术研讨会"，收到论文60多篇。编者把这两次大会的成果结集成书，以宣传晏阳初、传播晏阳初的平民教育思想。该书对新农村建设，构建和谐社会具有较大的意义。

10月15日　"四川省晏阳初研究会2011年年会暨晏阳初教育思想研讨会"在宜宾学院召开。出席本次会议的单位有四川省晏阳初研究会、中国社会科学院、四川省社会科学院、四川大学、西南大学、四川师范大学、西华师范大学、西华大学、宜宾学院、西昌学院、都江堰光亚学校、新津教育局、巴中晏阳初博物馆、晏阳初中学等。原四川省人大农委主任、四川省晏阳初研究会副会长陈历伟主持了开幕式及上午的主题发言，四川省晏阳初研究会副会长兼秘书长伏绍宏主持了下午的主题发言。会上，宜宾学院汪明义校长代表宜宾学院对与会代表表示热烈欢迎，并介绍了宜宾学院的概况及办学理念，认为学习、研究晏阳初教育思想对当代教育有着重大意义。原中共四川省委宣传部副部长、四川省晏阳初研究会会长扈远仁作了题为《传承晏阳初伟业　努力建设教育强国和人力资源强国》的主题发言。晏阳初研究会副会长兼秘书长伏绍宏总结了研究会2011年度的工作情况，对研究会下年度的工作作了安排。与会代表围绕晏阳初教育思想分别作了主题发言，有侧重晏阳初教育理论方面的，有着眼晏阳初教育实践方面的，有关注晏阳初教育理念与当今农村教育实际方面的，也有注目晏阳初平民教育思想研究未来趋势方面的。其中，晏阳初弟子、西华大学教授宋代元教授回忆了建国前四年晏老的平民教育及乡村建设实践，给人留下了一段口述史。中国社会科学院杨勋教授自诩为"晏阳初先生的追随者"，表现出她对晏阳初教育理念的崇尚。西华师范大学王小丁教授总结了目前学界对晏阳初研究的成果，提出了未来研究的"六大趋势"：一是晏阳初年谱的编辑；二是晏阳初的平民教育与中国教育的(近)现代化；三是晏阳初平民教育的比较研究;四是多视角、多学科深入晏阳初平民教育思想的研究;五是晏阳初与国际平民教育;六是晏阳初在川渝的平民教育实践。本次年会共收到论文 22 篇,反映出 2011 年度对晏阳初研究的最新成果。

10 月 22 日 四川省晏阳初研究会、开江县教育局"提高教育国际化水平"专题讲座在开江县职业中学学术厅成功举行。受四川省晏阳初研究会会长、原四川省委宣传部副部长扈远仁委托,四川省人民对外友好协会文化顾问、国际教育演讲专家申再望教授和都江堰光亚学校校长、四川省晏阳初研究会副会长、国际教育演讲专家卿光亚,分别做了题为《多元文化背景下的国际化教育》《中国乡村国际教育实践与国际化教师职业性质和技巧》的国际教育专题讲座。申再望教授紧紧围绕国际化教育主题,分析中国提高教育国际化水平所面临的形势和任务,介绍以色列、德国、美国等国家的教育理念和教学方法,包括儿童读经、博物馆教育、劳动技能培训、礼仪教育等方面,讲座精彩,内容丰富,观点鲜明,让与会者开阔了眼界。卿光亚校长就《中国乡村国际教育实践与国际化教师职业性质和技巧》进行了精彩演讲,生动形象,通俗易懂,同时给与会者如何抓好教师队伍建设带来了新的观念。参加这次学习的有开江县教育局机关及教育股、进修校、教研室、电教馆的全体职工,开江县各中小学校的中层以上领导,共计 400 余人。开江县教育局党组书记、局长陈朝毅主持了会议。此次国际教育讲座是四川省晏阳初研究会针对《教育中长期发展纲要》要求提高国际化教育水平所开展的对四川教育相对薄弱地区举行的巡回公益讲座的第一站。此次讲座得到了四川省教育厅外事处、四川省政府人民对外友好协会、四川省晏阳初研究会等单位的大力支持。

11 月 4 日 四川省晏阳初研究会副会长、乐山师范学院杜学元副院长主持召开了四川省晏阳初研究会乐山分会的成立筹备会,对成立四川省晏阳初研究会乐山分会的相关事宜进行了研讨,参加会议的有四川省晏阳初研究会常务理事毛启荣老师、刘柏林老师以及乐山师范学院教育科学学院邹敏院长、汪红烨副院长。

11 月 15 日 四川省晏阳初研究会以川晏研字〔2011〕3 号《四川省晏阳初研究会文件》的形式批复了乐山师范学院《关于同意成立四川省晏阳初研究会乐山分会的请示》。任命四川省晏阳初研究会乐山分会机构成员名单:名誉会长赵家骥;顾问毛启荣、阮平、刘柏林;会长杜学元;常务副会长兼秘书长邹敏;副会长周开贤、刘河燕、邸晋、张传乐;副秘书长王红烨、骆承业、欧阳昌吉、曹垒、方启英、佘万斌;理事:毛启荣、阮平、刘柏林、杜学元、邹敏、周开贤、张传乐、邸晋、刘河燕、王红烨、骆承业、欧阳昌吉、曹垒、方启英、佘万斌、廖华平、吴永胜、曹惠容、邢秀芳、闵钰、黄昀。

11月17日　下午三点,四川省晏阳初研究会乐山分会成立大会暨学术研讨会在乐山师范学院弘毅楼第三会议室隆重举行。四川省晏阳初研究会会长扈远仁,副会长、法人代表唐志成教授,副会长兼秘书长伏绍宏研究员,中国农村教育研究会副会长、四川省教育学会副会长赵家骥教授,乐山师范学院党委副书记、纪委书记杨胜宽教授,乐山师范学院副院长杜学元教授出席成立大会。四川省晏阳初研究会乐山分会会员及部分教育科学学院学生参加了大会。大会上,乐山师范学院教科学院院长邹敏教授就四川省晏阳初研究会乐山分会筹备经过作了简短介绍。杨胜宽副书记代表学院党政向四川省晏阳初研究会乐山分会成立大会暨学术研讨会的召开表示衷心的祝贺,向来自省内各部门的领导、嘉宾、专家、学者表示热烈的欢迎,并向与会嘉宾介绍了学校及教科学院的基本情况。杨胜宽说:"晏阳初的教育思想是我们的宝贵财富,对于当今的教育改革有很大助益,希望分会在省晏阳初研究会的领导与指导下,抓好研究资源整合与队伍建设,不断提升研究实力与水平,多出成果,多出精品。"四川省晏阳初研究会副会长伏绍宏在大会上宣布晏阳初研究会乐山分会成立文件,杜学元、邹敏分别担任四川省晏阳初研究会乐山分会会长、副会长。四川省晏阳初研究会会长扈远仁为乐山分会授牌。省晏阳初研究会副会长、法人代表唐志成对乐山分会的成立表示祝贺,他说:"四川省晏阳初研究会乐山分会的成立是一件大事、喜事,它将是学习、宣传、研究晏阳初的一支重要力量。"杜学元教授向大会汇报了晏阳初研究会乐山分会的总体工作思路及近三年的工作目标,得到会议的肯定。四川省晏阳初研究会会长扈远仁、常务理事毛启荣、乐山市沙湾区教育科技局局长周开贤、乐山师范学院教育科学学院刘河燕博士等在会上介绍了晏阳初平民教育思想在新时期的研究意义、研究成果,展望了晏阳初研究的未来。大会主持人邹敏在总结中说:"晏阳初思想启迪智慧,引领实践。乐山分会的成立意味着新的征程的开启,晏阳初研究只有起点,没有终点。我们要认真研究晏阳初的农村教育思想与实践,为祖国教育事业奉献理想与智慧。"

同日　《四川省晏阳初研究会乐山分会会刊》第一辑《成立特刊》面世。该刊由乐山师范学院教科学院组织编辑,编辑委员由杜学元、邹敏、毛启荣、刘柏林、欧阳昌吉、汪红烨、段红英担任,具体由执行编辑段红英讲师负责编辑。《成立特刊》由"教师晏阳初研究成果""百岁人生　精彩纷呈""大爱天下　海外传奇""社会的需要　时代的呼声""拳拳赤子心　悠悠爱国情""晏阳初实践基地"六大栏目组成。①"教师晏阳初研究成果"栏目,刊有乐山师范学院教科学院讲师刘河燕撰写的《四川省农村教育的现状及存在的主要问题》《晏阳初乡村教育思想及其对当代农村教育的启示》《晏阳初乡村教育思想与四川农村成人教育研究》,乐山师范学院教科学院讲师黄昀撰写的《晏阳初平民教育思想的伦理视角解读》,西华师范大学四川省教育发展研究中心硕士研究生赵异卉和彭蔚蔚合撰的《浅谈晏阳初平民教育思想对当代大学生价值观的指导作用》《浅谈晏阳初平民教育思想对当今高等教育发展的启示》,张建敏撰写的《晏阳初思想的传承与发扬——评〈不朽的平民教育思想 辉煌的乡村建设成就——伟大的平民教育家晏阳初〉》和《晏阳初公民教育思想的文化溯源及当代价值》。②"百岁人生 精彩纷呈"栏目,刊有毛启荣撰写的《固本 安邦 平天下——平民教育之父晏阳初简介》,收有毛启荣整理的有关晏阳初事迹的相关资料《定县实验 举世瞩目》《"中国公共卫生之父"陈志潜》《公民服务团》《国际讲坛 一鸣惊人》《"苦力"为师 平教发端》《良好的家庭教育》《慈父的言传身教》《严母的"鞭教"》《良师益友——史梯瓦特》《誉满全球的晏阳初》《"三大试点" 旗开得胜》《西学启蒙老师——姚明哲》《晏阳初的两个"超越"》《知识分子的空前壮举——"博士下乡与农夫为伍"》以及毛启荣撰写的《晏阳初礼赞》诗,收有姜军整理的有关晏阳初的资料《资金尽力争取 主权寸土不让》。③"大爱天下 海外传奇"栏目,收有毛启荣整理的有关晏阳初的资料《菲律宾的"桑纽斯传奇"》《美国人向晏阳初求救》《"您是我们人类的颂歌"——美国总统给晏阳初的生日贺电》《"神奇稻种"求助晏阳初》《"现代世界最具革命性贡献的十大伟人"名单》《晏阳初膺选"现代世界最具革命性贡献的十大伟人"的文件》《晏阳初与罗斯福较劲》《耶大情缘》《一盏明灯——东西方协会奖词(摘要)》,姜军整理的《一听一饮 情定终身——晏阳初的婚恋传奇》。④"社会的需要 时代的呼声"栏目,收有方英启撰写的《传承晏阳初平民教育思想 关注农村留守儿童教育》,毛启荣和曹垒撰写的《平民教育是我一生的追求——王家骧》,邱建红撰写的《我和"晏阳初"——晏阳初精神在藏族地区和彝族地区的传播》,毛启荣撰写的《不是救济 而是发扬》和《晏阳初的魅力》,欧阳昌吉撰写的《东莞市图书馆连续举办〈走近晏阳初〉专题讲座》,张传乐撰写的《阳初精神润"天香"》,王大康撰写的《一个老大学生的心里话》,毛启荣整理的有关晏阳初的资料《岂止是巴中的"遗憾"》,晓迅整理的《晏阳初的择业智慧》,另收有部分纪念晏阳初、学习晏阳初的新闻报道。⑤"拳拳赤子心 悠悠爱国情"栏目,刊有毛启荣整理的晏阳初有关资料,如《这个奖学金,我不要》《百岁老人的爱国情怀》《邓小平"扭转乾坤"——晏阳初盛赞改革开放》《感受"背二哥"》《毛泽东敬重晏阳初》《平教之歌》《平教总会的会徽——"平"》《平民教育进军营》《晏氏平民教育的七大特点》《"拼命三郎"——晏阳初的三个儿子》《1923年中华平民教育促进总会成员》。⑥"晏阳初实践基地"栏目,刊有《北碚区晏阳初中学》《丹心殷殷化甘霖——北碚区晏阳初中学参评重庆市首届"最可敬可亲教师团队"材料》《晏阳初与中国乡村建设学院》《晏阳初乡村建设学院》。特刊前有乐山师范学院教科学院院长、四川省晏阳初研究会乐山分会常务副会长兼秘书长邹敏教授所做的《序》；后有毛启荣老师撰写的《"晏阳初"正向我们走来——四川省晏阳初研究会乐山分会成立感言》，作为后记。该刊以乐内印 2011〔228〕号由乐山师范学院印刷厂印刷，供内部交流。

是年 晏振东口述、陈远整理而成的《我的父亲晏阳初》在《各界》第 8 期发表。

是年 ① 湘潭大学李永春、韩锦在《湖南省社会主义学院学报》第 1 期发表《晏阳初与 1922 年长沙平民教育实验》。② 西华师范大学四川省教育发展研究中心朱永、尚兵、李佳孝在《文史博览(理论)》第 2 期发表《晏阳初教育思想与孔子教育思想之探究》。③ 北京师范大学教育学部颜芳在《文教资料》第 4 期发表《晏阳初与司徒雷登关系初探》。④ 东北财经大学研究生院程雷在《唐山学院学报》第 3 期发表《晏阳初平民教育对新中国教育的启示》。⑤ 西华师范大学四川省教育发展研究中心魏晓会在《西部教育发展研究》第 1 期发表《一个现代教师与晏阳初的对话》。⑥ 西华师范大学四川省教育发展研究中心朱永在《西部教育发展研究》第 1 期发表《晏阳初与孔子教育思想比较》。⑦ 西华师范大学四川省教育发展研究中心刘丽在《西部教育发展研究》第 1 期发表《没有爱就没有教育：从裴斯泰洛齐到晏阳初》。⑧ 摩罗在《群言》第 3 期发表《明智崇高晏阳初》。⑨ 西华师范大学四川省教育发展研究中心宋南、李化树在《文史博览(理论)》第 3 期发表《晏阳初平民教育与我国高等教育大众化》。⑩ 内蒙古师范大学科学技术史研究院穆成果、李龙在《现代教育技术》第 4 期发表《晏阳初：我国电化教育早期的践行者》。⑪ 西华师范大学四川省教育发展研究中心王甜甜、刘泰越在《洛阳理工学院学报(社会科学版)》第 2 期发表《从公务员考试制度改革解读晏阳初的教育思想》。⑫ 云南大学王果、刘冰在《河南科技学院学报》第 4 期发表《晏阳初与梁漱溟乡村教育思想之比较及当代价值》。⑬ 李立华在《老人世界》第 4 期发表《走进定州晏阳初旧居》。⑭ 杨华军、吴嘉华在《中国西部》第 26 期发表《大爱追远：晏阳初平民教育》。⑮ 陕西教育学院政治经济系卢毅在《黑河学刊》第 5 期发表《浅谈晏阳初之"平民教育"及其现实意义》。⑯ 西华师范大学四川省教育发展研究中心李潇晓、邹海瑞在《职教通讯》第 5 期发表《晏阳初农村成人教育思想研究探微》。⑰ 四川外语学院彭林权、西南石油大学李秀铎在《兰台世界》第 16 期发表《谈晏阳初博士"拒不做官"二三事》。⑱ 重庆三峡职业学院秦克涛《兰台世界》第 17 期发表《晏阳初的平民教育思想及爱国实践》。⑲ 浙江师范大学教师教育学院田慧、徐君在《河北大学成人教育学院学报》第 2 期发表《晏阳初平民教育思想及其对农村成人教育的启示》。⑳ 湖北民族学院邱世兵在《重庆电子工程职业学院学报》第 3 期发表《试谈"晏阳初精神"与川渝冀湘学校德育》。㉑ 西南大学教育学院谭梨花在《和田师范专科学校学报》第 1 期发表《溯源到苦力　遗爱在平民——晏阳初平民教育观对现代农村教育实践的启示》。㉒ 宜宾学院发展规划处杨跃在《和田师范专科学校学报》第 3 期发表《晏阳初的平民教育思想对当前我国农村职业教育的启示》。㉓ 西华师范大学四川省教育发展研究中心王祖英、李佳孝在《中国电力教育》第 13 期发表《中学生英语学习能力培养途径探究——晏阳初平民教育"三大方式"的启示》。㉔ 延边大学理学院化学系刘洪亮、朴凤玉在《考试周刊》第 54 期发表《晏阳初的平民教育思想和孔子的"有教无类"对现代教育的启示》。㉕ 重庆三峡学院民族学与公共事务管理学院蒋秀立在《农村经济与科技》第 7 期发表《晏阳初乡村建设理论对巴中新农村建设的启示》。㉖ 西华大学人文学院徐宁在《中华文化论坛》第 4 期发表《从象牙之塔走向泥土之村：从晏阳初"定县实验"析"博士下乡"精神》。㉗ 中国民航飞行学院航空运输管理学院何莉宏、冷伟在《农业考古》第 4 期发表《晏阳初平民教育方法论思想对当代农村职业教育的启示》。㉘ 西华师范大学四川省教育发展研究中心赵异卉、杜学元在《黄河科技大学学报》第 4 期发表《晏阳初乡村教育思想与我国城乡教育一体化建设》。㉙ 华南师范大学政治与行政学院孙诗锦在《中国宗教》第 9 期发表《平民教育家晏阳初的宗教情怀》。㉚ 任庆银在《中共四川省委党校学报》第 3 期发表《晏阳初的平民教育思想及其对新农村建设的启示》。㉛ 西华师范大学四川省教育发展研究中心刘丽、王小丁、刘佳楠在《职教通讯》第 17 期发表《从平民教育看晏阳初对人力资源的开发》。㉜ 山东师范大学历史与社会发展学院王冠在《学会》第 10 期发表《论非营利组织社区参与的实践路径：以晏阳初的中华平民教育促进会为例》。㉝ 河北大学李浩在《才智》第 29 期发表《晏阳初乡村教育思想对当代农村教育的启示》。㉞ 西华师范大学四川省教育发展研究中心刘丽娜、李化树在《职教通讯》第 21 期发表《晏阳初职业教育思想再探》。㉟ 大理学院教育科学学院张颖夫、中央民族大学文学与新闻传播学院田冬梅在《大理学院学报》第 11 期发表《晏阳初教育公平的理论与实践对当代教育改革的启示》。㊱ 西华师范大学四川省教育发展研究中心王平平在《西部教育发展研究》第 4 期发表《晏阳初平民教育运动对当今社区教育的启示》。

是年　李镇西在《教师博览：下半月》第 9 期发表《喧嚣与寂寞：拜谒晏阳初》。

是年　天津师范大学教育学院刘向军在《唐山师范学院学报》第 3 期发表《近十年来晏阳初教育思想研究综述》。

是年 宜宾学院四川思想家研究中心在《宜宾学院学报》第 11 期发表《晏阳初研究会 2011 年年会暨晏阳初教育思想研讨会在宜宾学院隆重召开》。

是年 第三届全国农林院校教育科学类研究生学术论坛召开,大会论文结集为《第三届全国农林院校教育科学类研究生学术论坛论文集》,收录燕燕《晏阳初研究综述》。

2012 年

2 月 12 日 四川省晏阳初研究会第一、二、三届会长詹一之①于凌晨逝世。

3 月 5 日 由兴业全球基金全程赞助、都江堰光亚学校承办,由四川省人民对外友好协会、中国西部研究与发展促进会和四川省晏阳初研究会等单位协办的西部乡村教师培训学院,举行了 2012 年第一期培训班开学典礼。这次培训班来自达县共计 75 名乡村中小学英语教师,参加一个月的免费培训。原四川省委宣传部副部长、四川省晏阳初研究会会长扈远仁、四川省友协文化顾问申再望、光亚学校校长卿光亚、达县教育局领导等在开学典礼上分别做了精彩讲话。光亚学校对参加培训的老师全免费,学习的内容有英语专业课、英语教学法、西方文化、心理学、哲学、艺术、舞蹈、吉他、微机、法律等,同时还辅之以参观、公益活动等。光亚学校是四川省晏阳初研究会授牌的晏阳初教育思想实验基地,希望通过该校培训,能够使西部的乡村学校提高英语教师的教学水平,帮助所任课提高质量,进而提高教育国际化水平。

3 月 9 日 四川省晏阳初研究会召开会长、秘书长会议。

3 月 10～11 日 由四川省晏阳初研究会主办的"提高教育国际化水平专题讲座",分别在巴中市巴州区巴中第四中学和南江县实验小学举行。四川省人民对外友好协会文化顾问、国际教育演讲专家申再望教授和全国民办教育联谊会常务理事、四川省晏阳初研究会副会长、都江堰光亚学校校长卿光亚做了精彩的讲座。来

---

① 詹一之(1926～2012),男,河南省潢川县人。四川省社会科学院研究员、离休干部。四川省晏阳初研究会、四川省社科院社会学所晏阳初研究室创建人,中国社会学会顾问。1946 年进重庆中国乡村建设学院学习。1947 年"6·1"大逮捕中被捕,1948 年因受国民党"特刑庭"传讯,转移到香港。1949 年春从香港到北平,作为西南区代表参加全国青联第一届代表大会。后曾任湖北沙市团市委副书记、重庆市党校哲学教研室主任等。1957 年初考入中国科学院哲学所博士研究生。1960 年被划为右派,1978 年平反后曾任四川省社会科学院社会学研究所所长、省高级职称首届评审委员、重庆社会科学院顾问、中国社会学会顾问、四川省社会学学会名誉会长等。青年时代即开始研究、宣传马克思主义,解放前,在香港发表论文即受到好评。20 世纪 50 年代,成为《新建设》经常撰稿人。1978 年平反后又在哲学、科学社会主义、社会学领域发表一系列有影响的论文和著作。著有《论列宁的社会主义道路》(1987 年出版)、《一项为和平与发展奠基工程——平民教育之父晏阳初评介》等。

自巴州区教育局的干部职工、中小学校长和学校中层干部 300 余人,南江县教育局机关全体干部职工、直属单位负责人、教研室全体教研员、各中小学校正副校长、幼儿园园长、县城学校教科室主任等 200 余人参加了培训学习。申再望教授做了题为《多元文化背景下的国际化教育》的讲座。卿光亚副会长就《中国乡村国际教育实践与国际化教师职业性质和技巧》做了专题讲座。南江县教育局领导和现场听课的校长们对专家讲座给予了高度评价,纷纷表示深受启发。南江县教育局党委书记、局长郭辅邦感谢专家组对南江国际教育发展的重视和帮助,同时对南江教育国际化发展充满信心。四川省晏阳初研究会副秘书长、四川日报报业集团全媒体中心教育事业部记者程遥对南江县教育如何提高国际化水平提出了建议。

4 月 25 日 《保定晚报》刊登郑新芳的《晏阳初的"三 C"》一文。

5 月 12 日 《巴中日报》刊登《吴旭在晏阳初博物馆调研时要求:传承晏阳初平民教育思想 打造巴中对外交流新名片》。

5 月 宋恩荣编的《晏阳初画传》由四川教育出版社出版。该书以时间为序,采用图文并茂的形式,讲述了平民教育家晏阳初投入平民教育的一生。晏阳初心系平民劳苦大众,以科学简单化与平天下的教育理念,为中国教育现代化和本土化作出了巨大贡献,并把中国的平民教育与乡村建设经验推向了世界,促进了中外文化的交流。

6 月 21 日 下午,西南大学召开专题工作座谈会。议定下半年正式挂牌西南大学中国乡村建设学院。副校长周常勇和温铁军教授出席会议,学校党办、校办、宣传部、教务处、人事处、发展规划处、研究生院、科技处、社科处、国际合作处、财务处、国资处、校地合作处、教育学部以及卢作孚研究中心等相关单位负责人参会。会议由科技处肖亚成处长主持。周常勇副校长首先介绍了"西南大学中国乡村建设学院"设立的初衷与定位,以及目前乡建院各项工作进展,希望乡建院深入思考学院发展规划,积极与相关学院和职能部门对接,推动学院跨学科研究和人才培养等各项工作顺利开展。温铁军教授介绍了乡建院已有优势资源,以及通过乡建院提升西南大学国际化水平的工作思路。参会人员围绕中国乡村建设学院揭牌仪式、科学研究与人才培养、经费管理与使用等具体问题进行了讨论。会议初步商定,揭牌仪式与"可持续实践与乡村建设国际研讨会"在当年秋季适当时候同步举行。

9 月 12 日 《中国教师报》刊登《"平民教育家"晏阳初》。

9 月 13 日 《保定日报》刊登《岁月悠远晏阳初旧居》。

9 月 26 日 四川省晏阳初研究会以川晏研〔2012〕第 6 号发出了《四川省晏阳

初研究会关于召开 2012 年学术年会暨晏阳初教育思想与民族教育发展研讨会的通知》，确定会议于 10 月 26～27 日在西昌市凯旋酒店举行，会议主题是"晏阳初教育思想与民族教育发展"。要求会员围绕：① 晏阳初平民教育思想与民族教育研究；② 晏阳初平民教育思想与民族地区人力资源开发；③ 平民教育实践与民族地区中小学师资队伍建设研究；④ 平民教育视野下的民族地区大学生村官发展研究；⑤ 晏阳初的平民教育与民族地区校本课程开发；⑥ 晏阳初的平民教育与民族地区女童教育问题研究；⑦ 晏阳初平民教育思想对民族地区职业教育发展的启示；⑧ 晏阳初的平民教育与民族团结教育研究；⑨ 平民教育与民族地区教育政策研究；⑩ 晏阳初的平民教育与民族地区双语教学研究；⑪ 平民教育与民族地区基础教育可持续发展研究；⑫ 教育公益组织在民族地区教育发展中的作用研究等准备论文，10 月 20 日之前发送至会务组。

9 月 28 日　由四川省晏阳初研究会主办的"提高教育国际化水平巡回专题讲座"，在邛崃市第一中学校举行。四川省人民对外友好协会文化顾问、国际教育演讲专家申再望教授和全国民办教育联谊会常务理事、四川省晏阳初研究会副会长、都江堰光亚学校校长卿光亚分别做了《多元文化背景下的国际化教育》《中国乡村国际教育实践与国际化教师职业性质和技巧》的精彩讲座。来自邛崃市教育局干部职工、中小学校长、幼儿园园长、学校中层干部及骨干教师 300 余人参加了培训学习。邛崃市教育局党组书记、局长赵江临感谢专家组对邛崃国际教育发展的重视和帮助。

10 月 26 日　由四川省晏阳初研究会主办、西昌学院承办的四川省晏阳初研究会 2012 年年会暨"晏阳初的平民教育思想与民族地区教育发展"研讨会在西昌举行。在此次会议上，成立了"四川省晏阳初研究会民族教育研究中心"，9 所四川地区的中小学授牌"四川省晏阳初研究会实验学校"。凉山州人民政府副州长余毅，西昌学院党委书记张克蒂教授出席了开幕式。四川省晏阳初研究会会长、原四川省委宣传部副部长扈远仁，四川省晏阳初研究会副会长、乐山师范学院副院长杜学元教授，四川省晏阳初研究会副会长兼秘书长、四川省社科院管理学所所长伏绍宏研究员，四川省晏阳初研究会副会长、西昌学院副院长景志明教授，四川省晏阳初研究会副会长、都江堰光亚学校校长卿光亚，四川省晏阳初博物馆馆长、晏阳初侄孙晏鸿国，四川省人民对外友好协会文化顾问、巡视员申再望，以及四川大学、四川民族学院、四川师范大学、西华师范大学、西南大学、阿坝师专、兰州大学、乐山师范学院、内江师范学院、宜宾学院等高校的专家学者和四川有关中小学的校长，以及部分在读研究生共计近百人出席了此次研讨会。凉山州副州长余毅对晏阳初的事迹和平民教育思想给予了高度评价,对此次四川省晏阳初研究会在西昌召开并成立民族教育研究中心表示热烈欢迎,他认为晏阳初的平民教育思想与民族地区的教育相结合,对提高民族地区教育水平、深化民族教育研究具有重要意义。本次研讨会的主题是:"晏阳初的平民教育思想与民族地区教育发展",共收到参会论文31篇,研究、宣传资料12种;四川省晏阳初研究会主编的《教育开发"脑矿" 实现民富国强——晏阳初的平民教育思想研究》出版,呈现给每位与会者。本次会议上,会长、秘书长会议一致同意增选申再望为学会副会长,并增补了部分副秘书长和常务理事。巴州区第四小学、巴中市通江第三小学、通江实验中学、西昌民族中学、西昌阳光学校、西昌川兴中学、邛崃羊安中学、邛崃白沫江学校等四川9所中小学被授予"四川省晏阳初研究会首批实验学校"。学会副会长、乐山师范学院副院长杜学元教授,学会副会长、四川省社会科学院伏绍宏研究员分别主持了上、下午的大会主题发言。与会代表围绕研讨会主题,对晏阳初平民教育思想与民族地区教育发展进行了广泛的交流和探讨。四川省晏阳初研究会会长、原四川省委宣传部副部长扈远仁,四川省晏阳初研究会副会长、都江堰光亚学校校长卿光亚,西南大学博士生万涛、西华师范大学硕士研究生李治昊、乐山师范学院副教授刘河燕、宜宾学院副教授贺永平、乐山市第五中学退休教师毛启荣先生、西昌学院景志明副院长、内江师范学院教育学院党总支书记李达军副教授、雅安荥经中学校长王银富、雅安荥经陶行知研究会李正学老师、达州宣汉职业中专学校王荣成校长、巴中晏阳初小学陈然校长在大会上分别作了主题发言。

11月12日 《光明日报》报道《重庆发现晏阳初华西实验区珍贵档案》。重庆市璧山县在对档案馆所藏民国重点档案进行抢救的过程中,意外发现素为国内外学术界所关注的近400卷晏阳初华西实验区档案。这一发现,为晏阳初研究和民国乡村建设研究,提供了新的丰富的第一手资料。据璧山县档案局局长傅应明介绍,华西实验区被学术界誉为晏阳初在中国建立的最后一个"乡村建设实验基地"。与他的"定县实验"相比,"华西实验区"的乡村建设思想更加系统和成熟、实验的内容与范围更加丰富和广泛,对后来台湾地区土地改革和菲律宾、加纳、哥伦比亚等国家乡村改造运动的影响更为直接。但由于1950年华西实验区的解散,这段历史仿佛一夜之间"突然消亡",几十年来一直令国内外晏阳初研究和民国乡村建设研究界"引以为憾"。据初步整理,这批档案全宗统计为389卷,另有部分早年整理时混装于其他全宗的档案,总量在400卷左右。其时间跨度为1946年至1950年华西实验区由成立至解散的全过程,内容涵盖了华西实验区组织机构、人事、经费和开展农村经济建设、教育建设、卫生建设、自治建设等各个方面。档案基本完整地保存了 60 多年前晏阳初及其中华平民教育促进会,继河北"定县实验"之后,在中国开展的又一次长时期、大规模乡村建设实验的历史,具有重要的历史价值和文化价值。

12 月 8 日 西南大学中国乡村建设学院正式揭牌成立。该学院将尝试通过农村区域发展、乡村建设与乡村教育等平台建设,充分发挥西南大学学科和人才优势,探索具有本地特色的城乡结合、乡村建设实践的工作方法,深入开展当代乡村建设研究。该学院由该校校长张卫国担任院长,著名经济学家、"三农"问题专家、中国人民大学农业与农村发展学院院长温铁军教授担任执行院长。西南大学特聘请晏阳初、梁漱溟、卢作孚三位乡村建设前辈的后裔晏鸿国、梁培宽、卢国纪担任中国乡村建设学院名誉院长。中国乡村建设学院的工作主要包括:整理海内外乡村建设的多样化实践经验,开展生态文明相关的理论研究及推进国际国内交流合作,开展乡村建设与三农研究领域的海内外人才培养等。20 世纪 40 年代,晏阳初在北碚创建了中国乡村建设学院,50 年代全国院校调整,乡建学院被撤销。相距 60 余年后,该院又得重新再建,标志着我国对新农村建设的重视,也标志着对老一辈乡建先驱的实践经验的重视。

同日 "可持续实践与乡村建设国际研讨会"在西南大学召开,教育部科技司副司长雷朝滋、重庆市教委副巡视员胡斌、重庆市社科联副主席孟东方等出席开幕式。

12 月 14 日 《新快报》刊登《晏阳初》。

12 月 27 日 《长江日报》刊登《侯外庐笔下的晏阳初》。

是年 四川省晏阳初研究会获得四川省 2011~2012 年度先进社科学会,毛启荣、赖长春获得学会先进工作者称号。

是年 ① 西华师范大学四川省教育发展中心徐敏、王小丁在《安阳工学院学报》第 1 期发表《论晏阳初平民教育思想及对当代农村教育的启示》。② 西华师范大学四川省教育发展研究中心高莲莲、李佳孝在《牡丹江师范学院学报(哲学社会科学版)》第 1 期发表《晏阳初"忠恕忍恒"对当代大学毕业生的启示》。③ 内蒙古农业大学人文社会科学学院燕燕在《内蒙古农业大学学报(社会科学版)》第 1 期发表《晏阳初的农民教育思想及实践对现代大学生村官的启示》。④ 大理学院教育科学学院张颖夫、中央民族大学文学与新闻传播学院田冬梅在《西南大学学报(社会科学版)》第 1 期发表《论晏阳初在重庆北碚对大学教育的改革及其当代价值》。⑤ 西安汇文中学徐春枝在《重庆科技学院学报(社会科学版)》第 14 期发表《晏阳初平民教育思想述评》。⑥ 李贞在《教育史研究》第 1 期发表《论晏阳初在重庆北碛对大学教育的改革及其当代价值》。⑦ 福建师范大学教科院博士生、山西师范大学讲师常钊在《教育史研究》第 1 期发表《晏阳初与费孝通对二十世纪初中国农村问题认识之比较：基于农村教育的视角》。⑧ 重庆市档案局在《中国档案》第 3 期发表《〈重庆：晏阳初与华西实验区：中国抗战大后方历史档案系列展〉开展》。⑨ 西昌学院姜廷志、蒙佐德在《攀枝花学院学报》第 2 期发表《借鉴晏阳初乡村教育观　推进凉山民族地区学校双语课程实践》。⑩ 西华师范大学四川省教育发展研究中心高莲莲在《西部教育发展研究》第 2 期发表《晏阳初"忠恕忍恒"对毕业生就业发展的价值》。⑪ 四川宣汉职业中专学校王荣成在《西部教育发展研究》第 2 期发表《再论晏阳初的平民教育实践对当代职业教育的启示》。⑫ 四川师范大学成人教育研究所夏云在《湖北大学成人教育学院学报》第 2 期发表《晏阳初平民教育思想及其对我国农村成人教育的启示》。⑬ 四川省宣汉县教育局曾莉、宣汉县陶研会、宣汉职业中专学校王荣成在《生活教育》第 8 期发表《晏阳初教育实践对当代职业教育的启示》。⑭ 湖南长沙医学院刘慧在《职教论坛》第 13 期发表《晏阳初与陈志潜的乡村公共卫生职业教育思想与实践》。⑮ 西北农林科技大学农村社会研究中心郭占锋在《成人教育》第 5 期发表《晏阳初乡村工作理念下农村成人教育思想探析》。⑯ 西华师范大学四川省教育发展研究中心徐露在《现代教育论丛》第 1 期增刊上发表《晏阳初〈误教与无教〉对现代教育的启示浅析》。⑰ 西华师范大学四川省教育发展研究中心李爽在《文史博览(理论)》第 7 期发表《打造平民化窗口学校：晏阳初平民教育理念的生动体现》。⑱ 张丽娜、王小丁在《文史博览(理论)》第 8 期发表《世界的晏阳初：重读〈告语人民〉》。⑲ 西华师范大学四川省教育发展研究中心李蓉、杜学元在《山东女子学院学报》第 4 期发表《浅论晏阳初农村女子教育思想》。⑳ 宜宾学院高教所杨跃在《和田师范专科学校学报(汉文综合版)》第 1 期发表《晏阳初平民教育思想对当前我国基础教育的启示》。

2013 年

1 月 18 日　《中国民族报》刊登王辉的《平民先生：晏阳初(积累篇)》一文。

2 月 1 日　《中国民族报》刊登王辉《平民先生：晏阳初(发展篇)》;《江苏教育报》刊登《晏阳初：平民教育运动之父》。

2 月 8 日　《中国民族报》刊登王辉《平民先生：晏阳初(反思篇)》。

2 月 26 日　《人民政协报》刊登《晏阳初教育发展中心招募"爱故乡计划"志愿者》。

2 月 28 日至 3 月 6 日　晏阳初平民教育发展中心年会在福州"故乡农园"举

行。年会的主题是"2012年晏阳初平民教育发展中心年会暨爱故乡人才计划交流会",参与此次年会的有福州工友之家,厦门工友之家,天津工友之家,莆田汀塘社区大学,龙岩培田社区大学,福州关源里社区大学,江西大湖社区大学,山西祁县社区大学8个项目点。除此之外,还有来自正荣公益基金会的资助方代表,《中国发展简报》的主编刘海英老师以及热衷乡建事业的专家学者。全国各地的乡建同仁与支持者,齐聚一堂,对过去一年的经验进行总结和分享,并对新一年的工作进行展望。3月1~2日,工业区、新市民社区大学和农村社区大学做了关于2012年年度总结汇报,大家针对每个项目点的汇报进行积极的讨论和经验分享。最后由何志雄老师、刘海英老师、邱建生老师、郭美娃经理等对各项目点的汇报进行点评。3~4日,王松良老师、刘海英老师、何志雄老师、邱建生老师等为大家分享各自经验和认识,从更高的理论层次上对乡建之路进行了讲解,邱老师则用"在地化知识的再生产"来总结乡建的理想,而社区大学就是实现这一理想的载体。在实际工作层面,结合现状,厘清了乡建团队目前工作中所存在的优势及不足,为了更好地统筹各个项目点在前一年中期会议基础上成立福州办公室,主要分为项目部、培训部、人事/行政部、研究部和外联部等五个职能部门,并由所有同仁共同商讨出各个部门的主要职责,且各部门负责人进行了就职发言。最终,形成了一种在理事会监督下,由办公室统一领导,各项目点协调发展的管理模式。5日,各项目点根据几天来的学习,调整2013年工作计划和预算,并进行汇报。经过此次年会,与会者看清了已走过的路,也看到了要走的路。

4月 宋恩荣编《中国近代思想家文库 晏阳初卷》由中国人民大学出版社出版。该书从晏阳初1918~1949年间著作中选录的部分文稿,集中反映了他在平民教育与乡村建设方面的主要过程和思想观点。读者可以从中了解到第一次世界大战期间中国平民教育在法国华工营中的兴起,与20世纪20年代在国内城市轰轰烈烈的识字运动,以及由平民教育转向乡村建设的全过程。通过著名的"定县实验"(河北)到"衡山实验"(湖南),"华西实验"(四川璧山)等一系列持续不断、规模宏大、计划周密、系统分明的社会改革运动,认识老一辈知识分子企图通过"四大教育"(文艺教育、生计教育、卫生教育、公民教育)医治"愚、穷、弱、私"社会痼疾的艰难历程和可贵探索。

5月4日 《中国教育报》刊登张以瑾的《晏阳初:平民教育"传教士"》一文。

5月8日 《三江都市报》刊登张以瑾的《宣讲国学 80岁的毛老师冒雨讲晏阳初》。

5月13日 乐山师范学院教育科学学院召开学习晏阳初教育思想座谈会。

四川省晏阳初研究会常务理事毛启荣先生、教科学院党总支副书记何永红及数十位学生代表参加了座谈会。

5月14日 应乐山师范学院教科学院邀请,四川省晏阳初研究会常务理事毛启荣先生在旷怡楼学术报告厅,为300余名学生作了"从扫盲教师到世界伟人——世界平民教育之父晏阳初的人生传奇"精彩报告。教科学院党总支书记佘万斌主持了报告会。讲座以现场演唱陈筑山的《平教同志歌》来结束长达两个半小时的报告。

6月15日 《三江都市报》刊登《毛启荣 一个逢人就讲晏阳初的"怪老头"》。

11月20日 重庆市档案局举行新闻发布会,宣布《晏阳初乡村建设的重庆乐章——中华平民教育促进会华西实验区历史档案展》于11月26日起赴台湾巡展。市档案局(馆)副局(馆)长郑永明,璧山县委常委、宣传部部长刘晋,璧山县档案局局长傅应明出席新闻发布会并回答记者提问,新闻发布会由市政府新闻办副主任文天平主持。本次展览由重庆市档案局(馆)、重庆市文化广播电视局、重庆市台湾同胞联谊会和台北市文化局、新竹县文化局联合主办,璧山县档案局(馆)、重庆市渝台经贸文化交流中心承办,西南大学中国乡村建设学院协办。展览将于11月26日至28日、11月30日至12月2日在台北市华山文创园区和新竹县美术馆巡展。共计展出历史档案134件213页、图片70幅。其中,包含晏阳初、蒋梦麟、沈宗翰等重要人士的书信手迹,绝大部分为璧山县档案馆珍藏并首次面世。此次展览是继去年赴台举办《重庆:中国抗战大后方名人手迹展》之后,重庆市档案界向台湾民众推出的又一重要的历史档案展览。

11月21日 《重庆晚报》刊登《晏阳初历史档案赴台巡展——展览持续到12月初,大部分史料首次公开》。

同日 《重庆商报》刊登《晏阳初历史档案26日起赴台巡展》。

同日 《重庆晨报》刊登《晏阳初乡村建设重庆乐章 下周赴台巡展》。

11月26日至28日、11月30日至12月2日 《晏阳初乡村建设的重庆乐章——中华平民教育促进会华西实验区历史档案展》在台北市华山文创园区和新竹县美术馆巡展。这也是第一次由区县级档案馆承办的赴台历史档案展览。11月26日,"晏阳初乡村建设的重庆乐章——中华平民教育促进会华西实验区历史档案展"开幕式在台北华山文创园区举行。该展览系首次"登台",掀开一段尘封70年的历史记忆,展示一个真实的晏阳初华西试验区。

12月23日 《学习时报》刊登游宇明的《晏阳初的三次感动》一文。

12月24日 《宝安日报》刊登游宇明的《晏阳初的三次感动》一文。

同日 四川省晏阳初研究会 2013 年年会暨学术研讨会在四川师范大学狮子山校区隆重召开。四川省晏阳初研究会名誉会长、四川师范大学原党委书记王均能,四川省晏阳初研究会会长、原中共四川省委宣传部副部长扈远仁,四川省晏阳初研究会副会长、法人代表、原四川师范大学副校长唐志成,副会长、原四川省人大常委、省人大农业委员会副主任陈历伟,中共四川省委台湾工作办公室离退休干部、副书记申再望,四川省社科院副院长李明泉等出席会议,来自四川省教育研究院、西南交通大学、四川师范大学、西华师范大学、西华大学、乐山师范学院、西昌学院、宜宾学院、内江师范学院、成都师范学院、四川省省直机关党校、巴中晏阳初史迹展览馆等单位和《中国农村工作通讯》杂志、《中国经济时报》报社、《天府早报》报社、重庆晏阳初中学等省内外各界的晏阳初研究会会员代表、部分高校研究生代表等共 200 余人参加了会议。会议分开幕式、学术交流和理事会换届选举三个阶段。分别由唐志成、杜学元和伏绍宏主持。开幕式上,四川师范大学副校长张健教授致欢迎词,张健阐述了世界著名平民教育家晏阳初和四川师范大学的渊源关系,对晏阳初研究会本届年会在四川师范大学召开表示热烈欢迎并祝愿会议圆满成功。张健说,四川省人民政府已经批示在四川师范大学建设晏阳初文化广场和晏阳初事迹陈列馆,作为新时期的教育工作者和教育工作研究者,要科学继承和发扬晏阳初献身平民教育的精神,研究晏阳初平民教育思想合理内核的现实意义,共同致力于教育事业的发展和中华民族的伟大复兴。会上,扈远仁、李明泉发表了讲话,唐志成代表第六届理事会向大会作工作报告,唐乙裴作了《关于修改四川省晏阳初研究会章程的报告》。会议共收到省内外专家学者撰写的 31 篇学术论文,有 8 位专家作学术交流发言。杜学元、伏绍宏、王小丁、毛启荣等学者分别面向四川师范大学的研究生和本科生作了四场学术报告。郭平、程遥等会员还向与会人员送发了著述成果。经过选举,大会产生了四川省晏阳初研究会新一届常务理事会,并选举扈远仁任四川省晏阳初研究会会长,唐志成连任副会长和法人代表,伏绍宏副会长兼任秘书长,杜学元、景志明、唐乙裴、王小丁等多人为副会长。

12 月 29 日 晏阳初研究会乐山分会 2013 年学术年会在乐山师范学院弘毅楼207 会议室举行。年会主题是"弘阳初精神 倡平民教育"。会议传达了四川省晏阳初研究会 2013 年年会会议内容,总结了乐山分会 2013 年工作情况,研究了 2014年工作打算。分会名誉会长赵家骥主任、乐山师范学院副院长杜学元教授、乐山师范学院图书馆馆长邹敏教授、乐山师范学院教科学院院长汪红烨教授、党总支书记余万斌副教授及教育学系部分教师、分会会员毛启荣、李志坚、郜晋、曹垒等 20 余人参加了此次会议,杜学元主持了会议。会上,杜学元通报了 2013 年 12 月在四川师范大学召开的省晏阳初研究会 2013 年年会主要情况,详细介绍了学术交流中学者们研究的热点课题。邹敏宣读了省晏阳初研究会 2013 年换届选举结果情况和代表会员单位在省晏阳初研究会年会上所总结的 2013 年乐山分会工作情况。随后围绕晏阳初教育事迹宣传、农村教育热点与难点、城镇化进程中新型农民培养、2014 年分会工作建议等主题,毛启荣、李志坚、熊庆沛等参会人员展开了热烈的讨论,有的回顾自己在宣传晏阳初方面的努力,有的就自己从教经历谈对晏阳初平民教育思想的实践,有的就分会筹建社区教育专委会献计献策,气氛热烈而活跃。赵家骥最后在总结中认为,平民教育不是穷人教育,不是落后教育,而是对广大平常百姓进行教育;现代职业教育应以农村成人教育为重心,转向培养职业农民。赵老先生十分忧虑地谈道:中国现在的农村劳动力空心化,农村劳动力年龄、性别、文化结构失衡,农村劳动力素质偏低,农村集约化程度太差。进行爱农教育、培养职业农民、发展农村经济是晏阳初精神的拓展与延伸,是新时期平民教育理念的发展与创新。

12 月　宋恩荣主编《晏阳初全集》由天津教育出版社出版。该书主要整理了1919 年至 1936 年晏阳初发表的文章、演说、会议讲话记录等。这些是晏阳初早期从事平民教育的文献。起于 1919 年 1 月晏阳初在法国白朗为参加第一次世界大战的华工("苦力")所办的《华工周报》,绝对大部分文献都是晏阳初在中国各地开展平民教育活动,特别是定县实验期间所发表的有关论文、演讲、报告。后面有附录,主要是这一时期有关平教方面的资料,以及介绍平教的文章。

是年　四川师范大学中国近现代史专业硕士研究生王超在导师邓绍辉指导下撰成《晏阳初与中国乡村建设学院(1940～1952)》硕士学位论文。

是年　河南科技大学思想政治教育专业硕士研究生赵松涛在导师赵祥禄指导下撰成《晏阳初平民教育方法研究》硕士学位论文。

是年　西南大学伦理学专业硕士研究生赵琳艳在导师邹顺康指导下撰成《晏阳初德育思想研究》硕士学位论文。

是年　① 西北大学哲学与社会学学院李卓群在《湖北经济学院学报(人文社会科学版)》第 10 期发表《晏阳初平民教育思想初探》。② 西华师范大学四川省教育发展研究中心杨梅、王小丁在《淮海工学院学报(社会科学版)》第 8 期发表《武训与晏阳初之比较研究》。③ 山东理工大学美术学院宋歌在《新西部(理论版)》第 23 期发表《晏阳初教育民主思想浅析》。④ 王亚楠在《文史月刊》第 5 期发表《"世界平民教育之父"晏阳初》。⑤ 中国教育科学研究院宋恩荣、北京师范大学教育学部张睦楚在《炎黄春秋》第 1 期发表《1950,晏阳初在去留之间》。⑥ 西华师范大学四川省教育发展研究中心刚芮、王小丁在《绵阳师范学院学报》第 10 期发表《晏阳初和朱焕章之教育思想比较》。⑦ 广西大学教育学院王巨光在《广西教育学院学报》第 6 期发表《论晏阳初定县农民教育实验的原则》。⑧ 西华师范大学历史文化学院刘勇在《黑龙江史志》第 1 期发表《晏阳初与梁漱溟乡村建设思想比较》。⑨ 西华师范大学四川省教育发展研究中心张晶晶在《文史博览(理论)》第 9 期发表《晏阳初与陶行知乡村教育思想的对比研究》。⑩ 太原理工大学陈芬芬在《兰台世界》第 21 期发表《晏阳初与中国现代"平民教育"运动》。⑪ 徐唯辛在《社会科学论坛》第 8 期发表《民国知识分子系列：晏阳初肖像》。⑫ 四川省宣汉职业中专学校李廷尧、冉启全、王荣成在《生活教育》第 3 期发表《陶行知与晏阳初乡村教育思想的现代启示》。⑬ 河北交通职业技术学院周士敏、魏力在《兰台世界》第 9 期发表《晏阳初的职业教育思想实践与启示》。⑭ 崔大权、陈琛在《湖南省第六届研究生创新论坛之湘潭大学毛泽东思想与当代中国分论坛论文集》上发表《毛泽东与晏阳初平民教育思想比较研究》。⑮ 叶隽在《读书》第 4 期发表《世界心灵的高度：从史怀泽到晏阳初》。⑯ 临沂大学教育学院张世爱在《成人教育》第 5 期发表《晏阳初平民教育思想对高校社会服务伦理的启示》。⑰ 河北大学教育学院刘长宽、吴洪成在《成人教育》第 5 期发表《格龙维与晏阳初平民教育思想比较研究》。⑱ 华中师范大学教育学院孙佳瑾在《生活教育》第 6 期发表《陶行知与晏阳初乡村教育理论与实践之比较》。⑲ 宜宾学院高等教育研究所孔丽苏在《成人教育》第 1 期发表《略论晏阳初平民教育思想的当代价值》。⑳ 西华师范大学四川省教育发展研究中心高兀雪、王小丁在《青春岁月》第 14 期发表《试论晏阳初平民教育视野下"袖珍人学园"的构建》。㉑ 遵义师范学院南白分院张晓珊在《兰台世界》第 4 期发表《平民主义思潮下的晏阳初职业教育思想探究》。㉒ 西华师范大学四川省教育发展研究中心邵明、西华师范大学历史文化学院苗玉龙在《濮阳职业技术学院学报》第 3 期发表《从"齐家治国平天下"透析晏阳初教育目的论》。㉓ 河北大学马列教研部何建华在《东南学术》第 2 期发表《"人"的开发：论晏阳初平教运动的目的和宗旨》。㉔ 西华师范大学四川省教育发展研究中心杨蕾、西华师范大学教师教育学院赵正在《廊坊师范学院学报(社会科学版)》第 4 期发表《从晏阳初平民教育思想看农村教师专业发展》。㉕ 西华师范大学四川教育发展研究中心王小丁、单增淳在《喀什师范学院学报》第 6 期发表《论晏阳初与中国平民教育运动：中美教育交流的视角》。㉖ 南京理工大学人文与社会科学学院徐晓美在《宁夏大学学报(人文社会科学版)》第 1 期发表《21 世纪晨曦中的晏阳初平民教育思想研究综述》。㉗ 西南大学陈静在《职大学报》第 1 期发表《晏阳初平民教育思想对当代高等职业教育的启示》。㉘ 西华师范大学四川省教育发展研究中心郝可飞、李雪平在《文史博览(理论)》第 6 期发表《晏阳初平民教育思想对民族教育的启示》。㉙ 西华师范大学四川省教育发展研究中心黄鸿、李雪平在《文史博览(理论)》第 6 期发表《人本主义心理学视域下的晏阳初平民教育解析》。㉚ 西华师范大学四川省教育发展研究中心李赛、唐柏林在《牡丹江师范学院学报(哲学社会科学版)》第 4 期发表《晏阳初家庭教育思想及其教育价值分析》。㉛ 四川宜宾学院高教所杨跃在《煤炭高等教育》第 4 期发表《晏阳初的平民教育思想对当前我国农村成人教育的启示》。㉜ 济南职业学院王琦、王岳在《中国职工教育》第 20 期发表《论晏阳初平民教育思想对当代高职教育职业指导工作的启示》。㉝ 崔大权、陈琛在《湖南省第六届研究生创新论坛之湘潭大学毛泽东思想与当代中国分论坛论文集》上发表《毛泽东与晏阳初平民教育思想比较研究》。㉞ 西华师范大学四川省教育发展研究中心蒋海燕、西华师范大学赵正在《金田》第 12 期发表《晏阳初平民教育思想对少数民族教育的启示：以摩梭族为例》。㉟ 长春工业大学政治与行政学院于慧颖在《社会科学战线》第 2 期发表《试论近代爱国人士对中国共产党民生思想的影响：以梁漱溟、辜鸿铭、张竞生、晏阳初为例》。㊱ 张以瑾在《基础教育论坛》第 23 期发表《晏阳初：平民教育"传教士"》。㊲ 张以瑾在《基础教育论坛(文摘版)》第 8 期发表《晏阳初：平民教育"传教士"》。㊳ 西华师范大学教育学院徐挺在《西部教育发展研究》第 4 期发表《质朴与细腻：初识晏阳初》。㊴ 宜宾学院高等教育研究所田联进在《西部教育发展研》第 2 期发表《晏阳初教育哲学思想探讨》。㊵ 西华师范大学四川省教育发展研究中心马小迪在《西部教育发展研究》第 1 期发表《重读晏阳初的〈平民教育概论〉》。㊶ 王亚楠在《群文天地》第 10 期发表《浅谈晏阳初与定县平民教育》。㊷ 山东理工大学美术学院宋歌在《新西部(中旬刊)》第 12 期发表《晏阳初教育民主思想浅析》。㊸ 西华师范大学教育学院梁娅在《西部教育发展研究》第 4 期发表《为了晏阳初思想研究的尊严》。㊹ 河北交通职业技术学院周士敏、魏力在《兰台世界(下旬)》第 3 期发表《晏阳初的职业教育思想实践与启示》。㊺ 关晓琼在《中国文房四宝》第 6 期发表《陶行知、晏阳初乡村教育思想比较研究》。㊻ 太原理工大学陈芬芬在《兰台世界(下旬)》第 7 期发表《晏阳初与中国现代"平民教育"运动》。㊼ 北京大学钱理群在《教育研究与评论》第 5 期发表《晏阳初的平民教育与乡村改造思想》。㊽ 西华师范大学教育学院王琳在《西部教育发展研究》第 4 期发表《让教育阳光普照大地：走进晏阳初》。㊾ 宜宾学院高等教育研究所贺永平在《求实》第 S2 期发表《晏阳初乡村建设思路及其对新农村建设的启示》。㊿ 西华师范大学教育学院靳凯姣在《西部教育发展研究》第 4 期发表《晏阳初的乡村建设与

“三支一扶”》。(51) 崔旭在《西江月(下旬)》第 11 期发表《论“苦力”对晏阳初平民教育运动的影响》。(52) 四川省社会科学院余思在《西部教育发展研究》第 1 期发表《晏阳初定县实验模式对我国学习型社会建设的启示》。(53) 河北大学教育学院刘长宽、吴洪成在《西部教育发展研究》第 3 期发表《晏阳初平民教育实验选择定县的原因分析》。(54) 成都师范学院继续教育中心郭平、谢吉琴在《西部教育发展研究》第 2 期发表《民族地区农村职业教育发展的现状与思考：基于晏阳初的平民教育思想》。(55) 宣汉县教育局宣汉县职业中专校李廷尧、王荣成在《西部教育发展研究》第 4 期发表《践行晏阳初教育思想　推进区域教育优质均衡》。(56) 四川大学历史文化学院崔旭在《西江月》第 33 期发表《论“苦力”对晏阳初平民教育运动的影响》。(57) 中共四川省委宣传部扈远仁在《四川社科界》第 1 期发表《学习晏阳初教育思想　努力把民族教育办好》。(58) 内江师范学院教育学院李达军、胡志金在《西部教育发展研究》第 3 期发表《论晏阳初平民教育思想对当代大学生下乡支教的实践启迪》。(59) 遵义师范学院南白分院张晓珊在《兰台世界(上旬)》第 2 期发表《平民主义思潮下的晏阳初职业教育思想探究》。(60) 济南职业学院学前教育系王琦在《科技创业家》第 17 期发表《论农民培训工作所需人才及其培养：晏阳初乡村建设人才观及其启示》。

是年　四川省晏阳初研究会扈远仁在《西部教育发展研究》第 2 期发表《学习晏阳初教育思想　努力把民族教育办好：在 2012 年“晏阳初平民教育思想与民族地区教育发展”研讨会上的讲话》。

是年　《中国档案》编辑部陈辉、黄娟在《中国档案》第 12 期发表《“晏阳初乡村建设的重庆乐章”　历史档案展将赴台巡展》。

是年　① 西华师范大学四川省教育发展研究中心王小丁、西昌学院景志明在《西昌学院学报(社会科学版)》第 2 期发表《2012 年“晏阳初的平民教育思想与民族地区教育发展”研讨会综述》。② 西华师范大学教育学院王洁在《西部教育发展研究》第 4 期发表《近十年晏阳初平民教育思想研究概况及评价》。③ 四川省晏阳初研究会秘书处在《西部教育发展研究》第 2 期发表《2012 年“晏阳初的平民教育思想与民族地区教育发展”研讨会综述》。

2014 年

1 月 17 日　《中国科学报》刊登北绛的《晏阳初：人皆可以为尧舜》。

1 月 23 日　《学习时报》刊登了《三次感动成就晏阳初的“善”》，随即被多家媒体转载。

3 月 28 日　《人民日报(海外版)》刊登的《晏阳初:第一个进行乡村实验的教育家(好书一页)》。

4 月　晏阳初《平民教育与乡村建设运动》由商务印书馆出版。该书为晏阳初的代表文章集。晏阳初早期开展平民教育运动时,认为中国的大患是民众的贫、愚、弱、私"四大病",主张通过办平民学校对民众首先是农民,先教识字,再实施生计、文艺、卫生和公民"四大教育",培养知识力、生产力、强健力和团结力,以造就"新民",并主张在农村实现政治、教育、经济、自卫、卫生和礼俗"六大整体建设",从而达到强国救国的目的。该书由宋恩荣辨伪、筛选、校勘。

5 月 20 日　《巴中日报》刊登《晏阳初平民教育思想走进农村金融教育课堂》。

6 月 18 日　"晏阳初乡村建设的重庆乐章——中华平民教育促进会华西实验区历史档案展"在重庆璧山大成广场隆重举行。重庆市档案学会理事长、重庆市群众路线教育实践活动第四督导组长况由志,县委书记吴道藩,县人大常委会主任薛方梅,县委常委、组织部长卢红及相关领导出席展览。

7 月 24 日　《侨报》刊登《晏阳初:平民教育和乡村建设的实践者》。

8 月 25 日　乐山师范学院杜学元教授、石家庄工程职业学院焦润丽老师到河北省定州市晏阳初研究会调研,受到定州市晏阳初研究会名誉会长、定州市政协帅建军主席、定州市政协宣教委李增寿主任、定州市发展与改革局崔廷玉副局长、定州市教育局薛平芝副局长、定州市政协马琳副秘书长、定州市晏阳初研究会李志会会长等的热情接待。期间参观了晏阳初故居、定州市晏阳初纪念馆、了解了定州市晏阳初中学、走访了民众、参与有关晏阳初研究的专题座谈会等,进一步了解了晏阳初在定县的生活事迹,李志会会长无私提供了所收集的较为丰富的定州市晏阳初研究会对晏阳初研究的生动事例和有关晏阳初在定县活动的部分资料,也了解了定州市晏阳初研究会下一步研究的打算,收获颇丰。

同日　《京华时报》刊登了《晏阳初故里 200 名乡村教师获益》。

9 月 4 日　四川省晏阳初研究会乐山分会 2014 年学术研讨会在乐山师范学院图书馆召开。四川省晏阳初研究会乐山分会会长、乐山师范学院副院长杜学元,乐山师范学院教科学院党总支书记佘万斌,分会秘书长、乐山师范学院教科学院院长助理刘河燕博士以及分会部分会员共 10 余人参加了此次研讨会。会议由分会常务副会长、乐山师范学院图书馆馆长邹敏主持。与会人员结合邓小平改革与教育以及晏阳初平民教育思想,并就深化改革的大形势下的教育改革主题进行了热烈的讨论。会议通报了四川省晏阳初研究会乐山分会的最新研究动态。分会成立以来,晏阳初教育思想领域的研究深入推进,形成了丰富的研究成果,包括杜学元会长等主编的、由四川师范大学电子出版社出版的《弘扬晏阳初平民教育思想,推进民族教育可持续发展》等一批学术性著作。本次研讨会本着理论联系实际的科学态度,团结晏阳初思想研究工作者、教育工作者、乡村建设工作者和社会实践工作者,对晏阳初平民教育和乡村建设的理论与实践进行了深入讨论。

9 月 18 日　四川省晏阳初研究会乐山分会与乐山师范学院教科学院联合举办的纪念"九一八事变"83 周年座谈会在弘毅楼 413 教室召开。四川省晏阳初研究会乐山分会会长、乐山师范学院副院长杜学元,四川省晏阳初研究会乐山分会常务副会长、乐山师范学院图书馆馆长邹敏,乐山师范学院教科学院党总支书记佘万斌等和乐山师范学院 2013 级小学教育全体学生参加了此次座谈会。座谈会由四川省晏阳初研究会副秘书长、乐山分会秘书长、乐山师范学院教科学院院长助理刘河燕主持。会上播放了感人短片,该片记录了乐山 4 位经历过"九一八事变"和参加过滇缅远征作战的老兵的回忆、晚年生活以及对年轻人的殷切希望;四川省晏阳初研究会乐山分会会员曹垒做了"'当代孔子'晏阳初对抗日战争的特殊贡献及重新认识九一八事变"的报告;92 岁高龄的易汝修先生讲述了他抗日战争时期的经历,诵读了他为本次座谈会亲自作的诗,讲述了他经历过的乐山"八·一九"大轰炸;刘佛涵、阴文金、刘柏林等书法家在热烈的气氛中纷纷展示了自己的抗战书法作品。随后,邹敏介绍了四川省晏阳初研究会乐山分会成立以来的发展历程和取得的成绩,希望大家踊跃报名参加晏阳初研究会,共同研究、发扬晏阳初的教育理想、爱国精神;四川省晏阳初研究会乐山分会会员、82 岁的毛启荣谈了平民教育家晏阳初的生平事迹和教育思想;乐山"八·一九"大轰炸研究专家徐良泽先生讲述了自己童年真实经历的大轰炸及轰炸后的惨象;乐山市老年书画研究会常务副会长阴文金从一个退役军人的角度谈了对举行"九一八事变"座谈会的感言;乐山书法家刘佛涵先生以及乐山车子镇关工委杜厚生先生宣传了晏阳初先生的民本教育思想。紧接着,教科学院学生代表代梦蝶和黄文玲介绍了在乐山车子镇支教的经验;佘万斌在座谈会上为井研县开展社区教育、关注留守儿童做了支教动员,鼓励同学们学以致用,参与社区教育、关注留守儿童,积极投身支教事业。最后,杜学元做了总结讲话,强调大家应牢记历史,勿忘国耻,居安思危,珍惜和平安定的环境,发扬晏阳初的爱国精神,努力搞好本职工作。

9 月 19 日　《三江都市报》刊登了《晏阳初研究会乐山分会纪念"九一八事变"83 周年》。

9 月 25 日　中国农业发展银行巴中市分行组织志愿者参加由人民银行巴中市中心支行主导成立的"晏阳初金融志愿服务队"在巴州区晏阳初博物馆举行的成

立仪式。巴中市委常委、市总工会主席刘嘉勉励志愿者，"希望晏阳初金融志愿服务队的广大志愿者扛起平民教育的大旗，为广大人民群众提供更加优质的金融服务，给予整个巴中经济社会腾飞、蓬勃的希望。"结合人民银行开展的"金融知识普及月"活动，中国人民银行成都分行的志愿者与晏阳初金融志愿服务队随后一同在巴中市中心的巴人广场开展"平民教育传千秋，普惠金融进万家"的金融知识集中宣传活动。

9月26日 四川省晏阳初研究会召开纪念第一次世界大战爆发百周年及晏阳初举办华工识字班座谈会在四川师范大学狮子山校区七教学楼A区六楼会议室举行。四川省晏阳初研究会会长、原中共四川省委宣传部副部长扈远仁，四川省晏阳初研究会副会长、法人代表、原四川师范大学副校长唐志成，副会长、乐山师范学院副院长杜学元，副会长、四川省社会科学院管理学所所长、研究员伏绍宏，四川省晏阳初研究会副秘书长、四川师范大学研究生院副院长涂绪谋，四川省晏阳初研究会副秘书长、四川师范大学学生工作部副部长胡尚峰，四川省晏阳初研究会副秘书长、四川省教育科学研究所副研究员赖长春出席座谈会。四川师大部分本科生及研究生代表参加了会议。会议由唐志成副会长主持。唐志成在致辞中指出，第一次世界大战规模巨大、伤亡惨重，在人类历史上留下了深远的影响。一战期间，中国有15万至20万劳工被征派到欧洲战场，饱尝艰辛，是当时积贫积弱的中国广大草根民众的缩影。晏阳初从美国耶鲁大学毕业后，怀着一颗赤子之心随美国志愿者赶赴法国里昂战区，在法举办华工识字班，走近华工、了解华工、切切实实为华工服务。晏阳初投身平民教育的种种伟大举措在今天仍有深远影响，他的精神值得后辈传承与发扬。唐志成最后强调，这次座谈会在纪念一战爆发100周年、纪念晏阳初举办华工识字班和弘扬晏阳初精神方面有着重要意义。四川师大的学者和学生要更有担当与责任，铭记并继承晏阳初的光辉事业，努力为晏阳初精神开创新的内涵。扈远仁会长为会议作主题发言。他说，晏阳初是"世界平民教育之父""现代世界具有革命性贡献的十大伟人之一"，其远赴欧洲为华工服务、创办华工识字班的经历，体现出了无私的心地和排难创新的精神。他介绍了晏阳初在法国办学期间为华工所做的"六件大事"和"两个珍贵发现"，倡议年轻后辈认真传承晏阳初的精神，认识到肩上所担负的重任，勇于担当，为实现伟大的中国梦而努力奋斗。杜学元副会长阐述了晏阳初为促进中国平民教育发展所做的杰出贡献，集中分析了晏阳初赴法展开教育工作的心路历程，详细介绍了晏阳初帮助华工写信识字、举办华工识字班、编写华工识字教材、创办《华工周报》等各项工作。伏绍宏副会长对晏阳初的平民教育思想进行了深入的探讨。他集中分析了晏阳初实现平民教育的方式,指出晏阳初举办华工识字班后提高了华工素养,改变了华工在欧洲人心目中的形象和地位,具有促进东西方文化交融的重要历史意义,这一创举对中国社会的建设、改造和发展起到了历史性的作用。会上,与会代表纷纷发言。涂绪谋副秘书长阐述了晏阳初举办华工识字班的历史意义和现实启迪;胡尚峰副秘书长从重温历史、识字教育、平教发端、影响深远四方面对晏阳初的功绩做了解读;赖长春副秘书长分析了晏阳初教育思想对当下教育改革的启发意义。与会的年轻学者代表发言表示,会深入研究晏阳初的教育思想,传承晏阳初无私奉献的精神,并将其教育理念与实际的工作、学习相结合。

9月27日　《巴中日报》刊登了《刘嘉出席成立仪式　巴中市晏阳初金融志愿服务队成立》。

10月21日　《巴中晚报》刊登了《晏阳初:到民间去之一(求学篇)》。

10月28日　《巴中晚报》刊登了《晏阳初:到民间去之二(博士下乡篇)》。

10月30日　《巴中晚报》刊登了《晏阳初:到民间去之三(定县试验篇)》。

12月8日　晚,四川省晏阳初研究会副会长、乐山分会会长杜学元教授、常务副会长邹敏教授、顾问毛启荣先生、四川省研究初研究会理事佘万斌副教授及巴中晏阳初博物馆馆长晏鸿国副研究馆员商讨四川省晏阳初研究会乐山分会成立三周年庆及换届事宜,还就杜学元、郭明蓉、彭雪明编著的《晏阳初年谱长编》书稿涉及晏阳初早年事迹进行了审订。

12月13～14日　四川省晏阳初研究会2014年年会暨学术研讨会在成都师范学院隆重召开,本次大会的主题为"改革创新,推进教育发展;公平均衡,提升教育质量"。大会由四川省晏阳初研究会和成都师范学院主办、成都师范学院教育科学学院承办。12日晚,四川省晏阳初研究会在成都师范学院招待所召开了预备会议。13日召开大会。成都师范学院院长刘存绪、副院长姜金栋,四川省晏阳初研究会会长扈远仁、各位副会长、秘书长、副秘书长、常务理事,四川省社会科学院、四川师范大学、西华师范大学、乐山师范学院、宜宾学院、成都师范学院、重庆市北碚区晏阳初中学等单位代表,成都师范学院教育科学学院学前教育专业免费师范生共500余人出席了会议。开幕式由四川省晏阳初研究会副会长、成都师范学院教育科学学院院长郭平主持。开幕式上,刘存绪代表成都师范学院致欢迎辞,他分析了当前国际社会形势和经济形势,指出学校所承担的免费师范生计划、特岗教师计划和三支一扶计划为农村培养了大量中小学师资,与晏阳初的平民教育思想一脉相承;认为晏阳初的教育思想对今天的教育公平、均衡发展仍然有十分重要的意义,并预祝大会圆满成功。扈远仁向大会的顺利召开表示热烈的祝贺。他希望全体参会人员解放思想、精心思考、围绕当前教育中的热点、难点和焦点问题献言献策;紧扣大会主题勇于创新,为推进实现教育公平、提升教育质量发表真知灼见;同时还要站在历史的高度,实事求是,通过有深度、有力度的论文和发言,谈出自己内心的新观点、新思路和新举措。上下午的学术交流大会分别由郭平教授、杜学元教授主持。成都师范学院教育科学学院侯中太博士、万涛博士、罗天豪博士分别作了"四川农村教师生存状态""民族国家进程中的国家主义——20世纪上半叶中国教育的路径与取向""黑格尔的"教化"概念(Bildung)在台湾道德教育之启示"的报告;扈远仁作了"强化学校内部管理,努力提高教育质量"的报告;重庆北碚区晏阳初中学刘远丽校长作了"基于双主共学'后平民'课堂文化建设的校本研究"的报告;四川师范大学教师教育学院刘秀峰博士作了"我国农村教育的走向"的报告;新津县教师研培中心特级教师王友强作了"影响教育公平的教育行为冷暴力研究"的报告等,共有17名代表在大会上做了学术交流。四川省晏阳初研究会副会长、乐山师范学院副院长杜学元作了总结发言。年会由四川省晏阳初研究会副会长陈历伟主持。四川省晏阳初研究会副会长兼秘书长伏绍宏作了2014年度工作报告和财务报告,各副会长总结了当年度的工作情况,表彰了12名年度先进个人,增补卢雄、唐大章、廖全明、李巍等同志为常务理事,增设了特殊教育专委会和学前教育专委会。大会收到70余篇学术论文,涉及哲学、教育学、心理学、历史学、管理学等学科领域。经过两天的研讨,大会取得圆满成功。

12月20日 四川省晏阳初研究会副会长、乐山师范学院副院长杜学元教授在中国教育学会教育史分会第十五届学术年会小组会上介绍其提交的学术论文《论晏阳初的平民教育课程观及其实践》的主要观点。

12月21日 上午,安徽师范大学孙德玉教授就前一日小组交流情况在大会上汇报,归纳了杜学元教授前一日介绍晏阳初平民教育课程观的主要观点。

是年 华中师范大学学科教学专业硕士研究生张利平在导师谭邦和指导下撰成《论晏阳初的平民教育思想》。

是年 郑州大学思想政治教育专业硕士研究生徐媛媛在导师王振国指导下撰成《晏阳初平民教育思想及对当代公民教育启示研究》硕士学位论文。

是年 ① 毕唐书在《学习博览》第1期发表《晏阳初:"人类的颂歌"》。② 昭通学院教育科学学院赵玉生在《成人教育》第8期发表《热忱中和晏阳初》。③ 郑州幼儿师范高等专科学校郭忠玲在《兰台世界》第7期发表《晏阳初的平民教育情怀》。④ 昭通学院教育科学学院赵玉生在《成人教育》第6期发表《智睿执著晏阳初》。⑤ 河北师范大学教育学院张磊在《保定学院学报》第2期发表《陶行知和晏阳初成人教育思想比较探究》。⑥ 北京晏阳初农村教育科技发展中心邱建生在《今日教育》第 3 期发表《晏阳初：世界平民教育之父》。⑦ 宜宾学院高等教育研究所、新建院校改革与发展研究中心田联进在《教育与教学研究》第 6 期发表《晏阳初教育哲学思想探讨》。⑧ 西华师范大学四川省教育发展研究中心朱政在《乐山师范学院学报》第 2 期发表《晏阳初与邰爽秋教育思想之比较》。⑨ 湘潭大学历史系王继平、崔大权在《山西高等学校社会科学学报》第 2 期发表《毛泽东与晏阳初平民教育思想比较研究》。⑩ 昭通学院教育科学学院赵玉生在《教师教育论坛》第 3 期发表《卓绝非凡晏阳初对当代教师职业理想教育的启示》。⑪ 乐山师范学院余万斌在《教育探索》第 4 期发表《晏阳初教育思想对当代教育的启示》。⑫ 南京理工大学人文与社会科学学院徐晓美在《理论月刊》第 10 期发表《外铄、内生：农民教育的路径选择：以晏阳初农民教育思想为考察中心》。⑬ 南京师范大学公共管理学院李明建在《道德与文明》第 5 期发表《晏阳初平民教育思想对农村道德建设的资源意义》。⑭ 河北师范大学教育学院郭海红在《保定学院学报》第 2 期发表《晏阳初平民教育与邰爽秋民生本位教育比较研究》。⑮ 西华师范大学四川省教育发展研究中心黄鸿在《高等财经教育研究》第 1 期发表《"中国梦"的寻觅：晏阳初平民教育的新解读》。⑯ 孙德刚、胡峡、余滢在《文化产业》第 11 期发表《从晏阳初平民教育思想视角看凉山彝族自治州扶贫教育》。

　　是年　西华师范大学教育学院王洁、西华师范大学四川省教育发展研究中心王小丁在《文史博览(理论)》第 2 期发表《近十年晏阳初平民教育思想研究概况及评价》。

主要参考文献

一、中文类参考文献

（一）著作

1. ［美］巴斯金等著、孔祥军等译、郭惠民审校：《公共关系职业与实践》第 4 版，中国人民大学出版社 2008 年版。

2. 北京师联教育科学研究所编选：《[民国]晏阳初乡村平民教育思想与教育论著选读》，中国环境科学出版社 2006 年版（简称"北师编《论著选读》"）。

3. 曹世文、黄季方主编：《美国名人辞典》，华夏出版社 1991 年版。

4. 超金等编：《海外著名华人列传》，工人出版社 1988 年版。

5. 陈东原主任编纂：《第二次中国教育年鉴》，1948 年商务印书馆版。

6. 陈学恂主编：《中国近代教育大事记》，上海教育出版社 1981 年版。

7. 陈真、姚洛编：《中国近代工业史资料》第 1 辑《民主资本创办和经营的工业》，生活·读书·新知三联书店 1957 年版。

8. 成都市政协文史学习委员会编：《成都文史资料选编·教科文卫卷》下《人物荟萃》，四川人民出版社 2007 年版（简称"《成都文史》"）。

9. 重庆市北培区地方志编委会、西南师范大学校史编委会、乡村建设学院校史研究会编：《中国乡村建设学院在北培》，西南师范大学出版社 1992 年版（简称"《乡建院在北培》"）。

10. 党跃武主编：《上林春讯——纪念改革开放三十年档案管理和校史工作文集》，四川大学出版社 2009 年版。

11. ［美］费正清（John King Fairbank）著、傅光明译：《观察中国》，世界知识出版社 2001 年版。

12. 符竹因编著：《爱国教育论》，商务印书馆 1939 年版。

13. 高拜石著：《新编古春风楼琐记》第九集，作家出版社 2005 年版。

14. 《各国首脑人物大辞典》编委会编：《各国首脑人物大辞典》，中国社会出版社 1991 年版。

15. 顾明远主编：《教育大辞典·中国近现代教育史》，上海教育出版社 1991

年版。

16. 光复书局编辑部百科编辑组编:《大美百科全书》,光复书局1993年版。

17. 扈远仁等主编:《不朽的平民教育思想 辉煌的乡村建设成就——伟大的平民教育家晏阳初》,四川大学出版社2011年版。

18. 扈远仁等主编:《固本与开新——晏阳初的平民教育思想研究》,四川大学出版社2010年版。

19. 扈远仁等主编:《教育开发"脑矿" 实现民富国强——晏阳初的平民教育思想研究》,四川师范大学电子出版社2012年版。

20. 扈远仁主编:《晏阳初平民教育理论与乡村建设实践研究》,四川科学技术出版社2009年版(简称"扈编《晏理论与实践研究》")。

21. 湖南省武冈师范学校主编:《晏阳初教育思想研究》,湖南教育出版社1990年版(简称"《湘版思想研究(二)》")。

22. 湖南省武冈师范《晏阳初教育思想研究》编辑会编:《晏阳初教育思想研究》,湖南教育出版社1988年版(简称"《湘版思想研究(一)》")。

23. [英]怀特、[英]布尔、[英]霍尔布莱德编,宋爱群译:《权力政治》,世界知识出版社2004年版。

24. 黄炎培著、中国社会科学院近代史研究所整理:《黄炎培日记》第6卷(1938.8～1940.8),华文出版社2008年版(简称"《黄炎培日记》卷6")。

25. 侯外庐著:《韧的追求》,生活·读书·新知三联书店1985年版。

26. 季羡林口述:《季羡林口述史》,陕西师范大学出版社2010年版。

27. 姜荣耀编:《世界伟人晏阳初活动纪略》,四川省晏阳初研究会印本(简称"姜编《纪略》")。

28. 蒋国昌主编、重庆市教育委员会编:《重庆教育志》,重庆出版社2002年版。

29. 京兆尹公署编印:《平民常识》,1925年6月北京印本(简称"京印《平民常识》")。

30. 乐山师范学院教科学院编:《四川省晏阳初研究会乐山分会会刊》第一辑《成立特刊》,乐山师范学院印刷厂2011年印本。

31. 黎瑛著:《权利的重构与控制——近代广西社会控制机制研究》,民族出版社2011年版。

32. 李成良主编:《四川师范大学校史》,四川人民出版社2002年版。

33. 李辉著:《人在旋涡:黄苗子与郁风》,山东画报出版社1998年版。

34. 李勇、张仲田编著：《统一战线大事记（抗日战争时期卷）》，群言出版社 2014 年版。

35. 李志会编著：《晏阳初在定县的足迹》，河北人民出版社 2008 年版（简称"《定县足迹》"）。

36. 林焕平著：《林焕平文集》第 10 卷，广西师范大学出版社 2003 年版。

37. 刘国铭主编：《"中华民国国民政府"军政职官人物志》，春秋出版社 1989 年版。

38. 卢国纪著：《我的父亲卢作孚》，人民日报出版社 2012 年版。

39. 卢晓蓉著：《我的祖父卢作孚》，人民出版社 2014 年版。

40. 马秋帆、熊明安主编：《晏阳初教育论著选》，人民教育出版社 1993 年版（简称"《论著选》"）。

41. 毛应章：《定县平民教育考察记》，1933 年 2 月拔提书店发行、南京美文印刷所印刷（简称毛《考察记》"）。

42. 孟雷编著：《从晏阳初到温铁军》，华夏出版社 2005 年版。

43. 米鸿才、李显刚主编：《中国农村合作制史》，中国农业科技出版社 1997 年版（简称"米编《农合史》"）。

44. 苗春德主编：《中国近代乡村教育史》，人民教育出版社 2004 年版（简称"苗编《乡教史》"）。

45. 南江县政协文史委编：《南江县文史资料选辑》第 7 辑，南江县政协文史委 1998 年 2 月印本。

46. 潘广炎著：《喋血大巴山》，大众文艺出版社 2006 年版。

47. 彭长海主编：《潢川县志（1987～2001）》，中州古籍出版社 2009 年版。

48. 任一民主编：《四川近现代人物传》第 1～6 辑，四川省社会科学院出版社、四川大学出版社 1985～1986 年版。

49. 佘正松主编：《西华师范大学校史（1946～2005）》，四川大学出版社 2006 年版。

50. 四川省巴中县志编纂委员会编纂：《巴中县志》，巴蜀书社 1994 年版（简称《巴中县志》）。

51. 四川省涪陵市志编纂委员会编纂：《涪陵市志》，四川人民出版社 1995 年版。

52. 四川省合川县地方志编纂委员会编纂：《合川县志》，四川人民出版社 1995 年版。

53. 四川省阆中市地方志编纂委员会编：《阆中县志》，四川人民出版社 1993 年版。

54. 四川省晏阳初研究会编著：《晏阳初乡村建设实践研究》，内部资料 2006 年印制(简称"川编《晏实践》")。

55. 四川省政协巴中县政协文史资料委员会合编：《平民教育家晏阳初》，四川大学出版社 1990 年版(简称"川编《晏阳初》")。

56. 宋恩荣编：《晏阳初文集》，教育科学出版社 1989 年版(简称"宋编《文集》")。

57. 宋恩荣主编：《教育与社会发展——晏阳初思想国际学术讨论会论文集》，湖南教育出版社 1991 年版(简称"宋编《国际会议论文集》")。

58. 宋恩荣主编：《晏阳初全集》第一卷，湖南教育出版社 1989 年版(简称"旧版《全集》"卷 1)。

59. 宋恩荣主编：《晏阳初全集》第二卷，湖南教育出版社 1992 年版(简称"旧版《全集》"卷 2)。

60. 宋恩荣主编：《晏阳初全集》第三卷，湖南教育出版社 1992 年版(简称"旧版《全集》"卷 3)。

61. 宋恩荣总主编：《晏阳初全集》1～4 卷，天津教育出版社 2013 年版(分别简称"新版《全集》卷 1""新版《全集》卷 2""新版《全集》卷 3""新版《全集》卷 4")。

62. 宋恩荣、熊贤君著：《晏阳初教育思想研究》，辽宁教育出版社 1994 年版(简称"《思想研究》")。

63. 舒济主编：《老舍文学词典》，北京十月文艺出版社 2000 年版。

64. 舒新城编：《中国教育概况》，中华书局 1928 年版(简称"舒编《新教育》")。

65. 孙伏园等记：《第一次平民教育会议纪事》，《新教育》第 7 卷第 2、3 期(简称"孙记《第一次平教会》")。

66. 汤茂如：《平教总会的组织和工作》，1928 年上海刊(简称《平教组织和工作》)。

67. 唐钺、朱经农、高觉敷等主编：《教育大辞书》，商务印书馆 1930 年版(简称"《教育大辞书》")。

68. 陶行知、朱经农主编：《平民千字课》，1923 年上海刊(简称"《千字课》")。

69. 陶行知著：《陶行知全集》某卷，四川教育出版社 2005 年第 2 版(简称"《行知全集》"某卷)。

70. 童富勇、胡国枢著：《陶行知传》，教育科学出版社 1991 年版(简称"童著

《陶传》")。

71. 王凤青著：《黄炎培与国民参政会》，社会科学文献出版社 2011 年版。

72. 王福田主编、定州市地方志编纂委员会编纂：《定州市志》，中国城市出版社 1998 年版。

73. 王建朗、曾景忠著：《中国近现代通史》第九卷《抗日战争（1937—1945）》，江苏人民出版社 2013 年版。

74. 王一心著：《劳谦君子陶行知》，南京师范大学出版社 2004 年版（简称"王著《陶行知》"）。

75. 文生编著：《中国民主党派革命斗争史》，西南交通大学出版社 2002 年版。

76. 吴相湘著：《晏阳初传》，岳麓书社 2001 年版（简称"吴著《晏传》"）。

77. 武修敬主编：《中国教育大系·历代教育名人志》，湖北教育出版社 1994 年版。

78. 《西南师范大学校史》编修组编：《西南师范大学校史》，西南师范大学出版社 2000 年版。

79. 许汉三编：《黄炎培年谱》，文史资料出版社 1985 年版。

80. 晏鸿国珍藏晏阳初日记手稿复印件（原件藏国家博物馆），简称（未刊《日记》）。

81. 晏鸿国著：《做世界新民》，五洲传播出版社 2010 年版（简称"晏著《新民》"）。

82. 晏鸿国编著：《晏阳初传略》，天地出版社 2005 年版（简称"晏著《传略》"）。

83. 晏阳初纪念文集编辑委员会编：《晏阳初纪念文集》，重庆出版社 1996 年版（简称"渝版《纪念文集》"）。

84. 晏阳初、［美］赛珍珠著，宋恩荣编：《告语人民》，广西师范大学出版社 2003 年版（简称"宋编《人民》"）。

85. 杨家骆著：《民国名人图鉴》，辞典馆 1937 年版。

86. 袁访赉：《余日章传》，香港基督教文艺出版社 1970 年 1 月刊（简称"《余日章传》"）。

87. 詹一之编：《晏阳初文集》，四川教育出版社 1990 年版（简称"詹编《文集》"）。

88. 詹一之、李国音著：《一项为和平与发展奠基工程——平民教育之父晏阳初评介》，四川教育出版社 1994 年版（简称"詹等著《评介》"）。

89. 曾琼英主编、遂川县地方编纂委员会编：《遂川县志》，江西人民出版社

1996 年版。

90. 资中筠著：《追根溯源——战后美国对华政策的缘起与发展(1945—1950)》，上海人民出版社 2000 年版。

91. 中国大百科全书总编辑委员会编：《中国大百科全书·教育》，中国大百科全书出版社 2002 年版。

92.《中国教育年鉴 1949—1981》，中国大百科全书出版社 1984 年版。

93. 中国人民政治协商会议长沙市委员会文史资料研究委员会编：《长沙文史资料》第 8 辑(上下)，中国人民政治协商会议长沙市委员会文史资料研究委员会 1989 年印本。

94. 中国人民政治协商会议河北省委员会文史资料研究委员会编：《河北文史资料选辑》第 11 辑，河北人民出版社 1983 年版(简称"《河北文史辑》")。

95. 中国人民政治协商会议全国委员会、文史资料委员会《文史资料选辑》编：《文史资料选辑》合订本第 32 卷，第 93 辑，中国文史出版社 1999 年版(简称"《文史资料选辑》合订本第 32 卷，第 93 辑")。

96. 中国人民政治协商会议四川省重庆市委员会文史资料研究委员会编：《重庆文史资料》第 23 辑(简称"《渝文史》")。

97. 中国人民政治协商会议四川省重庆市委员会文史资料研究委员会编：《重庆文史资料》(简称"《重庆文史》")。

98. 中国人民政治协商会议烟台市芝罘区委员会文史资料委员会编：《芝罘文史资料》第 9 辑《教育专辑》，1997 年 6 月印本(简称"《芝罘文史资料》第 9 辑")。

99. 中华民国社区发展研究训练中心《社会工作员训练丛书》之 25《社区发展的回顾与展望》，台北市社区研究中心 1986 年 6 月出版(简称"《社区发展的回顾与展望》")。

100.《中华人民共和国教育大事记 1949—1982》，教育科学出版社 1984 年版。

101. 中央教育科学研究所编：《中国现代教育大事记　1919－1949》，教育科学出版社 1988 年版(简称"《现代教育大事记》")。

102. 钟离蒙、杨凤麟主编：《中国现代哲学史资料汇编》第 2 集第 8 册《村治派批判》，辽宁大学哲学系 1982 年 3 月印本。

103. 周邦道主任编纂：《第一次中国教育年鉴》，开明书店 1934 年版。

104. 周秋光、莫志斌主编：《湖南教育史》，岳麓书社 2008 年版。

105. 周勇主编：《重庆抗战史(1931—1945)》，重庆出版社 2013 年版。

（二）论文

1. 晏阳初讲述：《平民教育》，《新教育》第 7 卷第二、三期，1923 年 10 月，上海刊（简称"晏述《平教》"）。

2. 汤茂如：《平民教育运动的经过》，《教育杂志》第 19 卷第 9 号（1927 年 9 月上海刊）（简称"汤文《平教经过》"）。

3. 汤茂如：《组织中华平民教育促进会总会的经过》，《新教育评论》第 3 卷第 7 期，载舒新城编：《中国新教育概况》，中华书局 1928 年版（简称"舒编《新教育》"）。

4. 《中华平民教育促进会大事记》，见中国人民政治协商会议河北省委员会文史资料研究委员会编：《河北文史资料选辑》第 11 辑，河北人民出版社 1983 年 11 月版（简称《平教会大事》）。

5. 徐秀丽：《回归前夕的卢作孚先生——卢作孚晏阳初间的几封未刊信函》，《历史学家茶座》2006 年第 3 辑。载王兆成主编：《历史学家茶座》第 5～8 辑合订本，山东人民出版社 2006 年版（简称"《未刊信函》"）。

6. 王超：《晏阳初与中国乡村建设学院（1940—1952）》，四川师范大学硕士论文，2013 年 5 月。

7. 张颖夫、田冬梅：《论晏阳初在重庆北碚对大学教育的改革及其当代价值》，《西南大学学报》2012 年第 1 期。

8. 刘文澜：《晏阳初在广州太平馆》，《岭南文史》1992 年第 3 期。

（三）网络数据库

中国知网数据库、读秀中文学术搜索数据库、维普数据库、万方数据库等。

二、英文类参考文献

（一）Monograph（专著）

Auchincloss, Ellin ed. *The Mass Education Movement in China*, 1929 - 1939. A Constructive Decade, July, 1939 (Manuscript).

Brockman, Fletcher S. *I Discover the Orient*. New York & London：Harper & Brother, 1935.

Buck, Pearl S. *Tell the People*：*Talks with James Yen about the Mass Education Movement*. New York：John Day Company, 1945.

Chang, Fuliang. *When East Met West*：*A Personal Story of Rural Reconstruction in China*. New Haven：Yale University Press, 1972.

——. *The Christian Country. Life Movement*. Shanghai: National Christian Council of China, 1930.

Chen, C. C. *Development of Systematic Training in Rural Public Health*. Annual Report, Ting Hsien, China, 1935.

——. *Scientific Medicine as Applied in Ting Hsien*. Annual Report, 1933.

——. *Public Health in Rural Reconstruction at Ting Hsien*. Annual Report, 1934.

Chen, Ta. *Chinese Migrations, with Special Reference to Labor Conditions*. Washington D. C: Department of Labor, 1923.

Gamble, Sidney D. , with a foreword by Y. C. James Yen. *Ting Hsien: A North China Rural Community*. California: Stanford University Press, 1954.

Garrett, Shirley. *Social Reforms in Urban China — The Chinese Y. M. C. A. 1895 - 1926*, Cambridge: Harvard University Press, 1970.

Grant, James P. *Y. C. James Yen's Thoughts on Mass Education and Rural Reconstruction*. New York: International Institute of Rural Reconstruction, 1993.

Hayford, Charles W. *To the People: James Yen and Village China*. New York: Columbia University Press, 1990.

Keeh, Martha McKee ed. , with a foreword by James P. Grant. *Y. C. James Yen's Thought on Mass Education and Rural Reconstruction: China and Beyond: Selected Papers from an International Conference Held in Shijiazhuang*, China, May 27 - June 1, 1990.

Kiang, John C. *Y. C. James Yen: His Movement for Mass Education and Rural Construction*. New York: International Institute of Rural Reconstruction, 1976.

Lutz, Jessie Gregory. *China and Christian Colleges: 1850—1950*. Ithaca: Cornell University Press, 1971.

Price, Harry Bayar ed. *Rural Reconstruction and Development: A Manual for Field Workers* by Y. C. James Yen and Gregorio M. Feliciano and the Joint Staffs of International Institute of Rural Reconstruction and the Philippine Rural Reconstruction Movement. New York: Praeger, 1967.

Surhone, Lambert. *Y. C. James Yen*. VDM Verlag, 2010.

Yen, Y. C. James. *The Mass Education Movement in China*. Shanghai：Commercial Press, 1925.

——. *New Citizens for China*. Peking：Chinese National Association of the Mass Education Movement, 1929.

——. *China's New School-Farmer*. Peking：Chinese National Association of the Mass Education Movement, 1929.

——. *Ting Hsien Experiment*, 1930－1931. Peking：Chinese National Association of the Mass Education Movement, 1931.

——. *The Ting Hsien Experiment in* 1930—1931. Peking：Chinese National Association of the Mass Education Movement, 1934.

——. *Ting Hsien Experiment in* 1934. New York：International Institute of Rural Reconstruction, 1972 .

Y. C. James Yen Center, International Institute of Rural Reconstruction. *Participatory Monitoring and Evaluation：Experience and Lessons: Workshop Proceedings*. November 24－29, 1997, Silang, Cavite, Philippines, 1998.

（二）Dissertation（学位论文）

Hayford, Charles W. "*Rural Reconstruction in China：Y. C. James Yen and the Mass Education Movement*". Ph. D. Dissertation, Harvard University, 1973.

Lee, Hsiang-po. "Rural-Mass Education Movement in China, 1923－1927". Ph. D. Dissertation, Ohio University, 1970.

Sheldon, Debrak. "Self and Other in Western and Eastern Rationalities：Implications for Social-economic Development". Ph. D. Dissertation, University of San Francisco, 2001.

Weitzer, Sara Janet. "The Mass Education Movement of James Yen in China：A Program for Peace". MA. Dissertation, Kansas University, 1949.

（三）Essays（期刊文章）

"A Rural Health Experiment in China". *Milbank Memorial Fund Quarterly Bulletin*, Vol. 8, No. 4, New York City, Oct. , 1930.

Angell, James R . "Letter to Dr. James Yen". *Official Letter*, New York City, May 11, 1943.

Buck, Pearl S. "Letter to Ambassador Wei Taoming". New York City, June 29, 1944.

——. "Sino-American Relations". Perkasie, Penn. , July 5, 1943.

——. "Letter to James Yen". New York City, Sept. 8, 1944.

Chang, Chun. "Letter to Dr. Yen". Chengdu, Sept. 12, 1944.

Chen, C. C. "The Rural Public Health Experiment in Ting Hsien, China". *Milbank Memorial Fund Quarterly Bulletin*, 1936.

Chinese National Association of the Mass Education Movement. Annual Reports, 1935 to 1941.

Hocking, William Ernest. "Letter to Dr. Yen". Madison, New Hampshire, Sept. 12, 1943.

Jiang, Zhou & Zhang Dongli. "The Formation and development of Y. C. James Yen's Citizen Education". Huazhong Normal University Journal of Postgraduates, 2008.

Li, Ti-tsun. "Letter to Dr. Yen". Havana, Cuba, December l6, 1943.

Lu, Rucai. "Volunteers at James Yen Rural Reconstruction Institute" (Pan Jia'en Talks of Future Plans for the Institute). *China Today*, Vol. 54, No. 5, 2005, pp. 19 – 20.

McEvoy, J. P. & James Yen. "China's Teacher Extraordinary". *The Reader's Digest*, November, 1943, Condensed from *Freedom from Ignorance — A Practical Manual for Mass Education* by Y. C. James Yen and J. P. McEvoy.

Qiu, Jiansheng. "Rural Education and the Ruralization of Knowledge: Qualms and Hopes of the Zhaicheng Experiment Site". *Chinese Sociology & Anthropology*, Summer, 2007, Vol. 39, No. 4, pp. 80 – 96.

Teltsch, Kathleen. "Worker for the Poor Will Be Honored". *The New York Times*, Oct. 16, 1983. Vol. 133, pp. 23 – 43.

Wilbur, R. L. "Letter to James Yen". Washington D. C. , April 5, 1929.

——. "Letter to Mr. Yen". Stanford University, December 14, 1927.

Yao, Hsun-yuan. "The First Year of the Rural Health Experiment in Ting Hsien, China". *Milbank Memorial Fund Quarterly Bulletin*, July, 1931.

Yen, Y. C. James. "Brief Biography of the Staff of MEM, Ting Hsien" （sent to K. L. Butterfield）, Dec. , 24, 1930.

——. "Letter to Dr. John B. Grant". The Rockefeller Foundation, Changsha, Hunan, August 20, 1938.

——. "A Letter to Gerard Swope". Havan, April 13, 1944.

——. "Letter to Dr. T. V. Soong". Washington, D. C. , Sept. 28, 1943.

——. "Letter to Mrs. Edgar S. Auchincloss". Peking, December 8, 1930.

——. "Letter to Li Ti-tsun". New York, January 11, 1944.

——. "Memorandum to Dr. T. V. Soong". Washington, D. C. , Sept. , 18, 1943.

——. *New Citizens for China*". *The Yale Review*, Vol. 18, No. 2. 1929. Reprinted as *Chinese National Association of Mass Education Movement Bulletin*, No. 1, Ting Hsien, 1929.

——. "Printing Letters to American Friends". Ting Hsien, China, April 1, 1933 and June 30, 1933.

——. "Will Post-war China be Democratic?" *Life*, July 10, 1944.

主要人名索引（以汉语拼音排序）